Helden

Lucy Hughes-Hallett

Helden

Vertaald door Auke Leistra

Uitgeverij De Arbeiderspers
Amsterdam · Antwerpen

De vertaler ontving voor deze vertaling een beurs van de Stichting Fonds voor de Letteren.

Omslagontwerp: NED4 (www.ned4.com)
Omslagillustratie: Robert te Poel (NED4)

ISBN 90 295 6354 0/NUR 320
www.arbeiderspers.nl

Voor Dan

Inhoud

Inleiding

'Woede!' Het eerste woord van de *Ilias*, het woord dat de Europese literaire cultuur inluidt en een van haar voornaamste thema's introduceert. Niet de woede van Agamemnon, de koning en opperbevelhebber, maar de woede van Achilles, de semi-goddelijke delinquent, de modelheld wiens gruwelijke keuze voor roem ten koste van een vroege dood al tweeënhalf millennium rondwaart in de collectieve verbeelding van het Westen.

Helden zijn dynamische, verleidelijke mensen – anders zouden het geen helden zijn – en heroïsche woede is een spannend fenomeen om bij stil te staan. Een dergelijke razernij is de uiting van een verheven geest. Zij wordt geassocieerd met moed en integriteit, en met minachting voor de benauwende compromissen waarmee de weinig heldhaftige meerderheid haar leven leidt – met eigenschappen, kortom, die wijd en zijd voor groots en edel worden gehouden. Inherent aan een dergelijke woede is dat hij niet anders dan een diepgaand ontwrichtende uitwerking kan hebben op elke beschaafde natie. Homerus' Achilles was 'de beste man der Achaeers', de voortreffelijkste van alle Griekse krijgers; zijn woede was echter gericht tegen Agamemnon, de leider van diezelfde Grieken. De *Ilias* is een ode aan de fatale aantrekkingskracht van Achilles: de *Ilias* verhaalt hoe Achilles bijna de nederlaag afriep over de gemeenschap waarvan hij zelf de meest uitmuntende representant was.

Dit boek gaat over Achilles en een handjevol van zijn opvolgers die wel degelijk hebben bestaan (of de held van Homerus echt heeft bestaan zullen we wel nooit met zekerheid kunnen vaststellen). Het heeft de vorm van een serie korte levensbeschrijvingen van mensen die door hun tijdgenoten voor zo uitzonderlijk begaafd werden gehouden dat ze in staat werden geacht iets gedenkwaardigs tot stand te brengen – de overwinning op een vijand, de bevrijding van een volk, het behoud van een politiek systeem, de volbrenging van een reis –, iets wat niemand anders voor elkaar zou hebben gekregen. In 411 v. Chr. besloten de Atheners Alcibiades terug te roepen, die zij ooit ter dood hadden veroordeeld en die vervolgens met verpletterend succes aan de zijde van hun tegenstanders had gevochten – Alcibiades, zo hield een van hun bevelhebbers de volksvergadering voor, was immers 'de enige man in leven' die hun staat zou kunnen redden. Zo ook wendde de elfde-eeuwse

koning Alfonso vi van Castilië zich, toen Afrikaanse legers Spanje binnenvielen, tot Rodrigo Díaz, bekend als de Cid – een man die hij tot twee keer
toe verbannen had. Welke bedreiging de Cid ook vormde voor de stabiliteit
van het koninkrijk, het was bekend dat hij 'te goeder uur geboren' was en
derhalve nooit verslagen kon worden. Zo ook moest keizer Ferdinand van
het Heilige Roomse Rijk, na eerst alle moed te hebben verzameld om zijn
aanmatigende en onverzoenlijke generaal Albrecht von Wallenstein te ontslaan, in 1630 door het stof om diezelfde Wallenstein te smeken het opperbevel weer op zich te nemen en het rijk te verdedigen tegen de invasie van
de Zweden, iets, daar waren al zijn vijanden het over eens (vrienden had hij
niet veel), waar alleen Wallenstein zich met enige hoop op succes aan zou
kunnen wagen.

Als de nood het hoogst is, is de redder nabij. Het is in tijden van nood dat
helden gezocht en gevonden worden. Bertolt Brecht schreef de beroemde woorden dat het een ongelukkig land is dat naar helden haakt. Dat is
een dubbelzinnige uitspraak, die andersom ook geldt: een land zonder helden mag zich waarschijnlijk gelukkig prijzen, want helden vormen in iedere staat een bedreiging voor het machtsevenwicht. 'De Argonauten lieten
Heracles achter,' merkte Aristoteles op, om dezelfde reden dat de Atheners
de gewoonte aannamen met hun schervengerichten markante burgers in
de ban te doen, 'opdat de *Argos* niet iemand aan boord zou hebben die zo
enorm veel groter was dan de rest van de bemanning'. Maar alleen een gelukkig land is zelfverzekerd genoeg om het zonder helden te kunnen stellen. In het huidige tijdsgewricht is het mode de kleinheid te betreuren van
diegenen die binnen onze cultuur met roem worden overladen – al die voet-
ballers en rocksterren en topmodellen, en zelden een grote geest – maar een
dergelijke collectieve frivoliteit zou gekoesterd moeten worden als een van
de voorrechten van een land in vrede. Het is radeloosheid die mensen ertoe
brengt te hunkeren naar een voorvechter, een beschermer of een verlosser,
en zodra ze er een geïdentificeerd hebben, hem te verheerlijken.

Deugdzaamheid is geen noodzakelijke kwalificatie voor een status als
held: een held heeft geen voorbeeldfunctie. Integendeel, het wezen van de
held is nu juist dat hij uniek is, en als zodanig onnavolgbaar. Sommige mensen wier verhaal in dit boek wordt verteld waren onberispelijk, andere waren schurken. Cato had de hoogste morele standaard en hield zich daaraan
als het ook maar enigszins mogelijk was en voorzover het ook maar enigszins van hem verwacht mocht worden. Garibaldi was buitengewoon eerlijk
en oprecht. (Hoewel hij niet half zo argeloos en simpel was als zijn bewonderaars zich voorstelden. Alfred lord Tennyson, die hem in 1864 ontmoette,
onderkende in hem, tot zijn grote blijdschap, de 'goddelijke stupiditeit van
de held'. In werkelijkheid was Garibaldi verre van onnozel – hij sprak al-

leen geen Engels.) Maar Alcibiades was een arrogante libertijn en een chronische overloper. De Cid was een roofzuchtige krijgsheer, Drake was een zeerover en een terrorist en Wallenstein was een profiteur, behept met kennelijk psychotische bevliegingen, wiens tijdgenoten ervan overtuigd waren dat hij onder een hoedje speelde met de duivel. Maar van helden wordt ook niet gevraagd dat ze altruïstisch, eerlijk, of zelfs maar competent zijn. Enige vereiste is dat ze vertrouwen inboezemen en niet noodzakelijkerwijs goed, maar groot schijnen.

Dit boek is geworteld in ambivalentie. Thomas Carlyle, die anderhalve eeuw geleden een boek over hetzelfde onderwerp en met dezelfde structuur schreef, verklaarde dat er 'geen nobeler gevoel' was dan heldenverering. 'Innige, nederige bewondering, overgave, vol nimmer dovend vuur voor de edelste, godgelijkende, Mensengedaante... dat is tot nog toe, en tot in de eeuwigheid, de bezielende invloed in een mensenleven'. Ik ben het daar niet mee eens. Een overdreven verering koesteren voor een uitzonderlijk iemand is van een verraderlijke verleidelijkheid. Het stelt aanbidders in staat te verzaken aan hun verantwoordelijkheid, en van die ene grote figuur de verlossing of vervulling te verwachten die ze beter op eigen kracht zouden kunnen nastreven. Carlyle noemde het goedkeurend 'de oorsprong... van elke tot dusver bekende religie', maar het is niet verstandig een medemens tot voorwerp van religieuze toewijding te maken. Zoals de verhalen in dit boek bij herhaling laten zien, raken heldenvereerders maar al te vaak teleurgesteld in – en stellen ze zich open voor misbruik door – de helden van hun keus.

Het concept van de held – de gedachte dat sommige mensen al speciaal zijn bij hun geboorte – is verregaand onegalitair. Het kan de weg vrijmaken voor tirannie. 'Pas op voor het najagen van het Bovenmenselijke,' schreef George Bernard Shaw. 'Het leidt tot een kritiekloze minachting voor het Menselijke.' Zo is het. Ralph Waldo Emerson, die bevriend was met Carlyle, schreef: 'Het leven is slechts lieflijk en draaglijk in ons geloof in grote mensen.' De belangrijkste functie van grote mensen was volgens Emerson het vrijwaren en beschermen van 'populaties van pygmeeën', de mensheid en masse was in zijn ogen 'weerzinwekkend, als kaas die op de ingewanden werkt, als hopen mieren of vlooien'. Een dergelijke afkeer van de meerderheid van je medemensen, in combinatie met een overdreven bewondering voor de uitzonderlijke minderheid, vormt een politiek verderfelijke mix.

Maar dat ik op mijn hoede ben voor de potentieel schadelijke effecten van heldenverering maakt mij nog niet immuun voor de bedwelmende charme van de held. De mensen over wie ik hier geschreven heb zijn alle onweerstaanbare persoonlijkheden wier levensverhaal in de loop der eeuwen, in sommige gevallen in de loop der millennia, keer op keer verteld is, omdat het zo dramatisch is, zo vol complexe resonantie en zo diep ontroerend. De idee van de held zou emotioneel niet zo verwarrend en politiek niet zo gevaarlijk zijn, als zij niet zo sterk, zo machtig was.

Ik hekel niet, wat ik doe is veeleer boerenbedrog verzamelen en analyseren. Ik zal herhaaldelijk wijzen op discrepanties tussen de verifieerbare feiten over helden en de legendes die om hen heen gegroeid zijn. Ik doe dat niet als beeldenstormer, maar omdat de aanpassing van karakter en levensloop van een held aan de morele waarden en emotionele behoeftes van degenen die hem aanbidden zo'n fascinerend proces is. Dat de meeste idolen lemen voeten hebben is een waarheid als een koe; wat interessant is, is de vraag waarom ze ons, hoewel we dat weten, nog altijd betoveren. Cato was een weinig bekwame politicus die zijn tegenstrevers herhaaldelijk in de kaart speelde, maar zijn tijdgenoten vonden hem een man uit duizenden en zijn bewonderaars in de volgende generatie eerden hem als een god. Francis Drake staakte de achtervolging van de Spaanse Armada om een schip dat averij had opgelopen als zijn persoonlijke buit binnen te halen, iets waarmee hij de hele Engelse vloot in gevaar bracht, maar zijn populariteit werd er niet door aangetast, integendeel: toen dit nieuws Londen bereikte werden vreugdevuren aangestoken om het te vieren. Byron en Keats hadden allebei hun Plutarchus gelezen: ze wisten alles van de trouweloosheid van Alcibiades. Toch schreef Byron dat 'geen naam uit de Oudheid is overgeleverd met een universelere charme dan die van Alcibiades'; en in de ogen van Keats was 'Alcibiades, leunend op zijn karmijnrode sofa, zijn brede schouders onmerkbaar deinend met de zee', de belichaming van de abstracte idee van het heroïsche, 'groot, markant, gaaf en getekend door verhevenheid'.

Helden hebben geen talent voor ondergeschiktheid: dat maakt deel uit van hun bekoring. Verscheidene van degenen over wie ik hier geschreven heb, volgden het voorbeeld van Achilles en trotseerden hun hoogste baas. Daarmee handelden ze binnen het kader van een gevestigde heroïsche traditie. Er zijn mannen, schreef Aristoteles, die zo goddelijk, zo uitzonderlijk zijn, dat ze vanzelfsprekend, uit rechte van hun buitengewone gaven, boven elke morele beoordeling of constitutionele controle verheven zijn: 'Er is geen wet die mannen van dat kaliber omarmt: zij zijn zelf wet.' Het is onvermijdelijk dat zo'n man in aanvaring komt met de gevestigde machten, die hij met zijn onmatige persoonlijke prestige ondermijnt. De legendarische Perzische held Rustum maakte ruzie met zijn koning en weigerde hem zijn diensten. Horatio Nelson is op zijn heldhaftigst met zijn telescoop aan zijn blinde oog. George Custer werd nauwelijks een week na zijn afstuderen aan West Point voor de krijgsraad gebracht en streek zijn meerderen nadien zo vaak tegen de haren in dat hij uitgesloten zou zijn van de Little Big Horncampagne, ware het niet dat een storm van publiek protest was opgestoken die president Grant ertoe dwong hem weer in zijn positie van bevelvoerder te herstellen.

Iemand die voorwerp is geworden van heldenverering is moeilijk onder te brengen in een goed georganiseerde staat. De gevestigde machten zijn vaak (en niet ten onrechte) hoogst argwanend jegens de helden die hen dienen. De Cid en Wallenstein werden beiden ontslagen door hun koninklijke superieuren, die hen vreesden en benijdden. Garibaldi werd en wordt geeerd als de dappere grondvester van een verenigd Italië, maar hij werd regelmatig gevangengezet of ingesloten op zijn eilandje door de staat die hij zelf in het leven had geroepen.

De meeste helden zijn rebellen. Een opzienbarend aantal van hen is zelfs verrader. Na zijn twist met Agamemnon smeekte Achilles een nederlaag af over zijn Griekse medestrijders. Lancelot was de meest volmaakte ridder aan de Ronde Tafel van koning Arthur, maar bracht de ineenstorting teweeg van de beschaving waarvan hij zelf het toonbeeld was. Van mijn zes historische helden vochten er vijf op enig moment tegen hun landgenoten (wat niet verhinderde dat ze toch legendarische nationalistische helden werden). Drake is de uitzondering, maar hoewel hij nooit voldoende politieke macht had om op een regelrechte confrontatie met zijn koningin aan te sturen, negerde hij geregeld haar bevelen.

Heldenverering is verering van het individu, en de held wordt altijd gezien als iemand die alleen staat. De helden uit de klassieke mythologie waren thuisloze zwervers en hetzelfde geldt voor de helden van moderne legendes, of het nu cowboys of rechercheurs zijn, burgerwachten of geheim agenten. Het zijn briljante non-conformisten, outsiders van elders die uitkomst bieden in een noodsituatie, waarna ze weer wegrijden, de zonsondergang tegemoet. In de ogen van de gesettelde meerderheid is de zwerver vrij en onkwetsbaar. Zoals Herodotus schreef over de nomadische Scythen: 'Dit volk heeft steden noch vestingen: zij dragen hun huizen bij zich en schieten vanaf hun paarden met bogen; ze leven van hun kuddes vee, niet van akkerbouw, en voeren hun onderkomen mee op karren. Hoe kunnen zij anders dan onoverwinnelijk zijn?' Je kunt veel meer verwachten van een vreemde, wiens onbekendheid hem tot een leeg scherm maakt waarop elke fantasie kan worden geprojecteerd, dan je ooit van een bekende zou kunnen vragen. Historische helden, wier heldenstatus in elk geval ten dele gebaseerd is op het feit dat het publiek hen identificeert met legendarische tegenhangers, zijn vaak mensen geweest zonder vaste positie in de samenleving die zulke grote daden van hen verwachtte. Wallenstein, de hoeder van het Oostenrijks-Hongaars-Duitse rijk, was een Tsjech. Garibaldi, de grondvester van Italië, was Fransman van geboorte, kleedde zich als een Zuid-Amerikaanse gaucho en moest zijn leven lang een woordenboek bij de hand hebben als hij in het Italiaans schreef.

Regeringsverantwoordelijkheid combineert niet met het individualisme dat van helden wordt verwacht. Achilles, schreef Aristoteles, was zo'n zeldzaam, niet-helemaal-menselijk wezen, een apolitiek man, 'non-coöperatief als een geïsoleerd stuk in een damspel'. Geen van mijn objecten was staatshoofd (hoewel de Cid, aan het eind van zijn leven, voor zichzelf een nieuwe staat in het leven riep). Zij zijn de opvolgers, niet van Agamemnon maar van Achilles, niet van Arthur maar van Lancelot, niet van God maar van Jezus. In de jaren tachtig van de negentiende eeuw definieerde Nietzsche de staat – elke staat – als 'een vreselijke tirannie, een meedogenloze onderdrukkings-machine' waar hij de heroïsche figuur van de 'Übermensch', de 'mens voorbij de mens', tegenover zette. De Übermensch van Nietzsche is 'als een ster die is weggeslingerd in de lege ruimte en de ijzige adem van de eenzaamheid'. Hij heeft geen gemeenschap waar hij zich in kan verschuilen, geen religie, rechtsstelsel of morele code als gids, geen groep of instituut waarmee hij de verantwoordelijkheid voor zijn keuzes kan delen. Hij is op angstaanjagende wijze blootgesteld. 'Kun je jezelf van je eigen goed en kwaad voorzien en je eigen wil als wet boven je ophangen?' vraagt de Zarathoestra van Nietzsche. 'Kun je je eigen rechter en je eigen wetshandhaver zijn?' Achilles nam beide verantwoordelijkheden op zich. Hij verwierp zijn trouw aan Agamemnon, ontkende elke verplichting jegens de andere Grieken in hun legerkamp, weigerde enig menselijk gezag boven zich te dulden en stond op zijn recht om zelf te bepalen wanneer en voor welke partij hij zijn vernietigende vaardigheden zou inzetten. En hoewel sommige van mijn onderwerpen – Cato, met zijn gênante kledij en zijn uiterst nauwgezette boekhouding, de dikke, corrupte Drake – nou niet bepaald van die luisterrijke figuren waren die Nietzsche in gedachten had, is dezelfde trotse verwerping van een gemeenschappelijke identiteit in alle eeuwen die dit boek beslaat het kenteken van de held geweest.

Mijn objecten zijn alle Europeaan. De westerse heroïsche traditie en die van sommige Aziatische en Afrikaanse culturen hebben veel gemeen, maar ik heb niet geprobeerd de overeenkomsten in kaart te brengen, deels om praktische redenen – dit boek is zo waarachtig al dik genoeg – en deels omdat de traditie die ik beschrijf een ononderbroken en voortdurend naar zichzelf verwijzende traditie is. Achilles, in zijn tent, zong van de daden van helden die allang dood waren, legendes waarnaar hij zich zijn zelfbeeld vormde en die hem zijn rol influisterden, zoals zijn eigen verhaal het nageslacht zou ingeven hoe een held eruit zou kunnen zien. Cato bereidde zich op zijn zelfmoord voor door het verslag van Plato van de dood van Socrates te lezen. En als helden zich zelf niet bewust waren van de parallellen tussen hun eigen loopbaan en die van hun gevierde voorgangers, waren de mensen die hun verhaal vertelden en bewerkten dat wel. Die verhalen, zoals ze aan ons zijn overgeleverd, zitten dan ook vol echo's en voorgevoelens – Drake is een eigentijdse Jason, Wallenstein een Mars. En hoewel Cato een halve eeuw voor het begin van het christelijke tijdperk het leven liet, is hij een voorbode van Christus. Alexander Herzen noemde Garibaldi 'een held van de Oudheid, een figuur uit de *Aeneis*'. Zoals helden gevormd worden door het verleden, geven zij op hun beurt vorm aan de toekomst. In de jaren dertig van de twintigste eeuw, toen Europa andermaal in crisis verkeerde, werden al mijn helden (afgezien van Alcibiades, wiens misdrijven tegen zijn geboortestad zijn naam in de tijd van het nationalisme tot een vloek maakten) weer tot leven gebracht voor politieke doeleinden.

Mijn objecten zijn allemaal blanke westerlingen en het zijn, om andere redenen, allemaal mannen. Heldenverhalen doen in een bepaald opzicht denken aan de verhalen van vrouwen: de held wordt tegelijkertijd aanbeden en gemarginaliseerd en is vaker voorwerp van verering dan feitelijk machthebber; toch waren het voor het overgrote merendeel mannen die in de westerse geschiedenis een heldenstatus hebben verworven. Uiteraard zijn er vrouwen die ik ook had kunnen opnemen, maar als ik dat gedaan had, zou ik het betreurenswaardige feit hebben verdoezeld dat mensen van mijn geslacht in zo ongeveer alle annalen ongeschikt werden geacht een land te besturen, laat staan een land van de ondergang te redden. Als ik een vrouwelijk onderwerp had gekozen, zou dat geïmpliceerd hebben dat een zesde van alle historische helden vrouwen waren. Bij dat soort verzachtende leugentjes zijn vrouwen, naar mijn mening, niet gebaat.

Toen Agamemnon alle mannen van Griekenland had opgeroepen om samen met hem ten strijde te trekken tegen Troje, probeerde de vader van Achilles zijn wonderkind te behoeden voor oorlogsgeweld: hij hulde hem in meisjeskleren en verstopte hem in het vrouwenverblijf. Odysseus hoorde hiervan en ging er met prachtige geschenken op af. De vrouwen in het paleis dromden om hem heen en bewonderden luidkeels de geborduurde kleden en gouden bekers, de gewaden en juwelen, maar Achilles, niet bij machte zijn ware natuur te verbergen, koos een zwaard. Odysseus wist meteen dat hij het was. Achilles legde zijn vrouwelijke vermomming af, erkende zijn mannelijkheid en aanvaardde zijn heroïsche bestemming. Zo ook moest Odysseus zich, in het homerische verslag van zijn thuisreis, losweken van het eiland van Calypso, dat verleidelijke, vrouwelijke domein waar hij zich wentelde in weelde en genot, vóór het verhaal van zijn avonturen kon beginnen. Alcibiades droomde, kort voor hij vermoord werd, dat hij de kleren van zijn minnares droeg en dat zij zijn gezicht opmaakte als een vrouwengezicht, met pigmenten en loodwit. Plutarchus vertelt van die droom alsof hij zou moeten worden uitgelegd als aankondiging van de dood van de held: zijn mannelijkheid verliezen staat, voor een traditionele held, gelijk aan het verliezen van zijn leven.

De definitie van die mannelijkheid heeft de nodige veranderingen ondergaan. De helden van Homerus tieren en huilen, en leven hun emoties uit op een manier die commentatoren sinds Plato als schandelijk onmannelijk hebben beschouwd, ze zijn gigantisch trots en secuur op hun verheven lichaam, en gaan zich schaamteloos te buiten aan een ijdelheid die in latere tijden als walgelijk verwijfd zou worden beschouwd. Charles Baudelaire noemde Alcibiades een van de eerste dandy's: de traditie van heroïsche opschik is een zeer oude. De krijgers van het oude Sparta versierden hun kleren en wapens, ze droegen hun haar lang, en vlochten het op ingenieuze wijze alvorens, met bloemen omkranst, ten strijde te trekken. Schoonheid kweekt heldenmoed. De soldaten die in 1588 op de schepen van de Armada meevoeren hoefden geen uniform te dragen, zoals een Spaanse militaire deskundige in 1610 uitlegde – zozeer werd hun moreel versterkt door de pracht van hun eigen kostuum: 'Het zijn de opsmuk, de pluimen en heldere kleuren die een soldaat moed en kracht geven zodat hij met een furieuze vastberadenheid elke moeilijkheid kan overwinnen, en dappere daden verrichten.' Maarschalk Murat van Napoleon was net zo bekend om zijn rode laarzen en extravagante epauletten als om zijn onverschrokkenheid. Maar de heroïsche traditie mag dan terreinen van menselijke ervaring bestrijken die in het recente verleden voornamelijk als vrouwelijk werden beschouwd, het blijft een exclusief mannelijke traditie. Zelfs Jeanne d'Arc, wellicht de meest voor de hand liggende vrouwelijke kandidaat om in dit boek te worden opgenomen, verloochende haar sekse en alle beperkingen die daarbij zouden komen kijken door zich in mannenkleren te hullen, waarmee ze stilzwijgend erkende dat het pantheon der helden alleen toegankelijk was voor mannen.

Maar goed, wat maakt van een man een held? En waar dienen helden voor? Door het levensverhaal te vertellen van een handvol helden, door te proberen een beeld te schetsen van wat hun tijdgenoten van hen verwachtten en na te gaan hoe het nageslacht op hun verhalen reageerde en ze in nieuwe vormen goot, hoop ik een caleidoscopisch antwoord op die vragen te geven. Eenvoudige, eenduidige antwoorden zouden onmogelijk te geven zijn. Aard en functie van de held zijn in de loop der tijden geregeld meeveranderd met de mentaliteit van de cultuur waaruit ze voortkwamen, en hetzelfde geldt voor de eigenschappen die aan de held worden toegeschreven, de daden die van hem verwacht worden en zijn positie in het politieke bestel en de samenleving in het algemeen.

Elk tijdperk heeft zijn eigen verklaring voor de uitzonderingspositie die sommige mannen ten deel valt dan wel lijkt te vallen. Vaak zijn ideeën over helden van religieuze aard: de held is de zoon van een god, of een heilige, of een overmoedige betwister van goddelijk gezag, dan wel zelf een god. Zijn bovenmenselijke talenten kunnen ook van minder legitieme, meer magische aard zijn: de held kan een tovenaar zijn. Zijn klasse doet er wel degelijk toe, zij het niet altijd in even voorspelbare zin. De sociale status van vele helden is onbepaald en onzeker, zoals die van de Engelse volksheld Robin Hood, die nu eens de berooide heer van Locksley Hall is, en dan weer de kameraad van ordinaire boeven. De meeste historische helden waren aristocratisch, wendden voor dat te zijn of streefden ernaar het te worden. Maar helden, vooral dode helden, zijn prettig plooibaar: zowel revolutionairen als verdedigers van een autoritair systeem mogen helden graag voor hun karretje spannen. Er bestaat een sterke alternatieve traditie waarin de volksheld op handen wordt gedragen: de man van het volk die macht en privileges van de elite aanvecht, het dappere ventje dat de reus verslaat met niets meer dan een steentje in een slinger, de gewone zeeman of de timmermanszoon die overheden en machten op de knieën dwingt.

Heldenverering heeft ook een erotische dimensie. Schoonheid, charme en sex-appeal zijn voor een held nuttige eigenschappen; bij ontstentenis hiervan volstaan bravoure of een indrukwekkende verschijning. De mensen waren zwaar onder de indruk van Alcibiades, ze liepen weg met Garibaldi en waren als de dood voor Wallenstein. Een held moet kunnen verleiden of intimideren, en moet hoe dan ook een bovenmaatse persoonlijkheid hebben en de gave die te tonen. Heldhaftigheid is theatraal. Helden moeten eruit-zien als helden en zich dienovereenkomstig gedragen. Ze moeten zich een air geven, zich mooi maken, tenzij de smaak van het publiek juist naar de andere kant neigt: dan moeten ze nederigheid voorwenden, zoals Cato, die dermate eenvoudig gekleed naar het Forum ging dat het niet meer fatsoenlijk was. Heroïsche gebaren hebben vaak iets aanstellerigs, wat niet wil zeggen dat ze frivool zijn: een symbolisch gebaar kan belangrijke consequenties hebben. Toen generaal Gordon erop werd gewezen dat zijn hel verlichte hoofdkwartier in Khartoum een al te makkelijk doelwit vormde voor de kanonnen van de Mahdi, liet hij een reusachtige kroonluchter aanrukken, stak eigenhandig de vierentwintig kaarsen aan en posteerde zich er pal naast, in een groot boogvenster, met de woorden: 'Zeg de mensen in Khartoum dat Gordon nergens bang voor is.' Hij sneuvelde niettemin, maar hij had een opwindend spektakel gemaakt van zijn nederlaag. Het vermogen een schitterend tafereel in scène te zetten is een belangrijkere kwalificatie voor toelating tot de eregalerij der helden dan het er levend of zelfs maar met succes van afbrengen.

De schijn doet er wel degelijk toe, en niet alleen omdat 'een nederlaag op het slagveld', zoals Tacitus schreef, 'altijd met een blik begint'. 'Wat is [Achilles] meer dan een ander?' vraagt Ajax in de bitter antiheroïsche draai die Shakespeare in zijn *Troilus and Cressida* aan het verhaal van Troje geeft. 'Niet meer dan wat hij denkt dat hij is,' antwoordt Agamemnon. Een heroïsche status hangt af van het zelfvertrouwen van de held en vaak ook van het vertrouwen dat hij (of zijn geldschieters en pleitbezorgers) op slinkse wijze weet te wekken bij al diegenen die hij kennelijk van zijn bovenmenselijke krachten heeft overtuigd. Soms wordt de reputatie van een held door anderen gemaakt dan wel vergroot. De kracht en gewelddadigheid van Drake werd uitvergroot door Spanjaarden die op hun beurt gemotiveerd werden door woede om de vernederingen die hij hun had aangedaan. Toen Garibaldi in 1848 in Europa terugkeerde ontdekte hij tot zijn verbazing dat Mazzini een internationale beroemdheid van hem had gemaakt. Andere reputaties zijn eigen creaties; de brutaalste en vernuftigste publiciteit rond Alcibiades genereerde hij zelf. Maar of hij het nu op eigen houtje doet of niet, een kunstmatig imago is voor een held een sine qua non. De Achilles van Shakespeare wordt aangesproken als 'gij beeltenis van wat gij schijnt', een verdubbeld beeld van onechtheid. Maar een beeld is wat resteert van een held. In 1961 maakte Anthony Mann, enthousiast gesteund door generaal Franco, die hem voor de scènes op het slagveld de beschikking gaf over het Spaanse leger, een inspirerende film over El Cid. Aan het eind van de film valt El Cid in de strijd, maar zijn treurende vrouw en volgelingen zijn ervan doordrongen dat hun legers er, zonder zijn bezielende aanwezigheid, nooit in zullen slagen de vijandelijke hordes af te slaan, en houden zijn dood geheim. Zijn lijk wordt gekleed en gewapend rechtop in het zadel van zijn grote witte strijdros vastgesnoerd. Het trouwe dier galoppeert voor het leger van de Cid uit. Zijn mannen denken dat hun grote leider nog bij hen is en behalen een fantastische overwinning voordat het paard, met zijn levenloze maar nog altijd onoverwinnelijke last, achter de horizon verdwijnt.

Dat verhaal is speciaal voor de film verzonnen – er is geen middeleeuwse legende, laat staan een kroniek, waarin het in die vorm verteld wordt – maar de gedachte erachter klopt. Soms wordt er niet meer van een held gevraagd dan dat hij zijn opwachting maakt. Hij kan een veldslag winnen, een opstand de kop indrukken of een revolutie ontketenen, domweg door zijn gezicht te laten zien. Hij hoeft niet actief mee te doen, hij hoeft niet eens meer in leven te zijn. Sterker nog, hij hoeft niet eens per se van de partij te zijn: dat het daar de schijn van heeft is al genoeg. Achilles stuurde Patroklos naar het slagveld, vermomd in zijn wapenrusting, wel wetende dat de Trojanen al panisch de aftocht zouden blazen als ze alleen maar het idee hadden dat de grote Achilles in aantocht was. Om de aandacht te vestigen op zijn aanwezigheid droeg Julius Caesar op het slagveld altijd een gewaad van een opvallende en ongewone kleur, en toen hij bij Thapsus werd geveld door een aanval van 'zijn gebruikelijke ziekte' (vermoedelijk epilepsie), stuurde hij een plaatsvervanger in dat gewaad naar het slagveld. Het viel niemand op en de overwinning werd snel behaald. Als de roem van een held eenmaal tot een zekere hoogte is gestegen, wordt hij een totem, een voorwerp met een magische kracht dat niet in actie hoeft te komen om resultaten te bereiken. Garibaldi, die Frankrijk diende toen hij al oud was, en die geplaagd werd door jicht, werd op een stretcher over het slagveld gedragen – evengoed werd achteraf vastgesteld dat zijn aanwezigheid van onschatbare waarde was geweest. En waar de held zelf geen actieve of zelfs passieve rol kan spelen, volstaat zijn evenbeeld, een invaller, of zijn lijk.

Hieruit vloeit voort dat een held niet altijd, niet bij leven en welzijn, en daarna al helemaal niet, verantwoordelijk is voor het gebruik dat van zijn imago wordt gemaakt. Zoals de verhalen die ik ga vertellen aantonen, is een held dikwijls – bewust of onbewust – de hoofdrolspeler in een drama dat door anderen wordt geschreven en geregisseerd. Zoals Elizabeth en Walsingham Drake gebruikten, gebruikten Victor Emmanuel en Cavour Garibaldi. En eenmaal dood wordt een held een symbool dat tot in het oneindige naar believen geplooid kan worden. De voortdurende metamorfosen die Cato onderging, van conservatieve oligarch tot christelijke heilige tot martelaar voor de vrijheid tot liberaal parlementariër, hebben hun parallellen in de latere levens van de meeste helden. Elke nieuwe vertelling van een heldenverhaal is gekleurd door de politieke voorkeuren van de verteller, of de bedoeling van die verteller nu opzettelijk propagandistisch dan wel rogenaamd onschuldig is. Als we naar helden kijken, vinden we wat we zoeken.

Wat dat precies is, hangt af van de tijd en de plaats vanwaaruit we zoeken. Bij het vertellen van de verhalen van mijn helden laat ik zien dat helden ons op allerlei verschillende manieren aanspreken. Helden kunnen tarten of troosten; ze kunnen de verrukking bieden van een overwinning, of van de kinderlijke luxe dat er over je gewaakt wordt door een beschermer van bovenmenselijke proporties. Ze kunnen een toonbeeld zijn van moed of integriteit, maar ze kunnen met hun voorbeeld ook verleiden tot zondigheid en losbandigheid. Er is echter één constante: alle helden doen ons manieren aan de hand om na te denken over onze sterfelijkheid.

'Mevrouw,' schijnt Francis Drake tegen koningin Elizabeth gezegd te hebben, 'de vleugels van de gelegenheid zijn bedekt met de veren des doods.' Op zoek naar onsterfelijkheid stellen helden zich bloot aan levensgevaar. Sophocles, die zijn tragedies schreef toen Alcibiades nog jong was, laat de heroïsch onverzoenlijke Antigone tegen haar zuster Ismene zeggen: 'Jij koos het leven, maar ik koos de dood.' Ismene maakt aanstalten haar principes te laten voor wat ze zijn, te buigen voor de heersende macht teneinde haar leven niet in gevaar te brengen, maar Antigone zou nog liever sterven dan zich zo te compromitteren, en daarom zal haar faam hen beiden overleven. 'Velen,' schreef Sallustius, 'slaven zijnde van eetlust en slaap, zijn door het leven getrokken als weinig meer dan passanten... Leven en dood van zulke mannen komen op hetzelfde neer, want van geen van beide is ooit verslag gedaan.' Maar enkelen stijgen uit boven de gemene beperkingen van het fysieke bestaan, de eindeloze en doelloze cyclus van consumptie en excretie en langzaam verval. Sallustius beschouwde Cato, die een tijdgenoot van hem was, als een van die uitzonderlijke wezens wier grootsheid hen boven de massa uittilt, die boven hun deerniswekkend kortstondige fysieke bestaan uit reiken, waarmee ze ons het troostrijke visioen voorhouden van een bestaan waarin vergetelheid kan worden afgewend en een sterveling aan de zeis des tijds kan ontkomen.

Een held kan zich opofferen opdat anderen mogen leven, of opdat hij zelf voor altijd in de herinnering moge voortleven. Maar zelfs als zijn daden worden verricht uit puur egoïstische en tijdgebonden motieven van ambitie of hebzucht, is het blote feit van zijn eeuwige roem een bewijs van onsterfelijkheid. Aangezien het vooruitzicht van de dood iets is waarmee we allemaal in het reine moeten zien te komen, zullen de verhalen van helden wel altijd blijven fascineren. Dode helden ontkomen aan de degeneratie waar anderen toe gedoemd zijn. 'Zij zullen niet oud worden zoals wij die zijn achtergebleven oud worden', en voor degenen die hen overleven is het net of ze zelfs de dood te slim af zijn. 'Dood zijnde zijn ze niet gestorven,' schreef Simonides over de Spartanen die gesneuveld waren op de Thermopylae; 'hun voortreffelijkheid heeft hen glorieus uit het huis van Hades doen verrijzen.'

Heldenverering speelt nog altijd een essentiële rol in ons politieke leven. Zij inspireert zowel terroristen als degenen die hen bestrijden. Zij geeft de retoriek van onze verkiezingscampagnes vorm. Zij helpt de keuzes bepalen van democratische kiezers, en effent de weg naar de macht voor dictators. Ik heb ervoor gekozen niet het spelletje te spelen van zoek-de-held onder diegenen van wie onze kranten en televisies tegenwoordig bol staan, maar ik hoop dat anderen dat, bij het lezen van dit boek, wel zullen doen. Garibaldi, de meest recente van mijn objecten, stierf in 1882 – ik heb de veranderingen in zijn reputatie en die van de anderen slechts in kaart gebracht tot het uitbreken van de Tweede Wereldoorlog. Maar hoewel de verhalen die ik hier vertel legendarisch of historisch zijn, dienen ze allemaal gelezen te worden als allegorie van het huidige tijdsgewricht.

Er bestaat een merkwaardige variant van ijdelheid die mensen ertoe brengt zich in te beelden dat sommige van onze collectieve dwaasheden fonkelnieuw zijn, typerend voor het tijdperk van de massamedia. Dat is niet juist. Zoals de verhalen die ik hier heb verteld aantonen, is er niets nieuws aan de persoonlijkheidscultus, aan de berekende manipulatie van het nieuws voor politieke doeleinden, aan de manier waarop roem en seksueel charisma zich laten vertalen in macht, aan de beïnvloedbaarheid van een volk dat er in tijden van angst of overdreven enthousiasme toe verleid kan worden zijn politieke rechten in handen te geven van een roemrijke Übermensch. Op 12 september 2001 werd een groep mensen gefotografeerd bij de ruïnes van het World Trade Center, met een spandoek waarop stond: WE NEED HEROES NOW. Dit boek is in de eerste plaats een verzameling bijzondere verhalen, maar het is ook een poging die behoefte aan helden nader te bestuderen, de dringende noodzaak erachter serieus te nemen, en ertegen te waarschuwen.

Achilles

Homerisch Troje. Achilles, modelkrijgsman, verklaart zich bereid aan de strijd deel te nemen. Klaar voor het gevecht in de wapenrusting die Hefaistos, de god van het vuur en de smeedkunst, voor hem heeft gemaakt, schittert hij als de zon. Zijn tanden knarsen, zijn ogen schieten vuur. Met een stem die galmt als een trompet roept hij zijn onsterfelijke paarden die geen ander kan mennen, en een van hen geeft antwoord. Ja, zegt het beest, deze keer zal het span zijn meester veilig terugbrengen naar het Griekse kamp, maar de dag van zijn dood hangt in de lucht en als die komt, al zouden ze de snelheid en de kracht van de westenwind hebben, dan nog zouden ze niet bij machte zijn hem te redden. 'Jou is beschoren dat door een god en de kracht van een man je het leven zult laten.' Achilles reageert ontstemd: 'Waarom voorspel je me [...] mijn dood? Dat is heus niet meer nodig. Zelf weet ik ook wel dat het mijn lot is [...] te sterven.' Met een schrikwekkende kreet jaagt hij zijn strijdwagen naar de voorste linies.

Van alle krijgslieden die in Troje vechten is Achilles de enige die daar zeker de dood zal vinden. Hij flirt niet met de dood, hij is gedoemd te sterven, en zijn levenseinde is iets waar hij zelf de verantwoordelijkheid voor moet nemen. Zijn moeder, de godin Thetis, heeft hem verteld over de twee lotsbestemmingen waar hij uit moet kiezen. Hij kan vredig in zijn vaders huis blijven, en als hij dat doet zal zijn leven lang en vruchtbaar zijn. Hij kan trouwen en kinderen krijgen. Hij kan zijn rijkdom gebruiken en meer vergaren. Hij kan zijn kracht benutten en zijn intellect aanwenden. Hij kan het koninkrijk van zijn vader erven en regeren, genieten van de vreugden van de macht en, na verloop van tijd, ook van het respect dat ouderen betoond wordt. Of hij kan ten strijde trekken. Als hij dat laatste kiest, zal hij gedood worden voor de oorlog ten einde is, maar eerst zal hij zoveel roem en eer vergaren, dat zijn naam voorgoed in de dichtkunst zal voortleven.

Hij kiest de dood, en verwerft in ruil daarvoor onsterfelijkheid. Zo wordt hij de modelheld, één wiens eigenschappen en daden we, in eindeloze variaties, ook aantreffen in de levensverhalen van de helden die na hem kwamen, in leven en legende. Zijn schoonheid, zijn snelheid en woestheid, zijn weergaloze talent voor het doden van zijn medemensen, zijn onverzettelijke verplichting aan zowel eer als eerlijkheid, en bovenal het pathos van zijn

volmondig aanvaarde dood, dat alles bij elkaar verschaft hem een onuitspre-
kelijke aantrekkingskracht.

Zijn keus is geen gemakkelijke. Er is een alternatief. Er is een ander homerisch epos en een andere held, Odysseus, die voor het leven kiest, en die
zo vastbesloten is om vast te houden aan alles wat Achilles heeft afgezworen,
dat hij bereid is ervoor te liegen, te bedriegen en te stelen. Odysseus is een
intrigant, een draaier en een veinzer, een krijger als Achilles, maar dan een
die voornamelijk bekend staat, niet om zijn daden, maar om zijn woorden.
Hij dient als contrast: herhaaldelijk trekt hij de waarden die Achilles vertegenwoordigt in twijfel – zowel stilzwijgend, louter door zijn bestaan als iemand die de tegengestelde weg heeft gekozen, als expliciet bij de verschillende gelegenheden dat ze tegenover elkaar komen te staan. In de verhalen
van de helden die na hen komen gaan de eigenschappen van Odysseus en
Achilles samen of wisselen ze elkaar af, maar voor Achilles kan er geen sprake zijn van halve maatregelen, van een gedeeltelijk offer. Zijn keus is absoluut en tragisch. De glans die zijn moed en zijn mannelijke schoonheid hem
verlenen wordt zowel versterkt als verzwakt door zijn ontroostbare verdriet
om het vooruitzicht van zijn levenseinde, door zijn medelijden met zijn vader en moeder om het leed dat zijn dood hun zal brengen, en door zijn
smart om alles wat hij had kunnen zijn. In de hele *Ilias* laat Homerus hem
vraagtekens zetten bij de afspraak die hij gemaakt heeft (en waaraan hij zich
op elk moment kan onttrekken – drie dagen varen en hij zou thuis zijn), bij
elke tegenslag vraagt hij zich af: 'Was het hiervoor' dat hij besloten heeft zoveel op te geven? Hij minacht het leven noch bagatelliseert hij de dood. Hij
weet dat het leven meer waard is dan alle rijkdommen op aarde. Het vooruitzicht van de dood vindt hij verschrikkelijk. Hij omschrijft de woning van
de doden in de onderwereld als een 'dompige woning, die zelfs goden de
schrik op het lijf jaagt', en de schandelijkheden waaraan dood vlees onderhevig is, zijn een obsessie voor hem.

Als Achilles ooit heeft geleefd (iets wat wel nooit bewezen zal worden),
maakte hij deel uit van een cultuur die meer dan drie millennia achter ons
ligt, millennia waarin zich gigantische veranderingen hebben voorgedaan in
geloof, moraliteit, technologie, menselijke kennis. Toch worden in zijn verhaal, zoals verteld door Homerus, vragen opgeworpen die nu nog even verontrustend zijn als toen Agamemnon en de zijnen Troje belegerden. 'Als het
geslacht van de bladeren gaat het de mensengeslachten,' zegt een Trojaanse krijger tegen een Griek, wanneer ze aanstalten maken elkaar op leven en
dood te bevechten. De Griek heeft zijn opponent gevraagd wie hij is. Wat de
Trojaan wil zeggen is dat zijn identiteit er niet toe doet. Als elk mens even
vervangbaar is als de bladeren die dit jaar aan de bomen hangen, maakt het
nauwelijks uit wat de afkomst van wie dan ook is. In het licht van de sterfe-

lijkheid lijkt elke prestatie futiel, elke ruzie een ruzie om niks. De dood zou van ons allemaal nihilisten maken, ware het niet dat de mensen met zoveel hartstocht ten strijde trekken tegen zijn reducerende, nivellerende invloed. Achilles heeft er alles voor over, zijn leven incluis, om zijn uniekheid te doen gelden, zijn leven waarde en betekenis te geven, en aan de vergetelheid te ontsnappen.

Een niet-homerische legende vertelt hoe de goddelijke moeder van Achilles probeerde haar kind onkwetsbaar te maken door hem onder te dompelen in het water van de Styx, de rivier die de zielen van de doden moeten oversteken om in de onderwereld te komen. Haar poging is vruchteloos. De hiel waaraan Thetis Achilles vasthield bleef droog, en het was aan die hiel dat hij uiteindelijk dodelijk gewond zou raken. Thetis kon haar zoon niet in leven houden, maar hij zou zijn eigen weg vinden naar het eeuwige leven, een weg die niet eens zo heel veel afweek van de weg die zij geprobeerd had te bewandelen. Zoals zij getracht had hem voor de dood te behoeden door hem onder te dompelen in de rivier van de dood, ontsnapte hij aan de dood door zich in zijn armen te storten, en een vrijwillige dood te sterven in zijn zoektocht naar het eeuwige leven.

De *Ilias* begint met een ruzie om een meisje. Twee vrouwelijke gevangenen zijn, met instemming van het voltallige Griekse leger, toegekend, de ene aan Agamemnon, koning en opperbevelhebber, de andere aan de superieure krijgsman Achilles, als deel van de beloning die beiden met hun wapenfeiten verdiend hadden. Het meisje dat aan Agamemnon is gegeven is de dochter van een priester van Apollo. De boze god neemt wraak door het Griekse kamp te treffen met de pest. Een vergadering wordt bijeengeroepen. Schoorvoetend stemt Agamemnon ermee in om het meisje naar haar vader terug te brengen, maar hij eist genoegdoening. Als hij zijn eigen oorlogstrofee niet mag houden, wil hij die van een ander hebben. Achilles, die niet alleen een voorbeeld voor alle krijgers is maar ook een gewetensvol bewaker van hun erecode, werpt tegen dat zulks een schande zou zijn. Agamemnon wil hier niets van weten. Hij is baas boven baas: hij zal zijn zin krijgen, ongeacht wat een ander daarvan denkt: 'Kwaad zal zich maken hij die ik opzoek!' Achilles, buiten zichzelf van woede, verklaart dat hij naar huis zal terugkeren als Agamemnon het waagt de gedragscode waar ze zich allemaal aan houden op een dermate grove wijze met voeten te treden. Agamemnon valt fel tegen hem uit en maakt duidelijk dat hij zich de buit van Achilles, het meisje Briseïs, zal toe-eigenen. Even is Achilles bereid hem te doden, maar hij wordt daarvan weerhouden door de stem van de wijsheid, Pallas Athene. In plaats van het zwaard tegen Agamemnon op te heffen zweert hij een dure eed: hij zal niet meer vechten aan de zijde van het huis van Atreus.

Hij verlaat de vergadering en gaat naar zijn tent, helemaal aan het eind van het Griekse kamp, en daar blijft hij. De toorn van Achilles, de hartstocht die tegelijkertijd zo rampzalig en zo schitterend is, en die hem onsterfelijkheid heeft bezorgd, is niet de barbaarse bloeddorst die hem op het slagveld drijft, maar een principiële woede die hem van het slagveld weghoudt.

Deze ruzie is veel meer dan wat gekibbel om een slavin. Het is een geschil over de aard van superioriteit. Agamemnon zegt tegen Achilles dat hij zijn meisje zal afnemen opdat 'je zult weten / wie van ons tweeën de baas is'. Maar wordt de waarde van een man afgemeten aan zijn macht, of aan zijn talent? Hangt zijn waarde samen met zijn sociale en politieke relaties, of kan een individu een waarde bezitten ongeacht zijn positie in de gemeenschap? Komt Agamemnon, zoals de oude Nestor zegt, een grotere eer toe omdat hij 'over heel wat meer mensen' heerst? Of zou Achilles, wiens aanspraak op suprematie louter op zijn persoonlijkheid is gebaseerd, op zijn eigen, bijzondere, onovertroffen briljantheid, de grootste van de twee zijn? Dat zijn fundamentele vragen. De antwoorden die erop gegeven worden zijn van invloed op het gedrag van zowel individuen als naties, en bepalen de relatie tussen politieke instituties en de mensen die daar deel van uitmaken.

Achilles is een godgecreëerde aristocraat, het levende bewijs dat mensen niet gelijk geboren worden. Hij is de zoon van een godin en wordt door Homerus herhaaldelijk beschreven als 'aan een god gelijk': de superioriteit van Achilles is aangeboren. Pindarus, de dichter uit de vijfde eeuw voor Christus die de meest welsprekende pleitbezorger van het klassensysteem in het klassieke Athene was, viert zijn moed, zijn 'handen als Ares, zijn voeten als bliksemschichten'. In de *Ilias* is hij groots van lijf en leden. Als hij zijn wapenrusting verliest kan hij geen andere wapenrusting lenen van een der andere Grieken, want geen van hen, met mogelijke uitzondering van Ajax, is zo groot als hij. Zijn lichaam is van een sublieme volmaaktheid, zijn gelaat gaaf en aantrekkelijk. Zijn schoonheid, sterk erotisch, tekent hem, net als Helena, als bovenmenselijk. Hij is 'schitterend', letterlijk: in wapenrusting straalt hij als de zon. Hij is sneller dan al zijn medestrijders en derhalve dodelijker in de strijd. Als hij Hektor drie keer om de muren van Troje heen jaagt, zoals een havik achter een doodsbange duif aan jaagt, is het net zo goed zijn snelheid als zijn moed en zijn kracht die hem onoverwinnelijk maakt. Achilles is voorbestemd nooit oud te worden en heeft dan ook de glans en de energie van een jongeman. Zijn emoties zijn extreem, zijn reacties hartstochtelijk, zijn daden verwoestend. Om al die redenen is hij uniek onder de homerische strijders. Nestor mag dan wijzer zijn, Odysseus scherpzinniger en welbespraakter, Ajax sterker in het man-tegen-man-gevecht, Achilles is, met algemene instemming, de 'beste man der Achaeërs'. Alleen Agamemnon betwist zijn recht op die titel, maar dat doet hij op politieke gronden. Hij beweert niet dat hij een groter mens is dan Achilles. Hij baseert zijn uitdaging op de veronderstelling dat geen individu zoveel kan voorstellen als een gemeenschap, en dat de heerser van die gemeenschap, per definitie en ongeacht persoonlijke kwaliteiten van wie dan ook, derhalve de grootste is. Hoe uitzonderlijk begaafd Achilles ook mag zijn, zijn gaven vallen, naar de mening van Agamemnon, in het niet bij zijn gezag als opper-heerser. 'Ik maak mij niet druk over jou,' voegt Agamemnon hem toe.

Dat zou op zich al genoeg zijn om de woede van Achilles te wekken, maar er is meer. Achter de rivaliteit tussen Agamemnon de koning en Achilles de held – belichaming, respectievelijk, van de macht van het collectief en de briljantheid van het individu – ligt de vraag naar de legitimiteit van de oor-log waarin zij verwikkeld zijn. De vrouwen om wie ze ruzie maken zijn tro-feeën, geen buit. (Het zijn natuurlijk ook mensen wier rechten, naar moder-ne maatstaven, op grove wijze worden geschonden – maar dat aspect laten we nu voor wat het is.) Ze zijn aan de beide mannen toegekend als eerbewijs. Het zijn geen slavinnen die van tent naar tent worden doorgegeven, net zo-min als een medaille die is toegekend voor bewezen moed maar een muntje aan een lintje is, of de gouden beker van een atleet slechts een dure bokaal. Een ereprijs die aan een krijger is toegekend kan niet door een ander wor-den afgenomen zonder dat de betekenis ervan teniet wordt gedaan en de symbolische code waarin de prijs een rol speelde in twijfel wordt getrokken. Door Briseïs op te eisen gedraagt Agamemnon zich niet als een op roem be-luste krijger, maar als een op buit beluste bandiet. Daarmee maakt hij niet alleen zichzelf te schande, maar ook zijn hele leger. In de gruwelijke setting van het slagveld, een situatie waarin mannen maar al te makkelijk terugval-len tot het niveau van een roofdier, of van aas, is het van wezenlijk belang vast te houden aan het ongrijpbare concept van krijgsmanseer, dat als talis-man kan dienen tegen verschrikking en vertwijfeling. Achilles is naar Troje afgereisd om de belediging te wreken die Agamemnon en zijn broer Me-nelaos werd aangedaan toen de Trojaanse prins Paris Helena ontvoerde, de vrouw van Menelaos – hij is naar Troje gekomen om hun eer te redden. Als Agamemnon Briseïs van hem afpakt is Agamemnon echter net zogoed een ontvoerder als Paris. Dan wordt de Griekse invasie van het koninkrijk van Priamos ontmaskerd als niet meer dan een roofoverval op een rijk slachtof-fer, en is Achilles geen strijder voor een nobele zaak meer, maar de loopjon-gen van een plunderaar zonder principes. Als hij sterft zal het een smadelij-ke dood zijn, in een stupide, wrede oorlog, en de eeuwige roem waar hij op gehoopt had zou hem onthouden worden. Zoals hij later zegt tegen dege-nen die hem komen smeken terug te keren naar het slagveld, heeft dat geen zin als Agamemnon hun strijd van zijn betekenis heeft beroofd. De heb-zucht van de koning heeft alles waardeloos gemaakt, elk wapenfeit heeft iets banaals gekregen. In een wereld waar alles naar beneden is gehaald, waar het onderscheid tussen de edele krijgsman en de schurk is uitgewist, 'genieten lafaards dezelfde eer als de dapperste helden. Sterven moet hij die zich uitslooft zogoed als hij die niets uitvoert.'

Als duidelijk wordt dat de Grieken de bevelen van Agamemnon zullen blijven opvolgen, keert Achilles hun de rug toe en wordt, als zoveel helden na hem, een vrijwillige verstotene, aan de rand van een door hem verachte samenleving. Hij heeft zichzelf in de ban gedaan, en staat alleen. Zijn enige metgezel is Patroklos, de geliefde vriend die hem naar Troje is gevolgd. Hij was altijd al uitzonderlijk, maar nu heeft hij zich ook nog eens definitief afgezonderd. Geen mens die hem nog de wet kan voorschrijven. Hij eerbiedigt niemand en is voor niemand bang. In het verhaal van Homerus is hij de kampioen van het individualisme die in zijn eentje het hoofd biedt aan de compromitterende eisen van de gemeenschap, de verdediger van de puurheid van de eenling tegen de complexe tekortkomingen van de groep. In die rol is hij onovertroffen, maar potentieel dodelijk voor elke geordende staat. Als een gezant van Agamemnon bij hem komt, en hem smeekt weer aan de strijd deel te nemen, met de belofte dat hij schitterende geschenken zal krijgen en weer in ere zal worden hersteld, slaat hij dat aanbod af: 'Eer krijg ik meer dan genoeg door de wilsbeschikking van Zeus.' Hij vraagt niets van zijn landgenoten, noch erkent hij enige aanspraak die ze op hem zouden kunnen maken. In een woest apocalyptisch visioen bidt hij dat Grieken en Trojanen elkaar in stukken mogen hakken, en niemand in leven laten, op Patroklos en hemzelf na, opdat zij samen de muren van Troje zouden kunnen slechten. Alleen in zijn tent bespeelt hij de lier en zingt over 'de roem van de helden'. Hij acht zich ontslagen van iedere verplichting aan welk leger dan ook en voelt zich slechts verbonden met helden uit het verleden, stuk voor stuk net zulke uitzonderlijke, briljante non-conformisten als hij.

Terwijl Achilles mokt, zetten zijn landgenoten de strijd voort. Langzaam, onverbiddelijk, in de loop van verscheidene dagen, drijven de Trojanen, aangevoerd door Hektor, hen terug over de kustvlakte. Hun leiders – Agamemnon, Diomedes, Odysseus – zijn allemaal gewond. Ze werpen een wal op van stenen en klei, om hun schepen te beschermen, maar daar laten de Trojanen zich niet door weerhouden. De twee legers vechten man tegen man op en tussen de schepen, het strand ziet zwart van het bloed en het vuur van de strijd laait hoog op. Dan komt Patroklos, in tranen, bij Achilles en smeekt zijn vriend om zich te laten vermurwen, om de Grieken te redden van de ondergang en van de verschrikking aan hun lot te worden overgelaten in een land dat hun vijandig gezind is, hun schepen in vlammen te zien opgaan en zelf te worden afgeslacht of tot slaaf gemaakt. Achilles is geroerd, maar hij heeft gezworen zich niet in de strijd te mengen tenzij de Trojanen zijn eigen schepen bedreigen, en die liggen nog veilig en wel helemaal achteraan in het Griekse kamp. Hij houdt zich aan zijn eed. Hij zal zich niet zelf in de strijd mengen. Maar hij stemt in met een compromis: hij zal Patroklos zijn wapenrusting lenen en hem, in zijn plaats, naar het slagveld sturen.

Gehuld in de schitterende, als sterren fonkelende en met zilver beslagen bronzen wapenrusting die zowel Grieken als Trojanen meteen herkennen als de wapenrusting van de verschrikkelijke Achilles, met een grote pluim van paardenhaar op de kam van zijn helm, voert Patroklos de Myrmidonen aan, die 'vraatzuchtige wolven, hun hart vol toomloze vechtlust'. Als de Trojanen hem in het oog krijgen, staan ze te bibberen en wijken hun linies. Achilles lijkt weer op het strijdtoneel te zijn verschenen, en met hem 'het steile verderf'. Onder luid gegil, wild als donderwolken die worden voortgejaagd door een cycloon, stormt het op hol geslagen Trojaanse leger weg van de Griekse schepen, terug naar de veiligheid van hun eigen muren.

In de strijd die volgt doodt Hektor Patroklos en rukt hem de wapenrusting van Achilles van het lijf. Als dit nieuws Achilles bereikt legt hij zijn onenigheid met Agamemnon naast zich neer. Uitzinnig van verdriet vergeet hij alle scrupules ten aanzien van decorum, van eer, van zijn heilige eed. Hij besluit de volgende dag ten strijde te trekken, maar eerst laat hij zich aan zijn vijand zien. Als de schemering valt beklimt hij alleen en ongewapend de verdedigingswal voor de Griekse schepen. Pallas Athene, wier gunsteling hij is, kroont hem met een diadeem van vlammen die van zijn hoofd oplaaien naar de hemel, en werpt een schild om hem heen van vliegende storm. Vervuld van een woeste smart om zijn afgeslachte vriend laat hij drie keer een strijdkreet los die zo doordringend, zo vreselijk is dat de Trojanen zich in paniek omdraaien. 'In het gedrang kwamen twaalf voortreflijke mannen om 't leven, onder de wagens gestort of in eigen speren gevallen', gedood door aanblik en misbaar van de afschuwelijke Achilles.

'De man die niet in staat is samen te werken, of die in zijn onafhankelijkheid geen behoefte heeft aan anderen, maakt geen deel uit van de gemeenschap,' schreef Aristoteles. Zo'n man is 'als een dier of een god'. Achilles, die zich heeft afgescheiden van de broederschap van het leger, die alleen van Zeus bevestiging van zijn aanspraak op eer verwacht, heeft zich onafhankelijk gemaakt van zijn medemensen. Hij bindt niet weer de strijd aan om zijn landgenoten te redden, maar uit strikt persoonlijke wraakzucht. In de catastrofale strijd die volgt is hij niet alleen meer, maar ook minder dan een mens: goddelijk en beestachtig tegelijk. Hij wordt vergeleken met een bosbrand, met een reusachtige os die gerst uitdorst, met een leeuw (herhaaldelijk), met de Hondsster die pest doet neerdalen, met de uitzinnige god van de oorlog. Hij moordt en moordt en moordt tot de aarde doordrenkt is van bloed en de rivier die voor de muren van Troje stroomt vol lijken ligt. Zijn

strooptocht is ongehoord gewelddadig, en wel in zo'n extreme mate dat zowel hemel als aarde in woede ontsteekt. De rivier staat op tegen de onthei-
liging van zijn wateren: een reusachtige vloedgolf dreigt Achilles te over-
spoelen en mee te sleuren. Om hem te beschermen slingert Hefaistos een
grote vuurbal uit de hemel die over de vlakte raast, bomen en lijken ver-
zengt en de oevers van de rivier verschroeit tot hij bijna opdroogt. Het conflict is een botsing van natuurkrachten, apocalyptisch van kaliber, en in het
middelpunt plaatst Homerus Achilles, 'een demon gelijk', met een stem die
schalt als een trompet waarmee hij zijn razernij uitschreeuwt – 'De as van de
wagen van onder en ook de opstaande stang die de bak van de wagen om-
randde werden met bloed overspat, dat van onder de hoeven der paarden en
van de wielbanden opsloeg. En voort ging zich roem te verwerven Peleus'
zoon, met bloed overdekt zijn geweldige handen.'

In deze oorlog spelen de Trojanen een thuiswedstrijd. Zij verlaten 's
avonds het slagveld om zich terug te trekken in mooi gebouwde hallen, bij
vrouw en kinderen. Zij maken deel uit van een samenleving. Zelfs de dapperste Trojaanse krijger moet zich voegen naar het burgerlijk gezag van koning Priamos. Ze hebben tempels en priesters. Het landschap waarin zij de
strijd aanbinden met de Grieken is er een dat zij hebben getemd en productief gemaakt. Hun paarden hebben staan grazen op de grond die nu
glibberig is van het bloed. De bron waar Achilles Hektor langs jaagt heeft
hun altijd als wasplaats gediend. Hun kinderen wuiven hen na als ze oprukken door de Skaeïsche poorten. Hun ouders en andere ouderen staan op de
stadsmuren en kijken naar de gevechten vanaf een veilige plek. Hektor is
man, vader, zoon en broer, benevens beschermer van zijn huis en zijn medeburgers. In het vuur van de strijd mag hij dan, net als Achilles, woest worden als een wild beest, in wezen is hij huiselijk. Op de dag van zijn dood zit
zijn vrouw Andromache, die op hem wacht, binnen gehoorsafstand van het
gevecht te weven; haar dienaressen hebben het water voor zijn bad al ver-
warmd.

De Grieken daarentegen zijn ver van huis, familie, vrouwen, de bronnen
van hun cultuur. Ze mogen dan afkomstig zijn uit een beschaving, ze maken
er geen deel meer van uit. Negen jaar en langer hebben ze op de winderige
vlakte in hun legerkamp gewoond, met de grijze zee in de rug. Ze zijn afgesneden van ouders en kinderen, ze zijn uit de elkaar opvolgende generaties
weggeplukt. Het zijn allemaal mannen, allemaal volwassenen, en slechts enkelen van hen zijn oud: zoals elk leger vormen ze een gemeenschap die on-
natuurlijk uit balans is. Het zijn rovers, veedieven: ze verbouwen en produ-
ceren zelf niks. Ze hebben geen dak boven hun hoofd en draaien om de muren van Troje heen als hongerige wolven.

Dat bestaan, een leven als dolende plunderaar, als gevaarlijke buitenstaander die zelf ook voortdurend in gevaar verkeert, is wat Achilles heeft gekozen toen hij de weg koos die naar zijn vroege en roemruchte dood zou leiden. De Trojanen vechten omdat het hun burgerplicht is, zij zijn 'een leger van dappere mannen, die voor de zaak onzer ouders en echtgenotes en zonen Ilion [= Troje] zullen beschermen'. Als Achilles niet kan vechten denkt hij 'met verlangen aan het rumoer en gewoel van de oorlog'. Freud zou Hektor herkennen als een aanbidder van Eros, de scheppende godheid 'wiens doel het is individuele mensen samen te brengen, en daarna gezinnen te vormen, dan rassen, volken en naties, in één groot verband, de gemeenschap der mensen'. In de strijd is hij dapper en verschrikkelijk, maar zijn vechten is een dienst die hij verleent aan de samenleving. Hij vecht voor dat hele netwerk aan de hand waarvan hij zichzelf definieert. Achilles, de eenling, daarentegen, is een instrument van Thanatos, de kracht die de mensen scheidt en die zijn volgelingen aanzet hun eigen en andermans dood na te jagen. Hij is een van de wilden, een man die zowel de beperkingen als de voordelen van een burgerlijk bestaan van de hand heeft gewezen, wiens bereidheid zijn eigen dood te riskeren hem een onbeperkte volmacht heeft verschaft. Rondrazend op de vlakten buiten de Trojaanse muren is hij een angstaanjagende verschijning, de personificatie van wreedheid en brute kracht. Maar hij is ook, altijd, zelfs wanneer de waanzin uit zijn ogen straalt en hij gehuld is in het bloed van zijn slachtoffers, van een oogverblindende schoonheid.

Alles aan hem is opwindend, zelfs wanneer (vooral wanneer) zijn psychose een hoogtepunt bereikt. Hij is de eerste van de gentleman-boeven, van die charismatische outcasts die gezagsgetrouwe burgers niet alleen altijd hebben gefascineerd, maar ook de stuipen op het lijf gejaagd. Weg van het slagveld, debatterend in de vergadering of in zijn tent, is hij een stimulerende factor met zijn compromisloze integriteit en zijn extreme emotionaliteit. In het gevecht genereert hij een aanverwante maar duisterder respons. Zijn titanische energie, zijn dodelijke vaardigheden, zijn meedogenloosheid klinken als een luidere waarheid die hij óók te verkondigen heeft. 'Sterven, mijn vriend, zal ook jij,' zegt hij tegen een ongewapende Trojaanse prins die de armen om zijn knieën heeft geslagen, en hem op verwerpelijke wijze om genade smeekt. 'Waar is dat gejammer voor nodig? [...] Kijk eens naar mij, hoe mooi ik ben, en groot van gestalte [...] Mij evenzeer wacht de dood en de onvermurwbare Moira. Komen zal er een uur, in de ochtend of avond of middag, dat in de hevige strijd een man mij het leven zal nemen.' Dat is de waarheid. De koelheid waarmee Achilles die waarheid onder ogen ziet houdt verband met de betreurenswaardige maar bedwelmende furie waarmee hij zijn medemensen afslacht.

Een dergelijke moed en een dergelijke razernij zijn niet menselijk. 'Jij bent een kind van de ijzige rotsen en van de vaalgrijze zee,' zegt Patroklos tegen hem, als hij hem verwijt dat het lot van zijn strijdmakkers hem koud laat. Voor hun laatste duel stelt Hektor voor om af te spreken dat de winnaar het lijk van de verliezer teruggeeft aan de zijnen, opdat hij fatsoenlijk begraven kan worden. Hektor is gehuld in de wapenrusting die hij van het lijk van Patroklos had geroofd, de wapenrusting van Achilles. Hij lijkt sprekend op hem: in vol ornaat is Hektor bijna zijn gelijke. Hij is wat Achilles had kunnen zijn als die ervoor gekozen had de conventies te respecteren die de menselijke betrekkingen in goede banen leiden, en ook voor de toekomst veiligstellen. Achilles wijst echter iedere mogelijke band tussen zijn woeste zelf en zijn beschaafde dubbelganger van de hand. 'Praat me niet [...] van afspraken maken. Evenmin als tussen leeuwen en mensen een afspraak gemaakt wordt [...] zal er tussen ons twee [...] sprake van een verdrag kunnen zijn.' Hij erkent geen enkele verplichting meer aan wie dan ook, aan welke macht dan ook, behalve zijn eigen woede. Hij is bereid zijn menselijkheid helemaal af te leggen, om helemaal dierlijk te worden. Hij zou zich graag tegoed doen aan het vlees van Hektor. Hij heeft zich al bereid verklaard te sterven, een besluit dat getuigt van onmenselijk lef en dat hem zelfs bevrijd heeft van wat Tacitus 'dat beletsel voor alle grote ondernemingen' noemde: 'het verlangen te overleven'. De dood mag dan lijnrecht tegenover onsterfelijkheid staan, hij schenkt wel een soortgelijke onkwetsbaarheid. Achilles zaait dood en weet dat hij dood zal oogsten, en dat heeft hem een absolute vrijheid opgeleverd.

In blinde paniek vluchten de Trojanen voor hem uit, terug naar hun veilige stad. Op het laatst bevindt alleen Hektor zich nog buiten de stadsmuren. De twee kampioenen komen tegenover elkaar te staan. Achilles is dodelijk als de Hondsster, schitterend als de laaiende zon. Hektor, de nobele, nagenoeg onoverwinnelijke Hektor, verliest de moed en zet het op een lopen. Drie keer jaagt de snelle Achilles hem rond de muren van Troje. Hektor wordt vernederd, het is een zielige vertoning, hij is krachteloos als een bange duif. Uiteindelijk draait hij zich om, bereid om te vechten en zich te laten doden. Met zijn laatste adem voorspelt hij Achilles diens dood, maar Achilles is net zomin ontvankelijk voor angst als voor mededogen, hij hoont zijn slachtoffer: 'Sterf! Mijn eigen doodslot zal ik aanvaarden.' Zodra de Trojaan zich niet meer verroert, komen de andere Grieken aanrennen. In een afgrijselijk tafereel dat van razernij aan elkaar hangt doorboren ze om beurten het lijk van Hektor, tot Achilles hen tot de orde roept. Hij heeft Hektor gedood, hij zal ook de voornaamste ontwijder van diens lichaam zijn. Hij doorboort de pezen in de enkels van de Trojaanse prins (de pezen die later zijn naam zouden krijgen) en bindt hem daarmee achter zijn strijdwagen. Dan zweept hij zijn paarden aan tot een galop en spurt hij over de vlakte, terug naar het

Griekse kamp; het hoofd van Hektor, eens zo mooi, wordt al bonkend door het stof gesleept. De Trojanen die toekijken vanaf de muren, onder wie ook de ouders van Hektor, schreeuwen hun afgrijzen en hun wanhoop uit.

Dit instrument van massavernietiging, deze pleger van wreedheden, deze 'monsterlijke man' zoals Priamos hem terecht noemt, Achilles, is nog altijd 'de beste der Achaeërs', het ultieme toonbeeld van heldhaftigheid. Terug in het kamp worden onder zijn leiding de lijkspelen voor Patroklos gehouden. Als initiatiefnemer van deze spelen en uitreiker van de prijzen neemt hij zelf niet aan de wedstrijden deel: had hij dat wel gedaan, dan zou hij, uiteraard, onverslaanbaar zijn geweest. Hij troost de verliezers, treedt als scheidsrechter op wanneer zich ergens onenigheid voordoet, en laat iedereen blij met zijn royale prijzen tentwaarts keren. Zijn woede heeft hem verlaten. Wanneer Agamemnon de strijd met hem wil aanbinden als speerwerper, een gênante situatie riskerend als hij van Achilles zou verliezen, weet Achilles dat met tactvolle vleierij te voorkomen – zoals hij eens hartstochtelijk weigerde de superioriteit van zijn bevelhebber te erkennen, zo komt hij er nu volmondig voor uit: 'Agamemnon, wij weten hoe jij de Achaeërs ver in kracht overtreft en in speerwerpen allen de baas bent.' Zelfs zijn eerbied is vorstelijk. Hij is hoffelijk, verstandig, genereus, een heer onder het manvolk. In een krijgscultuur bestaat edelheid, ja, zelfs mildheid, probleemloos naast het vermogen de ene moord na de andere te plegen.

Twaalf dagen blijft het lijk van Hektor onbegraven liggen. Twaalf dagen rouwt Achilles om Patroklos, hij dwaalt radeloos langs het strand en zo af en toe snoert hij het lijk van zijn vijand aan zijn strijdwagen vast en sleept het drie keer rond het graf van zijn dierbare vriend. Uiteindelijk komen de goden tussenbeide. Thetis komt haar zoon vertellen dat het de wil van Zeus is dat hij het lijk terugbrengt. Die nacht, bijgestaan door Hermes, die hem ongezien langs de Griekse wachters heeft geloodst, verschijnt de oude koning Priamos in de tent van Achilles, en smeekt hem het lijk van Hektor te mogen vrijkopen. In ruil daarvoor biedt hij de prachtigste geschenken: twaalf van de gebrocheerde gewaden waar de wevers van Troje in de hele toenmalige wereld om bekend stonden, driepoten en ketels, tien staven goud, een Thracische drinkbeker van onschatbare waarde. Achilles, die de pogingen van Agamemnon om hem met kostbare geschenken te verzoenen herhaalde malen van de hand had gewezen, stemt in met zijn aanbod.

Dat hij dat doet is een teken dat hij er misschien wel klaar voor is de quasi-goddelijkheid van de getergde krijgsman in te ruilen voor het gecompromitteerde bestaan van een gesocialiseerde sterveling. Op het prachtige schild dat Hefaistos voor hem heeft gesmeed zijn twee steden afgebeeld, twee visies naast elkaar. De ene is een wereld in oorlog, waar zelfs bondgenoten ruziemaken over de te volgen tactiek, waar het bloed van mens en dier om niet vergoten wordt, waar de enige manier om geschillen op te lossen het afslachten van je tegenstrever is. De andere is een miniatuurbeschaving, allereerst gekarakteriseerd door bruiloften en danspartijen, symbolen van eenheid en gezamenlijke scheppingskracht, maar nog veel nadrukkelijker door de gedetailleerde afbeelding van een conflict dat tot een oplossing wordt gebracht, niet door geweld, maar door argumentatie en, uiteindelijk, financiële genoegdoening. Er is een man vermoord. De moordenaar en een naaste van het slachtoffer zijn naar de markt gekomen opdat hun zaak in het openbaar besproken kan worden. De moordenaar biedt aan om zoengeld te betalen. De ander weigert dat te accepteren. 'Beiden wensten de zaak door de rechter te laten beslissen', beiden willen gespaard blijven voor de gruwelen van de bloedwraak. De ouderen van de stad stellen, om beurten, allerlei oplossingen voor. Geld, en niet bloed, zal dit conflict beëindigen.

Het fenomeen van de huurling is vaak als onverenigbaar met het heroïsche ideaal beschouwd. Iemand die voor geld te koop is, verspeelt mogelijke aanspraken op roem en eer. Plato laakte Homerus omdat die de grote Achilles een lijk liet inruilen voor geschenken. Een held behoorde niet te worden afgebeeld als lijder aan de 'kwaal der kleingeestige inhaligheid'. Sallustius, de Romeinse historicus, prees de groten uit de begintijd van Rome om hun minachting voor goud, hun voorkeur voor roem: 'Door allen gezien te worden bij het verrichten van een grootse daad, dat beschouwden ze als rijkdom.' Vergilius, wiens held de Trojaanse prins Aeneas was, deelde Achilles de rol toe van aartsvijand, niet alleen van Troje maar ook van de beschaving in het algemeen, en greep elke gelegenheid aan om hem in diskrediet te brengen: in de *Aeneis* worden de gebeurtenissen uit de *Ilias* zo gebracht dat de suggestie wordt gewekt dat Achilles gedreven zou zijn door geldzucht, dat hij Hektor gedood zou hebben met de onwaardige intentie hem te verkopen. De aversie jegens het zakendoen is hardnekkig gebleken. Aan het begin van de twintigste eeuw dachten leden van de Europese adel er nog heel goed over na alvorens hun kinderen ten huwelijk te geven aan nieuwe rijken die hun fortuin in de handel hadden gemaakt.

Van dergelijke scrupules hebben de helden van de *Ilias* geen last. In de angstwekkend oorlogszuchtige wereld die Homerus beschrijft, lijkt het sluiten van een financiële overeenkomst een meer dan welkome afleiding van de anders onafwendbare cyclus van dood en wraak. Zoals Ajax aanvoert: 'Een man aanvaardt toch het zoengeld zelfs van degeen die zijn broer of kind om het leven heeft gebracht.' Is de prijs eenmaal betaald, dan kan de moordenaar weer worden opgenomen in de samenleving en moet de gekrenkte 'zijn trots, zijn smeulende, wraakgierige geest in toom houden'. Dergelijke transacties mogen dan indruisen tegen de wraaklust van de eenling, ze zijn noodzakelijk voor het behoud van de gemeenschap. Ze zijn verre van oneervol, integendeel: het zijn juist uitingen van een prijzenswaardige verdraag-zaamheid. De weigering van Achilles om de geschenken van Agamemnon en diens verontschuldiging te aanvaarden duidt erop dat hij zijn moordlust nog niet kwijt is, dat hij een vijand van zijn volk is, 'onbuigzaam en hard [...] als Hades'.

Hij aanvaardt de door Priamos voorgestelde ruil omdat de oude koning het niet alleen in zijn eigen belang vraagt, maar ook in dat van zijn vader, die net als hij op een dag zal treuren om het verlies van een roemrijke zoon. Achilles is eindelijk bewogen, tot tranen toe, en hij weent samen met Pria-mos. De wrok die hem gevoelloos had gemaakt is geweken. Hij heeft te doen met Priamos, met zijn eigen vader, met Patroklos, met zichzelf. Hij leeft niet langer in een isolement, hij is geen Übermensch meer, noch een Untermensch – hij maakt nu deel uit van een familie, van een ras. Hij ver-zoekt Priamos met klem om te eten, zoals Odysseus en Thetis bij eerdere gelegenheden geprobeerd hadden hem tot een maaltijd over te halen; de be-hoefte aan voedsel is immers iets dat mensen nederig stemt, dat hen aan hun kwetsbaarheid herinnert, en aan de dwingende noodzaak tot samenwerken. Hij lijkt bijna bereid zich te schikken in de compromissen en offers die een sociaal bestaan vereisen, en de beperkingen te aanvaarden die lichamelijk-heid aan menselijke gedragingen stelt. Sinds Briseïs van hem werd afge-nomen heeft hij zich suïcidaal gedragen. Alleen de dood zwicht voor geen mens, zegt Agamemnon, woedend om zijn onverzettelijkheid, maar Achil-les heeft zich net zo onverzoenlijk betoond als de dood, en heeft steeds de dood voor ogen gehouden. Misschien, als hij nog eens de kans kreeg om een keus te maken, dat hij dan voor overleven zou kiezen. Maar hij krijgt geen tweede kans. Priamos keert terug naar Troje met het lijk van Hektor. Twaalf dagen houden beide partijen wapenstilstand terwijl de Trojanen de begra-fenisrituelen in acht nemen. Kort nadat de gevechten worden hervat valt Achilles.

Volgens een Romeinse legende had zich in de vroegste tijden midden in het Forum een afgrond geopend die zo dreigde uit te dijen dat hij de hele stad zou verzwelgen. De doodsbange Romeinen raadpleegden de orakels, die hun voorhielden dat die afgrijselijke bek alleen dicht zou gaan als Romes grootste schat erin geworpen werd. Een voortreffelijke jongeman genaamd Curtius, knap, moedig en van adel, sprong meteen, volledig bewapend als-of hij ten strijde trok, op zijn paard, gaf het de sporen en stortte zich in de afgrond. De aarde sloot zich boven hem. De stad was gered. Zo ook opent de dood van Achilles, 'de beste van de Achaeërs', de weg voor een Griekse overwinning. Als hun beste krijger, hun grootste schat, is geofferd, nemen de Grieken Troje in.

Als de oorlog voorbij is, als de legendarische torens van Troje verbrijzeld zijn, haar rijkdommen geplunderd en alle inwoners afgeslacht dan wel tot slaaf gemaakt, als de Grieken eindelijk op hun schepen vertrokken zijn, maken Poseidon en Apollo de zware wal die de Griekse schepen verdedigd had met de grond gelijk. Voor met de bouw daarvan was begonnen waren niet de juiste offers gebracht. De buitensporige wal is een goddeloze smet op het landschap. De goden roepen de wateren van de aarde op om hem weg te wassen. Buiten hun oevers tredende rivieren, stortregens, grote zeegolven beuken op de wal in tot er niets meer van die architectonische krachttoer over is. Deze oorlog, de meest gevierde oorlog in de geschiedenis van de mensheid, zal geen spoor op de aardbodem nalaten.

'Je zou me van onverstand kunnen betichten,' zegt Apollo tegen een medegod, 'als ik ten strijde zou trekken omwille van sterflijke mensen, die ongelukkige schepsels, op bladeren lijkend, die nu eens bloeien en sterk zijn en zich aan de vrucht van de akker te goed doen, maar al spoedig verkwijnen en dood zijn.' In het licht van de eeuwigheid zijn menselijke aangelegenheden lood om oud ijzer. Menselijke aspiraties zijn absurd. Menselijke twisten zijn niet van belang en het menselijk leven is vluchtig als de seizoenen.

In de ogen van de homerische helden maakt die jammerlijke kortstondigheid het leven des te kostbaarder. Zij geloven niet aan een subliem leven na de dood dat het teloorgaan van dit leven zal compenseren. De zielen van de doden leven voort, maar eenmaal gescheiden van hun lichaam leiden ze een duister en treurig bestaan. Bij de dood van een krijger schrijft Homerus: 'Heen vlood de ziel uit zijn lichaam, op weg naar Hades, ontroostbaar dat zij hem zo, in de kracht van zijn bloeiende jeugd, moest verlaten.' Fysieke schoonheid, de wonderbare kracht en gratie van het menselijk lichaam, die maken de grootsheid van het leven uit. De geneugten van het intellect, van krijgslisten, van het vertellen van verhalen en van het debat, worden ook op waarde geschat, maar ook dat maakt allemaal deel uit van een lichamelijk leven, en is voor zijn bestaan afhankelijk van oor en tong en hersens.

Achilles en zijn strijdmakkers behandelen lichamen, dood of levend, met eerbied en tederheid – of met een geweld dat bewust een aanslag wil zijn op de erkende heiligheid van dat lichaam. Meer dan de helft van de gevechten die in de *Ilias* worden beschreven zijn gevechten om lijken, waarin de vijanden van een krijger diens gevallen lichaam van zijn wapenrusting proberen te beroven (waaraan schrijnend genoeg een veel langer leven beschoren is dan haar drager) terwijl zijn kameraden hun uiterste best doen hem voor een dergelijke postume ontering te behoeden, waarbij ze soms hun leven geven om iemand die al dood is te redden. Het is het vlees dat kostbaar is: zonder dat is de geest van weinig belang. Begrafenissen zijn ontzagwekkend, er komt nauwelijks een eind aan en ze zijn waanzinnig duur. Lijkspelen eren de dode door de lichamelijke kracht en snelheid en vaardigheid van de overlevenden te vieren, waarmee ze er, zelfs ter nagedachtenis van iemand die dat alles verloren is, op hameren dat de adem des levens van onzegbare waarde is. En eenmaal weg komt hij nooit meer terug. Achilles slaat alle geschenken die Agamemnon hem aanbiedt af, hij zou ze zelfs afslaan al bood hij hem 'meer dan er stof is en zand langs de zeeën', want alle rijkdommen van de wereld zijn minder waard dan zijn korte spanne tijds onder de zon. 'Bij een man keert nooit [...] 't leven terug, nadat het de haag der tanden ontsnapt is.'

Maar zoals de onstoffelijke geest een treurig en schamel geval is, zo is het onbezielde vlees plat en grof, en kwetsbaar voor het weerzinwekkendste misbruik. De waardigheid van een mens die lichaam en geest nog bijeen heeft is buitengewoon precair. 'Leiders en legerhoofden der Grieken,' roept Patroklos, als hij de belegerde Achaeërs betreurt. 'Zo was je lot dus [...], in Troje 't blankwit vlees aan de gretige honden te eten te geven.' De homerische krijgers, die meer dan negen jaar bij een slagveld hebben gebivakkeerd, met onophoudelijk de gruwelen van de oorlog voor hun ogen, worden gekweld door de wetenschap dat de sterke armen, de onvermoeibare schouders, de veerkrachtige knieën waar ze zo trots op zijn, evenzoveel vet zijn dat zal oplossen en worden verzwolgen door de onpartijdige aarde, evenzoveel stukken vlees. In een van de meest troosteloze passages van dit wrange epos voorziet koning Priamos zijn eigen dood. '[...] vraatzuchtige honden [zullen], vóór aan de deur, me verscheuren, waakhonden die ik verzorgde in huis en grootbracht aan tafel, – drenken zullen ze zich met mijn bloed en met dazige koppen neerliggen in het portaal.' De dood maakt elke relatie ongedaan, doet alle status teniet. '[...] de honden [onteren] 't grijswitte haar, grijswitte baard en schaamte'. Zelfs een koning als Priamos wordt, als zijn levensadem is geweken, afgebroken tot ontoonbaar stof, weerloos, weerzinwekkend. Als Zeus de onsterfelijke paarden van Achilles ziet wenen om Patroklos verontschuldigt hij zich dat hij ze heeft gestuurd om bij stervelingen te leven, wier onontkoombare lot zo erbarmelijk, zo vernederend is. 'Er is nergens iets dieper rampzaligs te vinden dan mensen.'

Er is één manier om iets te behoeden voor de wreedheid van de dood. De homerische krijgers hadden het idee dat geweld onbevreesd met nog meer geweld beantwoorden een manier zou kunnen zijn om zichzelf van dingen die vernietigd konden worden te transformeren tot onverwoestbare herinneringen. Een man zonder moed is slechts vluchtige stof. 'Jullie mogen voor mijn part tot water vergaan en tot aarde,' zegt Menelaos tegen de Grieken als geen van hen dapper genoeg is om in te gaan op de uitdaging van Hektor tot een tweegevecht. Maar een man die bereid is de dood onder ogen te zien, is de dood te slim af. Het slagveld, zoals Homerus ons keer op keer voorhoudt, is waar mannen roem verwerven, en het verwerven van roem diende in de Oudheid een nauw omschreven en dringend doel. 'O, mijn vriend,' zegt Sarpedon tegen zijn vriend, 'wanneer wij, door ons aan de strijd te onttrekken, eeuwig jong zouden zijn en voor altijd onsterfelijk waren, dan zou ik zeker niet zelf in de voorste gelederen vechten en ik zou jou niet de strijd, die mannen beroemd maakt, doen ingaan. Maar nu ons toch de talloze doodsdemonen bedreigen, waaraan geen mens kan ontkomen, – laten wij gaan om te zien of anderen ons, of wij aan een ander krijgsroem verschaffen.' Alleen krijgsroem kon de treurige onverbiddelijkheid van de dood verzachten. De man die krijgsroem verwierf onderscheidde zich bij leven van de massa, en als hij stierf ontkwam hij aan de vergetelheid.

De weergaloze schoonheid van Achilles is kostbaar, niet omdat hij er baat bij zou hebben in de liefde, maar omdat het die schoonheid is, samen met zijn kracht en dapperheid, waardoor hij uitmunt. Zijn roem is intens belangrijk voor hem, en zou dat voor zijn medestrijders ook zijn geweest. Het is geen lichtzinnige ijdelheid waardoor hij zijn roem zo hoog schat. Een man die wordt geprezen en geëerd bij zijn leven, zal misschien in de herinnering voortleven, zelfs als zijn lichaam tot as is weergekeerd en zijn geest is afgedaald in de duisternis. Vergetelheid is de absolute dood. Voor Agamemnon, die de nederlaag voor ogen ziet als de Trojanen de Griekse schepen insluiten, is het verschrikkelijkste aspect van het lot dat hem en zijn leger wacht dat als ze eenmaal, zover van huis, zullen zijn afgeslacht, hun herinnering zal worden uitgewist. Het enige moment in de *Ilias* dat Achilles angst toont is als de rivier de Xanthos hem dreigt te overweldigen, hem smadelijk dreigt mee te sleuren 'als een jongen [...] met een troep zwijnen' om hem zo diep in slik en slijm te begraven dat zijn beenderen nooit gevonden zullen worden, en geen mooie grafterp hem van blijvende roem zal voorzien.

Augustinus begreep dat verlangen naar roem in de Oudheid, en dat wat in zijn ogen een overwaardering was van de 'holle lofprijzing van mensen'. Terugblikkend vanuit het standpunt van iemand die door het sterven van Christus zijn hoop had gevestigd op de hemel, schreef hij lankmoedig over de dwaasheid waarmee ze probeerden hun jammerlijk eindige leven te verlengen en er draagwijdte aan te geven. 'Aangezien er voor hen geen eeuwig leven was, wat konden zij dan anders zoeken dan roem, waarmee ze beweerden zelfs na de dood een soort leven te vinden op de lippen van hen die hun lof zongen?'

Dat holle hiernamaals was te bereiken door te doden. Nog beter was het te verwerven door te vallen in de strijd. In de *Odyssee* ontmoeten de schim van Achilles en die van Agamemnon elkaar in de onderwereld. Agamemnon die, toen ze nog leefden, zo fel op zijn superioriteit had gehamerd, bewijst nu eer aan de ander, en toont zijn respect voor het glorieuze einde van

Achilles. Rang verschaft een man eer, maar alleen de dood van een soldaat brengt roem. Agamemnon was bij zijn terugkeer in Mycene vermoord door zijn vrouw Klytaimnestra, en moest, als het slachtoffer van een laaghartige en weerzinwekkende misdaad, in de eeuwigheid een stap terug doen. Hij zegt, en Achilles geeft hem daarin gelijk, dat hij liever bij Troje in de strijd zou zijn gevallen. Afgunstig beschrijft hij de begrafenis van Achilles, de achttien dagen van onafgebroken treuren, van sombere ceremonies, de tranen, de lijkzangen, de brandoffers, de spelen, de lange rouwstoet van mannen in volle wapenrusting, het galmende gebrul dat opsteeg toen de brandstapel werd aangestoken, de grote grafheuvel die werd opgericht boven de beenderen van de held. 'Ja, je was wel geliefd bij de goden en hebt je roemrijke naam ook na je dood niet verloren, die je bij alle mensen tot roem blijft strekken, Achilles.'

De goden hebben zich aan hun overeenkomst met Achilles gehouden. Zijn roem is nog niet verbleekt. Voor de Grieken uit de klassieke tijd, voor de Romeinen na hen en – na een periode van bijna duizend jaar waarin de Griekse taal in het Westen nagenoeg vergeten was – voor elke beschaafde Europese heer (en enkele dames) van de Renaissance tot het begin van de twintigste eeuw, waren de twee homerische heldendichten de erkende fundamenten van de westerse cultuur, en was 'de beste man der Achaeërs' het prototype van de held.

Alexander, de tweeëntwintigjarige koning van Macedonië, wiens durf en reusachtige ambitie toen al in het oog sprongen, besloot in 334 v. Chr. om bij zijn aankomst in Azië voet aan land te zetten op het strand dat van oudsher gehouden werd voor het strand waar, zo'n negen eeuwen eerder, de zwarte schepen van de Grieken gelegen zouden hebben in al die tien schokkende jaren dat ze Troje belegerden. Alexander sliep elke nacht met een exemplaar van de *Ilias*, dat hij zijn 'reisverhaal van voortreffelijkheid in de strijd' noemde, en een dolk, onder zijn kussen. Hij beweerde dat zijn moeder van Achilles afstamde. Hij moedigde zijn hovelingen aan hem bij de naam van Achilles te noemen. Toen zijn vloot de kust naderde gordde hij zijn wapenrusting aan en nam hij het roer van de koninklijke trireem over. Alvorens te velde te trekken teneinde de wereld te onderwerpen wilde Alexander zijn voorbeeld eer bewijzen.

De inwoners van Troje, in die tijd niet meer dan een dorp, wilden hem het instrument ten geschenke geven waarop Paris (die ook bekend stond als Alexander) Helena zijn serenades had gebracht, maar Alexander wees dat af. 'Die lier,' hield hij hun voor, 'daar geef ik niks om. Ik ben gekomen voor de lier van Achilles, waarmee hij, zoals Homerus zegt, de kracht en roem van dappere mannen bezong.' Achilles zong, alleen in zijn tent, over de daden van de helden uit het verleden tot wie ook hij gerekend wenste te worden

– evenzo bewees Alexander, op dit gedenkwaardige beginpunt, plechtig eer aan zijn grote voorganger. Naakt, en ingesmeerd met olie, rende hij met zijn mannen naar de heuvel waarvan werd aangenomen dat het de grafterp van Achilles was, en legde daar een lauwerkrans.

Alexander was een jonge Helleense koning, met de ambitie Azië te veroveren, en met het heilige voornemen een reputatie op te bouwen als krijger die de vergelijking met krijgers uit het legendarische verleden zou kunnen doorstaan: misschien is het wel voorspelbaar dat zo iemand Achilles als voorbeeld en schutsheer koos. Maar een generatie eerder had een man van een heel ander slag ook zijn naam aangeroepen. In 399 v. Chr. werd de zeventig jaar oude filosoof Socrates in Athene voor het gerecht gedaagd: hij zou weigeren de goden van de stad te erkennen, nieuwe godheden introduceren en de jongeren bederven. Socrates moest zich tegen die beschuldigingen verdedigen voor een rechtbank van vijfhonderd Atheners. Maar hij verweerde zich niet tegen de aantijgingen, hij dreef er de spot mee. Toen, halverwege zijn pleidooi (zoals enige jaren nadien door Plato geboekstaafd), veranderde hij van toon. Even legde hij zijn beroemde ironie en zijn provocerende koelbloedigheid terzijde. Hij was impopulair, zei hij, dat besefte hij, en hij had al enige tijd geweten dat hij het risico liep zich de doodstraf op de hals te halen. Maar als iemand hem mocht vragen waarom hij, in dat geval, volhardde in een opstelling die zo duidelijk de ergernis van de autoriteiten wekte, zei hij dat hij zou antwoorden: 'Je vergist je, vriend, als je denkt dat een man die ook maar iets waard is zijn tijd zou moeten verdoen met het wegen van de kansen op leven of dood. Hij heeft maar één ding in overweging te nemen bij het verrichten van welke daad dan ook; dat is of hij rechtvaardig handelt, of onrechtvaardig.' Als hem vrijspraak werd aangeboden – en hij de doodstraf zou kunnen ontlopen – op voorwaarde dat hij zich in de toekomst zou onthouden van het soort wijsgerige onderzoek dat hij gewend was te doen, zou hij dat aanbod afslaan. 'Ik ga mijn gedrag niet veranderen, al moet ik honderd doden sterven.'

Er ontstond opschudding in het hof. Ongegeneerd volhardde Socrates in zijn uitdagende houding, onder verwijzing naar de passage in de *Ilias* waarin Thetis tegen Achilles zegt dat als hij zich weer in de strijd werpt, hij spoedig zal sterven, want hij is gedoemd kort na Hektor te vallen. ' "Laat mij onmiddellijk sterven," zei Achilles, "... liever dan hier bij de hoornvormig gestevende schepen te blijven om bespot te worden, een last voor de aarde." Denken jullie dat hij ook maar één moment stilstond bij dood en gevaar?' Het citaat was niet loepzuiver, maar het gevoel is authentiek homerisch. Net als Socrates weigerde Achilles 'een last voor de aarde' te zijn, een stuk bezielde materie, gehoorzaam aan de onnozele of immorele decreten van anderen. Waar hij ook ging, hield Socrates zijn rechters voor, overal zou het gevestigde gezag hem vervolgen als hij het in twijfel bleef trekken, en hij zou daar nooit mee ophouden. Een leven waarin het hem niet vrij stond te denken en te spreken zoals hij wilde, was 'het leven niet waard'. Dan was hij liever dood.

Er werd tot stemming overgegaan. Socrates werd schuldig bevonden met 280 tegen 220 stemmen. Hij nam opnieuw het woord. Zijn aanklagers eisten de doodstraf. Volgens de Atheense wet was het aan de verdedigende partij om een andere, minder strenge straf voor te stellen. Socrates was ervan overtuigd, en de meeste historici zijn het met hem eens, dat als hij om verbanning had gevraagd, hem dat vergund zou zijn geweest. Daartoe weigerde hij zich echter te verlagen. De doodstraf werd in stemming gebracht, en goedgekeurd door een substantieel grotere meerderheid dan het oordeel (waaruit blijkt dat er meer mensen in het hof waren die Socrates dood wilden dan mensen die in zijn schuld geloofden). Opnieuw nam hij het woord. Hij verklaarde dat hij tevreden was, want juist handelen, naar eigen inzicht en moreel oordeelsvermogen, gaf zoveel bevrediging dat elk leed erdoor in de schaduw werd gesteld: 'Niets, in het leven noch na de dood, kan een goed mens deren.' Socrates, uitdagend, moedig en onverzettelijk als hij was, had wel bewezen dat hij Achilles, het voorbeeld dat hij voor zijn rechters had aangeroepen, waardig was.

Achilles was een gewelddadig man die toegaf dat hij in het debat makkelijk te verslaan was, een man wiens hartstochten heftig waren en wiens gedachten vaak weinig samenhang vertoonden, een man die altijd zei wat hij dacht en die uitvluchten verfoeide – in vele opzichten een bizar model voor de filosoof die er onophoudelijk naar streefde de emotie aan de rede te onderwerpen, die een meester was van de ironie en die andermans gedachten op geniale wijze wist te manipuleren. Maar ondanks al hun verschillen waren de klassieke wijsgeer en de legendarische krijgsman uit hetzelfde hout gesneden. Alexander, wereldveroveraar in opkomst, trachtte zich te associeren met de jeugdige moed en onoverwinnelijkheid van Achilles, de briljante, dodelijke krijger die met zijn schittering de pracht van de middagzon naar de kroon stak. Maar toen Socrates, de onbemiddelde, stompneuzige, onverbeterlijke oude kwelgeest van het zelfgenoegzame gezag en gesel van oneerlijk denken, Achilles als voorganger opeiste, deed hij dat in het besef dat Achilles meer was dan een moordenaar met een ongekend charisma, dat hij zowel in oorlog als vrede tot model kon dienen – Achilles was immers een man die met alle geweld wilde dat zijn leven zijn eigen achting van zijn immense waarde als individu waardig was, en een man die bereid was de prijs te betalen die nodig was om dat leven betekenis te geven en met voortreffelijkheid te bekleden, al was die prijs datzelfde leven. Socrates tartte de conventie en kwam uiteindelijk in aanvaring met de wet omdat hij zich

43

aan geen ander dictaat wenste te onderwerpen dan dat van zijn intellect en zijn persoonlijke *daimon*. Achilles kwam in opstand tegen de heerschappij van Agamemnon, en keek meedogenloos toe terwijl zijn landgenoten werden afgeslacht, liever dan dat hij zich compromitteerde. Beiden waren koppig, zelfdestructief, onuitstaanbaar voor hun vijanden en de wanhoop van hun vrienden. Beiden kenden hun eigen persoonlijke integriteit een hogere waarde toe dan enige (goede dan wel slechte) dienst die ze de gemeenschap zouden kunnen bewijzen. Beiden zijn veroordeeld om hun laakbare trots, en beiden zijn vereerd om hun moed en hun buitengewone opstandigheid.

In zijn tent, helemaal achter in het Griekse kamp, door zijn woord verplicht zich afzijdig te houden, geïsoleerd door zijn eigen wrok en andermans angst daarvoor, lag Achilles overhoop met het uit losse onderdelen in elkaar geflanste gevaarte dat elke maatschappij nu eenmaal is. Elke groep, of het nu een gezin, een stad, een leger of een natie is, hangt voor zijn voortbestaan af van de bereidheid van zijn leden om zich te onderwerpen, om compromissen te sluiten, om te aanvaarden wat mogelijk is in plaats van te eisen wat volmaakt is. Maar een maatschappij die de standaard van volmaaktheid uit het oog verliest is gevaarlijk instabiel; coulantheid en plooibaarheid ontaarden makkelijk in corruptie en omkoopbaarheid. Achilles en anderen die zich, net als hij, in principiële kwesties standvastig hebben betoond, hoe koppig en zelfdestructief ook, werden in het algemeen net zo hartgrondig vereerd door omstanders en het nageslacht, als ze verafschuwd werden door de autoriteiten die ze aan de kaak stelden. 'Word wie je bent!' schreef Pindarus, tijdgenoot van Socrates. Dat is makkelijker gezegd dan gedaan. Een man die wil worden wie hij is moet niet alleen een meedogenloze lak hebben aan de belangen van anderen, maar ook een gigantische Einzelgänger zijn, en een absoluut integer mens. Achilles, die huichelaars grondiger verafschuwde dan de poorten van Hades, had de moed een poging te wagen, en dat kostte hem zijn leven.

Alcibiades

In 405 v. Chr. eindigde de Peloponnesische Oorlog, die een kwart eeuw had geduurd en die de hele Helleense wereld op zijn kop had gezet, met de verpletterende nederlaag van de Atheners bij Aigospotamoi aan de Hellespont. De vloot waarvan Athene afhankelijk was voor zijn veiligheid en voedselbevoorrading, werd vernietigd. Lysander, die de zegevierende Spartanen aanvoerde, liet alle verslagen Atheense soldaten afslachten. Het schip met het nieuws bereikte de Atheense haven Piraeus bij het vallen van de nacht. Het gejammer begon op de kade. Het nieuws werd van mond tot mond doorgegeven en verspreidde zich geleidelijk langs de verdedigingswallen die de stad met de zee verbonden tot het de donkere straten rond de Akropolis bereikte en de hele stad uitbarstte in gebrul als een enorm dier in doodsnood. 'Die nacht sliep geen mens,' schreef Xenophon. 'De Atheners treurden om de gevallenen, maar meer nog om hun eigen lot.'

De Atheners hadden goede reden om te treuren. Binnen enkele maanden waren ze ingesloten en door uithongering tot overgave gedwongen. Hun democratie was vervangen door een moordlustige regering van marionetten, een oligarchie die bekend stond als de Dertig Tirannen. Ze leefden in angst, voor de Spartanen die nu heer en meester waren, en voor elkaar, want iedereen die vroeger prominent was geweest stond nu onder verdenking, informanten waren zo actief dat niemand zijn buurman durfde te vertrouwen en Critias, de leider van de Dertig, 'begon er een groot genoegen in te scheppen om mensen ter dood te brengen'. En toch, zo schreef Plutarchus, 'bleef bij al hun problemen een sprankje hoop bestaan dat de Atheense zaak nooit helemaal verloren kon zijn zolang Alcibiades in leven was'.

Alcibiades! De naam was een toverspreuk, met een uitwerking die, zoals alle magische processen, elke rede te boven ging. De man op wie de Atheners, in hun tegenspoed, hun hoop vestigden, was iemand die ze tot driemaal toe hadden verworpen, een verrader die zo effectief voor hun vijanden had gewerkt dat er Atheners waren die hem persoonlijk verantwoordelijk hielden voor de ondergang van hun stad. Alcibiades was voor de tweede keer uit Athene verbannen en woonde nu onder de barbaren in Thracië. Daar, in een zwaar versterkte burcht, met een privé-legertje onder zijn bevel, leidde hij het leven van een onafhankelijke krijgsheer of roverhoofdman. Er was geen goede reden om te veronderstellen dat hij ook maar iets zou kunnen betekenen voor de Atheense democratie, en geen enkele zekerheid dat hij bereid zou zijn te helpen, al zou hij daartoe in staat zijn. En toch, zoals de eerste-eeuwse historicus Cornelius Nepos opmerkte, was Alcibiades een man van wie altijd wonderen waren verwacht, in goede dan wel kwade zin. 'De mensen dachten dat er niets was dat hij niet tot stand zou kunnen brengen.'

Plato, die Alcibiades kende, werkt in zijn *Politeia* een, wat hij noemt, 'nobele leugen' uit, een fabel waarin hij oppert dat alle mensen van aarde zijn gemaakt, maar dat bij een paar mensen de aarde vermengd is met goud, wat hen wezenlijk superieur maakt aan hun medemensen, en geschikt om macht uit te oefenen. Die leugen, suggereert Plato, is politiek nuttig. In zijn ideale republiek zou hij de massa, door middel van 'indoctrinatie', graag het geloof in die leugen willen inprenten, opdat de mensen nog makkelijker te regeren zouden zijn. Waarschijnlijk zou het niet eens moeilijk zijn. Het geloof dat sommige mensen van nature anders dan, en beter dan, anderen zijn, is alomtegenwoordig in elke heidense mythologie, in alle klassieke legendes, en komt ook naar boven in volksverhalen en sprookjes. De vondeling wiens blanke huid naar zijn adellijke afkomst verwijst, de begunstigde jongste zoon die zijn beproevingen overleeft, bijgestaan door de vogels en dieren die zijn bevoorrechte status herkennen, de toekomstige keizer wiens geboorte vergezeld ging van overweldigende voortekenen – alle komen, net als Plato's mannen van goud, voort uit een diepgaand anti-egalitair collectief geloof in, en hunkering naar, het bestaan van een natuurlijk voorkomende elite, van uitzonderlijke wezens die in staat zijn om hun ondergeschikten naar de overwinning te leiden, om het kwaad af te wenden en de verlosser te spelen, of domweg om met hun wonderbaarlijke wapenfeiten een spektakel neer te zetten dat de duffe massa kan opbeuren en bezielen. In Alcibiades vonden de Atheners hun gouden man.

Dat Alcibiades inderdaad een buitengewoon iemand was wordt door voldoende bronnen bevestigd. Zijn hele leven had hij iets, een eigenschap die zijn tijdgenoten maar niet konden definiëren of verklaren, maar die bewondering, angst en enorme, irrationale verwachtingen wekte. 'Niemand overtrof ooit Alcibiades,' schreef Nepos, 'in zijn slechte noch in zijn goede eigenschappen.' Zijn tijdgenoten zagen in hem iets demonisch en excessiefs, dat hen zowel verontrustte als opwond. Plutarchus vergeleek hem met 'de vruchtbare grond' van Egypte, zo rijk dat hij in even fenomenale overvloed heilzame geneesmiddelen voortbrengt als vergiften. Hij was een schoonheid en een dwingeland, een arrogante libertijn en een geslepen diplomaat, een redenaar die even welsprekend was wanneer hij zijn troepen aanvuurde als wanneer hij loog om zijn hachje te redden, een verrader – tot drie, vier

48

keer toe – met de zeldzame en kostbare gave (van essentieel belang voor een militair bevelhebber) de liefde van zijn mannen te winnen. Er was een tijd geweest dat zijn mateloze energie en talenten vele Atheners de stuipen op het lijf joegen – ze vreesden dat een dermate uitzonderlijk man er wel op uit móést zijn hen te tiranniseren, maar in hun wanhoop keerden ze zich tot hem als hun verlosser.

Zijn volwassen leven viel vrijwel exact samen met de Peloponnesische Oorlog, die in 431 v. Chr. begon, toen hij negentien was, en eindigde met de val van Athene in 405, het jaar voor zijn dood. Gedurende die hele periode, met korte tussenpozen, streden de Spartanen en hun bondgenoten (samen bekend als de Peloponnesiërs) met de Atheners en hun bondgenoten en koloniën. Mindere machten stonden intussen nu eens aan de ene, dan weer aan de andere kant, zodat het machtsevenwicht nu eens doorsloeg naar deze, dan weer naar gene kant. Sparta was een rigide conservatieve stadstaat met een curieus, oud bestel waarin twee erfelijke koningen gezamenlijk regeerden, koningen die in rang echter onder een raad van ouden stonden, de eforen, die uit een handvol adellijke families waren gekozen. Spartaanse koloniën kregen oligarchische regeringen opgelegd. Athene was een democratie, en stichtte in haar koloniën ook democratieën. De oorlog had een ideologisch thema, maar het was ook een strijd tussen twee agressief expansionistische, rivaliserende machten om het politieke en economische overwicht in het oostelijke Middellandse-Zeegebied. Vanaf 412 werd de oorlog gecompliceerd door de interventie van het Perzische rijk, waar beide Helleense bondgenootschappen bij in het niet verzonken. De successvolle Atheense kolonisatie van de Aegeïsche eilanden en de kustgebieden van Klein-Azië had de grote Perzische koning van inkomsten beroofd. In een poging het gebied weer onder controle te krijgen kozen diens regionale bestuurders, de satrapen, eerst partij voor de Spartanen, en later voor de Atheners. Alcibiades, die sluw was als Odysseus en briljant als Achilles, was een bedreven speler op het ingewikkelde, dodelijke toneel van de oorlog. Als generaal was hij snel, subtiel en gedurfd. Als diplomaat gaf hij er blijk van een geniaal oplichter te zijn.

In zijn jeugd was hij de gouden jongen van Athenes gouden eeuw. Zijn familie was rijk en aristocratisch (ze beweerden af te stammen van de homerische Nestor), en had niet alleen goede contacten in Athene, maar in de hele Griekse wereld. Voor de wet was iedere vrije mannelijke burger van Athene gelijk, maar in de praktijk domineerde de adel nog de regering, evenals het economische en sociale leven van de stad. 'De grootsheid die in het bloed zit heeft veel gewicht,' schreef Pindarus. Toen Alcibiades nog klein was viel zijn vader in de strijd, waarna hij in huis werd genomen bij zijn voogd Pericles, die dertig jaar lang feitelijk heerser van Athene was.

Een betere start in het leven had hij nauwelijks kunnen krijgen.

De natuur was even goed voor hem als de fortuin. Net als Achilles was hij oogverblindend mooi. Voor Plutarchus, die vijfhonderd jaar na zijn dood schreef, was zijn schoonheid nog altijd zo spreekwoordelijk dat 'we er niet meer over hoeven te zeggen dan dat zijn schoonheid in elk achtereenvolgende seizoen van zijn jeugd een nieuwe bloei vertoonde'. In de homo-erotische samenleving van Athene maakte zijn aantrekkelijkheid hem onmiddellijk beroemd. Als jongen werd hij 'omringd en achtervolgd door vele bewonderaars uit de hoge stand... die betoverd werden door de glans van zijn jeugdige schoonheid'. Of hij daadwerkelijk een seksuele relatie met een of meerderen van hen heeft gehad is niet duidelijk, maar de roddels hielden in elk geval staande van wel. Als dat inderdaad zo was, zouden weinigen van zijn tijdgenoten hem om die reden als immoreel of slap hebben beschouwd. Aeschylus, die van de generatie voor Alcibiades was, en Plato, zijn tijdgenoot, waren er allebei van overtuigd dat Achilles de minnaar van Patroklos was (wat Homerus nergens suggereert), maar geen van beiden had om die reden ook maar een greintje minder hoogachting voor hem. Integendeel, Plato's *Faidon* roemt 'de heldhaftige keuze [van Achilles] om Patroklos te bevrijden' als voorbeeld van de wijze waarop liefde een man kan louteren, en verzekeren van 'de hoogste bewondering der goden'.

Onder degenen die wegliepen met de pupil van Pericles was ook Socrates, die tegen een volgeling zei dat de twee grote liefdes van zijn leven de filosofie en Alcibiades waren. De filosoof had een groep aristocratische jongemannen om zich heen verzameld, niet-betalende studenten, van wie Alcibiades zeker niet de meest serieuze was maar wel de favoriet. Plato (ook volgeling) getuigt dat de relatie tussen de lelijke filosoof van middelbare leeftijd en die schitterende jongeling kuis bleef, maar hun relatie was, in elk geval van de kant van Socrates, wel fysiek gemotiveerd. Net als in het geval van Achilles was aan het uiterlijk van Alcibiades te zien dat hij een superieur wezen was. In de tweede eeuw van onze jaartelling liet de Romeinse keizer Hadrianus, een even fervent connaisseur en aanbidder van mannelijke schoonheid als welke Athener dan ook, van Parisch marmer een beeld van Alcibiades maken en vaardigde hij het bevel uit dat ieder jaar een os aan hem moest worden geofferd. Ook bij zijn leven maakte zijn uiterlijk hem al tot voorwerp, niet alleen van lust, maar ook van verering. Hij was, met al zijn bekoorlijkheid, even charmant als aantrekkelijk. Zijn persoonlijke aantrekkingskracht was volgens Plutarchus 'zodanig dat geen aard er helemaal weerstand aan kon bieden, en geen karakter er onbewogen onder kon blijven'. Zijn buitengewone loopbaan bevestigt deze bewering.

Als jongeman was hij opvallend, extravagant, onmatig. Hij droeg zijn haar lang als een vrouw, sprak met een provocerend geslis en paradeerde over het marktplein in een lang, paars gewaad dat achter hem aan sleepte. Hij was een boegbeeld, een trendsetter. Eupolis meldt dat het door zijn toedoen modieus werd om 's morgens te drinken. Toen hij sandalen in een nieuwe stijl ging dragen lieten al zijn leeftijdgenoten die namaken, en ze noemden ze 'Alcibades'. Hij was trots en ongezeglijk, en zich maar al te bewust van zijn waardigheid als edelman. Plutarchus vertelt een anekdote uit zijn kindertijd. Toen hij een keer op straat aan het spelen was weigerde hij een spelletje dobbelen te onderbreken om een kar langs te laten, waarna hij languit voor die kar ging liggen om te laten zien dat hij de dreigementen van de voerman aan zijn laars lapte: liever riskeerde hij zijn leven dan dat hij zich liet commanderen door een ordinaire voerman. Hij weigerde fluitspelen te leren, want hij vond dat fluitisten zich maar belachelijk maakten met die getuite lippen – en meteen was fluitspelen uit de mode bij de toonaangevende Griekse jeugd. Als jongeling had hij, volgens zijn zoon, een hekel aan de meest geliefde Atheense sport, worstelen, omdat 'sommige atleten van lage komaf waren'. Als volwassene was hij bezeten van het fokken en dresseren van paarden, een hobby die alleen aan de rijken was voorbehouden. Hij gedroeg zich als iemand die weet dat hij superieur is, op grond van zijn afkomst maar ook omdat zijn talenten hem een schitterende bestemming beloofden en hij met zijn gargantueske vitaliteit met minder geen genoegen zou nemen. Plato heeft geboekstaafd dat Socrates tegen hem zei: 'Jij lijkt mij zo iemand dat als een god tegen je zei: "Ben jij bereid, Alcibiades, te leven met wat je nu hebt, of zou je liever meteen sterven als je niet nog veel meer zou kunnen bereiken?" dat je dan nog liever zou sterven.' Socrates had het niet over materiële bezittingen. 'Als dan diezelfde god zei: "Je kunt heer en meester zijn hier in Europa, maar het zal je niet worden vergund over te steken naar Azië," dan lijk jij mij zo iemand die op die voorwaarde niet eens bereid zou zijn te leven, tenzij alle mensen de mond vol zouden hebben van jouw naam en jouw macht.' Net als Achilles moest Alcibiades, volgens degenen die hem goed kenden, niets hebben van een onopvallend bestaan.

Het embleem op zijn extravagant fraaie ivoren en gouden schild stelde Eros met een bliksemschicht voor, een beeld dat een agressieve seksualiteit combineerde met elementair geweld, wat de indruk die hij maakte aardig samenvat. Hij was scheutig bij het spilzieke af, en wilde het weten ook. Het was onder rijke Atheners met politieke ambities gebruikelijk om te proberen de bevolking voor zich te winnen met subsidies voor kooruitvoeringen en andere openbare spektakels – en die van Alcibiades waren het grootst en het duurst. Zijn eerste publieke optreden was, typerend genoeg, een daad van vrijgevigheid. Hij liep toevallig langs de vergaderplaats en hoorde het applaus waarmee burgers die vrijwillige bijdragen hadden geleverd aan de staatskas werden ontvangen. Hij droeg een levende kwartel onder zijn mantel maar ging onverschrokken naar binnen, zegde plechtig een grote som gelds toe en liet tegelijkertijd, per ongeluk, de vogel los. Er werd gelachen, en er ontstond een kleine worsteling die erop uitdraaide dat een zeeman genaamd Antiochus de kwartel ving en weer teruggaf aan Alcibiades. (Deze ontmoeting bleek een voorteken: het volgende optreden van Antiochus in de historie is in de rol van katalysator van de ondergang van Alcibiades.) De rijke jonge dilettant die zich voornamelijk met sport onledig hield had aangetoond dat hij, als hij dat wilde, de staat een substantiële dienst kon bewijzen.

Nog in zijn tienerjaren deed Alcibiades zijn dienstplicht in het leger, zoals alle Atheners verplicht waren. Hij deelde een tent met Socrates. Filosoof en volgeling kweten zich allebei goed van hun taak, maar toen Socrates de jongeman het leven redde door de vijand te weerstaan toen hij gewond op de grond lag, was het Alcibiades die een kroon en een wapenrusting kreeg als beloning voor zijn moed – een onrechtvaardigheid die voor een deel kan worden toegeschreven aan de onbaatzuchtigheid van Socrates, voor een deel aan het snobisme van de legerleiding en voor een deel aan de veelvuldig opgemerkte gave van Alcibiades om krediet te krijgen voor meer dan hij feitelijk gepresteerd had. Zijn daden waren even opzichtig als zijn verschijning. 'Onderscheidingsdrang en verlangen naar roem' waren volgens Plutarchus zijn beweegredenen. Maar moedig was hij zeker, en populair bij zowel het voetvolk als zijn meerderen.

Oorlogvoering bood een uitlaatklep voor zijn tomeloze energie. In het burgerleven ging het alleen maar etteren. Cornelius Nepos prijst zijn prestaties en talenten, maar vervolgt: 'En toch, zodra hij zich ontspande en er niets was dat geestelijke inspanning vergde, gaf hij zich weer over aan extravagantie, onverschilligheid, losbandigheid, verdorvenheid.' Hij had verslindende lusten, in seks, in drank, in allerlei luxe – en hij had het geld om zich aan alles te goed te doen. Hij was zelf al schatrijk, maar trouwde ook nog eens met Hipparete, een van de meest gefortuneerde erfgenamen van Athene. De bruiloft schijnt de scandaleuze verhoudingen met courtisanes die hij aan een stuk door had nauwelijks onderbroken te hebben. Vulgaire roddels zouden hem later beschuldigen van incest met zijn zuster, zijn moeder en zijn onwettige dochter. De beschuldigingen zijn onsmakelijk en weinig overtuigend (er is geen andere aanwijzing dat hij zelfs maar een zuster had) maar zijn reputatie van promiscuïteit was ongetwijfeld goed gefundeerd.

Hij was aanmatigend, een opschepper, iemand door wie mensen makkelijk geïntimideerd werden en die er behagen in schiep de grenzen van zijn macht op te zoeken. Hij was jaloers. Zelfs Socrates zei van hem, zij het plagerig: 'Zijn krankzinnige gedrag en de intensiteit van zijn affecties jagen me werkelijk de stuipen op het lijf.' Hij was gewelddadig. Als jongen had hij een leraar in elkaar geslagen die toegaf zelf geen exemplaar te hebben van de werken van Homerus (een daad die hem tot eer strekte, daar was men het algemeen over eens – zo sterk was de mystiek die beide heldendichten omgaf). Zijn schoonvader kreeg een keer een klap van hem, alleen om een weddenschap. Een politieke rivaal gaf hij een aframmeling. Het gerucht ging dat hij een bediende had gedood. Toen hij zijn huis wilde versieren met muurschilderingen ontvoerde hij de gerenommeerde schilder Agatharchos, hield hem vast tot hij klaar was met zijn werk, en stuurde hem toen naar huis met een karrenvracht goud. Geïrriteerd door een van de vele oude mannen die met hem dweepten, sloeg hij een uitnodiging om te komen dineren af maar kwam toen toch naar het festijn, laat en zichtbaar dronken, en met een bende slaven die hij opdracht gaf de helft in te pikken van het gouden en zilveren serviesgoed dat was uitgestald om indruk te maken op de gasten. Toen Hipparete, wanhopig geworden door zijn schaamteloze ontrouw, voor de magistraten verscheen om een scheiding aan te vragen, onderbrak Alcibiades de zitting, greep haar en droeg haar over de markt naar huis, 'en geen mens durfde hem tegen te houden of haar van hem af te nemen'. Dergelijk wangedrag bij een zo hooggeplaatst en bevoorrecht iemand was verontrustend. Het dreigde niet alleen het leven in zijn onmiddellijke omgeving te ontwrichten, maar de hele samenleving, want iedereen keek het aan met een mengeling van angst en gefascineerdheid. Timon, de beruchte misantroop, klampte Alcibiades op straat een keer aan, gaf hem een hand en zei: 'Je doet het goed, mijn jongen! Ga zo door en je zult spoedig groot genoeg zijn om ze allemaal te gronde te richten.'

Zoals het een beschermeling van Pericles betaamde begon hij zich al snel te onderscheiden in de volksvergadering, waar hij, volgens de grote Demosthenes, blijk gaf van een 'buitengewone retorische gave'. Pericles was in 429 v. Chr. gestorven. In 421 was Alcibiades, hoewel hij nog geen dertig was, een van de twee invloedrijkste mannen in de stad. De andere, Nicias, was in vrijwel ieder opzicht zijn tegendeel. Nicias was twintig jaar ouder dan zijn rivaal, behoedzaam, timide en berucht om zijn bijgelovigheid. Alcibiades was schaamteloos in zijn indiscreties; Nicias sloot zich 's avonds in zijn huis op, liever dan zijn tijd te verspillen of te riskeren dat hij bespioneerd werd. Alcibiades hield ervan het publiek te imponeren; Nicias, daarentegen, wilde geen afgunst wekken en schreef zijn succes angstvallig toe aan de gunst van de goden. En het belangrijkste: Alcibiades zag de aanhoudende oorlog tegen de Spartanen als een schitterende gelegenheid om zichzelf en zijn stad te verheerlijken, terwijl Nicias er alleen maar een eind aan wilde maken.

In 421 v. Chr. slaagde hij daar tijdelijk in. Hij voerde onderhandelingen die hij afsloot met een verdrag waarin de Peloponnesiërs en de Atheners overeenkwamen gevangenen uit te wisselen en al het op de andere partij veroverde grondgebied weer terug te geven. Maar, zoals Plutarchus schrijft: 'Nog maar net had [Nicias] de zaken van zijn stad in veilige banen geleid of de kracht van Alcibiades' ambitie stak de kop op als een springvloed, en alles werd weer meegesleurd in het tumult van de oorlog.' Er ontstond onenigheid over de procedure voor het teruggeven van de veroverde steden en burchten, onenigheid die Alcibiades op de spits dreef en uitbuitte. Een Spartaanse delegatie kwam in Athene aan. Alcibiades bedroog hen en ondermijnde hun positie, en zorgde er zo voor dat de volksvergadering weigerde met hen te praten, en dat ze vernederd en tot razernij gebracht naar huis werden gestuurd. Nicias ging achter hen aan maar kon niets meer doen: de Spartanen weigerden op zijn avances in te gaan en de Atheners waren hun enthousiasme voor de vrede kwijtgeraakt. Alcibiades werd tot generaal gekozen (voor één jaar, zoals gebruikelijk). Hij smeedde een bondgenootschap met Mantinea, Elis en Argos, en stortte Athene weer in de oorlog.

Er waren mensen die hem ervan beschuldigden oorlog te voeren om persoonlijk gewin. Stellig waren er trofeeën te winnen die hij graag zou hebben verworven. Hij had een reputatie van geldzucht. Zijn schoonvader (of zwager, de bronnen zijn niet eenduidig) was zo bang voor hem dat hij zijn enorme fortuin aan de staat toevertrouwde, uit vrees dat Alcibiades anders misschien in de verleiding zou komen hem erom te doden. Alcibiades had al een ongekend grote bruidsschat geëist, maar bij de geboorte van hun eerste kind had hij de familie van zijn vrouw gewoon nog een keer eenzelfde gigantische som gelds afgeperst. Hij was immens rijk, maar hij gaf ook immens veel uit. 'Zijn enthousiasme voor het paardenfokken en andere extravagante liefhebberijen kostte hem veel meer dan wat hij zich, met zijn fortuin, kon veroorloven,' schreef Thucydides. Bovendien, in de Atheense democratie (net als in verscheidene moderne democratieën waarvoor Athene als model heeft gediend) konden alleen de zeer rijken een gooi doen naar de hoogste macht. Alcibiades had geld nodig om te betalen voor koren, om rijke giften te doen en voor uiterlijk vertoon, niet alleen om zijn persoonlijke ijdelheid uit te leven, maar ook om zijn status van groot man publiekelijk te benadrukken.

Maar de oorlog had hem veel meer te bieden dan geld alleen. De oorlog verschafte hem een taak die hard en opwindend genoeg was om zijn legendarische vitaliteit in banen te leiden, en de oorlog gaf hem ook nog eens de gelegenheid die intense ambitie te bevredigen die Socrates in hem gezien had. Nicias, zijn rivaal, begreep hem maar al te goed: hij bewees Alcibiades' belustheid op roem een dubieuze eer toen hij de Atheense volksvergadering voorhield 'op te passen voor [Alcibiades] en hem niet de kans te geven de staat in gevaar te brengen teneinde zelf een schitterend leven te leiden'.

Als voorstander van de oorlog was Alcibiades de woordvoerder van de jongeren, de rustelozen, maar ook van de lagere klassen. Hij was vermoedelijk lid van een club van rijke jonge Atheners, een van die clubs die er in het algemeen (en terecht) van verdacht werden broedplaatsen te zijn van oligarchische samenzweringen, al zijn er geen bewijzen dat hij sympathieën in die richting had. Hautain en spectaculair bevoorrecht als hij was, was hij in de politiek een aanhanger van de democratie. In zijn privé-leven had hij lak aan de scheidslijnen tussen de verschillende klassen. De voorname Achilles van Homerus verafschuwt de lompe Thersites, die in rang ver beneden hem staat, en in een niet-homerische versie van het verhaal van Troje doodt hij hem, waarmee hij de waardigheid van de krijgerskaste hooghoudt en de hoon van het voetvolk tot zwijgen brengt. Alcibiades zou dat niet hebben gedaan. Alcibiades haalde zich de afkeuring van velen op de hals door op te trekken met acteurs en courtisanes en ander gespuis, en hij zou het grootste deel van zijn leven bevriend blijven met Antiochus, de gewone zeeman die zijn kwartel had gevangen. In politieke zin volgde hij het voorbeeld van zijn beschermheer Pericles door zijn machtsbasis te vestigen onder de minder bevoorrechten, mensen die naar oorlog neigden. Want militaire conflicten mochten dan duur zijn voor de hogere klassen, die het geld moesten opbrengen voor manschappen en schepen, voor de massa betekende het werkgelegenheid, een fatsoenlijk inkomen en de kans op oorlogsbuit. Volgens Diodorus Siculus was het de jeugdige Alcibiades die Pericles ertoe aanzette Athene bij de Peloponnesische oorlog te betrekken, alleen om zijn eigen standing te verhogen en de aandacht van het volk af te leiden van zijn eigen wangedrag. Alcibiades zal in elk geval van de carrière van zijn beschermheer hebben geleerd dat, zoals Diodorus het formuleert, 'de mensen in tijden van oorlog respect hebben voor de adel omdat ze die dringend nodig hebben... terwijl ze in tijden van vrede voortdurend valse beschuldigingen inbrengen tegen diezelfde hogere klassen, omdat ze niets te doen hebben en afgunstig zijn'.

In 418 v. Chr. werd de Atheense alliantie verslagen in de slag bij Mantinea, maar die nederlaag kan niet aan Alcibiades worden geweten, want zijn termijn als generaal was toen al verstreken. In de volgende jaren trad hij steeds meer op de voorgrond in het Atheense wereldje; hij bedreigde degenen die hem wantrouwden, en imponeerde zijn talrijke bewonderaars. Alles aan hem was buitensporig – zijn wildheid, zijn aantrekkelijkheid, zijn ambitie, zijn zelfrespect, de liefde die hij wekte. In een samenleving die als motto 'Matigheid in alles' had, was hij een fascinerende zondaar, de belichaming van al wat riskant was, van overdaad, van latente macht. 'Het was zo,' schrijft Plutarchus, 'dat zijn vrijwillige donaties, de openbare vertoningen die hij financieel steunde, zijn ongeëvenaarde vrijgevigheid jegens de staat, de faam van zijn voorgeslacht, de macht van zijn welsprekendheid en zijn fysieke kracht en schoonheid, alsmede zijn ervaring en zijn moed in de oorlog, samenspanden om de Atheners zover te krijgen dat ze hem al het andere vergaven.'

Plato geeft in zijn *Symposium*, de beschrijving van een feest bij de dichter Agathon, de meest volledige beschrijving van Alcibiades door een tijdgenoot. Agathon viert met zijn gasten dat hij een belangrijke prijs voor treurspelschrijvers heeft gewonnen. De wijn gaat rond en de gasten praten, om beurten, over de liefde. Ze zijn serieus, gretig om de anderen te overtroeven, lyrisch. Uiteindelijk is Socrates aan de beurt. In wat een van de invloedrijkste toespraken zou blijken te zijn die ooit zijn geschreven, zet hij zijn dodelijke visie uiteen van een liefde, achtereenvolgens ontdaan van lichamelijkheid, van menselijke genegenheid, en van welk verband dan ook met ons materiële bestaan. Hij rondt zijn monoloog af. Hier en daar wordt geapplaudisseerd en dan – precies op het juiste moment – wordt er luid op de deur geklopt. Op de binnenplaats is opschudding ontstaan. Er klinkt fluitmuziek, een bekende stem schreeuwt, en opeens staat daar, in de deuropening, de levende weerlegging van Socrates' gestrenge transcendentalisme. De filosoof heeft een preek afgestoken tegen de verrukkingen van het vlees en de opwinding waar tijdelijke macht mee gepaard gaat, maar zijn betoog wordt meteen onderuitgehaald, want daar komt Alcibiades, aangeschoten en onstuimig. Zijn krans van klimop en viooltjes hangt half voor zijn ogen, hij flirt, hij is arrogant, een verontrustende verschijning – een en al fysieke pracht en wereldse trots, en hij dringt zich als een tweede Dionysus aan dat ernstige gezelschap op. Geen wonder, zoals Nepos schreef, dat Alcibiades zijn stadgenoten vervulde 'met de hoogste verwachtingen, maar ook met een intense bezorgdheid'.

In 416 v. Chr., hij was toen vierendertig, deed hij met niet minder dan zeven wagens mee aan de spelen in Olympia – iets wat niemand, geen burger of koning, voor hem ooit gedaan had – en sleepte drie prijzen in de wacht. Euripides schreef een ode aan hem: 'Een overwinning straalt als een ster, maar die van jou stelt alle andere in de schaduw.' De spelen waren veel meer dan een sportevenement: het waren festivals van groot religieus en politiek belang, die door massa's mensen uit de hele Griekse wereld werden bijgewoond. Alcibiades vierde zijn overwinning met ongehoord vertoon. Daartoe bediende hij zich nadrukkelijk van de middelen van zijn onderhorigen en allen die van hem afhankelijk waren: een netwerk dat over het hele oostelijke Middellandse-Zeegebied verspreid was, want zover reikte zijn persoonlijke invloed. 'Het volk van Ephesus richtte een schitterend versierde tent voor hem op. Chios leverde voer voor zijn paarden en een groot aantal offerdieren, terwijl Lesbos hem de wijn en andere proviand schonk die hem in staat stelden royaal voor de dag te komen.' Alcibiades was slechts een burger, maar met zijn rijkdom en zijn panhellenistische connecties vormde hij, in zijn eentje, een politieke entiteit die Athene zelf naar de kroon leek te steken.

Het was te veel. Op de vlakte bij Troje had Achilles zijn status als buitengewoon begaafd individu afgemeten tegen het vorstelijke gezag van Agamemnon. In Olympia leek Alcibiades, door zo te pronken met zijn rijkdom, zijn invloed en zijn begaafdheid, op soortgelijke wijze de staat uit te dagen waarvan hij deel uitmaakte, maar die hij dreigde in de schaduw te stellen. Zo althans legden zijn tijdgenoten het hele spektakel uit. Hij werd ervan beschuldigd de gouden en zilveren ceremoniële vaten van de stad te hebben meegevoerd in de optocht waarmee zijn overwinning werd gevierd, en hij zou ze aan zijn eigen tafel gebruikt hebben 'alsof ze van hem waren'. Niet-Atheners, hield een van zijn critici staande, 'lachten ons uit bij de aanblik van één man die zich zozeer de meerdere toonde van de hele gemeenschap'. Alcibiades diende de mopperaars van repliek met de bewering dat hij, met al zijn pracht en praal, zijn stad juist een dienst bewees, dat een stad zijn beroemdheden nodig had om zijn macht te belichamen. 'Er is een tijd geweest dat de Hellenen dachten dat onze stad vernietigd was door de oorlog, maar ze zijn Athene als nog groter gaan beschouwen dan het eigenlijk is dankzij de schitterende vertoning die ik er, als zijn vertegenwoordiger, bij de Olympische Spelen van gemaakt heb... Het is juist een heel nuttig soort dwaasheid, als een man zijn eigen geld uitgeeft, niet alleen ten bate van zichzelf, maar ook van zijn stad.' Niet iedereen was overtuigd. Toen Alcibiades in de Nemeïsche Spelen weer een overwinning behaalde, stelde de grote schilder Aristophon een portret van hem ten toon. Elke afbeelding van hem, vergeet dat niet, zal eer hebben bewezen aan zijn buitengewone schoonheid, en in het vijfde-eeuwse Athene werd algemeen ingezien dat schoonheid een man veel meer opleverde dan erotische veroveringen alleen. 'Zoveel is duidelijk,' schreef Aristoteles een generatie later, 'stel dat er mannen waren wier fysiek dezelfde superioriteit vertoonde als valt af te lezen aan de beelden van de goden, dan zouden allen het erover eens zijn dat de rest van de mensheid het zou verdienen hun slaaf te zijn.' De mensen verdrongen elkaar om het schilderij van Aristophon te zien, maar er gingen stemmen op dat het 'een portret was dat in het hof van een tiran thuishoorde, een belediging van de Atheense wetten'. Er was in een democratie geen plaats voor een man als Alcibiades. 'Verstandige mannen,' waarschuwde een redenaar in een toespraak met de titel 'Tegen Alcibiades', 'zouden zich moeten hoeden voor medeburgers die te zeer op de voorgrond treden, en ervan doordrongen moeten zijn dat het dezulken zijn die tirannieën oprichten'.

In de winter van 416-5 v. Chr. deed zich eindelijk de kans voor op een avontuur dat aansloot bij de ambitie van Alcibiades. Een delegatie uit Sicilië kwam in Athene aan en vroeg de Atheners tussenbeide te komen in een oorlog tussen hun eigen kolonisten daar en het volk van Syracuse, dat een kolonie en machtige bondgenoot van de Spartanen was. De voorzichtige Nicias bracht degelijke argumenten naar voren tegen zo'n riskante en onnodige interventie, maar Alcibiades was er helemaal voor, en volgens Plutarchus 'begoochelde hij de verbeelding van het volk en bezoedelde hij hun oordeelsvermogen met de schitterende perspectieven die hij hun voorspiegelde'. Heel Athene werd bevangen door zijn oorlogszucht. De jongemannen in hun sportscholen en de oude mannen op hun ontmoetingsplaatsen tekenden kaarten van Sicilië in het zand en praatten zichzelf in een roes met hun visioenen van verovering en grote roem. De beoogde invasie van Sicilië was niet opportuun, niet verstandig, en er was geen sprake van enig verdrag of van enige verplichting die zoiets voorschreef, maar het bood wel kansen op de nodige opwinding, op oorlogsbuit, en op de ongrijpbare voordelen van roem en eer. Alcibiades, de man van wie gezegd werd dat hij, zonder grote onderneming om zijn energie aan te wijden, decadent zou worden, een gevaar voor zichzelf en voor anderen, schreef in de volksvergadering aan de staat een karakter toe dat niet onderdeed voor zijn eigen karakter. 'Mijn opvatting is dat een stad met een actieve aard zich spoedig te gronde zal richten als hij zijn aard verloochent en niets uitvoert.' Hij betoogde dat Athene, net als hijzelf, voorwerp was van afgunst en rancune, en omwille van zijn eigen veiligheid genoodzaakt was zich te blijven ontwikkelen en te blijven groeien. 'Wij zijn geen huishoudsters, wij kunnen onmogelijk berekenen hoeveel grondgebied we precies willen hebben.' In Olympia, zo beweerde hij, hadden de mensen Alcibiades geïdentificeerd met Athene. Door erop aan te dringen Sicilië te hulp te komen, bood hij Athene nu de kans zich met Alcibiades te identificeren, om net als hij doortastend te zijn, en roekeloos, en tomeloos.

Hij oogstte een geweldige bijval. In een laatste poging die dwaze opwelling de kop in te drukken voerde Nicias aan dat het onderwerpen van alle vijandige steden in Sicilië een gigantische armada zou vergen, veel groter en duurder dan de bescheiden expeditiemacht waar aanvankelijk over gesproken was. Maar de volksvergadering had inmiddels alle spaarzaamheid en omzichtigheid laten varen. Er werd besloten een leger en een vloot bijeen te brengen en uit te rusten die pasten bij het indrukwekkende doel dat ze zich hadden gesteld. De generaals die als bevelhebbers werden benoemd waren ene Lamachus, de ontstelde en afkerige Nicias, en Alcibiades.

Het leger dat uiteindelijk gevormd werd was even sterk als groots. De kapiteins (voorname burgers wier plicht het was hun eigen schepen uit te rusten) hadden 'enorme onkosten gemaakt voor boegbeelden en ander toebehoren, want ze waren er allemaal ten zeerste op gebrand dat hun eigen schepen zich zouden onderscheiden van de andere, zowel in uitstraling als in snelheid'. Zij die aan land zouden vechten hadden met eenzelfde eerzucht hun wapenrusting klaargemaakt. Toen de vloot gereed lag in de haven van Piraeus was het, volgens Thucydides, 'verreweg de kostbaarste en schitterendste krijgsmacht die tot dan toe door één enkele Griekse stad bijeen was gebracht'.

Op de vastgestelde datum, de zomer was net begonnen, trok bijna de hele bevolking van Athene naar de haven om de vloot te zien vertrekken. Een trompet maande het volk tot stilte. Een heraut ging de mensenmassa op de schepen en de oever voor in gebed. De mannen goten plengoffers wijn in zee uit gouden en zilveren schalen. Een plechtige hymne werd gezongen. Langzaam voeren de schepen de haven uit om zich op de open zee te verzamelen, waarna ze om het snelst naar het zuiden voeren. Alle toeschouwers vergaapten zich aan het vertrek van de vloot, en aan 'het verbazende vertoon van moed en het schitterende schouwspel dat dit opleverde', en iedereen was onder de indruk van deze 'demonstratie van Athenes macht en grootheid', en trouwens ook van de macht en grootheid van Alcibiades, initiatiefnemer en medebevelhebber van de expeditie. Het was een triomf waar zijn overwinning in Olympia bleekjes bij afstak, althans dat zou het geweest zijn, ware het niet dat de ondergang van Alcibiades al bezegeld was toen hij aan het hoofd van die geweldige vloot uitvoer. De geniale gezagvoerder werd ook verdacht van een misdrijf, en zijn vrijheid was slechts voorwaardelijk. De Atheners, die de leiding over deze grootse en gevaarlijke onderneming aan Alcibiades hadden toevertrouwd, hadden hem officieel meegedeeld dat hij, zodra hij terugkeerde, terecht zou moeten staan in verband met een halszaak. In zijn verhaal gaan hoogmoed en ondergang hand in hand.

Op een ochtend, kort voor de armada zou uitvaren, hadden de Atheners ontdekt dat in die nacht alle Hermen, de bekende afgodsbeeldjes die overal stonden, op straathoeken, in portieken van woonhuizen, in tempels, geschonden waren. Een golf van geschoktheid en doodsangst was door de stad gegaan. De Hermen stelden de god Hermes voor. Het waren vaak weinig meer dan ruwe blokken steen met een gezicht en een fallus, maar ze waren geliefd en werden alom vereerd. Thucydides noemde ze 'een nationaal instituut'. Nu waren hun gezichten kapotgeslagen en volgens Aristophanes waren hun penissen afgehakt. Deze schanddaad bedreigde de Atheners op alle niveaus. De goden moesten wel boos zijn, en als ze niet al boos geweest waren, zouden ze zonder meer woedend zijn over deze heiligschennis. Dit was het slechtst denkbare voorteken, zo kort voor de beoogde expeditie. Bovendien was het een angstaanjagend idee dat er in de stad een vijandige groep rondliep die talrijk genoeg was om in één nacht zo'n bewerkelijke schanddaad te plegen. Door paniek ingegeven geruchten deden de ronde. Volgens sommige was de stad geïnfiltreerd door vijanden van elders – mogelijk Corinthiërs. Andere geruchten wilden dat de boosdoeners Atheense verraders waren, dat de ontwijding van al die beelden de eerste uiting was van een samenzwering om de democratie omver te werpen. Er werd een onderzoek ingesteld. Beloningen werden uitgeloofd voor iedereen die naar voren kwam met nuttige informatie, en eventuele informanten kregen de garantie dat ze onschendbaar waren. Ene Andocides laadde de schuld op zichzelf en een stel vrienden van hem, een clubje dat best een genootschap van would-be oligarchen kan zijn geweest, maar Thucydides (en met hem de meeste andere bronnen uit de Oudheid) schijnt zijn bekentenis voor vals te hebben gehouden. 'Toen noch later kon wie dan ook met zekerheid zeggen wie die daad gepleegd had.'

In een atmosfeer van paniek en algehele achterdocht kwamen andere duistere praktijken aan het licht. Het was een mooie tijd om reputaties onderuit te halen. Alcibiades had vele tegenstrevers. De aanhang van Nicias stoorde zich aan zijn populariteit. Hetzelfde gold voor de radicale demagogen, met name ene Androcles, die behulpzaam was bij het opsporen, en wellicht omkopen, van slaven en vreemdelingen die bereid waren om te getuigen. Drie afzonderlijke informanten, die kennelijk weinig onderscheid maakten tussen verschillende vormen van heiligschennis, vertelden dat ten huize van verscheidene aristocratische jongemannen de Eleusinische mysteriën – de heilige riten van Demeter waar slechts ingewijden getuige van mochten zijn – waren nagespeeld, of liever geparodieerd. In alle drie gevallen zou Alcibiades daarbij aanwezig zijn geweest, en bij een zou hij zelfs de rol van hogepriester hebben gespeeld. Een dergelijke goddeloze daad kon alleen met de dood worden bestraft.

De aantijging was, en blijft, geloofwaardig. Veertien jaar later zou Socrates ter dood worden gebracht omdat hij ervan beschuldigd was de goden van de stad niet naar behoren te vereren, een beschuldiging waar hij zich nauwelijks verwaardigde tegenin te gaan, en Socrates was de mentor van Alcibiades geweest. Het is niet waarschijnlijk dat de jonge generaal in enig conventioneel opzicht vroom was, en zijn 'schaamteloosheid' en bereidheid om taboes te doorbreken waren alom bekend. Er werd zelfs rondverteld dat hij een moord in scène zou hebben gezet, dat hij het lijk aan zijn vrienden zou hebben laten zien en dat hij hun gevraagd zou hebben hem te helpen die misdaad geheim te houden. Als hij bereid was een spelletje te maken van zoiets ernstigs als de dood, waar zouden de mensen dan het idee vandaan moeten halen dat hij terugdeinsde voor godslastering?

Wie het ook gedaan had, Alcibiades hield bij hoog en bij laag vol dat hij onschuldig was, en verklaarde bereid te zijn om voor de rechters te verschijnen en zijn naam te zuiveren. Zijn tegenstrevers hadden hun bedenkingen. Hij was de charismatische leider van een expeditie waarvan alle Atheners hoge verwachtingen koesterden. Zijn populariteit was op een hoogtepunt. Thucydides schrijft dat zijn vijanden bang waren dat het volk al te mild gestemd zou zijn jegens hem, mocht het tot een proces komen. Vermoedelijk vreesden ze meer dan dat. 'Alle soldaten en zeelieden die op het punt stonden met hem scheep te gaan naar Sicilië stonden achter hem, en de strijdmacht van duizend manschappen uit Argos en Mantinea had openlijk laten weten dat het alleen omwille van Alcibiades was dat ze die zeereis aanvaardden om in een ver land te vechten.' De expeditiemacht was eigenlijk zijn leger. Hem in staat van beschuldiging stellen terwijl die strijdmacht in de haven lag zou muiterij ontketenen. Hem ter dood brengen zou best eens het begin van een burgeroorlog kunnen worden. Zijn aanklagers schikten zich naar de omstandigheden. Ze wilden het vertrek van de vloot niet uitstellen, zeiden ze. Alcibiades zou vertrekken, maar de beschuldigingen aan zijn adres bleven overeind. Hoe het in Sicilië ook verliep, zodra hij terug was zou hij met de aanklacht worden geconfronteerd.

Misschien dat een snelle overwinning het hem mogelijk zou hebben gemaakt de zaak te winnen en zijn positie te redden, maar die overwinning bleef uit. Het geld dat hun was toegezegd door de Atheense kolonies in Sicilië, en dat van essentieel belang was voor het op de been houden van het expeditieleger, dat geld was er nooit geweest. Steden waarvan ze gedacht hadden dat het hun bondgenoten waren, weigerden hen aan land te laten. Alcibiades slaagde erin Catania in te nemen, maar dat stelde weinig voor en bovendien was het al te laat. Thuis, in Athene, waren meer mensen met belastende informatie gekomen. Nu zoveel van de krijgslieden die hem bewonderden ver weg waren, was zijn aanhang in de stad aanzienlijk geslonken. En zonder zijn aanwezigheid om de volksvergadering te imponeren en intimideren, keerde men zich tegen hem. In augustus, niet meer dan enkele weken nadat hij met zoveel vertoon uit Piraeus was vertrokken, kwam de *Salaminia*, het staatsschip, in Catania aan om hem te sommeren onmiddellijk terug te keren naar Athene en zich tegen de beschuldiging aan zijn adres te verdedigen.

Deze, Alcibiades' eerste val, was deels door hem zelf teweeggebracht – of hij nu wel of niet schuldig was, hij was zonder enige twijfel roekeloos geweest, hij tartte de conventies en het fatsoen, en hij gaf blijk van arrogantie in zijn minachting voor wat het volk van zijn wangedrag vond – en deels door het gekonkel van zijn politieke rivalen. Maar achter die onmiddellijke oorzaken van zijn ondergang ligt een diepere, en troebeler oorzaak. Alcibiades was een held. Hij had het charisma en de verbazingwekkende gaven van zijn legendarische voorgangers. En de Atheners aanbaden hun helden niet alleen, maar vreesden hen evenzeer, en wat ze nog meer vreesden was hun eigen neiging tot heldenverering.

Een aantal maanden voor zijn val had Alcibiades in de volksvergadering gezegd dat hij donders goed wist dat 'mensen die om hun briljantheid op het schild werden geheven' argwaan en antipathie wekten. Aristoteles gaf uiting aan een populair standpunt toen hij een maatschappij waar een uitmuntende persoonlijkheid deel van uitmaakte omschreef als 'even slecht geproportioneerd als een portret waarop een der voeten gigantisch was'. Alcibiades had al eens te maken gehad met een van de methoden waar de Atheners zich van bedienden om stadgenoten die te groot waren geworden uit de weg te ruimen. In 417 v. Chr. was het tot een schervengericht gekomen. 'Ze passen die maatregel van tijd tot tijd toe,' schreef Plutarchus, 'teneinde mannen wier macht en reputatie in de stad tot uitzonderlijke hoogten zijn gestegen onderuit te halen en te verbannen.' Elke burger schreef een naam op een potscherf. De ongelukkige die de meeste stemmen had gekregen werd voor tien jaar verbannen. Doelwit in dit geval was Alcibiades of Nicias, maar die twee sloegen de handen ineen en wisten het met een gloedvolle campagne voor elkaar te krijgen dat de meerderheid van de stemmen naar een betrekkelijke non-entiteit ging (die vermoedelijk tot dit schervengericht had aangezet). Voor Alcibiades was het een waarschuwing: zozeer waren zijn stadgenoten dus op hun hoede voor hun eigen grootheden. Er waren meer dan genoeg voorbeelden die deze indruk bevestigden. Phidias, de beeldhouwer en architect van het Parthenon, werd in diezelfde eeuw door een jaloerse rivaal van verduistering beschuldigd en stierf in de gevangenis, vermoedelijk door vergiftiging. Pericles werd van zijn gezag beroofd en kreeg de enorme boete van vijftien talenten toen de volksvergadering besloot hem de schuld te geven van de pest (een besluit dat op zichzelf in zekere zin een eerbewijs was aan zijn bovenmenselijke capaciteiten, door hem een macht toe te dichten die de voorzienigheid naar de kroon stak). De astronoom Anaxagoras werd in de gevangenis gezet, Euripides werd zo gekleineerd dat hij naar Macedonia vertrok, en vijf jaar na de dood van Alcibiades werd Socrates, zijn mentor, en de lieveling van zijn jeugd, ter dood veroordeeld. 'De mensen waren bereid gebruik te maken van mannen die uitblonken,' schreef Plutarchus, 'maar ze bleven argwanend tegenover hen staan en probeerden voortdurend hen een toontje lager te laten zingen.'

Alcibiades was niet alleen uitzonderlijk, hij was ook oorlogszuchtig. De Atheners waren een strijdlustig volk, maar ze waren ook, en terecht, trots op hun grootse schepping, een beschaving gebaseerd op het oplossen van meningsverschillen door middel van geweldloze discussies. De helden van weleer werden in het klassieke Athene nog altijd aanbeden. Heldenverering kwam veel voor, en een dergelijke cultus trok niet zelden eminente vereerders aan (Sophokles, tijdgenoot van Alcibiades, was priester in de cultus van de held Haron). Maar die helden waren woeste geesten die gunstig gestemd moesten worden. Ze dorstten naar bloed, dat bij donker in geulen werd gegoten op de plek waar ze begraven zouden liggen, en als hun bloeddorst niet gelest werd, was hun boosheid verschrikkelijk.

'Maar eerst ga ik krijgsroem verwerven,' zegt Achilles bij Homerus tegen zijn moeder. 'Vele volborstige vrouwen van Dardanen en van Trojanen zullen dan luid, terwijl ze met beide handen hun tranen afwissen van hun lieftallige wangen, hun klachten doen horen'. Homerus' krijgslieden weten heel goed dat hun roemruchte daden oorzaak zijn van andermans verdriet – en dat mogen ze spijtig vinden, ze laten zich er niet door weerhouden. Latere generaties echter zou hun meedogenloosheid barbaars en gruwelijk toeschijnen. In de *Ilias* brengt Achilles twaalf Trojaanse gevangenen ten offer op de brandstapel voor Patroklos: hij slacht ze af in koelen bloede en hakt hun lichamen in stukken. Homerus maakt hier kort melding van, zonder er een oordeel over uit te spreken, maar in de ogen van Euripides, die de Olympische overwinning van Alcibiades gevierd had in een lied, waren de mensenoffers van Achilles monsterlijk. In zijn *Hekabe* eist de geest van Achilles dat de Trojaanse prinses Polyxena op zijn graf geofferd zal worden. In *Iphigenia in Aulis* wordt Achilles in verband gebracht met het feit dat Agamemnon bereid was zijn dochter te offeren. Als zij niet gedood werd, zou er geen wind komen om de donkere schepen van de Grieken naar Troje te voeren, geen oorlog waarin Achilles zijn moed zou kunnen tonen. De dood van het onschuldige meisje is de noodzakelijke voorwaarde voor de vervulling van zijn roemrijke bestemming als krijgsman: zowel de held als zijn roem is bezoedeld met haar bloed. In de tweede eeuw vertelde Flavius Philostratus een verhaal over de geest van Achilles die verscheen aan een koopman en een slavin opeiste die pochte dat ze van koning Priamos afstamde. De koopman was doodsbang en droeg het meisje over. Daarop stortte de geest van de held zich op haar en reet haar aan stukken. In het licht dat dergelijke gruwelverhalen met terugwerkende kracht op het verhaal van Homerus werpen, krijgt diens verslag van de wrok van Achilles een andere nuance. De briljante krijgsman is ook seriemoordenaar, afslachter van vaders, echtgenoten, boeren, raadslieden, vijand van alle vrouwen, verwoester van de beschaafde samenleving.

De kapotgeslagen Hermen waren niet het enige onheilspellende schouwspel in de straten van Athene, in de tijd dat de Siciliaanse expeditie met Alcibiades als een van de bevelhebbers vertrok. Het was ook de tijd van het Adonisfeest. Groepen vrouwen, gekleed alsof ze in rouw gedompeld waren, droegen, al jammerend, de beeltenis van de dode jongeling door de straten, die schone jongeman op wie Aphrodite verliefd was geweest. Later, toen de verschrikkelijke afloop van de expeditie bekend werd, zouden de Atheners zich die treurige processies herinneren als voorboden van wat komen ging, maar vooral ook als teken van wat de glorie van één man anderen kon kosten. Als die campagne moest vervullen wat Socrates had aangemerkt als de ambitie van Alcibiades, dat 'alle mensen de mond vol moesten hebben van zijn naam en zijn macht', zou dat alleen gebeuren ten koste van de levens van vele andere jongelieden. Het was een prijs die de Atheners liever niet betaalden. Er voltrok zich weer zo'n ommekeer die wel vaker voorkwam in de geschiedenis van de Atheense democratie: eerst liet het volk zich verleiden door de mooie praatjes van Alcibiades over glorieuze veroveringen, om hem vervolgens, in een vlaag van zelfwalging en weerzin, te straffen voor het feit dat ze zich zo hadden laten begoochelen.

Alcibiades werd niet gearresteerd toen de *Salaminia* in Sicilië arriveerde. Zijn opponenten waren nog steeds bang om muiterij uit te lokken, en zoals Plutarchus opmerkte zou Alcibiades 'die heel makkelijk teweeg hebben kunnen brengen, als hij dat gewild had'. Maar hij verkoos de rol van banneling boven die van opstandeling. Ogenschijnlijk gedwee stemde hij erin toe de *Salaminia* op zijn eigen schip naar Athene te volgen. In zuidelijk Italië ging hij echter aan land en verdween. De Atheense volksvergadering veroordeelde hem bij afwezigheid ter dood. Zijn bezittingen werden geconfisqueerd. Zijn naam werd in een stèle gegraveerd, die op de Acropolis werd neergezet opdat de mensen zich zijn schanddaad blijvend zouden herinneren. Alle priesters en priesteressen van Athene kregen opdracht vervloekingen over hem af te roepen. Er werd een beloning uitgeloofd van een talent (een aanzienlijk fortuin) voor diegene die hem, dood of levend, naar Athene wist te brengen. Drie maanden nadat hij met zoveel pracht en praal, en met zoveel vertoon uit Athene was vertrokken, was hij verstoten, een opgejaagd man met een prijs op zijn hoofd.

Wat Alcibiades vervolgens deed kenmerkte hem, naar de opinie van menig later historicus, als een onprincipiële schurk. Toen hij hoorde van het doodvonnis dat tegen hem was uitgesproken zou hij op barse toon gezegd hebben: 'Ik zal ze laten zien dat ik nog leef.' Achilles werd een verrader na zijn twist met Agamemnon, en bad dat zijn mede-Grieken naar hun schepen werden teruggedreven. Hetzelfde deed nu ook Alcibiades. Voor hij Sicilië verliet had hij alvast een begin gemaakt. De Atheners hadden contact opgenomen met leden van een oppositiegroepering in de Siciliaanse stad Messina, en geregeld dat dezen de poorten zouden openen voor een Atheense aanval. Alcibiades lichtte de pro-Spartaanse autoriteiten in Messina in over deze geheime afspraak. De aanval werd afgeslagen en de samenzweerders werden ter dood veroordeeld. Vanaf Italië stak Alcibiades over naar de Peloponnesos, waar hij eerst een bode naar Sparta stuurde met het verzoek om een vrijgeleide, om vervolgens zelf naar Sparta door te reizen. Daar aangekomen bood hij zijn gastheren, de aartsvijanden van zijn geboortestad, zijn diensten aan. Hij drong er bij hen op aan om in te grijpen op Sicilië (wat ze ook daadwerkelijk deden, met vernietigende gevolgen voor de Atheners). Hij stelde hun ook voor om te doen waar de Atheners al jaren bang voor waren, namelijk het bolwerk Dekelea in de bergen ten noorden van Athene versterken. Vanaf die hoogte had je een strategisch interessant uitzicht op de route waarlangs de opbrengst van de zilvermijnen, de schattingen van de overzeese kolonies en, het belangrijkst, nieuwe voedselvoorraden naar Athene werden gebracht. De Spartanen volgden zijn advies op. 'Het was dit, meer dan welke andere ingreep dan ook,' merkt Plutarchus op, 'waardoor de Atheense middelen uitgeput raakten en de stad uiteindelijk ten val kwam.'

Er was geen sprake van dat een dergelijk verraad ooit vergeven zou kunnen worden. Toch ging het hier om dezelfde Alcibiades die de Atheners zeven jaar later met kransen en omhelzingen en vreugdekreten weer binnen zouden halen, dezelfde Alcibiades die ze zouden kronen met een gouden kroon en die ze tot generaal zouden kiezen met de hoogste macht te land en ter zee, dezelfde Alcibiades van wie gezegd werd dat zolang hij leefde, Athene niet kon sterven.

We leven in een postnationalistisch tijdperk, een tijdperk waarin de ontrouw van Alcibiades aan zijn geboortestad hem wel lijkt te moeten diskwalificeren voor opname in het pantheon der helden. Maar landverraad werd niet altijd als een verachtelijke daad beschouwd. Een held kan laten zien dat hij een grote persoonlijkheid is door terdege te laten merken dat hij de verplichtingen die gewone mensen aan elkaar of aan de staat binden, negeert dan wel met voeten treedt. Achilles verachtte het soort status dat verworven kon worden door trouw te zijn aan een gemeenschap van onbeduidende stervelingen: alleen bij Zeus was zijn eer in goede handen. Zo was het ook met Alcibiades, toen de Atheners hem eenmaal ter dood hadden veroordeeld, althans voor zover zijn motieven te achterhalen zijn: vanaf dat moment kwam hij alleen nog voor zijn eigen belang op. Hij diende nu eens de vijanden van Athene, dan Athene zelf weer, maar alles stond ten dienste van zijn eigen zaak en zijn eigen grenzeloze ambitie. Zijn Atheense tijdgenoten waren afwisselend bang en wantrouwig, en sommigen haatten hem. Maar hij mocht dan een verrader zijn, verachten deden ze hem niet.

De verhouding tussen het individu en de gemeenschap in het vijfdeeeuwse Athene was weinig stabiel. De democratische volksvergadering was verschrikkelijk wispelturig en had de neiging zich wreed tegen haar eigen dienaren te keren. De generaals die Alcibiades vervingen (toen hij, in 406

65

v. Chr., voor de tweede keer van het bevel was ontheven) werden allen ter dood gebracht omdat ze zich onbehoorlijk gedragen zouden hebben in een slag die ze voor Athene gewonnen hadden. En zoals de staat zijn burgers kon laten vallen, konden burgers de staat de rug toekeren. Beide grote Atheense historici die ten tijde van Alcibiades schreven, Thucydides en Xenophon, zouden het grootste deel van hun volwassen leven buiten de stad doorbrengen – de eerste werd verbannen omdat hij een militaire operatie niet tot een goed einde had weten te brengen, de tweede verliet Athene uit eigen vrije wil, en diende eerst de Perzische troonpretendent Cyrus, en daarna de Spartanen. De afvalligheid van Alcibiades kwam waarschijnlijk harder aan bij latere generaties dan bij zijn tijdgenoten.

En als je nagaat aan welke invloeden hij in zijn leven blootgesteld is geweest, was het ook niet helemaal onvoorspelbaar dat hij eens zou overlopen. De min die voor hem zorgde in zijn vroegste jeugd was een Spartaanse. Zijn familie had sedert lang Spartaanse connecties. Een van zijn eerste politieke daden was dat hij de positie van afgevaardigde van de Spartanen in Athene opeiste, een ambt dat traditioneel door zijn voorvaderen was bekleed. Toen in 421 v. Chr. een Spartaanse delegatie naar Athene kwam om over vrede te onderhandelen, had Alcibiades als een van de weinigen toegang tot de machtigste van hen, de efoor Endius, die verre familie van hem was. De twee staten mochten dan aartsvijanden zijn, het waren ook naaste buren, en in het Griekenland van de Oudheid, net als in het Europa van de Middeleeuwen en de vroegmoderne tijd, oversteeg de banden tussen families uit de hogere klasse de nationale grenzen.

Daar komt bij dat Alcibiades in zijn jonge jaren de meest geliefde volgeling van Socrates was geweest. Van Socrates werd gezegd dat hij de enige was die hem aankon, de enige wiens mening Alcibiades naar waarde schatte en wiens raad hij opvolgde. Het is onduidelijk hoeveel invloed de filosoof nog op hem had toen hij eenmaal volwassen was, maar als Plato's *Symposium* niet geheel en al gefingeerd is (en dat lijkt niet waarschijnlijk) waren die twee een jaar voor de Siciliaanse expeditie nog goed bevriend. Jaren later, toen de filosoof voor zijn rechters moest verschijnen, deden zijn vrienden hun uiterste best om te benadrukken dat hij niet verantwoordelijk kon worden gehouden voor de daden van zijn volgelingen, maar dat hij invloed had op hun ideeën lijkt als een paal boven water te staan. In *De vogels* omschrijft Aristophanes een groep onpatriottische, pro-Spartaanse jongeren als 'gesocratiseerd'. Dat was zonder meer een gerechtvaardigde schimpscheut. Onder de prominentste volgelingen van Socrates waren er, afgezien van de overloper Alcibiades, wel meer die een hartstochtelijke bewondering koesterden voor alles wat naar het Spartaanse neigde. Xenophon, de historicus, die een van Socrates' toegewijde volgelingen was, vocht voor de Spartanen tegen Perzië, aanvaardde het landgoed dat de Spartaanse koning Agesilaüs hem als dank voor zijn diensten schonk, en bracht er twintig gelukkige jaren door. Toen Sparta in 371 v. Chr. door de Thebanen werd verslagen moest hij vertrekken, maar hij keerde niet terug naar Athene. Critias, de collaborateur die in 404 v. Chr. door de Spartanen in Athene werd aangesteld als leider van het oligarchische regime van de Dertig Tirannen, was ook afkomstig uit de kringen rond Socrates. En hetzelfde geldt uiteraard voor Plato, die uit een oude, aristocratische familie kwam en die ook familie had onder de Dertig Tirannen. De ideale staat van Plato, zoals beschreven in zijn *Politeia*, heeft een bestel dat veel meer aan dat van Sparta doet denken dan aan de Atheense democratie. Er is wel betoogd dat toen de herstelde Atheense democratie Socrates ervan beschuldigde 'de jeugd te bederven', en hij ter dood werd veroordeeld, de tegen hem ingebrachte beschuldiging een nauw omschreven politieke inhoud had. Hij werd ervan beschuldigd te sympathiseren met Sparta. Zijn heldhaftige verweer tijdens het proces, dat hem de bewondering heeft opgeleverd van hele generaties libertijnen en verdedigers van het vrije woord en vrijheid van onderzoek was, als deze theorie juist is, eigenlijk een pleidooi voor zijn recht om een van de meest repressieve en gesloten regimes uit de annalen van de geschiedenis aan te bevelen.

Sparta is het klassieke model voor alle totalitaire staten die daarna zouden komen, net als Athene het model is voor alle latere democratieën. Sparta was een soldatenmaatschappij, die met een grimmige exclusiviteit gewijd was aan haar eigen voortbestaan en haar eigen verheerlijking. De Spartanen waren een Dorisch volk dat de Peloponnesos vanuit het noorden was binnengedrongen en de inheemse bevolking, de zogenoemde heloten, feitelijk tot slavernij had gedwongen. De heloten hadden zich niet zonder slag of stoot overgegeven. Ze kwamen geregeld in opstand, maar die opstanden werden wreed onderdrukt. Eforen die hun ambt aanvaardden verklaarden de heloten bijna routineus de oorlog, om aan te geven dat 'het geoorloofd was hen af te slachten'. De staat onderhield een legerkorps helotendoders, wier operaties Plutarchus als volgt heeft beschreven: 'Ze waren gewapend met dolken en werden voorzien van een basisrantsoen, maar daar bleef het bij... 's Nachts zwierven ze uit over de wegen en als ze een heloot vonden, sneden ze hem de keel af.' De veel bewonderde stabiliteit van de staat werd slechts gewaarborgd door de slachtpartijen, die aan de orde van de dag waren.

De heloten waren verplicht voedsel te leveren aan de klasse der machthebbers. Dat ontsloeg de Spartanen van de noodzaak in hun eigen levensonderhoud te voorzien, zodat ze zich helemaal aan oorlogvoering en aanverwante zaken konden wijden. 'De Spartanen zijn, van alle mensen, degenen die de minste bewondering hebben voor poëzie en poëtische roem,' merkte Pausanias op. 'Ontspanning was hun vreemd,' schreef Aristoteles, 'en hun scholing reikte nooit hoger dan voor oorlogvoering nodig was.'

Het was Spartanen verboden buitenlandse reizen te maken, behalve als het om een militaire campagne ging, en buitenlanders werd geen welkom bereid: Lycurgus, de mythische wetgever van Sparta, wilde dat de maatschappij die hij in het leven had geroepen voor altijd intact zou blijven en nooit zou veranderen, en 'met vreemden moeten wel vreemde doctrines het land binnenkomen'. Handel werd er vrijwel niet gedreven, ieder leefde van de opbrengst van het hem toegewezen stuk land. Lycurgus had alle luxe verboden. Het voornaamste Spartaanse voedsel was een zwarte soep die in heel Griekenland berucht was om zijn onsmakelijkheid. Spartaanse huizen waren allemaal identiek, en dermate onafgewerkt dat (volgens een Atheense grap) een Spartaan die een keer Corinthe bezocht stomverbaasd was toen hij houten planken zag, en vroeg of de bomen in die streek vierkante stammen hadden. De Spartaanse kledij was sober en eenvoudig. Zelfs in hun spraakgebruik legden de Spartanen zich beperkingen op, en als ze al iets zeiden was het op barse toon. Ze hadden 'in het algemeen de gewoonte te zwijgen', ze waren 'laconiek' (gewoon een ander woord voor 'Spartaans'), een combinatie van de omzichtigheid van hen aan wie de rigide conservatieve en autoritaire staat geen politieke stem toestond, en de zwijgzaamheid van hen wier persoonlijke reacties altijd werden onderdrukt dan wel in het algemene werden getrokken.

De staat was alomvattend. Spartanen hadden volgens Plutarchus 'de tijd noch de bevoegdheid om een leven voor zichzelf te leiden; ze werden geacht zich, als bijen, tot integraal onderdeel van de gemeenschap te maken'. De stad had veel weg van een legerkamp, waar iedereen zijn specifieke plicht had. Alle persoonlijke verhoudingen waren ondergeschikt gemaakt aan de verhouding tussen staat en individu. Jongetjes werden meteen na hun geboorte geïnspecteerd. Als ze niet volkomen gezond waren, werden ze in een ravijn gegooid. Zij die de inspectie overleefden werden door hun ouders verzorgd tot ze op hun zevende naar school gingen, een enorm opleidingskamp waar het onderwijsaanbod vrijwel alleen uit gymnastiek bestond, en waar de jongens verder onderwerping aan de krijgstucht werd bijgebracht, ongevoeligheid voor pijn, en een strenge onderdrukking van persoonlijke emoties.

De jongens werden aan systematische ondervoeding blootgesteld, en aangemoedigd te stelen om hun eeuwige honger te stillen – maar als ze daarbij betrapt werden, werden ze meedogenloos afgeranseld. De jongemannen woonden in mannenhuizen maar mochten wel trouwen. Een bruid werd met geweld uit het huis van haar familie ontvoerd. Haar haar werd afgeschoren door een 'bruidsmeisje', die haar vervolgens uitkleedde en haar alleen op de vloer van een verduisterde kamer liet liggen wachten op haar man. Die kwam 's avonds laat binnen om zonder veel omhaal zijn mannelijke plicht te vervullen, waarna hij terugging naar het mannenhuis. De volgende ontmoetingen van het paar waren al even heimelijk en kortstondig, en vonden altijd plaats bij nacht, zodat een vrouw verscheidene kinderen kon baren zonder ooit het gezicht van haar man te hebben gezien. Alle mannen, ongeacht hun leeftijd, gebruikten de maaltijden gezamenlijk (vrouwen aten apart, en kregen ongeveer een zesde van het voedselrantsoen van de mannen). Mannen die weigerden te trouwen werden gestraft en publiekelijk te schande gemaakt. Mannen die er niet in slaagden hun vrouw zwanger te maken werden onder druk gezet om het door andere mannen te laten proberen. Jaloezie werd geminacht, evenals alle andere uitingen van sterke, persoonlijke gevoelens. Een moeder die te kennen gaf haar laffe zoon te minachten werd zeer gerespecteerd. Sparta was een staat van onderdrukte emoties, van in de kiem gesmoorde individualiteit, van bewuste zwijgzaamheid op alle niet-krijgskundige fronten. Spartanen copuleerden blind. De mannen hadden nooit lichten bij zich als ze na de maaltijd naar hun slaaphuis terugkeerden. 'Als de Spartanen doden,' schrijft Herodotus, 'doen ze dat bij nacht.'

Deze duistere stadstaat werd alom bewonderd, zelfs door zijn vijanden. Socrates maakte grapjes over de modieuze Atheense spartofielen die korte tunieken en leren banden om hun benen droegen en hun oren naar Spartaans gebruik verminkten. Spartanen werden geprezen om hun soberheid en hun fitheid, om de zelfbeheersing waarmee ze pijn verdroegen, om hun onverschilligheid jegens elke vorm van genot en hun bereidheid zich op te offeren voor het algemeen belang. In de ogen van vele Atheners waren ze, niet benijdenswaardig natuurlijk, maar wel bewonderenswaardig, een toonbeeld van matigheid en deugdzaamheid, tijdreizigers uit een eenvoudiger, maar waardiger periode. Er ging van hun ascetische levensstijl een esthetische bekoring uit, zelfs voor hen die geen enkele aandrang voelden zich met zwarte soep te voeden. De autoritaire handelwijze van hun heersers was verraderlijk verleidelijk voor diegenen die de buik vol hadden van de eindeloze stroom argumenten en tegenargumenten van het democratische proces, een proces dat geregeld ontaardde in onverantwoord geklets waar veel tijd mee verloren ging. Pindarus schreef vol lof over Sparta, zijn eerbiedwaardige raad van ouden en de zegevierende speren van de jongeren. En Plato mocht het Spartaanse politieke systeem dan openlijk als ontaard van de hand wijzen, hij integreerde wel degelijk vele Spartaanse instituties en Spartaanse waarden in zijn ideale republiek, waarmee hij ervoor zorgde dat de ideeën van Lycurgus over het omvormen van individuen tot nuttige componenten van een staat die er niet was voor het volk, maar voor de bestendiging van zijn eigen macht, wezenlijk onderdeel zijn gaan uitmaken van de westerse idealen van mannelijkheid, goed burgerschap en heldhaftigheid.

Een totalitaire staat die vrijwel iedere vorm van zelfexpressie van zijn ingezetenen in de kiem smoort is, paradoxaal als dit misschien mag klinken, een ideale omgeving voor uitzonderlijke, grote persoonlijkheden. Plutarchus vergeleek Sparta met een bijenkolonie, en elke zwerm heeft zijn koningin. De onderwerping van velen maakt de bevrijding van weinigen mogelijk. In Sparta zou Alcibiades, de student van Socrates, de Atheense democratie omschrijven als 'een systeem dat alom voor absurd wordt gehouden', en hoewel hij ongetwijfeld in de smaak probeerde te vallen bij zijn anti-Atheense gehoor, is het ook mogelijk dat hij zei wat hij vond, en voelde. Hij had zich een briljant manipulator betoond van de democratische Atheense volksvergadering, met een overredingskracht die niet onderdeed voor de gaven van de demagogen die hij verachtte, maar toen die volksvergadering zich tegen hem had gekeerd, zal hij wel sterke persoonlijke redenen hebben gehad om niet alleen dat specifieke gremium af te wijzen, maar ook het hele politieke systeem waarvan die vergadering zowel boegbeeld als toonbeeld was. Als aristocraat heeft hij het oligarchische Spartaanse systeem misschien wel als heel prettig ervaren. Als jong en fameus mooie militaire bevelhebber moet de Spartaanse krijgscultus hem wel hebben aangestaan: 'In tijden van oorlog lieten ze de strakke teugels van de discipline vieren en mochten de jongemannen hun haar vlechten en hun armen en kleren versieren, zodat iedereen zich kon verheugen over de aanblik van al die soldaten die, als paarden, steigerden en hinnikten voor de strijd.' Hij had in Athene gevoeld hoe het was om aan de genade te zijn overgeleverd van mensen op wie hij neerkeek. Hij was door zijn eigen stad verbannen om redenen die in zijn ogen waarschijnlijk benepen en onnozel zijn geweest. Sparta was in zijn ogen wellicht een geschiktere basis voor helden.

In elk geval kwam het hem goed uit om bij zijn gastheren die indruk te wekken. Hij kwam in Sparta aan als een berooide vluchteling wiens leven ervan afhing of hij zijn voormalige vijanden zover zou weten te krijgen dat ze hem in bescherming namen. Nooit meer zou hij de mensen imponeren en intimideren in zijn jeugdige rol van verwende opschepper en dandy. In Athene had hij een loopje genomen met de publiek opinie. In Sparta was hij tactvol, inschikkelijk, charmant. In Athene had hij geschitterd als Achilles, in Sparta liet hij zien dat hij zich in bochten kon wringen en veranderlijk kon zijn als Odysseus, de draaikont van Homerus. Achilles is absoluut trouw aan zichzelf en zijn principes, en kent geen verborgen agenda. Hij zegt de man 'die er heimelijk andere gedachten op na houdt dan hij openlijk uitspreekt' te verfoeien 'als de poorten van Hades'. Odysseus zegt hetzelfde in vrijwel identieke bewoordingen maar hij zegt het in de loop van een monoloog waarvan wij weten dat het een aaneenschakeling van leugens is. Hij is een diplomaat en een intrigant, een meester in het vermommen en verbergen van zijn ware aard en persoonlijkheid, peetzoon van Autolychus, de goddelijke meester van 'dieverij en subtiel onoprechte eden', een dwangmatige fabulant die, in de *Odyssee*, vele maskers opzet, en net zo vaak huichelt als de waarheid spreekt. Alcibiades was net als hij. Hij was een kameleon, een geniaal toneelspeler. Hij bezat, aldus Plutarchus, 'één bijzondere gave waar al zijn andere gaven bij ten achter bleven en die hem in staat stelde mensen aan zich te binden – hij wist zich namelijk heel goed aan te passen aan de bezigheden en de manier van leven van anderen'.

Hij was nu een verstotene, en als man die van zijn identiteit was beroofd stond het hem vrij zichzelf een nieuwe persoonlijkheid aan te meten. De tweede-eeuwse theoloog Justinus de Martelaar omschreef de afstammelingen van Kaïn, die legendarische Hebreeuwse outsiders, als kameleontisch, figuren die als ze dat wilden konden veranderen in vogels, slangen of viervoeters. Alcibiades, net als Kaïn een vervloekte banneling, had dezelfde proteïsche gave, die kenmerkend was zowel voor zijn onbetrouwbaarheid als voor zijn griezelige genialiteit. In Athene had hij er een levensstijl op na gehouden die luxueus was bij het decadente af. Op de boot naar Sicilië had hij zijn reisgenoten verbijsterd door een deel van het dek van zijn trireem te laten uitzagen zodat hij daar een hangmat kon ophangen, in plaats van, net als al zijn landgenoten, gewikkeld in zijn mantel op het houten dek te slapen. Nu werd hij een ascet. 'Door in zijn dagelijkse leven Spartaanse gewoontes aan te nemen nam hij de mensen voor zich in en raakte het volk in zijn ban.' Hij liet zijn haar groeien volgens de Spartaanse mode, nam koude baden en at grof brood bij de beruchte zwarte soep. (De ironie wil dat hem met zijn toneelspel de eer te beurt viel vergeleken te worden met de held die nooit anders dan zichzelf was: 'In Sparta kon men, wat de uiterlijkheden betreft, van hem zeggen: "Dit is geen zoon van Achilles, maar Achilles zelf." ') Alcibiades was een getekend man: de luxe van spontaniteit kon hij zich niet meer veroorloven. De rest van zijn leven, alle glorie en bijval die hem nog ten deel zouden vallen ten spijt, zou hij zijn gehoor moeten behagen en op zijn tellen moeten passen.

Hij moest zich aan zijn nieuwe meesters voordoen als meer dan een overloper met een schat aan informatie die weliswaar nuttig was, maar waar eens een eind aan zou komen. Als hij tevreden was geweest met een bescheiden leven in de coulissen, zou hij vermoedelijk wel bescherming hebben kunnen krijgen in ruil voor enig verraad, maar de rusteloze, zelfkastijdende ambitie die Socrates in hem had herkend maakte een dergelijke oplossing ondenkbaar. Toen hij in de winter van 415-4 v. Chr. in Sparta aankwam moest hij zijn eerste echte militaire succes nog behalen. Maar beroofd als hij was van zijn sociale positie, zonder financiële middelen en zonder leger, restte hem maar één manier om een rol te verwerven die aansloot bij de 'onderscheidingsdrang en [het] verlangen naar roem' die hem zijn leven lang zouden drijven, en dat was een beeld van zichzelf in het leven roepen als Übermensch, als iemand die in zijn eentje grootse daden wist te verrichten. Met die beeldvorming maakte hij in Sparta een begin.

Kansen rook en greep hij vliegensvlug. Odysseus wist altijd wat hem te doen stond en Thomas Carlyle zou een held definiëren als 'een man met een bijna mythisch bewustzijn van wat gedaan moest worden'. Alcibiades was er zo een. De filosoof Theophrastus, die een eeuw na hem leefde, meende dat hij 'in hogere mate dan al zijn tijdgenoten de gave bezat in te zien wat in een gegeven situatie vereist was'. Siciliaanse delegaties kwamen naar Sparta om hulp te vragen in hun strijd tegen de Atheners. Alcibiades greep zijn kans. Hij sprak zich openlijk uit voor de Siciliaanse zaak en maakte van de gelegenheid gebruik om formeel zijn intrede te doen in het Spartaanse openbare leven. Zijn toespraak, zoals weergegeven door Thucydides, is een geniale oefening in zelfrechtvaardiging en zelfverheerlijking. Openlijk, en voor het eerst, maakt hij gewag van een groots plan van verovering en kolonisatie, waarvan de Siciliaanse expeditie nog maar het begin had moeten zijn. Vanaf Sicilië, liet hij de Spartanen weten, zou hij de Atheners hebben aangevoerd naar Italië, en als dat gebied eenmaal veroverd was zou hij een aanval hebben ingezet op Carthago en het bijbehorende rijk. Daarna, als ze al die nieuwe gebieden in het westen hadden veroverd en ze vrijelijk uit al die rijkdommen konden putten, zouden de Atheners zijn teruggekeerd om de Peloponnesiërs te verpletteren, en zouden ze de heersers van de hele mediterrane wereld zijn geweest.

Vermoedelijk had Alcibiades inderdaad dergelijke plannen gekoesterd – ze stroken in elk geval volledig met zijn alom bekende grote ambitie, zijn reusachtige zelfvertrouwen en zijn plezier in het grootse, het grootste gebaar (zijn zeven wagens, zijn drie prijzen). Maar het is niet waarschijnlijk dat een dergelijk fantastisch plan ooit buiten zijn verbeelding heeft bestaan. Het is niet aannemelijk dat Nicias ermee zou hebben ingestemd. Toen Alcibiades de Spartaanse volksvergadering voorhield dat 'de generaals die er nog over zijn, als ze kunnen, gewoon zullen doorgaan met het uitvoeren van die plannen', was dat stellig een leugen. Die leugen bleef echter onopgemerkt. De Spartanen waren overtuigd. Ze besloten het Siciliaanse strijdtoneel te betreden. Vanaf dat moment zouden, in hun ogen en die van het nageslacht, de vermetelheid en grandeur van die gigantische, kennelijk door de Atheners beoogde veroveringen altijd afstralen op Alcibiades, wat hem het aura zou opleveren van groot man – een man die, als hij niet was tegengehouden door zijn ondankbare landgenoten, vijf jaar voor de geboorte van Alexander van Macedonië een wereldveroveraar had kunnen worden. De moderne historicus Donald Kagan schreef lovende woorden over zijn optreden daar in Sparta: 'Een mens kan zich alleen maar verbazen over zijn stoutmoedigheid, zijn verbeeldingskracht, zijn scherp psychologisch inzicht en zijn ongeëvenaarde grootspraak.'

De volgende tweeënhalf jaar woonde Alcibiades in Sparta. Plutarchus schrijft vol medelijden over Alcibiades die doelloos door de stad zwierf, maar niets wijst erop dat zijn gastheren hem vernederd zouden hebben. Het enige verhaal dat we kennen over zijn verblijf in Sparta is dat van zijn verhouding met koningin Timea, de vrouw van Agis, een van de twee Spartaanse koningen. Agis onthield zich van seks nadat een aardbeving, die hij voor een goddelijke waarschuwing hield, een vrijpartij met Timea had onderbroken. Hij was op een militaire campagne toen een tweede aardbeving het paleis deed trillen en een man werd gezien die uit de slaapkamer van de koningin ontkwam. Die man was, volgens eeuwenoude roddels, Alcibiades. Negen maanden later schonk Timea het leven aan een zoon. Het mag dan een lasterlijk verhaal zijn (de andere erfgenamen van Agis zouden ook wel een motief hebben gehad om te beweren dat de baby onwettig was), het is wel zeer geloofwaardig. Alcibiades was aantrekkelijker dan ooit en niet gewend aan seksuele onthouding. Het kind werd later van de troonopvolging uitgesloten. Toen Alcibiades werd gevraagd uitleg te geven over zijn vermeende vaderschap, zou hij met zijn karakteristieke arrogantie hebben gezegd 'dat hij het niet zomaar als belediging had gedaan, noch alleen om zijn lust te bevredigen, maar om er zeker van te zijn dat zijn afstammelingen ooit over de Spartanen zouden heersen'.

Terwijl Alcibiades aanrommelde in Sparta draaide de Atheense campagne in Sicilië op een drama uit. De vloot werd vernietigd. Het hele leger werd afgeslacht dan wel tot slavernij gedwongen. De onderneming waar met name Alcibiades verantwoordelijk voor was en die hij zich gedacht had als de eerste fase in een reeks glorieuze overwinningen, werd een zware klap voor Athene, dat ernstig verzwakt achterbleef, zonder geld, zonder schepen en zonder soldaten. De Atheense koloniën begonnen meteen over afscheiding na te denken.

In de winter van 413-2 v. Chr., twee jaar nadat Alcibiades in Sparta was aangekomen, werden de Spartanen twee keer met verzoeken om hulp benaderd door opstandige oligarchische facties uit Atheense koloniën. In beide gevallen waren de opstandelingen al verzekerd van steun uit Perzië. De grote Perzische koning, of liever zijn satrapen in de regio, waren erop gebrand te profiteren van elke eventuele zwakke plek in het Atheense rijk. Alcibiades was een van degenen die pleitten voor het sturen van een vloot om de opstandelingen op het eiland Chios te hulp te komen. Hij zal, na twee jaar van stagnatie, wel gesnakt hebben naar actie en de kans om een schitterende slag te slaan. Koning Agis, die de verhalen die de ronde deden over de verrassende zwangerschap van koningin Timea wel gehoord zal hebben, was Alcibiades inmiddels openlijk vijandig gezind. Als hij de Spartanen nu geen kapitale dienst kon bewijzen, zou Sparta voor hem niet zo heel veel langer veilig zijn. Hij zette de tweede fase van zijn zelfmythologisering in. Hij, en hij alleen, zo hield hij de eforen voor, zou de greep van Athene op de steden in het oostelijke Middellandse-Zeegebied persoonlijk kunnen breken. 'Hij zei dat hij de steden gemakkelijk zou kunnen overhalen in opstand te komen door hen in te lichten over de zwakte van Athene en de actieve politiek van Sparta; ze zouden zijn verklaring als uitgesproken betrouwbaar beschouwen.'

De eforen waren overtuigd. Een kleine vloot werd samengesteld. De eerste groep schepen die vertrok stuitte door stom toeval op de Atheense vloot, en werd verslagen. De bevelvoerder werd gedood en de resterende schepen werden bij Epidaurus ingesloten. De Spartanen aarzelden. Velen waren zo ontmoedigd door deze eerste tegenslag dat ze bereid waren verder van de hele onderneming af te zien, maar Alcibiades slaagde erin hen over te halen om toch stand te houden en hun doel niet uit het oog te verliezen. Een tweede groep van vijf schepen, onder aanvoering van de Spartaan Chalcides maar met Alcibiades aan boord als brein achter het plan, stak zo snel mogelijk over naar Chios en kwam daar aan voor het nieuws van de nederlaag van die eerste vloot het eiland had bereikt. Elke zeeman die ze op weg naar Chios tegenkwamen werd gearresteerd en meegenomen om van geheimhouding verzekerd te zijn. Toen ze aankwamen was de raad net bijeen. Alcibiades en Chalcides gingen van boord en marcheerden de vergaderzaal binnen. Tot consternatie van de pro-Atheense partij verkondigden ze dat zij de voorhoede waren van een Peloponnesische vloot (zonder erbij te vermelden dat de rest van voornoemde vloot honderden mijlen verderop in de val was gelopen). De krijgslist werkte: hun opponenten capituleerden. Eerst Chios, en vervolgens de naburige steden Erythraea en Clazomenea, liepen over naar Spartaanse zijde en bereidden zich voor op de strijd tegen de Atheners.

Het omverpraten van Chios was een briljante zet, en typerend voor Alcibiades. Al zijn handelsmerken zijn erin te herkennen: vlugheid, vermetelheid, vertrouwen op zijn charisma en acteurstalent, misleiding met flair. Net als de grote hardloper Achilles kende hij de waarde van snelheid, hij wist dat het opduiken van een leger, of zelfs één man, daar waar het niet verwacht werd, waar de wetten van de waarschijnlijkheid voorschreven dat het onmogelijk op kon duiken, net zo schokkend en ontzagwekkend kon zijn als een bovennatuurlijke verschijning, dat zoiets de oppositie kon demoraliseren en bondgenoten nieuwe moed kon geven. Later datzelfde jaar, nadat hij de hele dag had gevochten in een wanhopige en weinig succesvolle poging de Atheners bij Milete terug te slaan, sprong Alcibiades op zijn paard en galoppeerde door de nacht naar het zuiden om de Peloponnesische vloot in de haven te verwelkomen en er bij de bevelvoerders op aan te dringen rechtsomkeert te maken en tot de ochtend door te varen. Bij het krieken van de volgende dag lag de vloot, dankzij zijn snelle ingrijpen, voor de kust bij Milete en vertrokken de Atheners met stille trom, 'zonder de vrucht van hun overwinning te plukken'. Alcibiades wist de feiten die de realiteit hem voorschotelde op meesterlijke wijze te manipuleren: hij was een man die de illusie van een overwinning kon wekken, en die illusie wist aan te wenden om de overwinning ook daadwerkelijk te realiseren.

Zijn sluwheid en theatraalheid als bevelhebber hebben hun equivalent in de politieke spelletjes die hij de laatste tien jaar van zijn leven wel moest spelen om in leven en in het zadel te blijven. Hij bewees goede diensten bij de totstandkoming van een verdrag tussen de Perzen en de Spartanen dat zwaar in het voordeel van de Perzen uitviel. In Sparta rees de (heel wel mogelijk gerechtvaardigde) verdenking dat hij geen trouwe dienaar was van zijn aangenomen meerderen, meerderen die de reputatie hadden in het geheim korte metten te maken met allen die hun voor de voeten liepen. 'De machtigste en meest ambitieuze Spartanen waren inmiddels zowel jaloers als uitgekeken op Alcibiades,' schrijft Plutarchus. Na de slag bij Milete kreeg de Spartaanse admiraal opdracht (een opdracht die vermoedelijk bij koning Agis vandaan kwam) Alcibiades ter dood te brengen. Op de een of andere manier, mogelijk gewaarschuwd door koningin Timea, die zo roekeloos verliefd op hem was dat ze haar zoontje stiekem bij zijn naam noemde, hoorde Alcibiades van die opdracht nog voor de admiraal hem ontvangen had. Nu was hij in beide helften van de Griekse wereld in ongenade gevallen. Hij ging stiekem van boord en keerde niet alleen de Peloponnesische vloot, maar ook zijn geboorteland en de cultuur waarin hij was opgegroeid de rug toe. In Sardis zocht hij zijn toevlucht bij de Perzische satraap Tissaphernes.

De satraap bereidde hem een warm welkom. Plutarchus beschrijft Tissaphernes als iemand 'die van nature geneigd was tot boosaardigheid en die zich, zelf ook verre van eerlijk, graag omringde met schurken', en voegt eraan toe dat hij 'een intense bewondering had voor de veelzijdigheid en uitzonderlijke intelligentie van Alcibiades'. De Pers en de Athener, beiden intrigant en goochelaar met de waarheid, werden – althans daar had het alle schijn van – dikke vrienden. Andermaal speelde Alcibiades de rol van kameleon, en wentelde hij zich (mogelijk met meer enthousiasme dan waarmee hij zich de Spartaanse levensstijl had eigen gemaakt) in Perzische weelde en praal. Andermaal wendde hij met succes zijn betoverende charme aan. 'Zelfs zij die hem vreesden en benijdden schiepen onwillekeurig behagen in zijn gezelschap,' schrijft Plutarchus. Tissaphernes was zo verrukt over zijn gast dat hij een lusthof, 'aangelegd in vorstelijke en extravagante stijl', naar hem vernoemde, een park dat 'beroemd [was] om zijn verfrissende beekjes en weiden en paviljoens en lustwarandes'. Alcibiades 'werd zijn adviseur op alle gebieden', heet het bij Thucydides. Maar zijn positie was beangstigend onzeker, afhankelijk als hij was van een web aan leugens. Tissaphernes verwelkomde hem aanvankelijk omdat hij begreep dat Alcibiades hem van advies kwam dienen namens de Spartanen, het volk dat hem feitelijk van het leven wilde beroven. In het volgende jaar zou hij een hachelijk spelletje blufpoker spelen met zowel de Perzen als de Grieken; voortdurend liet hij zich voorstaan op zijn autoriteit in het andere kamp om zijn ware situatie te verhullen, want hij bleef een machteloze en onbemiddelde vluchteling, en probeerde hij elke partij te imponeren met de bewering dat hij een geweldige invloed had op hun tegenstanders – die hem op zijn mooist wantrouwden, en in het ergste geval dood wensten.

Achilles, afgewezen door zijn landgenoten maar nog altijd de aartsvijand van hun vijanden, bad dat Achaeërs en Trojanen elkaar in stukken mochten hakken, en niemand in leven laten behalve hem zelf en zijn geliefde Patroklos, zodat zij samen over de lijken naar de ruïnes van Troje konden wandelen. Alcibiades, dubbel afgewezen en een dubbele overloper, gaf Tissaphernes een advies waarin de meedogenloze wens van Achilles meegalmde: 'Laat de Hellenen elkaar onderling afmatten.' De Pers had de Peloponnesische vloot financieel gesteund. Alcibiades stelde hem voor om iets minder scheutig hulp te verlenen, om te voorkomen dat Sparta een koloniale macht zou worden die potentieel net zo lastig voor Perzië zou zijn als de Atheners geweest waren. Dat was een listig advies, en typerend voor Alcibiades, die bedrog prefereerde boven bloedvergieten. Uit deze raad blijkt wel heel nadrukkelijk dat hij zich niet meer verbonden achtte met welke Griekse staat dan ook, dat hij alle banden had doorgesneden met beide strijdende partijen, die hem immers eerst hadden gebruikt en hem vervolgens ter dood hadden willen brengen. Tegelijkertijd, het klinkt tegenstrijdig, luidde dit advies het begin van zijn terugkeer naar Griekenland in. Naar de opinie van Thucydides gaf hij dit advies 'niet alleen omdat hij dacht dat het de beste raad was die hij te geven had, maar ook omdat hij een manier zocht om naar zijn eigen land te worden teruggeroepen'. Hij moet zich terdege bewust zijn geweest van het precaire van zijn positie daar in Sardis. De poort van Sparta was voor hem gesloten. De steun van Tissaphernes bood hem de kans terug te keren naar Athene, waar hij ooit zo populair was geweest en zoveel invloed had gehad, waar de jeugd in vroeger tijden op net zulke sandalen had willen lopen als hij terwijl de ouderen hun hoop op hem hadden gevestigd voor de verovering van een imperium in het westen. Die kans was afhankelijk van zijn vermogen de Atheners ervan te overtuigen dat hij in hun kamp zou kunnen terugkeren, niet als de machteloze banneling die hij feitelijk was, een man die om genade kwam smeken, maar als een man die vrijelijk kon putten uit alle rijkdommen van de grote Perzische koning en die al die rijkdommen, op zijn eigen voorwaarden, ten voordele van Athene zou kunnen aanwenden.

De Atheners hadden, tijdens zijn jarenlange afwezigheid, reden genoeg gehad om de nodige vraagtekens te zetten bij hun afwijzing van Alcibiades. Nadat hij was teruggeroepen uit Sicilië had Nicias de niet te benijden taak gekregen het bevel te voeren over een gigantische, militante campagne waar hij zich vanaf het eerste begin met klem tegen had verklaard. Besluiteloos, lijdend aan een nierziekte, bij herhaling afgeschrokken door onheilspellende voortekenen, sloeg hij zich al aarzelend en stuntelend door een oorlog heen die gruwelijk zou aflopen. De overlevenden keerden, maanden of jaren na de uiteindelijke nederlaag, na allerlei omzwervingen naar Athene terug, om daar te verhalen van hun vreselijke ervaringen. Ze vertelden over de geregelde slachtpartijen, over de afschuwelijke taferelen bij de rivier de Assinarus, waar uitgedroogde Atheners over de lijken waren geklauterd om een handvol water te nemen dat bezoedeld was met het bloed van hun landgenoten, over de maanden na de capitulatie, waarin de overlevenden eerst opgesloten hadden gezeten in de steengroeven bij Syracuse, zo dicht opeengepakt dat ze geen vin konden verroeren, en dat de velen die stierven recht op tussen de levenden bleven staan, en over de slavernij daarna. Aanvankelijk stuitten ze op ongeloof. De Atheners die thuis waren gebleven 'meenden dat die totale vernietiging iets was dat onmogelijk waar kon zijn'. Vervolgens keerden de Atheners zich woedend tegen degenen die voor de expeditie hadden gepleit en tegen de profeten en waarzeggers die hun succes hadden beloofd. Het was misschien maar goed voor Alcibiades dat hij toen niet in Athene was. Maar in de loop van de volgende maanden en jaren, een periode waarin ze van afstand moesten toezien hoe Alcibiades hun vijanden effectief terzijde stond in Chios en Milete, en kolonies omturnde zoals hij, namens Athene, ook in Sicilië van plan was geweest, moeten sommige van zijn stadgenoten zich wel hebben afgevraagd hoe het wellicht had kunnen lopen als ze hem maar vertrouwd hadden, als ze hem maar voor hadden laten komen om hem de gelegenheid te geven zich van alle blaam te zuiveren, als hij maar niet was teruggeroepen. Het is makkelijker je eigen fouten toe te geven dan te bedenken dat je volstrekt machteloos bent overgeleverd aan een kwaadwillige voorzienigheid. Er waren veel Atheners die zichzelf de schuld gaven, zoniet persoonlijk dan toch in elk geval collectief, die geloofden dat ze hun ondergang over zichzelf hadden afgeroepen door zich tegen Alcibiades te keren.

In de winter van 412-1 v. Chr., toen Alcibiades bij de Perzen was, lag de Atheense vloot in de haven van Samos, nog geen twee kilometer van de kust van Klein-Azië. Op de een of andere manier had Alcibiades, zonder medeweten van Tissaphernes, contact met de Atheense gezagvoerders in Samos, eerst per brief en later in geheime ontmoetingen op het vasteland. Hij gaf hun zijdelings te kennen dat als de democratische regering in Athene vervangen kon worden door een oligarchie, hij Tissaphernes zou kunnen overhalen een andere koers te varen. Hij zou de Perzen wel zover weten te krijgen dat ze Athene steunden, dat ze hun manschappen betaalden en de Fenicische vloot, die op dat moment werkeloos iets ten zuiden van Samos lag, opriepen om zich in hun kamp te scharen. Dat alles, suggereerde hij, zou hij doen, als zij gratie voor hem konden regelen en ervoor zorgen dat hij weer het commando kreeg. De meeste bevelvoerders ter plaatse geloofden hem. Een van hen, Pisander, zou het volk van Athene gaan melden dat als ze een verbond wilden met de Perzen, 'we Alcibiades terug moeten halen, aangezien hij de enige man in leven is die zoiets voor ons kan regelen'. Opnieuw was Alcibiades erin geslaagd zich te presenteren als een man met een unieke gave, een man die als geen ander in staat was het lot een andere draai te geven.

De Atheense gezagvoerders op Samos stuurden een delegatie naar Athene onder aanvoering van Pisander, om te pleiten voor de terugkeer van Alcibiades en de verandering in het staatsbestel die hij geëist had. Met enige moeite wisten ze hun zaak uit de doeken te doen. Athene was letterlijk en figuurlijk kapot van de ramp in Sicilië, en geen partij voor Sparta. Zonder Perzische steun dreigde het gevaar dat het was afgelopen met Athene, niet alleen als koloniale macht, maar ook als onafhankelijke stadstaat. De burgers werden ervan overtuigd dat het opofferen van hun gekoesterde democratische rechten, althans voor een tijdje, noodzakelijk was wilden ze überhaupt nog een toekomst hebben. De volksvergadering gaf Pisander en tien metgezellen een volmacht om met Alcibiades en Tissaphernes te onderhandelen. Ze reisden terug naar het oosten, naar Sardis, waar de satraap hen, met Alcibiades aan zijn zijde, ontving. Alcibiades sprak namens zijn beschermheer annex werkgever. Tot woede en verbijstering van de Atheners stelde hij eisen waarmee ze onmogelijk konden instemmen. Bitter teleurgesteld besloot Pisander – een ambitieus man zonder hart voor de democratie – om Alcibiades verder te vergeten en zelf de macht te grijpen. Hij keerde terug naar Athene en pleegde daar met zijn metgezellen een coup. Ze vestigden een wreed oligarchisch bewind dat bekend werd als de Vier-

honderd. Drie maanden bleven ze aan de macht, maanden waarin ze iedereen die zich verzette gevangennamen en vermoordden. Intussen zwoer de
Atheense marine in Samos, onder Thrasybulus en Thrasyllus, beiden oude
vrienden van Alcibiades, om de democratie te verdedigen. Gevolg was dat
de Atheense polis in tweeën uiteenviel, een onbeschermde stad tegenover
een thuisloze oorlogsvloot. Thrasybulus, die van begin af aan een enthousiast voorstander was geweest van de terugkeer van Alcibiades, wist met enige
moeite zijn grote leger aan soldaten en zeelieden over te halen daar ook mee
in te stemmen. Uiteindelijk voer hij, met hun toestemming, naar het vasteland en nam Alcibiades mee terug naar Samos. Vier jaar nadat hij door de
Atheners ter dood was veroordeeld en elke priester in de stad zijn naam had
vervloekt, was Alcibiades weer terug onder de Atheners, zij het nog niet in
Athene zelf. De troepen kozen hem tot generaal 'en legden alles in zijn handen'.

Veel van deze gebeurtenissen blijft raadselachtig, niet het minst het feit
dat Alcibiades erop hamerde dat de Atheense democratie omver moest worden geworpen – dat rijmt niet alleen niet met het feit dat hij vervolgens wel
inging op het aanbod van Thrasybulus om het bevel over de democratische
troepen op zich te nemen, het is ook in tegenspraak met zijn hele politieke
achtergrond. Maar hoewel we het fijne van zijn intriges in dat veelbewogen
jaar vermoedelijk wel nooit aan de weet zullen komen, waren de hoofdlij-
nen van zijn strategie duidelijk zichtbaar. Zijn truc was die van de oplichter
die zo brutaal is dat hij in zijn opzet slaagt, juist vanwege zijn immense brutaliteit. Tegen de tijd dat de delegatie van Pisander met hem en Tissaphernes kwam onderhandelen, was er van de invloed die hij op de satraap had
gehad weinig meer over. De Spartaanse bevelhebber had het klaargespeeld
om de Pers te laten weten dat Alcibiades heimelijk contact had met de Atheners. Tissaphernes vond Alcibiades misschien nog steeds prettig gezelschap,
maar vertrouwen deed hij hem niet meer, noch was hij van plan zich iets van
eventuele raadgevingen van Alcibiades aan te trekken. Thrasybulus kwam
hem net op tijd uit een potentieel fatale situatie redden. (Het is heel wel mogelijk dat Tissaphernes het spoedig opportuun zou hebben geacht, zoals een
andere satraap zes jaar later zou doen, om zich te verzekeren van de welwil-
lendheid van de Spartanen ten koste van het leven van Alcibiades.) En toch,
volstrekt machteloos als hij was, voor het behoud van zijn leven afhankelijk
van een buitenlandse magnaat die hem niets verschuldigd was, presenteerde
hij zichzelf tegenover de Atheners, oligarchen zowel als democraten, als iemand die over de macht van het grootste rijk op aarde kon beschikken. Dat
ze hem kennelijk nog geloofd hebben ook, geeft wel aan hoe ongelooflijk
veel lef hij had, nog even afgezien van zijn tomeloze charme en de bedwelmende bekoring die alleen al van zijn naam uitging.

Op Samos sprak hij de verzamelde Atheense strijdkrachten toe. Hij gaf hun, zoals Thucydides droogjes opmerkt, 'een heel overdreven idee van zijn invloed op Tissaphernes', en verzekerde hun dat de satraap, dankzij hem, nu hun bondgenoot was en nooit zou toestaan dat zij iets tekort zouden komen, 'al moest [Tissaphernes] er zijn eigen bed voor verkopen'. Hij, Alcibiades, hield hij hun voor, had hen gered. Zijn toespraak was een briljante mengeling van ophitsing en optimisme. Hij vleide en prikkelde zijn gehoor. Hij verzekerde hun dat de overwinning hun niet kon ontgaan. Tegen de tijd dat hij was uitgesproken 'was er geen man die in ruil voor wat dan ook afstand zou hebben gedaan van de hoop die hij nu koesterde, om hier veilig doorheen te komen en wraak te nemen op de Vierhonderd'. Bedwelmd door de aanwezigheid van hun charismatische, eindelijk weer in hun gelederen teruggekeerde leider was iedereen ervoor om onmiddellijk naar Athene af te reizen. Alcibiades ontraadde hun dat echter. Er kwamen afgezanten uit Athene aan met verzoenende boodschappen van de oligarchen. De troepen hadden geen zin om die aan te horen en riepen opnieuw woedend op tot onmiddellijk vertrek naar hun eigen stad om de Vierhonderd te verdrijven. Alleen doordat Alcibiades erbij was werd een zekere ramp voor Athene afgewend. Andermaal weigerde hij tot muiterij over te gaan, net als die keer dat hij op Sicilië naar Athene werd ontboden. En zijn overwicht over de troepen was zo groot dat zijn mooie woorden inderdaad de overhand kregen. 'Niemand anders zou die meute op dat moment naar zijn hand hebben kunnen zetten,' schreef Thucydides.

Zoals hij zijn veronderstelde invloed op Tissaphernes had aangewend om gezag over de Atheners te verwerven, gebruikte hij nu zijn herwonnen gezag over de Atheners om weer invloed op de Pers te krijgen. Zijn eerste daad als Atheens generaal was een hernieuwd bezoek aan Sardis, waar hij tegenover Tissaphernes geurde met zijn nieuwe status als legercommandant, terwijl hij bij de Atheners de indruk wist te wekken nauw bevriend te zijn met de satraap. (Er staat nergens beschreven dat Tissaphernes de Atheners ook maar iets zou hebben toegezegd, en sommige historici betwijfelen zelfs of de Fenicische vloot waar Alcibiades zo hoog van had opgegeven überhaupt wel heeft bestaan.) Het was een spel dat hij zou blijven spelen tot, in 410 v. Chr., meedogenloos aan het licht kwam dat hij feitelijk met lege handen stond. De satraap was toevallig in de buurt van de Atheense vloot. Alcibiades, die nog steeds de behoefte voelde ten overstaan van de Atheners met zijn veronderstelde vriendschap te koop te lopen, zocht Tissaphernes op aan het hoofd van een vorstelijke stoet, en met de fraaiste geschenken. Tissaphernes had echter nieuwe orders ontvangen van zijn koning: hij moest de Spartanen nu onbubbelzinnig steunen. Het pompeuze bezoek van Alcibiades bood hem een welkome kans om blijk te geven van zijn ijver en trouw. Hij liet zijn gast arresteren en opsluiten in Sardis. Alcibiades wist na een maand al te ontsnappen, en beweerde dat Tissaphernes hem nog steeds zozeer was toegewijd dat hij zijn ontsnapping door de vingers had gezien, maar hij kon er niet meer mee aankomen dat hij ook maar enige invloed had op de Perzische politiek.

Gelukkig voor hem was dat ook niet meer nodig. In de loop van de vier jaar die sinds zijn komst naar Samos waren verstreken, had hij een reeks briljante overwinningen behaald, of helpen behalen, voor de Atheners, die met de Peloponnesiërs in een bittere strijd waren verwikkeld om de controle over de Aegeïsche Zee en de Hellespont. Naarmate hij meer successen behaalde werden zijn charisma en zijn aantrekkingskracht groter, en uiteindelijk zelfs zo groot dat zijn volgelingen het gevoel hadden dat zijn roem en eer ook op hen afstraalden. In 410 v. Chr. waren de soldaten die onder Alcibiades hadden gediend volgens Plutarchus 'zo in de wolken en zo vol zelfvertrouwen dat ze hun neus ophaalden voor de rest van het leger: ze pochten dat de anderen keer op keer verslagen waren, maar dat zij onoverwinnelijk waren'. Hij was slechts een van verscheidene Atheense generaals, van wie Thrasybulus minstens even begaafd was. Maar of Alcibiades nu de bekwaamste bevelhebber was of niet, hij was in elk geval degene die de meeste indruk maakte. Hij was degene, en niet een van zijn collega's, die de troepen voorafgaand aan een veldslag toesprak, omdat hij degene was die de kunst verstond hen op te zwepen en zich te verzekeren van hun loyaliteit. En hij was degene die met de eer ging strijken. Zoals Cornelius Nepos opmerkte: 'Thrasybulus behaalde vele overwinningen zonder Alcibiades, terwijl Alcibiades niets voor elkaar kreeg zonder Thrasybulus. Toch was [Alcibiades] degene die, door een of andere natuurlijke gave, alle lof en eer naar zich toetrok.'

Voor Athene, net als voor Sparta, trad hij overal en tot ieders verbazing razendsnel op. De slag bij Abydos, in 411 v. Chr., werd gewonnen omdat hij zich vanaf Samos naar het noorden had gerept, en opeens met achttien schepen op het strijdtoneel verscheen. Toen hij in zicht kwam 'wendden de Spartanen de steven en zochten gauw een veilig heenkomen', aldus Xenophon. Een jaar later, voor de slag bij Cyzicus, bouwde hij een cruciale voorsprong op door dwars over het schiereiland van Gallipoli naar de andere kust te galopperen. In de slag zelf speelde hij voor lokaas: hij lokte de Spartanen naar de open zee waar zijn collega's Theramenes en Thrasybulus hen in de flank konden aanvallen. Toen de Spartanen zagen dat ze in een val liepen en probeerden zich terug te trekken, wendde Alcibiades vlug de steven en joeg hen weer aan land. Cyzicus was een grote overwinning die de Atheners in eendrachtige samenwerking hadden behaald, maar het was Alcibiades, de snelle, de vermetele, die de meeste bijval oogstte.

Zijn Puckachtige neiging om daar op te duiken waar hij niet werd verwacht was bij het theatrale af. Hetzelfde gold voor zijn andere gaven: zijn aanwezigheid was oogverblindend en verstandsverbijsterend, zijn moed opzienbarend, zijn listen waren ongeëvenaard. In 408 v. Chr. trok hij op naar Selymbria. Hij had met een bevriende groepering in de stad afgesproken dat zij rond middernacht een vlammende toorts zouden laten zien ten teken dat ze klaar waren om de poorten te openen en in opstand te komen, maar dat plan mislukte. Het teken werd te vroeg gegeven, het leger van Alcibiades was nog niet klaar om tot de aanval over te gaan. Vastbesloten zijn kans niet mis te lopen haastte Alcibiades zich door de geopende stadspoort naar binnen, gevolgd door slechts vijftig man – waarna hij onmiddellijk door het voltallige Selymbriaanse leger werd omsingeld. Hij zat als een rat in de val en had elk moment gedood of gevangengenomen kunnen worden. Koelbloedig gaf hij een van zijn mannen bevel op zijn trompet te blazen en een ander om luidkeels te verkondigen dat het de Selymbrianen verboden was de wapens op te nemen. De Selymbrianen, helemaal van hun stuk gebracht door deze gebaren, die elk verband met de realiteit leken te ontberen, geloofden wat hun werd voorgespiegeld en verloren de realiteit uit het oog. Nerveus en gedesoriënteerd, bang misschien dat de rest van de Atheners de stad al waren binnengetrokken (dat was in het donker niet te zien), verzuimden ze van de voor hen zo voordelige situatie gebruik te maken. Ze waren domweg verbluft door de onbeschaamdheid van Alcibiades, en onderhandelden met hem tot zijn leger uiteindelijk toch aan kwam zetten en ze zich alleen nog maar konden overgeven.

In hetzelfde jaar veroverde hij met een soortgelijke kunstgreep het nog veel grotere en interessantere Byzantium. Opnieuw legde hij contact met mensen in de stad die bereid waren hun Spartaanse overheersers te verraden. De Atheners hadden de haven geblokkeerd, maar op de afgesproken dag voer hun vloot weg, of althans leek dat te doen. Tegelijkertijd trok het leger van Alcibiades, dat de stad aan de landzijde had belegerd, zich terug tot buiten het gezichtsveld van de stad. Toen de avond viel kwam het leger stilletjes terug, terwijl de Atheense vloot de haven weer invoer en de Spartaanse schepen die daar lagen aanviel 'met veel geschreeuw en kabaal'. De Spartanen en hun aanhangers repten zich naar de haven. Intussen lieten de Byzantijnse bondgenoten van Alcibiades overal vanaf de muren ladders zakken zodat diens manschappen massaal de stad konden binnendringen en de verdediging overrompelen. Het beslissende moment kwam toen Alcibiades, die het strategische belang van edelmoedigheid onderkende, in de hele stad liet verkondigen dat de Byzantijnen niets hoefden te vrezen: hun zou geen kwaad worden gedaan. Abrupt liep een groot deel van de bevolking over naar Alcibiades, waarmee de strijd was beslist.

De Atheense troepen dweepten met hem, maar hoe de Atheners thuis tegen hem aankeken moest hij nog aan den lijve ondervinden. De oligarchie van Pisander was geen lang leven beschoren. De politiek gematigde regering van de Vijfduizend die ervoor in de plaats was gekomen onderschreef het commando van Alcibiades en nodigde hem uit om terug te keren. Maar hij zou nog vier jaar wachten alvorens het risico te nemen weer terug te gaan naar de stad die hem verstoten had, waar zijn naam vervloekt was en hij zelf ter dood veroordeeld. Toen hij dan eindelijk terugkeerde deed hij dat als overwinnaar in een oorlog die van de Hellespont, althans voor enige tijd, een Atheense binnenzee had gemaakt. Zoals Plutarchus uitlegt 'had het hem het beste geleken [de Atheners] niet met lege handen tegemoet te treden, zonder enige positieve prestatie op zijn conto – hij wilde zijn thuiskomst niet alleen te danken hebben aan het medelijden en de goedhartigheid van het volk, zijn terugkeer moest een glorieuze aangelegenheid worden'.

Tweehonderd jaar later schreef Duris van Samos, die beweerde een nazaat van Alcibiades te zijn, een opgewonden verhaal over zijn terugkeer in Athene, aan het hoofd van een grote vloot schepen die van boeg tot achtersteven versierd waren met buitgemaakte schilden en trofeeën, met fluitspelers en acteurs die de slag aangaven voor de roeiers, terwijl zijn eigen schip was opgetuigd met paarse zeilen 'alsof hij met een troep feestvierders huiswaarts keerde na een drinkgelag'. Betrouwbaarder bronnen schetsen een minder feestelijk maar dramatischer beeld. Thrasyllus ging vooruit met het grootste deel van de vloot terwijl Alcibiades met slechts twintig schepen op afstand bleef. Wellicht had hij bedacht dat het voor hem beter zou zijn als het merendeel van de soldaten, die hem op handen droegen, voor hem in de stad aankwam, zodat ze de tijd hadden verhalen over zijn heldenmoed onder de burgers te verspreiden. Hij zamelde intussen geld in (dat altijd van pas kwam als je je ergens populair wilde maken) en zette pas koers naar Athene toen hij bericht had ontvangen dat de volksvergadering haar instemming had betuigd door hem opnieuw tot generaal te benoemen. Maar zelfs toen bleef hij op zijn hoede. Bronnen uit de Oudheid geven geen eenduidig antwoord op de vraag of het doodvonnis dat over hem was uitgesproken ooit formeel is herroepen – hij had nog altijd vele vijanden in de stad. Toen hij in Piraeus aankwam ging hij een eindje uit de kust voor anker en keek eerst wie hem allemaal stonden op te wachten. Pas toen hij een groep vrienden onderscheidde, onder wie ook een neef van hem, achtte hij het veilig genoeg om van boord te gaan. Hij ging aan land omringd door een lijfwacht die eventuele pogingen hem te arresteren meteen zou afslaan.

Zijn behoedzaamheid zal snel plaats hebben gemaakt voor triomfantelijkheid. Zijn terugkeer werd begroet met onstuimig feestvertoon. Deze thuiskomst was zijn apotheose, het moment dat de Atheners hem ontvingen alsof hij een van Plato's mannen van goud was, een verlosser die een eind kon maken aan al hun problemen, een quasi-goddelijke held die hun de weg kon wijzen naar een schitterende toekomst. Een enorme menigte, bijna hysterisch van vreugde, had zich bij de haven verzameld. Volgens Diodorus Siculus 'dromden alle mensen naar de haven om een glimp op te vangen van Alcibiades, slaven zowel als vrije burgers, zodat de stad helemaal verlaten was'. En die laaiend enthousiaste mensenmassa begeleidde hem jubelend terug naar de stad. De mensen verdrongen elkaar om hem te kunnen omhelzen en omhangen met kransen. Velen huilden, 'want ze bedachten dat die Siciliaanse ramp en al die andere vreselijke teleurstellingen hun bespaard zouden zijn gebleven als ze Alcibiades maar niet van zijn commando hadden ontheven', maar ondanks die gevoelens van spijt was er vooral veel vreugde, want volgens Diodorus 'waren praktisch allen ervan overtuigd' dat met zijn terugkeer uit ballingschap 'het geluk de stad weer toelachte'.

Alcibiades werd onder voortdurend gejuich naar de Pnyx begeleid, waar hij de voltallige volksvergadering toesprak. Hij was een indrukwekkende figuur – volgens Plutarchus was zijn schoonheid op het hoogtepunt van zijn mannelijkheid net zo groot als in zijn jonge jaren, wat hem 'een buitengewone gratie en charme verleende'. En hij wist de emoties van anderen briljant te bespelen. Doortrapt als hij was besloot hij zich grootmoedig op te stellen, en niemand de schuld van zijn ballingschap in de schoenen te schuiven. In plaats daarvan sprak hij, met tranen in de ogen, over 'tegenspoed' en de 'kwade genius die het op zijn loopbaan had voorzien'. Velen huilden, anderen gaven luidkeels blijk van hun woede, alsof het, zoals Cornelius Nepos droogjes opmerkt, 'anderen waren geweest, en niet zij die daar hun tranen de vrije loop lieten, die hem wegens goddeloosheid hadden veroordeeld'. Hij besloot zijn toespraak met opwekkende woorden, waarin hij Athene een voortreffelijke toekomst beloofde. Zijn publiek barstte uit in een extatisch applaus. Zijn geconfisqueerde bezit werd weer aan hem teruggegeven. De stèle waarin zijn schande stond gebeiteld werd van de Acropolis gehaald en in zee gegooid. De priesters kregen opdracht de verwensingen die ze ooit over hem hadden uitgesproken plechtig te herroepen. Hij werd gekroond met een gouden kroon en tot generaal benoemd met absoluut gezag te land en ter zee (een eer die vóór hem alleen zijn voogd Pericles te beurt was gevallen). Jarenlang, in Sparta, in Sardis, op Samos, had hij beweerd over bovenmenselijke krachten te beschikken. Nu hechtten zijn landgenoten, onwerkelijk als het nog altijd was, daar eindelijk geloof aan. Alcibiades werd in de hele stad bejubeld als de man die Athene weer groot kon maken.

De buitensporige vreugde waarmee zijn thuiskomst gepaard ging werd gevolgd door de zo mogelijk nog imposantere vertoning die van zijn rehabilitatie werd gemaakt. Het grootste spektakel van de Atheense religieuze kalender was de processie die de heilige voorwerpen en de beeltenis van de god Iacchus van Athene naar Eleusis begeleidde, dat een kilometer of dertig buiten de stad lag en waar de Eleusinische mysteriën werden gevierd. In de stoet liepen jongemannen mee die zouden worden ingewijd, reeds ingewijden met mirte omkranst en priesters in lange gewaden. Troepen fluitspelers, dansers en hymnen zingende koren begeleidden de stoet die onderweg geregeld halt hield om offers te brengen en heilige riten te verrichten. Deze ceremonie was zowel een feest als een ontzagwekkend spektakel en was voor alle Atheners van bijzonder belang, maar zij had al verscheidene jaren geen doorgang kunnen vinden. De aanwezigheid van het Spartaanse garnizoen op Dekelea in de bergen, dat uitkeek over de weg naar Eleusis, had de processie te gevaarlijk gemaakt. In plaats daarvan werd Iacchus per boot naar Eleusis vervoerd, met een klein escorte en niets van de gebruikelijke, ermee samenhangende ceremonie – een compromis dat op treurige wijze de toestand in het verzwakte en bedreigde Athene symboliseerde.

Alcibiades – de verrader die de Spartanen had aangeraden Dekelea te versterken, de godslasteraar die herhaaldelijk de spot had gedreven met de Eleusinische mysteriën en die erom ter dood was veroordeeld – greep zijn kans om te laten zien dat hij zijn leven gebeterd had met een voorstel dat erop gericht was zijn zonden uit het verleden uit te wissen. Angstvallig vroom raadpleegde hij de priesters alvorens, met hun goedvinden, bekend te maken dat de processie dit jaar voor het eerst weer doorgang zou vinden. Hij zette uitkijkposten op de heuvels langs de route, stuurde bij het ochtendgloren een kleine voorhoede op pad om de weg vrij te maken en begeleidde toen, met zijn troepen, de processie naar Eleusis en weer terug naar Athene. Als koning Agis hen vanaf Dekelea had aangevallen, zou Alcibiades mooi hebben kunnen pronken met zijn militaire vaardigheden en zijn loyaliteit aan de stad, door ten overstaan van alle Atheners de strijd aan te binden met de Spartanen om hun heilige mysteriën te verdedigen. De processie werd echter ongemoeid gelaten en iedereen keerde ongedeerd naar huis terug. De deelnemers hadden de hele weg, volgens Plutarchus, 'ordelijk, plechtstatig en in totale stilte' afgelegd. Ze moeten die zestig kilometer in een staat van zowel doodsangst als vervoering hebben verkeerd. Bij hun veilige terugkeer in de stad gaven ze, evenals de thuisblijvers, uiting aan hun opluchting door hernieuwde, en al even hartstochtelijke blijken van bewondering voor Alcibiades. Vooral de lagere klassen waren helemaal weg van de grote Alcibiades. En zijn manschappen waren in juichstemming en begonnen weer hoog op te geven van hun onoverwinnelijkheid onder zijn bevel. De vroegere godslasteraar werd ingehaald als 'hogepriester en inwijder in de mysteriën'. Het leek wel alsof er niets was wat hij niet kon.

Het leven in een democratie is niet makkelijk. De vrijgeboren, volwassen, mannelijke ingezetenen van het vijfde-eeuwse Athene hadden de verantwoordelijkheid voor hun eigen bestemming maar te aanvaarden. Er was geen tiran die ze de schuld konden geven van eventuele tegenslagen, geen vaderlijke autocraat bij wie ze terecht konden als ze bescherming zochten. Ze werden geacht een bijdrage te leveren aan het nemen van allerlei belangrijke beleidsmatige beslissingen. Als zulke besluiten achteraf minder gelukkig uitvielen waren er geen personen of instellingen die de burgers eventuele vervelende consequenties konden nadragen – zij waren zelf verantwoordelijk. Noch was er sprake van enig oppermachtig gezag dat hun fouten kon goedmaken en hun een uitweg kon bieden als ze in de problemen zaten. Velen, in het Athene ten tijde van Alcibiades, maar ook in de talrijke moderne democratieën waar demagogen dictators zijn geworden, verlangden ernaar weer tot een kinderlijke staat te worden teruggebracht en bevrijd te worden van de vermoeiende verantwoordelijkheden van de onafhankelijkheid en de volwassenheid.

In Athene kwam er geen eind aan het politieke debat, en knopen werden nauwelijks doorgehakt. Het politieke proces werd in elke fase hopeloos gehinderd en nodeloos ingewikkeld gemaakt door afgunst, door corruptie, en door de chanteurs die de kost verdienden met hun dreigementen die corruptie aan de kaak te stellen. Ambtstermijnen duurden nooit lang. Er was geen zekerheid, geen continuïteit, geen zorgeloos vertrouwen op precedenten. Elk beginsel, en elk praktisch detail, werd besproken en in stemming gebracht. Die nerveuze drang om elke vraag opnieuw van alle kanten te bekijken, elke keer dat hij zich voordeed, is een van die aspecten die van Athene zo'n stimulerende samenleving maakten, en die de stad haar buitengewone intellectuele en politieke vitaliteit gaven. Maar het legde de burgers ook een last op die velen ergerde of bang maakte, en die anderen domweg ondraaglijk vonden.

In de zomer van 408 v. Chr., toen Alcibiades in Athene neerstreek met het gouden aura van de heldhaftige veroveraar, schitterend als die godgelijkende mannen van wie Aristoteles meende dat het hun goed recht was hun medemens tot slaaf te maken, waren er velen die er fantasieën op nahielden waarin ze hun vermoeiende vrijheid aan hem overgaven. Mensen kwamen naar hem toe en smeekten hem om 'hun van die schreeuwerige windbuilen te verlossen die de vloek van de stad waren', om het zwijgen op te leggen aan dat eindeloze, duizelingwekkende spel van argument en tegenargument dat de hele stad in zijn greep hield door de absolute macht te grijpen. In een krankzinnige vlaag van zelfvernedering smeekten allerlei mensen hem om zichzelf tot dictator te maken, om 'naar eigen goeddunken af te rekenen met decreten en wetten', om het bestel omver te werpen en alle oppositie weg te vagen zodat 'het hem vrijstond de regering ter hand te nemen', en zo

86

de gedemoraliseerde en onzekere burgers te verlossen van de afschuwelijke last van hun vrijheid.

Alcibiades ging niet op die uitnodiging in. Hij had elders werk te doen. De Spartaanse vloot, onder zijn geduchte nieuwe gezagvoerder Lysander, lag bij Ephesus en vormde een bedreiging voor de Atheense koloniën. De volksvergadering zegde Alcibiades alle mannen en schepen toe die hij nodig had en liet hem zelfs, een eer die ongekend was, zijn eigen medebevelhebbers kiezen. Hun generositeit was een niet mis te verstane uiting van de persoonsverheerlijking die Alcibiades in zijn nieuwe hoedanigheid van bevelhebber ten deel viel. Daar komt bij dat de bedachtzamere leden van de volksvergadering hem waarschijnlijk dolgraag zo snel mogelijk weer zagen vertrekken. 'We weten niet hoe Alcibiades zelf tegenover een eventuele rol als dictator stond,' schrijft Plutarchus, 'maar de meest vooraanstaande burgers zullen er op dat moment stellig bang voor zijn geweest.' Ze hadden hem verkeerd ingeschat. De onverzadigbare ambitie die Socrates in zijn volgeling had onderkend ging niet uit naar de macht binnen de stadsmuren, maar naar wereldomspannende roem. Spoedig na het Eleusinische festival, krap vier maanden nadat hij in de stad was teruggekeerd, verliet Alcibiades Athene voorgoed.

Hij had het volk verleid en de toonaangevende democraten de stuipen op het lijf gejaagd, maar de goden had hij niet voor zich gewonnen. De dag dat hij in Athene aankwam en zo hartstochtelijk werd binnengehaald was de ongelukkigste van het jaar, de dag waarop het beeld van Athene op de Acropolis met een sluier werd bedekt voor geheime reinigingsrituelen. Misschien hebben burgers die Alcibiades vijandig gezind waren indertijd wel op dat omineuze feit gewezen, maar werden ze door de extatische meerderheid genegeerd. Misschien was het pas achteraf dat mensen het zich als voorteken zouden herinneren. Op het hoogtepunt van zijn roem wendde de godin van de stad haar gezicht van hem af. Enige maanden later, alsof ze hun beschermgodin imiteerden, zou het volk hem ook laten vallen.

'Als ooit één iemand te gronde werd gericht door zijn eigen geweldige reputatie,' schreef Plutarchus, 'was het Alcibiades.' Er werden nu wonderen van hem verwacht, en toen hij er niet in slaagde die te verrichten, begon de dodelijk wispelturige democratische volksvergadering te mopperen en zijn loyaliteit in twijfel te trekken, 'want ze waren ervan overtuigd dat niets van wat hij werkelijk wilde bereiken buiten zijn vermogen lag'. Hij zette koers naar Andros, waar hij een fort vestigde maar er niet in slaagde de stad in te nemen. Toen hij bij Notium in Klein-Azië aankwam, waar aan de overkant van de baai, bij Ephesus, de Peloponnesische vloot voor anker lag, slaagde hij er niet in Lysander uit zijn veilige haven te lokken. De roeiers begonnen over te lopen: de Spartanen, die nu financiële steun kregen van de Perzische prins Cyrus, konden hun vijfentwintig procent meer loon bieden dan de Atheners. Alcibiades, die voorzag dat hij lang zou moeten wachten, met alle kosten van dien, voor hij een beslissend treffen zou weten te forceren, vertrok om elders geld in te zamelen. De vloot liet hij achter onder het tijdelijke commando van Antiochus, zijn eigen roerganger. Dat was een controversiële afspraak. Antiochus was zeeman van beroep, en niet een van die aristocratische *triërarchen* of amateur-kapiteins die, hoewel vermoedelijk minder vakkundig, in maatschappelijk opzicht zijn meerderen waren en die zichzelf wel als veel hoger in rang zullen hebben beschouwd. Antiochus had Alcibiades bijna twintig jaar gekend en gediend – vanaf die keer dat hij in de volksvergadering die ontsnapte kwartel voor zijn latere heer en meester had gevangen. De beslissing van Alcibiades om het commando aan hem over te dragen was gewaagd, onconventioneel en, naar zou blijken, rampzalig. In Alcibiades' afwezigheid, en in strijd met zijn expliciete orders, lokte Antiochus een slag uit waar hij in de verste verte niet op was voorbereid. Lysander joeg de Atheners op de vlucht en bracht twintig schepen tot zinken. Antiochus werd gedood. Alcibiades haastte zich terug naar Notium en probeerde Lysander tevergeefs zover te krijgen dat hij nog een keer de strijd met de Atheners aanbond. Slechts een briljante overwinning zou hem nog gered kunnen hebben, maar die zat er niet in.

Toen het nieuws Athene bereikte staken alle oude beschuldigingen aan zijn adres weer de kop op. Hij was arrogant. Hij was verdorven. Hij was onbetrouwbaar. De mensen die nog maar enkele maanden geleden bereid waren geweest hun politieke rechten op te geven voor het voorrecht zijn onderdanen te zijn, keerden zich nu tegen hem met een woede die al even irrationeel was als hun bewieroking van hem geweest was. Er werd beweerd dat hij van plan was zichzelf tot tiran te kronen. Er werd op gewezen dat hij een kasteel had gebouwd in Thracië – waar had een loyale Athener een dergelijk toevluchtsoord voor nodig, wilden zijn aanklagers weten. Zijn afspraak met Antiochus, zonder twijfel een vergissing, werd aangevoerd als bewijs van zijn boosaardige frivoliteit. 'Hij had het commando toevertrouwd,' zei een van zijn aanklagers, 'aan mannen die zijn vertrouwen alleen hadden gewonnen doordat ze veel konden drinken en sterke verhalen konden ophangen, terwijl hij zelf rondvoer om geld in te zamelen en zich over te geven aan uitspattingen en drinkgelagen met de courtisanes van Abydos en Ionië.' Hij werd ervan beschuldigd steekpenningen te hebben aangenomen van de koning van Cyme, een stad die hij niet had weten in te nemen. Geen van de beschuldigingen die tegen hem werden ingebracht werd hardgemaakt. Dat was ook niet nodig. In 417 v. Chr. waren de Atheners er per slot van rekening ook bijna toe overgegaan hem na een schervengericht te verbannen zonder daar één goede reden voor te hebben, behalve dat hij te groot was geworden. Er werden nieuwe generaals gekozen, van wie één opdracht kreeg naar het oosten te gaan en Alcibiades van zijn commando te ontheffen. Toen hem ter ore kwam dat zijn stad, die hij zo bot had verraden maar die hij nadien zulke grote diensten had bewezen, hem andermaal had verworpen verliet Alcibiades de vloot, en met de vloot de hele Griekse wereld om, net als Coriolanus, een andere wereld op te zoeken. Hij nam slechts één schip mee en vertrok naar het noorden, naar Thracië, waar hij inderdaad uit voorzorg niet één, maar drie kastelen had gekocht.

Daar, onder de bandeloze barbaren, rekruteerde hij een privé-leger en leidde het leven van een roverhoofdman, de baas van een bende bandieten die zijn buren plunderde en gevangenen maakte om er losgeld voor te vragen. Met zijn bekende aanpassingsvermogen nam hij de gewoontes van zijn nieuwe landgenoten aan en won hij de vriendschap van verschillende stamhoofden door niet voor hen onder te doen, aldus Cornelius Nepos, 'in drankzucht en wellust'. Misschien, zoals de historicus en schrijver Peter Green heeft aangevoerd, was dit de losbandigheid van de wanhoop, maar het kan ook het enthousiaste begin zijn geweest van wéér een nieuw leven. We zullen zien dat Rodrigo Díaz, de Cid, ook zo'n held die te groot was geworden voor de staat die hij diende en die derhalve werd verstoten, in het elfde-eeuwse Spanje opnieuw zou beginnen als bandiet in de rimboe, om zichzelf uiteindelijk tot prins uit te roepen van een grote stad. Na twee jaar in Thracië zou Alcibiades er prat op gaan dat hij er behandeld werd 'als een koning'.

In Athene intussen, waar de ene ramp op de andere volgde, begon geleidelijk het waas om hem heen te hangen van één overzeese vorst, ooit, en wellicht in de toekomst weer, redder van zijn geboortestad. Een jaar na het begin van zijn tweede ballingschap liet Aristophanes een figuur in *De kikvorsen* over hem zeggen dat de Atheners 'naar hem smachten, ze haten hem, maar ze willen hem terug hebben'. Nog één keer zouden zijn verhaal en dat van Athene elkaar overlappen, in een ontmoeting die hem opnieuw identificeerde als de man die Athene had kunnen redden als de Atheners hem daar maar toe in staat hadden gesteld. In 405 v. Chr., aan de vooravond van de desastreuze slag bij Aigospotamoi, dook hij, als een lastige deus ex machina, in het Atheense kamp op. De Atheense en Spartaanse vloot lagen tegenover elkaar in het smalste gedeelte van de Hellespont, en de Atheners hadden hun kamp opgeslagen op de Thracische kust, op luttele kilometers van zijn fort. Alcibiades kwam, ongenood en onverwacht, te paard aanrijden en vroeg op hoge toon om een onderhoud met de generaals. Hij wees hen erop dat ze daar aan alle kanten aan gevaren blootstonden en dat hun aanvoerlijnen veel te lang waren. Hij raadde hun aan om te verkassen en bood hun de hulp aan van de legers van twee Thracische koningen op wie ze konden vertrouwen. De Atheense generaals wilden zijn adviezen echter niet eens aanhoren. Misschien herinnerden ze zich dat hij de Atheners ooit ook Perzische middelen en Fenicische schepen had aangeboden, en dat daar toen niks van terecht was gekomen. Misschien bedachten ze dat Thrasybulus altijd bij hem in de schaduw had gestaan en waakten ze, zoals Diodorus suggereert, jaloers over hun eigen reputatie, uit angst 'dat als ze verslagen werden zij de schuld zouden krijgen, terwijl alle lof voor eventuele successen naar Alcibiades zou gaan'. Wat hun motieven ook waren, ze gaven hem in niet mis te verstane bewoordingen te kennen dat ze hem niet konden gebruiken: 'Wij hebben het hier voor het zeggen, jij niet.' Toen hij het kamp uit reed zei Alcibiades tegen zijn metgezellen dat als hij niet zo grof beledigd was, de Spartanen al hun schepen zouden zijn kwijtgeraakt. Sommigen vonden die grootspraak niet meer dan dat, grootspraak, maar velen, onder wie ook verscheidene moderne historici, hebben wel degelijk geloof aan zijn woorden gehecht. Voor de derde keer afgewezen galoppeerde hij weg. De Atheense vloot werd bij Aigospotamoi verpletterend verslagen. De overlevenden, inclusief alle generaals op één na, werden afgeslacht. Een paar maanden later viel Athene.

Zijn laatste jaar leidde Alcibiades het leven van een vluchteling. De Spartanen wilden hem nog steeds dood hebben. Door hun overwinning was de Thracische kust voor hem niet langer veilig. Hij trok zich terug in de binnenlanden, met achterlating van het grootste deel van zijn bezittingen, die de naburige stamhoofden onmiddellijk buit maakten. Op zijn reis landinwaarts werd hij overvallen en beroofd van wat hem nog restte, maar hij wist aan gevangenneming te ontkomen. Nog slechts gewapend met zijn reputatie en zijn charme, die nog altijd wonderen deed, reisde hij verder naar het hoofdkwartier van de Perzische satraap Pharnabazus. Andermaal, net als toen hij bij het hof van Tissaphernes aankwam, 'nam hij Pharnabazus zo voor zich in dat hij diens beste vriend werd'. De satraap was zo vriendelijk hem de Phrygische stad Grynium en alle bijhorende baten te schenken. Hij had weer een schuilplaats, een beschermer en een bron van inkomsten. Maar typerend genoeg wilde hij meer. Hij was in de veertig, op het hoogtepunt van zijn bloei, en nog altijd mateloos in zijn ambities – en zijn denkbeelden omtrent wat hij vermocht waren nog even extravagant als het ontzag dat hij alom wekte. Hij besloot een lange reis naar het oosten te maken, om de grote koning Artaxerxes in Susa op te zoeken. Hem zal daarbij het voorbeeld voor ogen hebben gestaan van Themistocles, de overwinnaar van Salamis, een andere grote Athener die een halve eeuw eerder was verbannen en ter dood veroordeeld door de stad waarvoor hij grote overwinningen had behaald, en die eervol ontvangen was door een Perzische koning. Bovendien beschikte hij over de informatie dat Cyrus, de broer van Artaxerxes, en een bondgenoot van de Spartaan Lysander, plannen smeedde om zijn broer van de troon te stoten. Misschien hoopte hij een oorlog tussen Perzië en Sparta te bewerkstelligen, een oorlog waarin hij de glorieuze rol zou kunnen spelen van bevrijder van Athene.

Hij vroeg Pharnabazus voor hem een audiëntie te regelen bij de grote koning. Pharnabazus had zijn bedenkingen, maar Alcibiades ging toch op weg. Onderweg overnachtte hij in een stadje in Phrygië. Terwijl hij daar in bed lag met de courtisane Timandra (van wier dochter Lais later gezegd zou worden dat zij de mooiste vrouw van haar generatie was) stapelden huurmoordenaars brandhout op rondom het houten huis waarin hij de nacht doorbracht en staken dat aan. Alcibiades werd wakker, trok zijn zwaard, wikkelde een mantel om zijn linkerarm bij wijze van schild en waagde een uitval, dwars door de vlammen heen. Zijn belagers deinsden terug, maar bestookten hem van een afstand met werpspiezen en speren tot hij viel. Toen drongen ze weer op en hakten zijn hoofd af alvorens ervandoor te gaan. Timandra wikkelde zijn onthoofde lichaam in haar eigen gewaad en begroef het, of, zoals Nepos schrijft, verbrandde de dode Alcibiades in het vuur dat was aangestoken om hem levend te verbranden.

Zelfs zijn dood, hoe ellendig die ook was, draagt sporen van Alcibiades' buitengewone charisma. Volgens één versie zouden zijn moordenaars de broers zijn van een meisje dat hij verleid had, maar de meeste bronnen zijn het erover eens dat ze waren ingehuurd door Pharnabazus. De satraap trad zijn plichten als gastheer met voeten, en vergat zijn genegenheid voor de man die hem zo voor zich had ingenomen, op aandringen van de Spartaan Lysander, die had gedreigd dat als hij hem Alcibiades niet dood of levend in handen speelde, Sparta zijn bondgenootschap met Perzië zou opzeggen. Lysander, op zijn beurt, reageerde weer onder druk van Critias – de man die lang geleden, samen met Alcibiades, aan de voeten van Socrates had gezeten, en die nu de leider was van de marionettenregering die de Spartanen in Athene hadden geïnstalleerd. De reputatie van Alcibiades was zo groot, en zo wijdverbreid was de hoop dat hij zijn stad misschien toch nog zou komen redden, dat zolang hij leefde, aldus klaagde Critias, 'geen van de regelingen die hij in Athene trof van blijvende aard zou zijn'. In die voor Athene zo donkere dagen waren het niet alleen de onderdrukte democraten die aan Alcibiades de macht toeschreven om in zijn eentje de geschiedenis een andere wending te geven. Zijn vijanden waren als de dood voor hem, of althans voor de legende die hij was geworden, en schreven hem, dan wel zijn legende, bovenmenselijke machten toe. Hij was een man zonder staat, zonder leger, zonder financiële middelen, zonder bondgenoten, maar hij was ook een menselijke Phoenix, een man die herhaalde malen uit de as van zijn noodlot was herrezen in een vlammenaureool die helemaal van eigen makelij was.

De talenten van Alcibiades zijn nooit volledig op de proef gesteld. Zijn loopbaan was een opeenvolging van gemiste kansen. Misschien, als hij de kans had gekregen, had hij de oorlog voor Athene kunnen winnen. In elk geval was Thucydides, die even goed geïnformeerd was als oordeelkundig, de mening toegedaan dat het Atheense gebrek aan vertrouwen in Alcibiades (waar Alcibiades, die er niet in geslaagd was dat vertrouwen te winnen, ten dele zelf schuld aan had) de stad uiteindelijk fataal was geworden. 'Hoewel hij zich uitstekend van zijn taken als veldheer had gekweten, nam iedereen aanstoot aan zijn persoonlijke levensstijl; daarom vertrouwden ze hun zaken aan anderen toe, en riepen ze uiteindelijk de ondergang over hun eigen stad af.' Maar grote reputaties gedijen niet alleen op wat misschien had kunnen zijn – en gedijen deed zijn reputatie, zowel bij zijn leven als na zijn dood. Het is best mogelijk dat zijn carrière, waarin hij van alle kanten werd tegengewerkt, die aan allerlei gevaren was blootgesteld en die zich voor een groot deel in een isolement had afgespeeld, juist precies paste bij zijn bijzondere genie. Hij was een toneelspeler, een verleider, een legende die hij zelf in het leven had geroepen, een meesterzwendelaar, iemand wiens zelfverzonnen mythe een creatie was van indrukwekkende grandeur en genialiteit, een man die de grote plaats die hij innam in de verbeelding van zijn tijdgenoten niet aan enige tastbare prestatie had te danken, maar simpelweg aan zijn ontzagwekkende verschijning en persoonlijkheid.

Dichters uit de Oudheid en de Middeleeuwen stelden zich Achilles voor als reus. Al bij zijn geboorte was hij anders dan anderen. Statius beschrijft hoe hij als baby geen melk oplebberde maar 'de ingewanden van leeuwen en het merg van halfdode wolven'. Pindarus, die een generatie voor Alcibiades in Athene woonde, stelde zich de zesjarige Achilles voor als een jongetje dat harder kon lopen dan herten, dat met leeuwen vocht en de enorme lijken van afgeslachte zwijnen naar de grot van Chiron sleepte. In fictie en mythe waren buitensporige afmetingen en een buitengewone kracht bewijzen van heldhaftigheid – en een held was een mens met bovenmenselijke eigenschappen. In de echte wereld werd Alcibiades, die zich van anderen onderscheidde door zijn aristocratische afkomst, zijn opvallende schoonheid, zijn afschrikwekkende aanleg voor gewelddadigheid en zijn mateloze zelfvertrouwen, door zijn tijdgenoten begroet alsof hij ook zo'n bovennatuurlijk verschijnsel was, een wezen dat van nature groter was dan zijn medemensen.

Zo iemand is niet makkelijk in te passen in wat voor gemeenschap dan ook – en in een democratie is alleen zijn bestaan al een vorm van staatsondermijning. De duizelingwekkende pieken en dalen die het leven van Alcibiades

kenmerkten, weerspiegelen de voortdurende interactie tussen de persoonsverheerlijking door zijn medeburgers en hun onuitwisbare wantrouwen jegens de magie die hem in staat stelde hen tijdelijk, maar nooit lang genoeg,
te domineren. Ze dichtten hem het vermogen toe afwisselend hun verlosser en hun onderdrukker te zijn. Ze 'waren ervan overtuigd', schreef Nepos,
'dat ze al hun rampen en al hun successen aan hem te danken hadden'. Ze
stelden zich bij hem bovenmenselijke machten voor – en ze aanbaden hem
erom, maar hielden het tegelijkertijd voor onvergeeflijk. Net als Achilles
was hij angstaanjagend als een god, of een beest. 'Haal liever geen leeuw
binnen jullie muren, maar als het moet, wees hem dan in al zijn stemmingen
ter wille,' schreef Aristophanes, zinspelend op Alcibiades. 'De meeste mensen werden bang van iets in zijn karakter dat het gewone ver te boven ging,'
schreef Thucydides. Die bovennormale eigenschap had iets bekoorlijks dat
even aanlokkelijk als verraderlijk was. Wat de Atheners misschien nog wel
het meest beangstigde, was niet zozeer zijn eventuele ambitie de absolute
macht te grijpen, maar hun eigen verlangen om hem die macht in handen te
geven, om zich te vernederen voor de Übermensch Alcibiades, die hen niet
alleen kon verlossen van hun vijanden maar ook van de last van hun vrijheid.

Cato

Londen, 1714: de première van *Cato*, de tragedie van Joseph Addison die zulke triomfen zou vieren dat Alexander Pope, die de proloog had geschreven, verklaarde dat 'Cato niet zozeer het mirakel was van het Rome van zijn tijd, als wel het mirakel van hedendaags Groot-Brittannië'. Het gordijn gaat op voor het eerste bedrijf. Daar zit de held, 'alleen, in een peinzende houding: in zijn hand het boek van Plato over de onsterfelijkheid van de ziel. Een getrokken zwaard op de tafel naast hem.' Dit tafereel – het zwaard, het boek, de in gedachten verzonken held – werd exact zo herhaald in talrijke neoklassieke schilderijen. Het dramatische ervan zit hem niet in wat wordt voorgesteld, maar in wat nog komen gaat, de verschrikking waarvan deze serene scène het voorspel vormt (zoals de meeste mannen in het klassiek geschoolde achttiende-eeuwse publiek van Addison wel geweten zullen hebben). Voor de nacht voorbij is zal Cato het boek drie keer lezen, waarna hij, nog altijd kalm, nog altijd 'nadenkend', het zwaard in zijn buik zal drijven. Als die eerste poging om zich van tirannie te bevrijden mislukt zal hij zijn vrienden kalm het wapen laten verwijderen en de vreselijke wond laten verbinden. Eenmaal weer alleen gelaten zal hij zijn buik met zijn blote handen openrijten en resoluut zijn ingewanden uit zijn lijf trekken.

Cato, waarachtig tot in de dood. Cato, zo onverzettelijk in zijn deugdzaamheid dat hij bereid was zichzelf niet één, maar twee keer van het leven te beroven. Cato, die geen zelfmedelijden kende, maar slechts treurde om Rome en zijn eerbiedwaardige instituties. Cato, die in de nacht van zijn dood over de dood van Socrates las en die, net als de Atheense filosoof, verkoos zichzelf niet te redden van een dood die onvermijdelijk was omdat zijn eigen integriteit en de onvolmaaktheid van de wereld die hij bewoonde nu eenmaal niet samengingen. Deze Cato werd zowel door het heidense Rome als door het christelijke Europa aanbeden. Addison omschreef hem als 'godgelijkend', een epitheton dat bijna zeventienhonderd jaar eerder voor het eerst aan hem gegeven was door Lucanus. Van zijn tijdgenoten was Julius Caesar, wiens meest verstokte opponent hij was, de enige die zijn deugden ontkende. Zowel Cicero als Brutus stak de loftrompet over hem. Horatius prees zijn 'vurige hart'. Vergilius stelde zich voor hem een luisterrijk leven-na-de-dood voor als wetgever van de deugdzame doden. Voor latere

97

generaties Romeinen, met name voor de Stoïcijnen die de oppositie tegen de tirannie van Nero vormden, was hij een voorbeeld, een filosoof (hoewel hij geen filosofische geschriften naliet) en de personificatie van hun ideaal. De kerkvaders beschouwden hem als toonbeeld van heidense deugdzaamheid. In de ogen van Lactantius was hij 'de prins van de Romeinse wijsheid'. In de ogen van Hiëronymus had hij iets majestueus 'wat lof niet kon vergroten noch blaam kon aantasten'. Dante plaatste Brutus, de schoonzoon en politieke erfgenaam van Cato, in de diepste kring van de hel, bij Judas Iskariot, letterlijk in de muil van de duivel, om onafgebroken en tot in de eeuwigheid levend te worden verzwolgen; anderen, die net als Cato de zonde van de zelfmoord hadden gepleegd, veroordeelde hij tot een pijnlijk hiernamaals als boom waarvan de takken bloed afscheiden. Maar Cato is vrijgesteld van die ononderbroken, doffe pijn. Ondanks het feit dat hij zelfmoord heeft gepleegd en een heiden is, is hij de bewaarder van Dantes Vagevuur en is hij voorbestemd uiteindelijk een plaats te krijgen in het Paradijs. In *Il Convivio* gaat Dante zelfs nog verder. Cato scheidde van zijn vrouw Marcia opdat ze kon worden uitgehuwelijkt aan zijn politieke bondgenoot Hortensius. Na de dood van Hortensius hertrouwde hij met haar. Dit verhaal is voor de meeste christelijke moralisten problematisch gebleken, maar Dante maakt van hun hereniging een allegorie van de terugkeer van de edele ziel tot God: 'En welke man op aarde is het meer waard om God voor te stellen dan Cato? Stellig niet een.'

Het was zijn onverzettelijkheid die Cato nagenoeg goddelijk maakte. Sophocles, tijd- en stadgenoot van Alcibiades, had de tragische held omschreven als iemand die weigert compromissen te sluiten of zich te conformeren, maar die, hoezeer ook door tegenslag bezocht, onverzettelijk blijft als een rots waar stormachtige zeeën op inbeuken, of als die ene boom die, als alle andere hun hachje redden door te buigen voor een rivier die buiten zijn oevers treedt, stijf rechtop blijft staan en dus met wortel en tak wordt uitgeroeid. Cato was vast als die rots, koppig als die boom – met alle gevolgen van dien. Hij was een Achilles, geen Odysseus, en het tegenovergestelde van Alcibiades, de zich eindeloos aanpassende charmeur die anderen eindeloos wist om te praten. Cato was geen charmeur en hij bleef altijd dezelfde.

Hij is vereerd als held, maar hij besteedde al zijn energie aan het dwarsbomen van de aspiraties van de heroïsche grootheden onder zijn tijdgenoten, en aan zijn pogingen zijn mede-Romeinen te bewaren voor de dwaasheid van de heldenverering, die hij hartstochtelijk afkeurde. Het drama dat zijn leven bepaald heeft was zijn onwankelbare verzet tegen Julius Caesar. Friedrich Nietzsche beschouwde Caesar als een van de weinige mensen in de geschiedenis die konden wedijveren met de aanspraken van Alcibiades op het Übermensch-zijn: die twee waren Nietzsches voornaamste voorbeelden van 'die wonderbaarlijk onbegrijpelijke en ondoorgrondelijke mannen, die mysterieuze mannen die zijn voorbestemd om te overwinnen en anderen te bekoren.' Cato was hun tegenpool. Hij bleef zich koppig inzetten voor een verloren zaak, hij was voorbestemd om te verliezen en, krachtens zijn temperament, niet bij machte wie dan ook te verleiden.

Caesar – handig en charismatisch politicus, promiscue in de liefde en een meedogenloos, briljant veroveraar – was een held van een onmiddellijk herkenbaar type. Cato's aanspraken op de status van held zijn van een heel andere aard. Hij is degene die bereid is zich op te offeren, het slachtoffer dat alles geduldig doorstaat. Zijn glorie is niet die van de briljante overwinnaar maar die van de verliezer die hardnekkig een koers volgt die onafwendbaar tot zijn eigen ondergang leidt. Het is dan ook nauwelijks een wonder dat christelijke theologen zijn karakter vaak zo bewonderenswaardig vonden, zijn verhaal zo inspirerend. Hij belichaamde de waarden van ascetisme en zelfverzaking die Jezus Christus en zijn volgelingen van heidense filosofen hadden overgenomen, en net als het leven van Jezus, kan zijn leven achteraf worden gezien als een gestage gang naar een martelaarsdood.

Achteraf zou die dood aan zijn loopbaan en karakter een melancholieke grandeur verlenen, die je als genoegdoening zou kunnen zien voor het feit dat het hem tijdens zijn leven zo opvallend aan glamour had ontbroken. Cato was een chagrijnige figuur, onbeholpen en weinig tegemoetkomend, zowel in de politiek als privé – hij streefde net zomin naar de genegenheid van zijn tijdgenoten als naar de bewondering van het nageslacht. Toch vielen beide hem ten deel. Cicero, die hem goed kende, schreef dat hij 'in mijn ogen alleen tegen honderdduizend opweegt'. 'Ook al kruip ik zelf door het aardse slijk,' schreef Michel de Montaigne zo'n zestienhonderd jaar na zijn dood, 'ik zie intussen wel hoe sommige heldhaftige zielen onmetelijk hoog boven mij verheven zijn', en daar bovenuit torende Cato: 'Deze man was werkelijk een lichtend voorbeeld, door de natuur uitverkoren om aan te tonen hoe deugdzaam en onversaagd een mens kan zijn'.

Hij had een ongelooflijk sterke persoonlijkheid. Zijn tijdgenoten werden door hem geïmponeerd en geïntimideerd, niet zoals de Atheners de grillige bullebak Alcibiades hadden gevreesd, maar meer zoals de woekeraars in de tempel de rechtschapen en verontwaardigde Jezus vreesden. Hij was nauwkeurig, had een energieke geest, en was een hartstochtelijk en begaafd redenaar. Hij genoot het respect van de soldaten die onder zijn bevel stonden, van de menigtes die hij aanstookte dan wel in bedwang hield, en van die gelijken van hem die zijn onbaatzuchtigheid en integriteit onderkenden en bewonderden. Maar hij was ook een onruststoker en een rare snuiter. Hij was een bekende figuur in Rome, maar wel een die zowel irritatie en spotlust oogstte als respect.

Hij was een lastpost. Hij bracht zijn gelijken in verlegenheid en streek hen tegen de haren in door op luide toon corrupte praktijken aan de kaak te stellen die iedereen als normaal was gaan accepteren. Hij kende geen discretie, geen wellevendheid. Hij zag er eigenaardig uit. Hij verscheen gewoonlijk op het Forum op blote voeten en zonder tunica onder zijn toga, wat in de ogen van zijn tijdgenoten op zijn best onwelvoeglijk was, en op zijn ergst aanstootgevend. Als hem om uitleg werd gevraagd wees hij naar het standbeeld van Romulus (die even eenvoudig gekleed was afgebeeld) en zei hij dat wat goed genoeg was voor de stichter van Rome, goed genoeg was voor hem, een antwoord dat typerend was voor de halsstarrigheid waarmee hij zowel de politieke realiteit als de kleedgewoontes van zijn tijd negeerde. Toen hij pretor werd (een hooggeplaatst magistraat) werden zijn oordelen als gewetensvol en correct erkend, maar er werd ook gemopperd dat hij het ambt een slechte naam bezorgde door zo raar, zo verregaand onfatsoenlijk gekleed, allerlei zaken te behandelen – zelfs belangwekkende zaken waarin mensen voorkwamen voor kapitale misdrijven.

Hij lachte nooit, glimlachte zelden en praatte niet over koetjes en kalfjes. Hij bleef laat op, soms de hele nacht, en dan dronk hij stevig, maar zijn nachtleven was niet van de verfijnde en gastvrije soort die de voorkeur genoot van zijn medearistocraten. Liever voerde hij felle debatten met filosofen die de neiging hadden hem in zijn excentriciteit aan te moedigen. Hij was streng ascetisch, achtte het beneden zich om aan zijn eigen comfort te denken en liet zich al even weinig gelegen liggen aan het comfort van anderen. Als hij kon lopen deed hij dat, en ging hij beslist niet te paard. Als hij met vrienden op reis was liep hij naast hun paarden mee, op zijn blote en eeltige voeten, het hoofd onbedekt, onvermoeibaar pratend met die scherpe, krachtige stem die zijn effectiefste politieke wapen was. Er waren maar weinig mensen die zich in zijn gezelschap op hun gemak voelden; hij liet nooit na te zeggen wat hij ergens van vond. In de ogen van zijn postume bewonderaars behoorde zijn verontrustende vermogen om de onvolkomenheden van anderen te ontdekken tot zijn goddelijke attributen. Montaigne noemde hem iemand 'in wiens gezichtsveld de volstrekte gekken hun fouten verborgen'. Maar zijn tijdgenoten meden hem erom. Hij was het zelfbenoemde geweten van zijn stad, en de stem van het geweten is een stem waar de meeste mensen liever geen gehoor aan geven. Zijn onkreukbaarheid dreef zijn rivalen tot wanhoop want 'hoe meer ze doordrongen waren van de correctheid van zijn gedrag', schrijft Plutarchus, 'des te pijnlijker vonden ze het dat hij daarin zo moeilijk na te volgen was'. Alle groten van Rome 'waren Cato vijandig gezind, want ze voelden zich door hem in de schaduw gesteld'. Zelfs van de grote Pompeius werd gezegd dat hij het van hem op de zenuwen kreeg: 'Pompeius bewonderde hem als hij er was maar... alsof hij zijn hoge positie moest verantwoorden wanneer Cato erbij was, stuurde hij hem maar al te graag weg.'

Zijn leven (95-46 v. Chr.) viel samen met de laatste halve eeuw van de Romeinse republiek, een tijd van chronische politieke instabiliteit en tumultueuze veranderingen. Het was een tijd waarin de staatsinstellingen niet langer een reële afspiegeling vormden van de machtsverhoudingen. Rome en al zijn provincies werden in naam geregeerd door de senaat en het volk van Rome, maar tegen het levenseinde van Cato strekte het Romeinse rijk zich uit van de Eufraat tot de Atlantische Oceaan, en van de Sahara tot de Noordzee. Het staatsbestel, dat ontstaan was binnen de kaders van een stadstaat, voorzag bij lange na niet in de machinerie die benodigd was om zo'n groot rijk te onderwerpen, te controleren en te besturen. Voor het voeren van buitenlandse oorlogen en het exploiteren van de veroverde provincies waren grote legers en deskundige functionarissen nodig – en die konden de Romeinse instituties onmogelijk leveren. De provincies waren in feite autonome staten, veel groter en vaak rijker dan de metropool, met hun eigen, onafhankelijke regering. De proconsuls die op eigen kosten en ten eigen bate die provincies hadden veroverd en ze ook zelf bestuurden, waren vaak jaren achtereen weg uit Rome, en traden in de aan hen toegewezen gebieden feitelijk op als autonome heersers. Als ze eindelijk terugkeerden, schatrijk en bewierookt door velen, hadden ze politiek eindeloos veel meer invloed dan de instellingen die ze geacht werden te dienen. Toen Pompeius in 61 v. Chr. triomfantelijk uit Azië terugkeerde, werd zijn strijdwagen voorafgegaan door de geketende familieleden van drie verslagen koningen. Hij ging er prat op twaalf miljoen mensen te hebben gedood dan wel onderworpen, en prohue dat Rome dankzij hem zeventig procent meer inkomsten had. Er was in de republiek geen plaats voor zo'n man, geen legitiem kanaal voor zijn invloed en geen gepaste wijze waarop hij zijn macht kon uitoefenen. De Atheners waren bang geweest toen Alcibiades in Olympia aan iedereen had laten zien wat hij wel niet kon, hoe rijk hij wel niet was, en hoeveel internationale connecties hij wel niet had. Zo ook maakten de Romeinse republikeinen zich ongerust toen eerst Pompeius, en daarna ook Crassus en Caesar, zo groot werden dat ze boven de staat uittorenden als weinig stabiele kolossen.

Cato was de kleine man die het waagde zich tegen die reuzen te verzetten, de Prometheus die, in het belang van de onderdrukte mensheid, de meedogenloze goden (van wie Caesar er spoedig een zou zijn) het hoofd bood. Slechts gewapend met zijn stem, zijn kennis van de wet en zijn onwrikbare overtuiging dat hij het bij het rechte eind had, dwarsboomde hij resoluut al hun pogingen om erkenning te krijgen voor de macht die ze feitelijk al hadden. Het is geen uitgemaakte zaak of hij daar wel zo verstandig aan deed. Theodor Mommsen, de grote negentiende-eeuwse Duitse historicus, noemde Cato een 'starre dogmatische dwaas'. Zelfs Cicero, die zo'n hoge dunk van hem had en die gedurende het grootste deel van hun gelijktijdige carrière zijn politieke bondgenoot was, vond hem bij tijd en wijle onuitstaanbaar. Cicero was een pragmaticus, een gewiekste, ja, geraffineerde politicus en een beoefenaar van de kunst van het mogelijke. Cato daarentegen hamerde luidkeels en dogmatisch op de letter van oude en anachronistische wetten, en het kwam niet zelden voor dat hij zijn eigen zaak schade toebracht, dat hij de misstappen van zijn bondgenoten aan het licht bracht en voor de rechten van zijn tegenstanders in de bres sprong. Veel commentatoren, zowel in de Oudheid als in de moderne tijd, hebben het vermoeden uitgesproken dat als Cato niet zo koppig had vastgehouden aan zijn politieke principes, en hij anderen niet zo publiekelijk aan de schandpaal had genageld als zij wél bereid waren water bij de wijn te doen, de senaat in 49 v. Chr. wellicht wel tot een vergelijk had kunnen komen met Julius Caesar, zodat Caesar nooit met zijn troepen over de Rubicon had hoeven trekken, en misschien wel duizenden mensenlevens gespaard hadden kunnen blijven.

Maar de tekortkomingen van Cato en zijn aanspraken op de status van held zijn één en hetzelfde. Wat onaangenaam aan zijn persoon was, onderging onder invloed van de tijd en de veranderende politieke omstandigheden een gedaanteverandering en werd, in de context van de legende die om hem heen groeide, een bewijs van zijn bovenmenselijke vastberadenheid. Elke keer dat hij koppig weigerde nota te nemen van historische veranderingen of open te staan voor een zekere mate van politiek opportunisme, was een zoveelste blijk van zijn indrukwekkende onverzettelijkheid. Zijn tactloosheid en naïveteit zijn de tekenen van zijn integriteit. Zijn impopulariteit bewijst hoe standvastig hij was. Zelfs uit zijn ondergang blijkt hoe edel en onbaatzuchtig hij was. Hij stelt zich teweer tegen Julius Caesar – die met algemene instemming als een van de groten uit de westerse geschiedenis wordt beschouwd – en wordt, het is onontkoombaar, door hem verslagen, maar zijn nederlaag maakt hem nog groter dan zijn grote tegenstrever. Hij sterft als een kwetsbaar, een gebroken man, en staat weer op als een in marmer gebeiteld ideaal. Seneca, die in de volgende eeuw schreef, stelde zich de koning der goden voor die zich onder de mensen begaf om naar voorbeelden van menselijke grandeur te zoeken. 'Ik weet niet of Jupiter op aarde een edeler schouwspel zou weten te vinden,' schreef hij, 'dan de aanblik die Cato biedt... kaarsrecht overeind tussen de brokstukken van de republiek.'

Het leven van Cato begon en eindigde in tijden van burgeroorlog. Toen hij zeven was trok de Romeinse generaal Sulla aan het hoofd van zijn legioenen op naar Rome om het bevel van de campagne tegen koning Mithridates van Pontus op te eisen. De senaat capituleerde. Sulla vertrok vervolgens naar het oosten, waarna zijn volgelingen die achterbleven door zijn politieke vijanden werden vermoord. Vijf jaar later had hij heel Klein-Azië onderworpen en keerde hij terug naar Italië. Al vechtend baande hij zich een weg naar Rome. Onderweg nam hij het op tegen de legers van de consuls, die hij stuk voor stuk versloeg. Toen hij de stad eenmaal had ingenomen kende het volk hem de absolute macht toe. Hij begon iedereen die hem ooit had tegengewerkt uit te moorden. Zijn proscripties, die verschrikkelijke lijsten van mensen die vogelvrij werden verklaard met een beloning op hun hoofd, namenlijsten die aanzetten tot massamoord, werden aangeslagen op het Forum. Veertig senatoren en minstens zestienhonderd anderen (negenduizend volgens één bron) kwamen op die lijsten te staan. Sommigen werden officieel geëxecuteerd, sommigen werden door huurmoordenaars van Sulla van kant gemaakt, anderen werden door de meute aan stukken gereten. Cato was toen dertien. Zijn vader, die inmiddels overleden was, had bij Sulla in de gunst gestaan. Plutarchus, die zijn *Leven van Cato* anderhalve eeuw na diens dood schreef, maar die voor zijn werk onder meer kon putten uit (nadien verloren gegane) verslagen van tijdgenoten van Cato, vertelt dat de huisonderwijzer van de jongen hem een keer meenam naar de villa van de dictator om bij hem in het gevlei te komen. Het huis van Sulla was een 'inferno' waar zijn tegenstanders werden gemarteld en waar hun afgehakte hoofden op de muren rondom werden gespietst. De jongen keek naar die afgrijselijke trofeeën en hoorde de mensen die zich voor de poort hadden verzameld kreunen. Waarom deed niemand iets om een eind te maken aan dat moorden, wilde hij weten. Zijn huisonderwijzer antwoordde dat de mensen allemaal bang waren. Al vroeg in zijn leven was Cato er rechtstreeks getuige van wat er allemaal kan gebeuren wanneer een staatsbestel met geweld door een militaire dictatuur wordt vervangen.

Hij had een naam die klonk als een klok. Hij was de achterkleinzoon van Cato de Censor, een man die in de herinnering voortleefde als belichaming van de strenge deugden die door het nageslacht werden toegeschreven aan de Romeinse republiek op het toppunt van haar bloei. De Censor, met al zijn morele gestrengheid, was het prototype van de asceet. Hij reisde altijd te voet, zelfs als hij ergens heen ging om een hoog ambt te bekleden. Thuis werkte hij schouder aan schouder met zijn landarbeiders, 's zomers in zijn blote bast en 's winters in een mouwloze kiel. Hij was tevreden met een koud ontbijt, een karig avondmaal en een nederig huisje om in te wonen. Verspilling was hem een gruwel, en om alles in die richting te vermijden zag hij af van zowel schoonheid als vriendelijkheid. Hij had een hekel aan tuinen – land was er om te bebouwen of te begrazen. Als zijn slaven te oud werden om te werken verkocht hij ze, liever dan nutteloze monden te voeden.

In zijn ambt was hij net zo hardvochtig jegens anderen als jegens zichzelf. Toen hij ontdekte dat een van zijn ondergeschikten krijgsgevangenen had gekocht als slaaf (een vorm van handel met voorkennis die niet gepast was, maar ook niet onwettig), hing die man zichzelf op, liever dan een reprimande van de Censor te moeten ondergaan. De oudere Cato was onverbiddelijk, onelegant en onomkoopbaar – hij was niet populair, maar genoot ieders respect. De jongere Cato, althans daar waren verscheidene van zijn tijdgenoten van overtuigd, koos hem als voorbeeld.

Zijn loopbaan begon op de gebaande paden waar iedere jongeman uit de heersende klasse zijn eerste schreden zette. Toen Crassus de slavenopstand onder Spartacus neersloeg diende Cato als vrijwilliger in diens leger, waar zijn ijver en zelfdiscipline, volgens Plutarchus, een opvallend contrast vertoonde met de 'verwijfdheid en weelderigheid' van zijn medeofficieren. Genotzucht was hem vreemd. Net als zijn deugdzame voorvader, die 'zijn vrouw nooit omhelsde behalve als er een luide donderslag weerklonk', onthield hij zich van seks en bleef hij maagd tot zijn eerste huwelijk (wat al dermate ongewoon was dat erover gekletst werd). In gezelschap was hij korzelig en grimmig, privé drilde hij zichzelf voor de politieke loopbaan die hem wachtte. Hij ging veel om met filosofen, vooral de stoïcijn Antipater, 'en wijdde zich in het bijzonder aan ethische en politieke leerstukken'. Hij oefende zijn stem en disciplineerde zijn lichaam niet alleen met keiharde trainingen maar ook met een programma van zelfkwelling, waarvoor hij zich onder meer blootstelde aan weer en wind.

Op zijn achtentwintigste stond hij kandidaat voor de post van krijgstribuun, waar jaarlijks vierentwintig van gekozen werden. Bij het stemmen werven beschaamde en ergerde hij zijn medekandidaten door zich als enige aan de wet te houden die het gebruik van nomenclatoren verbood, nuttige mensen (meestal slaven) wier taak het was de kandidaat de naam in te fluisteren van de man naar wiens gunst werd gedongen. Ondanks die zelfopgelegde handicap werd hij gekozen en werd hem een legioen toegewezen in Macedonië. Hij bewees zich als efficiënt en populair officier. Toen zijn ambtstermijn van een jaar erop zat maakte hij een grand tour door Klein-Azië alvorens naar huis terug te keren, waarbij hij onder andere Ephesus aandeed om zijn opwachting te maken bij Pompeius. Tot verbazing van alle aanwezigen kwam de grootste Romeinse legerofficier (de carrière van Caesar was nog maar net begonnen) overeind om de jongeman te begroeten, liep op hem af en gaf hem een hand 'als om eer te bewijzen aan een meerdere'.

Cato was nog jong, zijn politieke loopbaan moest nog beginnen, maar hij genoot al het respect van machtige landgenoten. Hoe hij precies aan een dergelijke status was gekomen is een raadsel. Hij viel niet op in fysieke zin: geen auteur uit de Oudheid achtte zijn uiterlijk een beschrijving waard. Een portretbuste toont hem met een mager en benig gezicht, een bruikbare verpakking voor een stel hersens, maar geen voorwerp van schoonheid. Hij kwam uit een eminente familie, maar dat gold voor zoveel jonge Romeinen met aspiraties. Hij had wat geld geërfd – zoals de meeste mannen van zijn stand. Hij had redelijk dienst gedaan in het leger, maar zou zich nooit een bijzonder begaafd krijgsman betonen. Trekken waarmee hij zich onderscheidde waren onverzettelijkheid en onverbloemdheid, niet bepaald de beste kwalificaties om vooruit te komen in de wereld. Hij was leergieriger dan de meeste anderen, maar wat indrukwekkend aan hem was schijnt weinig met zijn intellectuele verworvenheden te maken te hebben gehad. Hij had echter iets markants, en dat was iets heel anders dan de gevaarlijke genialiteit van Achilles of de zegevierende glamour van Alcibiades – hij had iets wat zijn tijdgenoten als 'natuurlijk gezag' omschreven.

Volgens Plutarchus was hij als jongen al een bekende en gerespecteerde figuur geweest. Toen Sulla leiders aanwees voor de twee jongensteams die het Trojaanse spel opvoerden, een ritueel nepgevecht, wees één team de jongen die hij had aangewezen af en drong erop aan dat Cato benoemd werd. Toen hij eenmaal volwassen was verleende zijn erkende onkreukbaarheid hem een soort macht die losstond van rang of stand. Vanaf zijn eerste openbare optreden waren de invloed die hij wist uit te oefenen en de eerbied die hij inboezemde ongeëvenaard voor iemand die immers nog betrekkelijk jong was. Zijn overwicht in de politieke arena is door de Duitse historicus Christian Meier omschreven als 'een van de vreemdste fenomenen in de hele geschiedenis'. In termen van zijn formele of sociale status lijkt het ook onverklaarbaar: hij kan zijn overwicht eigenlijk alleen te danken hebben gehad aan zijn buitengewoon sterke persoonlijkheid.

Tegen de tijd dat hij vanuit Klein-Azië terugkeerde naar Rome was hij dertig, en derhalve verkiesbaar als een van de twintig quaestoren. Het staatsbestel van de Romeinse republiek was een ingewikkelde hybride die zich in de loop van eeuwen had ontwikkeld. De staat werd bestuurd door jaarlijks gekozen functionarissen – in oplopende leeftijd waren dat de quaestoren, de aedilen, de pretoren en de consuls. De consuls, van wie er telkens twee werden gekozen voor een termijn van een jaar, waren oorspronkelijk legeraanvoerders geweest die in het algemeen ver van Rome hun plicht deden, maar in de tijd van Cato was het normaal geworden dat ze dat jaar in Rome bleven, om aan het eind ervan naar de eigen provincie te vertrekken, die ze dan nog eens een jaar bestuurden.

De consuls waren de oudste leden van de senaat, maar het waren geen premiers. Elke ambtshouder oefende onafhankelijk van alle anderen zijn macht uit. Er waren wel bondgenootschappen, maar er was geen verenigde regering, geen kabinet met ministers die eendrachtig samenwerkten. Iedereen die ooit zo'n ambt bekleed had werd senator voor het leven. In theorie kon elke vrije man die de voorgeschreven leeftijd had bereikt zich verkiesbaar stellen voor een bestuursambt, maar in de praktijk konden alleen de rijken zich dat veroorloven. Verkiezingscampagnes waren duur. Omkoperij was heel gewoon. En het mocht dan veel geld kosten om zo'n functie te verwerven, het kostte nog veel meer om je als ambtenaar te handhaven. Er werd van functionarissen verwacht dat ze hun eigen staf leverden, en dat ze allerlei spelen organiseerden en openbare gebouwen onderhielden – alles op eigen kosten. En niet alleen waren ambtsdragers verplicht om flink met geld te smijten, het was hun de rest van hun leven ook nog eens verboden het te verdienen. Een senator mocht geen handel drijven of zaken doen. Bovendien, om verkiezingen te winnen moest je over de juiste connecties beschikken. Het was dan ook onvermijdelijk dat de meeste senatoren uit een handjevol families kwamen, families die, zoals de familie van Cato, rijk waren en al generaties hun invloed lieten gelden.

Niettemin was Rome een democratie. De senaat was geen wetgevend orgaan. De senatoren konden wel wetsvoorstellen indienen, maar die wetten werden aangenomen of verworpen door het volk van Rome, dat wil zeggen door de vrije, volwassen mannen, die elk hun stem konden uitbrengen. En de belangen van het volk werden beschermd door de volkstribunen, gekozen functionarissen (tien per jaar) die met de consuls en pretoren het recht deelden om wetsvoorstellen in te dienen, die het vernietigende vetorecht hadden – één enkele tribuun kon elke maatregel blokkeren – en die onschendbaarheid genoten.

Tijdens het leven van Cato begon dit gammele en voor iedereen nadelige samenstel van instituties in elkaar te storten. De voorstanders van het oude staatsbestel – van wie Cato de hartstochtelijkste was – deden hun uiterste best om toe te zien op naleving van de ingewikkelde regels die, bovenal, waren ontworpen om te garanderen dat geen mens ooit te veel macht naar zich toe zou trekken. Ze slaagden daar echter niet in. Enkelen trotseerden de senaat, maakten handig gebruik van de tribunen en deden een rechtstreeks beroep op het volk: eerst Pompeius, toen ook Crassus, en uiteindelijk, het meest overtuigend, Julius Caesar eisten en verwierven een macht die veel groter was dan het staatsbestel ooit bereid was geweest toe te staan. Het was Cato's levenswerk daar weerstand aan te bieden.

Vanaf zijn eerste optreden in het openbare leven gaf Cato er blijk van ten zeerste begaan te zijn met het functioneren van het staatsbestel. Voor de meeste kandidaten was de post van quaestor, de laagste bestuursambtenaar, vooral een opstapje naar de senaat: niet zozeer een ambt als wel een overgangsrite. In 65 v. Chr. wekte Cato ieders verbazing door zichzelf voor dat ambt te kwalificeren alvorens zich verkiesbaar te stellen. De quaestoren waren verantwoordelijk voor het beheer van de publieke middelen. Volgens Plutarchus bestudeerde Cato 'de wet met betrekking tot het quaestorschap, leerde hij alle finesses van het ambt van diegenen die er ervaring mee hadden opgedaan, en vormde hij zich een algeheel idee van de macht en het bereik die bij het ambt hoorden'. Eenmaal gekozen nam hij het beheer van de schatkist op zich en voerde hij een zuivering door onder de klerken die steekpenningen hadden aangenomen en straffeloos geld hadden verduisterd. Vervolgens begon hij diegenen te betalen aan wie de staat geld schuldig was, hoe onbelangrijk die personen soms ook waren, en eiste hij 'streng en onverbiddelijk' betaling van diegenen die, hoe invloedrijk ook, bij de staatskas in het krijt stonden, een beleid waarvan de eenvoud en rechtschapenheid in de ogen van zijn tijdgenoten van een adembenemende oorspronkelijkheid getuigden.

De maatschappij waarin Cato leefde werd door zijn tijdgenoot Sallustius (die zelf veroordeeld werd wegens afpersing) omschreven als een samenleving waar 'in plaats van redelijkheid, onkreukbaarheid en eerlijkheid, schaamteloosheid, omkoping en hebzucht de boventoon voerden'. De coup van Sulla, de burgeroorlogen die eruit voortvloeiden en zijn schrikbewind hadden de staat op zijn grondvesten doen schudden. Recenter, en dat was nog verraderlijker, hadden een reeks constitutionele hervormingen en de reacties daarop een ondermijnend effect gehad op de vermeende legitimiteit van de gevestigde orde. Intussen stroomde het geld vanuit de veroverde provincies naar Rome, maar er was geen stelsel dat de staat kon helpen dat geld een nuttige bestemming te geven, en kanalen om het onder de bevolking te verdelen waren er ook nauwelijks. Rome had geen rijksbelastingdienst. Romeinen betaalden geen belasting, dat deden alleen de inwoners van overzeese provincies. Die belasting werd geïnd door pachters, die duur betaalden voor het recht dat geld te innen en die zoveel vorderden dat ze zelf in elk geval verzekerd waren van een royale winst. De Romeinse provinciale gouverneurs die toezicht hielden op hun werkzaamheden streken ook hun aandeel op. Corruptie was in het systeem ingebakken. De archieven van de Romeinse rechtbanken staan bol van de zaken tegen terugkerende gouverneurs die terecht moesten staan op beschuldiging van afpersing. Het was een tijd waarin de besten elke overtuiging misten: Sallustius hekelde de magistraten die hun rijkdommen schaamteloos verkwanselden aan bizar grote projecten ter verfraaiing van hun eigen landgoederen – 'ze egaliseerden bergen en bouwden op de zeeën' – in plaats van het eervol te spenderen aan openbare werken, en Cicero voer uit tegen aristocraten die zich liever terugtrokken op hun buiten om zeldzame goudvissen te kweken dan de strijd aan te gaan met de hardnekkige problemen die de staat belaagden.

In een dergelijke samenleving sprong Cato er als gewetensvol boekhouder wel uit. Helden van een flitsender soort halen hun neus op voor de boekhouding. Toen Pericles, de voogd van Alcibiades, er in diens jeugd van beschuldigd werd openbare middelen ten eigen bate te hebben aangewend, hield Alcibiades hem voor dat hij zich er 'niet druk om zou moeten maken hoe hij zijn uitgaven kon verantwoorden, maar hoe hij ze niet kon verantwoorden', en raadde hij hem aan de aandacht van zijn vermeende verduistering af te leiden door een grote oorlog te provoceren. Maar Cato was iemand die van mening was dat goed en fout absoluut waren en geen grootheden waarover onderhandeld kon worden, dat ethiek net zo'n heldere en exacte discipline was als rekenkunde. Op schilderijen van zijn dood is het gebruikelijk dat de kunstenaar, naast zijn zwaard en boek, ook een telraam afbeeldt: het instrument van de boekhouder en symbool van zijn absolute integriteit.

Onder zijn beheer werd de schatkist een werktuig van de gerechtigheid. Er liepen nog verscheidene mannen op vrije voeten rond van wie bekend was dat Sulla hen in de tijd van zijn bloeddorstige proscripties als huurmoordenaar had gebruikt. 'Iedereen haatte hen als vervloekte en verdorven ellendelingen,' zegt Plutarchus, 'maar niemand had de moed hen af te straffen.' Dat wil zeggen, niemand, behalve Cato. Hij eiste dat ze de grote sommen gelds die aan hen waren uitgekeerd als beloning voor hun moordpartijen terugbetaalden, en stelde hen openlijk aan de kaak. Niet veel later werden ze eindelijk berecht.

Het eerlijke en onomwonden optreden van Cato mocht dan als excentriek worden beschouwd, hij won er ook een respect mee dat in geen enkele verhouding stond tot zijn werkelijke prestaties. De wijze waarop hij uitkwam en opkwam voor de waarheid werd spreekwoordelijk. 'Als mensen het over dingen hadden die vreemd en ongeloofwaardig waren, zeiden ze, bij wijze van uitdrukking: "Dit zou ik zelfs niet geloven als Cato het zei."' Van een verdachte die een poging waagde hem uit een jury te laten verwijderen werd meteen aangenomen dat hij schuldig was. Zijn evidente rechtschapenheid gaf hem een macht die zijn officiële rang ver te boven ging. Er werd gezegd dat hij het betrekkelijk lage ambt van quaestor een waardigheid had gegeven die normaal alleen was weggelegd voor het ambt van consul.

Hij was een vooraanstaande speler van het politieke spel geworden. Dat spel, zoals het in de laatste jaren van de Romeinse republiek werd gespeeld, was een ruw spel. Rome had geen politiemacht. Prominente mensen gingen nooit alleen de deur uit. In goede tijden werden ze overal waar ze kwamen vergezeld door een gevolg van cliënten en bedienden. In kwade tijden hadden ze hun eigen lijfgarde, groepen gewapende slaven en gladiatoren die in sommige gevallen zo groot waren dat het feitelijk privé-legers waren. Politieke meningsverschillen ontaardden snel en geregeld in vechtpartijen. Als je de oude geschiedschrijvers over die periode leest, sta je herhaaldelijk verbaasd over het contrast tussen de grandeur en de doeltreffendheid van het Romeinse gezag over het uitdijende rijk, en de ordeloosheid en het geweld in het hart van dat rijk. Het Forum was niet alleen parlement, gerechtshof, stadion, theater en tempel. Het was ook, regelmatig, een slagveld. De tempels rondom, die ook wel gebruikt werden als debatteerzaal of stembureau, dienden maar al te vaak als vesting, bezet en verdedigd door vechtersbazen. Gedurende zijn loopbaan zou Cato bespuugd worden, van zijn toga beroofd, met mest bekogeld, van het rostrum gesleurd (dat was het podium op het Forum vanwaar redenaars het volk toespraken), in elkaar geslagen en naar het gevang gesleurd. Hij bracht het er levend van af, maar maakte meer dan eens mee dat anderen er het leven bij inschoten. Het houden van een politieke toespraak was, in zijn tijd, een daad waar een aanzienlijke moed voor nodig was.

Toen zijn quaestorschap erop zat was hij een toegewijd senator; hij was 's morgens altijd als eerste in de senaat aanwezig, ging als laatste weg, en woonde elke zitting bij om er zeker van te zijn dat geen corrupte maatregel kon worden besproken zonder dat hij erbij was om zich ertegen te verzetten. Maar in 63 v. Chr. besloot hij een leesvakantie te nemen. Hij vertrok naar zijn buiten, met een stel van zijn favoriete filosofen en verscheidene met boeken beladen ezels. De beoogde idylle – rustig lezen en hoogstaande gesprekken voeren in een pastorale setting – zou geen doorgang vinden. Onderweg kwam Cato Metellus Nepos tegen, zwager en loyaal medestander van Pompeius. Toen Cato vernam dat Nepos op weg was naar Rome om zich kandidaat te stellen voor de verkiezing van nieuwe volkstribunen, besloot hij dat het zijn plicht was onmiddellijk rechtsomkeert te maken en oppositie tc voeren.

De republiek verkeerde volgens hem in acuut gevaar. Twee jaar eerder, toen Cato nog quaestor was, had een groep invloedrijke mannen een staatsgreep gepleegd. Hun plan werd verijdeld, maar de verdachten liepen nog gewoon vrij rond en speelden allemaal nadrukkelijk hun rol op het politieke toneel. De oude geschiedschrijvers zijn het er niet over eens wie het precies waren. Volgens Sallustius was Catilina het brein achter de bende, een charismatisch, gevaarlijk man die volgens Cicero als geen ander de kunst verstond anderen bij zijn snode praktijken te betrekken en 'zijn bondgenoten tot koortsachtige activiteit aan te sporen'. Catilina was een charmante figuur: negentienhonderd jaar later zou Charles Baudelaire hem, naast Alcibiades en Julius Caesar, een van de eerste en meest grandioze dandy's noemen. Zijn naam werd genoemd in verband met diverse schandalen. Hij zou een Vestaalse maagd hebben verleid, en zelfs zijn eigen stiefzoon hebben vermoord om een minnares te behagen. Zijn duivelse reputatie had hem er niet van weerhouden de rang van pretor te bereiken, maar zijn eerste poging een consulaat te verwerven werd doorkruist toen hij van afpersing werd beschuldigd. Sallustius beweert dat Catilina, toen hij zijn macht niet langs de legale weg kon uitbreiden, plannen smeedde om geslaagdere kandidaten uit de weg te ruimen en met geweld een consulaat te verwerven.

Suetonius, daarentegen, houdt staande dat Crassus en Caesar de belangrijkste samenzweerders waren. Crassus was een jaar of zeventien ouder dan Cato. Hij was fabelachtig rijk geworden over de ruggen van anderen. De fundamenten voor zijn rijkdom had hij gelegd in de tijd van de proscripties van Sulla, toen hij de geconfisqueerde bezittingen van slachtoffers van diens schrikbewind tegen bodemprijzen in handen had gekregen. Hij had zijn bezit verveelvoudigd door voor spotprijzen afgebrande huizen op te kopen (in Rome, dat was volgebouwd met grotendeels houten huizen, kwamen regelmatig grote branden voor) en ze weer op te bouwen met zijn arbeidslegioen van honderden speciaal daartoe opgeleide slaven – er werd beweerd dat het grootste deel van Rome zijn bezit was. Hij was een joviale gastheer, hij was grif met leningen en hij was een sluwe begunstiger van mensen die hem wellicht ooit van nut zouden kunnen zijn: op die manier verzekerde hij zich ervan dat zijn geld hem een immense invloed opleverde. Hij schijnt eens gezegd te hebben dat niemand zich rijk kon noemen voor hij van zijn eigen inkomsten een leger kon onderhouden. Hij was zo iemand die dat kon.

Julius Caesar was een van de velen die bij Crassus in het krijt stonden. Hij was vijf jaar ouder dan Cato en zowel in politiek opzicht als in temperament zijn tegenpool: hij stond al bekend om zijn militaire successen, zijn promiscuïteit en zijn fabelachtige vrijgevigheid, allemaal factoren die bijdroegen aan zijn populariteit. Als aedilis had hij in 65 v. Chr., het jaar van de vermeende samenzwering, op eigen kosten een reeks grote jachtpartijen en spelen van een ongekende pracht en praal georganiseerd, hij had het Forum laten volbouwen met tijdelijke zuilengangen en allerlei extra attracties op touw gezet op de heuvel van het Capitool. Ten tijde van Alcibiades had Plato al gewaarschuwd dat 'iedere politicus die het volk op een overdadige wijze probeert te behagen [...] dat doet om zich als tiran te vestigen'. Of Caesar nu echt van plan was de republiek omver te werpen of niet, hij was wel degelijk al een van dat handjevol mannen die de Romeinse staat dreigden te destabiliseren – zoals Alcibiades ooit de stabiliteit van Athene had ondermijnd – simpelweg door te populair en te groot te worden, en door al te oogverblindend te schitteren.

Maar hoewel Catilina, Crassus en Caesar alle drie in Rome waren toen Cato in 63 v. Chr. terugkeerde voor de verkiezingen die ophanden waren, was het niet een van die drie, maar Pompeius die door de hoeders van de republikeinse beginselen met de grootste zorg in de gaten werd gehouden. Het was omdat Metellus Nepos uit het kamp van Pompeius kwam dat Cato zich genoodzaakt voelde het tegen hem op te nemen. Pompeius had Cato in Ephesus met veel egards ontvangen, maar Cato was er de man niet naar om zich te laten overhalen door veel vertoon van goede manieren, hoe strelend ook. Cato was legalist. Zijn politieke filosofie was gebaseerd op de aanname dat de republiek alleen te redden was met een strikte en absolute naleving van de wet. Terwijl Pompeius zijn hele politieke loopbaan lang alle wetten aan zijn laars had gelapt.

Pompeius was nog maar drieëntwintig geweest toen hij een eigen leger op de been had gebracht en zichzelf als bevelhebber had aangesteld. Toen hij in 71 v. Chr. triomfantelijk terugkeerde vanuit Spanje eiste hij dat hij zich kandidaat mocht stellen voor een consulaat – het hoogste Romeinse ambt – ondanks het feit dat hij daar tien jaar te jong voor was en hij nog nooit eerder een bestuursfunctie had bekleed; hij had zijn eis kracht bijgezet door zijn legioenen gevaarlijk dicht naar de stad te halen. Sulla had de macht van de tribunen drastisch ingeperkt en de bevoegdheden van de senaat uitgebreid. Als consul had Pompeius, in 70 v. Chr., de tribunen hun macht weer teruggegeven. In de jaren daarna had hij ervoor gezorgd dat een flink aantal van de tribunen aanhangers van hem werd, een aanhang die hij, net als Caesar later zou doen, gebruikte om de steeds ongelukkiger senaat te passeren en een rechtstreeks beroep te doen op het electoraat wanneer hij toestemming nodig had om zijn macht te vergroten en zich te verzekeren van nog meer privileges.

In 66 v. Chr. had een tribuun er een wet doorgedrukt die Pompeius buitengewone, ja ongekende volmachten gaf om het oostelijk Middellandse-Zeegebied van piraten te bevrijden. In het jaar daarna had een andere tribuun voorgesteld hem het bevel te geven over de campagne tegen Mithridates van Pontus (de oude tegenstrever van Sulla die weer in opstand was gekomen tegen Rome). Een militair bevelhebber kon erop rekenen dat roem en eer zijn deel zouden zijn, wat op zijn beurt weer de nodige populariteit opleverde. Bovendien leverde de schatkist een flinke bijdrage aan dergelijke campagnes, en dan had je nog eventuele losgelden en oorlogsbuit, die ook weer konden worden aangewend om macht te kopen. Bovendien hadden legeraanvoerders, uiteraard, een leger – wat de senaat niet had. Pompeius had in het oosten spectaculaire successen behaald, zowel tegen de piraten als tegen Mithridates. Er waren nog genoeg mensen die zich herinnerden dat hij zijn carrière begonnen was als een van de officieren van Sulla, dat het Sulla geweest was die hem 'Pompeius de Grote' had genoemd. En Sulla, die nadat hij Mithridates had verslagen was teruggekeerd om Rome zelf de oorlog te verklaren, had een verschrikkelijk precedent geschapen. In 63 v. Chr. wachtten de senatoren de terugkeer van hun zegevierende generaal dan ook met toenemende angst af.

Cato en Metellus Nepos werden het volgende jaar allebei tot tribuun gekozen. Cato nam meteen zijn rol van zelfbenoemde bewaker van de publieke moraal weer op zich, en demonstreerde in één moeite door hoe weinig hij in staat, of zelfs bereid was, om de geslepen politicus te spelen. Hij beschuldigde een van zijn politieke medestanders, de consul Murena, van omkoperij. Het is vrijwel zeker dat dat een terechte beschuldiging was. Het omkopen van kiezers was zo gewoon, dat de weigering van Cato om zich met dergelijke praktijken in te laten hem hoogst impopulair had gemaakt. Maar degenen die ervan uit waren gegaan dat Cato hun bondgenoot was, waren geïrriteerd. Cicero, de gevierde advocaat en de andere grote uitblinker van de constitutionele partij, verdedigde Murena (en wist er een vrijspraak uit te slepen), en verklaarde voor de rechters dat Cato zich in zijn ogen had gedragen 'alsof hij in de ideale republiek van Plato leefde, in plaats van onder het gemene nageslacht van Romulus', een opmerking die niet zozeer bedoeld was om de onvolmaaktheid van het moderne bestaan te betreuren, als wel om de onkreukbare Cato zijn politieke onnozelheid te verwijten.

Later dat jaar kreeg Cato echter de kans om te laten zien dat wat hij ontbeerde aan handigheid werd gecompenseerd door zijn hartstocht en overtuigingskracht. Jarenlang had hij keihard gewerkt aan de ontwikkeling van zijn retorische talent, en hij had zich met een grote nauwgezetheid op zijn roeping voorbereid; bovendien had hij twee gaven die nog belangrijker waren dan zijn aangeleerde retorische vaardigheid. De eerste was een uitzonderlijk krachtige stem. Zijn stem was zo luid en doordringend dat hij, zonder enige versterking, enorme menigtes kon toespreken, en hij had net zo lang geoefend en getraind tot hij genoeg uithoudingsvermogen en macht in de longen had om de hele dag luidkeels te kunnen oreren. De andere gave was zijn razernij. Het schijnt dat hij van mening was dat politieke retoriek net zo'n krijgskundige discipline was als de verdediging van een stad en hij bracht zijn theorie ook in praktijk. Zijn toespraken waren donderpreken, de strijdlustigheid droop ervan af, het waren demonstraties van een verwoestende energie, van agressie en oprechte woede. Hij zou spoedig in de gelegenheid zijn om zijn talent te gebruiken.

Catilina had zich weer eens kandidaat gesteld voor een consulaat en de verkiezingen verloren. Of hij twee jaar eerder nu wel of niet tegen de staat had samengezworen, deze keer was dat zonder meer het geval. Volgens Sallustius bond hij zijn volgelingen aan zich met een plechtig ritueel, waarin ze allemaal moesten drinken uit een beker vol menselijk bloed, en bereidde hij een gewapende opstand voor.

Cicero was consul. Hij kreeg te horen – van zijn vrouw die het van een vriendin had gehoord die het van haar minnaar had gehoord die een van de medesamenzweerders van Catilina was – dat de coup van Catilina aanstaande was. Omdat hij niks kon doen op grond van dergelijke informatie uit de zoveelste hand, nam Cicero een lijfwacht in de arm van ingehuurde schurken en ging hij in het openbaar demonstratief een borstplaat dragen, als om te laten weten dat hij en zijn medeambtsdragers ervan op de hoogte waren dat ze bedreigd werden, en dat hij bereid was zich te verdedigen. Ook Catilina had zijn persoonlijke garde, die volgens een tijdgenoot bestond uit 'troepen criminelen en onverlaten van allerlei slag'. De situatie was dubbel gevaarlijk. Het vooruitzicht van een opstand was op zich al alarmerend. Nog bedreigender, voor Cato en gelijkgestemde senatoren, was de kans dat Pompeius dat vooruitzicht zou aangrijpen als excuus om met zijn legioenen terug te keren naar Italië en naar Rome op te trekken, zogenaamd om de opstand neer te slaan, maar feitelijk om zelf de macht te grijpen. Het was een van de meest essentiële bepalingen in de Romeinse constitutie dat geen leger ooit naar Rome mocht worden gehaald, en dat militaire leiders het bevel (en de juridische onschendbaarheid die daarbij hoorde) neerlegden alvorens de stad te betreden. Binnen de stadsgrenzen waren alle Romeinen burgers en onderworpen aan de wet. Sulla had die regel geschonden, met verschrikkelijke consequenties voor de republiek. Het gevaar dat Pompeius, de protégé van Sulla, zijn voorbeeld zou volgen was niet denkbeeldig.

In oktober was er een opstand in Etruria. In november probeerde een gewapende bende voor zonsopgang het huis van Cicero binnen te dringen, kennelijk om hem te vermoorden, maar die aanslag werd verijdeld door zijn schildwachten. In een sfeer van toenemende vertwijfeling deden geruchten de ronde dat de samenzweerders van plan waren de stad in brand te steken. De senaat kondigde de noodtoestand af, maar nog altijd was er tegen niemand enig concreet bewijs. Catilina nam uitdagend zijn plaats in de senaat in. Niemand wilde naast hem zitten. Niet veel later vertrok hij om zich bij de opstandelingen op het platteland aan te sluiten. Uiteindelijk werd een brief onderschept waarin de belangrijkste samenzweerders werden genoemd. Op 3 december werden de vijf van hen die nog in Rome waren gearresteerd.

Wat moest er met hen gebeuren? Twee dagen later kwam de senaat in een tempel aan de rand van het Forum bijeen. Buiten stond een menigte die je binnen kon horen roepen en mopperen, een menigte waar ook veel aanhang van Catilina onder was. Rond de tempel, en in alle andere tempels op het Forum, stonden gewapende wachten van Cicero. Het was een zowel gevaarlijke als plechtige gelegenheid. De eerste sprekers eisten allemaal 'de ultieme straf', waarmee ze duidelijk de doodstraf bedoelden. Toen kwam de beurt aan Julius Caesar.

De toespraak van Caesar op die gedenkwaardige dag in december was verzorgd, goed onderbouwd en – in aanmerking genomen dat hij er zelf in brede kring van verdacht werd die eerdere samenzwering te hebben opgezet en ook betrokken te zijn bij de samenzwering die hier aan de orde was – ijzingwekkend brutaal. Executie na zo'n korte procesgang, betoogde hij, was illegaal. De samenzweerders verdienden hun straf, maar hen doden zonder wettelijke bekrachtiging zou een gevaarlijk precedent scheppen. In plaats daarvan bepleitte hij een levenslange gevangenisstraf 'onder de strengste voorwaarden'. Zo groot was zijn overtuigingskracht (en zo intimiderend zijn aanwezigheid) dat alle sprekers die na hem kwamen zijn mening onderschreven, en dat verscheidene senatoren die al eerder gesproken hadden zo laf waren om te beweren dat ze met die 'ultieme straf' die ze hadden geëist geen executie bedoelden, maar precies de straf waar Caesar voor gepleit had. De uitkomst van het debat leek al vast te staan. Toen, heel laat in het proces, omdat de senatoren spraken in volgorde van ouderdom en hij een van de jongsten en laagsten in rang was, nam Cato het woord.

Zijn toespraak veroorzaakte een schok. Caesar was beminnelijk geweest; Cato was razend. Met de furieuze rechtschapenheid van een Sint-Justinus haalde hij de lafhartige senatoren over de hekel. Nu eens sarcastisch, dan weer hartstochtelijk dreef hij de spot met hen, 'die altijd meer waarde hebben gehecht aan je huizen, villa's, beelden en schilderijen, dan aan ons land', en legde hij ze het vuur na aan de schenen. 'Nu doe ik een beroep op jullie uit naam van de onsterfelijke goden... Word eindelijk eens wakker en neem de teugels van de staat in handen!' Hij spotte, hij tierde, hij schetste een huiveringwekkend en dramatisch beeld van de gevaren die de republiek bedreigden. Uiteindelijk, met een afschuwwekkende ernst, eiste hij dat de samenzweerders ter dood zouden worden gebracht. Hoe sterk zijn optreden was geweest bleek wel uit het effect. Toen hij was uitgesproken stonden de senatoren, de een na de ander, op en gingen naast hem staan om blijk te geven van hun instemming. Caesar, die nog maar even tevoren alles onder controle had gehad, bleef alleen staan. Voor één keer liet Caesar zijn beroemde onverstoorbaarheid varen en tekende hij woedend protest aan. Het kwam tot een vechtpartij, waarin Cato (volgens sommige bronnen) Caesar beschuldigde van medeplichtigheid aan de samenzwering. De lijfwachten van Cicero kwamen met getrokken zwaard tussenbeide. In het gewoel werd Caesar nog bijna gedood. De orde werd weer enigszins hersteld. Caesar vertrok. De senaat stond vierkant achter Cato. De samenzweerders werden, een voor een, over het Forum geleid, door een opgewonden menigte (waaronder zich nog steeds medestanders van hen bevonden) naar de strafplaats.

Daar, in een ondergrondse ruimte die 'gruwelijk en afschrikwekkend om te zien' was, werden ze gewurgd. Een paar weken later werd Catilina op een slagveld gedood.

Zo begon het werkelijke drama van het leven van Cato. 'Lange tijd was er geen Romein die werkelijk groot was,' schreef Sallustius. 'Maar in mijn herinnering zijn er twee waarlijk voortreffelijke mannen geweest, Cato en Caesar.' Tweeduizend jaar later is Caesar verreweg de meest gevierde van die twee – ten dele dankzij de vaardige hand waarmee hij zijn eigen roem cultiveerde, en ten dele dankzij het feit dat onze cultuur dweept met militaire successen. Maar in de ogen van hen die beiden kenden waren ze aan elkaar gewaagd – een vergelijkbaar stel briljante mannen. In het debat over de veroordeling van de samenzweerders kwamen ze voor het eerst met elkaar in botsing. Vanaf die dag tot aan zijn dood, zeventien jaar later, zou Cato de hardnekkigste politieke opponent van Caesar blijven.

Er waren in die tijd, in de Romeinse politiek, twee tendensen aan te wijzen (deze stromingen partijen noemen zou een mate van samenhang suggereren waar het op het politieke toneel duidelijk aan ontbrak) waar Cato en Caesar elk de belangrijkste vertegenwoordiger van waren. Cato zou de welsprekendste woordvoerder worden van de *optimates*, en Caesar de meest succesvolle representant van de *populares*. Optimates en populares waren beide oligarchische groeperingen, waarvan de leden afkomstig waren uit rijke en gezaghebbende Romeinse kringen; zij verschilden van elkaar in de wijze waarop ze het gecompliceerde politieke spel van de republiek speelden. De populares waren soldaten en veroveraars, dan wel hun cliënten en bewonderaars, die de neiging hadden de senaat te passeren en hun steun te zoeken onder de tribunen, en via hen bij het electoraat als geheel. Net als Alcibiades waren zij aristocratische populisten, die werden gewantrouwd door hun standgenoten maar bewonderd door een electoraat dat ze de geweldige opwinding en de enorme potentiële winsten van oorlogen voorhielden. De optimates – op en top burgers – verdedigden de macht van de senaat, zij waren grote ijveraars voor naleving van regels en wetten die bedoeld waren om de waardigheid van de senatoren hoog te houden en, het belangrijkste, om ervoor te zorgen dat militaire bevelhebbers hun legers niet konden inzetten om de macht naar zich toe te trekken.

Nog geen week na de executies van de handlangers van Catilina aanvaardden de nieuwe tribunen, onder wie ook Cato en Metellus Nepos, hun ambt, en werd Caesar pretor. Nepos bevestigde meteen Cato's grootste angst door voor te stellen Pompeius, zijn beschermheer, met zijn legioenen naar Rome terug te roepen 'om de orde te herstellen'. Toen het voorstel van Nepos in de senaat werd besproken steunde Caesar het, maar Cato ging er zo fel tegen tekeer dat sommige mensen dachten dat hij buiten zinnen was. Als tribuun had hij het recht om zijn veto over het voorstel uit te spreken en hij kondigde aan dat hij dat zou doen ook, en hij bezwoer hartstochtelijk 'dat zolang hij leefde Pompeius niet met een gewapende strijdmacht in Rome zou worden toegelaten'.

Dat waren geen holle frasen. Alom werd aangenomen dat de populares er alles aan zouden doen, zelfs als ze hem daarvoor moesten vermoorden, om te voorkomen dat Cato hun een strobreed in de weg zou leggen. Hij zou zijn veto de volgende dag formeel moeten uitspreken, als de voorgestelde maatregel op het Forum in stemming werd gebracht. Die nacht sliep hij uitstekend, maar hij was wel de enige in huis. Volgens Plutarchus 'heersten grote treurnis en angst, zijn vrienden aten niet en hielden de hele nacht de wacht, eindeloos over de kwestie pratend, terwijl zijn vrouw en zusters jammerden en weenden'.

Het was de gewoonte dat vrienden en politieke bondgenoten een ambtsdrager 's ochtends van huis haalden en hem naar het Forum begeleidden om aan iedereen te laten zien dat hij hun steun genoot. Maar Nepos en Caesar hadden hun opponenten zo de stuipen op het lijf gejaagd dat Cato op de dag van de stemming maar één metgezel had, een andere tribuun genaamd Thermus. Gezamenlijk liepen ze, slechts begeleid door een handjevol bedienden, naar de plek van samenkomst. Onderweg kwamen ze allerlei medestanders tegen die hun op het hart drukten vooral voorzichtig te zijn, maar die te bang waren zich bij hen aan te sluiten. Bij aankomst op het Forum troffen ze een hele menigte aan die Nepos had weten op te trommelen, omringd door gewapende slaven van Nepos en Caesar. (Caesar had verscheidene scholen waar gladiatoren werden opgeleid, en voor de spelen die hij in 65 v. Chr. had georganiseerd had hij een ongekend aantal gladiatoren naar Rome gehaald; toen die spelen voorbij waren, had hij de overlevenden als zijn gewapende garde aangehouden.)

Nepos en Caesar troonden al boven op een uitzonderlijk hoog en steil platform voor de tempel van Castor. Op de trappen ervoor zat een heel leger gladiatoren. Toen Cato hen zag riep hij uit: 'Wat een lef, en wat een lafaard, om zo'n leger op de been te brengen tegen één enkele, ongewapende en weerloze man!' Slechts vergezeld door Thermus baande hij zich een weg door de vijandige meute. De gladiatoren, van hun stuk gebracht door zijn moed, lieten hem er allemaal langs. Cato beklom de trappen en ging brutaalweg tussen Nepos en Caesar in zitten.

Een wet waarover gestemd ging worden moest eerst hardop worden voorgelezen. Een heraut maakte aanstalten de door Nepos voorgestelde maatregel te declameren. Cato deelde echter mee dat hij zijn veto ging uitspreken en weerhield hem ervan om het voorstel voor te lezen. Nepos lapte alle regels en gebruiken aan zijn laars en probeerde het veto van Cato te negeren. Hij griste het document uit de handen van de heraut en begon het zelf voor te lezen. Daarop pakte Cato het van hem af. Nepos bleef het echter uit zijn blote hoofd opdreunen waarop Thermus, de enige medestander van Cato, hem het zwijgen oplegde door een hand voor zijn mond te houden.

Deze worsteling vond plaats in het zicht van een opgewonden en steeds explosievere menigte. Mensen riepen aanmoedigende kreten naar beide partijen alsof ze naar een gladiatorengevecht keken, en steeds meer kozen partij voor Cato. 'Ze drongen er bij elkaar op aan om te blijven en één front te vormen, en pal te staan voor hun vrijheid en de man die hun vrijheid trachtte te verdedigen.' Nepos was woedend dat hij zo in de wielen werd gereden en gaf een teken aan zijn gewapende wachten, die met angstaanjagende kreten losstormden op de meute, waarna rellen uitbraken die verscheidene uren duurden. Het was een barre dag, één grote puinhoop. Op een gegeven moment had Nepos kortstondig controle over het Forum en probeerde hij er een stemming door te drukken die volstrekt illegaal zou zijn geweest. Cato, die gevaarlijk kwetsbaar was te midden van al dat tumult, werd op een gegeven moment zelfs gestenigd door de meute. Het was de consul Murena (de man die hij van omkoperij had beschuldigd) die hem behoedde voor wat misschien wel fatale verwondingen hadden kunnen worden, door zijn eigen toga om hem heen te slaan en hem mee te trekken in de beschutting van een tempel.

De volgelingen van Nepos werden uiteindelijk verdreven. Cato sprak het volk toe en hoewel hij toch flink toegetakeld en uitgeput moet zijn geweest, sprak hij met zoveel verve dat hij iedereen helemaal wist te overtuigen. De senaat kwam opnieuw bijeen en schaarde zich achter hem, en het wetsvoorstel van Nepos werd afgewezen. Nepos zag volgens Plutarchus wel in 'dat zijn volgelingen als de dood waren voor Cato en achtte hem volstrekt onoverwinnelijk'. In weerwil van het voorschrift dat geen tribuun tijdens zijn ambtstermijn de stad mocht verlaten, sloeg hij op de vlucht, 'uitroepend dat hij vluchtte voor de tirannie van Cato', en reisde hij af naar het kamp van Pompeius in Azië. Het pretorschap van Caesar werd tijdelijk geschorst. De hele episode was een grote politieke overwinning voor Cato. Het typeert hem dat hij er meteen ook een morele overwinning van probeerde te maken toen hij tegen een motie stemde om Nepos uit zijn ambt te zetten: het tribunaat moest ongeschonden blijven, hoe twijfelachtig de tribuun in kwestie ook was.

In 61 v. Chr. keerde Pompeius terug uit het oosten en vierde zijn triomf. Hij had vijftien landen veroverd, negenhonderd steden en duizend forten ingenomen en achthonderd schepen overmeesterd. Twee volle dagen vierde heel Rome feest, de hele bevolking liep uit om de zegetocht te zien. Gevangengenomen vorsten en hun kinderen werden meegevoerd naast geketende zeeroverhoofdmannen. Op enorme borden stond te lezen welke overwinningen Pompeius allemaal had behaald. Er werd muziek gemaakt; er werden militaire trofeeën meegevoerd; er reden hele wagens vol wapens en kostbare metalen mee. En uiteindelijk kwam Pompeius zelf, met een lauwerkrans om, zijn gezicht beschilderd als Jupiter, zijn paarse toga bezaaid met gouden sterren. Hij droeg een mantel waarvan beweerd werd dat hij aan Alexander de Grote had toebehoord. In zijn met edelstenen ingezette strijdwagen reed een slaaf mee wiens taak het was onafgebroken 'Vergeet niet dat je mens bent' in zijn oor te fluisteren, hoewel het hele oorverdovende, oogverblindende, verbazingwekkende spektakel om hem heen het tegenovergestelde verkondigde. Achter de godgelijkende overwinnaar marcheerden rijen soldaten, loflieden aan zijn adres zingend.

Het was een spektakel dat weinig goeds voorspelde voor de republikeinse vrijheid, maar voorlopig kwamen Cato's duistere voorgevoelens van burgeroorlog en dictatuur niet uit. Ondanks al zijn luister en grootsheid was Pompeius nog altijd republikein. In Azië had hij geweigerd zich met Nepos in te laten. Nu ontsloeg hij zijn soldaten en ging hij terug naar Rome als privé-burger, kennelijk op zoek naar een legitieme manier om zijn macht uit te oefenen. Het was niet zijn ambitie, maar de absolute weigering van Cato om wat voor compromis of concessie dan ook jegens hem toe te staan, waardoor dat onmogelijk werd.

Cato bleef koppig weerstand bieden aan elke poging ook maar de geringste aanpassing van het politieke systeem door te voeren, een systeem dat, net als de boom van Sophokles, gedoemd leek te breken als hij niet wilde buigen. Cato hield alles in de gaten wat Pompeius deed en blokkeerde iedere manoeuvre. Het was Cato die de senaat overhaalde niet in te gaan op het verzoek van Pompeius de consulverkiezingen uit te stellen zodat hij ook mee zou kunnen doen. Het was Cato die zich woedend tegen de ratificatie verzette van alle verdragen die Pompeius in het oosten had gesloten. En het was Cato die het felst tekeerging tegen het wetsvoorstel waarmee Pompeius zijn veteranen voor hun overwinningen wilde belonen door hun percelen in eigendom te geven van het openbare grondbezit dat onder beheer stond van de senaat. Pompeius verdroeg de aanhoudende obstructies van Cato met veel geduld. Hij waagde zelfs een poging die doorn uit zijn vlees te halen door een dubbel huwelijk voor te stellen, met hem en zijn zoon als bruidegom voor twee nichten (of misschien wel dochters) van Cato, waaruit maar weer blijkt hoe verbazingwekkend hoog die nog altijd betrekkelijk jonge politicus geacht werd. Cato weigerde met de woorden: 'Zeg tegen Pompeius dat Cato zich niet via de vrouwenverblijven laat inpakken.' Andermaal, door deze kans te laten lopen Pompeius aan de constitutionele factie te binden, had hij zijn eigen zaak een slechte dienst bewezen.

Dat deed hij nog eens toen hij Crassus tegen zich in het harnas joeg. Een syndicaat van belastingpachters had te veel betaald voor het recht belastingen te innen in Klein-Azië. Ze konden geen winst maken en probeerden derhalve onderhandelingen te voeren over een herziening van hun contract met de senaat. Crassus steunde hun pogingen. Cato verzette zich ertegen met een krankzinnige halsstarrigheid. Hij sprak onvermoeibaar, dag in dag uit, en wist een eventuele maatregel op die manier maanden tegen te houden, de senaat helemaal verlammend, louter gedreven door koppigheid en eigenzinnigheid.

In 60 v. Chr. keerde Julius Caesar, na een campagne in Spanje, eveneens terug naar Rome. Hij kreeg ook toestemming om zijn Iberische veroveringen op grootse wijze te vieren. Om dat te kunnen doen moest hij wel buiten de onaantastbare grenzen van de stad blijven, maar hij wilde (net als Pompeius) voor het volgende jaar tot consul worden gekozen, en om zijn kandidatuur bekend te maken moest hij in Rome zijn. Hij vroeg de senaat permissie om zich op afstand kandidaat te stellen. Cato verzette zich daartegen. Voor het vallen van de avond op een zekere dag moest een besluit worden genomen. Opnieuw lag Cato dwars: met zijn machtige, krassende stem bleef hij vol vuur op zijn collega's inpraten tot de zon onderging. De volgende morgen legde Caesar zijn bevel neer, waarmee hij afzag van de feestelijkheden, en kwam hij naar Rome om zich volgens de regels kandidaat te stellen.

De drie machtigste mannen van Rome waren elk tot de ontdekking gekomen dat ze, dankzij de onbuigzaamheid van Cato, niet in staat waren de senaat hun wil op te leggen. Ze besloten de senaat verder links te laten liggen. In 60 v. Chr. sloten Pompeius, Caesar en Crassus een geheime overeenkomst (die bekendstaat als het Eerste Triumviraat) die hen tot de feitelijke, zij het niet erkende heersers van Rome maakte. Hun gecombineerde rijkdom, strijdkrachten en politieke invloed stelden hen in staat alle overheidsinstellingen te passeren dan wel te overrulen.

Cato was razend. In de vier jaar die volgden, jaren waarin hij geconfronteerd werd met politieke intimidaties die geregeld uitmondden in gewelddadigheden, bleef hij zich onversaagd verzetten tegen de uitdijende macht van dat drietal buitensporig grote Romeinen. Elke keer dat er een regel werd geschonden, een precedent werd genegeerd of een buitengewoon voorrecht werd verleend, was hij erbij om tegen een dergelijke nieuwigheid in het geweer te komen. Even vermoeiend als onvermoeibaar, zoals Theodor Mommsen schreef, 'altijd bereid om in de bres te springen, of dat nu nodig was of niet', liet hij niets zomaar gebeuren. Toen Caesar in 59 v.

Chr. consul was belemmerde en weerstond Cato al zijn manoeuvres. Caesar kwam met een hernieuwd wetsvoorstel om de soldaten van Pompeius stukken grond toe te kennen. Pompeius haalde zijn veteranen, dezelfde mannen die van de voorgestelde maatregel zouden profiteren, naar de stad, een impliciet dreigement aan het adres van iedereen die van plan was zich tegen een dergelijke wet te verzetten. Er werd een tijdslimiet vastgesteld voor de discussie in de senaat. Slechts weinigen – zich bangelijk bewust van de gewapende mannen die bij bosjes door de straten rond het Forum liepen – durfden het woord te voeren, maar toen Cato aan de beurt kwam stond hij op en probeerde hij, zich bedienend van zijn favoriete tactiek, het voorstel te blokkeren door uren achtereen te praten. Deze keer had hij echter een opponent die weinig respect had voor de procedures. Caesar liet Cato door zijn bende gladiatoren van het rostrum sleuren en meeslepen naar de kerkers waar de medesamenzweerders van Catilina ter dood waren gebracht. Terwijl Cato werd weggewerkt bleef hij de senatoren heftig toespreken. Verscheidene volgden hem 'met neergeslagen ogen'. Caesar riep hen terug en eiste dat ze het onderhavige wetsvoorstel afhandelden. Een van hen antwoordde dapper: 'Ik zit liever met Cato in de gevangenis dan hier bij jou.' Cato werd meegevoerd over het Forum, nog altijd met zijn machtige stem tegen de geschokte en angstige menigte bulderend. Hij werd vrijwel onmiddellijk vrijgelaten, maar zijn gevangenneming was een cruciaal keerpunt in de geschiedenis van de republiek, het moment waarop Caesar liet zien dat hij zijn zin zou doordrijven, wet of geen wet.

Cato kon maar weinig uitrichten tegen zulke intimidatie. Pompeius, die de schoonzoon van Cato had willen worden, werd nu die van Caesar: hij trouwde met Julia, de dochter van Caesar, dertig jaar jonger dan hij. Caesar kreeg steeds meer zelfvertrouwen. Hij kwam met een tweede wetsvoorstel met betrekking tot landbezit. Dat werd aangenomen, ondanks alles wat Cato ertegenin bracht – de mensen leken net zo te worden overweldigd door de glamour van Caesar als de Atheners zich door Alcibiades hadden laten inpakken (of misschien waren ze gewoon bang voor zijn gladiatoren). En hetzelfde gebeurde met de wet die Caesar Gallië en Illyrië als zijn provincies toekende, niet voor de gebruikelijke termijn van één jaar, maar voor vijf jaar. Een paar jaar later zou Horatius een dichter die Achilles wilde neerzetten aanraden: 'Laat hem ontkennen dat de wet voor hem gemaakt is.' Caesar, die elke regel schond en elk precedent negeerde, trad op met een Achilleaanse minachting voor wettigheid. Terwijl de mensen zich op het Forum verzamelden om te stemmen, sprak Cato hun toe met een wanhopige vurigheid, en waarschuwde hen 'dat ze een tirannie vestigden in hun eigen bolwerk'. Niettemin stemden ze voor het wetsvoorstel.

Aan het eind van zijn consulaat pochte Caesar dat hij alles had gekregen wat hij wilde, onder het gekreun van zijn opponenten – nu stond het hem vrij om op hun hoofden te dansen. Hij vertrok naar Gallië, maar niet dan nadat hij geregeld had dat zijn beschermeling Clodius tot tribuun werd gekozen, de man die Rome in zo'n staat van anarchie zou storten dat volgens Cicero 'het bloed dat van het Forum stroomde met sponzen moest worden opgedweild'.

Clodius, wiens eigennaam Pulcher was, 'Mooi', domineerde de kring van jonge aristocraten tegen wie Sallustius tekeer was gegaan wegens hun 'wellustigheid' en 'weelderigheid', en hun volstrekte gebrek aan eerbied voor de goden en door de mens bedachte instellingen. Clodius was net zo'n godslasteraar en schuinsmarcheerder als Alcibiades, maar hij was ook, zoals de gebeurtenissen van de volgende zes jaar zouden aantonen, een briljant politiek organisator, een charismatische demagoog en een man van een gevaarlijk onvoorspelbare loyaliteit, die zich wreed tegen hoge heren kon keren die zich hadden gevleid met de gedachte dat zij hem manipuleerden.

Onmiddellijk na zijn ambtsaanvaarding legaliseerde hij de voorheen buiten de wet gestelde *collegia*, instituten die ten dele vakbonden, ten dele burgerwachten en ten dele politieke gezelschappen waren, en veranderde ze in eenheden van straatvechters. De collegia hadden hun nieuwe legitimiteit aan Clodius te danken, en werden zijn werktuig: dankzij hen werd hij, in functie of niet, de krijgsheer van de straat. Eerst moest hij echter zien af te rekenen met die paar openbare figuren die het lef en de integriteit hadden oppositie tegen hem te voeren. Hij liet Cicero verbannen onder het voorwendsel dat de terechtstellingen van de handlangers van Catilina onwettig waren geweest. Cato (zonder wie die terechtstellingen niet zouden hebben plaatsgevonden) werd minder ruw behandeld. Hij kreeg opdracht Cyprus te annexeren.

Dat was een prestigieuze en potentieel lucratieve opdracht, maar Cato zag het alleen als een manier om hem uit de weg te krijgen. Het was een van de fundamentele verschillen tussen de constitutionalisten als Cato en de populares dat de eerste groep vasthield aan de anachronistische opvatting dat geen stad of land buiten Rome ertoe deed. Toen Cicero tot gouverneur van Cilicia in Klein-Azië werd benoemd, zou hij zijn vriend Atticus laten weten dat hij daar een 'gigantisch saaie' taak had. Anderen zouden misschien geneigd zijn te zeggen dat hij iets van de wereld zag. Maar hij smachtte juist naar 'de wereld, het Forum', wat in zijn ogen hetzelfde was. Zo ook was voor Cato die volle en krioelende rechthoek in het centrum van Rome het middelpunt van de wereld, de enige plaats waar woorden en daden consequenties hadden. Hij aanvaardde posten overzee ongaarne, en handelde ze zonder enthousiasme af. Toen zijn ambtstermijn als pretor ten einde liep sloeg hij het provinciale gouverneurschap waar hij recht op had zelfs af.

Pompeius en Caesar, daarentegen, maakten de provincies – de legers die ze mochten werven om ze te onderwerpen en de fortuinen die ze daar verzamelden – tot de basis van hun macht.

De rol van Cato in Cyprus bleek er een waar hij geknipt voor was: hij moest er de inventaris opmaken. De heerser van het eiland was ene Ptolemaeus, broer van de koning van Egypte, die zogenaamd werd afgezet omdat hij de piraten had gesteund in hun strijd tegen Pompeius, maar ook opdat zijn persoonlijke rijkdommen en de inkomsten van zijn welvarende eiland aan de luister van Rome konden bijdragen. Cato werd niet geacht de veroveraar te spelen. Toen hij de brief ontving waarin hij werd opgeroepen om af te treden, vergiftigde Ptolemaeus zichzelf. Het enige dat Cato hoefde te doen was bezit nemen van zijn gebied, en al die schatten omzetten in harde munt. Dat deed hij praktisch in zijn eentje, tot ergernis van zijn volgelingen. Hij weigerde verantwoordelijkheden te delegeren en onderhandelde persoonlijk met kooplieden en particuliere kopers, zich ervan verzekerend dat hij de hoogst mogelijke prijs kreeg voor alle juwelen en gouden bekers en paarse gewaden en andere 'prinselijke luxewaren' die de arme Ptolemaeus had nagelaten. 'Om die reden,' meldt Plutarchus, 'beledigde hij de meeste van zijn vrienden, die dachten dat hij hen wantrouwde' (waarschijnlijk hadden ze daar gelijk in). Zijn taak was een immense taak – de som die hij van Cyprus naar Rome bracht was zo groot dat toen hij door Rome naar de schatkamer werd gedragen, de menigte stomverbaasd opkeek van die enorme hoeveelheid – maar Cato stond erop om persoonlijk de verantwoordelijkheid te blijven dragen voor elk detail rond inzameling en vervoer. Hij bepaalde hoe het geld zou worden verscheept en ontwierp voor dat doel speciale koffers, met aan elk een lang touw waar een kurken drijver aan was vastgemaakt, zodat ze in geval van schipbreuk weer boven water konden worden gehaald. Van alle rekeningen liet hij duplicaten maken. Hij had de opdracht een belediging genoemd, maar het volk van Rome had ervoor gestemd dat hij het deed, dus deed hij het, stipt en plichtsgetrouw als altijd, met de gedrevenheid en grondigheid waarmee hij iedere hem opgelegde taak uitvoerde.

Terwijl hij zich op Cyprus aan zijn taak wijdde, wankelde de Romeinse republiek onder de knoet van Clodius. 'Wijk voor wijk,' aldus Cicero, 'werden mannen onder de wapenen gebracht en in eenheden gerekruteerd en aangezet tot geweld, tot vechtpartijen, tot moord, tot plundering.' De collegia werden aangevuld met slaven. Bendes zwaardvechters controleerden de openbare ruimte. De tempel van Castor, het gebouw met het hoge platform dat het Forum domineerde en waar Cato twee keer onder het geweld van Caesar had geleden, werd van een plek van aanbidding en samenkomst omgebouwd tot een vesting. Clodius liet de trappen afbreken, zodat de toegang bemoeilijkt werd en de verdediging een stuk eenvoudiger, en maakte de tempel tot zijn arsenaal en militair hoofdkwartier. De politieke ontmoetingen, processen en volksstemmingen – alle openbare staatszaken – waarvoor het Forum als toneel diende, vonden nu plaats onder de intimiderende blikken van de vechtersbazen van Clodius. Bijeenkomsten van de senaat werden onderbroken door joelende menigtes. Een debat over een mogelijk einde aan de ballingschap van Cicero werd onmogelijk gemaakt doordat relschoppers met stenen gooiden en met knuppels en zwaarden zwaaiden. Sommige tribunen raakten gewond (wat choquerend was, aangezien zij geacht werden onschendbaar te zijn) en verscheidene andere mensen werden gedood. Toen een van de mannen van Clodius voor moest komen, drong een stel makkers van hem het gerechtshof binnen, wierp banken omver, sleurde de rechter van zijn zetel, stootte de urnen die als stembus werden gebruikt omver en joegen de aanklagers en de juryleden doodsbang de straat op. Iedereen kon met hem te maken krijgen, geen mens ging vrijuit. Clodius had aanvankelijk de indruk gewekt dat hij door het Triumviraat werd gemanipuleerd, maar nu keerde hij zich tegen een van hen. Toen Pompeius probeerde een toespraak te houden in het Forum, werd hij steeds ruw onderbroken door een meute die onder aanvoering stond van Clodius. De mannen van Pompeius en die van Clodius raakten slaags; verscheidene mannen werden gedood en van één man werd gezegd dat hij betrapt werd toen hij op het punt stond Pompeius zelf te vermoorden. Pompeius was helemaal van zijn stuk gebracht en trok zich angstig terug in zijn villa, waar hij zo ongeveer permanent belegerd werd.

Tegen de tijd dat Cato, in 56 v. Chr., uit Cyprus terugkeerde met zijn vracht aan gewetensvol geregistreerde schatten, had zich iets van een machtsevenwicht afgetekend, zij het ten koste van de constitutionele zaak en de stabiliteit van de staat. Een van de nieuwe tribunen dat jaar, Milo, had, aangemoedigd en gesteund door Pompeius, zijn eigen privé-leger bijeengeroepen van slaven en straatvechters, en ontpopte zich als rivaal van Clodius. Wekenlang streden de twee bendes om de controle over de stad. 'De Tiber lag vol lijken van burgers,' schreef Cicero, 'de openbare riolen raakten erdoor verstopt.' Uiteindelijk werd Clodius tijdelijk in toom gehouden. Pompeius hervond zijn oude zelfvertrouwen en liet zich weer gelden: hij zorgde ervoor dat Cicero werd teruggehaald, wat in heel Italië tot vreugdevolle taferelen leidde. Brood was een schaars goed, er braken rellen uit. Cicero besloot iets terug te doen en pleitte voor een maatregel die Pompeius voor de komende vijf jaar de zeggenschap gaf over de korenaanvoer, een taak die hem een nauwelijks omschreven maar enorme macht gaf, zowel in Rome als in het hele Middellandse-Zeegebied, want het meeste koren in Rome was ingevoerd.

Endemisch geweld, een vrijwel algehele ineenstorting van het recht, rampzalige voedseltekorten, het feit dat zelfs een gematigd man als Cicero accepteerde dat alleen een gewapende potentaat de ontregelde staat zou kunnen redden: de situatie die Cato bij zijn terugkeer aantrof bevestigde zijn ergste voorspellingen. Meteen nam hij zijn oude taak op zich: voorkomen dat grote mannen nog groter werden – met toenemende wanhoop, maar een nooit aflatende onverzettelijkheid.

Caesar, Pompeius en Crassus hernieuwden hun pact. Pompeius en Crassus stelden zich beiden kandidaat voor de consulverkiezingen van het volgende jaar. De constitutionalisten in de senaat gingen in de rouw, alsof ze treurden om de dood van de republiek, maar niemand waagde het zich als tegenkandidaat op te werpen, tot Cato (die nog niet oud genoeg was om zichzelf verkiesbaar te stellen) zijn zwager Domitius Ahenobarbus overhaalde zich kandidaat te stellen en te verklaren dat als hij tot consul werd gekozen, hij een eind zou maken aan de ongehoord lange ambtstermijn van Caesar in Gallië. Op de ochtend van de verkiezingen gingen Cato en Domitius voor het ochtendgloren naar het Veld van Mars, waar de stemming zou plaatsvinden. Het was nog donker toen ze werden overvallen. Hun fakkeldrager werd gedood en Cato raakte gewond aan een arm. Met een woedende vastberadenheid probeerde hij Domitius over te halen om vooral stand te houden. Zijn welsprekendheid had geen effect. Ahenobarbus was minder principieel, minder moedig of misschien gewoon realistischer dan Cato – hij deed afstand van zijn kandidatuur en sloeg op de vlucht.

Cato was echter vastbesloten dat het driemanschap niet zonder slag of stoot zijn zin moest krijgen en stelde zich verkiesbaar als pretor. Pompeius en Crassus kwamen met een eigen kandidaat en begonnen het electoraat om te kopen op een ongekende schaal en met een nooit eerder vertoonde schaamteloosheid. Op de dag van de verkiezingen liet Pompeius het Veld van Mars omsingelen door het tuig van Milo. Diegenen die een ongewenste stem uitbrachten konden erop rekenen dat ze ervoor zouden boeten. Toch was het prestige van Cato zo groot dat de eerste uitgebrachte stemmen voor hem waren. Aangezien omkoping en intimidatie beide hadden gefaald, riep Pompeius de goden aan. Hij verklaarde onweer te hebben gehoord (dat had verder niemand), en aangezien onweer een teken van goddelijk misnoegen was, werd de stemming afgelast. Meteen gingen zijn mensen weer verder met het bewerken van de kiezers (of ze dat met geld deden dan wel met zwaarden, wordt nergens vermeld). Tegen de tijd dat er weer kon worden gestemd waren degenen die aanvankelijk voor Cato hadden gestemd van gedachten veranderd.

Met maatregel na maatregel consolideerde het Triumviraat zijn macht. Als consul zagen Pompeius en Crassus erop toe dat respectievelijk Spanje en

Syrië aan hen werden toegewezen als proconsulair gewest. Ze voerden wetten in die hun toestonden om de oorlog te verklaren wanneer en indien zij dat nodig achtten, en om zoveel troepen in te lijven als ze wilden. Pompeius had het verder nog voor elkaar gekregen dat hij het regeren van Spanje aan zijn mensen kon delegeren terwijl hij zelf in de buurt van Rome bleef. Telkens stemde het volk in met hun voorstellen, terwijl alle senatoren op één na, machteloos en zonder fut, al die wetten lieten passeren zonder er vraagtekens bij te zetten of er iets van te zeggen. Die ene was natuurlijk Cato.

Cato was een man die lastig kon zijn als geen ander; hij liet dan ook geen maatregel zonder rumoer passeren. Telkens weer baande hij zich met zijn ellebogen een weg naar het rostrum om het volk toe te spreken. Telkens weer werd hij van het spreekgestoelte verjaagd. Hij werd weer voor korte tijd achter de tralies gezet. Niets kon hem de mond snoeren. Als hem de toegang tot het rostrum werd ontzegd, klom hij bij zijn aanhang op de schouders. Er braken rellen uit. Er vielen doden. Maar Pompeius en Crassus deden onverstoorbaar hun volgende, en meest controversiële zet. Ze stelden voor dat het bevel van Caesar in Gallië nog eens met vijf jaar werd verlengd. Dat ontlokte aan Cato een ongehoord hartstochtelijke en plechtige redevoering. Hij hield Pompeius voor dat hij Caesar op zijn eigen schouders had genomen 'en dat als hij de last begon te voelen, en die last hem zwaar ging vallen, hij noch de macht zou hebben zich ervan te ontdoen, noch de kracht hem nog langer te dragen, en dat hij zich derhalve, met last en al, op de stad zou storten'. Deze profetie, met dat vreemde en afschuwelijke beeld van die twee reuzen, de een drukkend op de ander, de staat onder zich verpletterend als ze neerstortten, bleef in de herinnering van de historici hangen, maar op korte termijn was deze redevoering net zo futiel als alle andere inspanningen die Cato zich getroostte. Caesar kreeg zijn verlengde termijn.

Cato volhardde in zijn aanpak. Hij betoogde in de senaat dat de agressie van Caesar tegen de Gallische en Germaanse stammen niet alleen slecht, maar ook illegaal was: de senaat, die geacht werd het buitenlandse beleid van Rome te bepalen, had daar geen opdracht toe gegeven. De Gallische oorlog, waar de enorme (en nog voortlevende) roem van Caesar op gebaseerd was, was eigenlijk een gruwelijk bedrijf, één grote genocide die al bijna tien jaar achtereen werd gepleegd voor de ogen van de hele wereld. Caesar had de leiders van twee Germaanse stammen gevangengenomen toen ze bij hem kwamen tijdens een overeengekomen wapenstilstand, en vervolgens had hij zo'n vierhonderdduizend van hun landgenoten afgeslacht. Dat, zo fulmineerde Cato, was een schande waar de goden vergelding voor zouden eisen. Caesar zou in de boeien moeten worden geslagen en overhandigd aan de vijand, opdat hij zijn gerechte straf zou kunnen ondergaan. Zolang dat niet was gebeurd, zou heel Rome vervloekt zijn. Strikt genomen had Cato gelijk, maar het Romeinse volk had liever veroveringen, hoe die ook tot stand waren gebracht, dan een schoon geweten. Caesar ging door met oorlogvoeren.

In de loop van de volgende twee jaar voerde Cato een steeds wanhopiger strijd voor de zaak van de rechtmatigheid. Het was alsof hij probeerde een kaartenhuis te bouwen in een vliegende storm. In Gallië werd Caesar, die stam na stam overwon en hun schatten met karren tegelijk liet afvoeren, steeds rijker en machtiger. Aan het eind van elk campagneseizoen keerde hij terug naar het Italische schiereiland, met enkele van zijn legioenen, en installeerde zich in zijn winterverblijf bij Ravenna (dat in zijn provincie Cisalpijns Gallië lag). Daar ontving hij gasten uit Rome, cliënten en rekwestranten die hij met gulle gaven bedacht, agenten die over zijn belangen in de metropool waakten, kandidaten die hem smeekten zijn macht aan te wenden om hen aan een ambt te helpen. Officieel was hij absent, toch was hij een ernstig destabiliserende factor in de coulissen van het Romeinse politieke toneel.

Terwijl de macht van Caesar min of meer in het geniep groter werd, pronkte Pompeius met zijn macht als een pauw met zijn veren. Vijf jaar lang was hij op het Veld van Mars bezig geweest met de bouw van een theater van ongekende grootte en grandeur. In 55 v. Chr. vond de opening plaats met een reeks spectaculaire vertoningen. Er werden extravagant geënsceneerde stukken opgevoerd. ('Wat voor genoegen verschaft een Klytaimnestra met zeshonderd muilezels?' schreef Cicero, die het maar een vulgaire vertoning vond.) Er werd een bloederige serie spelen gehouden waarin vijfhonderd leeuwen en een onbekend aantal gladiatoren de dood vonden. Er was een olifantengevecht, 'voorwaar een schokkend spektakel', zegt Plutarchus, dat de toeschouwers verbijsterde. Aan het eind van zijn consulaat trok Pompeius, die nu bekleed was met het gezag en de wettelijke onschendbaarheid van een proconsul, maar niet van plan Rome te verlaten, zich terug in zijn villa bij de stad. Daar beidde hij zijn tijd terwijl de republiek zichzelf aan stukken scheurde.

De bendes van Milo en Clodius (de eerste ogenschijnlijk gesteund door Pompeius, de tweede door Caesar, hoewel feitelijk geen mens die twee in de hand had) koeioneerden de burgers en betwistten elkaar de heerschappij op straat. Bijeenkomsten van de senaat werden kort gehouden uit angst voor gewelddadige interrupties van de meute die zich buiten de zaal verzamelde. Bendes gewapende slaven vielen de arena binnen en maakten een eind aan gewijde spelen. Als er al verkiezingen plaatsvonden, was dat in een sfeer van terreur. De situatie was duidelijk onhoudbaar. 'De stad,' schreef Suetonius, 'begon te golven en te deinen als een zee voor een storm.'

Toch hield Cato vol. Mommsen noemde hem een 'vitterige, stugge en onnozele dromer', en zijn koppige pogingen om een politiek systeem te hervormen dat op het punt stond ineen te storten wekken, achteraf bekeken, ook wel degelijk een absurde indruk. Maar Cato, en de meeste van zijn tijdgenoten, gingen nog uit van de veronderstelling dat de republiek nog generaties mee zou gaan. In de ogen van gelijkgestemde Romeinen was zijn resolute campagne om de staat weer op het rechte pad te krijgen niet dom, maar bewonderenswaardig. Cato 'stond alleen tegenover de verdorvenheden van een corrupte staat,' schreef Seneca. 'Hij hield de val van de republiek tegen zolang hij daar eigenhandig toe in staat was.'

Het maakte hem niet populair. Herhaaldelijk werden zijn toespraken in het Forum door hem vijandig gezinde agitatoren op gejoel onthaald. 'Het verging hem,' zegt Plutarchus, 'als vruchten die buiten het seizoen tot rijping komen. Want net zoals we daar verrukt en verwonderd naar kijken, zonder ze te gebruiken, zo ook genoot het ouderwetse karakter van Cato... te midden van levens die gecorrumpeerd, en gewoontes die verworden waren, een geweldige faam en reputatie, zonder dat het aansloot bij de behoeften van het volk.' Hij werd bij een tweede poging tot pretor gekozen en voerde een wet in die omkoperij verbood en van alle kandidaten voor een gekozen ambt eiste dat ze de onkosten die ze voor hun verkiezing maakten volledig verantwoordden. De kandidaten van dat jaar schikten zich op voorwaarde dat Cato zelf (de enige aan wie die taak kon worden toevertrouwd) als hun scheidsrechter zou optreden, maar het volk, dat gewend was zijn stem voor geld te verkopen, was woedend dat het er nu opeens geen cent meer voor kreeg. Er braken rellen uit. Cato werd belaagd door een boze menigte. Hij werd tegen de grond geslagen en zou zijn opgehangen als hij er niet in was geslaagd overeind te krabbelen en lang genoeg te blijven staan om de meute met zijn woorden tot rust te manen. Zodra het mocht stelde hij zich verkiesbaar als consul, maar ondanks al zijn prestige werd hij zonder meer verslagen. Toen Alcibiades in de gouden stralenkrans van de overwinning naar zijn vaderstad terugkeerde (zoals ook Pompeius had gedaan, en zoals Caesar spoedig zou doen), hadden de burgers hem gesmeekt zichzelf tot hun absolute heerser uit te roepen, terwijl slechts een handjevol andersdenkenden hem liever kwijt dan rijk was. Zo ook was Cato een van de zeer weinigen die niet ontvankelijk waren voor de glamour van de veroveraars die triomfantelijk Rome binnentrokken, ogenschijnlijk net zo bovenmenselijk in hun overdonderende grootsheid als Plato's mannen van goud. Vergeleken bij hun pracht en praal leek de deugdzaamheid van Cato maar saai en weinig aantrekkelijk. Terwijl hij zich aan het republikeinse gedachtegoed vastklampte, zou Lucanus schrijven, 'drong heel Rome er luidkeels op aan tot slaaf te worden gemaakt'.

In januari van het jaar 52 v. Chr. barstte het eerste noodweer los waarvan de wolken zich al zo lang hadden samengepakt. De twee stedelijke krijgs-heren Clodius en Milo liepen elkaar, kennelijk toevallig, tegen het lijf op de Via Appia, een paar kilometer buiten Rome. Clodius werd vergezeld door dertig slaven die met zwaarden gewapend waren, en Milo had driehonderd gewapende mannen bij zich, onder wie verscheidene gladiatoren. Er ont-stond een vechtpartij. Clodius raakte gewond. Hij werd een herberg bin-nengedragen. De mannen van Milo drongen er binnen en vermoordden hem. Zodra het nieuws Rome bereikte kwam het in de stad tot een uitbar-sting. De mooie Clodius, de arrogante Clodius was er niet meer, en het ge-mene volk van Rome, dat hij bedwelmd had door het even aan zijn eigen macht te laten ruiken, sloeg op hol. Zijn bondgenoten, onder wie twee tri-bunen, stelden zijn lijk, naakt en toegetakeld als het was, in het Forum ten toon. Er speelden zich hysterische scènes af van verdriet en razernij. Aan-gespoord door de tribunen nam de meute de senaat over, richtte een brand-stapel op van alle meubels en het senaatsarchief, hees het lijk van Clodius er bovenop en stak het hele gebouw in brand. De regeringszetel, bewaarplaats van eeuwen traditie, het brein dat het enorme lichaam van de Romeinse we-reld bestuurde, werd platgebrand. Er bleef slechts een verkoolde ruïne over. En het oproer verspreidde zich net zo snel als het vuur.

Een maand lang regeerde de chaos. Een vijandige meute viel het huis van Milo aan, maar werd verdreven door de boogschutters van zijn lijfgarde. 'Elke dag werd het Forum bezet door drie legers,' volgens Plutarchus, 'en het kwaad was vrijwel niet meer te stuiten.' De senaat kondigde een nood-toestand af, maar de consulverkiezingen van het voorgaande jaar waren niet doorgegaan. Er was niemand om de touwtjes in handen te nemen. 'De stad bleef zonder wat voor vorm van bestuur dan ook zitten, als een schip dat roerloos ronddrijft.' Een woedende menigte drong het heilige bos binnen waar de *fasces* werden bewaard en maakte zich er meester van. Toen, alsof ze hunkerden naar iemand die hen kon verlossen van hun eigen losbandig-heid, trokken ze op naar de villa van Pompeius buiten de stad en riepen hem op zichzelf tot dictator uit te roepen. Pompeius had zijn bedenkingen. Hij wachtte op de officiëlere uitnodiging waarvan hij het gevoel had dat die niet veel langer kon uitblijven.

En die uitnodiging kwam gauw genoeg. Twaalf jaar eerder had Cato ver-klaard dat hij er, 'zo lang hij leefde', nooit mee zou instemmen dat Pompei-us de stad binnentrok aan het hoofd van een leger. Nu, wanhopig, kwam hij tot de slotsom dat 'elke regering beter was dan geen regering'. Tot verbazing van zijn gelijken betoonde hij zich uitdrukkelijk voorstander van een motie die Pompeius de post aanbood van enige consul.

Diplomatiek en subtiel als altijd nodigde Pompeius Cato uit om met hem samen te werken. Cato, zijn vleesgeworden tegenpool, weigerde koppig daarop in te gaan. Hij wilde bij geen enkel factie horen. Hij zou zijn advies geven als daarom gevraagd werd, zei hij, maar hij zou ook zijn ongezouten mening blijven geven, of daar nu om gevraagd werd of niet.

Pompeius gaf zijn legioenen bevel de stad binnen te trekken. Langzamerhand werd de orde hersteld, maar voor de duur van de noodtoestand was Rome feitelijk een militaire dictatuur. Toen Milo moest voorkomen wegens de moord op Clodius omsingelden de troepen van Pompeius de rechtszaal, en ze waren zo talrijk en hun aanwezigheid was zo dreigend dat zelfs Cicero, die de verdediging van Milo op zich had genomen, de moed verloor: hij verzuimde de toespraak te houden die hij gepland had en moest toezien dat zijn cliënt werd veroordeeld.

Toen de crisis voorbij was moest de constitutionele factie weer verbaasd vaststellen dat Pompeius zich correct opstelde door af te treden. Maar een tweede uitbarsting was ophanden. Het commando van Caesar in Gallië liep in de winter van 50 v. Chr. af. Cato zwoer in het openbaar dat hij, zodra dat gebeurde en Caesar weer onderworpen zou zijn aan de wet, hem zou aanklagen wegens de onrechtmatigheden die hij als consul in 59 v. Chr. begaan had, en wegens zijn ongerechtvaardigde en ongesanctioneerde aanvallen op het volk van Gallië.

Caesar had vele cliënten en aanhangers in de stad. Herhaaldelijk spraken tribunen van zijn partij hun veto uit over pogingen zijn commando in Gallië te herroepen en een opvolger voor hem aan te stellen. Het leek steeds waarschijnlijker dat hij zou weigeren zijn legioenen op te geven. In december besloot de senaat met een overweldigende meerderheid dat hij en Pompeius hun commando's moesten opgeven. Opnieuw sprak een van de tribunen zijn veto over het voorstel uit, waarop de senaat opnieuw in de rouw ging. Caesar was in zijn winterverblijf in Ravenna. Inmiddels had het gevaar dat hij vormde, waartegen Cato, zonder dat er nu zo naar hem geluisterd werd, al jaren tekeer was gegaan, Cato's gezag beduidend groter gemaakt. In de algehele hysterie werd Cato uitgeroepen tot een profeet, wiens visioenen nu bewaarheid werden. Doodsbang dat Caesar elk moment een staatsgreep kon plegen gingen drie oudere senatoren naar Pompeius, overhandigden hem een zwaard en vroegen hem het commando van alle troepen in Italië op zich te nemen. Pompeius stemde toe.

De kans op vrede was nog niet verkeken. Caesar wilde macht, maar zo lang het hem was toegestaan die te verwerven was hij bereid althans de uiterlijke vormen van republikeinse rechtmatigheid in acht te nemen. Het lag niet aan hem maar aan Cato, die met onvermoeibare hardnekkigheid weigerde wat voor compromis dan ook te sluiten, dat een oorlog onafwendbaar werd. Een tweede Odysseus zou misschien met een regeling zijn gekomen om de verschillende gezichten te redden, zou misschien de regels iets vrijer hebben geïnterpreteerd en precedenten van een nieuwe interpretatie hebben voorzien, zou misschien het anachronistische staatsbestel hebben vernieuwd om het bij de moderne realiteit aan te passen, maar Cato was Odysseus niet, en omdat hij geen Odysseaanse diplomatiekheid kon opbrengen is hij na twee millennia nog niet in de vergetelheid geraakt en wordt hij nog altijd geëerd. 'Ik zou liever rumoer en donder-en-bliksemvloeken hebben dan een behoedzame, onzekere, katachtige rust,' schreef Nietzsche, bijna tweeduizend jaar na de dood van Cato mijmerend over de Übermensch. Cato had niets onzekers. Hij was mooi, noch uitgesproken heldhaftig, noch – voor zover wij weten – snelvoetig, maar hij was evengoed een waarachtige opvolger van Achilles in zijn afschuw van alles wat minder was dan absolute waarachtigheid, in de onverzettelijkheid waarmee hij vasthield aan ieder artikel van zijn credo, in zijn bereidheid zijn eigen zaak te zien sneuvelen als het enige alternatief water bij de wijn was, in zijn voorkeur voor de dood boven eerverlies. Caesar bood aan Gallië over te dragen aan een gouverneur die de senaat had uitgekozen en al zijn legioenen op één na te ontbinden, als het hem vergund zou zijn zich bij afwezigheid verkiesbaar te stellen als consul (zodat hij reeds beschermd door de voorrechten van dat ambt naar Rome zou kunnen terugkeren). Dergelijke voorstellen waren niet eens zo heel vreemd, maar Cato ging er woedend tegen tekeer. Hij zou nog liever doodgaan, zei hij, dan toestaan dat een burger de republiek zijn voorwaarden kon opleggen.

De senatoren waren overtuigd. Het aanbod werd afgewezen. Er werd een maatregel voorgesteld om Caesar tot staatsvijand uit te roepen. Een van de tribunen (een mannetje van Caesar) sprak er zijn veto over uit, waarop de senaat de noodtoestand afkondigde. Geen enkele bron uit de Oudheid suggereert dat de twee tribunen die op de hand van Caesar waren fysiek werden bedreigd, maar ze gedroegen zich alsof dat wel het geval was. Vermomd als slaaf glipten ze de stad uit. Ze namen een van de huurwagens die bij de stadspoorten stonden en vluchtten naar het kamp van Caesar. Hun vlucht werd aangegrepen als voorwendsel om een oorlog te beginnen. Caesar had een keer gedroomd dat hij zijn moeder verkrachtte. Op 10 januari van het jaar 49 v. Chr., na een even onrustige nacht, leidde hij zijn legioenen over de Rubicon en trok hij op naar zijn moederstad.

Zijn opmars was onverbiddelijk en snel. Pompeius had opgeschept dat hij maar met zijn voet hoefde te stampen of heel Italië zou hem bijstaan. Hij had het mis: de mensen, kennelijk onverschillig jegens de bedreiging van hun senaat en hun eigen vrijheden, lieten Caesar gewoon door. Pompeius, de meeste ambtsdragers en veel senatoren koesterden geen enkele hoop dat ze Rome tegen Caesar zouden kunnen verdedigen en verlieten de stad. Na die dag zou Cato nooit meer zijn haar afsnijden, zijn baard bijknippen, een lauwerkrans dragen of zich op een bank uitstrekken om te eten. In diepe rouw gedompeld om de republiek die hij zo hartstochtelijk had geprobeerd te handhaven volgde hij Pompeius, die althans de benoemde vertegenwoordiger van de senaat was, in de oorlog.

Cato had geen krijgshaftige aard. Als jonge militaire tribuun was hij populair geweest bij zijn soldaten omdat hij weigerde een vertoning van zijn waardigheid te maken en omdat hij bereid was schouder aan schouder met hen te werken en hun ongemakken te delen. Toen zijn tijd erop zat huilden zijn legionairs en verdrongen ze elkaar om hem te omarmen, zijn handen te kussen en hun mantel voor zijn voeten uit te spreiden. Ook toen hij zich bij Pompeius voegde in diens basis in Dyrrachium, in het noorden van Griekenland, bewees hij zijn gaven als leider. Voor een slag spraken de generaals, zoals gewoonlijk, hun troepen toe, die hun meerderen echter 'onverschillig en zwijgend aanhoorden'. Daarop nam Cato echter met zijn gebruikelijke verve het woord en toen steeg er een gejuich op. Maar hij mocht dan in staat zijn bij anderen enthousiasme te wekken voor de strijd, zelf deelde hij dat enthousiasme niet. Hij was een burger van nature; aan Cicero schreef hij een keer dat 'het veel indrukwekkender is... als een provincie bedwongen en beschermd wordt door de genade en onomkoopbaarheid van zijn opperbevelhebber, dan door militair machtsvertoon'. Hij hield niet van vechten en had ook geen warm hart voor de zaak waarvóór hij vocht. Toen de Pompeianen een slag wonnen vierden ze allemaal feest, afgezien van Cato, die 'huilde om zijn land... want hij zag dat veel dappere burgers door elkaars hand waren gevallen'. De herhaalde pogingen van Pompeius om hem bij zijn partij in te lijven had hij afgewezen. Nu liet hij zijn vrienden in alle vertrouwelijkheid weten dat als Caesar overwon, hij zich van het leven zou beroven, terwijl hij, als Pompeius won, in elk geval zou blijven leven, maar dat hij dan liever in ballingschap zou gaan dan zich onderwerpen aan de dictatuur die in zijn ogen onafwendbaar was.

Er zou hem geen enkel commando worden toevertrouwd dat hem in staat zou kunnen stellen zich tegen zijn eigen opperbevelhebber te keren. Pompeius overwoog hem admiraal van zijn vloot te maken, maar hij bedacht zich, want 'op de dag dat Caesar werd verslagen, zou Cato wel eisen dat hij ook zijn wapens neerlegde en de wetten gehoorzaamde'. Toen Pompeius naar Pharsalus optrok waar Caesar hem verpletterend zou verslaan, liet hij Cato achter in Dyrrachium om het kamp te beheren en over de voorraden te waken.

Bij Pharsalus werd het leger van Pompeius, hoewel het twee keer zo groot was als dat van Caesar, op de vlucht gejaagd. Pompeius ontkwam over zee, maar slechts weinigen van zijn mensen wisten in de nasleep van de strijd of hij dood was of levend, laat staan waar hij gebleven was. Cato was opeens bevelhebber van de troepen die na de slag, en na allerlei omzwervingen, naar het kamp waren teruggekeerd. Met die troepen ging hij op weg om zich aan te sluiten bij de vloot van Pompeius, die nog intact was. Zelfs in die rampzalige tijd hechtte hij een overdreven belang aan het protocol: hij bood aan om zijn bevel over te dragen aan Cicero, die ook op een van de schepen zat en als voormalig consul hoger in rang was. Cicero was ontsteld – hij was in alle opzichten een flexibeler en pragmatischer figuur dan Cato, hij had haast om terug te keren naar Italië en zich een plek te verwerven aan de winnende kant. Cato hielp hem om weg te komen en vertrok vervolgens met de rest van het Pompeiaanse leger aan boord naar Afrika. Hij was er terecht van uitgegaan dat Pompeius zijn toevlucht in Egypte zou zoeken. In Libië kwam hem ter ore dat hij daarin gelijk had gehad, en dat de grote man in Egypte was vermoord. Hij kreeg verder te horen dat een ander Pompeiaans leger, onder aanvoering van Scipio (een helaas inferieure nazaat van de Scipio die Hannibal had verslagen), in Numidia was en gesteund werd door de Numidiaanse koning Juba. Cato, die zich als een vindingrijk en efficiënt, zij het weinig oorlogszuchtig commandant betoonde, voerde zijn troepen aan in een zware mars door de Sahara om zich bij dat leger aan te sluiten. Toen ze elkaar ontmoetten droeg Cato, gewetensvol als altijd in zijn trouw aan de formaliteiten, het opperbevel over aan Scipio – strikt genomen zijn meerdere – ondanks het feit dat iedereen, Scipio incluis, inzag dat Cato een betere commandant zou zijn geweest.

Het kostte Caesar bijna twee jaar hem naar Numidia te volgen. De nieuwe heerser van Rome had zaken te doen en slagen te leveren in Klein-Azië, in Egypte en ook in Italië. Intussen trokken Cato en zijn collega's de Fenicische havenstad Utica binnen en maakten die tot hun basis.

Utica had een geïsoleerde ligging, aan de ene kant werd het ingesloten door de woestijn, aan de andere kant door de zee. Onder de bezetting van Cato en zijn collega's was het in politieke zin een complex en explosief geheel. Er woonden zo'n driehonderd Romeinse burgers van onduidelijke gezindheid, meest woekeraars en allerlei kooplieden. Die waren ongetwijfeld bereid zich aan te passen aan welke politieke situatie dan ook. Maar er was ook een aantal Romeinse senatoren die met Pompeius uit Italië waren vertrokken en die vervolgens, in tegenstelling tot Cicero en die talrijke anderen die zich na Pharsalus aan de genade van Caesar hadden overgeleverd, met Cato uit Dyrrachium waren overgekomen. Er was goede reden om te veronderstellen dat als die in Caesars handen zouden vallen, ze allemaal gedood zouden worden wegens hun koppige verzet. Van de Afrikaanse inwoners van Utica werd aangenomen dat ze achter Caesar stonden. Scipio en Juba wilden zichzelf en hun volgelingen het liefst tegen mogelijk verraad beschermen door de hele bevolking af te slachten. Cato ontraadde hun echter zoveel wreedheid en nam het persoonlijk op zich over de veiligheid van de stad te waken en de in hun loyaliteit zozeer uiteenlopende inwoners tegen elkaar in bescherming te nemen. Daartoe nam hij harde maatregelen. Hij dwong alle autochtone jongemannen van Utica hun wapens af te staan en interneerde hen in met palissades omgeven kampen buiten de stadsmuren. De rest van de bevolking – vrouwen, kinderen en oude mannen – mocht in de stad blijven, en leefde tamelijk ongemakkelijk samen met de Romeinse bezetters, die Utica intussen versterkten en met graan bevoorraadden.

Het was een gespannen en ongelukkige situatie. De commandanten ruzieden. Scipio beschuldigde Cato van lafheid. Cato, daar waren waarnemers van overtuigd, kreeg er vreselijke spijt van dat hij het commando had overgedragen aan een man van wie hij er net zomin op vertrouwde dat hij zich op het slagveld van zijn taak zou weten te kwijten als dat hij na afloop zou weten wat wijsheid was. Maar hoe verdeeld, hoe verscheurd de Pompeiaanse strijdmacht in Utica ook mocht zijn, in de ogen van toenmalige waarnemers en latere Romeinse historici had de hele situatie een tragische grandeur. Voor diegenen die de heerschappij van Caesar afwezen – zowel zij die nog voor het verspreide Pompeiaanse verzet elders vochten als degenen die wrokkend onder het nieuwe regime leefden – was de senaat die Cato in Utica had gevestigd de enige ware senaat, en was Utica zelf, omdat Cato er was, het enige ware Rome. Geïsoleerd met zijn op de vlucht geslagen leger in wat voor een Romein de absolute rimboe was, nam hij in de collectieve Romeinse verbeelding imposante vormen aan: een man die gedoemd maar standvastig, groots in zijn eenzaamheid, kalm wachtte op de komst van Caesar en op zijn eigen, zonder twijfel onafwendbare nederlaag en dood – met wat Seneca 'de onversaagdheid en de evenwichtigheid' noemde van 'een held die niet wankelde toen de hele staat in puin lag'.

Caesar had het voorgaande jaar nog een bezoek gebracht aan het vermeende graf van Achilles, waar hij, net als Alexander voor hem had gedaan, met veel vertoon te kennen had gegeven zichzelf als een opvolger van dat toonbeeld van krijgshaftigheid te zien. Nu kwam hij er dan eindelijk aan toe zich bezig te gaan houden met de man wiens aanspraak op een Achilleaanse integriteit algemeen en voor hem tot vervelens toe voor sterker werd gehouden dan zijn eigen aanspraken. Hij landde in Afrika. Cato bleef in Utica om de voorraden te beveiligen en de weg naar zee open te houden terwijl Scipio er met het leger op uittrok. Op 6 april van het jaar 46 v. Chr. werden de Pompeianen bij Thapsus verpletterend verslagen, velen van hen werden doodgetrapt door hun eigen op hol geslagen olifanten en de meesten van hen werden afgeslacht.

Het nieuws bereikte Utica laat op een avond, nadat een boodschapper er

133

drie dagen mee onderweg was geweest. Onmiddellijk raakten de Romeinen in de stad in paniek. Er speelden zich tumultueuze taferelen af in de onverlichte straten, mensen vlogen hun huizen uit, schreeuwend van angst, om meteen weer naar binnen te rennen, omdat ze niet wisten waar ze het zoeken moesten. Ze hadden geen troepen om hen te verdedigen. Ze waren zich gruwelijk bewust van de mannen van Utica, opgesloten in het interneringskamp bij de stad en ongetwijfeld dolblij met het nieuws van de nederlaag van hun onderdrukkers. En overal om zich heen zagen ze familieleden van die mannen. Ze waren gek van angst, en daar was ook alle reden toe. Slechts één man bewaarde zijn kalmte, en dat was Cato. Andermaal, zoals hij op het Forum Romanum zo vaak had gedaan, gebruikte hij zijn stentorstem en zijn zelfbewustheid om een opgewonden menigte tot bedaren te brengen.

Hij schreed schallend door de verduisterde straten, greep landgenoten die hem kwetterend van angst voorbijsnelden in de kraag en wist de op hol geslagen meute langzamerhand te bedwingen. Zodra het licht was riep hij alle Romeinen in Utica op om zich voor de tempel van Jupiter te verzamelen. Zelf maakte hij zijn opwachting met zijn karakteristieke koelbloedigheid, ogenschijnlijk verdiept in een boek (een inventaris van de voedsel- en wapenvoorraden die in de stad waren aangelegd). Hij sprak op serene toon en vroeg hun goed na te denken over de vraag of ze wilden vechten dan wel zich overgeven aan Caesar. Hij zou hen niet verachten, zei hij, als ze voor het laatste kozen, maar als ze besloten de strijd aan te gaan – en hier werd zijn toon gloedvoller – zou hun beloning een gelukkig leven zijn, of een zeer eervolle dood. Het onmiddellijke effect van zijn redevoering was indrukwekkend. 'Geconfronteerd als ze werden met zijn onbevreesdheid, zijn voortreffelijkheid en genereusheid, vergaten de meeste van zijn toehoorders bijna hun problemen, in de overtuiging dat alleen hij een onoverwinnelijk leider was, de enige die het lot naar zijn hand zou weten te zetten.'

Die juichstemming was echter gauw voorbij. Iemand opperde dat van alle aanwezigen geëist zou moeten worden dat ze hun slaven vrijlieten, opdat de stad in elk geval een verdedigingsmacht zou hebben. Cato, correct als altijd, zelfs toen de wanhoop zo groot was, weigerde echter inbreuk te maken op eigendomsrechten van burgers door zoiets verplicht te stellen, maar vroeg diegenen die bereid waren hun slaven uit eigen vrije wil op te geven dat daadwerkelijk te doen. De Romeinse kooplieden – allen slavenhouders en vermoedelijk ook slavenhandelaars, voor wie zaken vóór de politiek gingen – begonnen in te zien dat capituleren zo zijn voordelen had. De situatie was verschrikkelijk precair. De kooplieden begonnen te overwegen hun mede-Romeinen, de senatoren, te overweldigen en op te sluiten, zodat ze als zoenoffer aan de zegevierende Caesar konden worden aangeboden.

Een groep ruiters, overlevenden van het verslagen leger van Scipio, dook op uit de woestijn. Eindelijk had Cato de mankracht die hij zo dringend nodig had. Hij liet de Romeinse kooplieden in de stad achter en haastte zich, vergezeld door de senatoren, de stadspoort uit om de nieuwkomers welkom te heten en hun hulp in te roepen bij de verdediging van Utica. Maar de soldaten hadden al een traumatische slag doorstaan – ze waren uitgeput en gedemoraliseerd. Ze waren niet over te halen om stelling te nemen tegen Caesar, die nu misschien nog maar enkele uren van Utica verwijderd was. Er speelden zich woedende taferelen af, in de stad, waar de kooplieden zichzelf opzweepten tot een staat van zelfrechtvaardigende boosheid op iedereen die het zou wagen voor te stellen het risico te nemen zich tegen Caesar te verzetten, maar ook buiten de stad, waar de senatoren en hun families, nu van twee kanten bedreigd, huilden en jammerden. Uiteindelijk kwamen de soldaten met een ultimatum. Ze zouden blijven en helpen Utica tegen Caesar te verdedigen, maar slechts op voorwaarde dat ze eerst alle Uticanen mochten afslachten. Cato weigerde. Daarop reden ze weg, het laatste restje hoop om te overleven, laat staan om de republiek te redden, met zich meenemend. Cato ging hen achterna en toonde nu eens zijn emoties. Huilend greep hij naar de teugels van de paarden, in een vergeefse poging ze tegen te houden. Ondanks al zijn hartstocht wist hij er niet meer uit te slepen dan de toezegging dat ze de stadspoorten aan de landzijde één dag zouden bewaken, terwijl de senatoren aan de andere kant van de stad over zee ontsnapten. Cato stemde daarmee in.

Ze betrokken hun stellingen. De Romeinse kooplieden lieten intussen weten van plan te zijn zich onmiddellijk over te geven. Zij waren Cato niet, zeiden ze, 'hun hoofden waren te klein voor de grote gedachten van Cato'. Kleingeestig als de meeste stervelingen hadden ze besloten de veiligste en vermoedelijk profijtelijkste koers te varen. Ze boden aan om een goed woordje voor Cato te doen bij Caesar. Hij hield hun voor dat ze dat uit hun hoofd moesten laten. 'Het gebed behoorde aan de verslagene en het verlangen naar genade aan hen die fout hadden gedaan.' Caesar was de verslagene: die had zijn eigen land de oorlog verklaard, dat hij schuld had was voor iedereen duidelijk te zien. Hij, Cato, was de ware triomfator. Het was alsof hij al afscheid aan het nemen was van deze wereld – aardse definities van succes en mislukking hadden voor hem geen enkele geldigheid meer. Domweg gelijk hebben stond gelijk aan zegevieren.

In de laatste uren van zijn leven was hij uiterst actief. Toen zijn ene uitbarsting van emotie achter de rug was, aanvaardde hij zijn noodlot, en deed hij alles wat nog gedaan moest worden met de gewetensvolle grondigheid waarmee hij zijn leven lang al zijn plichten jegens de gemeenschap had gedaan. Hij was overal. Hij was in de stad, om er bij de kooplieden op aan te dringen de achterblijvende senatoren niet te verraden. Hij praatte met de bode die door de kooplieden was gekozen om namens hen naar Caesar te gaan. Hij negeerde vol minachting de boodschap van een andere Pompei-aanse commandant die uit Thapsus was ontkomen en die te kennen gaf het leiderschap te willen opeisen. Hij probeerde geduldig om diegenen die het meeste risico liepen getroffen te worden door de wraak van Caesar, over te halen te vertrekken. Hij was bij de stadspoorten aan de zeezijde om de pa-niekerige uittocht in goede banen te leiden. Hij was in de haven om toezicht te houden op de inscheping en zich ervan te verzekeren dat elk schip vol-doende proviand aan boord nam. Het meest typerend was wel dat hij zijn gedetailleerde boekhouding overdroeg aan de Uticanen, en dat hij alle over-schotten teruggaf aan de schatmeester. Terwijl overal om hem heen mensen verlamd werden door hun angst, of als beesten tekeergingen in hun heb-zucht en vrees, bleef hij als enige onverstoorbaar doen wat hij doen moest. De ruiters waren niet meer in de hand te houden en vielen de Uticanen in de kampen aan, plunderend en moordend. Cato, die hun eerst zo hartstoch-telijk had gesmeekt te blijven, moest hen uiteindelijk omkopen om te ver-trekken, om zodoende een eind te maken aan het bloedbad.

Eindelijk, op de avond van de tweede dag nadat het verschrikkelijke nieuws uit Thapsus was gekomen, oordeelde hij dat de evacuatie van de mensen voor wie een langer verblijf in de stad al te riskant zou zijn, nage-noeg uitgevoerd was: zijn werk was bijna klaar. Hij trok zich thuis terug om een bad te nemen. Daarna ging hij eten – niet aanliggend, maar zittend (het toppunt van ongemak voor een Romein), zoals hij sinds zijn vertrek uit Ro-me altijd had gedaan. Na afloop, bij de wijn, mengde hij zich echter in de hoogstaande conversatie. Zoals gewoonlijk maakten minstens twee filoso-fen deel uit van zijn huishouden. Het gesprek kwam op de stoïcijnse defini-tie van vrijheid. Cato 'interrumpeerde vol vuur, en ontvouwde op luide en scherpe toon, uitvoerig en met een verbazingwekkende ernst, zijn betoog'. Zijn metgezellen begrepen het en vielen stil. Het was een grondbeginsel van de stoïcijnse leer dat, zoals Lucanus het zou formuleren, 'de gelukkigste mensen diegenen zijn die er uit vrije wil voor hebben gekozen op de juiste tijd te sterven'.

Na het eten wandelde hij een poosje, gaf hij orders aan de officieren van de wacht, omhelsde hij zijn zoon en trouwe vrienden met bijzondere gene-genheid en trok hij zich terug in zijn slaapkamer. Daar begon hij *Faidon* van Plato te lezen, waarin Socrates zijn metgezellen troost door hun bewijzen te leveren van de onsterfelijkheid van de ziel, alvorens sereen, zelfs blijmoedig, het gif te drinken dat zijn ziel zou verlossen van de gebreken die inherent zijn aan het fysieke bestaan. Nog verzonken in zijn lectuur merkte Cato op dat zijn zwaard niet op de gebruikelijke plaats bij zijn bed hing (zijn zoon had het weggehaald). Hij riep een bediende en vroeg waar het was. De bediende wist het niet. Cato verdiepte zich weer in zijn boek maar even later vroeg hij, zonder enig blijk van ongerustheid of aandrang, opnieuw om het zwaard. Nog werd het niet bij hem gebracht. Hij las het boek uit en riep de bedienden nog een keer. Deze keer werd hij boos en sloeg een van hen in het gezicht, waarbij hij zijn eigen hand verwondde. (Dit incident, waarin de grote man blijk gaf van een onmiskenbaar on-goddelijke opvliegendheid, ja, zelfs van nervositeit, is uit de meeste verslagen weggelaten.)

Hij riep dat zijn vrienden hem hadden verraden, door het zo aan te leggen dat hij zijn vijanden ongewapend in handen zou vallen. Daarop haastten zijn zoon en verscheidene metgezellen zich snikkend zijn kamer in en smeekten hem het vege lijf te redden. Cato sprak hen streng toe; hij vroeg of ze hem voor imbeciel hielden, herinnerde hen eraan dat hij, verstoken van zijn zwaard, maar zijn adem hoefde in te houden of met zijn hoofd tegen de muur te beuken als hij het verkoos om te sterven, en vroeg waarom ze, in deze crisissituatie, van hem verlangden dat hij 'die goede oude meningen en redeneringen verwierp die altijd deel hebben uitgemaakt van ons leven'. Allen die hem aanhoorden huilden en lieten hem, beschaamd, weer alleen. Een kind werd met zijn zwaard naar hem toegestuurd. Hij nam het onverstoorbaar in ontvangst, met de woorden: 'Nu ben ik mijn eigen heer en meester.' Hij legde het naast zich neer, ging weer zitten lezen (er werd later gezegd dat hij *Faidon* in de loop van die avond drie keer had gelezen), waarna hij ging liggen en zo diep sliep dat de mensen in het aangrenzende vertrek hem konden horen snurken.

Rond middernacht werd hij wakker. Hij vroeg de dokter zijn hand te verbinden en stuurde een bediende naar de haven om te kijken hoe het ervoor stond met de evacuatie. Toen de bediende terugkwam met het nieuws dat het stormachtig weer was, had Cato (zonder aan zijn eigen problemen te denken) vreselijk te doen met de mensen die op zee waren. Hij sliep nog weer een poosje, nadat hij de bediende had teruggestuurd naar de haven om zich ervan te vergewissen dat ze niets meer konden doen om de vluchtelingen te helpen. Toen de bediende voor de tweede keer terugkwam, met de mededeling dat alles rustig was, zond Cato hem heen, tevreden dat hij zich naar behoren van zijn aardse taken had gekweten.

Weer alleen gelaten dreef hij zijn zwaard in zijn middenrif en stortte neer, waarbij hij in zijn val het telraam dat ook op zijn kamer stond omstootte. Zijn bedienden en zijn zoon kwamen aanrennen en troffen hem nog levend, maar onder het bloed aan. Zijn ingewanden puilden uit een afgrijselijke wond. Zijn lijfarts hechtte de wond, maar Cato duwde hem weg (of wachtte wellicht tot de arts en de anderen weg waren) en reet zijn buik weer open. Deze keer slaagde hij in zijn opzet. 'Met zijn handen trok hij die heiligste geest uit zijn lijf,' schreef Seneca, 'die te edel was om door staal te worden geschonden.'

Eenmaal verlost van de beperkingen van zijn menselijke bestaan, begon zijn reputatie uit te dijen als een geest die uit een fles is bevrijd. Bij leven was hij een strijdbaar en tegendraads politicus geweest, een dwarsligger, ontegenzeggelijk rechtschapen en buitengewoon moedig, maar ook een beetje een rare snuiter, iemand die zijn eigen zaak soms schade kon berokkenen als de letter van de wet dat vereiste, een verwaande kwast, een lastpak, een pedante figuur, misschien zelfs wel een ouwe zeur. Zijn vijandigheid jegens Caesar is wel vergeleken met de bittere afgunst die een saaie schooljongen, een plichtsgetrouwe ploeteraar en regeltjesfanaat, zou kunnen voelen jegens een charismatische, achteloos succesvolle medeleerling die het gezag tart en dat straffeloos kan doen omdat hij zoveel lef en charme heeft. Dat is niet eerlijk, want een al te grove simplificatie (verscheidene tijdgenoten hebben verklaard dat Cato een aantrekkingskracht bezat die anders, maar bijna gelijkwaardig was aan die van Caesar), maar evengoed zit er ergens toch een kern van waarheid in.

Zelfs naar zijn eigen maatstaven was Cato niet helemaal volmaakt. Hij zou de geschiedenis ingaan als de enige onkreukbare Romein. 'Niemand uit die tijd,' schreef de Griekse historicus Dio Cassius twee eeuwen later, 'nam deel aan het openbare leven op grond van zuivere motieven en vrij van enig verlangen naar persoonlijk profijt, behalve Cato.' Maar verscheidene episodes uit zijn politieke loopbaan suggereren dat zijn rechtschapenheid ook maar betrekkelijk was. Toen hij zich tegen ratificatie keerde van de regelingen die Pompeius in Klein-Azië had getroffen, riep hij niet alleen de groei van Pompeius' buitensporige macht een halt toe, maar bewees hij meteen ook een gunst aan zijn zwager Lucullus, die het bevel in Klein-Azië aan Pompeius had moeten overdragen. Als tribuun had Cato, vlak nadat de opstand van Catilina was neergeslagen, opdracht gegeven om gratis graan uit te delen, een maatregel waarmee hij het volk behaagde, maar toen Caesar eens met een soortgelijke maategel kwam, keurde hij hem woedend af als demoraliserend en corrumperend voor het volk. Toen Caesar in 55 v. Chr. tot consul werd gekozen, zei Cato niets van de omkoperij, die hij anders streng zou hebben veroordeeld, waarmee de constitutionalist Bibulus als zijn collega werd gekozen. Hij liet zich door Cicero overhalen om te zweren dat hij een bepaalde wet van Caesar zou steunen, op grond van de overweging dat hij anders wel eens verbannen zou kunnen worden, en 'ook al had Cato Rome niet nodig, Rome had Cato nog wel nodig'. Hij weigerde de wetgeving van Clodius als tribuun ongeldig te verklaren, al was daar goede reden voor, omdat zijn eigen werk in Cyprus dan ook tenietgedaan zou worden. Clodius had destijds gepocht dat hij, door Cato die opdracht te geven, 'zijn tong had uitgerukt', en dat was waar: Cato was op gênante wijze gecompromitteerd. Maar toen hij eenmaal dood was, werden al dergelijke vergissingen vergeten. De weerspannige herrieschopper werd opgeblazen tot een figuur van marmeren grandeur en sereniteit. De hardnekkige tegenstrever van de groten van Rome werd zelf grootheid verleend.

Het proces van zijn verheffing begon meteen na zijn dood. Het nieuws van zijn zelfmoord verspreidde zich snel door de stad. De inwoners van Utica, die hij twee keer van een bloedbad had gered, verzamelden zich voor zijn huis, samen met de achtergebleven Romeinen. Caesar was in aantocht en kon er elk moment zijn, maar ze lieten zich niet bang maken en gaven zijn tegenstander een eervolle begrafenis. Het lijk van Cato, schitterend gekleed (zoals hij bij zijn leven nooit gekleed was gegaan), werd aan het hoofd van een plechtige stoet naar de kust gedragen, waar het begraven werd. Toen Caesar aankwam om de capitulatie van de Uticanen te aanvaarden riep hij uit: 'O Cato, ik misgun je je dood; want jij misgunde mij het sparen van je leven.' Misschien bedoelde hij dat hij er trots op zou zijn geweest om zo'n toonbeeld van rechtschapenheid rechtvaardig te behandelen – maar waarschijnlijker is het dat hij hetzelfde dacht als Cato: dat diens overgave een abjecte nederlaag zou zijn geweest, en dat zijn genade de wreedste en bevredigendste van alle overwinningen zou zijn geweest. Maar Cato was hem ontglipt. Zoals Seneca triomfantelijk verklaarde: 'De hele wereld is onder de heerschappij van een man gevallen, maar Cato heeft een manier om eraan te ontkomen: met één enkele hand opent hij een brede weg naar de vrijheid.'

Dood zou hij net zo'n lastpost voor Caesar blijken te zijn als hij bij leven en welzijn geweest was. Een beschilderd bord waarop Cato was afgebeeld terwijl hij zich uiteenreet 'als een wild dier' werd meegedragen in de triomftocht waarmee de terugkeer van Caesar naar Rome werd gevierd. Het gruwelijke beeld had het tegenovergestelde effect van wat beoogd was: in plaats van zich te verheugen in de dood van de meest onverzettelijke tegenstander van Caesar, kreunden en pruttelden de toeschouwers toen het werd langs gedragen. Brutus schreef en publiceerde een lofrede op Cato. Hetzelfde deed Cicero, waarmee hij een mate van politieke moed aan de dag legde die voor hem ongebruikelijk was. Caesar gaf zijn loyale historicus Hirtius opdracht hen van repliek te dienen met een later verloren gegane tekst waarin de deugden van Cato werden gebagatelliseerd en zijn tekortkomingen opgesomd. Deze letterkundige controverse over de reputatie van een dode maskeerde een gevaarlijker debat over de aanspraak die zijn nog levende vijand op de macht maakte: Caesar beschouwde het duidelijk als absoluut noodzakelijk voor zijn eigen veiligheid dat Cato in diskrediet werd gebracht. Niet tevreden over de poging van Hirtius schreef hij zijn eigen *An-*

ti-Cato, een pamflet dat zo buitensporig venijnig was dat het zijn doel voorbijschoot. De beschuldigingen die hij erin uitte waren dusdanig overdreven dat de enige die er schade van ondervond Caesar zelf was. Hij beschuldigde Cato van geldzucht en oneerlijkheid, van seksuele verdorvenheid en van luiheid. Hij schreef dat Cato de as van de brandstapel van zijn geliefde broer had gezeefd op zoek naar goud, dat hij dronken naar rechtszittingen kwam, en dat hij een incestueuze relatie had met zijn zuster Servilia (een beschuldiging met een fraai boemerangeffect – Servilia was feitelijk de maîtresse van Caesar). Hij werd niet geloofd. Volgens Cicero had het pamflet de postume reputatie van Cato er alleen maar sterker op gemaakt – vermoedelijk omdat het zo fraai liet zien hoeveel haat en angst Cato in zijn grote opponent had gewekt.

De invloed van Cato hield aan, en werd dodelijk. Plutarchus vertelt dat toen Cato als jongen werd meegenomen naar het huis van de dictator Sulla, hij aan zijn privé-leraar vroeg: 'Waarom hebt u mij geen zwaard gegeven, opdat ik die man zou kunnen doden en mijn land bevrijden van de slavernij?' Of Cato als kind nou wel of niet zoiets gezegd heeft, feit is dat de volwassen Cato het gebruik van geweld als politiek instrument nooit heeft voorgestaan dan wel goedgekeurd. Maar hoewel hij bij zijn leven het toepassen van de wet standvastig had verdedigd tegen achteloos gebruik van geweld, werd hij na zijn dood de 'geestelijke leider' van een politieke beweging met als doel een daad van dodelijk geweld. Cato had de aanzet gegeven tot de oppositie tegen Caesar, een oppositie die culmineerde in een moordaanslag op Caesar op de Ides van maart, gepleegd door Brutus, neef en schoonzoon van Cato die, volgens Plutarchus, Cato meer bewonderde 'dan enige andere Romein'.

Caesar werd gedood, maar de caesareaanse dynastie overleefde en floreerde, en Cato, die naam had gemaakt als Caesars grootste tegenstrever, groeide mee, en nam in het collectieve geheugen van de Romeinen steeds indrukwekkender vormen aan. Cicero, die hem toen hij nog leefde maar een lastige collega had gevonden, bewees hem na zijn dood eer in respectvolle termen als een 'godgelijkend en uniek man' die 'altijd trouw was gebleven aan zijn doel en vastberadenheid'. In de ogen van Horatius (die negentien was toen Cato stierf) was hij een toonbeeld van rechtvaardigheid, ja, zelfs van mannelijkheid.

Zijn postume verheffing had een filosofische basis. Hij stond persoonlijk model voor het ideaal van de stoïcijnse deugdzaamheid, een ideaal dat steeds meer aan invloed won. In de vijfde eeuw v. Chr. had Socrates geleerd dat niets een goed mens kan deren. Voor iemand die op eeuwige waarheden is gericht, is geen materieel verlies, zelfs het verlies van het leven niet, van enig belang. In *Faidon* van Plato, het boek dat Cato op de laatste avond van zijn leven tot drie keer toe las, legt Socrates uit dat een wijs man geen lichamelijk letsel hoeft te vrezen, aangezien het immers geacht wordt zijn ultieme doel te zijn zich te bevrijden van zijn lichaam, dat 'ons vervult met liefdes, verlangens en allerlei fantasieën en een hoop nonsens, met als gevolg dat we letterlijk nooit de kans krijgen ook maar ergens over na te denken'. De dood, die hem zal bevrijden zodat hij een duidelijker begrip zal hebben van de ideeën waar de dingen op deze wereld slechts vage afspiegelingen van zijn, is in feite iets om naar uit te zien. Toen Cato zijn vrienden een uitbrander gaf omdat ze zijn zwaard hadden verstopt en op die manier hadden geprobeerd hem 'de goede oude meningen en redeneringen' te doen verwerpen 'die altijd deel hebben uitgemaakt van ons leven', waren het dat soort redeneringen waar hij op doelde.

De wijze kende geen angst. Sterker nog, de wijste mannen kenden sowieso weinig emoties. Plato, die de leer van Socrates en het voorbeeld van Sparta in zijn *Politeia* tot één geheel smeedde, maakte het ideaal van de onbewogen held tot gemeengoed. De homerische helden raasden en weenden, betreurden elkanders dood en maakten in alle openheid gewag van de angst die het vooruitzicht van hun eigen dood hun inboezemde. In de ogen van Plato, bewonderaar van Spartaanse discipline en zelfrepressie, waren zij verachtelijk. Zijn besluit om dichters uit zijn ideale republiek te bannen werd deels ingegeven door zijn afkeer van Homerus' uitvoerige beschrijving van het geweeklaag van Achilles om Patroklos. Geen held (zelfs Plato kon Achilles die status niet ontzeggen) hoorde zich in het openbaar te uiten met zo weinig terughoudendheid, met zo'n gebrek aan die zelfbeheersing die voor Plato de sine qua non was, niet alleen voor waardigheid, maar ook voor deugdzaamheid.

De stoïcijnen, wier filosofie voor het eerst onder die naam werd ontvouwen in het Athene van de tweede eeuw v. Chr., baseerden zich op Socrates en Plato, op de orfische mysteriën en de Pythagoreeërs. Zij ontwikkelden hun eigen kijk op de wijze. De wijze hoopt nergens op en is derhalve verlost van elke angst voor teleurstelling. Verlangen, ambitie, zelfs menselijke liefde dienen te worden gemeden. Nergens om vragen staat gelijk aan jezelf onkwetsbaar maken. Dat was de toestand die Cato geacht werd te hebben bereikt. Toen Seneca, een eeuw na de dood van Cato, wilde reageren op de tegenwerping dat de stoïcijnse 'wijze' een hersenschim was, hoefde hij alleen maar naar Cato te wijzen. 'Ik heb bijna het idee dat hij ons ideaal overtreft.'

Bij zijn leven maakte Cato veel studie van de wijsbegeerte. Cicero meldt dat hij 'een geweldige leeshonger' had. Hij stond altijd vroeg op, en nam dan een boek mee naar de senaat, waar hij ging zitten studeren tot zijn collega-senatoren er allemaal waren. In laat-Romeinse en middeleeuwse teksten wordt hij 'Cato de wijsgeer' genoemd, waarmee niet wordt bedoeld dat hij filosofische werken zou hebben nagelaten (wat ook niet zo is), maar dat hij graag nadacht over de diepzinnige en moeilijke vragen waar de filosofie zich mee bezighoudt. Toen hij in zijn ambtstermijn als militair tribuun verlof kreeg, ging hij scheep naar Pergamon, speciaal om de gevierde filosoof Athenodorus te ontmoeten en de oude man uit te nodigen voortaan bij hem te komen wonen. Terug in Rome zocht hij contact met allerlei filosofen, van wie hij verscheidene onder zijn hoede nam. Zelfs in Utica, in de laatste twee verschrikkelijke dagen van zijn leven, vond hij de tijd om zich te onderhouden met de twee wijzen, één stoïcijn en één peripateticus, die aan zijn huishouden verbonden waren.

En wat hij leerde bracht hij in praktijk. Hij liep op blote voeten en karig gekleed, ongeacht het weer, niet alleen om zijn lichaam te harden maar ook om zijn geest te trainen, 'door zich aan te wennen zich alleen te schamen voor wat werkelijk beschamend is'. Wat in de ogen van de meeste van zijn tijdgenoten een gebrek aan waardigheid en decorum was, was een zelfopgelegde boetedoening, een spirituele exercitie. Hij was, schreef Cicero, 'door de natuur begiftigd met een onwaarschijnlijke soberheid'.

Hij bedwong zijn emoties net zo onverbiddelijk als hij zijn lichaam kastijdde. Voor de stoïcijnen gold dat als een man waarlijk bewonderenswaardig, waarlijk heldhaftig wilde zijn, hij de indruk moest wekken van een volkomen gevoelloosheid. Seneca, de grote Romeinse exponent van het stoïcisme, was vol bewondering voor Socrates omdat noch de gevangenis noch de gifbeker 'van enige invloed was op zelfs maar de uitdrukking van zijn gelaat'. Zo ook werd Cato nooit lachend gezien (hoewel Plutarchus, misschien wel met enig oog voor de humoristische kant van de humorloosheid van zijn onderwerp, meldt dat 'hij zijn gelaatstrekken eens in de zoveel tijd tot een glimlach ontspande'). Zijn wonderbaarlijke onverstoorbaarheid werd spreekwoordelijk. Toen hij in 62 v. Chr. de enige senator was die zich durfde uit te spreken tegen het terugroepen van Pompeius naar Rome, hielden zijn huisgenoten de nacht voor de cruciale stemming de wacht alsof hij de volgende dag geëxecuteerd zou worden, terwijl Cato zelf er goed van at en hij die nacht uitstekend sliep. Toen hij in 52 v. Chr. werd verslagen bij de consulverkiezingen gaf hij geen enkel blijk van teleurstelling of vernedering. Het was de gewoonte dat kandidaten die niet gekozen waren zich althans tijdelijk uit de openbaarheid terugtrokken, maar Cato speelde de rest van de dag met een bal op het Veld van Mars en wandelde met zijn vrienden over het Forum, blootsvoets en bizar gekleed als altijd. Seneca schreef verontwaardigd over de mensen die het gewaagd hadden hem te mishandelen: 'Hij moest de smerige taal en het spuug en alle andere beledigingen van een opgewonden menigte ondergaan,' maar merkte op dat Cato zelf zich niet bewust was van dergelijke onbeduidende vernederingen. 'Hij is een groot en edel man die doet als het hooghartige wilde dier dat onverschillig het gekef aanhoort van kleine hondjes.' Horatius beschreef hem als zo overtuigd van zijn rechtschapenheid en zo vasthoudend aan zijn doel dat 'als de hemel zelf zou barsten en ter aarde storten, de brokstukken hem zouden doden zonder hem bang te maken'.

De emotionele frigiditeit die zijn stoïcijnse bewonderaars zo geweldig vonden, strekte zich zelfs uit tot zijn meest intieme relaties. Zijn eerste vrouw schonk hem twee kinderen, voor hij van haar scheidde op grond van overspel. Marcia, zijn tweede vrouw, was de aanleiding tot zijn meest controversiële daad van zelfverloochening. Hun huwelijk lijkt bevredigend te zijn geweest. Maar toen Marcia zwanger was van hun derde kind gaf een briljante advocaat genaamd Hortensius, Cicero's enige rivaal in de gerechtshoven en als voorstander van een gezaghebbende senaat een waardevolle politieke bondgenoot van Cato, te kennen dat hij graag nauwer met Cato verwant zou zijn. Het was vooral een wens van hem dat zijn kinderen bloedverwanten van Cato zouden zijn. Hij vroeg Cato hem zijn dochter Portia te geven 'als edele grond voor de productie van kinderen'. Cato had zijn bedenkingen: Portia was al getrouwd. Hortensius hield vol. Hij beloofde Portia aan haar oorspronkelijke echtgenoot terug te geven zodra ze hem een kind had geschonken. Nog weigerde Cato. Toen vroeg Hortensius om Marcia, 'daar zij nog jong genoeg was om kinderen te baren en Cato voldoende erfgenamen had'. Cato overlegde met zijn schoonvader (maar voor zover bekend niet met Marcia) en stemde vervolgens toe. Hij ging zelf naar de bruiloft en was degene die de bruid weggaf.

Het merendeel van de latere commentatoren vond dit een schokkend verhaal. Na de dood van Hortensius hertrouwde Cato met Marcia, die als extreem rijke weduwe was achtergebleven – waarmee hij voor Julius Caesar de weg vrijmaakte om hem als fortuinzoeker af te schilderen: 'De vrouw diende als lokaas voor Hortensius, en werd door Cato aan hem geleend toen ze nog jong was, opdat hij haar zou kunnen terugnemen als ze rijk was.' Voor de meeste van zijn tijdgenoten was het echter duidelijk dat Cato beschuldigen van geldzucht net zo absurd was als Hercules beschuldigen van lafheid. Andere beschuldigingen zijn minder makkelijk te weerleggen. Tertullianus, die in de derde eeuw schreef, vond het een 'verachtelijke' transactie, even afstotelijk in emotionele als laakbaar in morele zin. Seneca schreef goedkeurend dat Cato ooit had gezegd er spijt van te hebben dat hij zo zwak was geweest zijn vrouw te kussen. Voor latere generaties was het zijn spijt, niet die kus, die laakbaar was. Robert Graves (die Lucanus vertaalde) merkte treffend op dat zowel Cato als Hortensius Marcia behandelde alsof ze niet meer achting verdiende dan een fokmerrie. Maar het mag dan een akelig verhaal zijn, zowel voor kerkvaders als voor postromantische, postfeministische lezers, het is wel geheel in lijn met Cato's ethische code.

In de *Politeia* stelt Plato dat er onder de elite geen sprake zou moeten zijn van exclusieve huwelijken. In plaats daarvan zouden 'alle vrouwen moeten worden verdeeld onder alle mannen', en zou geslachtsverkeer zorgvuldig moeten worden gecontroleerd (zoals dat in Sparta het geval was), om er zeker van te kunnen zijn dat alleen de gezondste ingezetenen zich voortplanten. Zelfs de Socrates van Plato is zich ervan bewust dat een dergelijk voorstel wel de nodige beroering zal wekken, maar het stemde wel overeen met de platonische afwijzing van de wereldse, lichamelijke liefde van het ene individu voor het andere, ten gunste van de transcendentale vervoering die Socrates in *Symposium* beschrijft. De stoïcijnse filosofen hebben dit punt verder uitgewerkt. Voor de stoïcijnen waren alle menselijke verhoudingen, evenals het bezit van wereldse goederen, tijdelijk en voorlopig, en moest een en ander vooral niet gepaard gaan met al te intense emoties. Voor een geliefd persoon of object moest 'evenveel zorg worden gedragen als voor iets dat niet van jou is, zoals reizigers hun herberg behandelen'. Liefde is een zwakheid, en seksuele trouw verwachten is een vorm van inhaligheid. Door Marcia zo rustig op te geven gedroeg Cato zich, volgens zijn voorstanders, met een bewonderenswaardige afstandelijkheid, een mening die gedeeld werd door een aantal latere geschiedschrijvers. De Alexandrijnse historicus Appianus, die in de tweede eeuw n. Chr. leefde, prees Cato om de 'verheven filosofie' waar hij blijk van gaf toen hij zijn vrouw afstond, hoewel ze hem buitengewoon dierbaar was. Zelfs de vroeg twintigste-eeuwse historicus sir Charles Oman, die het verhaal illustratief vond voor 'de Romeinse moraal in zijn voor ons minst gunstige verschijningsvorm', gaf toe dat het ook 'stellig het meest uitzonderlijke voorbeeld van altruïsme uit de geschiedenis' was.

Een man die zich door geen enkele emotie laat leiden is even onveranderlijk als een god. Socrates noemt consistentheid het voornaamste attribuut van de godheid. Plato had nogal wat op dichters aan te merken, en een van zijn klachten luidde dat dichters de goden voorstelden als nu eens treurend, dan weer juichend, terwijl hij ervan overtuigd was dat 'of hij nu handelt of spreekt, God volstrekt eenvormig en waarachtig is'. Evenzo was het voor de stoïcijnen een kenmerk van de godgelijkende wijze dat zijn gedrag nooit aan enige verandering onderhevig was, daar zijn daden immers bepaald werden door absolute morele beginselen. Cato, die nooit naar gunsten hengelde noch ooit enige angst toonde, wekte het ontzag van zijn tijdgenoten door te weten wat hij wilde en daar nooit vanaf te stappen. In zijn jonge jaren leerde hij langzaam, en nam hij algemeen aanvaarde ideeën ook pas over als hij ze grondig had bestudeerd en hij zich van hun waarheid had overtuigd, 'maar wat hij eenmaal had doorgrond hield hij vast'. Als volwassene hield hij al even koppig vast aan zijn opvattingen van wat juist was. Bij een etentje dobbelde hij een keer om de eerste keus bij het opscheppen. Toen hij verloren had drong zijn gastheer er bij Cato op aan om toch als eerste toe te tasten, maar dat weigerde hij. Zelfs een dergelijk triviaal en frivool bedrog wekte zijn weerzin. Voor Cato was alles even serieus. Hij werd niet snel kwaad maar 'eenmaal kwaad gemaakt was hij onvermurwbaar'. 'Niemand,' schreef Seneca, 'heeft Cato ooit zien veranderen.'

Cato, toonbeeld van stoïcijnse deugdzaamheid, werd na zijn dood een sterk en prettig plooibaar politiek boegbeeld. Hij werd de postume beschermheer van talrijke zaken die hij bij zijn leven misschien wel zeer dubieus zou hebben gevonden. Dat proces zette al vroeg in. Keizer Augustus, de erfgenaam van Caesar, deed een serieuze poging de faam van diens grote opponent althans voor een deel naar zich toe te trekken. Hij schreef een biografie van Cato, die hij voorlas aan vrienden, waarin hij suggereerde dat zijn eigen rivaal Marcus Antonius net zo gevaarlijk ambitieus was als Caesar was geweest, terwijl hij, net als Cato voor hem, stond voor legitimiteit en goed bestuur. Volgens Macrobius bracht Augustus ooit een bezoek aan het huis van Cato, en toen een van de mensen die hem vergezelden een geringschattende opmerking maakte over de dode republikeinse held, wees Augustus hem terecht met de woorden: 'Al wie de staat wenst te handhaven in de vorm die hij op dat moment heeft, is een goede burger en een goed mens.' Zo werd de deugdzaamheid van Cato geannexeerd ten dienste van de caesareaanse revolutie die hij tot in de dood had bestreden.

Toepasselijker was dat de tegenstrever van Caesar het lichtend voorbeeld werd voor diegenen (van wie velen stoïcijnen waren) die de tirannieke opvolgers van Caesar bestreden. Plinius meldt dat vooraanstaande Romeinen die kritiek hadden op de keizers dat lieten blijken door een buste van Cato in hun huis te zetten. In de dood groeide Cato niet alleen, hij veranderde ook – er trad een verschuiving op in de geweldige betekenis die hij had, tot deze bijna het exacte tegendeel werd van wat hij eerst was geweest. Bij zijn leven, een periode van zo'n extreme politieke chaos dat er een algehele hunkering ontstond naar stabiliteit, was hij vereerd als iemand die stond voor legitimiteit, traditie en een gewetensvolle instandhouding van gevestigde instituties tegen het buitensporige individualisme van zijn ambitieuze tijdgenoten. Na zijn dood, onder keizers wier gezag maar al te wreed gehandhaafd werd, werd hij geïdealiseerd als de grote voorvechter van een abstractie die hij – formalist en conservatief als hij was – hartgrondig zou hebben afgekeurd, namelijk vrijheid.

In de eerste eeuw van onze jaartelling keerde keizer Nero zich in al zijn bruutheid tegen zijn opponenten. Een van zijn meest uitgesproken critici was Thrasea Paetus. Thrasea schreef een biografie van Cato, die de vervolgden lazen om moed te putten uit diens voorbeeld, zoals Cato zich voor zijn dood gesterkt had door over het voorbeeld van Socrates te lezen. Het verhaal van Thrasea vertoont gelijkenis met dat van Cato. Ook hij was een betrekkelijk jonge senator die de invloedrijkste voorvechter werd van het gezag van de senaat. Zijn 'sombere en onverbiddelijke' manier van doen hield een stilzwijgende afkeuring in van de genotzucht van Nero, zoals Cato met zijn sobere voorbeeld ooit zijn frivole medearistocraten te schande had gemaakt. De tipgever die zijn dood over hem afriep vertelde aan de keizer: 'Zoals dit partijstrijdminnende land ooit sprak over Caesar versus Cato, zo spreekt het nu, Nero, over u versus Thrasea.' Op de avond van zijn dood was Thrasea in zijn tuin, net als Cato discussiërend over een filosofische kwestie. Toen een quaestor arriveerde met zijn doodvonnis stuurde hij zijn vrienden kalm heen, waarna hij de quaestor uitnodigde om toe te kijken terwijl hij zijn polsen doorsneed. 'Kijk, jongeman!' zei hij. 'Want jij bent geboren in een tijd dat voorbeelden van zelfbeheersing je de nodige steun kunnen geven.' Zo'n voorbeeld was Cato ook: Haterius, een ander slachtoffer van Nero, omschreef hem als 'een voorbeeld voor leven en sterven'.

Ook de twee auteurs die het meeste hebben gedaan om Cato van onsterfelijkheid te verzekeren, verloren hun leven onder Nero. Seneca, die Cato aanbad, was de leraar en belangrijkste minister van Nero tot hij, ontzet over het despotisme van de keizer, een complot smeedde om hem te doden. Een van zijn medesamenzweerders was zijn neef, de dichter Lucanus, in wiens epische verslag van de burgeroorlog, *Pharsalia*, Cato wordt geroemd als een man van sombere grandeur en sublieme goedheid. Toen hun plan werd ontdekt, werd zowel Seneca als Lucanus gedwongen zelfmoord te plegen. Hun werken leefden voort – vooral de essays van Seneca behoorden tot de Latijnse teksten die in het Europa van de Middeleeuwen en de Renaissance het meest gelezen werden, en het beeld van Cato leefde voort in hun werken: streng, onbaatzuchtig, onkreukbaar, bovenmenselijk. Voor Seneca was Cato de personificatie van republikeinse deugd en de belichaming van het utopische ideaal dat de republiek werd in de verbeelding van hen die de republiek niet meer hadden meegemaakt. 'De twee van wie de hemel wilde dat ze nooit gescheiden zouden worden, werden samen uitgeroeid,' schreef Seneca. 'Want Cato overleefde de vrijheid niet, noch de vrijheid Cato.' Voor Lucanus was Cato een nóg verhevener figuur. 'Op een dag,' schreef hij, 'wanneer we eindelijk bevrijd zullen zijn van de slavernij, als dat ooit mocht gebeuren, zal Cato vergoddelijkt worden, en zal Rome een god hebben bij wiens naam het met opgeheven hoofd zal kunnen zweren.'

De Cato die Lucanus beschrijft in *Pharsalia* is een man van smarten, maar wel een die zich door geen verdriet of leed van de wijs laat brengen. Het meest levendige en bizarre deel van het verhaal is de beschrijving van de tocht van Cato en zijn troepen door de Noord-Afrikaanse woestijn, op weg om zich bij het leger van Scipio en koning Juba te voegen. Zoals Plutarchus het vertelt was het niet zo'n verschrikkelijk zware reis: Cato, consciëntieus als hij was in alles wat hij regelde, was zo verstandig geweest kuddes vee mee te nemen, alsmede een groot aantal ezels om water te dragen. Volgens Strabo, die slechts dertig jaar na die tijd schreef en die Noord-Afrika kende, had de mars vier weken geduurd. Lucanus rekt hun beproeving echter tot maanden waarin de zon onophoudelijk brandt, er niets te eten is dan zand, en de woestijn krioelt van de dodelijke slangen, buitenissig van vorm en met een gif dat de mens een macabere en verschrikkelijke dood doet sterven. Eén soldaat zwelt op tot er geen mens meer in te herkennen valt. Een ander lost op, tot er slechts een poeltje stinkend slijm van hem over is. Ondanks al die verschrikkingen is er bij de Cato van Lucanus – grimmig, ruimhartig, rotsvastbesloten – geen spoor van angst te zien. Elke nacht houdt hij de wacht, gezeten op de kale grond. Hij doorstaat zandstormen, hitte en dorst zonder dat er een klacht over zijn lippen komt. Hij is een inspirerend toonbeeld van moed en zelfbeheersing: 'In het bijzijn van Cato durfde geen soldaat een kreun te laten horen.' Als zijn leger eindelijk bij een waterbron komt en een soldaat hem een helm vol water aanreikt, is hij woedend omdat die soldaat kennelijk veronderstelt dat hij wel eens zo zwak zou kunnen zijn om dat aan te nemen. 'Hoe durf je mij te beledigen,' brult hij. De enige keer dat hij als eerste drinkt is bij een bron die vergeven is van de slangen. Elke keer dat een soldaat aan een slangenbeet bezwijkt, is Cato bij hem als hij sterft, om 'het slachtoffer een geschenk te geven dat waardevoller is dan het leven: de moed om waardig te sterven'.

Achilles was bereid zijn leven te geven voor dergelijke lofprijzingen door het nageslacht. Het najagen van eer werd door de meeste denkers van de heidense Oudheid als gepast en prijzenswaardig beschouwd, en die eer was onlosmakelijk verbonden met roem. 'Het past geen mens,' schreef Sallustius, tijdgenoot van Cato, 'om stilletjes door het leven te gaan, als de beesten die de Natuur kruipend heeft gemaakt, slaaf van hun buik.' Alleen ambitie, een hang naar roem die Sallustius omschreef als 'een tekortkoming die veel gemeen heeft met een deugd', kon een man ertoe aanzetten zijn gedegenereerde, dierlijke natuur te overstijgen en een leven te leiden dat iets meer inhield dan een eindeloze cyclus van consumptie en excretie, van futiele vermoeienissen en slaap. Voor een Romein, net als voor een Griek, bood roem de meeste garantie op onsterfelijkheid. Bij Plato houdt Socrates een pleitrede voor het bestaan van een onsterfelijke ziel en Cato troostte zich met die theorie, maar voor de meeste Romeinen, net als voor de meeste Atheners, was het hiernamaals vaag en onzeker. Alleen een grote naam kon ervan op aan dat hij voort zou leven. 'Wij hebben slechts een korte tijd van leven,' schreef Sallustius. 'Het is passend dat wij de herinnering aan ons bestaan zo lang mogelijk proberen te laten duren.' Wat tekenend was voor de excentriciteit van Cato, en iets waar zijn tijdgenoten geregeld opmerkingen over maakten, was dat hij zich niets leek aan te trekken van zijn reputatie, dat hij daadwerkelijk allerlei eerbetoon, in woord, daad of marmer, afwees dat hem verzekerd zou hebben van een leven na de dood in het bewustzijn van het nageslacht.

Als jongeman weigerde hij iedere openbare erkenning van zijn heldendaden in de campagne tegen Spartacus. Na zijn terugkeer uit Cyprus, in 57 v. Chr., bedankte hij voor het recht om in het theater een met purper afgezet gewaad te dragen. Zijn hele loopbaan lang meed hij ieder statusvertoon, een zelfverloochening waar hij, bij zijn leven, even vaak om werd bespot als bewonderd. Hij weigerde herhaaldelijk cadeaus te aanvaarden – kostbare geschenken die ten dele als smeermiddel waren bedoeld, maar ook als erkenning van de status van de ontvanger. Als hij de verantwoordelijkheid aanvaardde voor de organisatie van een of ander theatraal spektakel, gaf hij de acteurs geen gouden kronen, zoals de gewoonte was, maar kransen van wilde olijf, en onthaalde hij hen op vijgen en sla en bundels brandhout, in plaats van op de gebruikelijke opzichtige cadeaus. ('We vertrouwen er maar op,' merkte de historicus sir Charles Oman droogjes op, 'dat hij besefte waar het allemaal om ging als hij hun loon uitbetaalde.') Zijn reputatie was ontzagwekkend, maar die groeide vanzelf – Cato deed er niets aan om haar te cultiveren. 'Waar Cato het minst bij stilstond, behoorde hem het meeste toe, namelijk achting, sympathie, iets wat eer te boven ging,' schreef Plutarchus.

Die onverschilligheid van hem was in de ogen van alle geschiedschrijvers uit de Oudheid opmerkelijk. In een overzicht van zijn loopbaan verklaarde Dio Cassius vol verwondering dat Cato, wat hij deed, 'niet deed met een half oog op macht of glorie of wat voor eerbewijs dan ook, maar louter en alleen voor een leven in onafhankelijkheid, vrij van de dictaten van tirannen'. Hij was ook vrij van de behoefte het publiek of het nageslacht te behagen. De glorie van Achilles bestond alleen in de hoofden van de 'mensen die na hem leefden'. De grootheid van Julius Caesar werd bepaald door zijn populariteit. Maar Cato, die onverschillig stond tegenover de opinie van anderen, die zich slechts liet leiden door zijn behoefte aan zelfrespect, had niemands goedkeuring nodig. 'Hij wás liever deugdzaam dan dat hij het leek,' schreef Sallustius. 'Hoe minder hij dan ook naar roem streefde, des te meer werd hij erdoor achtervolgd.'

Soberheid schijnt hem aangeboren te zijn geweest, en zijn afkeer van pretentieus vertoon was iets dat hij deelde met andere leden van de oude, voorname republikeinse families, die slechts minachting hadden voor de vulgaire nieuwe rijken die terugkwamen uit de koloniën om in Rome met hun rijkdom te pronken. Maar zijn opzettelijk eenvoudige kledij en zijn overdreven vertoon van bescheidenheid waren niet alleen een uiting van zijn persoonlijkheid en zijn door zijn klasse bepaalde voorkeuren, het was ook een politiek statement, een soort theater van de armoede, een daad van nederigheid met een ondertoon van trots. Door het pronken met rijkdom, zoals anderen deden, hooghartig af te wijzen, maakte hij (net als zijn overgrootvader) aanspraak op iets wat nog veel voortreffelijker was, de verheven deugden van de vaders van de republiek. Zijn soberheid had iets nadrukkelijks – 'Cato deed dit alles uit minachting voor de gebruikelijke praktijk,' schreef Plutarchus. We hebben het hier over een periode waarin heel Gallië bloedde voor een bouwprogramma waarmee Caesar dat van Pompeius naar de kroon hoopte te steken, en waarin elke gladiator op de spelen van Caesar een pantser droeg van puur zilver.

Op de korte termijn had de onverschilligheid van Cato jegens roem, en zijn afkeer van pracht en praal, een specifieke, politieke betekenis. Op de langere termijn, na zijn dood, kreeg een en ander een spirituele betekenis, waardoor Cato moeiteloos kon aansluiten bij de nieuwerwetse, christelijke waardering voor zelfverloochening en onwereldsheid. In de ogen van Velleius Paterculus leek Cato 'op de Deugd zelf, en gaf hij in al zijn daden blijk van een karakter dat dichter bij de goden dan bij de mensen stond'. De goden op wie Cato lijkt zijn niet langer de aanmatigende, amorele godheden van de homerische kosmos, maar wezens van een zuivere rechtschapenheid, wezens die doen denken aan de joodse profeet die slechts enkele jaren voor Velleius Paterculus zijn geschiedenis schreef, door Pontius Pilatus tot de kruisdood was veroordeeld, zij het niet dan nadat deze zijn handen in onschuld had gewassen.

In verscheidene sleutelscènes van het drama van zijn leven speelt Cato een rol die achteraf rijk aan christelijke associaties werd bevonden. Zijn tegenstanders zijn veroveraars en plutocraten, hun grootheid in de ogen van de wereld is gebaseerd op daden van agressie en zelfverrijking. Zij koesteren hun eer, die ze meten in termen van publieke erkenning. Zij zijn er trots op en verdedigen hun eer te vuur en te zwaard – het was om zijn *dignitas* te beschermen, schreef Caesar, dat hij de Rubicon overstak en Rome in een oorlog stortte. Ze pronken met hun rijkdom alsof het vergaren van goud een deugd is. Cato is – of althans dat lijkt hij – hun tegenpool.

Cato was een rijk man en lid van de heersende Romeinse klasse, maar hij deed zich arm voor en gedroeg zich als een buitenstaander. Hij is de kleine man, kwetsbaar maar niet bang, die zich durft te verzetten tegen de groten der aarde. Gehuld in kleren die nederig zijn bij het onbetamelijke af, gaat hij zonder geleide van belang naar het Forum. Ongewapend en ongepantserd biedt hij het hoofd aan bendes met zwaarden zwaaiende gladiatoren.

Hij wordt bespot en mishandeld. Hij wordt bespuugd en naar de gevangenis gesleept. Hij ondergaat zijn vervolging lijdzaam. Zijn weg is de weg van de geweldloze weerstand: hij wordt gekoeioneerd en bedreigd maar hij houdt stand, hij vecht niet terug maar spreekt zich uit, hij beschaamt zijn belagers met zijn vasthoudendheid en zijn moedigheid, en stelt zich tegen hun macht teweer met zijn rechtschapenheid. Hij is David tegenover de Goliath van Caesar, en net als David wordt hij zonder veel moeite als voorloper van Christus beschouwd. Wat Cato ook van het christendom zou hebben gevonden, er waren veel redenen waarom christenen zijn geschiedenis voor verwant hielden, en waarom ze het erover eens waren dat hij tot de beste der heidenen behoorde. Zijn minachting voor roem won hun instemming. Zoals Augustinus opmerkte brandden de meeste Romeinen van verlangen naar een glorie die werd gedefinieerd door het 'gunstige oordeel van mensen'. Hoeveel beter was het niet, hoeveel christelijker, om, net als Cato klaarblijkelijk deed, naar deugdzaamheid te streven om de deugdzaamheid zelf! Zelfs de gelijkmoedigheid waarmee hij zijn vrouw afstond kon met de christelijke leer in overeenstemming worden gebracht. Had Jezus niet geleerd dat de liefde voor je eigen familie moest wijken voor de liefde tot God?

En als klap op de vuurpijl ging hij ook nog dood. Augustinus vergeleek hem met Regulus, een andere bewonderenswaardige heiden. Regulus was een Romeinse generaal uit de derde eeuw v. Chr. Hij werd gevangengenomen door de Carthagers en vervolgens voorwaardelijk vrijgelaten en naar Rome gestuurd om namens zijn overweldigers over vredesvoorwaarden te onderhandelen. Loyaal als hij was aan Rome, adviseerde Regulus de senaat om de Carthaagse voorwaarden af te wijzen. Hoewel hij wist dat hij dan zeker zou worden doodgemarteld, wilde hij per se woord houden en keerde hij vervolgens terug naar Carthago. Zo ook had Cato geweigerd zichzelf te redden van de dood die hem wachtte. En zo ook was Jezus op Palmzondag Jeruzalem ingereden, regelrecht in de handen van zijn vijanden. 'Mensen plegen zelfmoord,' schreef Lucretius toen Cato nog leefde, 'omdat ze bang zijn te sterven.' Cato was nergens bang voor, maar door zich het leven te benemen verzekerde hij zich van een leven na de dood. Toen Boëthius, de vijfde-eeuwse heidense filosoof die postuum een christelijke heilige werd, schreef over 'de ongeslagen, de dood overwinnende Cato', voegde hij twee concepten aaneen die ontleend waren aan tegengestelde ethische culturen. Als heiden uit de Oudheid was Cato ongeslagen. Hij weigerde Caesar om genade te smeken, want zijn trots als Romein verbood hem de houding van een verslagene aan te nemen. Maar het was als proto-christen dat hij de dood overwon, want door te sterven verwierf hij onsterfelijkheid, zoals ook Jezus had gedaan, en zoals diens volgelingen geloofden dat zij eveneens zouden doen.

Er was echter een probleem. Cato werd niet geëxecuteerd, zoals Jezus. Hij werd zelfs niet, zoals Socrates, gedwongen zelfmoord te plegen. Hij beroofde zichzelf uit eigen vrije wil van het leven, en zelfmoord was een zonde. Het waren niet alleen christenen die er zo over dachten. In *Faidon* bespreekt Socrates de zaak tegen het nemen van het eigen leven. Hij verwerpt het orfische concept van het aardse leven als straf die wij niet het recht hebben te ontlopen, of als gevangenis waaruit het laf zou zijn te ontsnappen, maar hij onderschrijft het denkbeeld dat wij het bezit van de goden zijn, en dat zich het leven benemen gelijkstaat aan stelen van onze meesters. In het algemeen oordeelt Socrates dan ook dat zelfmoord moet worden afgekeurd. Maar als God 'een of andere dwingende noodzaak' op ons pad brengt (zoals het doodvonnis waar Socrates zelf mee te maken kreeg), zal de wijsgeer zijn verlossing verwelkomen, want 'als een mens zichzelf zijn leven lang erop getraind heeft om in een toestand te leven die zo dicht mogelijk bij de dood staat, zou het dan niet belachelijk zijn als hij van streek raakte wanneer het zijn tijd was om te sterven?'

De stoïcijnse denkers die Cato zo onverdroten bestudeerde gingen veel verder. Aristoteles had verklaard dat zelfmoord een onmannelijke daad was, maar Diogenes, de eerste cynicus, formuleerde de stelregel 'Rede of de strop' – als een mens geen leven kon leiden dat op instemming van de rede kon rekenen, zou hij zich net zo goed kunnen verhangen. De stoïcijnen, die de ideeën van Diogenes aanpasten en verder uitwerkten, hielden staande dat geluk en wijsheid gelijkelijk afhingen van je bereidheid om willekeurig wat – je leven incluis – op te geven zonder gevoelens van spijt. Sterven, schreef Epictetus, zou de wijze dezelfde vreugdevolle verlichting verschaffen als het weglopen uit een met rook gevulde kamer. Van die gedachte was het geen grote stap naar het idee, zo krachtig tot uitdrukking gebracht door Seneca, die een vurig bewonderaar was van Cato, dat zelfmoord niet alleen verdedigbaar is, maar ook de waardigste daad die een mens kan stellen, de enige manier voor een sterveling om zich te bevrijden, niet alleen van menselijke tirannie, maar ook van de grillen van het lot. 'Jij vraagt wat de weg naar de vrijheid is? Elke bloedbaan in je lichaam. Zie je die afgrond? Daar naar die diepte loopt de weg naar de vrijheid. Zie je die zee, die rivier, die bron? Daar op de bodem wacht de vrijheid.' Toen Cato zijn zwaard tegen zijn middenrif hield, schreef Seneca vol bewondering, 'lag de brede weg naar de vrijheid voor hem'.

De kerkvaders waren het daar niet mee eens. Zelfmoord was een vorm van moord. En in meer subtiele zin getuigde het van trots. Zij die liever stierven dan 'geknecht te worden door hun eigen lichaam of de stomme opinie van de meute', schreef Augustinus, verraadden hun gebrek aan christelijke nederigheid. Het verheven Romeinse gebruik om je liever in je zwaard te storten dan je te onderwerpen aan het gezag van een ander impliceert een overwaardering van de eigen waardigheid, een aristocratisch terugdeinzen voor degradatie die niet te verenigen valt met het christelijke gebod dat alle mensen zich moeten verootmoedigen voor God. Voor een goed christen hoeven verslagen worden en vernedering geen schande te zijn. Augustinus schreef de dood van Cato toe, 'niet aan zelfrespect die zich hoedde voor eerverlies, maar aan zwakheid die niet bij machte was tegenslag te verdragen'.

De meeste christelijke denkers hebben zijn oordeel onderschreven, maar de westerse cultuur is een curieus amalgaam waarin de waarden van de heidense Oudheid eeuwen hebben gecoëxisteerd met die van de christelijke orthodoxie, hoe tegenstrijdig ze in beginsel ook zijn. Het grootste deel van de afgelopen tweeduizend jaar is zelfmoord feitelijk veroordeeld als zondig en misdadig, de lichamen van zelfmoordenaars werd een christelijke begrafenis ontzegd, ze werden gewoon begraven langs de openbare weg, terwijl het wereldse gezag, niet in staat de doden te straffen, hun erfgenamen strafte door hun bezittingen te confisqueren. Maar intussen werden in de poëzie, in schilderijen, ballades, toneelstukken (waaronder die van Seneca, die in de vroege Renaissance geweldig in de mode waren), zij die moedig en vastberaden genoeg waren om zich van het leven te beroven, zonder zich te storen aan kerk dan wel staat, beweend en vereerd.

Wie zelfmoord pleegt erkent volmondig dat hij verslagen is, maar een nederlaag kan even heroïsch zijn als een overwinning. De Hektor van Homerus hoopte dat latere geslachten vol bewondering over hem zouden spreken als iemand die een buitensporig aantal mensen had gedood. Achilles had kennelijk een iets beter ontwikkeld begrip van de menselijke geest, of misschien een iets verder vooruitziende blik – hij zag uit naar roem en eer op grond van het feit dat hij zelf zou worden gedood.

Voor de meeste Romeinen van Cato's generatie was grootheid iets dat, net als rijkdom en militaire uitmuntendheid, een winnaar werd toegedacht. Pompeius en Caesar waren, op hun respectievelijke hoogtepunt, gigantische successen, superieure overwinnaars die hun wapenfeiten vierden met dagenlange optochten en monumentale marmeren gebouwen en bergen dode gladiatoren in massief zilver. Cato was een mislukking, en een gedoemde, een man wiens hele leven gewijd was aan een zaak die al verloren was, en toch kon Lucanus schrijven (niet helemaal juist, maar wel vol vuur): 'Geen van onze voorouders verwierf met het afslachten van buitenlandse legers zoveel roem als Cato.'

Met de aanvang van het christelijke tijdperk kwam ook een nieuw soort held op, de verliezer. Die oude heidenen die waren gedood of die zichzelf van het leven hadden beroofd werden nu letterlijk als slachtoffers vereerd: met hun zelfmoord – hoewel die openlijk werd veroordeeld – wonnen zij het soort medelijdende adoratie dat ook christelijke martelaren ten deel viel. Cato, wiens levenswerk mislukt was en die verslagen aan zijn eind was gekomen, werd des te gretiger bewonderd om het inktzwarte einde van zijn levensverhaal. Op de fresco's in de vijftiende-eeuwse Sala dei Giganti in Padua staat hij sereen afgebeeld, met het zwaard in de hand waarmee hij zichzelf heeft opengereten, neergezet als de christelijke martelaren die op kerkmuren in heel Europa pronken met hun verminkingen en de instrumenten waarmee ze gemarteld zijn.

De gekruisigde Christus, de gefolterde martelaars, wanhopige heidenen die zich resoluut in hun zwaard werpen – dergelijke stichtende taferelen vol leed en ellende bevredigen een kennelijk bijna universeel verlangen naar andermans pijn. Hoe groter het leed, des te indrukwekkender de man die het ondergaat: hoe gruwelijker het einde van Cato, des te feller straalt zijn ster. In de ogen van Seneca hadden de goden het opzettelijk zo aangelegd dat hij zijn ingewanden eigenhandig uit zijn lijf moest rukken, opdat over zijn heldhaftigheid nooit enig misverstand zou kunnen bestaan – 'de dood zoeken vereist niet zoveel grootheid als hem wéér te zoeken'. 'Toen hij zich met zo'n glorieus en gedenkwaardig levenseinde een uitweg zocht' keken ze vanaf de Olympus neer met 'buitengewone vreugde'. Vijftienhonderd jaar later schreef Michel de Montaigne dat als hem gevraagd zou worden Cato in zijn meest geëxalteerde pose te portretteren, hij hem 'onder het bloed' zou schilderen, 'terwijl hij zijn ingewanden uitrukte'. Veel kunstenaars hebben het zo gedaan. In een half dozijn renaissanceschilderijen sterft Cato een afgrijselijke dood, met bebloed en verwrongen lichaam en een van pijn verkrampt gezicht. Lichamelijke verschrikkingen zijn onlosmakelijk verbonden met spirituele glorie. Ondraaglijke pijn wordt omgezet in extase. Montaigne verklaarde dat deugd soms 'zo verheven is dat zij pijn niet alleen veracht, maar de scheuten van een hevige koliek zelfs als behaaglijk gekietel opvat [...] Getuige Cato de Jongere.' Cato onderging zijn dood zoals het een stoïcijn betaamde, maar hij 'had, lijkt me, een deugd die te krachtig en bruisend was om het daarbij te laten. Ik ben ervan overtuigd dat hij genoegen en genot beleefde aan zo'n verheven daad... Als ik denk aan Cato's daad is het mij of zijn geest in vervoering was en hij met bijzonder veel genoegen en een mannelijk genot zijn verheven en edele verrichting gadesloeg'.

Als ereheilige en extatisch martelaar zou Cato in de eeuwen die volgden net zo'n bruikbaar politiek symbool blijken te zijn als hij in het keizerlijke Rome was geweest. Voor Dante was hij die zeldzame verschijning, een 'vrij' man, omdat hij vrij van zonden was – een concept dat Cato vermoedelijk acceptabel zou hebben gevonden omdat het nadert aan het stoïcijnse ideaal. Hij werd echter postuum ingezet voor de zaak van andere vrijheden die hem op zijn best zonder meer vreemd zouden zijn geweest, maar die hij misschien ook wel domweg betreurenswaardig zou hebben gevonden. Lucanus stelde zich voor dat Cato in Egypte geweigerd had het orakel van Jupiter Amon te raadplegen op grond van het feit dat hij God in zijn eigen hart droeg. Dit verhaal lijkt achteraf gezien een oerprotestantse boodschap te behelzen; Cato was dan ook zeer geliefd bij zestiende-eeuwse protestantse theologen. Bij zijn leven had Cato, een conservatieve oligarch wiens eerste dienst aan de gemeenschap het neerslaan van een slavenopstand was geweest, strijd gevoerd om de voorrechten van de heersende klasse te verdedigen en de opkomst te verhinderen van door het volk uitverkoren groten. Na zijn dood werd hij echter vereerd door hen die de macht aan het volk wilden geven. Als gesel van een mateloos heerszuchtig man werd hij bewonderd door de zeventiende-eeuwse Engelse revolutionairen, en door de tegenstanders van de Habsburgse monarchie in de protestantse staten van Duitsland en de Nederlanden. De Engelsen, die zichzelf na 1688 graag als de grote kampioen van de vrijheid zagen, hadden een bijzonder zwak voor hem. Gulliver, van Jonathan Swift, voert een gesprek met de geest van Brutus, die hem vertelt dat zijn metgezellen in de onderwereld, onder wie ook Cato, een vriendenkring vormen 'waar geen tijdperk op aarde ooit iets aan toe zal kunnen voegen'. In het revolutionaire Frankrijk was hij een van de idolen van de nieuwe godloze religie: zijn borstbeeld stond in de jakobijnse club en kunstenaars die in 1797 meedongen naar de Prix de Rome schilderden een geweldig gespierde Cato die zijn gruwelijke wonden toonde aan een getraumatiseerd gezelschap van vrienden en bedienden. Cato was een toonbeeld van integriteit en standvastigheid, en een held van een dermate onaanvechtbare deugdzaamheid dat iedere beweging die beweerde het fenomeen vrijheid op juiste waarde te schatten (hoe die vrijheid ook gedefinieerd werd) hem voor zich opeiste.

Toen de tragedie van Addison in 1714 in Londen in première ging, verdrongen de politieke partijen elkaar om de held voor hun eigen kamp op te eisen. Die eerste avond zat het theater vol met groten van alle gezindten. Addison was een Whig, maar de Tory lord Harley nam de loge naast hem, waar hij met veel vertoon in plaatsnam; toen het stuk begon applaudisseerden de rivaliserende partijen om het hardst, zodat de acteurs zich nauwelijks verstaanbaar konden maken. De Spaanse successieoorlog was onlangs, na een reeks Britse overwinningen, afgelopen. Voor de Whigs was Cato de onverzettelijke verdediger van de vrijheid, even bewonderenswaardig progressief en agressief als hun eigen natie. In een gedicht dat was geïnspireerd op het stuk van Addison noemde Digby Cotes hem een 'patriot, koppig in zijn goedheid', en vergeleek hij hem met Brittannia die 'als ze haar zegerijke zwaard trekt, vastberaden is te sterven, of haar zaak te verdedigen'. Voor een Tory lag het belang van zijn verhaal ergens anders, in het feit dat hij zijn uiterste best deed om de opkomst van Caesar te belemmeren. De Tory burg-graaf Bolingbrook gaf de acteur die Cato speelde vijftig gienjes en felici-teerde hem dat hij 'de zaak van de vrijheid zo goed had verdedigd tegen een eeuwige dictator', een doorzichtige toespeling op de Caesar van het acht-tiende-eeuwse Engeland, de zegevierende hertog van Marlborough, wiens ambities de Tory's beslist wilden dwarsbomen.

Het stuk was een gigantisch succes. 'De stad is er zo gek op,' schreef Po-pe, 'dat de sinaasappelmeisjes en fruitvrouwtjes in het park het boek aan passerende koetsen verkopen.' Zelfs Plato profiteerde mee: zijn *Faidon* werd opnieuw uitgebracht als 'het werk dat in de tragedie van Cato vermeld wordt'. De eerste reeks opvoeringen liep alleen af omdat de hoofdrolspeel-ster zwanger was (zij speelde de dochter van Cato, een figuur die erin was geschreven om er ook wat amoureuze verwikkelingen in te kunnen verwer-ken). De impresario stond erop dat ze net zo lang bleef doorspelen als men-selijkerwijs mogelijk was: bij de laatste optredens stond een vroedvrouw in de coulissen. Talrijke heropvoeringen en parodieën volgden. Het stuk, en zijn held, genoten een populariteit die tot over de landsgrenzen reikte. De Cato van Addison is 'streng en schrikwekkend als een god'. Hij kent geen menselijke zwaktes. 'Geschokt en geslagen door het lot rijst zijn verheven ziel hoog boven alles uit.' Hij is net zomin vatbaar voor liefde als voor ver-driet. Hij huilt om Rome, maar als hij te horen krijgt dat zijn zoon, 'halsstar-rig dapper en vastbesloten te sterven', is gevallen in de strijd zegt hij alleen: 'Ik ben tevreden.' Voltaire vond hem 'een van de mooiste karakters die het theater ons kan tonen'. Hij sterft sereen, beschenen door een stralend he-mellicht. 'Daar vlood de grootste ziel die ooit een Romeinse borst verwarm-de.'

'De wijze waarop men sterft,' schreef de samoerai Daidoji Shigesuke in het zeventiende-eeuwse Japan, 'kan een heel mensenleven geldigheid ge-ven.' De aanvankelijk mislukte en afgrijselijke zelfmoord van Cato (die toe-vallig veel weg had van de rituele harakiri van de samoerai) bevestigde zijn heroïsche status. De Japanse eerbied voor de 'voortreffelijkheid van de mis-lukking', voor de krijger die zich geen moment gecompromitteerd heeft, die, verslagen door een overweldigende meerderheid, gedood wordt, of zichzelf doodt door een zwaard in zijn eigen buik te stoten, net als Cato deed, vindt zijn evenknie in de westerse voorliefde voor de tragedie. Toen Alcibiades, de imposante, arrogante lieveling van het lot, aan boord ging om af te reizen naar Sicilië, werd de beeltenis van Adonis, het geliefde slachtof-fer wiens mythe slechts draait om zijn dood en wiens aanbidding louter treu-ren is, door de straten van Athene gedragen. Pathos heeft net zo'n krachtige charme als triomf. Adonis is een van een lange rij stervende helden en goden (onder wie ook Jezus) wier legende niet alleen een overduidelijke weerspiegeling vormt van de natuurlijke cyclus van verval en vernieuwing, maar ook een onweerstaanbaar beroep doet op het wijdverbreide gevoel dat verhalen over ondergang en dood ernstiger, waarachtiger zijn, dan die over glorie en zegepraal. Het was uit de riten van een ander goddelijk slachtoffer, Dionysus, dat de tragedie ontstond, en de bereidheid van Cato om te sterven voor zijn principes verhief hem tot de status van tragische held. Alexander Pope vatte zijn karakter samen in termen die precies voldoen aan de eisen die Aristoteles aan de vorm stelde: 'Een dapper man die worstelt in de stormen van het lot en op grootse wijze met de staat ter aarde stort.'

'Jij hebt ervoor gekozen te kruipen en te vleien,' zegt de Elektra van Sophokles, die even beginselvast en onverzettelijk is als Cato, tegen de mensen die er bij haar op aandringen om voor haar eigen veiligheid water bij de wijn te doen. 'Zo ben ik niet... Jij kiest ervoor om te leven, ik om te sterven.' Het leven is een proces van eindeloze aanpassing en verandering, maar door voor de dood te kiezen geraakte Cato in een toestand van onveranderlijkheid, en was hij ervan verzekerd dat hij nooit meer het hoofd zou hoeven buigen. 'Zijn resoluutheid overwon moeder Natuur,' schreef Lucanus. Hij ontkwam aan de voortdurende veranderlijkheid van het leven en wist in plaats daarvan een glorieuze rigor mortis te bereiken. Bevrijd van zijn sterfelijke vlees, getransformeerd tot een idee dat even onveranderlijk was als de goden van Plato, of als het stoïcijnse ideaal van de wijze man, ontsnapt hij aan het verval dat het onontkoombare einde is van elke tastbare creatie.

Daar komt nog bij dat hij zijn bewonderaars een soort onsterfelijkheid door associatie biedt. Bij zijn leven had Cato voorgesteld Caesar aan de Germanen uit te leveren om ter dood te worden gebracht, teneinde te voorkomen dat de smet van Caesars oorlogsmisdaden Rome zou treffen: hij kende de functie van de zondebok. Na zijn dood werd het verwante concept van het onbevlekte offer met zijn eigen verhaal verbonden. In *Pharsalia* legt Lucanus hem een 'orakelspreuk' in de mond waarin hij gewag maakt van zijn verlangen om 'een nationaal zondoffer' te zijn, een tweede Decius die sterft opdat zijn volk gered kan worden. Het verhaal gaat dat Decius, die in de vierde eeuw v. Chr. in de Samnietische oorlogen het opperbevel had over de Romeinen, in een droom van de goden te horen kreeg dat in de slag die ze de volgende dag zouden leveren één leger zijn bevelhebber moest verliezen; het andere zou in zijn geheel worden afgeslacht. Hij besloot te sterven opdat zijn land zou kunnen zegevieren. Decius beval zijn troepen hun stellingen niet te verlaten en trok toen alleen ten strijde. Hij viel op de vijand aan, waar hij door vele zwaarden in stukken werd gehouwen. De Cato van Lucanus ziet zijn eigen zelfopoffering in nog grootsere termen. Hij verzekert zijn landgenoten niet alleen van de overwinning, maar ook van verlossing. 'Mijn bloed zou alle naties in ons rijk zuiveren van de schuld die wij ons met deze burgeroorlog op de hals hebben gehaald. Laat niemand getroffen worden behalve ik, opdat alleen mijn offerbloed alle Italiërs moge verlossen.' Hij streeft er met andere woorden naar een heroïsch slachtoffer te worden als Jezus Christus, die met zijn kostbare bloed de zielen van zijn volgelingen schoonwast.

Achilles stierf bij het najagen van eeuwige roem. Jezus stierf (aldus geloven zijn volgelingen) om de hele mensheid van een eeuwigdurend leven te verzekeren. Cato had minder hoge verwachtingen. Hij pleegde simpelweg zelfmoord omdat het leven dat hem vermoedelijk te wachten stond hem niet de moeite van het leven waard scheen. Maar in de ogen van zijn postume bewonderaars leverde die daad hem zowel glorie op, als een transcendentale overwinning die verwant was aan die van Jezus. Niet geraakt door hitte of kou, door seksuele hartstochten of een zucht naar macht, ernstig, niet bang voor het gepeupel noch voor despoten, is Cato een toonbeeld van vrijheid en onverschrokkenheid. En als hij, door de dood te slim af te zijn, laat zien dat hij zich zelfs niet laat intimideren door het onverbiddelijke vonnis van de sterfelijkheid, belichaamt hij de meest aangrijpende en bedwelmende fantasie die er bestaat, dat de dood zich niets hoeft in te beelden, dat een sterveling zijn sterfelijkheid wel degelijk kan overwinnen. 'De stervende Romein,' schreef Addison, 'maakt het ijdele vertoon van de dood te schande.'

El Cid

Toen Rodrigo Díaz, bekend als de Cid, in 1098 overleed, treurde volgens een Franse kroniekschrijver de hele christelijke wereld, terwijl de Saracenen in het islamitische deel van Spanje zich in zijn dood verheugden. Rodrigo was in de ogen van al zijn tijdgenoten, zelfs van die vijanden die hem het hartgrondigst haatten, een man die was uitverkoren om grootse daden te verrichten. Zijn geweldige successen, het overwicht dat hij behaalde op zijn gelijken, en zelfs op de koningen die hij met tussenpozen diende, vervulden iedereen in zijn omgeving met ontzag. Hij was een ongeslagen krijger die dankzij zijn eigen inspanningen van gewoon ridder was uitgegroeid tot fabelachtig rijk heerser over een grote stad, en – nog bij zijn leven – tot held van liederen en fantastische verhalen. Wat Homerus zou hebben uitgelegd door hem een goddelijke afkomst toe te dichten, wat Plato tot uitdrukking bracht door middel van zijn metafoor van een toevoeging van goud aan de klei waar de grote man uit is opgetrokken, schreven de tijdgenoten van de Cid nu eens toe aan een mateloos geluk, dan weer aan de wil van God. In christelijke ogen was hij de lieveling van de fortuin, een man die welvoer bij een gelukkig astrologisch toeval: de auteur van het *Poema de Mio Cid*, het epische gedicht waarin hij vereerd werd en dat een eeuw na zijn dood voor het eerst werd opgeschreven, verwijst voortdurend naar hem als 'hij die te goeder uur geboren is'. Moslims, die in het elfde-eeuwse Spanje over het geheel genomen zowel devoter als intellectualistischer waren dan de christenen met wie zij het schiereiland ongaarne deelden, zagen zijn genialiteit als een goddelijke gave. Ibn Bassam, de Arabische geschiedschrijver en biograaf die zijn tijdgenoot was en de stem van zijn vijanden, en die hem gewoonlijk aanduidde als 'die tiran de Campeador – moge God hem verscheuren', bewees met tegenzin maar niettemin grootmoedig eer aan de kwaliteiten in hem die hem boven andere stervelingen verhieven. 'Die man was de gesel van zijn tijd, en toch moet hij, op grond van zijn zucht naar roem, de bezonnen standvastigheid van zijn karakter, en zijn heldenmoed, als een der grootste van Gods wonderen worden beschouwd.'

Zijn verhaal is vaak herschreven, al naar gelang de politieke agenda van na hem komende generaties. Hij is gevierd als de visionaire krijgsman die de aanzet heeft gegeven tot de christelijke Reconquista van Spanje, als het bijna heilige boegbeeld van de Contrareformatie en als Spanjes nationale held. Hij is geïdentificeerd als de gewone man met het hart op de tong, wiens moed en onverschrokkenheid de verzwakte en hooghartige aristocratie beschaamd deden staan. Hij zou loyaal opstanden hebben neergeslagen uit naam van zijn heer, koning Alfonso VI, en de basis hebben gelegd voor een sterke, centralistische monarchie. Hij is gezien als de eerste patriot van een herenigde natie. Bovenal is hij vereerd als een kruisridder, een groot voorvechter van Christus' Strijdende Kerk hier op aarde. De waarheid is wat minder fraai. Achilles vocht voor eeuwige roem, Alcibiades voor wereldse roem, Cato voor de republiek en zijn eigen zelfrespect. Rodrigo Díaz vocht voor geld.

Als feodaal vazal diende hij zijn heer, en nadien zijn koning, waarmee hij het contract naleefde dat bestond tussen alle middeleeuwse krijgers en hun leenheren, maar in de tussentijd verrijkte hij zichzelf. Toen hij halverwege zijn volwassen leven werd verbannen uit Castilië, werd hij huurling. Voor zijn dienst als huurcommandant van de legers van de Moorse emirs van Zaragoza werd hij beloond met een groot fortuin. Uiteindelijk, toen hij voor de tweede keer verbannen was, trok hij voor eigen gewin te velde; hij veroverde een eigen koninkrijk in Oost-Spanje en werd – samen met zijn volgelingen – rijk van zijn plunderingen en stroperijen, van afpersing en ontvoeringen, van slavenhandel en veediefstal, van de systematische beroving van de steden die hij veroverd had en het op opportunistische wijze buitmaken van elk onbeschermd goed dat op zijn weg kwam. Om dit alles werd hij door iedereen oprecht bewonderd. De legendarische Robin Hood die (als hij al echt geleefd heeft) een eeuw later leefde, zou de rijken hebben beroofd om aan de armen te geven. De Cid was minder kieskeurig. Hij beroofde anderen, maakte niet uit wie, om zich te verzekeren van de loyaliteit van zijn eigen manschappen, en zijn eigen manschappen droegen hem op handen.

> '... al zijn vazallen heeft hij goed beloond!
> Ridders en ook voetknechten heeft hij rijk gemaakt,
> onder al de zijnen vindt men geen arm man.
> Wie een goede heer dient zal steeds in weelde leven.'

Een van de vele uiteenlopende motieven die de Grieken naar Troje brachten was het aanlokkelijke vooruitzicht die stad, die beroemd was om zijn rijkdom, te kunnen plunderen. De homerische helden zijn schaamteloos in hun begeerte naar oorlogsbuit. Telkens wanneer in de *Ilias* een krijger valt waar zijn vrienden hem niet kunnen beschermen, wordt het lijk onmiddellijk van zijn kostbare wapenrusting beroofd. De verhalen die Nestor vertelt over de glorieuze daden van voorbeeldige helden gaan over veeroof en de plundering van allerlei nederzettingen. Een van de lovende epitheta van Odysseus is 'plunderaar van steden'. Zonder de minste scrupules beschrijft Odysseus hoe hij, zonder dat daar enige aanleiding toe was, een kustplaats met een onschuldige bevolking aanviel, alle mannelijke ingezetenen doodde, de vrouwen ontvoerde en tot slaaf maakte en alle draagbare schatten afvoerde, en zijn zoon pocht vol trots over de rijkdom die hij met geweld had verworven. Homerische gastheren vragen van vreemden die op hun kusten verschijnen of zij 'hier zo maar rond [zwerven], als zeerovers doen, die over de wateren zwalken en er hun leven voor wagen aan vreemden onheil te brengen?' Een dergelijke vraag is neutraal, er wordt niets beledigends mee bedoeld. Zoals Thucydides opmerkte: 'Die bezigheid werd voor eervol gehouden, en niet zozeer voor schandelijk.' Strijd en roof waren nauw verwant, en beide waren passende bezigheden voor mannen van formaat. Productie was werk voor boeren of slaven; mannen van de krijgerskaste namen gewoon wat ze hebben wilden van de vruchten van andermans arbeid. In het conservatieve Sparta werden jongens nog ten tijde van Alcibiades half uitgehongerd om er zeker van te zijn dat ze niet voor diefstal zouden terugdeinzen, want diefstal en oorlogvoering waren onlosmakelijk met elkaar verbonden. 'Het is overeenkomstig de natuur,' schreef Aristoteles, 'dat de kunst van het oorlogvoeren... in zekere zin een manier is om bezit te verwerven.'

Maar het mocht dan overeenkomstig de natuur zijn, het stond wel lijnrecht tegenover de aristocratische erecode die, ten tijde van Aristoteles, de relatie van de mens met geld al een stuk complexer aan het maken was. In de late Oudheid werd geldzucht als iets verachtelijks beschouwd. Plato keurde het advies van Odysseus aan Achilles, om de geschenken van Agamemnon te aanvaarden, streng af: de ware held, vond Plato, hoorde wars te zijn van iedere vorm van betaling. Toen in Athene werd gemompeld dat het enthousiasme van Alcibiades voor de Siciliaanse expeditie voortkwam uit zijn hoop er financieel beter van te worden, waren dergelijke suggesties wel degelijk kleinerend bedoeld. Tegen de tijd dat Cato leefde was onverschilligheid jegens het profijtmotief een duidelijk kenmerk geworden van de superieure persoonlijkheid. Niemand die zich zichtbaar bezighield met geld verdienen kon in de Romeinse senaat komen, Sallustius beschouwde het ontbreken van geldbelustheid als hét kenmerk van een edele geest en Vergilius verachtte Achilles op grond van het feit dat deze het lichaam van Hektor voor goud had verkocht. De ware aristocraat had geen belang bij het vermeerderen van zijn bezit (waar natuurlijk bij moet worden aangetekend dat hij al meer dan genoeg had). Dat is een code die tot de dag van vandaag heeft standgehouden: maar weinig moderne staatshoofden zouden durven beweren dat de wens zich de oliebaten van een andere natie toe te eigenen een geldig motief voor een oorlog zou kunnen zijn. Maar het is tegelijkertijd een code die, in de meeste periodes, zijn tegengestelde naast zich moest dulden. Beowulf, de held van het Angelsaksische epos dat, in zijn geschreven vorm, uit de eeuw voor Rodrigo Díaz stamt, meet de roem die hij oogst af aan de hoeveelheid goud die hij heeft verworven. 'Ik hoop dat je een glanzende schat aan kostbaarheden zult vergaren,' zegt de Zweedse koningin Wealtheow vriendelijk tegen hem als hij aan zijn avontuurlijke reis begint. Sallustius zou het schandelijk hebben gevonden, maar Homerus en de dichter van Beowulf zouden het beiden hebben toegejuicht: die vrijmoedige en openhartige belustheid op gewin die dichters en zangers aan de Cid toeschrijven.

Voor een elfde-eeuwse ridder had de verwerving van rijkdom in zichzelf iets prijzenswaardigs, en was er van strijdigheid met eer of zelfs met vroomheid geen sprake. Het was de plicht van een leenheer om in het onderhoud van zijn vazallen te voorzien. Zij riskeerden op zijn bevel hun leven, in ruil voor een aandeel in de buit. Hoe groter de buit, des te groter de liefde van zijn vazallen, en des te groter ook de eer die ze hem bewezen om zijn goedgeefsheid. In het *Poema de Mio Cid* neemt Rodrigo Díaz zijn vrouw Jimena en zijn dochters mee in een hoge toren om hun de verschrikkelijke hordes van de binnenvallende Almoravieden te laten zien. Jimena is verbijsterd. 'Wat is dit, mio Cid, zo moge God u bijstaan!' Haar man stelt haar gerust. 'Weest u niet bevreesd! Het is een grote en prachtige buit, die ons rijker maakt.' Voor Rodrigo Díaz, en voor de meeste van zijn tijdgenoten, was een vijandelijk leger niet alleen een bedreiging, een beproeving van hun kracht en een kans om aan hun reputatie te werken door hun moed te tonen, het was ook, en bovenal, een kans om hun fortuin te maken.

Er waren maar weinigen die enige strijdigheid zagen tussen geldzucht en het christelijke geloof, dat de armen immers een koninkrijk belooft. In 1097, twee jaar voor de dood van de Cid, toen de legers van de Eerste Kruistocht bij Dorylaeum op de Turken stuitten, ging een kreet door de christelijke linies die eindigde met de galmende belofte: 'Vandaag zullen jullie (als God het wil) allen rijk worden gemaakt.' Als Rodrigo in het *Poema de Mio Cid* om versterkingen roept, sluiten zich duizenden rekruten bij hem aan die, net als de kruisvaarders, gemotiveerd worden door zowel vroomheid als roofzucht. 'Met de buit voor ogen willen zij niet wachten: vele goede christenen sluiten zich bij hem aan.' Na zijn overwinning jubelt hij met hen: 'Dank aan God [...] en aan de maagd Maria! Nu bezitten we reeds veel, meer zullen we nog krijgen.' De *Carmen Campi Doctoris*, een gedicht dat bij zijn leven ter ere van hem werd geschreven, viert zijn geweldige heldendaden en verkondigt triomfantelijk (en zonder een spoor van kritiek): 'Hij maakt met zijn zwaard de rijkdom van koningen buit.'

De elfde eeuw was in Spanje een mooie tijd voor avonturiers. Het kalifaat van de Umaijaden, dat vanaf 756 vanuit Cordoba over heel islamitisch Spanje had geheerst, stortte aan het begin van die eeuw in. Het hele gebied viel uiteen in meer dan tien koninkrijkjes die bij elkaar bekendstonden als Al-Andaluz. Aan de hoven van al die islamitische koningen bereikte het niveau van de dichtkunst, de architectuur, de kunst van het tuinieren en de weefkunst duizelingwekkende hoogten. Scheppend talent en wetenschappelijke geleerdheid stonden in even hoog aanzien. Een dichter kon erop rekenen dat hij voor zijn gave werd beloond met een hoog bestuurlijk ambt. Sterrenkundigen en wiskundigen, die zich baseerden op oude kennis die in Noord-Europa in die periode helemaal in de vergetelheid was geraakt, werden geëerd door vorsten die, in een indrukwekkend groot aantal gevallen, zelf geleerden waren. De sfeer was beschaafd, weelderig, intellectueel en esthetisch verfijnd, maar niet vredig. In de woorden van 'Abd Allah, een tijdgenoot van de Cid, en koning van Granada, stond na de val van het kalifaat 'iedere commandant op in zijn eigen stad en verschanste zich achter de muren van zijn eigen fort... Die mensen wedijverden met elkaar om wereldlijke macht, en elk trachtte de ander te onderwerpen.' Hun onderlinge oorlogen brachten een overvloed aan werk met zich mee voor al diegenen die gewend waren de kost te verdienen met het zwaard.

Toen Rodrigo Díaz werd geboren, rond 1043, waren de christenen teruggedrongen tot een betrekkelijk klein gebied in het noorden van het Iberisch schiereiland. In de achtste eeuw waren de Arabieren opgetrokken tot aan de Golf van Biskaje en hadden ze de christenen voor zich uit gedreven, maar in de drie eeuwen daarna hadden ze zich geleidelijk weer teruggetrokken. In hun kielzog was een handjevol onafhankelijke christelijke vorstendommen opgekomen. Deze waren onderling vaak in conflict verwikkeld, en leefden ook niet zelden in onmin met hun moorse buren. Het was letterlijk een christelijke broederstrijd die de achtergrond vormde van de kinderjaren van Rodrigo Díaz. Hij was geboren in Vivar, in noordelijk Castilië, niet ver van de grens met Navarra. Deze twee koninkrijken, geregeerd door broers, waren met elkaar in oorlog tot de koning van Navarra in 1054 sneuvelde in een geregelde veldslag met koning Ferdinand van Castilië. Ferdinand, die de naburige staten Léon en Galicië al had veroverd, werd hierna heerser van het grootste christelijke koninkrijk in Spanje sinds de Arabische invasie.

Castilië was een wreed, nieuw land, een pionierstaat met het onveilige, opwindende karakter van een gebied waar gevaren en kansen in even grote overvloed aanwezig waren. Het was een land van wilde beesten en bandieten, van veeroven en bloedvetes en snelrecht. Het landschap was onherbergzaam, het klimaat onverzoenlijk. De bevolking was een veeltalige verzameling nieuwkomers van elders. Basken uit het noorden, mozarabische christenen uit het zuiden, kolonisten uit andere christelijke koninkrijken. De grond lag voor het oprapen en elke landbezitter die zich een paard kon veroorloven gold in Castilië als edelman, en was vrijgesteld van belastingen, maar verplicht de koning in zijn oorlogen te dienen.

Rodrigo was een van die edellieden. In verscheidene van de gedichten en balladen over hem wordt hij beschreven als een gewone man, een molenaarszoon, net als Much, de metgezel van Robin Hood. In het *Poema de Mio Cid* wordt hij opgevoerd als een rondborstige, daadkrachtige man die zijn eigen weg is gegaan. Zijn gehardheid en zijn onafhankelijkheid worden in scherp contrast gezet met de decadentie en lafhartigheid van al die potentaatjes die zo bespottelijk prat gaan op hun hoge komaf. Dat is echter pure verbeelding, een poging zijn meningsverschillen met koning en hof in de politieke sfeer te trekken, er een soort klassenstrijd van te maken en hem in de vorm van de populistische volksheld te gieten. In feite was hij lid van de Castiliaanse adel, met uitstekende familierelaties. Zijn vader, Diego Lainez, was een ridder die koning Ferdinand goede diensten had bewezen in de oorlog met Navarra, die ten minste één slag had gewonnen en voor Castilië drie grensplaatsen had veroverd. Zijn status was hoog genoeg om te garanderen dat als hij stierf, zijn zoon zou worden opgenomen in het huishouden van Sancho, de erfgenaam van Ferdinand.

In het oude Sparta werden de jongens bij hun ouders weggehaald om te worden opgeleid voor hun toekomstige carrière als toegewijd mensendoder. Zo ook werden in heel feodaal Europa de zonen uit de krijgerskaste, de ridders, zodra ze daartoe oud genoeg werden geacht, met hun leeftijdgenoten naar het hof van hun leenheer gestuurd. Rodrigo was een jaar of veertien toen hij bij prins Sancho in huis kwam. Daar werd hij voorbereid op zijn loopbaan als ridder.

De opvoeding van een christelijk edelman was niet in de eerste plaats gericht op de ontwikkeling van zijn intellect, maar vooral op het africhten van zijn lichaam als dodelijk wapen. Rodrigo Díaz heeft wellicht kunnen lezen en schrijven. Zijn handtekening is bewaard gebleven, en bewijst dat hij in elk geval met zijn eigen naam kon ondertekenen. En vermoedelijk heeft hij rechten gestudeerd: als volwassene werd hij verscheidene keren in de arm genomen om te oordelen in geschillen over eigendomsrechten. Maar het grootste deel van zijn tijd en energie zal in zware lichamelijke training zijn gaan zitten. Zoals elke man die aspiraties had om ridder te worden moest hij zich niet alleen de zeer veeleisende vaardigheden eigen maken van de zwaardvechter, maar moest hij ook kunnen vechten te paard, en chargeren met gevelde lans, een techniek die in die tijd nog nieuw was, en die de geharnaste man op zijn galopperende paard transformeerde tot één projectiel dat verschrikkelijk was in zijn snelheid en de zware klap waarmee hij doel trof. Hij was er al snel bedreven in. De legendes beschrijven de volwassen Rodrigo als een geweldige ruiter, een sluw tacticus en een zeer bekwaam vechter. Historische documenten bevestigen dat hij een kundig en succesvol krijgsman was. Toen hij de volwassenheid bereikte was het, volgens de uit diezelfde tijd stammende *Historia Roderici*, prins Sancho zelf die hem 'de gordel van de ridderschap ombond'. (Andere versies van zijn verhaal laten prinses Uracca, de zuster van Sancho, de ceremonie voltrekken, waarbij ze hunkerend naar de knappe nieuwe ridder staarde.) Vanaf dat moment was Sancho zijn leenheer, en was hij diens vazal.

Een groot heer in het feodale Europa zorgde goed voor zijn vazallen. Zij die hem het naast stonden sliepen onder zijn dak en werden op zijn kosten gevoed en bewapend. Anderen woonden op zijn land en kwamen mee in zijn gevolg als hij te velde trok. Allen konden rekenen op een deel van zijn rijkdom en eventuele oorlogsbuit. Er werd van hem ruimhartige bescherming verwacht, maar de prijs die daarvoor betaald werd was ook niet gering. Volgens het *Chanson de Roland*, dat in de tijd van Rodrigo Díaz de vorm kreeg waarin wij het kennen, moesten mannen 'veel ontberingen lijden voor hun leenheer... Hevige verwondingen verdragen en hun lichaam laten bloeden.' Een ridder was verplicht voor zijn heer te vechten, of dat nu was in oorlogen die uit staatszaken voortkwamen, dan wel in privé-geschillen met rivaliserende grootheden, en hij moest zijn eigen gevolg meebrengen van diegenen die, op hun beurt, trouw aan hem verschuldigd waren, want de vazallen van een prins als Sancho konden zelf ook grote heren zijn, elk met zijn gevolg van eigen vazallen. De relatie tussen vazal en heer was niet onverbrekelijk, zoals het verhaal van de Cid herhaaldelijk laat zien, maar zolang zij duurde viel er niet te ontkomen aan de eisen die gesteld werden. Een vazal die zijn verplichtingen aan zijn heer niet nakwam verloor zijn eer en al zijn inkomsten. Een heer die niet voor zijn vazallen zorgde raakte hen kwijt, en met hen alle macht en status die zij hem verleenden. 'Zonder mijn mannen,' zou de Cid tegen de inwoners van Valencia zeggen, 'ben ik als een man die zijn rechterarm is verloren, een vogel met maar één vleugel of een krijger zonder lans of zwaard.' In de latere Middeleeuwen werd de loyaliteit van een ridder aan zijn heer, zijn verbondenheid met hem, geïdealiseerd als een deugd die gelijkstond aan de vrome toewijding van een christen aan zijn God, maar voor Rodrigo Díaz en zijn tijdgenoten was die relatie er een die gebaseerd was op dringende, wederzijdse behoefte. Hield je die band in ere, dan behield je je positie in de wereld. Pleegde je er verraad aan, dan was dat niet zozeer zondig, als wel dwaas.

In 1065 stierf koning Ferdinand. Meteen was het afgelopen met de eenheid waar hij zo voor gevochten had: hij liet aan elk van zijn drie zonen een koninkrijk na. De heer van Rodrigo werd koning Sancho II van Castilië, en benoemde zijn jonge vazal prompt tot chef van zijn militaire staf.

Volgens de legende stond Rodrigo Díaz, hoewel nog begin twintig, al bekend als de Cid. Uit veertiende-eeuwse kronieken, uit een lang gedicht, de *Mocedades de Rodrigo*, vermoedelijk ook gecomponeerd in de veertiende eeuw, en uit de ballades komt een overvloed aan verhalen tot ons over de heldendaden die hij op jeugdige leeftijd zou hebben verricht. Hij zou een Frans leger hebben verslagen aan de andere kant van de Pyreneeën, hij zou naar Rome zijn gereisd en de paus hebben getart door in het Vaticaan een stoel omver te trappen en te dreigen het gewaad van de Heilige Vader als zadeldek te gebruiken. Die verhalen berusten stellig niet op waarheid. Iets minder ongeloofwaardig is de legende dat hij vijf Moorse koningen zou hebben gevangengenomen, die erin toestemden hem schatting te betalen en die zo onder de indruk waren van zijn moed en zijn hoffelijkheid dat ze hem de naam Al-Sayeed (de Heer) gaven, een naam waar hij nadien altijd onder bekend zou staan. Andere wapenfeiten die aan hem werden toegeschreven zijn volkomen geloofwaardig. Zijn tijd was een tijd waarin een jongeman meer dan voldoende gelegenheid kreeg zich in het gevecht te bewijzen. Het feodale systeem, waarin een heer verplicht was een troep soldaten te onderhouden die alleen een bijdrage aan hun eigen onderhoud konden leveren door ervoor te vechten, stond er garant voor dat altijd wel ergens een conflict oplaaide.

Rodrigo Díaz benutte de kansen die zich aan hem voordeden op voortreffelijke wijze. Hij versloeg en doodde een Saraceen. Hij zegevierde in een tweegevecht met een gevierde christelijke kampioen uit Navarra. Een lied dat vermoedelijk zo'n vijf jaar later is geschreven viert die overwinning. 'Toen werd Rodrigo uitgeroepen tot *el Campeador* [de Strijder] en werd zijn heldendaad rondgebazuind als een voorteken van de overwinningen die hij nog zou behalen, en als voorafschaduwing van het feit dat hij graven zou onderwerpen en de macht van koningen met voeten treden.'

De Cid in zijn levensbloei is een imponerende figuur, een held van een andere soort dan de jeugdige, van zijn moeder afhankelijke Achilles, en dan Alcibiades, de egocentrische verleider. Hij had meer weg van Odysseus, de kapitein die zijn bemanning wilde beschermen en veilig thuisbrengen. Hij is een vader voor zijn volk, een bevelhebber wiens manschappen erop kunnen rekenen dat hij hen naar de overwinning zal voeren, geen flitsende jongen maar een toonbeeld van volwassen viriliteit. In afbeeldingen is hij meestal te zien in zware wapenrusting, een indrukwekkende figuur, hoog op zijn strijdros, meer donder dan bliksem. Aangezien de geschiedschrijvers van de elfde eeuw frustrerend weinig belang stelden in beschrijvingen van hoe iemand eruitzag, weten we weinig over zijn uiterlijk, maar van de dichters weten we in elk geval één ding, namelijk dat hij een prachtige baard had. Volgens het *Poema de Mio Cid* kon de koning, toen hij hem na een lange scheiding weer ontmoette, zijn ogen niet afhouden van de waterval aan haar die over zijn borst stroomde. Die wonderbaarlijke haargroei is kenmerk van zijn mannelijke kracht, zijn rijpe wijsheid, zijn seksuele potentie en zijn status als iemand die de fortuin altijd toelacht. Als hij onderhandelt met zijn vijanden is zijn ontzagwekkende baard vakkundig gevlochten en geknoopt en gehuld in een soort haarnet om hem te behoeden voor de onverdraaglijke belediging die het zou zijn als iemand hem bij zijn baard greep. Maar als hij uitrijdt om slag te leveren wordt zijn baard in al zijn verbazingwekkende glorie getoond, een aanblik die duidelijk maakt dat hij, met leeuwenmanen die getuigen van zijn leeuwenmoed, onoverwinnelijk is en wel altijd zal blijven. 'God,' roept de dichter uit, 'wat is hij rijk bebaard!'

Als opperbevelhebber van Sancho speelde hij de hoofdrol in een reeks kleine oorlogen. Van 1068 tot 1072 werd hij beziggehouden door de machtsstrijd tussen koning Sancho en diens twee broers – García, die het koninkrijk Galicië had geërfd, en Alfonso, aan wie Ferdinand Léon had nagelaten, het grootste en belangrijkste van zijn landen. García werd van zijn erfgoed verdreven en ging in ballingschap in Sevilla. Alfonso werd verslagen bij Llantada, en in de zomer van 1072 nog eens in de slag bij Golpejera. Bij dat laatste treffen zou de Cid zich, volgens de legende, glansrijk hebben onderscheiden. Koning Sancho was gevangengenomen en werd weggevoerd van het slagveld onder een geleide van veertien Léonese ridders. De onverschrokken Rodrigo daagde hen uit, doodde er dertien, joeg de veertiende op de vlucht en bevrijdde zijn koning.

Het verhaal van de Cid behoort tot een periode waarin dichters, niet gehinderd door de schuld of het afgrijzen dat het onderwerp in de moderne geest losmaakt, openhartig schreven over het intense geluk dat mannen op het slagveld konden smaken. Het *Chanson de Roland* beschrijft hoe de jonge held uitbundig naar het slagveld vertrekt. 'Zijn wapenrusting staat hem goed, dapper rijdt hij voort met opgerichte lans... Nobel is zijn houding, een lach op zijn open gezicht.' Hetzelfde grote enthousiasme straalt van de bladzijden van het *Poema de Mio Cid* af. 'God, welk een vreugde kon men die ochtend zien!' roept de dichter uit als hij een slag beschrijft waarin de Cid en zijn mannen 'meedogenloos' driehonderd tegenstanders doodden. Voor Rodrigo en zijn gelijken was een slag wel de setting waarin ze de meest absolute persoonlijke voldoening konden smaken. Al die jaren van onverdroten training, alle pijn en uitputting die ze hadden doorstaan om zichzelf te harden, alle emotionele offers die erbij kwamen kijken om vastberaden krijgslieden te worden, werden beloond met dat extatische moment waarop ze uitreden als de langharige Spartaanse jongeren die zich opdoften voor de strijd en die, als paarden, 'steigerden en hinnikten', dat ene moment dat ze, een en al opwinding en eigenliefde, uitreden om hun medemens te doden. De echte Rodrigo Díaz zal misschien een nuchterder kijk hebben gehad op het akelige oorlogsbedrijf, maar de Rodrigo Díaz van de legende, de galante Campeador die op zijn geweldige strijdros naar het slagveld galoppeert en daar moeiteloos afrekent met veertien vijanden, drukt wel heel sterk de verschrikkelijke luchthartigheid uit van de man die kan doden zonder last te krijgen van zijn geweten.

De oude verhalen vertellen dat hij bij Golpejera ook blijk gaf van zijn subtiliteit op tactisch gebied, of, al naar gelang het gezichtspunt, zijn verraderlijkheid en doortraptheid. De kronieken verhalen dat de twee koningen voor de slag hadden afgesproken dat de overwinnaar meteen ook het koninkrijk van de ander zou hebben veroverd. Op de eerste dag verdreven de troepen van Alfonso die van Sancho van het slagveld. Volgens Alfonso was het een uitgemaakte zaak, hij had gewonnen, en omdat hij onnodige afslachting van de mannen die voortaan zijn vazallen zouden zijn wilde voorkomen, liet hij hen niet achtervolgen maar gaf hij bevel tot de terugtocht. In zijn kamp werd de overwinning tot diep in de nacht gevierd. De volgende dag ging Sancho, op aanraden van de Cid, bij het ochtendgloren echter opnieuw tot de aanval over. Iedereen in het vijandelijke kamp lag nog te slapen. Het leger van Alfonso werd alsnog verpletterend verslagen en op de vlucht gejaagd. Alfonso zelf nam zijn toevlucht tot een kerk in de buurt, waar hij zonder mededogen en zonder enig respect voor de kerk uit werd gesleurd. Zoals de negentiende-eeuwse historicus Reinhardt Dozy streng opmerkt: 'Wat Rodrigo zijn prins adviseerde te doen was ronduit verraderlijk.' Dat mag zo zijn, gevolg was wel dat Sancho, de heer van de Cid, korte tijd koning was van het hele rijk van zijn vader. De kronieken verhalen dat hij een triomftocht door Léon maakte, waarbij hij zijn verslagen en gevangengenomen broer Alfonso meevoerde door de steden van wat eens diens eigen koninkrijk was geweest.

Hoe Rodrigo tegen de roofzuchtige en niet bepaald broederlijke aanvallen van zijn heer op zijn broers aankeek, vermeldt de geschiedenis niet. In de verhalen die zijn overgeleverd in de middeleeuwse balladen en kronieken lopen de beschrijvingen van zijn karakter verrassend uiteen. Nu eens is hij een geslepen bedrieger, dan weer is hij wreed en trots. Maar er zijn verscheidene verhalen waarin hij optreedt als wijze scheidsrechter, als een eigentijdse Cato, hoeder van wet en moraal. Volgens de legende zou de oude koning Ferdinand op zijn sterfbed van elk van zijn kinderen hebben geëist dat ze zwoeren zich, bij eventuele onderlinge meningsverschillen, neer te leggen bij de arbitrage van de Cid (die toen net begin twintig was). In verscheidene verhalen gedraagt hij zich onberispelijk, althans volgens de feodale code die voorschreef dat de loyaliteit van een vazal aan zijn heer voor het dictaat van zijn eigen geweten behoorde te gaan. In een van de balladen roept koning Sancho zijn ridders bijeen om hun mee te delen dat hij de enige rechtmatige erfgenaam is van het hele rijk van zijn vader. De ridders zijn verbluft door die leugen en omdat ze niet weten hoe ze erop moeten reageren, zoeken ze houvast bij hun prominentste collega. 'Alle ogen waren op de Cid gericht.' De Cid spreekt onomwonden. Hij herinnert Sancho aan de plechtige eed die hij aan het sterfbed van zijn vader heeft gezworen, dat hij diens laatste wil in ere zou houden. Hij waarschuwt hem dat als hij die eed breekt, hij noch op bescherming van de wet zal hoeven te rekenen, noch op Gods zegen, maar dat wat er ook gebeurt, Sancho verzekerd is van zijn steun. 'Als ware vazallen zijn wij verplicht te doen wat u verlangt.' De Rodrigo Díaz uit de annalen zou zijn heer herhaaldelijk het hoofd bieden, maar de Cid van dit verhaal gehoorzaamt de regels van zijn kaste, hij onderwerpt zich, met al zijn gaven en talenten, aan de dienst van de koning, en neemt zijn trouw, de onvoorwaardelijke loyaliteit die een vazal zijn leenheer verschuldigd is, als richtsnoer.

Negen maanden nadat hij zichzelf tot heerser van de koninkrijken van zijn broers had gemaakt werd Sancho vermoord. Er was sprake van dat hij op een of andere manier zou zijn verraden. Binnen enkele weken was Alfonso terug in Léon, en niet alleen kon hij zijn eigen troon weer innemen, hij was dankzij de dood van zijn broer nu tevens koning van Castilië. Een maand later maakt Rodrigo Díaz ook weer zijn opwachting in de annalen van de geschiedenis, deze keer als dienaar van koning Alfonso, en wel een die niet alleen diens vertrouwen, maar ook allerlei voorrechten genoot. Hij had zijn trouw verlegd naar de prins die toen, en nog steeds, niet kon worden vrijgepleit van de verdenking dat hij een complot had gesmeed om een eind te maken aan het leven van zijn broer, en de voormalige leenheer van de Cid.

Koning Alfonso is de belangrijkste medespeler in het verhaal van de Cid. Hij is Agamemnon tegenover de Achilles van Rodrigo, Caesar tegenover Rodrigo's Cato (of anders bekeken: Cato tegenover zijn Caesar). Elke weging van de aanspraken die de Cid maakt op rechtschapenheid is afhankelijk van hoe de relatie tussen die twee wordt geïnterpreteerd.

In de loop van de jaren die volgden zou Alfonso Rodrigo verbannen en hem twee keer terughalen om hem opnieuw in de ban te doen. De Cid, die in de herinnering voortleeft als het zuiverste toonbeeld van Castiliaanse (en later – bij uitbreiding – Spaanse) deugdzaamheid, leefde bijna de helft van zijn volwassen leven in ballingschap buiten Castilië. Hij beledigde en ontstemde zijn koning zo vreselijk dat zijn bezit werd geconfisqueerd, zijn vrouw in de boeien geslagen en hijzelf gedreigd met gevangenschap en verdreven uit het land. Alleen indien de koning de plank gruwelijk heeft mis-geslagen door hem te verstoten, kan de Cid enig recht doen gelden op zijn positie als nationale held.

De apologeten van de Cid schrijven hun herhaalde conflicten toe aan de laakbare, ja, zelfs pathologische afgunst van Alfonso jegens de grote gaven en schitterende successen van zijn vazal. Het *Poema de Mio Cid*, dat pas in de eeuw na de dood van Díaz op schrift werd gesteld, schildert hem af als een edelmoedige, onbaatzuchtige dienaar van zijn koninklijke meester, die geduldig de ondankbaarheid van Alfonso verdroeg en nooit één moment overwoog het gezag van het inferieure wezen dat door Gods wil boven hem was geplaatst aan te vechten. Die visie op hem als de gewetensvolle, loyale en lijdzame vazal werd opgepakt en verder uitgewerkt door schrijvers van ridderverhalen en historici. In de vijftiende eeuw, toen Spanje eindelijk ver-enigd werd onder Ferdinand en Isabella, begonnen kroniekschrijvers de Cid profetische visioenen toe te dichten van een gecentraliseerde monarchie die zou heersen over al die talrijke staten die, bij zijn leven, het Iberische schier-eiland deelden. Hij werd uitgeroepen als de man die de eerste aanzet had gegeven tot de Reconquista. De toewijding en trouw die de dichter hem had toegeschreven waren de noodzakelijke kwalificaties die hem in staat stelden het symbool en de nationale held te worden van een staat – Spanje – die pas bijna vier eeuwen na zijn dood in het leven zou worden geroepen.

Er bestaat echter een andere traditie, waaraan dichterlijke uitdrukking wordt gegeven in sommige van de talrijke balladen (voor het eerst verza-meld in de zestiende eeuw maar in veel gevallen vermoedelijk nog uit zijn tijd stammend) waarin Rodrigo Díaz wordt opgevoerd als een opstandige boef die genadeloos de spot drijft met het gevestigde gezag, een weerspan-nige individualist die met plezier in ballingschap ging om andere landen te veroveren, niet voor zijn koning maar voor zichzelf. Het enige betrouwba-re verslag van zijn leven, de *Historia Roderici*, een zeer korte biografie in het Latijn, niet lang na zijn dood geschreven door een monnik die misschien wel ooggetuige is geweest van sommige van zijn veldtochten, en er mis-schien zelfs wel aan heeft meegedaan, doet vermoeden dat die laatste tra-ditie dichter bij de waarheid komt. Rodrigo Díaz heeft de geregelde ruzies met zijn koning vermoedelijk, en misschien wel heel bewust, uitgelokt.

Een dergelijke opstandigheid strookt niet met de vrome rol die hem postuum is toegedacht. Hetzelfde geldt voor het feit dat hij zo enthousiast zijn loyaliteit verlegde naar de man die zijn leenheer vermoedelijk had ver-moord. Er ontstond echter geleidelijk een verhaal dat geacht werd die on-gerijmdheid weg te werken. Rodrigo zou geweigerd hebben hulde te bren-gen aan Alfonso tot de nieuwe koning, publiekelijk en plechtig, had gezwo-ren dat hij geen schuld had aan de dood van Sancho. Een en ander levert een dramatische scène op. De koning en twaalf van zijn mannen verzamelen zich in de San Gadeakerk in Burgos. Daar beveelt Rodrigo Alfonso zijn hand op een ijzeren deurgrendel te leggen, symbool van onschendbaarheid (een schuif waarvan beweerd wordt dat die het was wordt nog altijd trots in die kerk tentoongesteld). De koning geeft toe maar hij is bleek van woede, en hij waarschuwt Rodrigo dat hij deze openbare vernedering niet zal vergeten. 'Je dwingt mij te zweren waar geen twijfel bestaat, Rodrigo, en dat zul je eens betreuren; de hand waarmee ik de eed afleg is dezelfde die jij morgen zult moeten kussen!'

Het verhaal valt goed te rijmen met de voorstelling van Alfonso als weinig imposante figuur, als een man die zich door zijn voortreffelijke ondergeschikte liet dwingen en vernederen en wiens rancune over de dominantie van de ander en bezorgdheid over zijn eigen schuld het hele verdere verloop van hun verhouding zouden vergiftigen – een voorstelling die het noodzakelijke complement vormt van die van Díaz als onterecht vervolgde patriot, maar die nauwelijks verenigbaar is met de opvallend succesrijke reputatie van Alfonso als koning. Het presenteert de Cid als een wijze rechter van onbetwistbare rechtschapenheid en een dermate natuurlijk persoonlijk gezag, dat hij een koning naar zijn hand kon zetten. Het zet hem neer als hoeder van de morele waarden van zijn cultuur, als held die het onwettige gezag van een aanmatigend heerser betwist, zoals Achilles deed bij Agamemnon, en Cato bij Caesar. Het verhaal kan echter niet met enig bewijs worden gestaafd. De *Historia Roderici* vertelt een eenvoudiger verhaal. 'Na de dood van zijn koning Sancho, die hem goed en met liefde had onderhouden, nam koning Alfonso hem met ere als zijn vazal aan en omringde hem in zijn entourage met respectvolle zorg.' Met andere woorden, Rodrigo, wiens verdere loopbaan het makkelijkst kan worden begrepen als de loopbaan van een opportunist die bereid was elke meester te dienen die hem belonen zou, verlegde zijn trouw zonder kennelijke gewetenswroeging naar de broer en vijand van zijn dode heer.

Hij diende Alfonso negen jaar, niet meer als opperbevelhebber maar nog altijd als man met een hoge status en een gestaag toenemende rijkdom. Hij trouwde met Jimena, dochter van de graaf van Oviedo. Zijn positie leek zeker en veelbelovend. De macht van Alfonso werd steeds groter en Rodrigo kon erop rekenen dat hij zou meedelen in het geld dat als gevolg daarvan het hof binnenstroomde. Maar er ging iets fout. In 1081, op achtendertigjarige leeftijd, werd Rodrigo Díaz uit Castilië verbannen.

De Grieken die Agamemnon naar Troje volgden lieten, zoals Homerus het vertelt, huizen achter die, hoewel welvarend genoeg, sober waren vergeleken bij de stad die ze gingen belegeren. Zo ook keken de betrekkelijk armoedige christelijke vorstendommen van het elfde-eeuwse Spanje met

173

roofzuchtige afgunst naar de islamitische staten van het Moorse Spanje. Net als Troje waren de grote steden van Al-Andaluz – Zaragoza, Valencia, Sevilla, Granada, Toledo – vermaard om hun opzichtige rijkdom. Hun kostbaar ingerichte paleizen, de fraaie zijden gewaden van degenen die er woonden, hun goud, het was alles even onweerstaanbaar voor hun noordelijke buren. En hoewel de islamitische koningen verre van vreedzaam waren, waren ze niet zo onverdeeld oorlogszuchtig als hun christelijke rivalen. De Trojaanse prins Paris weigerde zich te schamen voor het feit dat hij zijn kamer, met zijn geurige meubilair en weelderige draperieën, zijn belofte van erotische gelukzaligheid, de voorkeur gaf boven het slagveld. Hetzelfde gold min of meer voor koningen als Al-Muqtadir van Zaragoza, die door een tijdgenoot werd omschreven als 'een waar wonder van kennis op astrologisch, geometrisch en natuurfilosofisch gebied', die twee paleizen bouwde die vermaard zijn om hun schoonheid, waarvan één 'het huis van geneugten' heette, paleizen waar hij voor de vuist weg lofliederen op zong – die koningen hielden er andere waarden, andere prioriteiten op na dan de christelijke edellieden wier hele opvoeding en sociale conditionering erop gericht waren strijders van hen te maken. De krijgers van Castilië, van Arragon, van Navarra, waren zich bewust van die zachtheid, dat fatale gebrek aan aandacht voor het essentiële van zelfverdediging in een gewelddadige wereld, en maakten daar meedogenloos, herhaaldelijk en met afschuwelijk resultaat gebruik van.

De talrijke roofovervallen die christenen op moslims pleegden en die de achtergrond vormden van de jonge jaren van Rodrigo Díaz, waren geen onderdeel van een kruistocht, of zelfs van een herovering, het waren aanhoudende reeksen berovingen onder bedreiging. Een stad kon belegerd worden, landerijen verwoest, gewassen en gebouwen vernield, pakhuizen geplunderd. Om van hun belagers af te komen en een eind te maken aan de vernielingen stemden de slachtoffers vaak toe in de betaling van enorme bedragen aan 'schatting'. In ruil daarvoor waren ze dan verzekerd van de 'bescherming' van hun belagers tegen eventuele andere agressors.

Het was als leider van zo'n plundertocht dat Rodrigo Díaz in 1067 de koning van Zaragoza het hoofd bood, de man die later zijn meester zou worden. En het was bij een andere tocht dat hij voor het eerst in de positie kwam te verkeren dat hij de wapens moest opnemen tegen troepen van zijn eigen koning. In 1079 stuurde Alfonso twee groepen ridders op pad om schattingen te innen, een naar Granada en een, onder leiding van Rodrigo, naar Sevilla. De twee groepen raakten betrokken in een onbeduidend, maar slepend conflict tussen beide islamitische koningen. Volgens de *Historia Roderici* schreef Rodrigo aan zijn collega's die naar Granada waren afgereisd een brief waarin hij hun smeekte om er 'uit naam van hun heer koning Alfonso' van af te zien de wapens op te nemen tegen de koning van Sevilla. De andere Castilianen, van wie de meest vooraanstaande de opperbevelhebber van Alfonso was, graaf García Ordóñez, gingen er niet op in en drongen Sevillaans gebied binnen, waar ze landerijen en boomgaarden verwoestten. Rodrigo ging er met een legertje op af en bracht graaf García Ordóñez bij Cabra een beslissende nederlaag toe. Hij nam de graaf en vele andere ridders gevangen, nam hun wapens en bagage in beslag en hield hen drie dagen vast alvorens hen weer vrij te laten, op voorwaarde dat ze losgeld zouden betalen.

Zijn overwinning, waarmee hij de onderdanen van zijn eigen koning had vernederd en flink wat geld afhandig gemaakt, zou de indirecte oorzaak worden van zijn ondergang. Graaf García Ordóñez werd zijn gezworen vijand. In het *Poema de Mio Cid* schept Rodrigo erover op dat hij bij Cabra de baard van de graaf had geplukt, wat, als het inderdaad waar is, een onvergeeflijke belediging zou zijn. Zelfs als zijn snoeverij figuurlijk moet worden opgevat, was Ordóñez verschrikkelijk beledigd. Hij had zijn gezicht verloren en waarschijnlijk ook een heleboel geld, en Ordóñez was een van de gunstelingen van de koning; hij was getrouwd met Urraca, de zuster van de koning. Hij was iemand die je eigenlijk maar beter niet tegen je in het harnas kon jagen.

Terug aan het hof van koning Alfonso 'werden veel mannen', onder wie stellig ook Ordóñez, 'jaloers en beschuldigden [Rodrigo] ten overstaan van de koning van vele valse en onware dingen'. Er werd beweerd dat hij zich een deel van de schatting van Sevilla had toegeëigend. Zijn positie aan het hof begon precair te worden. In het volgende jaar nam hij het op zich om represailles te nemen tegen een troep bandieten die vanuit het islamitische koninkrijk Toledo de grens over kwamen. Alfonso had, tegen een gigantisch hoge prijs, steun toegezegd aan de incapabele koning van Toledo, Al-Qadir, die derhalve onder zijn bescherming stond. Rodrigo negeerde dat feit, of was zich er misschien niet van bewust. Hoe dan ook, hij ondernam een zogenaamd als strafexpeditie bedoelde rooftocht die hem tot diep in Toledo voerde. 'Hij plunderde en verwoestte het land van de Saracenen' en nam een groot aantal gevangenen (de *Historia Roderici* spreekt van zevenduizend), 'legde genadeloos beslag op al hun rijkdommen en bezittingen en nam die mee naar huis'.

Deze aanval op een bondgenoot, waar hij geen bevel, laat staan toestemming voor had gekregen, en die kennelijk voornamelijk ondernomen was voor eigen, persoonlijk gewin, was een ernstig vergrijp. Als de koning wilde voorkomen dat de ingewikkelde en netelige verhoudingen met de vele naburige heersers verstoord raakten, konden plundertochten op eigen houtje zoals Rodrigo had ondernomen, niet worden getolereerd. In 1081 werd de Cid uit Castilië verbannen.

Er zijn twee lezingen mogelijk van het verhaal van zijn verbanning. Volgens de legendes viel de onschuldige Cid alleen in ongenade omdat Alfonso zijn oren liet hangen naar de boosaardige leugens van zijn vijanden. Het *Poema de Mio Cid* beschrijft hoe de inwoners van Burgos vanuit hun huizen de verbannen Rodrigo zien wegrijden. Als uit één mond roepen ze jammerend uit: 'God, zo'n goede vazal, had hij maar een goede heer!' Net als Cato is de Cid in deze versie van zijn verhaal een man wiens trouw aan de instituties en wetten van zijn vaderland onwankelbaar is, een man die de waarden van zijn vaderland in ballingschap met meer toewijding vertegenwoordigt dan het corrupte gezag. Hij is verraden, maar nooit een verrader. Net als Cato zweert hij iedere verzorging van zijn haar af als teken van rouw, en laat hij zijn wonderbaarlijke baard ongehinderd groeien. Hij is het slachtoffer van een onwaardige meester, maar hij bewaart zijn zelfbeheersing en klaagt niet. 'De Cid, hoewel verbannen, bleef trouw aan zijn koning.'

De tegenovergestelde traditie stelt Rodrigo echter voor als iemand die meer op Achilles lijkt dan op Cato, een trotse aristocraat die zijn eigen waardigheid hoger acht dan die van welke koning dan ook, iemand wiens gewelddadige afwijzing van elke poging zijn wil te beteugelen hem gevaarlijk maakt, en in de ogen van de dichters die hem vieren, voortreffelijk. Er bestaat een ballade waarin de jonge Rodrigo en zijn vader naar het hof van de oude koning Ferdinand rijden om vergeving te vragen voor het doden van een andere edelman. Diego Lainez en de ridders die hem vergezellen zijn vredesgezind, maar Rodrigo is 'trots en onafhankelijk'. Als ze voor de oude koning staan knielt Don Diego neer en kust de koninklijke hand. Rodrigo deinst achteruit. Zijn vader roept hem om op zijn beurt ook respect aan de koning te betuigen. Rodrigo ontsteekt echter meteen in woede, trekt zijn zwaard en dreigt de koning, die uitroept: 'Ga weg! Jij duivelskind! Jij hebt het gelaat en de gedaante van een man, maar de woeste blik van een leeuw.' Nog met diezelfde woede in zijn blik springt Rodrigo op zijn paard en roept uit: 'Mijn soort kust geen koninklijke handen', alvorens in galop weg te rijden. In een andere ballade maken koning Alfonso en de Cid vreselijke ruzie na die eedaflegging in de San Gadea. Alfonso is verbolgen over het aanmatigende gedrag van zijn nieuwe onderdaan en verbant hem (waarmee hij acht jaar geschiedenis uitwist). Rodrigo vertrekt smalend en razend, en zegt blij te zijn dat hij weggaat. Geen van die verhalen heeft een bekende historische basis, maar wat wij weten van de loopbaan van Rodrigo Díaz suggereert dat hij waarschijnlijk meer geleken heeft op die onstuimige, snel in zijn trots gekrenkte fictionele held dan op het alternatieve imago van een dienaar die feilloos gehoorzaamt aan zijn meester, of die het nu bij het rechte eind heeft of niet.

Toen de Cid van de historische feiten in ballingschap ging zal hij trouwens ook weinig tijd hebben besteed aan tobberijen over zijn relatie met zijn oude meester – hij moest een nieuwe zien te vinden. Hij moest eten, en zijn volgelingen idem dito. Geïdealiseerde helden kennen vaak geen fysieke behoeftes. Voor Homerus deed de biologische noodzaak van het eten de status van een man geen goed, en verried hem tegelijkertijd als een volwaardig lid van het menselijk ras. Als Achilles tekeergaat op het slagveld zweert hij alle voedsel af. Het moment in de *Ilias* waarop hij Priamos aanzet tot eten is het keerpunt in zijn verhaal, het bewijs dat hij weer helemaal mens is geworden. In de latere traditie toonde de ware ridder zijn aristocratische roeping door te leven als een lelie in het veld, zonder één gedachte aan eten of drinken. Als sir Gareth, in de Arthurverhalen van Thomas Malory, in vermomming naar het hof van koning Arthur komt en vraagt of hij een jaar lang te eten kan krijgen, wekt hij de minachting van de hele Ronde Tafel. Dergelijke minderwaardige, louter vleselijke zaken waren interessant voor het lagere volk. In Cervantes' geniale parodie op de middeleeuwse ridderverhalen vraagt een herbergier Don Quichot om geld. Don Quichot antwoordt dat hij geen cent op zak heeft, omdat hij in verhalen over dolende ridders nog nooit over één ridder gelezen heeft die dat wel had. Het is aan eenvoudige lieden als Sancho Panza om te onderhandelen over onderdak en om eten op tafel te zetten, niet aan mensen zoals hij.

Maar Rodrigo Díaz was een halfgod noch een romantische held. Veeleer was hij een avonturier als de nuchtere held van het Welse epos *The Mabinogion*, wiens queeste een wel heel nuttig voorwerp ten doel heeft: een bovennatuurlijke kookpot die op toverachtige wijze voedsel kon bereiden voor een heel leger. Voor Díaz en zijn volgelingen, en voor de vroegmiddeleeuwse dichters en minstrelen die zijn verhaal voor het eerst vertelden, was voedsel van het allerhoogste belang, en hun behoefte eraan niets om je voor te schamen. Het voldeed als motief om een oorlog te beginnen. 'Hoe moeten wij ons brood verdienen zonder tegen de Moren te vechten?' vraagt hij zich af in het *Poema de Mio Cid*. Uit Castilië verdreven moest hij dringend een nieuwe meester zien te vinden in wiens dienst hij en zijn mannen hun buik konden vullen.

In de vijfde eeuw v. Chr. zocht een man die, zoals Alcibiades, de wetten van zijn land had overtreden gewoon ergens anders emplooi. Zo ook was Rodrigo Díaz in de elfde eeuw een van de velen die werden verbannen omdat ze hun heer hadden beledigd, en die derhalve zo ongeveer werden gedwongen voor een ander te vechten. Oorlogvoeren was per slot van rekening de stiel van de edelman.

'Sterke mannen moeten roem zien te verwerven in verre landen,' schreef de dichter van Beowulf. In legendes uit heel Europa vertrekken jeugdige helden van huis om naam te maken met het bevechten van draken en monsters. In de krijgshaftige samenlevingen die in de epiek worden beschreven kon de rijkdom van een gemeenschap alleen worden vergroot door hen die zich buiten de grenzen van het bekende waagden om beloningen te verwerven voor hun moed. Jason kwam terug met het Gulden Vlies. Beowulf voer terug naar huis nadat hij twee monsters had verslagen en hij zijn schip had volgeladen met wapenrustingen, paarden en juwelen. Ook in de werkelijkheid gingen jongemannen naar het buitenland om de rijkdom van hun vaderland aan te vullen door fortuinen te verdienen in de strijd, niet tegen monsters, maar tegen de vijanden van andere volken.

De legers van vroegmiddeleeuws Europa waren vergeven van de huurlingen, dolende ridders wier jacht op avontuur, op roem en fortuin, hen van het ene eind van het continent naar het andere voerde. Harald Sigurdson, die in de tijd van de Cid koning van Noorwegen was, had voor Rusland tegen de Polen gevochten en voor Byzantium tegen de Bulgaren en de moslims van Sicilië, alvorens huiswaarts te keren, volgens de sage beladen met 'een immense schat aan geld', genoeg om de coup te financieren die hem koning zou maken. Overal, van Barcelona tot Constantinopel, vochten Normandische ridders voor geld en andere buit, nog voor ze met duizenden tegelijk op de Eerste Kruistocht naar het Nabije Oosten trokken. Italiaanse condottieri vochten voor Engeland tegen Frankrijk en andersom, terwijl Italië overstroomd werd door gelukszoekers uit Duitsland en Engeland. Toen Reinhardt Dozy, de grote Nederlandse oriëntalist, in 1849 als eerste Europese historicus uit Arabische bronnen putte voor zijn werk over Rodrigo Díaz, choqueerde hij vele Spanjaarden door hun nationale held te beschrijven als 'een man zonder wet of geloof... die als huursoldaat nu eens voor Christus vocht, en dan weer voor Mohammed, en die zich alleen druk maakte om het geld dat hij kon verdienen en de buit die hij te pakken kon krijgen'. Zijn feiten klopten, maar zijn afkeurende toon was anachronistisch. In de ogen van een negentiende-eeuwse geleerde was het gepast je medemensen af te slachten in dienst van God, koning, of vaderland, maar verder niet. Voor Rodrigo Díaz en zijn tijdgenoten was strijd leveren op zich echter al eervol, en geen bezigheid die gerechtvaardigd hoefde te worden met een verwijzing naar een goede zaak. 'Zij die niet edel van afkomst zijn,' schreef de Franse ridder Jean de Breuil, 'zijn het door het vakkundig gebruik van hun wapens, dat in zichzelf edel is.' Een vazal vocht voor zijn heer, maar als zijn heer hem verstootte zocht hij elders zijn bestaan, en vocht hij voor een ander die hem goed voor zijn diensten wilde betalen.

Het *Poema de Mio Cid* (waarin twee periodes van ballingschap ineengeschoven zijn) verhaalt dat Rodrigo Díaz zijn vrouw en dochtertjes achterliet in het Castiliaanse klooster San Pedro de Cardeña, waar zij met pijn in het hart van elkaar scheidden 'als de nagel van het vlees'. Zijn bewonderaars hebben het altijd prettig gevonden uitvoerig stil te staan bij het beeld van de Cid als liefhebbende echtgenoot, en toegewijd huisvader. Maar dit is, in alle middeleeuwse versies van zijn verhaal, de meest expliciete verwijzing naar zijn liefde voor Jimena, hier wordt hij neergezet als man die zijn vrouw achterlaat zoals Odysseus Calypso verliet, en zoals Cato in alle gemoedsrust Marcia opgaf – hij keert het vrouwelijke domein van seks en gezin de rug toe teneinde zijn grote avontuur op waarachtig heroïsche wijze aan te vangen, alleen en in alle vrijheid. De meeste balladen dichten hem een minachting voor huiselijkheid toe die gepast is voor een krijger en gelukszoeker. In een van die balladen gaat Rodrigo prat op zijn eigen gehardheid. Hij is keihard, hij is altijd gewapend, hij slaapt slechts twee keer per week en dan niet in een bed maar buiten, en hij eet niet aan een tafel maar op de koude grond, 'En als dessert gebruik ik geweld, het fruit dat mij het beste smaakt!' In een andere ballade schrijft Jimena een brief aan de koning waarin ze het feit betreurt dat haar geliefde man 'een wilde leeuw' is geworden die haar slechts eenmaal per jaar bezoekt en dan doordrenkt van bloed bij haar komt, 'besmeurd tot op de hoeven van zijn paard, ik durf niet eens te kijken'. De Cid is in deze visie even anti-huiselijk als de losgeslagen Achilles was toen hij naar het slagveld reed om de strijd aan te binden met de huisvaders van Troje. Volgens de legende zouden de laatste woorden die hij op zijn sterfbed sprak niet aan Jimena gericht zijn, maar aan zijn paard.

Hoezeer Rodrigo Díaz het misschien ook betreurd heeft om zijn vaderland, zijn gezin en zijn bezit achter te laten (alle eigendommen van een banneling werden automatisch door de kroon geconfisqueerd), zijn vooruitzichten waren niet slecht. Hij was achter in de dertig, een doorgewinterd soldaat met een gevolg dat groot genoeg was om een ontzagwekkend privéleger te vormen en met een voortreffelijke reputatie. Het Latijnse gedicht *Carmen Campi Doctoris*, dat vermoedelijk twee jaar na zijn verbanning werd geschreven, roept hem uit tot een man die graven versloeg en koningen onder zijn voeten vertrapte. Hij kon met enig vertrouwen beginnen aan zijn tweede carrière, die van krijgsheer in dienst van de hoogste bieder.

Hij reisde eerst naar Barcelona om zijn diensten aan de christelijke vorst aldaar aan te bieden. Hij bleef niet lang: volgens het *Poema de Mio Cid* maakte hij publiekelijk heftig ruzie met de neef van de graaf. Vervolgens reisde hij verder naar Zaragoza, waar hij emplooi vond in dienst van de moslimkoning Al-Muqtadir.

Voor de Spanjaarden van na de Contrareformatie is Spanje altijd in de eerste plaats een christelijk land geweest, een land dat zijn bestaan enkel en alleen te danken heeft aan de verdrijving van de ongelovigen. De negentiende-eeuwse historicus Menéndez y Pelayo beschreef zijn land zo: 'Spanje, brenger van het evangelie op de halve aardbol, Spanje, gesel van de heidenen, Spanje, zwaard van de paus. Dit is onze grootsheid en onze glorie – een andere hebben we niet.' Het was niet meer dan passend dat de symbolische held van een natie waarvan het zelfbeeld zo'n geur van heiligheid draagt, werd neergezet, niet slechts als man van God, maar als man van de enige juiste God.

De oude balladen vertelden het zeer antiklerikale verhaal van de Cid die de stoel van de paus omver trapte en dreigde om heilige gewaden te gebruiken als zadeldek, maar dat aspect van zijn legendarische karakter werd snel onderdrukt, waarna hij geïdealiseerd werd als een loyale zoon van de Kerk. Zijn uitzonderlijke dapperheid en zijn ongebroken reeks successen werden voortaan gezien als teken van goddelijke uitverkoring. Veel verhalen deden de ronde over de wonderen die met hem in verband werden gebracht. Vlak na zijn bruiloft vertrok hij, volgens de *Romancero*, op pelgrimsreis naar Santiago. Onderweg zag hij een lepralijder die lag te spartelen in een moeras. Hij redde de beklagenswaardige man, nam hem mee naar een herberg, gaf hem te eten en te drinken en nodigde hem zelfs uit het bed met hem te delen. Om middernacht werd hij wakker van het merkwaardig opwindende gevoel van iemand die in zijn nek ademde. De lepralijder was verdwenen en op zijn plaats stond de H. Lazarus, die tegen hem zei: 'Rodrigo, God houdt heel veel van u, uw faam zal immer groter worden; ... U zult overwinnen tot het eind, de Hemel zal uw leven bekronen.' In het *Poema de Mio Cid* verschijnt hem in een droom de aartsengel Gabriël, met een al even bemoedigende boodschap: 'Stijgt u te paard, mio Cid, goede Campeador, want nooit steeg een man te paard op zo een gunstig tijdstip; nog tijdens uw leven zal alles ten goede keren.' Het hele epos door wordt hij neergezet als een christelijke krijger, als iemand die triomfeerde 'met Gods hulp' omdat 'de schepper aan zijn zijde was', iemand wiens strijdkreet begon met 'In naam van de Schepper en de H. Jacobus' en die Valencia belegerde en veroverde 'voor de christenen'.

De monniken in Cardena, waar de Cid en Jimena uiteindelijk werden begraven, schreven een kroniek van zijn leven waarin de H. Petrus aan hem verschijnt als hij dodelijk ziek is en tegen hem zegt: 'God houdt zoveel van u dat hij u de overwinning zal schenken in de strijd, zelfs na uw dood'. De Cid verheugt zich en bereidt zich voor op zijn levenseinde. Als hij is gestorven leidt zijn luitenant Alvar Fánes (een historische figuur, maar wel een die niet in Valencia was toen Rodrigo Díaz stierf) een aanval op het Almoraviedische leger dat de stad belegert. 'Op dat moment ging in vervulling wat de H. Petrus had voorzegd.' De christelijke troepen, in werkelijkheid gering in aantal, worden op mysterieuze wijze vermeerderd tot ze 'ruim zeventigduizend man sterk' zijn, allemaal in het wit en aangevoerd door een spookachtige strijder van reusachtige afmetingen 'op een wit strijdros, met in zijn ene hand een banier met dezelfde kleur en in de andere hand een vlammend zwaard'. De tweehonderd negerinnen met kaalgeschoren hoofd in de Almoraviedische voorhoede worden afgeslacht, en de rest van het moorse leger wordt in zee gedreven, waar tienduizend van hen verdrinken. De balladen en ridderverhalen vertellen hetzelfde verhaal.

Rodrigo Díaz werd het brandpunt van een religieuze cultus, de eerste held van de christelijke Reconquista. Zijn stoffelijk overschot werd aanbeden. In de veertiende eeuw leende koning Alfonso xi van Cardena een kruisbeeld waarvan werd gezegd dat het van de Cid was geweest en nam het mee in de strijd, in een poging zich het van Godswege gesanctioneerde geluk van de Cid Campeador toe te eigenen. Toen Jaime i van Arragon Valencia heroverde droeg hij het geweldige zwaard Tizon bij zich, dat de Cid volgens de legende van de Marokkaanse koning zou hebben afgenomen. In 1541 werd zijn kist geopend toen hij naar een nieuwe, grotere graftombe werd verhuisd. Een fantastische geur zou de hele kerk hebben gevuld en aan de droogte waar Castilië onder leed kwam een einde met een wonderbaarlijke regenval. In 1554 probeerde koning Filips ii de Cid heilig te laten verklaren; de paus (een beter, of althans minder bevooroordeeld historicus dan de koning van Spanje) weigerde echter aan zijn verzoek te voldoen.

Rodrigo Díaz was stellig een geboren en getogen christen, maar zijn vroomheid is twijfelachtig. Net als de homerische krijgers zoekt hij in de natuur naar voortekenen. Ibn 'Alqama schreef dat hij 'voortekenen zag in de vlucht van vogels en geloof hechtte aan die verhalen en aan andere leugens'. In Valencia en Murviedro bouwde hij kerken om tot moskeeën – misschien in een geest van vrome toewijding, misschien om de verslagenen te vernederen en tegelijkertijd te geuren met zijn overwinning – maar hij werd er ook op geloofwaardige wijze van beschuldigd hele kerken te hebben leeggeroofd. Hij heeft bij zijn leven vermoedelijk even veel christenen gedood als moslims, en hij schijnt zijn heren zonder enige vooringenomenheid te hebben gediend, ongeacht hun geloof. In de woorden van Reinhardt Dozy: 'Het is opmerkelijk dat het uitgerekend de zwaarmoedige, meedogenloze Filips ii was die de Cid graag opgenomen zag in de rijen der heiligen; de Cid was meer moslim dan katholiek... de Cid, die onder de inquisitie van Filips stellig als geloofsafvallige en godslasteraar op de brandstapel zou zijn beland.' Het is ook opmerkelijk dat in geen van de talrijke balladen waarin zijn daden worden bezongen, in geen van de epische gedichten die van zijn loopbaan verhalen, enige melding wordt gemaakt van het feit dat de Cid vijf jaar, jaren waarin hij in de kracht van zijn leven was en waarin hij enkele van zijn opvallendste overwinningen behaalde, de trouwe dienaar was van een islamitische vorst.

De krijgskunst, zo ijverig gecultiveerd door de christelijke ridders van

Noord-Europa, werd minder hoog aangeslagen door de islamitische koningen van Al-Andaluz, wier volken net zo'n intense waardering hadden voor schoonheid en de verfijndere vormen van weelde als de hovelingen van de Heian-periode, hun tijdgenoten in Japan. Koning Al-Ma'mun van Toledo gaf een bekende astronoom opdracht voor de bouw van een schitterende waterklok, die de bewondering wekte van heel Al-Andaluz. Al-Muzzafar, die gedurende de kinderjaren van Rodrigo Díaz koning van Badajoz was, schreef een reeks van vijftig boeken over 'universele kennis'. Zijn opvolger, Al-Mutawakkil, was dichter en begunstiger van dichters. Op zijn feesten zaten gasten aan een in de vloer verzonken waterstroom waarop schotels met het heerlijkste voedsel langs kwamen drijven. In de paleizen van die koningen, waarvan een en ander bewaard is gebleven, overblijfselen die nog altijd adembenemend zijn in de gratie en gecompliceerdheid van hun versiering en de pracht van hun proporties, leidden de edelen van het islamitische Spanje een leven waarbij de eindeloze militaire exercities en agressieve campagnes van hun christelijke tijdgenoten maar onbehouwen en primitief afstaken. Niet dat ze de oorlogvoering helemaal hadden afgezworen, maar het rauwe en akelige vechtwerk delegeerden ze voor het merendeel aan anderen. Ze vulden hun legers aan door groepen slaven uit Oost-Europa te kopen en lieten het bevel over aan de meest kundige van die slaven, of ze huurden christelijke ridders in. De graven van Barcelona, die een aanzienlijke rol speelden in het leven van Rodrigo Díaz, behoorden tot de grote groep christelijke edellieden die hun positie te danken hadden aan het goud dat ze verdiend hadden in de strijd voor islamitische betaalmeesters. Hetzelfde kan worden gezegd van de Cid.

Vijf jaar lang diende Rodrigo de koningen van Zaragoza, eerst Al-Muqtadir, toen, na diens dood, zijn zoon Al-Mu'tamin, en toen die ook het leven liet, diens zoon Al-Musta'in. In Sparta en aan het Perzische hof van Tissaphernes paste Alcibiades zich aan de cultuur van zijn gastheren aan. Rodrigo Díaz moet hetzelfde hebben gedaan. Ibn Bassam meldt dat hij zich onder het eten graag verhalen over Arabische helden liet voorlezen – vermoedelijk in het Arabisch. Toen in 1541 zijn tombe werd geopend, werd ontdekt dat hij begraven was in een zijden kleed met moors dessin, met aan zijn zijde een fraai bewerkt kromzwaard.

Het grootste deel van zijn tijd in dienst van Zaragoza was hij opnieuw betrokken in een geschil tussen rivaliserende broers. Al-Muqtadir verdeelde zijn koninkrijken, net als koning Ferdinand, onder zijn zoons. De heer van Rodrigo, Al-Mu'tamin, was gedurende het grootste deel van zijn bewind in oorlog met zijn broer Al-Hayib, de koning van Denia, en diens christelijke bondgenoten de koning van Aragon en de graaf van Barcelona. In die slepende en onwaardige oorlog bewees Rodrigo zijn heer voortreffelijke diensten. Voor zijn ballingschap genoot hij al een goede reputatie onder zijn me-de-Castilianen, maar volgens Ibn Bassam, een Moor uit Sevilla, waren het de vorsten van Zaragoza 'die hem op het schild hieven'. In de jaren dat hij hen diende verspreidde zijn roem zich door heel Spanje. In 1082 won hij een reeks slagen, met als hoogtepunt de slag bij Almenar. Daar nam hij het met een kleine strijdmacht op tegen het veel grotere, verenigde leger van zijn tegenstanders. Hij won de slag met overtuiging, maakte de kostbare bagagekaravaan van de vijand buit en, wat nog mooier was, hij nam de graaf van Barcelona en diens hele stoet van ridders gevangen. Het losgeld dat ze voor zulke illustere gevangenen konden eisen moet gigantisch zijn geweest. De dankbare koning 'overlaadde hem met talloze waardevolle geschenken en vele giften van goud en van zilver'. Twee jaar later boekte hij nog een grote overwinning, en opnieuw nam hij een groot aantal belangrijke vijanden gevangen, onder wie zestien edellieden uit Aragon. Toen hij met zijn buit naar Zaragoza terugkeerde bewezen Al-Mu'tamin en zijn zoons hem de buitengewone eer hem tegemoet te rijden, 'vergezeld door een menigte mannen en vrouwen die de lucht deden weergalmen van hun vreugdekreten'. Hij bekleedde nu een schitterende positie, en toen de koning stierf en werd opgevolgd door zijn zoon Al-Musta'in, behield Rodrigo die hoge positie, en werd hij door de nieuwe vorst behandeld met 'de grootste eer en respect'. Het zag ernaar uit dat de krijgsman die voor eeuwen in de herinnering zou voortleven als gesel van de Saracenen, een lange en glorierijke loopbaan tegemoet ging als de belangrijkste dienaar van een moslimkoning.

In 1086 kwamen zijn oude en zijn nieuwe leven op dramatische wijze tegenover elkaar te staan. Koning Alfonso, die geleidelijk steeds meer schatplichtigen aan zich had gebonden met wie het gebied van zijn 'protectoraat' aanzienlijk was uitgebreid, verscheen aan het hoofd van een groot leger voor de muren van Zaragoza en sloeg een kamp op om de stad te belegeren. De apologeten van de Cid hebben verklaard dat hij nooit uit naam van een ongelovige de wapens zou hebben opgenomen tegen de Castiliaanse koning, dat hij toen elders moet zijn geweest, maar er is geen werkelijke reden om te betwijfelen dat hij, als opperbevelhebber van de koning van Zaragoza, verantwoordelijk was voor de verdediging van de stad tegen de agressie van zijn voormalige heer. Hoe dan ook, het kwam bij die confrontatie niet tot een gewapend conflict. Voor dat kon gebeuren ontving Alfonso dermate alarmerend nieuws dat hij de belegering onmiddellijk ophief en zijn leger zuidwaarts dirigeerde. De Almoravieden uit Afrika waren Spanje binnengevallen.

Een halve eeuw eerder waren de Almoravieden een kleine sekte van fundamentalistische moslims aan de monding van de Senegal, aan de westkust van Afrika. Ze waren vroom, ascetisch en meedogenloos militant. In 1079 hadden ze het eerbiedwaardige koninkrijk Ghana omvergeworpen en hadden ze voor zichzelf en de islam een reusachtig rijk veroverd dat zich uitstrekte van de Atlantische kust tot halverwege de Sahara en van de Niger tot de Straat van Gibraltar. Hun legers, die zowel gedisciplineerd als fanatiek waren, leken onstuitbaar. Hun leider, Abu Bakr, had de controle over het noordelijk deel van zijn territorium gedelegeerd aan zijn neef Yusuf, die Marrakesh als zijn basis had gekozen. In de jaren tachtig van de elfde eeuw, toen het Castilië van Alfonso steeds bedreigender werd in zijn agressiviteit, en steeds succesvoller ook, hadden de heersers van het islamitische Spanje Yusuf, die tenminste dezelfde godsdienst aanhing, herhaaldelijk gevraagd de Straat van Gibraltar over te steken en hen te helpen zich te verdedigen. In 1086 gaf Yusuf daar eindelijk gehoor aan.

De inval van de Almoravieden in Spanje viel samen met een radicale verandering in de relaties tussen christenen en moslims op het Iberisch schiereiland. In 1085 had Alfonso, na een lange belegering, Toledo veroverd. Volgens 'Abd Allah van Granada 'joeg [de val van de stad] een geweldige schok door heel Al-Andaluz en waren de inwoners van angst en wanhoop vervuld'. Alfonso was niet zomaar een plunderaar: hij had het op hele koninkrijken voorzien, niet slechts op losgeld voor hun koningen. Bovendien wees een en ander erop dat hij zijn cultuur en zijn godsdienst wilde opleggen aan al diegenen wier gebied hij annexeerde. In Toledo werd, in strijd met de capitulatievoorwaarden en tot ontsteltenis van de inwoners, de grote moskee omgebouwd tot christelijke kerk, en derhalve ontheiligd (dan wel geheiligd, afhankelijk van het religieuze standpunt van de waarnemer). De christenen, voor de Spaanse moslimstaten ooit niet meer dan een last – beangstigend en duur maar wel draaglijk –, vormden nu een bedreiging voor hun voortbestaan.

In Yusuf, met zijn religieuze fanatisme en zijn al immense nieuwe Afrikaanse rijk, trof Alfonso een ontzagwekkende rivaal. De beschaafde, luxeminnende koningen van Al-Andaluz deden eerst nogal uit de hoogte tegen hun nieuwe bondgenoot. Zij woonden in exquise paleizen in het hart van uit steen opgetrokken steden. Het Marrakesh van Yusuf was een kamp, met doorntakken omheind. Ze stuurden hem verzen in klassiek Arabisch die hij niet begreep. Ze lachten om zijn gebrek aan verfijning, maar hoewel het even duurde voor ze een en ander naar waarde wisten te schatten, had hij kwaliteiten die zij ontbeerden en vreselijk nodig hadden, kwaliteiten die op de ruwe weegschaal van de geschiedenis zwaarder bleken te wegen dan alle schoonheid van hun tuinen en eruditie van hun geleerden bij elkaar. Hij had een enorm, goed getraind leger dat nog nooit verslagen was, hij had de ambitie een rijk te stichten en hij had het charisma van de man die zich bewust is van wat hij bereiken wil. 'Abd Allah, de koning van Granada die hij later van zijn koninkrijk zou beroven, zou over hem schrijven: 'Als ik hem mijn vlees en bloed had kunnen geven, zou ik dat gedaan hebben.'

De confrontatie tussen de Almoravieden en het recentelijk zo expansionistische Castilië van Alfonso was wezenlijk anders dan de platvloerse en makkelijk te beslechten geschillen die zich de voorgaande decennia tussen christenen en moslims hadden voorgedaan. Het was geen conflict tussen rivaliserende gemeenschappen binnen een heterodoxe samenleving, maar tussen twee verschillende culturen die elkaar niet tolereerden. In de loop van de tien jaar die volgden zouden beide partijen worden beschuldigd van wrede en barbaarse daden. De Almoravieden zouden de lijken onthoofden van de christenen die ze op het slagveld hadden verslagen, en die hoofden op hoge stapels gooien, waarna de muezzin die bergen beklom om de gelovigen staand op al die hoofden op te roepen tot het gebed. De christenen (onder wie ook Rodrigo Díaz) zouden hun gevangenen levend verbranden en ze door honden aan stukken laten scheuren. Of die verhalen nu waar zijn of niet (en het is best mogelijk dat ze waar zijn), het feit dat ze verteld werden geeft wel aan dat beide partijen elkaar in een wurggreep van angst en afgrijzen hielden. Rodrigo Díaz was opgegroeid in een kleurrijker Spanje en had met moslims tegen christenen gevochten en vice versa. Maar de polarisatie van de twee Spanjes die uiteindelijk zou leiden tot de christelijke Reconquista, met een bijbehorende mythologie waarin hij – enigszins misplaatst – als eerste held zou optreden, begon in feite in zijn tijd.

De legers van Alfonso troffen die van Yusuf bij Sagrajas. De christelijke ridders vochten als een los verband van individuen; de slagen die zij gewend waren, waren grote verzamelingen tweegevechten. Nu ze tegenover de Almoravieden stonden, kregen ze voor het eerst te maken met een leger dat vocht met één doel voor ogen en dat erop getraind was als één strijdmacht te fungeren. De Afrikanen waren gedisciplineerd en van alles voorzien. Ze hadden lange schilden van nijlpaardenhuid en het ergste was dat ze marcheerden op de maat van grote trommels, een angstaanjagende galm die nog niet eerder in Europa te horen was geweest. Ze waren schrikwekkend, en al snel behaalden ze een verpletterende overwinning. Het leger van Alfonso werd in de pan gehakt.

Yusuf keerde terug naar Afrika, maar zijn interventie in Spaanse aangelegenheden had het politieke landschap van Spanje grondig veranderd. Hij had er bij de islamitische koningen op aangedrongen om 'met elkaar samen te werken en de rijen te sluiten'. Alfonso en de kleinere christelijke heersers zagen zich geconfronteerd met de mogelijkheid dat hun moslimrivalen het hele schiereiland wel weer onder de voet zouden kunnen lopen, net zoals ze drie eeuwen eerder hadden gedaan. De crisis was net zo ernstig als toen de

185

Atheners Alcibiades terughaalden. De nood was zo hoog dat Alfonso zich tot de man wendde die, net als Alcibiades destijds, een dermate voortreffelijke reputatie had dat hij 'de enige man in leven' leek te zijn die het land dat hem verstoten had voor een catastrofe kon behoeden. Hij deed een beroep op de Cid. Een maand of twee na de slag bij Sagrajas verzoenden de koning en zijn gevierde voormalige vazal zich met elkaar.

Het *Poema de Mio Cid* beschrijft hun ontmoeting (al heeft die volgens historische documenten een jaar of zes eerder plaatsgevonden dan in het epos). Rodrigo heeft Alfonso een kostbaar geschenk gestuurd, tweehonderd paarden, elk uitgerust met een zadel en een zwaard. Alfonso is er blij mee – hij aanvaardt het geschenk en laat Rodrigo weten dat hij, desgewenst, weer bij hem in de gunst staat. Er wordt afgesproken dat ze elkaar op neutraal terrein zullen ontmoeten (een eer voor de Cid, want het is gebruikelijk dat een vazal de koning daar opzoekt waar hij hof houdt). Beiden arriveren ter plaatse met een indrukwekkend gevolg. 'Hoeveel goede paarden en sterke muildieren, hoeveel prachtige wapens en sterke strijdrossen, een keur aan fraaie capes, aan pelzen en aan mantels! Groot en klein gaat gekleed in kleurrijke gewaden.' Als de Cid naderbij komt rijdt de koning hem tegemoet. Rodrigo geeft zijn mannen echter opdracht halt te houden en stijgt af, 'hij wierp zich op de grond, op handen en op knieën, het gras van het veld nam hij tussen zijn tanden, tranen stroomden uit zijn ogen, zo verheugd was hij; aldus toonde hij zijn ootmoed aan zijn heer Alfonso.'

Het oeroude gebaar van zelfvernedering, de extatische tranen – wat we hier zien is de gelukzalige hereniging van een toegewijd dienaar met zijn meester. De Rodrigo van het *Poema de Mio Cid* stuurt Alfonso herhaaldelijk een deel van wat hij heeft buitgemaakt, verzekert hem: 'ik zal [u] altijd dienen, zo lang als ik zal leven', en verklaart dat hij 'niet graag zou vechten tegen mijn heer koning Alfonso'. Degenen die ervoor hebben gekozen hem te zien als onwankelbaar trouw aan Castilië en zijn koning, geloven de dichter, bij wie de Cid, na de slag bij Sagrajas, verrukt en overtuigd van de goede bedoelingen van Alfonso op diens avances ingaat. Maar er is ook een ballade die een ander verhaal vertelt over hun hereniging. In die ballade stemt Rodrigo er, tot woede van Alfonso, in toe om hem te dienen, maar alleen tegen een royale betaling: 'Wiens vazal ik bereid ben te zijn moet mij betalen als de rest.' Andermaal komt de rauwe ballade dichter bij de historische feiten dan het idealiserende epos. Rodrigo haalde zijn oude leenheer over hem een flink voorschot te geven voor de diensten die hij hem zou verlenen. Zijn verbanning werd tenietgedaan. Hij kreeg de opperheerschappij over zes kastelen met hun grond en bewoners, en volgens de *Historia Roderici* deed Alfonso ook nog eens de buitengewone concessie dat 'al het land en alle kastelen die hij in het land van de Saracenen op de Saracenen zou veroveren absoluut en volledig zijn eigendom zouden zijn'. Normaliter was een vijfde van alle buit aan de koning verschuldigd, en had hij de opperheerschappij over alle gebied die zijn vazallen in zijn naam annexeerden. Maar voor Rodrigo Díaz ging dat niet op. Volgens de overeenkomst die hij met Alfonso sloot zou hij het recht krijgen een eigen koninkrijk te veroveren.

Na hun verzoening diende Rodrigo zijn koning drie jaar lang zonder dat de annalen enige twist tussen hen vermelden. In 1089 was hij in de Levant, het oosten van Spanje, om schattingen te innen en kwam hij opnieuw in botsing met de coalitie van Al-Hayib en de graaf van Barcelona, maar terwijl hij daar was ontving hij een dringende boodschap van Alfonso. De Almoravieden waren teruggekeerd naar Spanje en belegerden Aledo, de zuidelijke voorpost van Alfonso. De koning zelf was al onderweg, met alle troepen die hij op de been kon krijgen. Rodrigo moest zich zo snel mogelijk bij hem voegen. Rodrigo trok meteen zuidwaarts met zijn leger, op weg, zoals hij later beweerde, naar de plek waar Alfonso had voorgesteld dat ze de handen ineen zouden slaan. Hun ontmoeting zou echter nooit plaatsvinden.

Rodrigo beweerde dat Alfonso een andere route had genomen zonder hem te informeren, dat hij gehoorzaam had gewacht op de plek waar ze hadden afgesproken terwijl het leger van de koning, zonder dat hij het wist, enkele kilometers westelijker langs hem heen trok. Maar García Ordóñez, de edelman die hij tien jaar eerder had vernederd, en anderen beschuldigden hem ervan het opzettelijk zo te hebben aangelegd dat de koning met een veel te klein leger de slag in moest. Alfonso geloofde hen. Rodrigo bood aan te zweren dat hij onschuldig was, en stelde vier versies van de eed op die hij met dezelfde plechtigheid zou afleggen als waarmee Alfonso destijds gezworen zou hebben dat hij geen schuld had aan de dood van zijn broer. Als dat niet genoeg was wilde hij er ook wel om duelleren: hij verklaarde zich bereid 'in uw hof strijd te leveren met een van degenen die Rodrigo hebben beschuldigd van verraad dan wel bedrog, en gezegd dat hij de moren op die manier wilde helpen u en uw leger te verslaan... Die beschuldigingen zijn leugens, gemeen, en vals, en volstrekt onwaar.' Maar de koning was niet overtuigd. De bezittingen van Rodrigo werden geconfisqueerd, zijn vrouw en kinderen werden opgesloten en voor een tijdje in de boeien geslagen, en hij zelf werd opnieuw verbannen.

Deze keer zocht hij geen nieuwe heer. In de Levant had hij, het voorgaande jaar, schattingen geïnd uit naam van Alfonso. Nu keerde hij, als onafhankelijk krijgsheer die niemand trouw verschuldigd was, terug naar dezelfde contreien, vastbesloten deze keer een fortuin op te halen, niet voor zijn meester, maar voor zichzelf. Hij was voor de tweede keer verbannen, zijn bezittingen waren opnieuw verbeurd; hij had dringend geld nodig om zich te verzekeren van de loyaliteit van de krijgers van wie zijn persoonlijke macht afhankelijk was.

Toen Alcibiades, net als Rodrigo Díaz, voor de tweede keer werd verbannen, schrijft Plutarchus, 'rekruteerde hij een huurlingenleger en trok voor eigen rekening ten strijde tegen de Thracische stammen... Hij maakte de mensen die hij gevangennam volop geld afhandig.' Ook Rodrigo was nu de mogelijkheid ontzegd hogerop te komen in de hiërarchie van de samenleving waarin hij geboren was, en ook hij vocht vanaf dat moment voor geen andere zaak dan zijn eigen gewin en verheerlijking. Daarbij bediende hij zich van middelen die hem in latere tijden zouden brandmerken als landpiraat, als bandiet en roverhoofdman. Historici die zijn reputatie graag zuiver wilden houden hebben de vreemdste intellectuele capriolen uitgehaald bij hun pogingen hem te verdedigen tegen de beschuldiging van geldzucht; voor zijn tijdgenoten was het helemaal niet nodig hem daartegen te verdedigen. De Rodrigo van het *Poema de Mio Cid* legt de graaf van Barcelona in bondige bewoordingen uit wat voor leven hij leidt: 'Wij verdienen ons brood door van u en anderen te nemen: zolang het God behaagt zullen wij zo leven.'

In het epos valt hij zonder enige aanleiding steden vol weerloze burgers aan, alleen om zichzelf en zijn volgelingen te verrijken. Hij eigent zich goud en zilver en kostbare gewaden toe. Hij jaagt schapen en koeien bijeen om ze vervolgens te verdrijven. Hij neemt mensen gevangen en ruilt hen voor geld, en maakt 'grote winsten', soms door losgeld aan te nemen van hun familie, dan weer door zijn gevangenen aan slavenhandelaars te verkopen. In Alcocer slacht hij zoveel inwoners af dat er niet genoeg overblijven om hun gevangenen vrij te kopen, en aangezien ze er weinig bij zouden winnen om de gevangenen te onthoofden neemt hij gewoon hun huizen af en houdt de bewoners aan als slaven. Hij is geen kruisridder, hij heeft niets ridderlijks. Hij is een bandiet, iemand die niet de indruk probeert te wekken dat zijn daden op de een of andere manier gerechtvaardigd worden door een hoger doel, of het nu de verbreiding van het christendom is of de expansie van Castilië. Als de bevolking van een stad die hij belegert een uitval waagt, geeft hij eerlijk toe dat hij hen geprovoceerd heeft. 'Wij zijn in hun gebied en berokkenen hun schade, wij drinken van hun wijn en we eten hun brood; als zij ons gaan belegeren is dat hun volste recht. Slechts door strijd te voeren kunnen wij dit beslechten.'

Legendes verhalen dat hij zowel bedrog pleegde als berovingen met geweld. Net als Odysseus is hij oplichter en plunderaar ineen. In de slag bij Golpejera behaalde hij een grote overwinning voor koning Sancho door de boel te belazeren en de voorwaarden van een overeenkomst te schenden. Zowel in het *Poema de Mio Cid* als in verscheidene balladen wordt verhaald hoe hij, toen hij in ballingschap ging, aan geld kwam om zijn vazallen uit te rusten en van eten te voorzien door een paar joodse geldschieters te beduvelen: hij vraagt om een enorme lening. Als onderpand biedt hij hun twee kisten met zand aan waarvan hij beweert dat ze zoveel goud bevatten dat ze te zwaar en te kostbaar zijn om mee te nemen. De geldschieters gaan akkoord, en zweren minstens een jaar lang niet in de kisten te zullen kijken. Het geld wordt overhandigd. De man die als tussenpersoon optreedt aanvaardt een vergoeding van dertig zilveren munten (de traditionele prijs voor verraad): genoeg om een weelderige bontjas en een goede mantel te kopen. Later in het gedicht worden de geldschieters weer opgevoerd: op enigszins klaaglijke toon vragen ze wanneer ze hun geld kunnen krijgen. De vertegenwoordiger van de Cid belooft opgewekt dat ze tevreden zullen zijn met wat de transactie hun zal opleveren, maar de dichter neemt niet de moeite ons te laten weten of ze ooit een cent hebben gezien. Een met ijzer beslagen kist in de kathedraal van Burgos wordt nog altijd aan toeristen getoond als een van de twee kisten die bij deze zwendel gebruikt zijn. Het verhaal zet de Cid neer als een van die bedrieglijke helden uit de volksverhalen. Volgens Ibn Bassam waren zijn favoriete Arabische verhalen, de verhalen waarin hij het meeste behagen schiep, die waarin Mohallab de Leugenaar de hoofdrol speelde.

De veertiende-eeuwse monnik Alvaro Pelayo voer uit tegen ridders 'omdat ze niet voor God vechten maar voor de buit, voor hun eigenbelang en niet voor het algemeen belang', maar in de ogen van tijdgenoten die de heldendaden van de Cid bezongen, was zijn gebrek aan bekommernis om het 'algemeen belang' gewoon en acceptabel, terwijl zijn toenemende rijkdom, ongeacht de gewelddadige en oneerlijke manieren waarop hij die verkreeg, zijn glorie uitmaakte. De goedgeefsheid waarmee een heer zijn buit deelde met zijn volgelingen, was de deugd die voor alle andere gecultiveerd moest worden. En aangezien vrijgevigheid alleen is weggelegd voor de rijken, en rijkdom, voor de ridder, alleen te verwerven is door middel van geweld, is het geen wonder dat eer, zoals een twaalfde-eeuwse Provençaalse troubadour opmerkte, 'nu gelegen is in het stelen van vee, schapen en ossen, of het plunderen van kerken en het beroven van reizigers'.

Jezus Christus en Cato mogen elk dan trots zijn geweest op hun armoede (echte armoe in het geval van Jezus, voorgewend bij Cato), er is een gebruikelijker soort grootheid die voortkomt uit de rijkdom die de edelman tentoonspreidt. In het Athene van de vijfde eeuw v. Chr. geurde Alcibiades met zijn status en deed hij een gooi naar de macht door gigantische bedragen te spenderen aan de paardenfokkerij en aan koren. Ten tijde van Cato wedijverden Pompeius en Caesar met elkaar wie het meeste (en het meest nadrukkelijk) geld uitgaf aan volksvermaak, Crassus spendeerde een tiende van zijn enorme fortuin aan een feest voor de hele bevolking van Rome, en Lucullus, de zwager van Cato, gaf ook een dermate weelderig feest, dat zijn naam tweeduizend jaar later nog altijd spreekwoordelijk is. In het *Poema de Mio Cid* is Rodrigo Díaz even goedgeefs. Hij richt een groot feestmaal aan: 'Iedereen was vol vreugde en het erover eens dat zij in drie jaren niet zo goed hadden gegeten.' Zijn volgelingen en vrienden, zelfs de gasten op de bruiloft van zijn dochters, allen worden rijk dankzij zijn fabelachtige gulheid. Hij geeft goud bijna net zo snel en in zulke gigantische hoeveelheden weg als hij het krijgt. Zelfs zijn verschijning spreekt boekdelen. Oorlogvoering was in de elfde eeuw een ernstige, bloederige zaak, maar het was ook spektakel. Een ridder pronkte met zijn moed en de rijkdom die hij met zijn moed had verworven door zich te hullen in de schitterendste wapenrusting, het meest oogverblindende harnas dat hij zich kon veroorloven. Een Latijns lied beschrijft de Cid die zich wapent voor de strijd: zijn weergaloze maliënkolder, zijn met goud ingelegde zwaard, zijn schild, versierd met een gouden draak, zijn Afrikaanse strijdros (het fabelachtige oorlogspaard Babieca) dat vloog als de wind en sprong als een hinde. In het *Poema de Mio Cid* draagt hij prachtige kleren: fijne kousen, fraai bewerkte schoenen, een overhemd zo stralend als de zon met gespen van zilver en goud, manchetknopen van kostbare metalen, vervaardigd naar eigen ontwerp, een jas van met goud doorregen zilverbrokaat, een scharlakenrode bontmantel met gouden siergespen.

In de feodale samenleving was materiële rijkdom – goud, zilver, zijde, paarden, slaven, een mooie wapenrusting en goede wapens – niet alleen een kwestie van machtsvertoon. Rijkdom was macht op zich, of kon althans macht genereren. Hoe meer een man bezat, hoe meer hij met zijn rijkdom pronkte, des te groter werd hij. Als Beowulf twee monsters heeft verslagen en daarvoor op passende wijze is beloond, keert hij 'trots met goud getooid' en 'dolblij met zijn schatten' naar zijn schepen terug – trots en blij, niet uit verachtelijke hebzucht, maar omdat een 'schatbewaarder' en 'goudhoeder' andere jongelieden kon aantrekken, die zich bij zijn gevolg zouden aansluiten en hem naar behoren zouden dienen, mits hij zijn goud gul met hen deelde. Want trouw moest worden gekocht, en voor diensten op het slagveld moest worden betaald. De status van een man hing af van het getal van zijn volgelingen, en de grootte van zijn gevolg was afhankelijk van de gulheid waarmee hij zijn goud onder zijn mannen verdeelde.

Bovendien kon geld ook nog worden gebruikt om het eeuwige leven te verwerven. Gonzalo Salvadórez, een tijdgenoot van Rodrigo, liet land na aan het klooster in Ona 'opdat ik daar voorgoed in de herinnering gehouden moge worden'. In het *Poema de Mio Cid* stuurt de Cid een bak vol goud naar het klooster van Cardena om te betalen voor mislezingen voor het redden van zijn ziel. Onsterfelijkheid, waar Achilles het leven voor moest laten, was in vroegmiddeleeuws Europa voor geld te koop.

Nu hij opnieuw verbannen was, en geen leenheer meer had om in zijn onderhoud te voorzien, was het voor Rodrigo Díaz van het allergrootste belang dat hij aantoonde zelf ook aan geld te kunnen komen. 'Sommige van zijn ridders die hij had meegenomen uit Castilië... keerden naar huis terug,' meldt de *Historia Roderici*. Die betwijfelden kennelijk of hij er wel toe in staat was kwistig geld te blijven uitdelen. Hij zou spoedig bewijzen dat hun twijfels ongegrond waren. In het voorjaar van 1090 trok hij met zijn troepen het gebied van koning Al-Hayib van Denia binnen. Hij belegerde en veroverde een kasteel dat ook dienstdeed als schatkamer van Al-Hayib. In een grot binnen de muren vond Rodrigo 'veel goud en zilver en zijde en talloze kostbare goederen'. Aanzienlijk verrijkt door die onverwachte buit trok hij verder, om dreigend dicht bij Denia zelf zijn kamp op te slaan. Hierdoor geïntimideerd 'stemde de koning in met een vredesakkoord', dat er vermoedelijk op neerkwam dat hij hem betaald heeft om weer te vertrekken. Vervolgens trok hij het district van Valencia binnen, eiste hij een schatting van koning Al-Qadir en aanvaardde hij 'vele en talloze bijdragen en giften' van andere hoogwaardigheidsbekleders. Hij betoonde zich net zo efficiënt in het intimideren van zijn prooi voor eigen rekening als hij gedaan had toen hij optrad uit naam van Castilië en Zaragoza.

Door schattingen te eisen van mannen die elders schatplichtig waren daagde hij echter meteen ook de opperheren van zijn slachtoffers uit. Al-Hayib wendde zich om hulp tot zijn 'beschermheer', graaf Berenguer van Barcelona. De Cid, wiens campagne in het oosten wel is afgeschilderd als een poging om het gebied te kerstenen en het te wapenen tegen een Almoraviedische inval, stond opnieuw tegenover een christelijke opponent.

Ze troffen elkaar in de bergen. Rodrigo had zijn kamp hoog op de helling opgeslagen. Berenguer klom met een deel van zijn troepen nog hoger en viel hem van twee kanten tegelijk aan. Er werd wanhopig strijd geleverd. Rodrigo viel van zijn paard en raakte ernstig gewond, maar hij vocht door en aan het eind van die dag had hij een overwinning behaald die volgens de *Historia Roderici* 'altijd zou worden bejubeld en nooit vergeten'. Het vijandelijke kamp werd geplunderd en graaf Berenguer werd gevangengenomen, en met hem 'vele andere zeer edele mannen', die allen tegen een losgeld werden vrijgelaten. Al-Musta'in van Zaragoza, de voormalige heer van Rodrigo, die geen partij had gekozen in dit conflict, onderhandelde over een akkoord dat Berenguer verplichtte een enorme som gelds aan Rodrigo te betalen, en dat hemzelf noopte de 'protectie' van de moslimgebieden in de Levant, waar hij zichzelf tot dusver als opperheer had beschouwd, aan de Cid over te dragen. Het was nog geen jaar geleden dat Rodrigo bij Alfonso in ongenade was gevallen. Niet alleen was hij reeds fabelachtig rijk, hij had zich ook nog eens verzekerd van een machtsbasis die hem enorme inkomsten aan schatting zou opleveren. '...ik ben Roy Díaz, mio Cid van Vivar!' roept Rodrigo als hij zich in het *Poema de Mio Cid* in de strijd werpt. Zijn strijdkreet vestigt de aandacht op zijn persoon, niet als bevelhebber van een leger, en zeker niet als ingezetene van een staat of onderdaan van een koning, maar als een voortreffelijk individu dat zichzelf uitstekend weet te redden. In 1091 had hij geen koning meer nodig.

Er was echter wel een koning die hem nodig had. De Almoravieden begonnen steeds agressiever en expansionistischer te worden. Ze waren Spanje aanvankelijk binnengetrokken om de islamitische koninkrijken in het zuiden tegen christelijke intimidatie te beschermen. Nu begonnen ze die koninkrijken te verzwelgen. Zoals Ibn Bassam – groot bewonderaar van Yusuf – schreef, 'joeg hij die nietige koningen van hun troontjes zoals de zon de sterren verdrijft'. De een na de ander vielen Granada, Sevilla, Cordoba, Malaga en Almeria in zijn handen. Hun koningen werden opgesloten of naar Marokko verbannen, hun schatten werden geplunderd, hun onderdanen onderworpen aan de Afrikaanse veroveraars. En die invasie, die zowel door henzelf als door hun tegenstanders als een soort heilige oorlog werd gepresenteerd, had de geloofsgenoten van de binnenvallende legers als eerste slachtoffer.

In 1091 had Alfonso besloten de opmars van Yusuf een halt toe te roepen. De vrienden van Rodrigo die in Castilië waren gebleven drongen er bij hem op aan om de krachten te bundelen met zijn voormalige koning. De koningin schreef hem persoonlijk een brief – hoewel de koning daar buiten schijnt te zijn gebleven. Net als Alcibiades was de Cid tot twee keer toe verbannen, en net als Alcibiades was hij evengoed nog steeds de man tot wie zijn landgenoten zich wendden om hen te redden en van een overwinning te verzekeren. Rodrigo liet zich overhalen. Hij sloot zich in de buurt van Granada bij Alfonso aan. Bijna meteen rezen er problemen tussen de koning en zijn vermeende onderdaan. Hun legers sloegen hun kamp op in het zicht van de stad, maar Rodrigo liet zijn troepen iets verder naar voren trekken dan die van de koning. Volgens zijn apologeten deed hij dat om zijn koninklijke heer voor verrassingsaanvallen te behoeden. In de ogen van Alfonso was het echter net of Rodrigo met die vooruitgeschoven positie te kennen wilde geven dat hij voor zijn voormalige heer ging. De kronieken beschrijven hoe hij zijn hovelingen opriep 'te kijken hoe Rodrigo ons hoont en beledigt!' De Almoravieden weigerden zich buiten de stadsmuren te wagen om de strijd met hen aan te gaan. Na een paar dagen trokken de christelijke legers zich terug en marcheerden naar het noorden. Bij Ubeda hielden ze halt. Opnieuw leek de plek waar Rodrigo zijn kamp opsloeg erop uitgekozen te zijn om stilzwijgend te getuigen van zijn superioriteit. Deze keer kon de koning zijn woede niet beheersen, of liever: dat was nu niet meer nodig. Toen Rodrigo hem opzocht in zijn tent schold hij hem de huid vol en beschuldigde hij hem, in de woorden van de *Historia Roderici*, van 'vele en uiteenlopende dingen'.

Rodrigo Díaz en de koning van Castilië konden elkaar niet meer ontmoeten zonder elkaar voortdurend op de proef te stellen. Zoals Agamemnon razend werd om de bewering van Achilles dat hij, de charismatische krijgsman, net zo groot of groter was dan de erkende koning, werd Alfonso geprovoceerd door de grootsheid van zijn voormalige vazal, die met zijn reputatie als selfmade edelman de nodige vraagtekens zette bij de onschendbaarheid van zijn door vererving verkregen suprematie. Alcibiades was, al voor hij voor het eerst werd verbannen, te groot geworden om makkelijk en zonder risico's te kunnen worden ingepast in de staat waarvan hij geacht werd deel uit te maken; zijn overwinning in de Olympische wagenrennen werd gezien als een subversieve daad, zijn verhevenheid was op zich al een vorm van opruiing. Toen hij in 406 v. Chr. terugkeerde naar Athene vormde zijn grandioze reputatie een bedreiging voor de stabiliteit van de democratie. Het was ook tegen dergelijke, buitenmaatse individuen dat Cato zich met zoveel hartstocht had uitgesproken: hij voorzag wel dat iedere staat die voor zulke grootheden een plekje moest inruimen niet anders kon dan kapseizen onder hun gigantische gewicht. Volgens de schrijver van de *Historia Roderici* was koning Alfonso zo jaloers op de Cid en zijn geweldige prestige dat hij helemaal door het dolle heen raakte. Die 'afgunst' moet des te sterker zijn geweest door het besef dat Rodrigo inmiddels een al te explosieve factor was geworden om nog tot Castilië te kunnen worden toegelaten. Hij was immers opperheer van een groot deel van Oost-Spanje en wist zich, net als ooit Caesar en Pompeius, verzekerd van de steun van een enorm leger dat werd aangevuurd door een reeks van successen en alleen aan hem loyaliteit was verschuldigd. Onder extreme omstandigheden was de Cid een nuttige bondgenoot, maar nu de crisis achter de rug was kon hij maar het best op afstand worden gehouden.

Er waren trouwens ook inderdaad 'vele en uiteenlopende dingen' waar Alfonso hem van zou kunnen beschuldigen. Door een schatting te eisen van Al-Qadir, voorheen een onderhorige van Alfonso, schond hij de rechten van zijn koning. Sommige kronieken en balladen suggereren dat de Cid in zijn laatste levensjaren nog altijd voor Alfonso werkte, al was hij dan een onafhankelijk vorstendom voor zichzelf aan het stichten in moslimgebied (zoals Alfonso, die hem na de slag bij Sagrajas wanhopig het hof maakte, expliciet had besloten dat zijn goed recht was). Sommige documenten melden dat hij steden uit naam van de koning annexeerde en dat hij zijn buit plichtsgetrouw deelde met zijn koninklijke heer. Zo wordt hij dan vrijge-sproken: zelfs Alvaro Pelayo, de scherpe criticus van de dolende ridder, was bereid hun gewelddaden en roverijen te vergeven zolang ze gepleegd wer-den in dienst van een opperheer. De historische Rodrigo Díaz hielp Alfon-so nu eens bij het uitbreiden van zijn koninkrijk en liep hem dan weer voor de voeten, maar de legendarische Cid leeft in de herinnering voort als diens rechterhand, een ondergeschikte die even loyaal was als doelmatig, het in-strument waarmee de koning zijn heerschappij consolideerde. Nog in 1992 kon een Spaanse historicus schrijven over 'de missie van de Cid om een eind te maken aan de versplintering van de feodale macht in de middeleeuwse Spaanse samenleving, en oorlogen te voeren voor de vestiging van een ge-centraliseerde monarchie'. De man die tot drie keer toe was verbannen om-dat hij zich niet kon vernederen zoals het een ondergeschikte betaamde, wiens persoonlijke macht zo bedreigend was voor de macht van de koning dat de monarchie zich alleen kon handhaven door hem in de ban te doen, leeft in de herinnering voort als de schepper van de natiestaat die hij zelf van binnenuit dreigde te vernietigen.

Misschien heeft Rodrigo Díaz Alfonso inderdaad geschenken doen toe-komen, maar als dat het geval was, waren zijn motieven niet geheel en al die van een loyale dienaar. Het *Poema* meldt dat hij Alfonso de weelderig gedecoreerde tent van de koning van Marokko stuurde, die rustte op twee gouden palen, 'opdat de koning geloof hecht aan de geruchten die hem ter ore komen over de grote rijkdom van de Cid'; dit geschenk is geen teken van gehoorzaamheid maar een demonstratie van zijn eigen, onafhankelijke grandeur. Bij Ubeda gedroeg koning noch Campeador zich zoals verwacht mocht worden van bondgenoten, laat staan van twee die aan elkaar gebon-den zijn als heer en vazal. Alfonso was woedend en gaf opdracht Rodrigo te arresteren. Voor dit bevel kon worden uitgevoerd was de Cid echter al weg-getrokken. De koning en de Cid zouden elkaar nooit weer ontmoeten.

Midden in het Oost-Spaanse gebied waar Rodrigo Díaz zich bij al zijn cam-pagnes op richtte lag het moslimkoninkrijk Valencia. Valencia was een zee-haven in een vruchtbare vlakte, en een geweldige buit. Alfonso had Al-Qa-dir, de voormalige koning van Toledo, geïnstalleerd als vorst van Valencia, een gunst waar Al-Qadir torenhoge schattingen tegenover moest stellen. In het jaar na zijn ruzie met Rodrigo bij Ubeda besloot Alfonso de stad echter voor zichzelf te veroveren, een besluit waarmee hij Rodrigo op diens eigen gebied provoceerde. Rodrigo reageerde prompt en met een schokkende ge-welddadigheid.

In de balladen en legenden wordt het beeld van de Cid als de wijze mid-delaar afgewisseld door een ander, namelijk dat van een man die uitermate gewelddadig kon zijn. Er bestaat een verhaal over zijn jonge jaren dat als thema heeft gediend voor talloze middeleeuwse balladen. De oude Diego Lainez heeft ruzie met een naburige edelman, de graaf van Gormaz. Lainez is echter te zwak om voor zichzelf op te komen. Hij heeft een voorvechter nodig. Hij roept zijn zoons bij elkaar en stelt ze op de proef. Volgens één versie van het verhaal bijt hij hen in de vingers tot ze het uitschreeuwen van de pijn, volgens een andere versie bindt hij hun handen vast en trekt de koorden zo gemeen strak aan dat de pijn bijna niet te dragen is. Een voor een smeken zijn oudere zoons hem de koorden los te maken, maar Rodrigo, de jongste, reageert met de woestheid van een tijger. Zijn ogen schieten vuur en raken bloeddoorlopen. Zijn wangen gloeien. Als Diego niet zijn vader was geweest, zei hij, zou hij zijn vinger als dolk gebruiken en de oude man de buik openrijten, om met zijn blote handen de ingewanden eruit te trekken. Diego Lainez huilt van vreugde dat zijn kind zo'n woesteling is. Rodrigo doodt de graaf van Gormaz en brengt zijn vader, die zit te eten, het afgehakte hoofd van de graaf, zwaait ermee voor zijn ogen en zegt: 'Het bittere kruid zal uw feestmaal zoet maken.'

Rodrigo Díaz had in elk geval iets van de wreedheid en het vermogen tot meedogenloze vernietiging die hem door de balladezangers werden toegedicht: de graaf van Barcelona, die hem meer dan eens als vijand trof, beschuldigde hem van uitgesproken bruutheid. Na de poging van Alfonso Valencia in te nemen viel hij bij wijze van represaille Castilië binnen, te beginnen bij het grondgebied van zijn oude vijand García Ordónez. De *Historia Roderici* beschrijft zijn rooftocht. Aan het hoofd van een 'zeer groot en ontelbaar leger verwoestte hij zeer wreed en meedogenloos, met een gestaag, vernietigend, goddeloos vuur, de hele omgeving. Zijn buit was reusachtig, maar het was bedroevend om te zien. Met een hardvochtige en zondige vernielzucht, te vuur en te zwaard, verwoestte hij het voornoemde land. Hij beroofde het van alle weelde en rijkdom, alles wat los en vast zat, en hield dat voor zichzelf.' We hebben het hier over de man van wie beweerd wordt dat hij, met engelengeduld en onwankelbare trouw, zijn hele leven lang geweigerd heeft oorlog te voeren met Castilië of de koning van Castilië.

Alfonso, afgeleid door de inval van Rodrigo, trok zich terug uit Valencia. Binnen enkele maanden deed zich een nieuwe dreiging voor. Een Almoraviedisch leger onder bevel van Aisa, de zoon van Yusuf, trok gestaag langs de oostkust naar het noorden op, richting Valencia. In oktober 1092 kwam een klein aantal van hen de stad binnen op uitnodiging van de magistraat, *qadi* (of rechter) Ibn Jahhaf, die hun hulp nodig had bij een greep naar de macht. Met hun steun onttroonde hij de beklagenswaardige koning Al-Qadir, die vermomd als vrouw probeerde te ontsnappen maar toch werd gepakt en onthoofd. Zijn hoofd werd op een paal door de straten gedragen, zijn lichaam werd in een vijver gegooid. Als Rodrigo Díaz de stad niet snel kon veroveren zou hem dat waarschijnlijk de controle over de hele regio kosten.

In de zomer van 1093 begon hij zijn belegering van Valencia. Hij presenteerde zich daarbij als wreker van koning Al-Qadir (veel volgelingen van Al-Qadir hadden zich bij het leger van de Cid aangesloten) en verdediger van het rechtmatige gezag. Hij vestigde bolwerken ten noorden en ten zuiden van de stad en verwoestte het omliggende land – akkers werden platgebrand, vee verdreven. Ibn Jahhaf liet hij weten dat hij een grote hoeveelheid graan die hij in pakhuizen in de stad had achtergelaten terugeiste, en toen de qadi antwoordde dat hij alleen gehoorzaamheid verschuldigd was aan de Almoraviedische koning, en dat het graan al door zijn eigen troepen in beslag was genomen, schreef Rodrigo terug. 'Hij zwoer plechtige eden dat hij voor de muren van Valencia zou blijven tot hij gekregen had wat hem rechtens toekwam en hij de moord op Al-Qadir op Ibn Jahhaf persoonlijk had gewroken.' Hij voorzag zijn troepen van voedsel door de gouverneurs van omliggende vestingen met het nodige geweld te dwingen alles af te staan wat ze hadden. Hij stuurde gewapende ruiters naar de voorsteden om de burgers te intimideren. De schepen op de rivier, de windmolens, de omliggende dorpen, alles brandde hij plat.

De Valencianen smeekten de Almoravieden een leger te sturen om hen te ontzetten. In de woorden van Ibn 'Alqama, die ooggetuige was van de belegering, verlangden zij ernaar 'zoals de zieke naar gezondheid verlangt', maar toen het leger 'door de wil van God' aankwam trok het zich weer terug zonder slag te leveren, vermoedelijk omdat Yusuf de kracht van de Cid had onderschat en hij een ontoereikende strijdmacht had gestuurd. Toen de inwoners van Valencia het leger weer zagen wegmarcheren beschouwden ze zichzelf als 'al dood. Het was net of ze dronken waren. Ze begrepen niet meer wat er tegen hen gezegd werd. Hun gezichten werden pikzwart.'

De belegering werd meedogenloos. In de woorden van Ibn Bassam: 'Die tiran Rodrigo, die God vervloeke... hield de stad in zijn greep zoals een schuldeiser een schuldenaar in zijn greep houdt, hij beminde de stad zoals een minnaar de plaats bemint waar hij de geneugten van de liefde heeft gesmaakt... Hij beroofde [Valencia] van de eerste levensbehoeften, doodde haar verdedigers, bracht alle soorten kwaad over de stad en bestreed haar op iedere omliggende heuvel.' Niemand kon erin of eruit. Zij die een poging waagden de omliggende dorpen te verlaten werden op bevel van Rodrigo Díaz gevangengenomen en met hun familie aan slavenhandelaars verkocht. In de stad kwamen de mensen langzaam om van de honger. De rijken aten paardenvlees of 'stinkende beesten' als ze die te pakken konden krijgen, en zo niet, dan kauwden ze op leer. De armen namen volgens Ibn 'Alqama hun toevlucht tot kannibalisme. 'Ze aten ratten, katten en lijken van mensen. Ze stortten zich op een christen die in de greppel rond de stad viel, trokken hem er aan een arm uit en verdeelden zijn vlees.' Ibn 'Alqama meldt dat vluchtelingen op bevel van Rodrigo werden verminkt, hun ogen werden uitgestoken, hun handen afgehakt, hun benen gebroken. Anderen werden door honden verscheurd of levend verbrand binnen het zicht van degenen die toekeken vanaf de stadsmuur. Uiteindelijk begreep Ibn Jahhaf dat er geen verdere hulp te verwachten viel van de Almoravieden en capituleerde hij. Bijna een jaar nadat het leger van Rodrigo Díaz voor de stadsmuren was aangekomen werden de poorten geopend en kwamen de inwoners van Valencia, degenen die het overleefd hadden, naar buiten, wanhopig op zoek naar voedsel. 'Ze boden zo'n erbarmelijke aanblik,' aldus de kroniekschrijver, 'het was net alsof ze uit het graf waren opgestaan.'

De voorwaarden waar Rodrigo mee had ingestemd waren schappelijk. Ibn Jahhaf zou de stad blijven besturen. Hij zou er zelf niet naar binnen gaan, maar zijn hoofdkwartier in een nabije voorstad vestigen. Zijn christelijke volgelingen kregen strikte opdracht de Valenciaanse moslims te respecteren en de Valencianen kregen toestemming ieder lid van de strijdmacht van de veroveraars die hen binnen de stadsmuren lastigviel te doden. De muren zouden niet bewaakt worden door Castilianen maar door mozarabische christenen. Alle onroerende goederen zouden aan hun rechtmatige eigenaars worden teruggegeven. Volgens de kroniekschrijver zeiden de moren dat ze 'nog nooit zo'n voortreffelijke of zo'n achtenswaardige man hadden gezien, noch een man wiens leger beter gedisciplineerd was'.

'Als de poorten van Hades verfoei ik de man die er heimelijk andere gedachten op na houdt dan die hij openlijk uitspreekt,' zegt Achilles. Het was de onwankelbare integriteit van Cato, zijn absolute onvermogen zich anders voor te doen dan hij was, die hem godgelijkend maakte. Eerlijkheid is een heldhaftige deugd, vooral die eerlijkheid die zich manifesteert in een absolute consequentheid, in een volkomen overeenstemmen tussen wat gezegd en wat gedaan wordt. Het *Poema de Mio Cid* omschrijft Rodrigo als iemand die voor niets ter wereld van gedachten zou veranderen, die in zijn leven niet één keer woord heeft gebroken. Maar volgens Ibn Bassam ligt het anders, en bediende de Cid zich bij de inname van Valencia 'van bedrog, zoals zijn gewoonte was'. De voorwaarden van het vredesverdrag, die zo mild waren, zo verzoenend van toon, werden de een na de ander gebroken.

Op 15 juni 1094 trok Rodrigo Díaz Valencia binnen (hoewel hij beloofd had er geen voet te zetten) en betrok hij het koninklijk paleis. Volgens de veertiende-eeuwse kronieken liet hij alle edellieden in de stad naar een park komen, waar hij hen toesprak vanaf een podium, versierd met weelderige tapijten. Zijn woorden maakten het zonneklaar dat hij hun stad had ingenomen, niet voor Castilië of voor Christus, maar voor zichzelf. 'Ik, noch iemand van mijn geslacht, is ooit in het bezit geweest van een koninkrijk. Maar vanaf de dag dat ik naar deze stad kwam heb ik er mijn zinnen op gezet, ik begeerde deze stad te bezitten, en bad God hem aan mij te gunnen. Zie hoe groot de macht van God is!' Die macht was echter niet groot genoeg om het tweede gebed in te willigen waarvan beweerd wordt dat Rodrigo het bij diezelfde gelegenheid uitsprak: 'God verhoede dat ik iemand geweld aandoe opdat ik zou kunnen bezitten wat mij niet toebehoort.'

Het was bijna meteen duidelijk dat zijn belofte om alle Valenciaanse bezittingen terug te geven aan de oorspronkelijke eigenaars niet te rijmen viel met zijn andere belofte, dat hij iedereen in zijn gevolg rijk zou maken. 'Groot was de vreugde die dit gebied beheerste, toen mio Cid Valencia won en de stad binnentrok,' schrijft de auteur van het *Poema de Mio Cid*. 'Zij die te voet gingen brengen het tot ruiters; en wie zou al het goud en het zilver kunnen tellen? Zovelen als daar waren, zij waren allen rijk.' De bestormers van de stad konden hun fortuin slechts maken ten koste van de inwoners. Om zijn grootheid te handhaven brak Rodrigo Díaz snel en schaamteloos de beloften die hij gedaan had.

'Hij begon enorme schattingen op te eisen van moslims, en hun bezittingen te plunderen,' schreef Ibn 'Alqama. Hij ontbood de rijkste inwoners van de stad in zijn paleis en hield ze daar vervolgens vast tot ze enorme losgelden betaalden. Hij hield hun voor dat ze in zijn macht waren en dat hij met hen kon doen wat hij wilde. 'Ik zou jullie bezittingen kunnen afnemen, jullie kinderen, vrouwen, alles.' Ibn 'Alqama meldt dat Rodrigo joodse belastinginners aanstelde om de welgestelde burgers te treiteren met allerlei eisen waar ze niks tegenin zouden durven brengen. 'Elke moslim had een politieagent bij zich die hem iedere morgen vergezelde, om er zeker van te zijn dat hij zijn bijdrage leverde aan de schatkist van de heer van Valencia. Als hij dat naliet werd hij gedood of gemarteld.' De Cid scheen vastbesloten te zijn om zich alle rijkdommen van Valencia toe te eigenen.

De verhoudingen tussen de moslimbewoners van Valencia en de christelijke veroveraars waren op hun best gespannen, op zijn ergst was het moord en doodslag. Uiteindelijk besloot Rodrigo dat hij, net als Cato in Utica, van de Valenciaanse volwassen mannen af moest. Op een dag moesten alle burgers hun wapens en metalen werktuigen inleveren, tot naalden en spijkers aan toe, en een dag later moest de hele bevolking naar de waterkant komen. Daar werden ze in twee groepen bijeengedreven. Vrouwen, kinderen en oude en zwakke mannen mochten weer naar huis gaan. Alle jongemannen die lichamelijk gezond waren en een strijdlustige uitstraling hadden werden verbannen – of misschien erger. Geruchten deden de ronde dat ze allemaal gedood zouden zijn. Waarschijnlijker is het dat Rodrigo hen aan de slavenhandelaren verkocht die als gieren rond de gekwelde stad waren neergestreken. 'Als u Valencia nu kon zien,' schreef Ibn Tahir. 'U zou om haar treuren, u zou wenen om haar ongeluk, want haar leed heeft haar beroofd van haar schoonheid, ja, tot er geen spoor meer restte van haar maan en haar sterren!'

Rodrigo moest nog de schatten van de vermoorde koning Al-Qadir in handen zien te krijgen. Die, althans dat meende hij, waren in het bezit van de qadi, Ibn Jahhaf. Onder de voorwaarden van de capitulatie zou de qadi de stad blijven besturen, met de verzekering van de Cid dat hij niets te vrezen had: nog een belofte die zou worden gebroken. Binnen enkele weken was de qadi achter tralies gezet, en met hem zijn hele familie. Rodrigo liet hem herhaaldelijk ondervragen en martelen. Volgens Ibn Bassam liet hij hem, formeel en ten overstaan van getuigen, zweren dat hij niets van die schat voor zichzelf had gehouden, met als strafbepaling dat als ze erachter kwamen dat hij er toch iets van verstopt hield, de Cid het recht zou hebben zijn bloed te vergieten. Niet veel later trof hij een deel van de kostbaarheden van de koning in het bezit van de qadi aan. 'Of althans,' schrijft Ibn Bassam, 'dat beweerde hij.' Ibn Jahhaf werd schuldig bevonden aan moord op de koning en levend verbrand. Een ooggetuige beschreef zijn afgrijselijke dood. Hij werd tot zijn oksels in een greppel begraven en om hem heen werd een brandstapel opgericht. 'Toen het vuur eenmaal was aangestoken trok hij de brandende takken dichter naar zich toe, om zijn dood te versnellen en zijn lijden te bekorten.' De mannen van Rodrigo waren verbijsterd over de wreedheid van de executie. Een van hen slaagde er met moeite in de Cid ervan af te brengen de vrouwen en kinderen van Ibn Jahhaf op dezelfde manier van het leven te beroven.

Toen ze werden belegerd en omkwamen van de honger, hadden de Valencianen tevergeefs uitgekeken naar een Almoraviedisch leger. Eindelijk, in oktober 1094, vier maanden nadat de stad zich aan de Cid had overgegeven, kwam dat leger toch aan en werden de belegeraars belegerd. De Almoraviedische strijdmacht was veel talrijker dan de troepen van Rodrigo. Yusuf had niet alleen troepen uit Marokko gestuurd, maar ook versterkingen vanuit de veroverde koninkrijken in Zuid-Spanje. Zijn neef Mohammad voerde het commando en had bevel gekregen de Cid levend te pakken, en hem in de boeien geslagen mee te nemen. De mozarabische christenen van Valencia, die ervan overtuigd waren dat een Almoraviedische overwinning in de lucht hing, haastten zich om vriendschap te sluiten met hun moslimburen. Tien dagen trokken de Almoravieden om de stad heen. Ze schoten pijlen over de muren, 'gillend en krijsend en met veel misbaar, zodat de lucht vervuld was van hun geloei', en ze sloegen op hun vreselijke trommels.

Het is op dat moment in zijn loopbaan dat de Cid op het nageslacht de meest magnifieke en tragische indruk maakt. Hij is aan alle kanten door zijn vijanden omringd. Hij heeft geen bondgenoten op wie hij een beroep kan doen. Net als Cato in Utica bereidt hij zich erop voor om het alleen vol te houden tegen een agressor die niet alleen dreigt hem en al zijn volgelingen te doden, maar ook de cultuur te vernietigen die hij probeert te verdedigen. 'Majestueus in zijn eenzaamheid biedt hij het hoofd aan het immense Almoraviedische imperium,' schreef Ramón Menéndez Pidal, de geweldig invloedrijke, vroeg twintigste-eeuwse nationalistische historicus die grotendeels verantwoordelijk was voor het ontstaan van de legende van de Cid als de grote voorvechter van het christendom en van de Spaanse monarchie. Als imposante eenling eist de Cid een plaats op in het legendarische pantheon van christelijke strijders naast Roland, wiens tegenstanders bij Roncesvalles eigenlijk christelijke Baskische separatisten waren, maar wiens legende wil dat hij met de zijnen in de minderheid was en derhalve het onderspit moest delven tegen een reusachtig en verwilderd leger van vreemde, goddeloze moren. Christelijke westerlingen hebben de neiging dit deel van zijn verhaal te vertellen alsof de Cid en zijn mannen in een kleine cirkel van licht staan, omringd door een woestenij van duisternis die het licht elk moment dreigt te doven. Als zoveel geslachtofferde helden van het imperialisme, van Crassus, tijdgenoot van Cato, die met zijn legioenen werd afgeslacht in de Parthische woestijn, tot de negentiende-eeuwse heroïsche slachtoffers Custer, de Amerikaanse kolonel, en Gordon, de Britse generaal, bereidt hij zich voor om zich tot het einde te verdedigen tegen een strijdmacht die schrikwekkend is in zijn onbekendheid. Hij is voorbestemd een held te worden als Cato, een man wiens aanspraak op grootheid is gebaseerd op een treurig, een jammerlijk falen. In de film uit 1961, waar de meeste mensen vandaag de dag hun kennis over hem vandaan hebben (en waarvoor Menéndez Pidal, toen al in de negentig, als adviseur optrad), maakt hij zijn opwachting als de melancholieke maar verheven man die een belegerde voorpost van de christelijke beschaving verdedigt tegen de angstaanjagende horden van de ongelovigen, en die een nobele maar deerniswekkende dood sterft terwijl hij op de bres staat voor zijn cultuur en zijn godsdienst.

Voor de tijdgenoten van Rodrigo Díaz waren zijn tegenstanders geen vreemden of wilden, maar buren en rivalen die ze kenden van eeuwen co-existentie, en was zijn verhaal geen verhaal van opoffering en tragische mislukking, maar een schitterend succesverhaal. Hij viel niet in de strijd. Hij behield Valencia tegen alle bestormingen tot hij stierf in zijn bed. In 1094 leidde hij zijn troepen de stad uit en viel hij de Almoravieden op de vlakte van Cuarte aan. 'Door de genade van God' (volgens de *Historia Roderici*), of dankzij de slimme tactiek van de Cid om zijn leger te splitsen en de ene helft als lokaas te gebruiken om de vijand met de andere helft van achteren aan te vallen, behaalde hij een klinkende overwinning. De Almoravieden trokken zich in wilde paniek terug en lieten een gigantische vracht aan rijkdommen achter, 'veel goud en zilver, de kostbaarste stoffen, strijdrossen, telgangers en muilezels en allerlei soorten wapens... proviand en onmetelijke schatten'. Rodrigo's eigen aandeel in de buit omvatte het legendarische zwaard Tizon, de tent van Mohammad, compleet met gouden palen, en honderden, misschien wel duizenden gevangenen die hij als slaven verkocht. De christenen, begerig naar die glinsterende buit, verzuimden de terugtrekkende vijand te achtervolgen, maar dat was ook niet nodig. De vijand – dat deel dat niet gevangen was genomen – was weg. Het was de eerste keer dat een Almoraviedisch leger verslagen was: het was een beroemde overwinning. In Aragon dateerde een klerk een oorkonde 'het jaar dat de Almoravieden naar Valencia kwamen en Rodrigo Díaz hen versloeg en al hun troepen gevangennam'. Te midden van de eindeloze oorlogjes van die periode was de overwinning van de Cid bij Cuarte een keerpunt.

Hij streed onverminderd door. In zijn klaagzang om Valencia gaf de dichter Ibn Khafaja stem aan de ellende van het volk onder het bewind van hun veroveraar: 'Zwaarden hebben u de ondergang gebracht, o huizen... Gedachten woelen, de mensen huilen en huilen...' Rodrigo heerste, niet met de instemming van zijn nieuwe onderdanen, maar door voortdurend op zijn hoede te zijn en geregeld geweld te gebruiken. Hij was nooit veilig. 'Abd Allah van Granada, die kort na de grote overwinning van de Cid bij Cuarte zijn memoires schreef, liet ruimte open in de tekst voor de herovering van Valencia door de moslims, die naar zijn overtuiging niet lang op zich zou laten wachten.

Herhaaldelijk slaagde Rodrigo er echter in een en ander uit te stellen. In 1097 leverde hij opnieuw slag met een Almoraviedisch leger onder leiding van Mohammad en opnieuw overwon hij. Ibn Bassam bewees hem woedend eer: 'Victorie volgde altijd het vaandel van Rodrigo (God vervloeke hem!)'. Later dat jaar belegerde en veroverde hij Almenara. In het voorjaar van 1098 sloeg hij het beleg voor het indrukwekkende en ongenaakbare bergfort Murviedro. De bewoners riepen wanhopig de hulp in van verscheidene edellieden (en ook van Alfonso, de voormalige koning van Rodrigo), maar hulp bleef uit. Tegen die tijd was de Cid zo gevreesd dat alleen al zijn reputatie een machtig wapen was. Al-Musta'in van Zaragoza, ooit zijn heer, liet de afgezanten van Murviedro weten dat 'Rodrigo van een verraderlijk slag is, en een zeer sterk en onoverwinnelijk krijger', en weigerde de wapens tegen hem op te nemen. De graaf van Barcelona zond een soortgelijke boodschap maar bood aan een afleidingsmanoeuvre voor zijn rekening te nemen door Oropesa te belegeren. Zodra de graaf (een achteraf nergens op gebaseerd) bericht kreeg dat de Cid naar hem optrok, brak hij echter het beleg op en trok hij zich terug. Een reputatie van onoverwinnelijkheid maakt zichzelf niet zelden waar. Niet alleen kon niemand de Cid verslaan, het was inmiddels zover gekomen dat niemand meer een poging wenste te wagen. De bevolking van Murviedro gaf zich over. Rodrigo gaf iedereen opdracht de vesting te verlaten. Dat deden de mensen, in een onnozel vertrouwen op zijn barmhartigheid. Meedogenloos en roofzuchtig als altijd trok hij de stad binnen, liet een mis opdragen en joeg toen alle inwoners bijeen, confisqueerde hun bezittingen en stuurde hen in de boeien terug naar Valencia.

Het was zijn laatste overwinning. In 1099 stierf hij in Valencia. Hij was achter in de vijftig. 'Zo lang hij in deze wereld leefde,' schreef de auteur van de *Historia Roderici*, 'behaalde hij altijd een indrukwekkende overwinning op zijn vijanden; nooit werd hij door wie dan ook verslagen.' Zijn vrouw Jimena nam het commando van zijn troepen op zich en hield het bijna een jaar vol tegen een Almoraviedische belegering, maar drie jaar na de dood van haar man verliet zij Valencia. Ze nam de schatten van de Cid mee, de buit van al die slagen, en zijn lijk. Volgens een van de kronieken durfden de Almoravieden de weerloze stad niet in te nemen voor ze een inscriptie vonden die bevestigde dat de onoverwinnelijke Rodrigo Díaz werkelijk dood was.

Toen ze de stad dan binnentrokken waren ze ontzet over wat ze aantroffen. Jimena had bij haar vertrek de stad in brand gestoken. 'De toestand waarin ze Valencia hebben achtergelaten is zo benard dat iedereen die het aanschouwt verbijsterd is, er het zwijgen toe doet en in somber gepeins verzinkt,' schreef Ibn Tahir. 'De stad is nog altijd gehuld in de zware rouw waarin ze haar gedompeld hebben. Een sluier verhult nog haar gezicht. Haar hart klopt nog onder de brandende sintels, en beeft van haar gesnik.'

Het lichaam van Rodrigo werd teruggebracht naar Castilië en begraven in het klooster van Cardena. Daar bracht het allerlei verhalen voort. Toen koning Alfonso x, bijna twee eeuwen later, een bezoek aan Cardena bracht werd hem een boek uitgereikt waarin de monniken voor hun koninklijke heer de vrome legenden hadden geboekstaafd die rond het lijk van Rodrigo Díaz waren ontstaan. De Cid, vertelden zij, was gewaarschuwd voor zijn naderende dood door St. Pieter, die aan hem was verschenen in een droom. Toen hij nog maar zeven dagen te leven had zag hij af van alle voedsel, en nam hij dagelijks niets anders dan een lepel elk van wat mirre en balsem die hij van de Sjah van Perzië had gekregen, 'tot zijn vlees blank en fris werd terwijl zijn krachten langzaam wegebden'. Zo stierf hij, al voor de dood gebalsemd. Op zijn aanwijzingen hielden Jimena en zijn vertrouwelingen zijn dood geheim, opdat de Almoravieden er geen lucht van zouden krijgen en er moed uit putten, en zijn lichaam veilig terug zou kunnen keren naar Castilië. Ze bonden het gebalsemde lichaam van de Cid vast op zijn prachtige paard Babieca, rechtop in het zadel en gekleed alsof hij ten strijde trok, in volle wapenrusting, helm en rijlaarzen. Zijn ogen waren open, alsof hij leefde. Onder escorte van Jimena en een groep van honderd ridders maakte de dode Cid zijn laatste rit terug naar Castilië, het land waar hij drie keer uit verbannen was maar dat hem, toen hij niet meer leefde en hij dus ook niet meer zijn onafhankelijkheid kon doen gelden, als zijn nationale held opeiste, en hem, halve heiden die hij was, weer toevertrouwde aan de hoede van de kerk.

In 1095, vier jaar voor de dood van Rodrigo Díaz, had paus Urbanus de hele christenheid opgeroepen zich aan te sluiten bij de Eerste Kruistocht, waarbij hij zich van termen had bediend die duidelijk maakten dat hij althans geen illusies koesterde over de aard van de middeleeuwse ridder: 'Jullie, onderdrukkers van wezen, jullie, berovers van weduwen... Jullie hopen op de beloning van de struikrover, en daarvoor vergieten jullie christelijk bloed. Zoals gieren naar lijken speuren, beloeren en volgen jullie oorlogen.' Hij bood hun de kans zichzelf te verlossen. 'Laat hen die rovers waren nu soldaten worden van Christus... Laat hen die huurlingen zijn geweest voor een paar zilverlingen nu een eeuwige beloning verwerven.'

De kruistocht was, onder meer, een manier om duizenden vechtjassen in vrijwillige ballingschap te sturen. De huurlingen – krijgslieden die door aan een vraag te voldoen een vraag creëerden, en die een eindeloze reeks onbeduidende oorlogen voortbrachten tussen heren die rijk genoeg waren om hen in de arm te nemen – en de roofridders die leefden als Rodrigo Díaz door 'van anderen te nemen wat ze nodig hadden om te leven', ontwrichtten de maatschappij in gelijke, onverdraaglijke mate. 'In onze eigen tijd,' schreef Guibert de Nogent, 'heeft God een Heilige Oorlog in het leven geroepen, opdat de ridderstand en de wispelturige tallozen die elkaar naar oud heidens gebruik onderling afslachten een nieuwe weg naar verlossing kunnen vinden, opdat ze nu de genade van God kunnen bevechten op de hun gebruikelijke wijze.' Met die gebruikelijke wijze werd hun griffe gebruik van geweld bedoeld: zolang dat geweld tegen de vijanden van het christendom was gericht, kon het worden vergoed en kon het zelfs zijn nut hebben. De krijgerskaste, die lange tijd wantrouwig in de gaten was gehouden door de geestelijkheid van een in wezen pacifistische godsdienst, kon uiteindelijk zijn zin doen en nog op goddelijke genade rekenen ook. 'Ziet,' schreef de kruisvaarder-dichter Aymer de Pegulham, die zich in jubeltonen uitliet over de nieuwe militante theologie van de kruisvaart, 'zonder onze rijke gewaden af te zweren, onze status in de wereld, alles wat ons behaagt en verrukt, kunnen wij zowel eer hier beneden als vreugde in het paradijs verwerven'. De postume transformatie van de Cid van roofridder en krijgsheer tot legendarisch voorvechter van het christelijk geloof kan op één lijn worden gesteld met de rekrutering van die duizenden dolende ridders uit heel Europa die, nog bij hun leven, door de Kerk werden ingepalmd. Het was niet alleen Rodrigo Díaz wiens reputatie werd witgewassen en wiens leven werd geherinterpreteerd door de generatie die na hem kwam, maar de hele ridderstand.

De Spaanse nederzetting Santiago op Cuba, november 1518, bijna een half millennium na het leven van de Cid. Hernán Cortés, drieëndertig jaar oud, was bezig mannen, schepen en proviand te verzamelen voor een expeditie naar het nog onbekende Amerikaanse vasteland. Hij bereidde zich meteen ook voor op de rol van leider. 'Hij begon zichzelf te verfijnen en te versieren,' schrijft Bernal Díaz, een van zijn rekruten. 'Hij zette een hoed op met een pluim en een gouden medaille aan een ketting, en trok een fluwelen jasje aan dat bezaaid was met gouden knopen.' Diego Velazquez, de gouverneur van Cuba, had hem opdracht gegeven de kust te verkennen, contact te leggen met de inheemse bevolking en zo mogelijk ruilhandel met hen te drijven. Cortés had ambitieuzere plannen. Hij maakte uitdagend, begeleid door trommels en trompetten, bekend dat hij mannen zocht die met hem mee wilden om nieuwe landen te ontdekken, veroveren en koloniseren. Gouverneur Velazquez had een nar genaamd Gekke Cervantes, die nog wel verstandig genoeg was om te zien wat iedereen had kunnen zien: 'Kijkt u uit, meester Velazquez,' hoonde hij zijn heer, 'of we zullen op een dag nog eens jacht moeten maken op diezelfde kapitein van ons.' Cortés vernam dat de gouverneur op het punt stond zijn missie te herroepen. Hij besloot te vertrekken voor dat kon gebeuren. Zijn vloot was nog niet van voldoende proviand voorzien, maar hij wist de functionaris die over de vleesvoorraad van de stad ging met steekpenningen zover te krijgen om zijn hele voorraad aan hem af te staan, waarna hij zijn mannen beval aan boord te gaan. Onder dekking van de duisternis voeren ze de haven uit. De volgende ochtend, toen alle schepen veilig en wel op zee waren, liet Cortés zich in een boot vol zwaarbewapende mannen teruggroeien tot binnen gehoorsafstand van de kust. Velazquez stond op de kade. 'Vergeef mij, heer,' riep Cortés, 'maar zulke dingen moeten gedaan worden in plaats van overwogen.' Toen liet hij zich weer weg roeien, terwijl Velazquez vergeefs het bevel gaf om hem aan te houden. De geschiedenis van de verovering van Mexico begint met een daad van opstandigheid.

In de vier jaren die volgden werd Cortés herhaaldelijk geconfronteerd met groepen Spanjaarden die hem achterna waren gestuurd uit naam van keizer Karel v, groepen waar hij de strijd mee aanbond, of die hij afkocht dan wel omkocht. Toen de conquistador en zijn mannen het Azteekse rijk binnendrongen, waren zij (hoewel Cortés ervoor zorgde dat de meesten van hen het niet in de gaten kregen) verstotenen die buiten de wet opereerden en in hun vaderland niet langer welkom waren. Cortés trok ook de stad Mexico binnen, waar hij huizen verbrandde en bewoners doodde tot de stilte die boven de ruïnes hing zo sinister was, en zo volkomen, dat zijn mannen het gevoel hadden alsof ze allemaal tegelijk opeens doof waren geworden. Enkele maanden speelde hij de baas over al die uitgestrekte gebieden die hij had veroverd, maar toen was het alweer afgelopen met zijn successen, en werd hij weer de vazal, al had hij zich nog zo dapper tegen die status verzet. Er begonnen schepen uit Spanje aan te komen, met aan boord de notabelen van zijne majesteit, de koninklijke schatbewaarder en rekenmeester, de koninklijke zaakgelastigde en toezichthouder.

Cortés had zichzelf ooit, en niet geheel ten onrechte, vergeleken met Julius Caesar, maar hij wilde of kon de Rubicon niet oversteken en het gevestigde gezag weerstaan. In een abjecte poging weer zijn plaats in te nemen in de hiërarchie waar hij uit was gebroken, probeerde hij zich te presenteren als iemand die niet geschikt was om te bevelen, maar om te dienen; iemand die nooit, zoals Rodrigo Díaz, zijn kamp zou opslaan op een betere plek dan zijn soeverein, iemand die nooit, zoals Alcibiades, op zodanige wijze met zijn pracht en praal te koop zou lopen dat de staat waarvan hij onderdaan was erbij in het niet viel. 'Wat ik boven al het andere ter wereld heb verlangd is mijn trouw en gehoorzaamheid aan uwe majesteit kenbaar maken,' schreef hij. Zijn voorgewende volgzaamheid deed hem weinig goed. Hij werd gedegradeerd van veroveraar tot ambtenaar. Hij verloor zijn gezag, zijn leger, en uiteindelijk zelfs zijn huis, en zijn levenseinde was ellendig: slaafs volgde hij de keizer door heel Europa, smekend om geld en eerbewijzen, en vooral om de erkenning dat Mexico van hem was. Karel onthield hem die erkenning hardvochtig maar consequent.

Het was onder de zestiende-eeuwse Spaanse kolonisten de gewoonte om bij aankomst in Amerika een mis op te dragen aan de nagedachtenis van de Cid, een passende patroon voor avonturiers die zich, net als hij, hadden gedistantieerd van de zetel van de koninklijke macht en geprobeerd hadden nieuwe, autonome gebieden voor zichzelf te veroveren. Toen ze zich een weg zochten in die gloednieuwe Amerikaanse wereld, staken de mannen van Cortés zichzelf en elkaar 's avonds een hart onder de riem door stukken te zingen of voor te dragen uit de ballades waarin de heldendaden werden bezongen van die andere balling, Rodrigo Díaz, die een half millennium eerder zijn vorst had weerstaan en de rimboe in was gereden om een land voor zichzelf te veroveren. Maar de wereld was in die vijfhonderd jaar veranderd en gekrompen. Zelfs dat pas ontdekte continent was niet ver genoeg van het hof van de Habsburgse keizer om een onderdaan ongestraft tot koning te laten uitgroeien. Geen verovering die voor hem werd gedaan zou ooit aan de veroveraar zelf toebehoren, niet zoals Valencia aan de Cid had toebehoord.

Achilles, opstandig jegens Agamemnon maar nog altijd een gevaar voor Troje, had geen vrienden, geen bondgenoten, geen verplichtingen. In de ogen van Seneca leek Cato, die noch van Caesar, noch van Pompeius afhankelijk was, op hem: 'Net als Achilles minacht en ontwapent hij iedere factie.' Zo ook hield de Cid, die de koning van Castilië afwees en door hem werd afgewezen, maar niettemin nog altijd een bedreiging vormde voor de Almoraviedische vijanden van Castilië, zich trots afzijdig van elke sociale of militaire hiërarchie waaraan hij onderworpen zou kunnen worden.

Rodrigo Díaz leeft in vele gedaantes in de herinnering voort – als een soort oer-Spanjaard, als voorvechter van het christendom, als zegevierend lijk – maar de kern van zijn legendarische verhaal is altijd de stralende ster van zijn ongelooflijke geluk. Hij werd te goeder uur geboren, gezegend met alle eigenschappen die hij nodig had om al zijn ambities te realiseren – iets wat Cortés niet gegeven was. Het *Poema de Mio Cid* verhaalt hoe hij een keer ligt te slapen op een rustbank midden in zijn grote hal als een leeuw uit zijn kooi ontsnapt. Twee prinsen raken in paniek en verstoppen zich, een achter een wijnpers of in de latrine, de ander onder de bank van de Cid. De Cid wordt wakker, staat rustig op en loopt 'met zijn mantel omgeslagen' (wat een teken is van zijn moed: de anderen hadden hun mantel bij wijze van schild om hun armen gewikkeld) op de leeuw af, die meteen zijn heerschappij erkent. Wat hier geïmpliceerd wordt is duidelijk. In een van de balladen roepen de mensen die erbij staan te kijken uit: 'Wij zien twee leeuwen... en de dapperste is de Cid.' De Cid is van nature koning onder de mensen, zoals de leeuw koning der dieren is. Met zijn onstuimige baard, woest en hooghartig als een roofdier, verstoten door zijn vaderland, is hij zo vrij van sociale beperkingen als een mens maar kan zijn, als Achilles in zijn uitzinnigheid. Hij is niemand iets verplicht. Hij buigt voor niemand het hoofd. Hij schopt de stoel van de paus omver. Hij plukt de baard van de trotse graaf. Hij maakt ruzie met zijn koning. Hij drijft zijn vijanden voor zich uit. Hij wordt niet beteugeld door wet of moraal. Hij is te goeder uur geboren en belichaamt het geluk van de volkomen vrijheid. Vrijheid was volgens de feodale en later de ridderlijke code een van de kenmerken van de edelman. In een wereld waarin bijna iedereen trouw was verschuldigd aan iemand anders, was de onafhankelijkheid zonder welke dat voorrecht ondenkbaar was echter een zeldzaam en heerlijk fenomeen. De Cid, zelfbenoemd heer van zijn eigen stad, wist die vrijheid te bereiken, hij ontsnapte aan de beperkingen van de normale menselijke conditie en werd een beest dat op een god leek. 'O God!' roept een van de balladen uit. 'In die prachtige man zijn het hart van de leeuw en het hart van de adelaar één!'

Francis Drake

In 1581 ging koningin Elizabeth van Engeland naar Deptford voor een bezoek aan de *Golden Hind*, het schip van Francis Drake waarmee hij zojuist was teruggekeerd van een reis rond de wereld. Na afloop van een feestmaal dat door een van de gasten werd omschreven als 'voortreffelijker dan sinds de tijd van koning Henry ooit in Engeland aanschouwd', haalde de koningin een verguld zwaard tevoorschijn. Dat had ze meegenomen, zei ze tegen Drake, 'om zijn hoofd eraf te slaan'.

Dat was een grapje – het zwaard werd gebruikt om Drake tot ridder te slaan – maar wel een grapje met een opzettelijk dreigende ondertoon. Drake was thuisgekomen met een scheepslading gestolen schatten. Koningin en kapitein waren zich er beiden van bewust dat ze hem evengoed ter dood had kunnen brengen, en dat ze dat naar de mening van veel invloedrijke mensen ook wel degelijk had moeten doen. De man die zojuist een van Engelands meest geliefde helden was geworden, en dat zou blijven, was een schaamteloze crimineel. Rodrigo Díaz beroofde mensen volgens een gedragscode die in zijn tijd en zijn land geaccepteerd werd. De berovingen van Drake waren veel schandelijker, en werden zelfs in zijn eigen tijd niet gerechtvaardigd door enige internationale wet of conventionele moraal. Toch kwam hij er niet alleen ongestraft mee weg, hij verwierf er ook de bewondering mee van heel Europa.

Hij stal openlijk en met de nodige bluf. De Engelse autoriteiten berispten hem er zelden om (hoewel de eerste minister van Elizabeth, lord Burghley, weigerde hem een hand te geven) en zijn meeste landgenoten vonden het fantastisch, en riepen hem uit tot 'meesterdief van de onbekende wereld'. Versies van zijn levensverhaal die werden geschreven toen er opnieuw een invasie dreigde voor Engeland, eerst door Napoleon en later door Hitler, herdefinieerden hem, tegen de historische feiten in, als de beschermer van zijn land, een man die Engeland, de vrijheid, het ware geloof en de goede *Queen Bess* had gered door de Armada te verdrijven. In de ogen van zijn tijdgenoten was hij echter geen beschermer maar een berover, iemand die gevierd werd om zijn schendingen van de eigendomsrechten van anderen.

Nog een grapje. Een luikdeurtje van de *Golden Hind* is bewaard gebleven in de Londense Inns of Court. Iedereen die toetrad tot de Britse advocatenstand moest er zijn eed op zweren. Door een bewaard gebleven stukje van zijn schip te behandelen als een wereldse relikwie bewijzen de handhavers van de wet eer aan een gijzelnemer en slavenhandelaar, een smokkelaar, een verbrander van steden en ontvoerder van mensen, een gijzelhouder van schepen en dief van goud en zilver, een man die zijn land op latere leeftijd gediend heeft als marineofficier, maar die zijn roem en fortuin heeft verworven in het eerste, en over het geheel genomen succesvoller deel van zijn loopbaan, jaren waarin hij eigenmachtig optrad als zeerover. In dit geval is het geen grapje van Drake maar van de tijd, die zijn beeld zo heeft verdraaid en verfraaid dat de advocatuur zich bereid toont iemand heilig te verklaren die ooit gezegd heeft: 'Ik heb niks te maken met jullie, doortrapte advocaten – noch bekommer ik mij om de wet, maar ik weet wat ik ga doen'. Wat hij bij die gelegenheid deed was een man ter dood brengen die ooit zijn beste vriend was geweest. Wat hij daarna ging doen was genoeg goud, juwelen, zijde en zilver stelen om de nationale schuld af te lossen, een leger uit te rusten en zelf rijk te worden.

Hij was niet geïnteresseerd in dood en vernietiging. De aantrekkingskracht van Achilles is op zijn grootst als hij op zijn dodelijkst is, als hij zich beroemt op het aantal van zijn slachtoffers, en hij zijn strijdkreet uitjoelt terwijl hij zijn strijdwagen over de bebloede lijken van zijn prooi jaagt. Drake zou zijn tijd nooit zo nutteloos hebben verdaan. Hij was verantwoordelijk voor de dood van duizenden mannen, maar die stonden bijna allemaal onder zijn bevel: dat waren de beklagenswaardige matrozen en soldaten die op zijn reizen aan ziektes bezweken. Zijn vijanden doodde hij zelden. Waarom zou hij? Een lijk had geen waarde, terwijl een gevangene voor wie losgeld kon worden gevraagd een bron van inkomsten was. Noch had hij het speciaal voorzien op de algehele destructie die in oorlogen aan de orde van de dag is. Hij kon een schip op drift laten slaan, en wat hij in elk geval nooit zou nalaten was het te beroven van alles aan boord wat los zat en verkocht kon worden, maar hij vernietigde slechts zelden een schip, en dan nog met tegenzin, zelfs toen zijn koningin hem daar expliciet opdracht toe had gegeven, zelfs toen de veiligheid van zijn land afhing van het onklaar maken van een vijandelijke vloot. Engeland sloot hem met terugwerkende kracht in de armen als een patriottische held, maar hij heeft zich in zijn carrière herhaaldelijk onthouden of doelbewust afgekeerd van handelingen waar zijn vaderland baat bij zou hebben gehad, alleen om zijn eigen gewin na te jagen. Hij was geen Griekse krijger, belust op roem, en ook geen gulle leenheer als de Cid. Hij was een commerciële avonturier, geknipt als held voor een land van winkeliers.

'Drake is een man van gemiddelde lengte, blond, eerder log dan slank, vrolijk, behoedzaam... Hij straft resoluut. Scherp, rusteloos, welsprekend, geneigd tot onbekrompenheid en ambitieusheid, ijdel, opschepperig, niet heel wreed.' Zo werd hij omschreven door een Spaanse functionaris in Santo Domingo, die meer dan genoeg gelegenheid had gehad om hem te observeren tijdens het eindeloze gemarchandeer over de som gelds (wat Rodrigo Díaz een 'schatting' zou hebben genoemd) die Drake eiste voor de gunst die hij de Spaanse kolonisten zou bewijzen als hij hun stad niet vernietigde. De kroniekschrijver John Stow, die hem ook persoonlijk kende, bevestigt deze beschrijving op verscheidene punten, met name wat betreft zijn vrolijkheid. 'Hij was klein van stuk, met sterke ledematen, een brede borst, rond hoofd... blond en opgewekt van inborst.' Het gevoel voor humor van Drake is de grondtoon van zijn legendarische karakter en zijn meest onweerstaanbare trek. Cato werd bewonderd om zijn ongevoeligheid en starre zelfbeheersing. Drake gebruikte de godgelijkende onverstoorbaarheid van de stoïcijnse held vooral als hij een van zijn beroemde grappen wilde uithalen, en dan vooral om te treiteren. Hij is een van de fraaiste voorbeelden van een persoonlijke stijl die tot op de dag van vandaag vrijwel onafgebroken in de mode is geweest. Vier eeuwen later gaf Charles Baudelaire er de naam dandyisme aan, wat hij als volgt omschreef: 'Het is het behagen in het wekken van verbazing, en de trotse tevredenheid zelf nooit verbaasd te staan. Een dandy kan onverschillig zijn, hij kan ongelukkig zijn; maar in het laatste geval zal hij glimlachen als de Spartaan onder de tanden van de vos.' Zo was Drake: snaaks, laconiek, opschepperig, niet door zijn daden op te blazen maar juist door overal een understatement tegenaan te gooien – en nooit zou hij er ook maar iets van laten merken als hij zich geïntimideerd voelde door de macht van de vijand of als hij zich verbaasde over zijn eigen geluk. Francis Drake bleef altijd kalm en onverstoorbaar.

Op de Grote Oceaan beroofde hij Spaanse schepen van vele tonnen zilver, waarna hij doodleuk verklaarde dat hij hun kapiteins een gunst had bewezen door hun last te verlichten. In Cadiz riskeerde hij zijn eigen leven en dat van tientallen van zijn matrozen en soldaten door erop te gokken dat de wind hem gunstig gezind zou zijn, en stak hij meer dan dertig Spaanse schepen in brand. Toen hij dat gedaan had deed hij alsof dat huzarenstukje weinig voorstelde, waarmee hij zich alleen maar nog sterker voordeed dan hij in de ogen van iedereen al was: hij had, zo verklaarde hij, 'de baard van de koning van Spanje afgeschroeid'. Vlak voor de Armada naar het noorden vertrok ondervroeg hij een Spaanse gevangene over de omvang van de zeemacht die in Spanje werd opgebouwd. Of de man het nu niet wist of dat hij, in zijn vaderlandsliefde, probeerde de vijand te misleiden is niet duidelijk, maar in elk geval verdubbelde hij het aantal schepen – dat in werkelijkheid al groot genoeg was om het, naar de opinie van John Hawkins, tot 'de grootste en sterkste combinatie te maken... die ooit in de christenheid bijeen werd gebracht'. Maar Drake, nonchalant als altijd, zei: 'Dat is niet veel' – wat absurd en tegelijk ook aangrijpend was. Zo maakte hij zich groter door het klein te houden. Zijn onverschilligheid was een soort opschepperij waarmee hij impliceerde dat galjoenen en stormen voor hem allemaal eender waren, dat de dood die hij bij herhaling riskeerde niets anders was dan een ontzettend groot avontuur, dat hij, bovenmenselijk in zijn moed, zijn geslepenheid en zijn geweldige zelfvertrouwen, iedereen aankon.

Achilles was niet onderkoeld. Homerische helden huilen en razen en dossen zich uit, ze scheppen op over hun geweldige fysiek en fabelachtige heldendaden, ze treuren om de dood van hun kameraden en zien met afgrijzen de mogelijkheid van hun eigen dood onder ogen. Maar de koelbloedigheid van Drake heeft eerbiedwaardige voorgangers. Het heeft iets van de schaamteloosheid van Alcibiades, die een spelletje maakte van zijn eigen liederlijkheid, en die zo zeker was van zijn aantrekkingskracht dat hij zich niet verwaardigde het volk te paaien door zich te gedragen zoals van een goed burger of groot bevelhebber werd verwacht. En het heeft ook iets van de vogelvrije brutaliteit die de Cid van de balladen gemeen heeft met de Engelse volksheld Robin Hood, de subversieve, bevrijdende humor van hen die, met hun vermetelheid en een effectief gebruik van geweld, de spot drijven met het impopulaire gezag. De Cid, zo wil het verhaal, hield de graaf van Barcelona, toen hij hem eenmaal te pakken had, drie dagen lang gevangen. En drie dagen lang weigerde de graaf voedsel tot zich te nemen, maar op de laatste dag bond hij in en brak zijn eigen hongerstaking. De Cid zat erbij te lachen en hem aan te moedigen terwijl hij at als een wolf; de vernedering was compleet, en de Cid kon hem vervolgens grootmoedig laten gaan. Zo ook richtte Robin Hood, volgens de legende, ware feestmalen aan voor de abten en baronnen die hij belaagde in Sherwood Forest, heerlijke maaltijden met gestolen wildbraad – waarna hij hen beroofde van alles wat ze bij zich hadden. Precies zo vermaakte Drake, als hij een Spaans schip had veroverd, de kapitein en diens aristocratische passagiers in zijn eigen hut. Hij gaf hun overvloedig te eten terwijl de muzikanten die met hem over de wereld reisden speelden voor hun genoegen. Dan, als hij al hun bezittingen had gestolen, hun schepen met hun kostbare lading, stuurde hij hen allemaal weg met een hebbedingetje als afscheidscadeau, een kom waar zijn naam in gegraveerd was of een handvol Engelse munten, geschenken die beledigend waren in hun onbeduidendheid, maar die dankbaar werden aangenomen door edelen die verbijsterd waren dat ze het er levend vanaf brachten.

Hij was een groot zeevaarder, daar waren vriend en vijand het over eens, en hij was geweldig moedig. 'Hij is een van de kundigste zeelieden van Engeland,' schreef een Spaanse gezant aan Filips II. 'Niemand anders in Engeland' zou gedurfd hebben wat hij had gedaan. In 1625 zei sir Robert Mansell, die onder hem gediend had, dat hij 'in zijn enorme oordeelkundigheid in maritieme zaken ieder ander verre overtrof', en de zeventiende-eeuwse historicus Edmund Howes bevestigde dat hij 'bekwamer was op alle punten de stuurmanskunst betreffende dan wie ook voor zijn tijd, in zijn tijd, of na zijn dood'. De Spanjaarden waren ervan overtuigd dat hij een tovenaar of een duivel was, in staat tot dingen die voor het gewone slag stervelingen onmogelijk waren. In de ogen van Thucydides was Alcibiades in zijn tijd de enige die Athene had kunnen redden. Ook Drake deed mensen geloven dat hij uniek was, vrij van de natuurwetten die het vermogen van de meeste mensen inperkte, en uiteindelijk ook vrij van de wetten der mensen zelf. Toen zijn mannen zich opmaakten om aan boord te gaan voor het gevaarlijkste deel van hun reis om de wereld, hield hij hun voor dat de koningin hem voor 'de enige hield die deze prestatie zou kunnen leveren', en dat ze als ze gingen muiten, voorgoed verloren zouden zijn, en ze elkaars bloed zouden drinken in een afgrijselijke anarchie op een vreemde kust – hij, en hij alleen, kon hen aanvoeren, hen voorgaan naar geweldige schatten en hen veilig weer thuisbrengen. En vermoedelijk had hij daar gelijk in.

Sommige heldendaden van Drake waren, en blijven, verbazingwekkend. Op zijn reis rond de wereld zeilde hij 9700 zeemijlen zonder onderbreking, en zocht hij zich een weg, zonder betrouwbare kaarten van Java, over de Indische Oceaan, om Kaap de Goede Hoop heen en naar het noorden over de Atlantische Oceaan, om pas vier maanden later aan land te gaan in Sierra Leone. Dat was een staaltje zeemanskunst dat zijn (hem in het algemeen zeer vijandig gezinde) achttiende-eeuwse biograaf William Anderson iets noemde wat 'nauwelijks te geloven was, en wat voor noch na zijn tijd ooit door enige andere zeevaarder volbracht is'. Zijn geografische ontdekkingen waren van groot belang. Zijn successen als kaper van schepen, of dat nu voor eigen gewin was of voor zijn vaderland, waren legendarisch, zowel in de gedurfdheid die hij aan de dag legde, als in de buit die ze opleverden. Maar ondanks dat alles leeft hij voornamelijk in de herinnering voort, niet om zijn daden, maar om zijn imago (dat hij zelf heeft helpen creëren), het imago van een onverstoorbare, onoverwinnelijke grapjas, een man die anderen misschien wel kon inspireren tot het najagen van roem, maar die zelf de spot dreef met sublimiteit, een man (net als Rodrigo Díaz) zonder respect voor andermans baard, een aanmatigende avonturier die zich niet liet intimideren door grandeur en die zich niet liet belemmeren door enige moraal, een dief met een lach om zijn mond.

Hij werd geboren in 1540 of daaromtrent. Eén versie van het begin van zijn levensverhaal wil dat hij zijn leerjaren doorbracht aan boord van een coaster die in het Engelse Kanaal voer, en dat hij dat schip erfde toen zijn leermeester overleed. Volgens een andere versie groeide hij op in Plymouth, als leer-jongen in het huishouden van de familie Hawkins, aan wie hij verwant was. Tijdens de regering van Henry VIII was William Hawkins de eerste Engelse zeevaarder geweest die de reis naar Afrika en vandaar over de Atlantische Oceaan naar Amerika maakte, om daar handel te drijven met Spaanse kolo-nisten alvorens de winst weer thuis te brengen. Dergelijke handel was strij-dig met pauselijke decreten en derhalve, in de ogen van de meeste Europe-anen, in strijd met het internationale recht. In 1493 had de paus, in reactie op de ontdekkingen van Columbus, de Spanjaarden het monopolie verleend op alle handel met de nog mysterieuze landen aan de westkant van de Atlan-tische Oceaan; Afrika en Oost-Indië waren aan de Portugezen toebedeeld. De Engelsen hadden die verdeling nooit helemaal geaccepteerd, en Willi-am Hawkins achtte zich sowieso al niet gebonden aan dergelijke regels: in 1544 had hij nog in de gevangenis gezeten omdat hij een Spaans schip had gekaapt. In de volgende generatie maakte zijn zoon John Hawkins, wiens loopbaan dertig jaar parallel zou lopen aan die van Drake, verscheidene ver-gelijkbare reizen. In 1566, en in 1567 weer, voer Drake mee in zijn vloot.

De lading die John Hawkins in Afrika ophaalde en in Amerika verkocht bestond uit mensen. Hij was de eerste Engelse slavenhandelaar, en daar schaamde hij zich niet voor. Later zou hij zich voor zijn wapen 'een gevan-gengenomen en vastgebonden semi-moor' kiezen. De slavenhandel werd als vuil werk gezien. Koningin Elizabeth noemde het 'weerzinwekkend' en voorspelde na de eerste expeditie van Hawkins dat het 'de wraak van de He-mel zou doen neerdalen'. Maar de winsten waren dermate groot dat ze zelfs het koninklijke geweten susten: in 1567 was Elizabeth een van de financiers van John Hawkins' volgende reis.

Zestiende-eeuwse avonturiers die hun fortuin ver overzee zochten ver-wachtten in het algemeen niet dat ze die rijkdom zelf zouden genereren, maar dat ze die, net als de Cid, zouden stelen. Christoffel Columbus klaag-de over degenen die hem gevolgd waren naar het Caribisch gebied dat ze 'simpelweg kwamen in het geloof dat het goud daar voor het opscheppen lag, en dat de specerijen al in bundels aan de waterkant lagen... zo verblind waren ze door hun hebzucht'. Een van diegenen was Cortés, die de kolo-niale ambtenaar die er bij hem op aandrong zich te vestigen op Santo Do-mingo, te verstaan gaf dat hij gekomen was 'om goud te halen, niet om als een boer het land te bewerken'. Toen Walter Raleigh uit Engeland vertrok om het goud van El Dorado op te sporen, nam hij geen mijnwerkersgereed-schap, nog niet één zeef of schep mee. De werkwijze van Hawkins bestond hierin dat hij elk schip dat hij voor de Afrikaanse kust tegenkwam enterde en van zijn lading beroofde. De meeste slaven had hij op die manier verwor-ven, geroofd van de Portugezen die de moeite hadden gedaan ze bijeen en op hun schepen te drijven. Andere slaven werden ontvoerd bij overvallen op dorpjes langs de kust, of gevangengenomen in eendrachtige samenwerking met plaatselijke vijanden van hun stam. Eén keer, en daar was Drake ook bij, leende Hawkins zijn mannen als huurlingen uit aan een van de rivaliserende stamhoofden van Sierra Leone. Gezamenlijk vielen ze een stad aan waar achtduizend mensen woonden. Ze namen de stad in en brandden hem plat. Hawkins werd beloond met enkele honderden krijgsgevangenen, die bij de rest van de 'negers en andere lading' (zijn woorden) in de ruimen van zijn schepen werden gestopt.

De klanten van Hawkins waren Spaanse kolonisten in het Caribisch gebied die de contreien waar ze zich hadden gevestigd praktisch ontvolkt hadden, en die dringend arbeidskrachten nodig hadden. Zij hadden de vraag en Hawkins had het aanbod. Maar er was een obstakel: het was de kolonisten verboden handel te drijven met anderen dan landgenoten. Spaanse functionarissen die Hawkins toestonden aan land te komen konden maar zo hun baan verliezen, en misschien wel meer dan dat. De strategie waar Hawkins zich van bediende om dat probleem te omzeilen was dat hij de plaatselijke gouverneurs voor gezichtsverlies behoedde door geweld te gebruiken. Hij viel een stad aan, soms door hem vanaf zijn schepen te beschieten, soms door daadwerkelijk met een legertje aan land te gaan. De gouverneur kwam met hem overeen dat hij een 'losgeld' zou betalen als hij maar weg wilde gaan. Was het geld eenmaal overhandigd, dan zette Hawkins wat slaven aan wal, die vervolgens door de gouverneur geboekt werden als 'achtergelaten' door de vijand. Zo kwam een handeltje tot stand zonder dat iemand er getuige van was.

Die aanvallen op Caribische steden waren geen schertsvertoning. Er kwamen mensen bij om. Huizen werden verwoest. Een van de eerste daden die met enige zekerheid aan Drake kunnen worden toegeschreven is de beschieting van de gouverneurswoning in Rio de la Hacha, aan de noordkust van wat nu Colombia is. De gouverneur, een ongewoon gezagsgetrouw ambtenaar, had vastberaden geweigerd iets met die Engelsen te maken te hebben. Toen de kanonskogels van Drake hem niet wisten over te halen ging Hawkins met tweehonderd man aan land en verdreef de Spanjolen uit de stad. Nog hield de gouverneur stand. Pas toen Hawkins gijzelaars had genomen, de schatkist had geplunderd en hij huizen in brand begon te steken kwam het eindelijk tot zakendoen. Hun liberale apologeten hebben de zestiende-eeuwse Engelse piraten in het Caribisch gebied gevierd als verdedigers van de beginselen van de vrije handel tegen de afgunst en hebzucht van Spanje, maar 'vrij' is een curieus epitheton voor handel die onder dergelijke genadeloze dwang tot stand kwam.

De reis van 1567-69 waarop Drake, voor het eerst, het gezag voerde over zijn eigen schip, kende een rampzalige afloop. Toen Hawkins de terugreis aanvaardde kreeg zijn vloot met vliegende stormen te maken en liep een van zijn schepen ernstige averij op. Nergens was een veilige haven. Bijna een maand lang beukten onbekende wateren op de kleine vloot in tot ze eindelijk bij de Mexicaanse haven San Juan de Ulúa aankwamen. Daar moesten ze de mensen overhalen proviand aan hen te verkopen en hun de tijd te gunnen hun schepen te repareren, door eerst drie Spaanse schepen aan te vallen en hun passagiers in gijzeling te nemen.

Ze kregen toestemming de haven binnen te varen maar meteen de volgende dag kwam een vloot uit Spanje aan, met de nieuwe onderkoning, Don Martín Enríquez. Hawkins dreigde de Spanjaarden buiten de haven te houden. Enríquez probeerde de omstandigheden naar zijn hand te zetten met de belofte de Engelsen ongemoeid te laten als ze alleen hun schepen zouden opkalefateren en dan rustig vertrekken. Hij was niet van plan die belofte te houden. Voor hem waren Drake en Hawkins piraten en smokkelaars en was het zijn onmiskenbare plicht hen gevangen te nemen. Zodra versterkingen waren gearriveerd gaf hij bevel tot een aanval. Drie van de Engelse schepen werden tot zinken gebracht. De twee die weg wisten te komen waren de *Minion*, met Hawkins aan boord, en de *Judith*, onder gezag van Francis Drake. De *Minion* was zwaar overbemand met overlevenden van de gezonken schepen en had vrijwel geen proviand aan boord. Hawkins moest in Florida honderd man aan wal zetten om hun geluk te beproeven (van slechts twee is bekend dat ze terug hebben weten te komen naar Engeland). Nog eens vijfenveertig stierven op de thuisreis. Na vier maanden bracht Drake de *Judith* veilig terug in Plymouth. Vijf dagen later arriveerde ook de *Minion*, met slechts vijftien overlevenden aan boord, ternauwernood genoeg om het schip op koers te houden. Het verzuim van Drake om de mensen aan boord van de *Minion* te helpen werd zwaar bekritiseerd. Een van de matrozen zou later echter verklaren dat Drake alles had gedaan wat Hawkins hem had opgedragen, een ander beweerde dat Drake hen was 'kwijtgeraakt' en dat hem niets te verwijten viel. Maar Hawkins schreef in zijn gepubliceerde verslag van de reis, met niet mis te verstane bitterheid, dat de *Judith* 'ons in die grote ellende in de steek heeft gelaten'. Drake werd niet met name genoemd, maar zijn reputatie liep een onuitwisbare smet op.

Nooit meer, behalve bij de achtervolging van de Armada, toen hij andermaal bevelen niet nakwam en hij zijn post verliet, zou Drake onder iemand anders dienen. Net als Achilles, net als Rodrigo Díaz, voelde hij zich niet op zijn gemak in een gemeenschap of hiërarchie. Hij nam niet graag bevelen aan, en hij had er moeite mee diegenen te vertrouwen die zijn eigen bevelen hadden op te volgen. In latere jaren zou hij herhaaldelijk van leer trekken tegen zijn plaatsvervangers en compagnons; dan beschuldigde hij hen van gebrek aan loyaliteit. In 1567 kaatste een van hen, William Burrough, de bal terug. Toen Drake hem liet veroordelen wegens muiterij ging hij ertegenin, en verwees naar wat het bekende verhaal zal zijn geweest van de houding van Drake bij San Juan de Ulúa, waar hij 'strijdig met het bevel van zijn admiraal was vertrokken en hij voornoemde meester in zeer benarde omstandigheden had achtergelaten'. Hij was een onbetrouwbare kapitein, een tactloze en aanmatigende gezagvoerder. Zijn grootste successen behaalde hij als hij volledig autonoom was, ver overzee, buiten bereik van iedere wet behalve zijn eigen, als absoluut alleenheerser op zijn eigen kleine schip.

Het debacle bij San Juan de Ulúa was het begin van het verhaal van zijn leven zoals hij het graag vertelde. In de jaren negentig, na de afgrijselijke mislukking van de contra-Armada die hij aanvoerde tegen Spanje, riep Drake de hulp in van zijn vlootpredikant, Philip Nichols, die Drake voor gezichtsverlies moest behoeden door te verhalen van zijn geweldige avonturen in het Caribisch gebied, twintig jaar eerder. In het boek dat daaruit voortkwam, *Sir Francis Drake Revived*, worden al zijn aanvallen op Spaanse schepen en Spaans grondgebied in West-Indië gekarakteriseerd als pogingen schadeloosstelling te krijgen voor wat hem 'misdaan' was op zijn reis met Hawkins, voor de gebroken belofte van de onderkoning en voor de eigendommen die hij was kwijtgeraakt. Volgens Nichols was het de rechtschapen 'verontwaardiging die in de boezem is gegrift van een ieder die onrecht is gedaan' die van Drake een piraat had gemaakt. Drake was zelf vermoedelijk oprecht die overtuiging toegedaan. Zodra hij was teruggekeerd uit San Juan de Ulúa ging hij naar Londen om de Geheime Raad te vragen hem en Hawkins een 'machtiging tot represaille' te verlenen, waarmee ze permissie zouden hebben gehad Spaanse schepen aan te vallen en hun lading buit te maken tot ze weer evenveel terug hadden als ze waren kwijtgeraakt. Die machtiging werd hem geweigerd. Toen hij er niet in slaagde rechtvaardiging van zijn beoogde boekanierspraktijken te verkrijgen van menselijke zijde, wendde hij zich tot God. Hij vertelde zijn tijdgenoot, de historicus William Camden, dat hij een priester had geraadpleegd die 'hem er moeiteloos van had overtuigd' dat het gewettigd zou zijn vertegenwoordigers van de natie die hem had bedrogen en beroofd, op zijn beurt te beroven. Zijn oprechtheid in dezen hoeft niet in twijfel te worden getrokken: de goedkeuring van God was belangrijk voor hem, en hij vond werkelijk dat hij reden had misnoegd te zijn.

Slechts een kwart van de mannen die op de reis van Hawkins waren vertrokken waren levend teruggekeerd, maar een substantieel deel van wat ze hadden buitgemaakt was behouden gebleven. Een vijandige en vermoedelijk onbetrouwbare Spaanse bron verhaalt dat Drake geprobeerd heeft de hele buit op te eisen door te beweren dat hij het schip van Hawkins had zien vergaan, en dat hij, toen Hawkins dat verhaal met zijn terugkomst logenstrafte, werd gevangengenomen wegens poging tot oplichting. Wat vaststaat is dat hij loog toen hij Camden vertelde dat hij bij San Juan de Ulúa 'al zijn bestaansmiddelen was kwijtgeraakt'. Zijn aandeel in de opbrengst was voldoende om hem in staat te stellen te trouwen en in 1570 terug te keren naar het Caribisch gebied, en nog een keer in 1571 – deze keer als eigen baas, met schepen die hij zelf bekostigd had.

De rijkdommen die vanuit de Nieuwe Wereld Spanje binnenstroomden hadden de vorm van zilver en goud dat was gewonnen in Chili en Peru, en dat per schip langs de Grote Oceaan-kust van Zuid-Amerika naar Panama werd vervoerd. Vandaar werd het over de landengte naar de Caribische haven Nombre de Dios getransporteerd, waar het in schepen werd geladen die het in zwaarbewaakte konvooien naar Europa brachten. Die konvooien waren vrijwel onneembaar: in anderhalve eeuw werden slechts drie succesvolle aanvallen gedaan op Spaanse goud- en zilvervloten. Maar aan land was al dat edelmetaal moeilijker te beveiligen. De landengte van Panama was ter plaatse zo'n honderd kilometer breed, bergachtig, met een ongezond, bloedheet klimaat. Aan de kant van de Grote Oceaan had je open graslanden, terwijl langs de noordelijke, Caribische kust een dicht regenwoud lag. Het goud en zilver werd van kust naar kust vervoerd op muilezels, in karavanen van veertig of meer dieren. Drake was een van de vele piraten, Franse zowel als Engelse, die in die jaren op de Spaanse kolonisten rond Nombre de Dios aasden. Allen droomden ervan om wat van dat kostbare metaal te pakken te krijgen.

Drake was van criminele komaf. Zijn vader, Edmund Drake, een protestantse preker, was in 1548 beschuldigd van twee berovingen. Hij en een handlanger hadden, gewapend met staven en zwaarden, bij de ene gelegenheid een paard gestolen en bij de andere een reiziger belaagd, en die reiziger dermate gewelddadig aangepakt 'dat hij voor zijn leven vreesde'; ze waren er uiteindelijk met zijn buidel vandoor gegaan. Zo vader zo zoon. Francis Drake was oprecht vroom. Er werd van hem gezegd dat hij drie uur per dag op zijn knieën lag, net zoveel als zijn grote opponent, koning Filips II van Spanje. Maar evenmin als zijn vader achtte hij zijn geloof een beletsel om herhaaldelijk het achtste gebod te overtreden. Hij stortte zich vol vuur op de zeeroverij.

De boekaniers belaagden en plunderden de handelsschepen die langs de Caribische kust van Midden-Amerika voeren en overvielen de nauwelijks beschermde Spaanse stadjes en pakhuizen. Ze gebruikten kleine, open boten – pinassen of sloepen – waarmee ze dicht bij de kust konden komen en naar ondiep water, een kreek of riviertje konden roeien om achtervolging door fregatten te voorkomen. Drake was snel, doortastend en meedogen-loos. Op zijn tweede reis veroverde hij twee Spaanse fregatten en een stuk of tien, twaalf handelsscheepjes, die hij van al hun waardevolle lading beroof-de (fluweel en tafzijde, goud en zilver, wijn en slaven). Hij en zijn mannen droegen zwaarden en haakbussen, verfden hun gezicht in oorlogskleuren en lieten trompetten schallen om hun komst aan te kondigen en hun (meestal onbewapende) slachtoffers te intimideren. Ze waren jong (slechts een van de mannen die in 1572 met Drake meegingen was al dertig), zelfbewust en gewelddadig. Ze roeiden de rivier de Chagres op, de landengte in, en sta-len een stapel waardevolle koopwaren van de werf bij een pakhuis in Venta Cruces (dat slechts door één man werd bewaakt). Ze trokken een monnik al zijn kleren uit en dropten gevangenen op een onbewoond eiland. Ze dood-den zeven mannen en verwondden minsten twee keer zoveel. Ze lieten een brief vol opschepperige bedreigingen achter aan boord van een fregat dat ze hadden geplunderd en vernield nadat de doodsbange passagiers (onder wie een vrouw) overboord waren gesprongen in water dat tot hun borst kwam: 'Het verbaast ons dat jullie zo voor ons zijn weggelopen... En aangezien jul-lie niet zo wellevend zijn met ons te komen praten, zonder kwaad of schade in de zin, zullen jullie je fregat door eigen toedoen geplunderd aantreffen... als er reden voor is, zijn wij geen mensen, maar duivels.' Ze stalen zoveel bij elkaar dat ze zich het hoofd braken over de vraag hoe ze alles thuis moesten krijgen. Drake was begonnen de geduchte reputatie op te bouwen die hem spoedig tot de schrik van het hele Spaanse koloniale ambtenarendom zou maken. 'Deze kust en de stad... verkeren in het grootste gevaar,' schreef de gouverneur van Nombre de Dios aan zijn koning 'Het is duidelijk dat we van die kaper te lijden zullen krijgen.'

In 1572, hij was toen begin dertig, rustte Drake twee schepen uit en zet-te opnieuw koers naar de Caribische Zee. Dit was de reis waarmee hij zijn eerste fortuin zou maken en die zijn naam legendarisch zou maken. De reis wordt in *Sir Francis Drake Revived* tot in detail beschreven. Drake autori-seerde en redigeerde het boek zelf. Het vertelde verhaal, dat getuigt van een schandelijke zelfgenoegzaamheid en bol staat van de snaakse triomfantelijk-heden, leest als een roman, maar het mag in de details dan flink overdreven zijn, de grote lijn wordt bevestigd door meer ingetogen bronnen, zowel En-gelse als Spaanse. Het is een opwindend verhaal.

Hij ging in het Caribisch gebied aan land in een haven die hij het jaar daarvoor had ontdekt. Daar vond hij een loden plaat die aan een boom was genageld met een waarschuwing van een van zijn collega-piraten. 'Kapi-tein Drake! Als je hier verzeild mocht raken, maak dat je wegkomt!' Zijn schuilplaats was ontdekt. Hij voer snel verder naar Nombre de Dios, waar hij 's nachts met zijn mannen aan land ging. Daar (althans dat beweerde hij) gluurden ze in een pakhuis en zagen een tafereel dat hen de rest van hun leven niet meer zou loslaten: een brandende kaars, een gezadeld paard en 'een berg zilverstaven van, voor zover we dat konden schatten, ruim twintig meter lang, drieënhalve meter breed en vier meter hoog, opgestapeld tegen de muur'. Een fabelachtige schat, maar ze slaagden er niet in dat zilver te pakken te krijgen. Ze raakten slaags met de Spaanse kolonisten, daar kwam nog eens een stortbui overheen, en het ergste van alles was dat Drake gewond raakte aan een been. Zijn mannen verklaarden dat ze verder alles hadden willen riskeren om die buit te pakken, maar 'in geen geval wilden ze het leven van de kapitein in de waagschaal stellen' – hoewel hij luidkeels protesteerde droegen ze hem door het ondiepe water terug naar de boten.

Het was een bittere teleurstelling. Maar in Nombre de Dios kreeg Drake een bondgenoot van onschatbare waarde, een Afrikaan genaamd Diego die de Engelsen smeekte hem mee te nemen. Diego wist te vertellen 'hoe we genoeg goud en zilver zouden kunnen krijgen, als we dat wilden, dankzij de marrons'.

De marrons waren Afrikanen – ontsnapte slaven of kinderen van slaven. Zoals de bisschop van Panama in 1570 rapporteerde: 'Van elke duizend slaven die jaarlijks arriveren ontsnappen er driehonderd of meer in de jungle.' In 1572 vormden die gevluchte slaven inmiddels een grote en goed georganiseerde gemeenschap van rebellen die diep in de jungle woonden onder twee eigen koningen. Velen van hen waren volwassen geworden in Afrikaanse dorpen: zij waren veel beter toegerust voor het leven in een tropisch regenwoud dan hun Europese ontvoerders. Drake en zijn landgenoten zouden nog zwaar onder de indruk komen, niet alleen van hun fysieke kracht en uithoudingsvermogen, maar ook van hun bedrevenheid in de jacht, het woudlopen en het bouwen van hutten, en van de ordelijkheid en welvarendheid van hun steden. Ze haatten de Spanjaarden (met recht). Volgens een rapport van de gouverneur van Nombre de Dios uit 1571 'kwamen ze dagelijks naar de steden' om hun lotgenoten te bevrijden. Ze hadden het ook voorzien op de muilezelkaravanen uit Panama, die ze verscheidene keren in een hinderlaag hadden laten lopen. Daarbij hadden ze doden gemaakt en waren ze er met het goud en zilver vandoor gegaan, net als Drake van plan was.

Drake was zelf ook slavenhandelaar geweest. Met Hawkins aan de Guinese kust had hij zwarten als goede handel gezien, zo voor het grijpen. In Panama, in 1572, ontdekte hij hen echter als waardevolle bondgenoten in de jacht op goud. Op de reizen die volgden zou hij een aantal zwarte slaven van Spaanse schepen kapen, onder wie een *negrito* van vier. Wat van de meesten van hen is geworden, is nooit geboekstaafd. Hij is er wel om geprezen dat hij, voor zijn tijd, ongewoon weinig racistisch was, maar het is vermoedelijk correcter om te zeggen dat hij een ruimdenkende opportunist was, iemand die lef genoeg had om conventies links te laten liggen en iedere strategie in overweging te nemen die hem dichter bij zijn doel zou kunnen brengen. Het is veelzeggend dat Diego, aan wie hij zijn fortuin te danken zou hebben, niet in dat fortuin zou meedelen, maar zijn bediende zou worden.

Het bondgenootschap tussen Drake en de marrons dat Diego tot stand bracht, joeg de Spanjaarden de stuipen op het lijf. Zoals alle slavenhouders leefden de Spaanse kolonisten in angst voor degenen die ze onderdrukten. De marrons, voorzien van Europese wapens en opgehitst door Europese hebzucht, vormden een schrikbeeld dat hen bleef achtervolgen zolang Drake in leven was. Toen hij in 1585 weer in het Caribisch gebied was ging het gerucht de kusten langs, een gerucht dat doordrong in alle hoven van Europa, dat hij een slavenopstand aan het organiseren was, dat duizenden zwarte krijgers op zijn teken waren opgestaan. Dat was pure fantasie – na 1572 heeft Drake nooit meer met zwarte bondgenoten gewerkt – maar het verklaart wel ten dele waarom de Spanjaarden hem voor zo'n unieke bedreiging hielden.

De marrons vertelden Drake dat tot de aankomst van de volgende Spaanse vloot, in het nieuwe jaar, geen waardevolle transporten over de landengte zouden plaatsvinden. Drake liet een deel van zijn mensen onder bevel van zijn broer John achter om een fort te bouwen dat hij Fort Diego noemde, en vertrok in een van de sloepen om de tussenliggende tijd te gebruiken voor de jacht op andere buit.

Het heeft iets van een droombeeld, de straffeloosheid waarmee Drake – volgens het relaas van *Sir Francis Drake Revived* – dat jaar langs de Caribische kust voer, en pakte wat hij hebben wilde. Er waren in die tijd 'meer dan tweehonderd' Spaanse fregatten in de buurt, en 'de meeste daarvan hebben we, gedurende ons verblijf in die contreien, ingenomen – sommige twee of drie keer'. Hij ging bij die schepen aan boord en nam van de lading waar hij zijn oog op liet vallen zonder dat iemand hem een strobreed in de weg legde. Hij ontmoette indianen die hem vrolijk informatie gaven over doen en laten van de Spanjaarden en over 'vele soorten verrukkelijke vruchten en wortels'. Hij vond vijf pakhuizen die tot de nok gevuld waren met proviand dat bestemd was voor de Spaanse zilvervloot. Toen hij arriveerde rende de enige bewaker weg en verschool zich in het oerwoud, zodat de mannen van Drake konden meenemen wat ze dragen konden, genoeg voedsel voor 'als we met twee-, ja, zelfs drieduizend man waren geweest'. De Spaanse ambtenaren en handelaren die zijn prooi waren – zich ten volle bewust van zijn aanwezigheid, zich ten volle bewust van zijn roofzuchtige intenties – leken niet bij machte zich tegen hem te verdedigen. Hij veroverde meer schepen dan hij gebruiken kon en liet ze stuurloos ronddobberen, bracht ze tot zinken of stak ze in brand. Uiteindelijk, toen hij bij Cartagena op ongekend vastberaden verzet van de Spanjaarden stuitte, en toen zijn mannen verzwakt begonnen te raken na weken op zee in een open sloep, keerde hij terug naar Fort Diego om zich schuil te houden.

In het enige gedicht waarvan bekend is dat hij het heeft geschreven, nodigde Drake alle dappere mannen uit hem te volgen over 'de weg om goud in handen te krijgen'. In Fort Diego kwam hij erachter, als hij het al niet wist, tegen welke prijs hij dat goud in handen kon krijgen. Zijn broer John kwam samen met nog een andere man om bij een poging een Spaans fregat te enteren. En het zou nog erger worden. In januari stierven achtentwintig van de drieënzeventig mannen die hij had meegenomen aan een ziekte (vermoedelijk gele koorts), en een van die achtentwintig was Joseph Drake, een andere broer van hem. De mannen noemden hun kamp Slachteiland.

Uiteindelijk bereikte hun het nieuws dat de Spaanse vloot bij Nombre de Dios was aangekomen. De karavanen konden elk moment op weg gaan. Drake liet een paar man achter om het schip en zijn Spaanse gevangenen die eventueel nog losgeld zouden kunnen opbrengen te bewaken, en vertrok met een groep van achttien Engelsen en twintig marrons. De marrons, onder bevel van een opmerkelijk man, ene Pedro, traden op als gids en als drager (de Engelsen, uitgeput van de hitte als ze waren, konden ternauwernood hun eigen spullen dragen), ze joegen op wild, bouwden hun kampen en beschermden de Engelsen ook nog eens.

Tien dagen trokken ze in doodse stilte door het equatoriale woud. Sommige marrons gingen voor om zich een weg te hakken door zulke dichte begroeiing dat een van de mannen van Drake het later met een Engelse heg zou vergelijken. Uiteindelijk bereikten ze grasland dat uitkeek op Panama en de Grote Oceaan. Later, in een tijd dat ze waren gaan geloven dat geen staaltje slimheid of moed hem te ver ging, zouden de Spanjaarden verhalen hoe Drake zich had vermomd en zelf de stad was ingegaan, waar hij verscheidene dagen was gebleven om informatie te verzamelen. Als hij dat had gedaan, zou hij er waarschijnlijk niet mee zijn weggekomen: acht jaar later was zijn Spaans nog niet goed genoeg om het zonder tolk te kunnen stellen. Feitelijk was het een van de marrons die Panama in ging, waar hij het risico liep weer in handen van de Spanjaarden te vallen, wat hem zeker zijn leven zou hebben gekost. Hij kwam na een paar uur terug met het nieuws dat zodra de duisternis viel een karavaan muilezels op pad zou gaan met minstens acht ladingen goud.

Drake en zijn mannen hielden zich schuil. De muilezels waren al zo dichtbij dat de Engelsen, in hun hinderlaag, in de stilte van de nacht hun belletjes konden horen rinkelen. Voor de tweede keer was een fabelachtige rijkdom zo ongeveer onder handbereik. En voor de tweede keer ging al die rijkdom aan hun neus voorbij. Drake hàd strikte orders gegeven dat zijn mannen zich schuil moesten houden tot de karavaan op hun hoogte was gekomen. Maar een van hen, dronken van de brandewijn, kwam tevoorschijn en werd gezien door een Spaanse ruiter die van de verder landinwaarts gelegen nederzetting Venta Cruces op weg was naar Panama. Een van de marrons trok de man terug en ging op hem zitten om hem stil te houden, maar het was al te laat. De ruiter galoppeerde verder en sloeg alarm; de karavaan maakte rechtsomkeert. Drake en zijn mannen, teleurgesteld en opeens ernstig in gevaar, moesten zich een weg vechten langs een Spaans garnizoen in Venta Cruces, alvorens weer in de jungle te verdwijnen. Hun terugkeer naar de kust verliep nog zwaarder dan de heenreis. Drake stond geen enkel oponthoud toe om te jagen, zodat ze dagen achtereen op een vrijwel lege maag reisden. Toen het uitgeputte, bijna verhongerde gezelschap de kust bereikte wekten ze op de mannen die waren achtergebleven de indruk 'een vreemde verandering' te hebben ondergaan, niet alleen omdat 'we zo te lijden hadden gehad van het lange vasten en het zware ploeteren', maar ook om 'het verdriet dat we van binnen met ons meedroegen, want dat we terugkeerden zonder dat goud en die schatten waarop we hadden gehoopt, had ongetwijfeld zijn sporen achtergelaten in ons gezicht'.

Twee maanden later probeerden ze het opnieuw. Tegen die tijd waren ze nog maar met zijn eenendertigen, wat betekende dat er van de mannen die met Drake vanuit Plymouth waren vertrokken inmiddels meer dood dan levend waren. Het was eind maart. Ze ontmoetten een Frans zeeroverschip onder kapitein Nicholas le Testu. Het was een beangstigende ontmoeting Le Testu hàd meer mannen dan Drake en zijn schip was groter. Maar ze sloten vriendschap en de twee kapiteins wisselden geschenken uit. Le Testu gaf Drake een kromzwaard waarvan hij zei dat het van een Franse koning was geweest. Drake gaf hem een gouden ketting met medaillon. Ze besloten hun krachten te bundelen en de karavanen samen aan te vallen. De opbrengst zouden ze eerlijk delen. De schepen werden in een diepe haven achtergelaten. Le Testu met twintig van zijn mannen en Drake met vijftien van de zijne, samen met een groep marrons onder Pedro die, net als voorheen, de eigenlijke leider van de expeditie was, vertrokken in de sloepen. Deze keer trokken ze de landengte niet over, maar besloten ze de karavanen vlak voor Nombre de Dias in een hinderlaag te laten lopen. Ze gingen aan land in de monding van de Francisca. De mannen die terugkeerden naar de schepen (zo'n dertig kilometer van de Francisca) kregen opdracht precies vier dagen later met de sloepen terug te komen. De aanvalsmacht baande zich stilletjes een weg door de jungle, waarbij de Fransen bezorgd en niet geheel ten onrechte klaagden dat als de marrons hen in de steek lieten, ze de weg terug nooit meer zouden weten te vinden. Tegen de avond hadden ze de weg bereikt, waar ze zich schuilhielden in de duisternis op een punt zo dicht bij Nombre de Dios, dat ze de timmerlieden konden horen die in de koelte van de nacht doorwerkten aan de schepen van de Spaanse vloot.

In *Sir Francis Drake Revived* wordt de rest van het verhaal verteld op een steeds juichender toon, om uit te monden in een glorieuze lofzang op de triomferende vermetelheid en het geweldige geluk van Drake. 's Ochtends hoorden ze weer de doffe tonen van de bellen die de muilezels om hadden. Het waren er zoveel dat de marrons zeiden dat ze gauw meer goud en zilver zouden hebben dan ze dragen konden. Dat was ontegenzeggelijk waar. Drie karavanen, met bij elkaar honderdzeventig muilezels, kwamen in zicht. Elke karavaan werd begeleid door vijftien Spaanse soldaten. Samen vervoerden ze bijna dertig ton zilver, en ook nog eens honderdduizend pesos in goud. De piraten kwamen tevoorschijn en maakten zich meester van het eerste en het laatste muildier van elke karavaan. De anderen dieren hielden, zoals ze waren afgericht, onmiddellijk halt en gingen liggen. Een korte schermutseling volgde, waarin een van de marrons werd gedood en Le Testu in de buik werd geschoten, maar toen vluchtten de Spaanse troepen naar de stad, in de veronderstelling dat ze voor een overmacht stonden, en lieten de mannen van Drake 'sommige van de muilezels die het zwaarst beladen waren' van hun last afhelpen. De zwarte slaven die als drijvers meeliepen hielpen de rovers 'uit haat voor de Spanjaarden' door hen erop te wijzen waar ze het goud konden vinden. Ze namen het allemaal mee, maar het zilver was te veel voor hen. Een deel begroeven ze, een ander deel verstopten ze in de tunnels van landkrabben, en de rest gooiden ze in een ondiepe stroom, waarna ze er, volgens het meelijwekkende Spaanse verslag, 'vandoor gingen, snel en gedisciplineerd, zonder dat wij bij machte waren hen tegen te houden of hun iets in de weg te leggen'.

Tegen de tijd dat de Spanjaarden voldoende soldaten hadden opgetrommeld om de achtervolging in te zetten, was de bende van Drake in de jungle verdwenen – dat wil zeggen, allemaal, op Le Testu na, die ernstig gewond was en hen niet had kunnen bijhouden. Andermaal betoonde Drake zich weinig collegiaal: hij liet zijn bondgenoot in de steek. Le Testu werd gevangengenomen. Hij werd onthoofd en zijn hoofd werd op de markt van Nombre de Dios tentoongesteld. De Spanjaarden vonden nog een deel van het verborgen zilver, waarna ze terugkeerden naar Nombre de Dios, want er was een geduchte storm op komst. Drake was echter nog niet in veiligheid. Twee van zijn mensen verloren de groep uit het oog en werden door de Spanjaarden gevangen. Een van hen werd net zolang gemarteld tot hij vertelde waar Drake volgens afspraak weer met die sloepen zou worden opgehaald. Na twee dagen zwoegen door het regenwoud, zwaar beladen met het kostbare metaal, en na die storm zonder onderkomen te hebben doorstaan, kwamen de mannen van Drake bij de Francisca aan, waar ze, voor de kust, niet hun eigen twee boten zagen liggen, maar zeven Spaanse schepen, vol gewapende mannen.

Het was een afschuwelijke ontdekking. Uiteraard gingen ze ervan uit dat hun sloepen waren gevonden en ingenomen. En als de sloepen waren ingenomen, kon het nooit lang duren voor een van de mannen uit de sloepen onder marteling zou onthullen waar de schepen verscholen voor anker lagen. Pedro begreep hoe hopeloos de situatie was; hij opperde dat de Europeanen elke gedachte aan een terugkeer maar uit hun hoofd moesten zetten, ze moesten zich maar bij de marrons aansluiten. Maar Drake was er nog niet aan toe om alle hoop te laten varen. Hij sprak zijn mensen moed in met een toespraak waaruit een wanhopig enthousiasme sprak. Ze waren nog niet gezien. Misschien kregen ze nog een kans bij de schepen te komen, zei hij, niet over land (de marrons schatten dat dat zestien dagen zou duren) maar over zee. Hij verklaarde dat 'wij ons niet verder moesten wagen dan hij' en riep zijn mannen op om een vlot te bouwen en daarmee de schepen te gaan halen. Hij bood zichzelf als vrijwilliger aan om mee te gaan.

Er werd een soortement vlot in elkaar gezet van bomen die door de storm waren geveld. Het zeil was een beschuitzak, het roer een jong boompje. Drake en drie anderen (twee Fransen en een Engelsman) vertrokken op hun vreselijke reis. Het vlot dreef zo diep dat het water op zijn mooist tot hun middel kwam, en bij elke golf tot hun oksels. Nog een storm, of zelfs maar een stevige wind, en ze zouden zijn vergaan. Doordrenkt van het zoute water en weerloos blootgesteld aan de tropische zon verbrandden ze zo snel dat de vellen erbij hingen. Op een of andere manier wisten ze het vol te houden, en zes uur lang voeren ze zo door water waar altijd wel haaien zwommen. Toen, als door een wonder, kregen ze hun sloepen in het oog, die toch niet door de Spanjaarden ingenomen bleken te zijn, maar die de afgesproken plek hadden gemist doordat ze in de storm enkele mijlen naar het westen waren afgedreven.

Het begon donker te worden. Ze konden op geen enkele manier contact zoeken. De sloepen, zich niet bewust van het vlot dat onder water dreef, zeilden langs hen heen. Toen gebeurde een tweede wonder. Terwijl de mannen op het vlot wanhopig toekeken, voeren de sloepen een kleine kreek in. Drake wist zijn gammele vaartuig even verderop bij een strandje aan land te brengen. En toen, volstrekt uitgeput als hij en zijn drie mannen geweest moeten zijn, half gek van de spanningen van de afgelopen vier dagen en de verschrikking van hun vertwijfelde vlotreis, door het dolle heen van de plotselinge opluchting, bedacht hij een grap, die voor hem wel een van zijn beste grappen ooit moet zijn geweest. Hij gaf zijn metgezellen opdracht samen met hem als gekken naar de sloepen te rennen, alsof de vijand hun op de hielen zat. De mannen in de sloepen dachten duidelijk dat het aanstormende viertal de laatste overlevenden waren van een of andere catastrofe. Ze hielpen hen geschrokken aan boord en vroegen 'hoe het zijn gezelschap was vergaan'. Drake vertrok geen spier en antwoordde op grimmige toon: 'Goed,' zo treurig dat 'zijn gehoor ten zeerste betwijfelde of het wel zo goed ging'. Toen hij zijn mannen goed en wel bij de neus had trok hij, met een zwierig gebaar waar hij zich nog over verkneukelde toen hij twintig jaar later het relaas van Nichols redigeerde, een grote gouden schijf onder zijn hemd vandaan en zei, terwijl ze er met grote ogen naar staarden, dat 'de reis was volbracht'.

De rest was niet moeilijk. Tegen de tijd dat de sloepen bij de Francisca aankwamen hadden de Spaanse schepen het zoeken gestaakt en waren ze alweer vertrokken. Alle overlevenden werden veilig met hun goud aan boord gehaald en mee teruggenomen naar de schepen. Twee weken later stuurde Drake een groepje mannen terug naar het toneel van de overval. De Spanjaarden bleken de hele aarde tot een kilometer in de omtrek te hebben omgespit, maar ze wisten toch nog dertien staven zilver terug te vinden die niet door de Spanjaarden waren ontdekt. De marrons werden voor hun aandeel in het avontuur beloond met zijde en linnen en schrootijzer. Pedro had zijn zinnen gezet op het koninklijke kromzwaard dat Drake van Le Testu had gekregen. Drake gaf het hem ten geschenke, met tegenzin maar toch dankbaar. De Fransen zeilden met de ene helft van de buit terug naar Europa, de Engelsen met de andere helft, zij het niet dan nadat Drake eerst nog een staaltje had weggegeven van zijn ongehoorde brutaliteit. De Spaanse vloot, nu volledig beladen en op het punt naar Spanje te vertrekken, lag bij Cartagena. Drake zeilde er vlak langs en had zijn schip voor de gelegenheid versierd met zijden wimpels en banieren die zo lang waren dat ze door het water sleepten. De Engelse vlag wapperde hoog in de mast. Niemand opende het vuur. Niemand kwam hem achterna. Die nacht verzekerde hij zich van voldoende proviand voor de oversteek van de Atlantische Oceaan door een hele scheepslading buit te maken. Op 9 augustus 1573 kwam hij in Plymouth aan. Het was een zondagmorgen. Toen het nieuws in de kerk gefluisterd werd stroomde het volk naar de haven en liet de priester prekend tegen lege banken achter. Sommigen gingen hun zoons en geliefden verwelkomen; anderen – meer dan veertig families – kregen het treurige nieuws te horen dat hun jongens en mannen niet meer in leven waren. De rest ging om Francis Drake zijn goud te zien uitladen.

Drake was nu, in de woorden van Camden, 'zo rijk als de zee diep is', maar onder zijn landgenoten genoot hij nog altijd weinig bekendheid. Twee jaar na zijn terugkeer uit het Caribisch gebied had de graaf van Essex het, in een schrijven aan de Geheime Raad, over 'ene Drake' wiens schepen wellicht te koop waren – duidelijk niet iemand van wie de graaf of iemand in zijn omgeving ooit had gehoord. Voor de Spanjaarden – in het bijzonder voor de Spaanse functionarissen in het Caribisch gebied – was hij al 'El Corsario', dé piraat, het toonbeeld van misdadige roofzucht, de tegenstrever wiens quasi-bovennatuurlijke moed als verklaring en excuus diende voor hun eigen onvermogen zich tegen hem te verdedigen. Zoals de raad van Panama aan Filips II schreef: 'Dit rijk is zoveel schrik aangejaagd en de ingezetenen zijn allemaal zo van streek dat we niet weten in welke woorden wij aan Uwe Majesteit onze bezorgdheid moeten overbrengen... Er dreigt een catastrofe.'

De Spanjaarden noemden Drake ook 'El Draque', de draak – een eenvoudige woordspeling waaruit wel blijkt welke rol hij in hun collectieve verbeelding was gaan spelen. Een draak is een solitair roofdier, de vijand van alle nederzettingen, van elke beschaafde gemeenschap. Voor de tijdgenoten van Drake waren draken reëel, of waren dat althans tot voor zeer kort geweest. In 1405 werd er een gezien in Suffolk, 'met een enorm lijf en een kam op zijn kop, tanden als een zaag en een staart die een geweldige lengte bereikte'. Die draak was weer verdwenen in de moerassen waar hij vandaan kwam na 'zeer vele' schapen te hebben verslonden. Draken vertegenwoordigden alles wat woest en wild was. Ze doken op uit afgrijselijke poelen, sinistere grotten of duistere, mysterieuze wouden. Zij waren de belichaming van wanorde en beestachtige, ongetemde energie. De Spanjaarden in Amerika, in hun nederzettinkjes die omringd werden door uitgestrekte, beangstigend vreemde, nog nooit door wie dan ook in kaart gebrachte gebieden, met uitzicht op een zee waar het krioelde van de piraten, moeten hun gemeenschappen als net zo kwetsbaar hebben ervaren als de stad die Sint-Joris redde toen hij met zijn speer die draak doodde. En toen kwam El Draque: hij stortte zich, snel, fel en hebzuchtig, op de doodsbange kolonisten van Nombre de Dios, van Cartagena, van Rio de la Hacha, en op de niet bijster goed beschermde schepen die daartussen af en aan voeren. Hij was slechts een goed bewapende zeerover met iets meer moed en vaardigheid dan zijn slachtoffers gewend waren, maar in hun ogen beschikte hij over bovennatuurlijke krachten.

Tegen de tijd dat Drake in 1572 uit het Caribisch gebied terugkeerde, was koningin Elizabeth bezig tot een vergelijk te komen met Spanje, en had zij Engelse zeelieden al verboden aanvallen uit te voeren op Spaanse doelen. Drake schijnt niet berispt te zijn om zijn berovingen, maar geprezen werd hij evenmin.

Drie jaar later ging hij naar Ierland met een Engelse invasiemacht onder de graaf van Essex. In Ierland diende Drake voor het eerst zijn vaderland. Niet dat hij als ambtenaar op de loonlijst stond. In het Elizabethaanse Engeland werd de verdediging van het rijk overgelaten aan privé-investeerders. Volgens Edmund Howes rustte Drake op eigen kosten drie fregatten uit, en een andere bron uit die tijd vermeldt dat hij daar al zijn geld aan kwijt was. Misschien heeft hij het idee gehad dat hij geen andere keus had – later werd beweerd dat hij naar Ierland was gegaan 'uit angst voor mijn heer admiraal en de rest van de Raad, vanwege zijn Indiëreizen'. Die drie fregatten zijn wellicht een soort van boetedoening geweest voor zijn zeeroverijen in voorgaande jaren.

De Ierse expeditie bood weinig mogelijkheden om rijkdom te verwerven, maar Drake had ook nog andere ambities. Hij wilde aanzien, iets waaraan het hem als zoon van een paardendief die zelf zijn fortuin had gemaakt als piraat, nog ontbrak. In Ierland sloot hij wat misschien wel de nauwste vriendschap van zijn leven is geweest, een vriendschap die hij als zelfverklaard beklimmer van de maatschappelijke ladder wel zeer bevredigend moet hebben gevonden. Sir Thomas Doughty was een heer met belangrijke connecties aan het hof, 'een innemend spreker, een vindingrijk filosoof', een beschaafd man met kennis van de oude talen en de wet, en 'een erkend krijgsman'. We weten heel weinig van het gevoelsleven van Drake, afgezien van de kale feiten dat hij twee keer getrouwd is, dat hij geen kinderen had en dat hij zijn broers loyaal van werk voorzag. Maar alle bronnen, inclusief een bron die de persoonlijke instemming van Drake genoot, zijn het erover eens dat Doughty en hij van elkaar hielden met 'grote hartelijkheid en innerlijke genegenheid, meer dan broederlijk'.

En Drake maakte nog meer machtige vrienden in Ierland. Volgens zijn eigen zeggen beval Essex hem later aan bij Walsingham, buitenlandadviseur van Elizabeth, oprichter van een geheime dienst en de grote leider van de factie die voor oorlog met Spanje was, als 'geschikt man om dienst te doen tegen de Spanjaarden'. Of misschien was het Doughty wel die Drake onder de aandacht bracht van de invloedrijke hoveling Christopher Hatton, en Hatton die Drake bij Walsingham introduceerde. Hoe het ook zij, Walsingham heeft hem op zijn beurt aanbevolen bij de koningin, en zo werden de plannen gesmeed voor de reis die de grote wereldreis van Drake zou worden.

In 1572, toen Drake de landengte van Panama overstak, hadden de marrons die hem als gids dienden hem meegenomen naar een hoge boom op een bergkam. Vanuit de top van die boom kon je zowel de Atlantische als de Grote Oceaan zien. De marrons, die de boom als uitkijkpost gebruikten, hadden er helemaal tot boven aan toe treden in uitgehakt en bovenin een hut gebouwd waar met gemak tien, twaalf man konden zitten. Drake klom naar boven en ving zijn eerste glimp op van de 'Zuidzee', de Stille Oceaan. Het greep hem geweldig aan. Camden gaat hier uitvoerig op in: hij 'raakte in vuur en vlam bij de gedachte aan roem en rijkdom en brandde met zo'n hevig verlangen om die zee te bevaren dat hij zich ter plekke op zijn knieën liet vallen', biddend dat dat voor hem zou zijn weggelegd, en 'zich ertoe verbindend door een eed te doen'. Dit relaas is duidelijk verteld met wijsheid achteraf. Dat neemt niet weg dat het in grote lijnen waar zou kunnen zijn. Drake was bereid de stroom van schatten vanaf de westkust van Zuid-Amerika te onderscheppen, hij kan dus ook best gegrepen zijn door een verlangen die stroom tot aan de bron te volgen.

Toen de *Pelican*, later herdoopt tot *Golden Hind*, en vier andere schepen in november 1577 onder opperbevel van Drake uit Plymouth vertrokken, wist niemand, Drake zelf vermoedelijk ook niet, hoe ver hun reis zou gaan. De matrozen, een stuk of honderdzestig, hadden aangemonsterd voor een reis naar Alexandrië, waar katoen zou worden ingekocht, en ze bleven geloven dat ze daarheen zouden gaan tot de vloot goed en wel de open zee had bereikt. De 'heren' aan boord, onder wie Drakes geliefde vriend Thomas Doughty en John Winter, wiens vader William opzichter was van de schepen van de koningin, waren zich vermoedelijk allen bewust van het plan dat voor het eerst geformuleerd was door Walsingham en dat een lijst eminente investeerders had aangetrokken, onder wie de koningin zelf. Het plan bestond hierin dat Drake de vloot over de Atlantische Oceaan zou voeren, vervolgens langs de kust van Zuid-Amerika naar het zuiden, en verder door de Straat van Magelhaes naar de Grote Oceaan. Daar moest hij onderzoeken welke mogelijkheden er bestonden voor handel met die inheemsen die 'geen gehoorzaamheid verschuldigd waren aan prinsen' (die, met andere woorden, niet afhankelijk waren van Spanje) en pogingen doen specerijen, medicinale kruiden en cochenille te kopen. Daarna moest hij 'langs dezelfde weg huiswaarts keren... als waarlangs hij gekomen was'.

Het was een vertrouwelijk plan, geheim voor Spanje (althans dat werd gehoopt) en in Engeland geheim voor iedereen, behalve diegenen die er het nauwst bij betrokken waren. Drake dacht dat het zelfs geheim was gehouden voor lord Burghley, de belangrijkste minister van de koningin, die het van een roekeloze provocerendheid zou hebben gevonden, in aanmerking genomen dat de Amerika's in Spaanse ogen in hun geheel 'onder het gezag' van Spanje vielen. Maar zelfs dit geheim was een dekmantel, een fatsoenlijke sluier om de naaktheid te verhullen van het schandelijke plan waar velen een vermoeden van moeten hebben gehad – als het de bedoeling was dat er vreedzaam gehandeld ging worden, waarom was er dan geen handelswaar aan boord? –, maar dat misschien alleen de koningin, Walsingham en Drake onderling hadden besproken. Dat plan, het geheim binnen het geheim, was dat de expeditie van Drake een wezenlijk agressief karakter zou hebben, met plunderen als doel – en dat plan was goedgekeurd door de koningin.

Op zee, op een moment dat hij zijn gezag nodig moest versterken, vertelde Drake aan zijn mannen dat Walsingham hem laat op een avond had meegenomen naar de appartementen van de koningin. Het was een gedenkwaardige ontmoeting geweest, de eerste tussen twee uitgekookte en gewetenloze mensen die elkaar in de toekomst heel goed zouden doorhebben. Elizabeth had tegen Drake gezegd, althans dat beweerde hij later, dat ze zich voor 'verschillende beledigingen' op de koning van Spanje wilde wreken en ze had hem om raad gevraagd. Drake zei haar dat Filips het makkelijkst en het effectiefst te kwetsen was door 'hem in zijn Indië te raken' en zijn koloniën in Zuid-Amerika te belagen. Het plan om de koloniën aan te vallen van een natie waarmee Engeland niet eens in oorlog was, was van zo'n schaamteloze misdadigheid dat het onmogelijk op schrift kon worden gesteld. De koningin gaf Drake een zijden sjaal waarop ze de woorden 'De Heer leide en behoede u' had geborduurd, maar ze gaf hem geen schriftelijke machtiging mee voor zijn beoogde terreur. Later zou ze over hem zeggen dat 'het dat heerschap niet uitmaakt of ik hem afwijs', en zoals Drake heel goed wist zou ze dat zonodig zonder enige scrupules hebben gedaan. Hij was net zo voorzichtig als zijn vorstin. Toen Walsingham hem vroeg een voorstel te schrijven waarin hij nader uiteenzette waar en hoe hij de Spanjaarden hoopte te 'treffen', weigerde hij dat, waarbij hij 'bevestigde dat hare majesteit sterfelijk was, en dat als het God mocht behagen hare majesteit weg te nemen, het zou kunnen dat een of andere prins aan het bewind kwam die misschien onder één hoedje zou spelen met de koningen van Spanje, en dan zou mijn eigen hand tegen mij getuigen'. Maar de aard van de reis, en de bron van de beoogde inkomsten, zijn overduidelijk. Drake beweerde dat de koningin hem gekozen had 'om de ervarenheid en bedrevenheid die ik in die handel heb'. En de enige 'handel' waarin hij op ervaring kon bogen, zoals zowel Walsingham als Elizabeth terdege besefte, was de zeeroverij.

Drake leidde zijn vloot naar het zuiden, naar de kust van Marokko, waar een van zijn mannen werd afgevoerd door vijandige moren, en waar ze drie Spaanse vissersboten en drie Portugese schepen innamen. Later zou John Winter, de rechterhand van Drake, voor de rechter verklaren dat hij zelf 'nooit op enigerlei wijze zijn toestemming of permissie had gegeven om zich wederrechtelijk meester te maken van enig schip of goed'. Hij schijnt echter een wazig besef te hebben gehad van wat wederrechtelijk was: hij zat zelf in de sloep waarmee de vissersboten veroverd werden. Voor ze de Atlantische Oceaan zelfs maar waren overgestoken was het duidelijk hoe ze aan de proviand voor deze reis zouden komen en hoe de investeerders hun winst

zouden maken: niet door handel, maar door confiscatie van andermans bezittingen.

De kleine vloot reisde verder naar het westen. Bij de Kaapverdische
Eilanden ontmoetten en kaapten ze een Portugees schip. Ze zetten bemanning en passagiers overboord in een kleine sloep maar behielden het schip,
met zijn vracht van wijn en linnen en, het belangrijkste, zijn loods, Nuño de
Silva, 'een man die veel gereisd had, zowel in Brazilië als in de meeste delen
van India [d.w.z. Zuid-Amerika] aan deze kant van het land'. Drake mocht
dan algemeen erkend worden als een verbazingwekkend kundig zeevaarder,
hij kende zijn beperkingen. Bij ontstentenis van nauwkeurige kaarten en een
manier om je geografische lengte en daarmee je exacte positie te bepalen,
had een zestiende-eeuwse zeeman die zijn weg kende een gigantisch voordeel over een zeeman zonder enige kennis uit de eerste hand. In de twee jaren die volgden zou Drake, waar hij maar kon, Spaanse kaarten en Spaanse
loodsen te pakken zien te krijgen, met bijna evenveel gretigheid als waarmee hij zich over Spaanse schatten ontfermde. Welke dwang daarbij werd
toegepast of nodig was is niet bekend, maar Nuño de Silva loodste hen over
de Atlantische Oceaan.

'En zo nemen wij afscheid van de oude bekende delen van de wereld of
aarde om de nieuw ontdekte delen te bereiken,' zoals Francis Fletcher, de
vlootpredikant van Drake, in zijn reisjournaal schreef. Drake en veel van
zijn bemanningsleden hadden de Nieuwe Wereld al gezien, maar voor de
thuisblijvers die achteraf met verbaasde verrukking kennis zouden nemen
van de diverse reisverslagen, leek het alsof zijn vloot, toen ze de steven naar
het westen richtten, een wereld vol wonderen was binnengevaren. Op de
Kaapverdische Eilanden zagen en proefden ze vreemd en verrukkelijk fruit
– kokosnoten en bananen. Ze zagen bomen die tegelijkertijd bloeiden en
vrucht droegen in wat in Engeland hartje winter was. Op open zee speelden dolfijnen rond hun schepen. Vliegende vissen landden op hun dekken
en voorzagen hen, als door gulheid van de Voorzienigheid, van vers voedsel.
Hun expeditie begon de trekken te vertonen van een mythische reis.

Op zijn reis naar het westen voerde Christoffel Columbus een fantastische voorraad illusies en verwachtingen mee van wat hij daar meende te
zullen aantreffen. Cuba was voor hem Cathay, oftewel China: een buiten-
gewest van het rijk van de Grote Khan. Hispaniola was Ophir, het mythische land waar de gezanten van koning Salomo parels plachten te kopen, en
edelstenen, en goud dat gedolven was door griffioenen. Jamaica was Sheba,
van de legendarische koningin, het land 'vanwaar de drie koningen vertrokken om Christus te aanbidden', en Venezuela was bijna letterlijk het paradijs. De Europeanen die Columbus naar Amerika volgden hoefden zich niet
zo koortsachtig in te spannen om die grote, onbekende massa te vullen met

beelden die ze aan hun eigen culturele achtergrond ontleend hadden, maar toch verwachtten ze wonderen – die ze ook niet zelden aantroffen. Sommige waren echt, vreemde beesten als lama's en gordeldieren, vreemde substanties als tabak en cocaïne. Sommige waren overdrijvingen van de werkelijkheid: Magelhaes en zijn mannen ontmoetten reuzen in Patagonië, terwijl de reizigers die na hem kwamen de mensen niet veel groter dan gemiddeld vonden. Sommige, zoals de tantaliserende mythe van El Dorado, waren bijna geheel aan de verbeelding ontsproten. Maar iedereen die met zo'n expeditie meeging, sidderde verwachtingsvol, in de hoop van de ene verbazing in de andere te vallen.

Wat voor vreemde en beangstigende nieuwigheden ze echter ook zouden aantreffen, het probleem dat Drake en al zijn mensen in beslag zou nemen op hun reis over de Atlantische Oceaan en zuidwaarts langs de kust van Zuid-Amerika, was een probleem dat ze zelf aan boord meevoerden. Voor hij via de Straat van Magelhaes in de Grote Oceaan was aangekomen zou Drake onenigheid krijgen met sir Thomas Doughty en hem ter dood brengen.

Veel later zou Drake bekendmaken dat hem, nog voor hun vertrek uit Plymouth, ter ore was gekomen dat Doughty een complot had gesmeed. De verhouding tussen beide mannen, wier wederzijdse genegenheid door een tijdgenoot was vergeleken met de vriendschap van Damon en Pinthias, de twee typische boezemvrienden uit de klassieke mythologie, begon snel te verslechteren. Het eerste teken dat er iets broeide kwam vlak voor ze aan de oversteek van de Atlantische Oceaan begonnen. Volgens één verslag beschuldigde Doughty Thomas, de broer van Drake, van diefstal. Drake verdedigde zijn broer vol vuur en beschuldigde Doughty ervan dat hij zijn gezag probeerde te ondermijnen door zijn verwanten te belasteren. Een ander verslag suggereert dat het Doughty was die door een van de bemanningsleden van diefstal werd verdacht. Drake confronteerde hem daarmee, waarop Doughty verontwaardigd uitlegde dat hij de snuisterijen die bij hem waren aangetroffen – handschoenen, een ring, wat muntjes – had gekregen van hun Portugese gevangenen. Volgens een van de zeelieden 'leek het aantal grieven tussen die twee van dag tot dag toe te nemen'.

De oversteek was moeilijk. Meer dan twee maanden reisden ze zonder dat er land in zicht was en moesten ze erop vertrouwen dat regen hun gevaarlijk ontoereikende watervoorraad op peil hield. Drie weken lang lagen ze in windstilte bij de evenaar. Badend in het zweet in hun kleine, steeds kwalijker riekende schepen (de *Pelican*, verreweg het grootste schip, was misschien net twintig meter lang), werden ze gekweld door 'de effecten van een drukkende hitte, niet zonder angsten voor flitsend weerlicht en geweldige don-

derklappen die iedereen de stuipen op het lijf joegen'. Ze voeren onbekende streken in, vol werkelijke en denkbeeldige verschrikkingen. Dat er met
een valse bestemming voor hun reis was geschermd, was niet alleen om de
Spanjaarden een rad voor ogen te draaien. Toen Columbus voor het eerst de
Atlantische Oceaan overstak, had hij het logboek vervalst en opzettelijk de
afstand die zijn schepen hadden afgelegd onderschat – hij wilde voorkomen
dat zijn bemanning zou weigeren nog verder te varen, doodsbang bij de gedachte dat zo'n uitgestrekte watervlakte hen van hun familie scheidde. De
kapitein van een van de schepen van Drake zou later verklaren dat als hij van
tevoren had geweten dat hij naar de Grote Oceaan ging, 'hij zich liever in
Engeland zou hebben laten ophangen dan op zo'n reis vertrekken'.

De afstand die ze aflegden was op zich al duizelingwekkend. Nog af-
schrikwekkender was de gedachte aan wat ze onderweg allemaal wel niet
zouden kunnen tegenkomen. Fletcher, een gestudeerd man, zag de evenaar met angst in het hart naderbij komen. Hij herinnerde zich de mening
van 'Aristoteles, Pythagoras, Thales en vele anderen' dat de zon daar zo fel
brandde dat er geen leven mogelijk was. Ze waren op weg naar een vreemd
werelddeel, dat werd bewoond door reuzen en kannibalen. Maar ook zonder die buitensporige bronnen van zorg hadden ze al genoeg aan het hoofd,
reële zorgen waaraan ze zich moeilijk konden onttrekken. Veel bemanningsleden moeten geweten hebben dat van de mannen die met Drake op zijn vorige, veel minder ambitieuze reis waren vertrokken, meer dan de helft niet
was teruggekeerd.

Het kan zijn dat angst en vermoeidheid de ruzie tussen Drake en Doughty
hebben aangewakkerd. Robert Mansell, die Drake kende en bewonderde,
noemde nog enkele tekortkomingen van hem op: hij zou 'lichtgeraakt' zijn,
en 'hardnekkig in zijn haat'. Zijn ruzie met Doughty past in die omschrijving. Drake en de mensen om hem heen raakten er, misschien wel terecht,
van overtuigd dat Doughty muiterij probeerde aan te stichten. Er deed zich
een incident voor met de trompetter van Drake dat erop uitdraaide dat
Doughty uit zijn commando op de *Pelican* werd ontheven en, zonder dat hij
de kans kreeg zich te verdedigen, naar de *Swan* werd overgeplaatst, het kleine bevoorradingsschip. Aan boord van de *Swan* beklaagde Doughty zich dat
hij eigenlijk gewoon gevangenzat, en niet veel later beschuldigde hij Drake
ervan een eed te hebben gebroken. Zoiets was onvergeeflijk. Drake sloeg
hem, en liet hem aan de mast vastbinden.

Toen de vloot eindelijk voor de Argentijnse kust voor anker ging, vernietigde Drake de *Swan* en gaf Doughty en diens broer John bevel bij een ander schip aan boord te gaan. Toen Doughty dat weigerde, liet Drake hem
aan boord tillen met de scheepstakel, wat wreed en vernederend was. Voor
ze verder voeren waadde een van de bemanningsleden door water dat tot

233

zijn middel kwam weg van het schip, luidkeels verkondigend dat hij zich liever aan de kannibalen gaf (ze dachten dat het daar krioelde van de kannibalen) dan valse beschuldigingen te uiten tegen een heer, wat suggereert dat Drake in de ogen van die man zijn beschuldigingen aan het adres van Doughty zou hebben verzonnen. Niet veel later waarschuwde Drake zijn bemanning dat de Doughty's een 'heel boosaardig stel' was en dat hun aanwezigheid de uitkomst van hun hele onderneming in gevaar bracht.

Ze zeilden verder naar het zuiden en wisten slechts met moeite te voorkomen dat ze elkaar compleet uit het oog verloren, want hun schepen werden geregeld door stormen uit elkaar gedreven. De mannen van Magelhaes hadden de zuidelijke Atlantische Oceaan de 'zee der graven' genoemd. Voor Drake en zijn mannen was het daar nauwelijks minder beangstigend. Eindelijk, zo'n twee maanden nadat ze voor het eerst Zuid-Amerikaans land in zicht hadden gekregen, kwamen ze aan in Port San Julian in het zuiden van Patagonië, de laatste veilige ankerplaats voor de Straat van Magelhaes. In Port San Julian wilde Drake afwachten tot het ergste van de zuidelijke winter achter de rug was. Het was een omineuze plek, ommuurd door hoog oprijzende zwarte rotsen, en met een ellendige geschiedenis. Het was daar dat Magelhaes, achtenvijftig jaar eerder, een muiterij had onderdrukt en twee van zijn officiers had laten ophangen, radbraken en vierendelen. De mannen van Drake troffen nog een van de galgen waar de restanten aan waren opgehangen. Met een gruwelijk soort piëteit hakten ze de galg om en gebruikten het hout om drinkkannen van te maken.

Het was bitter koud, met lange, donkere nachten. Magelhaes was er in een milder jaargetijde geweest en zijn schepen waren al zwaar geweest van het ijs. Voedsel was schaars, en de mannen verzwakten. Drake gaf sommigen van hen opdracht aan wal te slapen, een noodzakelijke maatregel omdat de schepen, na maanden op zee, moesten worden schoongemaakt, maar de mannen die aan wal sliepen hadden geen onderdak, ze sliepen op de grond, met niet meer om zich heen dan hun eigen mantel. Wat hun onbehagen niet bepaald wegnam was het feit dat ze, twee dagen na aankomst, voor het eerst een aanvaring hadden met inboorlingen. Eerdere ontmoetingen met inheemse Zuid-Amerikanen, verder naar het noorden, waren vreedzaam verlopen. Ze hadden messen en bellen en jachthoorns geruild voor verentooien, sieraden van gesneden been en gepluimde vogels. Eén keer hadden de Engelsen trompet en viool gespeeld voor een groep nieuwsgierige indianen, die zo verrukt hadden geluisterd en zo vrolijk waren gaan dansen dat kapitein Winter met hen had meegedanst. Eén had een rode pet met een gouden band van het hoofd van Drake gegrist, maar die had geglimlacht en 'niemand toegestaan die indianen ook maar een haar te krenken'.

In Port San Julian liep het allemaal niet zo lekker. Magelhaes had er de hun aanvankelijk welgezinde 'reuzen' tegen zich in het harnas gejaagd door twee van hen te ontvoeren. Een halve eeuw later waren ze nog niet vergeten dat Europeanen niet te vertrouwen waren. Toen Drake met zes man aan land was gegaan, werd hij door een groep inboorlingen met pijl en boog aangevallen. Twee Engelsen werden doodgeschoten. Drake schoot toen met zijn haakbus van dichtbij op een van de inboorlingen. De man stierf een afgrijselijke dood, met 'een gruwelijk en afgrijselijk gebrul alsof tien stieren samen aan het brullen waren geslagen'. De andere inboorlingen, die van alle kanten uit het bos tevoorschijn waren gekomen, trokken zich weer terug. Ze lieten zich niet meer zien in de weken dat Drake daar voor anker bleef liggen, maar de Engelsen moeten zich er op onbehaaglijke wijze van bewust zijn geweest dat ze er wel waren, en dat ze hun onwelkome gasten in de gaten hielden vanuit de dekking van rotsen en bomen.

Het was op die vijandige en beangstigende plek dat Drake Thomas Doughty terechtstelde en ter dood bracht. Het proces vond plaats op het strand. Er is een gedetailleerd verslag, van een bemanningslid genaamd John Cooke, van bewaard gebleven. Drake stelde een jury aan, met verscheidene leden van wie bekend was dat het vrienden van Doughty waren, en getuigen werden opgeroepen. Doughty wilde de machtigingsbrief van de koningin zien die Drake het gezag zou hebben verleend een dergelijk proces te voeren (de geloofsbrieven die drie jaar eerder aan Richard Grenville waren meegegeven hadden hem expliciet geautoriseerd om muiters 'af te slachten, te executeren en ter dood te brengen of anderszins te corrigeren'). Drake, die een dergelijke machtiging moest ontberen, reageerde onbarmhartig. Hij gaf opdracht Doughty te laten vastbinden, 'want ik wil mijn leven zeker zijn'.

De aard van de beschuldigingen was duister, de woordenwisseling tussen Drake en Doughty die erop volgde venijnig en weinig samenhangend. Uiteindelijk vroeg Drake de jury te beslissen of de beschuldigingen dat Doughty had geprobeerd 'de reis te dwarsbomen' op waarheid berustten. Leonard Vicary, vriend van Doughty en lid van de jury, wierp tegen: 'Dit is niet wettig, en strijdig met het recht'. Hij vroeg Drake of het een kwestie van leven of dood was, wat Drake ontkende: ' "Nee, nee, meester Vicary," zei hij.'

De jury oordeelde dat de beschuldigingen op waarheid berustten. Drake liet Doughty vervolgens onder bewaking achter en nam zijn mannen mee naar de waterkant, waar hij hun een bundel brieven liet zien van belangrijke mensen, van Essex en Hatton en Walsingham, als om aan te tonen dat zijn gezag wel degelijk ergens op stoelde. Maar nog altijd kon hij geen machtiging van de koningin laten zien. Met een bespottelijke onbeschaamdheid deed hij alsof hij die brief vergeten was: 'Mijn God! Heb ik in mijn hut laten liggen wat ik het meeste nodig had...' Vervolgens stak hij een gloedvolle redevoering af waarin hij uiteenzette dat Doughty hem wilde vermoorden, en als dat gebeurde zou dat ook hun dood worden, want zonder Drake, hun admiraal en belangrijkste navigator, zouden ze reddeloos verloren zijn in deze afgrijselijke contreien. Hij hield hun voor dat zo lang Doughty leefde, hun reis geen doorgang kon vinden, maar dat als de reis wel doorging, ieder van hen zo rijk zou worden dat hij het leven van een heer zou kunnen leiden. Vervolgens kwam hij op schandelijke wijze terug op zijn verzekering tegenover Vicary. 'Daarom, mijn heren,' riep hij uit, 'laten zij die deze man waardig achten om te sterven met mij hun hand opsteken.' Een meerderheid stak haar hand op.

In de twee dagen die volgden hield Doughty zich goed, met een waardigheid en een serene moed waar iedereen van onder de indruk raakte. Vervolgens ging hij te biecht bij Francis Fletcher (waarbij hij niets opbiechtte wat zijn executie zou hebben gerechtvaardigd), ontving samen met Drake het sacrament, at met hem, sprak een kwartier met hem onder vier ogen, omhelsde hem, nam afscheid van hem en legde zijn hoofd op het blok. Toen de executie was voltrokken tilde Drake het afgehakte hoofd op met de woorden: 'Zie, zo eindigen verraders.' Hij gaf opdracht het lichaam te begraven op een eiland dat hij het Eiland van Ware Gerechtigheid noemde. (John Cooke omschreef het anders, als 'die plek waar willekeur wet was en de rede in de ban werd gedaan'.)

Deze episode zou een blijvende smet achterlaten op de reputatie van Drake. Tiranniek en opvliegend als hij was maakte hij herhaaldelijk ruzie met zijn mensen, trok hun loyaliteit in twijfel of beschuldigde hen van lafheid. Iedere keer werd hem nagedragen dat hij Thomas Doughty ter dood had laten brengen. Eenmaal terug in Engeland zou John Doughty hem beschuldigen van moord. Koningin Elizabeth verwierp zijn zaak niet meteen, maar wist het zo te spelen dat hij op een technisch punt niet ontvankelijk werd verklaard. Drake werd niet schuldig bevonden, maar evenmin van blaam gezuiverd.

Het verhaal blijft raadselachtig. Boosaardige roddels suggereerden dat er een seksueel motief zou zijn geweest: Doughty zou een verhouding hebben gehad met de vrouw van Drake. Camden had een paar andere verklaringen gehoord: Drake zou jaloers zijn op Doughty omdat die zo populair was en 'hem in zijn eigen hang naar roem als grote rivaal de pas hebben afgesneden'. Hij zou geheime instructies hebben ontvangen van lord Leicester 'om Doughty op wat voor manier dan ook uit de weg te ruimen'. Misschien probeerde Doughty wel echt het gezag van Drake te ondermijnen of misschien vreesde hij, net als John Winter, de plannen van Drake om op rooftocht te gaan. Als dat zo was heeft Drake het misschien wel nodig gevonden hem tot zwijgen te brengen alvorens over te gaan tot de grootschalige berovingen die hij in gedachten had – door Doughty te doden, legde hij zijn eigen geweten het zwijgen op.

Het kan ook zijn dat Drake heel ergens anders bang voor was. Dante stuurde zijn Odysseus naar de hel omdat hij zich had laten drijven door een verwerpelijke hartstocht die hem door de wereld had gejaagd 'om kennis te vergaren, en goed en kwaad te volgen op hun spoor', en die hem zijn verantwoordelijkheden als vader, zoon en echtgenoot had doen verzaken; net als Drake was Odysseus ver naar het westen gevaren, voorbij de Zuilen van Hercules die geen mens mocht passeren, 'maar ik liet Sevilla aan mijn rechterzijde, Ceuta links, en zeilde voort vandaar'. Tweeënhalve eeuw later waren ontdekkingsreizen niet meer per se zondig, maar niettemin hing er nog altijd een zeker aura van zondigheid omheen – die avonturen die mensen zover weg voerden van hun huis en hun familie, en die hun nietige kennis van de wereld op de proef stelden in de strijd tegen de geheimzinnige machten van al die witte vlekken op de wereldkaart. Zeelieden zijn altijd berucht geweest om hun ontvankelijkheid voor bijgeloof, en op de reis die Drake maakte was er speciale reden voor angst. John Doughty gaf zich uit voor tovenaar. Hij had de zeelieden voorgehouden dat hij een mens kon vergiftigen met een diamant, waarmee hij een inwendige ziekte kon veroorzaken die na een jaar tot de dood leidde. Hij en zijn broer zouden ook de duivel kunnen opwekken in de vorm van een beer, een leeuw of een gewapende man. Dat waren gevaarlijke beweringen. Toen hun conflict verhevigde beschuldigde Drake de gebroeders Doughty er beiden herhaaldelijk van dat ze stormen teweeg zouden brengen. 'Telkens als de weersomstandigheden slecht waren, zei hij dat Thomas Doughty daar de aanstichter van was.'

In het Elizabethaanse Engeland namen zelfs de meest ontwikkelde intellectuelen magie serieus. Drake zelf werd voor een tovenaar gehouden. Zijn Spaanse vijanden zagen hem als een tovenaar en in Devon deden aan het begin van de negentiende eeuw nog altijd verscheidene verhalen de ronde waarin hem magische krachten werden toegedicht, en waarin een duivel optrad die naar zijn pijpen danste. Een van die verhalen gaat over zijn vrouw. Zij zou de hoop dat hij ooit nog van zijn wereldreis zou terugkeren hebben opgegeven en besloten hebben met iemand anders te trouwen. Toen ze naar het altaar liep om zich voor de tweede keer in de echt te laten verbinden voelde Drake, aan de andere kant van de wereld, aan wat ze van plan was en vuurde een kanonskogel af, dwars door de aarde heen, die in Devon even later door de vloer van de kerk heen knalde: een afschuwelijke waarschuwing aan zijn trouweloze vrouw en een verbijsterende manier om haar vrijer op de loop te jagen. Robert Southey, die in de jaren twintig van de negentiende eeuw die oude volksverhalen verzamelde, kreeg te horen dat die kogel nog altijd kon worden bezichtigd.

Wat ook de aard was van de bedreiging die Doughty vormde, Drake moest haar kennelijk ongedaan maken alvorens een poging te wagen de Straat van Magelhaes door te steken. De executie van Doughty, uitgevoerd onder de galg van Magelhaes, heeft, achteraf bekeken, iets van een offerritueel, een afrekening met Drakes eigen angst en een uitdrijving van het duiveltje van zwakte dat in zijn mannen huisde. Voor de Griekse schepen naar Troje konden vertrekken, voor Achilles en zijn landgenoten aan hun jacht op roem en eer konden beginnen, offerde Agamemnon in Aulis zijn dochter Iphigeneia. In Patagonië bracht Drake de man ter dood die, daar zijn alle bronnen het over eens, zijn beste vriend was, en zo harde hij zichzelf en zijn vloot voor de beproeving die hun wachtte door het bloed van een mens te vergieten.

Die beproeving was ook werkelijk afschuwelijk. Met een verrassende openhartigheid vertelde Drake na de executie van Doughty aan zijn mannen: 'Ik heb datgene ter hand genomen waarvan ik bij God niet weet hoe ik het moet doorzetten; het gaat mijn capaciteit te boven, de gedachte eraan heeft me zelfs van mijn zinnen beroofd.' Tweeënhalve eeuw later kwam Southey tot de ontdekking dat er in Zuidwest-Engeland nog altijd werd opgeschept over de fabelachtige prestatie van Drake, die 'over de kloof zou zijn gesprongen'. Toen hij daarop doorvroeg, werd hem duidelijk dat de 'kloof' die hun voor ogen stond geen gewoon geografisch gegeven was, geen bevaarbare watervlakte, maar een mythische afgrond die de uiteinden van de aarde van elkaar scheidde. Volgens hun kosmografie was de aarde geen perfecte bol. Oost en west kromden zich naar elkaar toe, maar raakten elkaar niet. Toen Drake van de bekende naar de onbekende wereld voer, moest hij zijn schepen met een sprongetje over een gruwelijke kloof voeren, een bodemloze, angstaanjagende afgrond; alleen zo kon hij de twijfelachtige veiligheid van de oceaan daarachter bereiken.

Drake wist wel beter, maar zelfs hij – meester in de navigeerkunst – stond op de drempel van het onbekende. Hij was op weg naar de Straat van Magelhaes omdat hij, zoals alle Europeanen in die tijd, geloofde dat het land ten zuiden daarvan, de archipel van eilanden, waaronder Vuurland, die de driehoekige punt van Zuid-Amerika vormen, de noordkust was van een uitgestrekt, onbekend continent, Terra Australis, dat zich vandaar in zuidwaartse richting uitstrekte tot aan de pool. Dat was een misvatting, maar dat maakte voor zijn plannen geen verschil – ook latere zeevaarders gaven er de voorkeur aan om door de Straat te gaan, waar ze water konden innemen en pinguïns vangen, in plaats van zich bloot te stellen aan de woeste wateren rond Kaap Hoorn. Wel geeft het aan dat de volgende etappe inderdaad een sprong in het duister was. In Port San Julian was hij bang, niet omdat hij een lafaard was, maar omdat hij op het punt stond iets te ondernemen wat voor zover hij wist in de geschiedenis van de mensheid maar één keer eerder was gelukt (en van de bemanningsleden van Magelhaes was slechts een op de vijftien levend teruggekeerd, en Magelhaes zelf had niet tot de overleven-den behoord).

Eerst voorzag Drake zijn autoriteit van een nieuwe basis. Toen Hernán Cortés in Mexico aan land ging, proclameerde hij de stichting van de stad Vera Cruz (het was een louter conceptuele daad, de stad moest letterlijk nog gebouwd worden) en benoemde hij een raad om de stad te besturen. De raadsleden verklaarden alle eerdere bevelen en benoemingen (en daar-mee ook het generaalschap van Cortés) ongeldig. Vervolgens benoemden ze Cortés meteen weer als generaal, en vanaf dat moment had hij zijn gezag niet te danken aan het Spaanse koloniale bestuur, maar aan zijn eigen initia-tief en de instemming van zijn mannen. Zo ook eiste Drake, alvorens op zijn reis naar een onbekende wereld te vertrekken, het absolute gezag over zijn kleine vloot op.

Op de zondag na de executie van Doughty kregen al zijn mannen bevel te gaan biechten bij Francis Fletcher en het sacrament in ontvangst te ne-men. De bedoeling was waarschijnlijk om iedereen die met de gedachte aan muiterij speelde de vreze Gods bij te brengen. De hele periode dat ze voor Port San Julian voor anker lagen hield hij een stroom bedreigingen gaande. Eén keer verklaarde hij dat iedereen die ook maar voor een achtste zo schul-dig was als Doughty daarvoor met zijn leven zou moeten boeten, een ande-re keer ging hij aan boord van de *Elizabeth*, het schip van John Winter, en dreigde dertig bemanningsleden op te hangen. Op 11 augustus was hij bijna zover dat hij weer verder wilde. Opnieuw riep hij het hele gezelschap bij el-kaar voor een grote vergadering op het strand. Fletcher wilde al een preek afsteken, maar Drake hield hem tegen. 'Nee, sul, meester Fletcher,' zei hij, 'deze dag moet ik zelf preken.' Hij begon door zijn mannen eraan te herin-neren hoever ze van huis en vrienden verwijderd waren, en hoezeer ze om-ringd waren door vijanden, en spoorde hen aan om samen te werken. Ver-volgens bood hij een van zijn schepen, de *Marigold*, aan voor diegenen die toch nog naar huis wilden, maar hij wist het wel zo te formuleren dat ze er wel voor uitkeken op dat aanbod in te gaan. 'Pas op, diegenen die huiswaarts keren, want ik zal ze op mijn weg vinden en zeker tot zinken brengen.' Allen gaven aan te willen blijven. Vervolgens vroeg hij hun van wie ze hun beta-ling wensten te ontvangen. Van hem, antwoordden ze. Hij vroeg hun verder of ze loon wilden 'of bij hem in de gunst wilden staan'. Ze kozen het laat-ste. Dat betekende dat ze geen aanspraak wensten te maken op een regulier loon (vermoedelijk het loon voor het reisje naar Alexandrië waarvoor ze ge-tekend hadden) maar tevreden zouden zijn met een aandeel in de opbrengst van de reis, een aandeel dat niet zou worden uitgekeerd door het syndicaat van investeerders dat de expeditie had uitgerust, maar door Drake zelf – bij wie ze dan 'in de gunst' stonden. Ze waren vanaf dat moment derhalve zijn mannen, en alleen hij had het voor het zeggen. Hij had hun verplichting jegens de staat Engeland en het huis Tudor ontbonden, en het gezelschap aan zich gebonden langs archaïsche lijnen – zij waren zijn feodale krijgsmacht, hij was hun leenheer.

Het was vermoedelijk een gezelschap dat was toegerust op de taak die voor hen lag. Het was verre van ongebruikelijk dat meer dan de helft van de bemanning op een lange reis de dood vond – alleen zij die heel weinig te verliezen hadden gingen naar zee. Volgens Richard Hakluyt werden de mannen die aanmonsterden voor ontdekkingsreizen uit gevangenissen en 'donkere hoeken' gehaald. Zeelieden waren aan lager wal geraakte kooplieden, mensen met schulden, ontsnapte gevangenen en 'anderen die zich verborgen houden'. Walter Raleigh noemde hen 'het uitschot van de mensen', Drake zelf noemde hen 'weerspannig zonder gezag', en 'de meest norse en afgunstige mensen die zich laten voorstellen'. Volgens John Cooke, die een van hen was, vormden de mannen die met hem om de wereld reisden 'een gezelschap van wanhopige mislukkelingen die niet in hun land konden leven zonder te roven wat anderen vergaarden in het zweet huns aanschijns'.

Dan moest hij ook nog iets doen aan de heren en officieren in zijn gezelschap. Rodrigo Díaz, die zelf aan het hof was opgegroeid en wiens vader een edelman was, werd door de balladedichters romantisch voorgesteld als een man van het volk, een man die keihard was, keihard werkte en keihard vocht, en een man die met al zijn hardheid al die in zijde gehulde hovelingen te schande maakte. Voor de dichters die in de eeuwen na zijn dood zijn heldendaden bezongen maakte het een belangrijke deel van zijn legende uit dat de Cid een selfmade man was, geen kruiperige hoveling die voor zijn geluk afhankelijk was van de gunst van zijn heer, en ook geen slappe aristocraat die zijn status te danken had aan zijn afkomst. In één ballade verklaart hij op uitdagende toon dat zijn gebrocheerde tenten mooier zijn dan die van de koning en bovendien: zijn tenten getuigen van een rijkdom die niet passief verworven is, maar keihard bevochten. 'Ze zijn verworven in de strijd, met mijn voortreffelijke lans.' Een andere ballade, waarin hij weigert zich voor de koning te vernederen, zet de mooie kleren en vleierige maniertjes van hooggeboren hovelingen venijnig af tegen zijn botte manier van doen en zijn eenvoudige kledij. 'Zij rijden op een dartel muildier, waar hij een vurig ros berijdt.' Zij hebben geparfumeerde handschoenen en hoeden met pluimen, hij draagt kaphandschoenen en een stalen helm. Waar hun zwaarden ongebruikt aan hun riem hangen, draagt Rodrigo het zijne in de hand, gereed voor elke uitdaging.

Zoals de Cid werd voorgesteld, was Francis Drake in werkelijkheid. Hij was niet gespeend van iedere ontwikkeling. Hij kon lezen en schrijven, hij was een uitstekend tekenaar, en hij had genoeg astronomie en wiskunde geleerd om een onovertroffen zeevaarder te worden. Hij had zijn rijkdom eigenhandig verworven. Maar zijn afkomst was obscuur bij het twijfelachtige af. In Engeland, waar sociale superioriteit en politieke invloed misschien wel net zo hoog werden aangeslagen als daadwerkelijke prestaties, waar charme net zozeer in tel was als moed, verkeerde Drake (die geen Alcibiades was) in het nadeel. Maar in Port San Julian kondigde hij het bestaan af van een klasseloze maatschappij waarin alle (andere) mannen gelijk waren, en gelijkelijk ondergeschikt aan hem. 'Hier heerst zo'n verdeeldheid tussen zeelui en heren, en wordt tussen heren en zeelui zoveel opgekropt, dat ik al kwaad word bij de gedachte alleen,' zei hij. 'Maar mijne heren, daar moeten wij mee afrekenen, de heren moeten slepen en trekken met de zeelui, en de zeelui met de heren.' Zijn toespraak is vaak aangehaald als verklaring van egalitarisme en een krachtige aftrekening met sociale ongerechtigheid, en zo kan hij ook wel gelezen worden, maar het is de moeite waard om in gedachten te houden dat de man die zijn toespraak heeft opgeschreven, John Cooke, over Drake zei dat hij 'onovertroffen was in wreedheid en heerszucht'.

Nog altijd in de vrieskou en het sombere halfduister van dat troosteloze strand, richtte Drake zich tot de belangrijkste van de heren in zijn gezelschap, zijn kapiteins, en onthief hen een voor een publiekelijk van hun commando. Dat was geen schertsvertoning waar hij van tevoren op geoefend had. John Winter, de vice-admiraal van Drake, en John Thomas, kapitein van de *Marigold*, tekenden allebei fel protest aan, en vroegen hem naar de reden van hun ontslag. Hij reageerde met de bruuske wedervraag of 'zij een reden konden bedenken waarom hij hen niet zou ontslaan'. Dankzij de executie van Doughty had hij een afschuwelijke macht over zijn ondergeschikten. Weer terug in Engeland zou John Winter zeggen dat hij, als officier van Drake, zijn leven nooit zeker was geweest. De protesten verstomden. Drake sprak de menigte nog een tijdje heftig toe. Hij beschreef het ontstaan van de plannen voor deze reis in termen die de nadruk legden op zijn eigen opperste gezag en zijn nauwe band met de koningin. Vervolgens verklaarde hij dat alle officiers herbenoemd waren: voortaan zouden zij, net als de overige bemanningsleden, of ze het nu wilden of niet, in dienst zijn van Drake.

Vier dagen later reisde de vloot verder naar het zuiden. Het waren nu nog maar drie schepen, de *Elizabeth*, de *Marigold* en de *Pelican* (die spoedig zou worden omgedoopt tot *Golden Hind*, de naam die Drake aan het schip gaf zodra ze de Straat van Magelhaes waren binnengevaren).

De Straat van Magelhaes was geen kanaal maar een doolhof. De ingang aan de Atlantische zijde werd, in de woorden van Francis Fletcher, omlijst door 'hoge en steile, grijze kliffen vol zwarte sterren, waar de zee tegenaan beukte en opspatte als spuitende walvissen'. Het is lastig om er je weg te vinden. Soms is de doorgang een smal kanaal tussen ontzagwekkende rotsen, dan weer een bodemloos meer. Felle en grillige stromingen razen er van oost naar west. Bij het binnenvaren zagen de mannen van Drake een vulkaan, 'brandend hoog in de lucht, op wondere wijze, zonder onderbreking'. Overal om hen heen verrezen bergen die wit waren van het ijs en de sneeuw, maar somber gehuld gingen in hun eigen monsterlijke schaduwen. Omringd door die afschuwelijke grandeur voerden de scheepjes hun strijd met de elementen. Fletcher beschreef draaikolken die 'doordrongen tot diep in het hart van de zee'. Winden joelden door de kloven, en dreven hun schepen soms in een uur terug over een afstand die hun dagen had gekost. Soms kwam de wind van twee kanten en was het één angstwekkende chaos van kolkend water en akelige rukwinden. Op een eiland vonden ze een menselijk skelet, dat in de diverse verslagen van hun reis een onheilspellend gewicht krijgt, als wachtpost bij een zee-engte die verschrikkelijk was als de Schaduwvallei zelf. De Silva, de ontvoerde Portugese loods, meldde dat op hun tocht door de Straat 'veel van de mannen van Drake aan de koude bezweken'.

Na zestien dagen bereikten ze de Grote Oceaan, maar hun beproevingen waren nog niet voorbij. Een reeks stormen overrompelde hen en een week of zes worstelden ze wanhopig met joelende winden en onstuimige zeeën. De duisternis van de zuidelijke winter werd nog eens verdiept door een zonsverduistering. De mannen, al verzwakt door de bittere kou, begonnen te bezwijken aan scheurbuik. Van de vijftig man aan boord van de *Elizabeth* ontsnapten slechts vijf aan de ziekte. Soms voeren ze zo dicht onder de kust dat ze de golven konden horen stukslaan op rotsen die onzichtbaar waren door donker en mist. Dan weer dreven ze ver af op een oceaan waarvan geen kaart bestond. Voor de overlevenden was het net of ze onderworpen werden aan een geduchte test, waar alleen diegenen doorheen kwamen die waren voorbestemd voor een heldhaftige status, terwijl alle anderen eraan onderdoor gingen of ontmoedigd terugkeerden.

Een van de schepen, de *Marigold*, ging verloren. Fletcher schreef dat hij haar ten onder had zien gaan, 'verzwolgen door gruwelijke en genadeloze golven, of liever bergen van zeewater', en dat hij de angstkreten had gehoord van de achtentwintig man die nog aan boord waren. Toen werd de *Elizabeth*, onder kapitein Winter, gescheiden van de *Golden Hind* van Drake – ze hadden het te druk met hun pogingen te voorkomen dat ze op de rotsen te pletter werden geslagen om elkaar in de gaten te houden. Winter wist zijn weg terug naar de Straat te vinden en ging daar voor anker. Een paar weken later keerde hij naar huis terug (omdat de bootsman en de matrozen weigerden verder te gaan, volgens zijn verslag, omdat hij zelf de hoop had opgegeven, volgens het reisverslag van een bemanningslid).

De *Golden Hind* was nu alleen. Het schip werd voortgedreven door winden 'alsof alle ingewanden van de wereld waren losgelaten', geteisterd door zeeën die 'vanuit de diepten naar boven rolden en zelfs uit de rotsen leken te komen, als reusachtige rollen perkament', en ijlde voort in grote nevelwolken, gedragen 'door het geweld van winden die de hoogste toppen nog onder water probeerden te krijgen'. Zo werden Drake en zijn mannen, van wie er nu nog maar zo'n zestig, zeventig over waren van de honderdzestig (of daaromtrent) die elf maanden eerder uit Plymouth waren vertrokken, steeds verder naar het zuiden gedreven, tot ze eindelijk bij een eiland voor anker konden gaan. Daar deed Drake, althans dat vertelde hij later aan Richard Hawkins, de belangrijkste van zijn geografische ontdekkingen – dat er verder niets dan water was, dat 'beide zeeën [de Grote en de Atlantische Oceaan] één zijn'. Sommige tijdgenoten waren sceptisch. Richard Madox, die in 1582 naar de Straat van Magelhaes voer, dacht dat Drake die verbazingwekkende informatie gejat had van ook nog eens gestolen Spaanse kaarten en het als zijn eigen ontdekking had gepresenteerd als 'een man die alle schaamte heeft afgeworpen'. Maar het verslag van Drake is volstrekt geloofwaardig. Hij vertelde Hawkins dat hij aan land was gegaan met een kompas en dat hij zich op het zuidelijkste punt van het zuidelijkste eiland van de archipel 'op de grond had geworpen, op het uiterste puntje, heel onderworpen, en dat hij zo, met de borst vooruit, over die punt had gehangen'. Als een beeld op de boeg van het Amerikaanse continent had hij het hoofd geboden aan de woelige oceaan die geen Europeaan voor hem ooit gezien had. Terug aan boord verklaarde hij dat hij 'op de zuidelijkste landpunt op aarde was geweest die bij de mensen bekend was'.

Meer stormen, meer enorme golven die deinden in een ijzige duisternis, meer honger, ziekte, angst en verwarring. Toen kwam eindelijk 'aan onze moeilijkheden een eind, de storm ging liggen en al onze rampen (de afwezigheid van onze vrienden daargelaten) weken van ons'. Drake was in de Straat van Magelhaes doorgedrongen, een smalle doortocht, complex en net zo vol gevaren als de mythische *vagina dentata* – en toen hij er eenmaal doorheen was, en hij de grote oceaan van geneugten bereikt had, wachtte hem een geweldige consummatie. Dat dit deel van zijn verhaal een sterk seksueel beeld vormde, ontging zijn tijdgenoten niet. In een gedicht uit die periode, geschreven na de terugkeer van Drake, werd een niet mis te verstane vergelijking getrokken tussen de Straat van Magelhaes en de geslachtsdelen van een vrouw:

'Die wereldscheidende golf waar al wie er binnen gaat
met gezwollen zeilen en verrukte zinnen
in een zalige nieuwe wereld raakt.'

Het was eind oktober, de zuidelijke lente. Het weer klaarde op. De dagen werden langer. Drake wendde de steven weer naar het noorden, en net als de helden uit volksverhalen die allerlei fantastische beproevingen hebben doorstaan en er ongedeerd uit zijn gekomen, werd hij beloond met wat zijn hart begeerde.

De hele Grote Oceaan, in al zijn uitgestrektheid, was van de Spanjaarden, krachtens een pauselijk decreet en daarmee, in katholieke ogen, krachtens goddelijk besluit. Voor de komst van de *Golden Hind* waren er nooit piraten geweest, geen grotere vaartuigen van andere mogendheden gesignaleerd dan de kano's van de indianen, en geen geduchte rovers. Van meer dan een elementaire verdediging was dan ook nergens sprake. Zoals de onderkoning later tegenover koning Filips zou verklaren, in een poging zich te excuseren voor het feit dat hij er niet in was geslaagd de plunderingen van Drake een halt toe te roepen: 'Op veel plaatsen zijn niet meer dan vier Spanjaarden... er is geen haven met geschut... van verdedigingswerken is nergens enige sprake.' Drake en zijn mannen voeren langs de kust van Chili en Peru naar het noorden, onderweg ongewapende schepen berovend en onbewaakte stadjes plunderend, en misschien is er wel niemand dichter bij de ontdekking van El Dorado gekomen dan zij, want in dat fabelachtige rijk lagen de edelmetalen ook voor het oprapen, en kon je bijna moeiteloos grote rijkdom verwerven.

In 1628 publiceerde een neef van Drake, die ook Francis heette, een verslag van deze reis onder de titel *The World Encompassed by Sir Francis Drake*. Neef Francis beweerde het boek zelf geschreven te hebben, maar vermoedelijk is het in de jaren negentig van de zestiende eeuw in opdracht van Drake geschreven door Philip Nichols (met gebruikmaking van het relaas van Fletcher) – in dezelfde tijd als *Sir Francis Drake Revived*. Het boek werd echter op last van koningin Elizabeth verboden: al was het nog zo lang geleden, zij wilde absoluut niet hebben dat de andere grote mogendheden tot in detail aan de weet zouden komen waar Drake op zijn reis was geweest. De twee boeken hebben een schaamteloos duidelijk doel gemeen, beide zijn geschreven, zoals in het motto van *The World Encompassed* ook onomwonden wordt verklaard, 'ter ere van de hoofdrolspeler'. Wat ze verder gemeen hebben is die ondertoon van laconieke maar opschepperige vrolijkheid die zo karakteriserend is voor de Drake die wij kennen, en waarmee zijn verbazingwekkende reis zich onderscheidt van alle andere legendarische ontdekkingsreizen uit de Renaissance. Columbus was vol vrome toewijding aan een expeditie begonnen die aan elkaar hing van religieuze belangen en imperialistische ambities. De expeditie van Magelhaes had getuigd van de moed der wanhoop en een tragische afloop gekend. De waagstukken van Raleigh waren vormgegeven door intellectuele ambities en ondermijnd door poëtische dromen die belangrijker werden geacht dan zoiets als een praktische voorbereiding. De avonturen van Drake daarentegen waren (of werden in elk geval zo door hem gebracht en door het publiek gezien) de avonturen van een schelm, een prachtige verzameling streken die hij wist uit te halen dankzij een combinatie van schaamteloze brutaliteit en briljante ondeugendheid. De door hem geautoriseerde versie van zijn avonturen aan de westkust van Zuid-Amerika staat bol van de scherts. Zoveel geluk, dat is te mooi om serieus te zijn.

In Valparaiso ontving de nietsvermoedende bemanning van een Spaans schip hen aan boord in de veronderstelling met landgenoten te maken te hebben. Drake en de zijnen werden verwelkomd met trommelslagen en onthaald op wijn. Zij reageerden hierop met een vuistslag in het gezicht van de loods, die ze vervolgens ontvoerden. De rest van de bemanning werd aan land gezet waarna ze ervandoor gingen met het schip en zijn lading van Chileense wijn en tweehonderd kilo goud. In Tarapacá gingen ze aan land om water aan boord te nemen en vonden een man die lag te slapen met dertien staven zilver naast zich. Ze wilden zijn dutje niet onderbreken, althans zo wil het verkneukelige relaas van Nichols, maar aangezien ze dat in hun onoplettendheid toch hadden gedaan bevrijdden ze hem maar van zijn zilveren last, een verantwoordelijkheid 'die hem anders misschien het verderslapen zou hebben belet'. Een andere keer ontmoetten ze een Spanjaard en een indiaanse jongen die acht lama's dreven, elk met een last van zo'n vijftig kilo zilver. 'Wij konden het niet verdragen, een Spaanse heer als lamadrijver te zien', daarom dreven ze de lama's zelf maar verder, 'alleen zijn aanwijzingen waren niet van dien aard dat we de weg konden volgen die hij in gedachten had'. Ze hielden schip na schip aan en 'waren zo vrij zichzelf aan boord te verwelkomen', waarna ze de opvarenden afhielpen van hun fabelachtige ladingen goud, zilver en juwelen, om hun schip vervolgens 'iets lichter dan voorheen' te laten gaan. De grappen geven uiting aan een steeds grotere verrukking. Op een schip dat ze zonder tegenstand in handen kregen vonden ze veertig kilo goud, een grote gouden crucifix en 'bepaalde smaragden van bijna een vinger lang'. In de Oudheid geloofden de mensen dat achter de plaats waar de zon onderging het fabelachtige rijk van de Hesperiden lag. Daar woonde een draak die bomen bewaakte waaraan appels groeiden van puur goud. Drake leek, op zijn reis naar het westen, in dat land te zijn aangekomen. De draak, suf en tandeloos, deed niets, terwijl zilverstaven, talrijk als de appels uit de legende, hem zo in de handen vielen.

Zijn berovingen bleven ongestraft en ook niets wijst erop dat Drake ooit enig berouw heeft gehad over zijn zeeroverij. Hij had zichzelf ervan overtuigd dat de Spanjaarden hem een fortuin verschuldigd waren vanwege hun verraderlijke handelwijze destijds in San Juan de Ulúa. Bovendien, in de ogen van een protestantse Engelsman konden de Spanjaarden niet meer recht op hun Amerikaanse bezittingen doen gelden dan hij: die Spanjaarden waren gewetenloze veroveraars die de inheemse Amerikanen tot slaaf hadden gemaakt en hun goud hadden gestolen. Op hun tocht naar het noorden langs de kust van Chili zagen de mannen van Drake, niet tot hun verbazing maar wel tot hun verontwaardiging, Spanjaarden te paard met indianen 'die als honden met hen meerenden, helemaal naakt en in de erbarmelijkste onderworpenheid'. Ze hoorden verhalen over Spanjaarden die hun indiaanse slaven martelden, hen voor hun eigen sadistische genoegen overgoten met gloeiend heet spekvet, of hen afranselden met een zweep. Ali Baba eigende zich de schat die hij vond gewoon toe, en geen mens die hem dat euvel duidde, want de slachtoffers van zijn diefstal waren zelf dieven. Zo beroofde Drake de Spanjaarden, en omdat zij, in elk geval in zijn ogen, ook rovers waren deed hij dat zonder last te krijgen van zijn geweten.

Nemen wat van de katholieke Spanjaarden was, was niet alleen toelaatbaar, het zou zelfs wel eens een daad van vroomheid kunnen zijn. In de jeugd van Drake had op de achtergrond de onteigening gespeeld van de Engelse kloosters. Hij was opgegroeid in een samenleving waar het gevestigde gezag de confiscatie van bezittingen van katholieke instellingen niet alleen door de vingers zag, maar er zelfs enthousiast aan meedeed. Drake was, naar de normen van zijn tijd, geen kwezel. Tegen een katholieke zeeman uit Wales zei hij een keer dat 'God de goede werken die hij misschien uitvoerde onder elke wet zou aanvaarden, of het nu die van Rome was of die van Engeland'. Maar zijn protestantisme was wel een essentieel onderdeel van zijn identiteit. De Spanjaarden noemden hem 'el Luterano'. Hij was dé Lutheraan (de term waarmee de Spanjaarden voor het gemak alle protestanten aanduidden), net zo goed als hij dé kaper was. Op zee was hij dagelijks twee tot drie uur in gebed, alleen of met zijn bemanning, en als hij Spaanse gevangenen aan boord had liet hij hen bewust hun godsdienstoefeningen bijwonen, waar hij soms zelf bij preekte, at hij demonstratief vlees op vrijdag, om te laten zien dat hij vrij was van 'bijgelovigheid', en liep hij te koop met zijn exemplaar van het *Book of Martyrs* van John Foxe. Drake voerde een vriendschappelijke correspondentie met Foxe, wiens boek, een gruwelijk en heftig antikatholiek verslag van de executies van protestanten onder Mary I, grote invloed had. Het heeft Drake vermoedelijk gesterkt in de overtuiging dat degenen die hij van hun bezittingen afhielp elke straf die hij voor hen bedacht ten volle hadden verdiend. Met andere woorden: op zijn reis over de Grote Oceaan, waar hij zich zo verrijkte, wreekte hij de onrechtvaardig behandelde inheemse bevolking, diende hij zijn vaderland en trad hij op namens de God der protestanten. Hij was in een soort moreel vacuüm beland waar diefstal, zo lang de slachtoffers van Spaanse herkomst waren, niet langer een misdaad was, en waar een Engelsman niks fout kon doen.

Het zat ook wel eens tegen. Eén keer werden de mannen van Drake op de wal verrast door een groep van zo'n honderd Spanjaarden en hun indiaanse helpers. Eén Engelsman werd gedood, en terwijl zijn maats vanaf de boot toekeken verminkten de Spanjaarden zijn lijk, hakten zijn hoofd en rechterhand af en sneden zijn hart eruit. Maar dat was een incident. In de legende van Drake, zoals die vervolgens vorm kreeg, is de *Golden Hind* schrijnend klein en kwetsbaar, eenzaam en alleen aan de verkeerde kant van de wereld, maar voor de mensen die de haventjes verdedigden die door de *Golden Hind* met een bezoek werden bedacht was zij een gevreesde verschijning. In tegenstelling tot de Spaanse schepen in die contreien, die geen zwaar geschut aan boord hadden, had de *Golden Hind* achttien kanonnen, drie bronzen en de rest van gietijzer. Er was op de hele Grote Oceaan geen oorlogsschip dat daaraan kon tippen. Als Drake een haven binnenzeilde vluchtten de Spaanse functionarissen de bossen in. Als hij aan boord van een schip klom, stond de bemanning gedwee op het dek terwijl zijn mannen naar kostbaarheden zochten. In Mormorena dwong hij de enige twee Spaanse functionarissen er met geweld toe hem proviand te laten inslaan bij de inheemse bevolking. In Callao trof hij een groot aantal (ergens tussen de negen en de dertig – over het aantal zijn de bronnen het niet eens) weerloze Spaanse schepen aan die daar voor anker lagen. Hij doorzocht ieder schip, sneed hun trossen door en hakte op sommige de mast om voor er alarm werd geslagen. Toen het bericht over dit incident Lima bereikte, stuurde de onderkoning er tweehonderd ruiters op af, maar Drake was alweer op zee. Driehonderd man op twee schepen gingen erachteraan, maar de *Golden Hind* kon hen makkelijk voor blijven, waarop de Spanjaarden weer terugkeerden, gedemoraliseerd en zwaar zeeziek.

Later, terug in Engeland, zou een edelman die Drake, als zoveel hovelingen, maar een opschepper en een vervelende vent vond, op scherpe toon verklaren dat het geen grote prestatie was om met een goedbewapend schip een weerloos bootje in te nemen. Een dergelijke sneer is goeddeels gerechtvaardigd, maar het is nu net het onwezenlijke gemak waarmee Drake zijn doel bereikte dat deze expeditie en zijn gezagvoerder hun mystiek verleent. Alleen bij uitzonderlijke mensen, de lievelingen van de goden, dient het geluk zich zo stralend aan. De Rode Zee ging uiteen voor het volk van Israel omdat zij de uitverkorenen van God waren. Achilles kon zoveel van zijn vijanden afslachten omdat hij een van God gegeven onkwetsbaarheid had, een van God gegeven wapenrusting, een van God gegeven status als oppermachtig krijgsman. El Cid, 'te goeder uur geboren', nam steden in en eiste losgeld voor gevangen koningen, en zijn ogenschijnlijk moeiteloze successen waren op zich uitingen van zijn grootheid. Nonchalance is het kenmerk van de geboren winnaar, een makkelijke zege het voorrecht van de supermens. Zo ook heeft Drake, die lachend Spaanse schepen onklaar maakte, hun steden plunderde en hun schatten roofde, de magische onweerstaanbaarheid die, in mythen, sprookjes en volksgeschiedenis, het onmiskenbare teken is van de vrolijke held.

Tussen oktober en april van het volgende jaar zeilde hij op zijn gemak naar het noorden, en verwierf gaandeweg steeds meer zelfvertrouwen, steeds meer moed en steeds meer rijkdom. Hij zou tegen een van zijn gevangenen opscheppen dat hij in die tijd 'veertig schepen innam, groot en klein, en dat slechts vier van de schepen die zijn weg kruisten hem ontkomen waren'. Zijn investeerders en zijn koningin waren aan de andere kant van de wereld. Doughty was dood, Winter weer onderweg naar huis. Hij hoefde tegenover niemand verantwoording af te leggen. Hij had de tijd van zijn leven.

Hij leefde in stijl, voor zover dat op zijn benauwde scheepje mogelijk was. Zijn eigen hutten waren fraai en gerieflijk ingericht. Net als Alcibiades liet hij zich leiden door het beginsel dat zijn eigen praal zijn hele vaderland in een gunstig daglicht stelde: hij had vanuit Engeland 'weelderig meubilair meegenomen... opdat de beschaafdheid en grootsheid van zijn vaderland, te midden van alle naties waar hij maar mocht komen, temeer bewonderd zouden worden'. Muzikanten speelden voor hem terwijl hij dineerde van gouden en zilveren schalen, waarbij hij, zoals een van zijn Spaanse gevangenen opmerkte, 'alle mogelijke lekkernijen' at en genoot van de geuren van 'geparfumeerde waters' waarvan hij beweerde dat hij ze van de koningin had gekregen.

Zijn gezag was absoluut. De 'heren' dineerden met hem, en volgens Don Francisco de Zárate, die twee dagen gevangen werd gehouden op de *Golden Hind*, behandelde hij hen als een raad 'die hij zelfs voor de meest triviale zaken bijeenroept'. Deze raad bestond echter veeleer om Drake gezelschap te houden dan om hem te helpen bij welke besluitvorming dan ook. 'Hij neemt van niemand raad aan... maar hij vindt het wel leuk om te horen wat ze te zeggen hebben.' Wat de rest van de mannen betreft meldde Zárate dat 'hij hen behandelt met genegenheid en zij hem met respect' en dat 'allen zeiden hem heel hoog te hebben'. Maar hun verering werd getemperd door een angstig ontzag. De mannen werden streng in toom gehouden. Zárate was onder de indruk van de gedisciplineerdheid van de piraten. 'Toen ons schip werd geplunderd, durfde geen man iets te pakken zonder zijn orders.' Een andere getuige, een loods die Drake gevangennam en geketend hield, meldde dat 'al zijn mannen voor hem beefden, en diep voor hem bogen'.

Zijn geluk hield aan, en zijn successen begonnen zelfs hem te verbazen. Hij begon er buitengewoon vrolijk over op te scheppen. Hij showde zijn buit aan zijn gevangenen 'als een schaamteloze boef die God noch mensen vreest'. Hij was de schrik van zijn vijanden, de onbetwiste heerser over zijn eigen mensen, eigenaar van een aanzwellende schat, en hij liet zich bedwelmen door het wonderbaarlijke van zijn eigen slimheid, zijn eigen moed en brutaliteit.

Hij roofde liever onder dreiging dan met geweld. Hij was een beangstigende figuur. Toen hij de hofmeester van een gekaapt schip ervan verdacht goud voor hem verborgen te houden, onderwierp hij de man aan een valse lynchpartij: er werd een strop om zijn hals gelegd, waarna hij over de reling werd gegooid. Het touw was echter zo lang dat hij in zee viel en zijn executie overleefde. Dezelfde angstaanjagende truc gebruikte hij bij een Spaanse loods, Alonso Sánchez Colchero, die dapper weigerde voor hem te werken. Toen Colchero bleef volharden in zijn weigering liet hij hem in een ijzeren kooi onder in het schip opsluiten. Andere gevangenen werden met allerlei bedreigingen gedwongen mee te werken, en op te treden als loods, gids of informant. Hij dreigde ze te onthoofden als ze dat weigerden, en liet zich er zelfs op voorstaan dat hij Doughty ter dood had gebracht wegens ongehoorzaamheid. Hij kondigde aan tweeduizend Spaanse hoofden in de haven van Callao te dumpen. Maar hoe moordlustig hij ook klonk, hij was het niet.

In 1572, in het Caribisch gebied, had hij de marrons die zijn bondgenoten waren ervan weerhouden Spanjaarden de keel af te snijden. Toen hij terugkeerde van zijn reis om de wereld, en de Spanjaarden hem allerlei wreedheden toeschreven, ondertekende zijn voltallige bemanning een document waarin werd verklaard dat hij gedurende de hele reis verantwoordelijk was geweest voor de dood van slechts één Spaanse zeeman, en dat hij nooit een schip tot zinken had gebracht met mensen aan boord. Wat in de ogen van zijn tijdgenoten nog de grootste wreedheid was die hij op zijn wereldreis had begaan, was dat hij de ontvoerde loods Nuño de Silva op Spaans grondgebied had achtergelaten. De Silva had hem en zijn vloot over de Atlantische Oceaan geloodst en was vijftien maanden aan boord geweest van de *Golden Hind*, waar hij volgens alle bronnen openlijk zijn medewerking had verleend. Drake zette hem aan wal in Guatulco, waar hij – zoals te voorspellen was – in handen van de Inquisitie viel en een afgrijselijke straf moest ondergaan voor zijn collaboratie. Het was meedogenloos van Drake, bij het weerzinwekkende af, maar het was eerder een daad van harteloze onachtzaamheid dan van agressiviteit.

Zijn gevangenen op de *Golden Hind* kregen een 'beleefde' behandeling waar de hoon van afdroop. Don San Juan de Antón, van wie hij een scheepslading ongemunt zilver en goud stal, mocht met hem aan zijn tafel ontbijten en werd uiteindelijk heengezonden met een Duitse musket en een schaal van verguld zilver waar Drake zijn naam in had laten graveren. Don Francisco de Zárate kreeg de lekkerste hapjes van de eigen schaal van Drake, terwijl ze samen dineerden bij muziek van trompetten en violen. Hij liet de hidalgo zijn kostbare kleren houden, een gunst waar Zárate hem meelijwekkend dankbaar voor was, op voorwaarde dat hij Drake een gouden valk met een smaragd in de borst gaf. Sommige zwarte gevangenen bleven aan boord van de *Golden Hind* (misschien uit eigen vrije wil), maar al zijn Spaanse gevangenen werden uiteindelijk vrijgelaten, dat wil zeggen aan land gezet of losgelaten met hun eigen schip. Hij gedroeg zich uitermate hoffelijk tegenover zijn slachtoffers. Nadat hij San Juan de Antón van een fortuin had beroofd, gaf hij hem een vrijgeleidebrief mee voor het geval hij John Winter zou ontmoeten. In die brief beval hij Winter om hem ongemoeid te laten, en te betalen voor alles wat hij zich genoodzaakt voelde van hem af te nemen. Hij speelde de plaaggeest, de kat die opeens zijn poot optilt en de muis laat gaan, die zijn macht demonstreert, niet door wild om zich heen te slaan, maar juist door dat na te laten.

In Callao ging hij aan boord van een schip waarvan hij gehoord had dat er een grote lading zilver aan boord was. Hij werd teleurgesteld, het zilver was al uitgeladen. Maar de teleurstelling werd verzacht door nieuws over een ander schip, de *Nuestra Señora de la Concepción*, dat slechts enkele dagen eerder, beladen met zilver en goud, naar het noorden, naar Panama was vertrokken. Twee weken achtervolgde hij de *Nuestra Señora*, en hij loofde een gouden ketting uit voor de eerste die haar zeilen in zicht kreeg.

Hij trof en beroofde vier andere schepen, waarbij hij wijn buitmaakte en nog meer goud. Eindelijk, op 1 maart zo rond het middaguur, won John Drake, de neef van de admiraal, die ketting. Drake ging iets langzamer varen om zijn prooi niet te alarmeren. Een uur of negen later, toen het donker begon te worden, ontmoetten beide schepen elkaar eindelijk. Voor de Spaanse kapitein, San Juan de Antón, doorhad wat er gebeurde, hadden de Engelsen zijn schip aangeklampt en riep iemand: 'Engelsen! Strijk de zeilen!' Volgens zijn eigen zeggen had De Antón daarop teruggeroepen: 'Kom aan boord en doe het zelf!' Dat was een roekeloze uitroep. Op de *Golden Hind* klonk schril gefluit en toen schalde een trompet. De Engelsen openden het vuur met haakbussen, pijl en bogen en kanonnen. Een kettingkogel velde een van de masten op het Spaanse schip. Het vuur werd niet beantwoord, want de Spanjaarden hadden geen kanonnen. De Engelsen klommen aan boord. De Antón gaf zich over en werd meegenomen naar Drake, die onbekommerd zijn helm afzette en maliënkolder uittrok. Drake verkneukelde zich en stelde zich joviaal en edelmoedig op. Hij omhelsde de Spanjaard, zei: 'Heb geduld, want zo gaat het in oorlogen,' en liet hem opsluiten in zijn eigen hut.

In gelukkiger tijden had de *Nuestra Señora de la Concepión* de bijnaam *Cacafuego* (Schijtvuur) gekregen. Maar deze keer kwam er geen vuur. Terwijl Drake en zijn mannen systematisch het hele schip leegroofden en de buit in hun eigen ruim opborgen, opperde een van de Spanjaarden dat hun schip eigenlijk zou moeten worden omgedoopt tot *Cacaplata* (Schijtzilver). De buit was ongelooflijk. Zoals de verteller van *The World Encompassed* het formuleert, met de triomfantelijk voorgewende onverschilligheid van iemand die weet dat zijn nieuws zo verbazingwekkend is dat effect verzekerd is, al meldt hij het nog zo onderkoeld: 'We vonden aan boord wat fruit, conserven, suiker, meel en andere victualiën, en (wat wel de voornaamste reden was dat ze zo diep lag en zo langzaam voer) een zekere hoeveelheid juwelen en edelstenen, dertien kisten met zilveren munten, veertig kilo goud, zesentwintig tonnen met ongemunt zilver, twee heel mooie drinkbekers van verguld zilver en twee vergulde geweren.'

Zes dagen lang voer een sloep heen en weer tussen beide schepen 'om John de Anton een dienst te bewijzen en hem te bevrijden van de zorg voor die spullen waarmee zijn schip beladen was'. De stenen die als ballast in het ruim van de *Golden Hind* lagen moesten plaatsmaken voor de kostbare buit en Drake gaf San Juan de Antón dertigduizend kilo ijzer en wat teer, vermoedelijk ook om als ballast te dienen. Uiteindelijk 'namen we afscheid en gingen uiteen, hij haastte zich iets lichter dan voorheen naar Panama, terwijl wij het ruime sop kozen'. Hun reis was geslaagd.

Drake was verder van huis dan enige Engelsman voor hem ooit geweest was. Onder de verhalen waarvan Southey ontdekte dat ze nog over hem de ronde deden, was ook een flard dialoog waarin hij, als de *Golden Hind* al op de Grote Oceaan is, aan zijn mannen vraagt of ze wel weten waar ze zijn, waarop een jongen Drake perplex doet staan en zijn eigen rapheid bewijst door te zeggen dat hij heus wel weet dat ze 'precies onder de Londen Bridge' zijn.

In die onderwereld, die wereld op zijn kop, onder de tegenvoeters van thuis, had Drake een fortuin vergaard. Nu moest hij een weg zien te vinden om dat fortuin in Engeland te krijgen. Nadat hij zijn schip op een eiland voor de kust van Nicaragua had gekield en hij nog eens twee Spaanse schepen had gekaapt, reisde hij verder naar het noorden. Hij viel het plaatsje Guatulco binnen. Zodra ze zijn kanonnen hoorden, vluchtten de meeste bewoners het oerwoud in, en lieten alles achter, waarna hun huizen werden geplunderd, hun kerk ontheiligd en hun voedselvoorraden gestolen. Zo bevoorraad zeilde Drake verder, buiten Spaans bereik.

Hij liet een koloniale regering in verwarring achter. Een geweldige legende was in de maak. De Engelse Draak, die opeens, met zijn vuurspuwende kanonnen, was verschenen waar geen Europese vijand van Spanje zich ooit eerder gewaagd had, was zo'n angstaanjagende verschijning dat noch zijn slachtoffers, noch hun nageslacht er ooit overheen kwamen. Meer dan vier eeuwen later worden kinderen in Chili en Peru nog gewaarschuwd dat als ze zich niet gedragen, El Draque hen komt halen.

Op zijn verdere reis naar het noorden nam Drake een nieuwe rol op zich. Hij was niet langer de kapende kwelgeest van de koning van Spanje, wreker van de belediging die hem persoonlijk was aangedaan in San Juan de Ulúa, maar een ontdekkingsreiziger die bouwde aan een wereldrijk. Volgens *The World Encompassed* en het verslag in de *Voyages* van Hakluyt (ook grotendeels gebaseerd op de notities van Francis Fletcher), zeilde hij naar het noorden tot waar tegenwoordig Seattle ligt. Hij zocht de moeilijk te vinden Golf van Anian, de noordwestpassage, tot zijn geloof in het bestaan van die golf stukliep op de onverwachte loop van de kustlijn, en de kou te extreem werd om nog langer te verdragen. De touwen waren stijf van het ijs, vlees bevroor zodra het van het vuur werd gehaald, en de mannen mochten nog zo uitgehongerd zijn, ze bleven liever hongerig dan dat ze hun handen onder hun kleren vandaan haalden om te eten. Drake wendde de steven naar het zuiden en ging ergens in de buurt van waar nu San Francisco ligt voor anker. Daar werden hij en zijn mannen voorwerp van verering door de plaatselijke bevolking, die hen met geschenken overlaadde en Drake smeekte 'provincie en koninkrijk in handen te nemen en hun koning en beschermheer te worden'. Drake stemde daar minzaam mee in (uit naam van koningin Elizabeth), noemde het land Nova Albion en richtte als teken van annexatie een paal op, waar hij een koperen plaatje met inscriptie aan vastnagelde, en een zilver sixpence met de kop van de koningin erop. Daarna vervolgde hij zijn reis, steeds verder naar het westen, tot 'buitensporig verdriet' van zijn nieuwe onderdanen.

Over dit deel van de reis heeft altijd veel onenigheid bestaan. De waarnemingen in *The World Encompassed* – op meteorologisch, zoölogisch, topografisch en antropologisch gebied – zijn zo volstrekt onjuist dat ze sommige critici ervan overtuigd hebben dat Drake nooit in Noord-Californië geweest kan zijn. Maar de verhalen van reizigers uit de Renaissance zijn in het algemeen een mengeling van feit en fictie. De mannen van Magelhaes meldden dat de Patagoniërs reuzen waren. De mannen van Drake dreven de spot met die overdrijving. 'Die mensen die zij Reuzen noemen... die zijn er zelfs helemaal niet,' getuigde John Winter. Maar op hun reis naar het noorden langs de westkust van het Amerikaanse continent vermaakte Drake zijn Spaanse gevangenen met sterke verhalen over uitzonderlijk lange wilden. Reizigers vertellen de verhalen die van hen verwacht worden; dat wil nog niet zeggen dat ze de bewuste reis helemaal niet gemaakt hebben.

Wat Walsingham en de koningin Drake oorspronkelijk hadden opgedragen, was dat hij contact moest leggen met alle inheemse Amerikanen die hij mocht ontmoeten en die nog niet afhankelijk waren van Spanje, en dat hij moest zien handelsbetrekkingen met hen aan te knopen. Zijn pogingen daartoe ten zuiden van de evenaar waren plichtmatig geweest en verre van succesvol. Bij Lima waren hij en zijn mannen aangevallen door een groep van zo'n vijfhonderd indianen. Verscheidene mannen waren gewond geraakt, onder wie ook Drake, die een pijl in het gezicht had gekregen, vlak onder zijn rechteroog. Voor het merendeel waren zijn betrekkingen met inheemse Amerikanen echter afstandelijk maar vriendschappelijk geweest. Hij betaalde, al was het dan met prullaria, voor de proviand waar de indianen hem van voorzagen. Het was een indiaan die als loods optrad en hem naar Valparaiso bracht, waar Drake hem fatsoenlijk voor beloonde: hij zette hem weer op de kant met een 'royale beloning, verrijkt met talrijke goede gaven'. Net zoals hij bereid was geweest gemene zaak te maken met de marrons in Panama, was hij in Zuid-Amerika bereid te profiteren van de indiaanse vijandigheid jegens de Spanjaarden, en hen als potentiële helpers behoorlijk te behandelen. Hij gaf er echter geen blijk van een duurzamere relatie met hen na te streven, als opperheer dan wel als handelspartner. In de Straat van Magelhaes verklaarde hij een groepje eilanden te hebben geannexeerd die hij de Elizabethiden had genoemd, maar er staat nergens dat hij de bewoners van die verandering op de hoogte heeft gebracht. In Nova Albion speelde hij echter een nieuwe rol.

In zijn tijd had een nieuw idee postgevat, een idee dat tot dusver als marginaal en excentriek werd gezien, doortrokken van een verdacht soort spirituele hartstocht, de idee van een 'Brits imperium'. Dat werd voor het eerst verspreid door John Dee, de astronoom, wiskundige en magiër wiens boek *The Perfect Art of Navigation* Drake wel gekend zal hebben, en met wie hij kort na zijn terugkeer in 1580 kennis zou maken. Beide termen, 'Brits' en 'imperium', hadden een geheimzinnige bijklank waar Dee bewust voor gekozen had. Dat 'Brits' was een verouderde term waar Dee zich van bediende omdat hij associaties opriep met koning Arthur (verdediger van het oude Brittannië tegen de Saksische invasies), en meteen ook het Welshe van de dynastie der Tudors omarmde. Het concept van een 'imperium' was in de zestiende eeuw hoofdzakelijk religieus. Het Romeinse keizerrijk was in de laatste stadia gerechtvaardigd geweest als drager van het christelijk geloof; en zijn opvolger, de losse associatie van Midden-Europese staten die was bedacht met de fantasievolle benaming Heilige Roomse Rijk, had zijn goddelijke gezag aan hetzelfde idee te danken. Voor Dee en zijn vriend Edmund Spenser, die bij de ontwikkeling van zijn allegorie *The Faerie Queene* uitvoerig had geput uit de occulte theorieën van Dee, was het 'Britse imperium' niet alleen een geopolitieke entiteit waar ze van droomden, het stond ook voor een Nieuwe Gouden Eeuw, gekenmerkt door vrijheid, zuiverheid en de eenheid van alle naties in de glans van het ware (protestantse) geloof. In zijn oorspronkelijke vorm was het, als alle concepten uit de occulte filosofie waar Dee in was ingewijd, uiterst complex en waarschijnlijk niet te vertalen in termen die een vermoeden van realiseerbaarheid in zich droegen. Maar voor Dee, en voor mensen die eenvoudiger van geest waren, was het wel degelijk een project met een reële kans van slagen. Dee was een enthousiast voorstander van uitbreiding van de marine, op grond van de redenering dat een rijk dat zijn invloed over de hele wereld wenste te doen gelden, niet zonder schepen en niet zonder moedige admiraals kon. De wereldreis van Drake, en vooral zijn annexatie van Nova Albion, paste wonderwel in de visie van Dee. Toen Drake in Californië die sixpence aan een houten paal nagelde, maakte hij (in elk geval achteraf en in andere ogen) een bescheiden begin met de verwerkelijking van die geweldige droom.

Hoe de mensen wier koning hij beweerde te zijn geworden die daad begrepen hebben, daar kunnen we slechts naar raden. Volgens *The World Encompassed* ontvingen ze Drake en zijn mannen met verwondering, 'als mensen die in vervoering raakten bij het zien van dingen die ze nooit gezien of waar ze nooit van gehoord hadden'. Ze hielden lange toespraken, zonder dat het de Engelsen bij benadering duidelijk was waar ze het over hadden. Ze kwamen met giften van veren en tabak. Ze 'begonnen onder elkaar een soort allerklaaglijkst gehuil en geschreeuw aan te heffen, waar ze een hele poos mee doorgingen'. De vrouwen krijsten en klauwden aan hun wangen tot het bloed eruit kwam, en wierpen zich telkens weer met geweld tegen de grond, en stortten zich op 'harde stenen, hobbelige heuveltjes, houtstapels en stekelbosjes'. De Engelsen veronderstelden dat dit een soort 'bloedoffer' was en dat zij allen, en Drake in het bijzonder, voor goden werden gehouden. Vijf dagen nadat ze aan land waren gegaan (de mannen van Drake hadden inmiddels een omwald kamp gebouwd) kwam de hele bevolking van het omliggende gebied naar hen toe, onder aanvoering van hun 'koning'. Er werd volop geparadeerd en gedanst en gezongen, er werden nog meer onverstaanbare toespraken gehouden en nog meer mensen gingen ertoe over zich op waanzinnige wijze te verminken. Uiteindelijk nodigde Drake de koning en zijn gevolg, waaronder een eregarde van honderd 'lange, krijgshaftige mannen', uit in het Engelse kamp. Daar 'hielden de koning en diverse anderen verscheidene redevoeringen, of liever, als we ze verstaan hadden, smeekbeden, of [Drake] de provincie en het koninkrijk onder zijn hoede zou willen nemen, en hun koning en beschermheer zou willen worden, waarbij ze met gebaren te kennen gaven dat zij hun rechten en aanspraken op het hele land op hem zouden overdragen, en zijn vazallen zouden worden tot in het nageslacht'.

Wat je zegt: 'Als we ze verstaan hadden'. Toen Christoffel Columbus, op wat nu Haïti is, een jong opperhoofd en zijn gevolg ontmoette, probeerden ze te communiceren, maar zoals Columbus meldde: 'Zij begrepen mij niet, noch ik hen.' Toch schrijft Columbus enkele regels verderop dat 'hij mij zei dat het hele eiland onder mijn bevel stond'. In een situatie waarin werkelijke communicatie onmogelijk is, kan de luisteraar de spreker in de mond leggen wat hij maar wil. Toen de Californische indianen hun toespraken hadden gehouden, gaven ze Drake een hoofdtooi en enkele benen halssnoeren. Wat zij met die geschenken wilden zeggen, zullen we nooit weten, maar *The World Encompassed* omschrijft ze als een kroon en ambtsketenen, en vervolgt: 'Hij aanvaardde de scepter, kroon en waardigheid van voornoemd land.' In Port San Julian had hij alle overwegingen van sociale positie en loyaliteit aan derden overboord gezet, en zichzelf tot alleenheerser gemaakt over iedereen in zijn gezelschap. In Californië breidde hij zijn soevereiniteit uit. Even nam hij de rol op zich van iemand die, net als de Cid, zijn vaderland verlaat en een nieuw rijk sticht waarin hij oppermachtig kan zijn. Maar zijn verblijf in zijn nieuwe land was van korte duur. Drie weken later vertrok hij voorgoed uit Nova Albion. De onderdanen die hij voor zichzelf en koningin Elizabeth had opgeëist kreunden en wrongen hun handen en richtten vuren aan (misschien als teken van rouw, misschien om op feestelijke wijze uitdrukking te geven aan hun opluchting) op de witte kliffen die hun gasten aan het vaderland hadden doen denken. In zijn kleine, door stormen gebeukte, met zilver beladen schip zeilde Drake over de Grote Oceaan naar het westen.

Hij had geen andere keus. De Spanjaarden keken langs de hele Zuid Amerikaanse kust naar hem uit, en het was in die tijd een algemeen aanvaarde opvatting (onjuist, zoals Winter net had bewezen, zij het zonder dat Drake het wist) dat de winden en stromingen in de Straat van Magelhaes dusdanig waren dat je er alleen van oost naar west doorheen kon. Hij had kunnen proberen zijn schat over de landengte van Panama te vervoeren, om aan de Atlantische kant een Spaans schip te kapen voor de terugreis, maar de risico's die dat met zich meebracht zouden gigantisch zijn geweest. Uitgestrekt als de Grote Oceaan was, en voor Engelse zeelieden totaal onbekend, was het niet meer de *mare incognita* die Magelhaes een halve eeuw eerder was overgestoken. De Spanjaarden voeren geregeld op de Filippijnen, waar ze zijde en porselein haalden. Drake had verscheiden Spaanse kaarten buitgemaakt, en misschien was daar wel een bij die hem de weg heeft gewezen. Hij besloot naar huis terug te keren door zijn reis in dezelfde richting te vervolgen.

Achtenzestig dagen lang zagen hij en zijn mannen niets dan lucht en water. Toen ze eindelijk ergens aan land gingen hadden ze geen geluk. De bewoners van het Micronesische eiland waar ze voor anker waren gegaan zwermden in kano's op de vreemdelingen af, maar pogingen om ruilhandel met hen te drijven liepen op niets uit: de eilanders begonnen naar de kleren en messen van de Engelsen te graaien, en weigerden ze terug te geven of te betalen voor wat ze genomen hadden. (De mannen van Magelhaes hadden een vrijwel identieke ervaring gehad.) Drake vuurde een van zijn kanonnen af. In het door hem geautoriseerde reisverslag werd dat gedaan, 'niet om hen te verwonden, maar om hen bang te maken', maar John Drake zou tegen zijn Spaanse ondervrager zeggen dat er twintig eilanders bij waren omgekomen.

Ze gingen opnieuw aan land in de Filippijnen. Daarna zullen ze aan hun Spaanse kaarten niets meer hebben gehad. Drake rekruteerde (al of niet onder dwang) twee vissers als loods, en zocht zich een weg door de Celebes Zee, tot hij eindelijk bij de Molukken aankwam, de legendarische specerijeilanden, die speldenprikjes op de kaart die in het Europa van de Renaissance voorwerp waren van zoveel verbeelding, begerigheid en moedige ondernemingszin. Het was om bij die eilanden te komen dat prins Hendrik de Zeevaarder zijn avonturiers naar het zuiden en oosten had gestuurd, dat Frobisher naar het noorden was afgereisd, dat Magelhaes naar het westen was gevaren. Lang voor de Europeanen zelfs maar wisten dat Amerika bestond, voor er over El Dorado werd gesproken, hadden de specerijeilanden een rol gespeeld in de Europese verbeelding als het ultieme doel voor de dappere avonturier, een land waar het fortuin letterlijk aan de bomen groeit.

Drake ging voor het eiland Ternate voor anker. De sultan van Ternate, wiens vader door de Portugezen was vermoord, bereidde hem een schitterend welkom. Voor het eerst kwamen Drake en zijn mannen in aanraking met een hoogontwikkelde niet-Europese cultuur. Het hof was kosmopolitisch: onder degenen die de mannen van Drake ontmoetten waren twee Turken en een Italiaan, alle drie kooplieden met een officiële positie aan het hof, een heer in ballingschap uit China die Drake smeekte met hem mee naar China te gaan, en een Spanjaard die (net als de Cid in Zaragoza) was aangesteld als militair officier. De sultan, een moslim, ontving hen met 'vorstelijke en koninklijke luister... heel vreemd en wonderbaar'. Hij was verrukt van Drakes muzikanten, maar in elk ander opzicht overtrof hij zijn gasten en maakte hij een verbluffende indruk op hen. Zijn grote galeien, elk met tachtig roeiers aan boord, waren schitterend. Zijn gewaden van goudlaken, zijn grote en talrijke juwelen, zijn rijen plechtige, prachtig geklede hovelingen, zijn met goud versierde baldakijnen, zijn tapijten, zijn grote waaiers, bezet met saffieren, zijn raadskamer die helemaal behangen was met borduurkunst, het was alles even ontzagwekkend. Drake zelf vertrouwde de intenties van de sultan niet en bleef aan boord, maar de mannen die aan wal gingen waren oplettend en hun intenties waren wel zo agressief dat het hun opviel dat het paleis slechts met twee kanonnen werd bewaakt 'en die waren op dat moment niet zwenkbaar omdat ze niet opgesteld waren'. De recente geschiedenis van het land nodigde echter niet uit tot het koesteren van al te aanmatigende ideeën over eventuele veroveringen – de sultan had de Portugezen uit zijn hele rijk weten te verdrijven, een rijk waarvan werd beweerd dat het honderd eilanden omvatte. Drake besloot een verdrag met hem te sluiten. De sultan beloofde exclusief handel te drijven met Engeland, op voorwaarde dat de Engelsen het, zodra ze daartoe in de gelegenheid waren, op zich zouden nemen 'de zee te versieren' met Engelse schepen en hem zouden helpen de Portugezen ook daar te verdrijven.

In Ternate ruilde Drake wat linnen tegen verscheidene tonnen kruidnagels (een product dat weinig minder kostbaar was dan goud). Vervolgens voer hij door naar een onbewoond eiland, waar hij aanlegde om zijn schip te kielen en nieuwe mondvoorraad aan boord te nemen. Toen hij vertrok liet hij drie Afrikanen achter, een vrouw en twee mannen. Volgens John Drake moesten ze daar 'een nederzetting stichten'. Drake gaf hun 'rijst en zaden en middelen om vuur te maken'. Wat die drie ervan vonden is niet geboekstaafd. Of ze vrijwillig waren gebleven om daar aan hun eigen paradijs te bouwen, of dat ze hun achterlating op dat eiland als het geduchte lot ervoeren waar de meeste Europeanen zoiets voor hielden, zullen we wel nooit te weten komen – geen van de landgenoten van Drake heeft de moeite genomen iets over hun gevoelens op papier te zetten. Het was de seksuele dimensie van het verhaal die de tijdgenoten van Drake interesseerde. Maria, de vrouw, was zwanger, en volgens een anoniem verslag uit die tijd was zij 'een heuse… lichtekooi' en was zij 'ergens tussen de kapitein en zijn piraten' zwanger geraakt. Dat zou de nodige afkeuring wekken. William Camden noemt 'een mooie negerin die hem ten geschenke was gedaan door een Spanjaard wiens schip hij had gespaard' als een van de dingen die hij 'opzettelijk weglaat' uit zijn verslag van de reis van Drake (een wollige manier om iets niet en tegelijk toch ook wel te zeggen). De obscene belangstelling van de elizabethaanse Engelsen voor Maria contrasteert nogal met hun totale onverschilligheid jegens de beide mannen die samen met haar werden achtergelaten, ja, jegens alle andere zwarten die Drake op Spaanse schepen gevangennam, en wier uiteindelijke lot niet aan de annalen is toevertrouwd.

Drake baande zich behoedzaam een weg naar het zuiden, tussen de eilanden van Oost-Indië door, zonder kaarten om hem de weg te wijzen. Net toen het op een avond donker werd strandde het schip, met volle zeilen, op een rif vlak onder het watervlak. Kapitein en bemanning lieten gelijkelijk alle hoop varen, daar het 'niet waarschijnlijk leek dat nog iets zou kunnen worden gered, noch dat ook maar iemand het er levend van af zou kunnen brengen'. Terwijl de wind het schip steeds dieper in het rif klemde en duwde, en de golven tegen de beschadigde planken sloegen, ging Drake zijn doodsbange bemanning voor in gebed en preekte hij voor de vuist weg over 'de vreugden van dat andere leven'. Hoe onwaarschijnlijk het ook leek, het schip bleef boven water. Drake liet zich in een bootje zakken om te loden, in de hoop voor anker te kunnen gaan en het schip aan zijn trossen van het rif te trekken, maar dat rees steil op vanuit een peilloze diepte. Nergens raakte hij de bodem. De hele nacht ging heen 'in tranen en gebed'. Bij het ochtendgloren probeerde Drake opnieuw een plek te vinden voor zijn anker, opnieuw zonder succes. Hij gaf orders om wat geschut en drie ton kruidnagels overboord te gooien om het schip lichter te maken – ook weer tevergeefs. De *Golden Hind* zou het in die beukende branding nooit veel langer houden. 'Elke dief verzoende zich met zijn mededief en legde zich neer bij de dood'. Op dat wanhopige moment hield Francis Fletcher een preek en diende het sacrament toe. Toen, als door een wonder, ging de wind liggen. Het schip helde over en viel terug in diep water. Ze waren gered.

Nadien, vermoedelijk in een stemming van bijna hysterische euforie, haalde Drake een merkwaardige en onaangename grap uit. Francis Fletcher werd aan een luik vastgeketend en gedwongen een bordje te dragen waarop stond te lezen dat hij 'de gemeenste schurk op aarde' was, terwijl Drake hem, in kleermakerszit op een kist, zwaaiend met zijn slippers, 'excommuniceerde' en naar de duivel wenste. Het is een bizarre en obscure episode, maar er is wel een geloofwaardige verklaring denkbaar. Fletcher mocht en bewonderde Doughty. In zijn preek, gehouden op een moment dat hij verwachtte spoedig, niet door Drake, maar door God te worden geoordeeld, zal hij er vast op hebben gezinspeeld dat hun schipbreuk een gerechte straf was voor de onwettige executie van Doughty.

De overige twee maanden die Drake in Oost-Indië doorbracht waren prettiger. Hij legde bij nog twee eilanden aan, en op beide raakten zijn mannen onder de indruk van de welvaart en verfijning van hun gastheren. Ze rondden de zuidkust van Java en werden de eerste Europeanen die beseften dat het een eiland was, en geen deel van de denkbeeldige Terra Australis. Toen, vanaf Java, kennelijk zonder kaarten, voer Drake non-stop over de Indische Oceaan, om Kaap de Goede Hoop heen en naar het noorden door de Atlantische Oceaan, om pas meer dan vier maanden later aan land te gaan in Sierra Leone. De watervoorraad was inmiddels geslonken tot de laatste kwartliter de man. In september 1580, met slechts een van de oorspronkelijke vijf schepen, met achtenvijftig man van de honderdzestig met wie hij twee jaar en tien maanden eerder was vertrokken, en met genoeg gestolen waar in zijn ruim om zijn vaderland weer rijk te maken en hemzelf een van de rijkste vaderlanders, was Francis Drake weer thuis.

Deze thuiskomst is de spil waar zijn levensverhaal om draait. Voor aanvang van de reis zou sir Thomas Doughty gezegd hebben dat 'als wij goud mee terugnamen, we des te welkomer zouden zijn', een opmerking die bij zijn standrechtelijke proces was geïnterpreteerd als een poging de integriteit van de koningin en haar raadslieden in twijfel te trekken, en die als voorwendsel had gediend voor zijn executie. Maar het was uitgerekend de hoop dat goud hem een welkom zou verschaffen, en dat de koningin wel degelijk omkoopbaar zou blijken te zijn, waar Drake nu op gokte voor zijn fortuin, zijn roem en zijn leven.

In september 1580, een eind uit de kust bij Plymouth, werd een vissersboot door een terugkerend schip aangeroepen met de vraag 'hoe het met de koningin was'. Het schip was de *Golden Hind* en de reden dat Drake hiernaar informeerde was dringender dan een louter gevoelsmatige bezorgdheid die hij ook best om de gezondheid van Elizabeth kan hebben gehad. Het was meer dan een jaar geleden dat hij voor het laatst nieuws uit Europa had gehoord (dat ook nog onjuist bleek te zijn). Zijn schip was volgestouwd met gestolen waren die hij ofwel van Spaanse burgers, ofwel van Spanje zelf had ontvreemd, een land waar Engeland niet mee in oorlog was. Als de koningin dood was, en opgevolgd door de katholieke Mary, de Schotse koningin, zou Engeland voor hem niet veilig zijn. Zelfs als Elizabeth nog op de troon zat, was zijn positie onzeker. De misdaden die hij had gepleegd – diefstal, ontvoering, gijzeling –, had hij gepleegd, althans dat beweerde hij, met medeweten van de koningin. Hij kon echter geen schriftelijke orders overleggen om het te bewijzen, en zoals hij heel goed wist zou de koningin, als haar dat zo uitkwam, zonder wroeging en zonder genade liegen om zichzelf en haar regering te distantiëren van zijn wandaden. Toen hij op zijn reis vertrok, was het beleid van Elizabeth vijandig geweest jegens Spanje, en was haar positie zo sterk dat ze het wel aandurfde Filips II te provoceren door de terroristische aanvallen van Drake op Spaanse kolonies aan te moedigen. Als ze zich nu zwakker voelde, of meer verzoeningsgezind was, zou ze kunnen besluiten haar machtige vijand te sussen door de buit van Drake aan de rechtmatige eigenaar terug te geven. Ze zou hem kunnen betichten van de zeeroverij waar hij onweerlegbaar schuld aan had. Ze zou kunnen doen wat zowel het internationale als het plaatselijke recht van haar verlangde, en hem ter dood brengen.

Iemand die zover over de schreef was gegaan als Drake moest ofwel compleet worden verworpen, ofwel van ganser harte gesteund, verdiende ofwel de doodstraf, of eeuwige roem. Elizabeth koos voor het laatste, uit een mengeling van motieven waarvan de belangrijkste ongetwijfeld datgene was wat de arme Doughty zo onbesuisd onder woorden had gebracht. Zij wilde de buit van Drake, en die kon ze alleen in handen krijgen als ze verklaarde dat die in haar naam gemaakt was. Ze stond toe dat Drake een nationale held werd, maar ze stond hem niet toe te vergeten dat hij dat kon worden dankzij haar stilzwijgende toestemming; vandaar dat akelige grapje met dat vergulde zwaard, bij dat feestelijke banket in Deptford. Maar toen ze daar eenmaal haar waarschuwing had gegeven, was de koningin verder coulant. Nadat ze de Franse gezant opdracht had gegeven haar nieuwe held tot ridder te slaan, keek ze glimlachend toe terwijl de bemanning van Drake, uitgedost als 'rode indianen', voor haar danste. Vervolgens onthaalde Drake haar vier uur achtereen op zijn reisverhalen, terwijl de jaloerse hovelingen geeuwden en mompelden en de menigte aan wal van de 'vulgaire soort' – een menigte zo talrijk, dat eerder die dag een brug onder haar gewicht was bezweken, waarbij een stuk of honderd mensen in de rivier waren getuimeld – dit eerbetoon aan de publiekslieveling, de kersverse 'gouden ridder', luidruchtig meevierde.

De ster van Drake steeg snel en stralend. 'Het gemene volk... zwaaide hem alle lof en bewondering toe,' schreef Camden. Hij werd vergeleken met Jason, met Hercules, met de Zon zelf. 'Zijn naam en faam oogstten overal bewondering,' schreef John Stow, ook een tijdgenoot, 'de mensen verdringen zich dagelijks op straat om hem te zien... Boeken, prenten en balladen worden te zijner ere gepubliceerd.'

Het verhaal van zijn reis schonk voldoening op vele niveaus. De wanverhouding van dat eenzame scheepje en de uitgestrektheid der wereldzeeën had iets fabelachtigs, en hetzelfde gold voor de buit die Drake mee naar huis had genomen. Het was een buit van opwindende proporties. Een jaar voor zijn terugkeer hadden Spaanse kooplieden de tijding over zijn vangsten op de Grote Oceaan naar Londen gebracht. 'De avonturiers die geld en schepen voor de reis hadden geleverd zijn buiten zichzelf van vreugde,' rapporteerde Bernardino de Mendoza, de Spaanse gezant in Engeland. Drake was een waardig opvolger van de archetypische helden uit de epische literatuur, de grote individualisten die huis en haard verlaten om naar de einden van de aarde af te reizen en ten slotte terug te keren met onmetelijke rijkdommen. Toen Rodrigo Díaz verbannen werd uit Castilië trok hij de rimboe in met een troep volgelingen die hem en hem alleen loyaal bleven, en vergaarde hij fortuinen voor hen en zichzelf. Drake, die over de afgrond naar de andere kant van de wereld was gesprongen, en die met schatten beladen was teruggekeerd, was een held die uit hetzelfde prikkelende hout was gesneden.

Niemand heeft ooit precies geweten hoe groot de buit was die Drake had binnengehaald. Alle schattingen zijn bewuste onderschattingen. De Spanjaarden hadden de gewoonte hun vracht de helft lager in te schatten om douaneheffingen te ontduiken. Ook Drake en zijn koningin logen consequent over de grootte van de buit, zodat als hij ooit tot restitutie gedwongen zou worden, hij het grootste deel nog achter de hand zou kunnen houden. Maar zelfs als zijn buit maar zo groot was als hij bereid was toe te geven, zou er nog van een sensationeel succes gesproken mogen worden. Alleen de schatten die hij op de *Nuestra Señora de la Concepción* had buitgemaakt, stonden al gelijk aan een half jaarinkomen van de koningin van Engeland.

Elizabeth beet zich erin vast. Ze liet een rapport opstellen (waaraan niemand geloof hechtte) waaruit moest blijken dat Drake met vrijwel lege handen was teruggekeerd. Ze gaf hem publiekelijk opdracht de hele buit naar de Tower of London te brengen, terwijl nog niet duidelijk was wat ermee zou gaan gebeuren, maar gaf hem heimelijk permissie een aandeel ter waarde van tienduizend pond (een enorm fortuin) voor zichzelf achter te houden voor de buit was geteld. Ook andere, nog grotere bedragen wisten op de een of andere manier te ontsnappen aan de aandacht van de ontvanger, die kennelijk zo af en toe tactvol de andere kant op keek, en die later in een verslag zou verwijzen naar 'het deel dat heimelijk aan land was gebracht' en zou bevestigen dat hij 'slechts notitie had genomen van wat [Drake]... had aangegeven'. Later beklaagde Mendoza zich dat Drake Elizabeth minstens honderdduizend pond meer had gegeven dan ooit in de Tower was aangekomen. Van de hele buit, noch van het geheime, noch van het aangegeven deel, is niets ooit teruggegeven aan de Spaanse gedupeerden. Jarenlang draaide Elizabeth eromheen, ze hield voortdurend allerlei slagen om de arm, en bleef weigeren over de kwestie te praten tot de Spanjaarden hun interventie in Ierland eindelijk door de vingers zagen. Ze voerde (nogal absurd) aan dat de Spaanse bemanningen van de schepen die Drake had gekaapt die schatten misschien zelf ook wel gestolen hadden, en gaf te kennen dat de slachtoffers van Drake, de eigenaars van de schepen die hij had gekaapt, beroofd en stuurloos achtergelaten, maar naar Londen moesten komen om hun zaak daar te bepleiten. Intussen werd oogluikend toegestaan dat de schat slonk. De koningin hield genoeg in om de nationale schuld af te betalen en 42.000 pond te investeren in de Levant Company. De andere geldschieters kregen, volgens een zeventiende-eeuwse bron, allemaal een ontstellende 4700 procent van hun investering terug.

Beowulf ging monsters te lijf. Rodrigo Díaz nam het op tegen de machtige Almoraviedische legers, die met hun trommels en schilden van neushoornhuid in de ogen van hun christelijke vijanden even vreemd en angstaanjagend waren als welk fabelwezen dan ook. Zo was Drake, die in de ogen van de Spanjaarden de draak was, voor zijn landgenoten juist de drakendoder, de dappere kleine man die opstaat tegen een reusachtige opponent.

Dat was een beeld dat hem aanstond. Hij schepte op dat hij in zijn eentje de strijd zou aangaan met de koning van Spanje en al zijn legers, en hij was ingenomen met de inleiding van *Sir Francis Drake Revived*, waarin zijn uitdagende gedrag, dat van 'een gemeen onderdaan van Hare Majesteit' die er niet voor terugdeinsde het op te nemen tegen 'de machtigste monarch van de hele wereld', wordt vergeleken met het gedrag van de mier die zich in een populaire fabel tracht te wreken op een adelaar. Drake was klein van stuk en politiek machteloos, hij was een sociale outsider zonder leger onder zijn commando en zonder wettelijk gezag. Net als het dappere snijdertje van de gebroeders Grimm, net als David die de reus Goliath velde met een steen en een slinger, verschijnt hij in zijn eigen legende als een van die kwetsbare figuren die het opnemen tegen ontzagwekkende opponenten en die, dankzij hun lef en geslepenheid en de rechtvaardigheid van hun zaak, tegen alle waarschijnlijkheid in toch zegevieren.

Zijn strijd met de macht van Spanje was in de ogen van zijn tijdgenoten de kern van zijn verhaal. En dat is zo gebleven. Om een van de specerijeilanden te bereiken en een handelsovereenkomst te sluiten met de sultan was, in elk geval potentieel, minstens zo'n belangrijke prestatie als de verrassingsaanvallen op Spaanse eigendommen. Maar het Molukse deel van zijn grote avontuur is nagenoeg vergeten. Voor zowel Engelsen als Spanjaarden is het verhaal van Drake vooral een verhaal over Spanje, en Spanje was in de zestiende eeuw voor een held een wel heel geschikte opponent.

Het was een rijk dat zijn zinnen had gezet op de wereldheerschappij, en een rijk dat in de tijd van Drake ook heel dicht in de buurt van realisering van dat doel kwam. In 1526 sprak Gonzalo Fernández de Oviedo de koning van Spanje aan als 'universeel en enig vorst van de wereld'. Dat was uiteraard figuurlijk bedoeld, maar ook wel degelijk normatief. De 'ontdekking' en kolonisatie van Midden- en Zuid-Amerika hadden Spanje niet alleen rijk gemaakt, het had de Spaanse koning ook oppermachtig gemaakt als heerser over een rijk dat vergelijkbaar was met het Romeinse rijk, een rijk waarin, zoals Ariosto het formuleerde (een frase die later brutaalweg is geannexeerd door Britse propagandisten), 'de zon nooit ondergaat'. En aangezien de Spanjaarden in het algemeen en koning Filips II in het bijzonder zichzelf als de arm van de Kerk beschouwden, hadden ze niet alleen een wereldse ambitie, maar ook de heilige missie om dat rijk uit te breiden tot het alle naties op aarde omvatte.

Voor de Engelse protestanten was dat groeiende rijk echter de vijand van de ware godsdienst en de onderdrukker van alle vrije volken. Trots, weelde en een afgrijselijke wreedheid waren er de karakteristieken van. Zoals de Victoriaanse dichter W. H. Smith schreef:

Vol schittering en valse schijn
Waaronder al het bloed verdwijnt
Is Spanjes glorie steeds geweest

Smith putte met die woorden uit een visie die oorspronkelijk was uitgewerkt door de zestiende-eeuwse protestantse propagandisten die een beeld schetsten van de Spaanse macht waarin een prominente rol was weggelegd voor de martelkamers van de inquisitie, immense galeien met beklagenswaardige slaven als roeiers, en Zuid-Amerikaanse goudmijnen waar indianen werkten die met de zweep werden afgeranseld tot ze er dood bij neervielen (alle aan de werkelijkheid ontleende beelden). De vernietigende aanklacht die de Spaanse franciscaan Las Casas aan het gedrag van zijn landgenoten in de nieuwe wereld wijdde, *Een kort relaas van de vernietiging van Indië*, werd gretig gelezen, en verbreidde een afgrijselijk beeld van de Spaanse kolonisten als inhalige en wrede veroveraars. Het verhaal van een moedige zeekapitein met één klein schip die het aandurfde een dusdanig titanische, duistere, vreselijke grootmacht te 'irriteren', en daar nog mee wegkwam ook, was voor de Engelsen een grote stimulans: het leek erop of dat rijk van het kwaad kon worden getrotseerd en zelfs overtroffen.

De reuzendoder was ook een soort kruisvaarder, want in het zestiende-eeuwse Europa waren de vijanden van het ware geloof geen heidenen, maar andere christenen. De vroomheid van Drake is wel in twijfel getrokken, maar alleen door mensen die zo onnozel waren om te denken dat een oprecht geloof onverenigbaar zou zijn met gewelddadig of immoreel gedrag. Er hoeft niet aan getwijfeld te worden dat hij werkelijk meende dat hij, net als de meeste van zijn protestantse tijdgenoten, in een heilige missie verwikkeld was. Drake leefde in een tijd dat dogmatische geschillen snel tot gewelddadigheden leidden. Er staat nergens geschreven dat hij persoonlijk katholieke kerken zou hebben geschonden, maar hij weerhield zijn mannen er ook niet van het wel te doen. In Zuid-Amerika plunderden ze Spaanse kerken. Ze stampten op de hosties en smeten crucifixen en andere beelden kapot. Ze gebruikten altaarkleden om het zweet van hun gezicht te vegen. Ze gingen ervandoor met miskelken en monstransen en liturgische gewaden. Eenmaal weer aan boord van hun schip beschimpten ze hun gevangenen om hun 'bijgelovigheid', grepen ze hun rozenkransen en medaillons en kruisbeeldjes, braken die kapot of gooiden ze in zee.

De akelige realiteit van een dergelijk baldadig vandalisme kon worden versluierd met fraaie theorieën. Spoedig nadat Drake was teruggekeerd van zijn reis om de wereld, begon Edmund Spenser aan het schrijven van *The Faerie Queene*, waarin hij een nieuwe protestantse en patriottische mythologie ontwikkelde en uitwerkte. Hij schoof twee archaïsche ideaalbeelden ineen, dat van het christendom op kruistocht en dat van de ridderlijkheid, en zette de anglicaanse kerk neer als Una, een maagd die beschermd moest worden door galante ridders. Zijn plebejische afkomst ten spijt, paste Drake keurig in dit verfijnde schema. Zijn reputatie van ridderlijkheid en *courtoisie* was al gevestigd. Hij vermaakte zijn edele gevangenen aan zijn eigen tafel, onthaalde hen op goed eten, muziek, beschaafde conversatie, en zond hen vervolgens heen met allerlei geschenken – kortom, hij gedroeg zich als een goed en waarachtig ridder, een man die zich in de strijd hield aan de regels van het toernooi (die geweld aan banden legden maar wel het vragen van gigantische losgelden toestonden) en die niemand iets misdeed die al geveld was. Terwijl hij ongehinderd rondvoer op de Grote Oceaan konden de mensen zich hem makkelijk voorstellen als dolende ridder, op zoek naar avonturen om zijn nobele geest te doen gelden, en als voorvechter van koningin Elizabeth en van Una, het enige ware geloof.

Het zou realistischer zijn geweest Drake te prijzen om zijn ontdekkingen. Zijn reis had hem naar vele zeeën gevoerd die zijn landgenoten in het geheel niet bekend waren, en zelfs naar enkele zeeën waar hij zich als eerste Europeaan waagde. In Ariosto's *Orlando Furioso* (dat een halve eeuw later werd geschreven) voorziet een profetes de komst van een gouden eeuw waarin 'Nieuwe zeelieden en machthebbers nieuw zullen opstaan... / Om op zoek naar nieuwe landen en sterren, nieuwe zeeën en hemels te gaan'. Ariosto doelde met die profetie op de heerschappij van de Heilige Roomse Keizer Karel v, maar zijn elizabethaanse Engelse vertaler, sir John Harington, slaagde er, met een uitgekiende, zij het foutieve vertaling, in om het hele visioen toepasbaar te maken op het elizabethaanse Engeland, en uit de aantekeningen die Harington in de marge maakte blijkt wel dat hij deze passage graag gelezen zag als eerbetoon aan Francis Drake.

Drake vond zijn ontdekkingen zelf wel degelijk interessant. Hij nam telkens de moeite er verslag van te leggen. Bij hun reis langs de Zuid-Amerikaanse kust naar het noorden besteedden hij en zijn neef John een groot deel van hun tijd aan het tekenen en schilderen van de landschappen die ze zagen, van hun flora en fauna en topografie. Nuño de Silva meldt dat beide mannen begaafde tekenaars waren, en zoals Don Francisco de Zárate wel inzag dienden de tekeningen van Drake een praktisch doel: 'Niemand die zich door zijn schilderijen laat leiden loopt ook maar de geringste kans te verdwalen.' Bij zijn terugkeer gaf Drake de koningin een kaart van bijna twee meter lang, waarop zijn reis rond de wereld was aangegeven, en zijn logboek, vermoedelijk geïllustreerd met de schilderijen die hij zelf had gemaakt.

Kaart noch logboek is ooit teruggezien. Elizabeth wilde dat de Spanjaarden zo weinig mogelijk aan de weet kwamen over waar Drake was geweest en wat hij had gedaan. Alle informatie over zijn reis moest onder de pet worden gehouden. Een paar weken na zijn terugkeer klaagde de grote Duitse geograaf Gerard Mercator dat zijn route onmogelijk te achterhalen was: de Engelse autoriteiten hielden hem bewust geheim, of 'kwamen met andere verhalen'. De krankzinnigste geruchten over zijn verbazingwekkende reis deden de ronde. De geleerden van de Winchester School componeerden een loflied ter gelegenheid van het feit dat hij tot ridder was geslagen, en feliciteerden hem in dat lied met zijn bezoek aan Noord- zowel als Zuidpool. Over harde informatie werd jaloers gewaakt. Negen jaar later, toen Hakluyt begon met de publicatie van zijn *Principal Navigations, Voyages, and Discoveries of the English Nation*, gold het embargo nog steeds. Aanvankelijk liet Hakluyt de wereldreis van Drake – toch de meest voor de hand liggende kandidaat om erin te worden opgenomen – onvermeld, en later maakte hij bekend dat hij 'ernstig was aangesproken' door hen die elke publicatie erover wilden voorkomen. Nog later, in 1592, herinnerde Drake de koningin er in een brief op verwijtende toon aan dat alle verslagen van zijn reis 'tot nog toe zijn stilgehouden'.

Maar hoewel hij bij zijn leven nooit de erkenning voor zijn ontdekkingen heeft gekregen die hem toekwam, had hij een ongelooflijk succes. De eerste maanden na zijn terugkeer verbleef hij voortdurend aan het hof, en 'verkwistte hij', volgens Mendoza, 'meer geld dan wie ook in Engeland'. Hij oogstte weinig waardering in de verheven kringen waarin hij opeens beland was. Hij was een gedrongen mannetje met kleine ogen en roodig haar, hij had geen fysieke gratie die zijn gebrek aan hoffelijke manieren zou kunnen verbloemen. Hij was onbezonnen, opschepperig, vechtlustig en tamelijk vervelend. Hij maakte zich onmogelijk bij de snobistische en kritische hovelingen. Lord Sussex wees hem op bitse toon terecht toen hij opschepte over de schepen die hij had gekaapt, en toen Drake daar boos op reageerde hield lord Arundel hem voor dat hij schaamteloos en onbeschoft was. Met de onzekerheid van de man die een snelle opgang aan het hof maakt, hamerde hij er al te luid op dat hij recht had op respect. 'In sir Francis school een onstilbaar verlangen naar eer,' schreef Robert Mansell, die hem persoonlijk kende, 'dat werkelijk niet redelijk meer was'. Ook was hij 'al te zeer ingenomen met openlijke vleierij'.

Anderen hadden bezwaren van ernstiger aard. Het volk noemde hem liefdevol 'de meesterdief van de onbekende wereld'. Er waren mensen die er geen behoefte aan hadden zich met zo iemand af te geven, vooral niet daar hij er ook nog eens op een verschrikkelijke manier op uit was om met zijn vuile geld bij anderen in de gunst te komen. Drake was, net als de Cid, een atavistische verschijning: het oeroude type van de rover annex volksheld. Als zodanig was hij een anomalie aan een renaissancistisch hof waar nieuwe waarden golden, en nieuwe idealen de nadruk legden op publieke verantwoordelijkheid en bescherming van het gemenebest door middel van de wet. 'Niets maakte sir Francis Drake zo kwaad,' schreef Camden, 'als die edellieden en voorname hovelingen die het goud en zilver dat hij hun aanbood afsloegen, alsof hij er niet eerlijk aan gekomen was.' Dat 'alsof' is heel schappelijk uitgedrukt. Tweehonderd jaar later schreef George Anderson, wiens scherpe en vijandige biografie van Drake in 1784 werd gepubliceerd: 'De daden die aanleiding gaven tot de populariteit van Drake zijn van dien aard dat een dappere leider van een bende gewapende volgelingen ze makkelijk zou kunnen navolgen door de steden en stadjes aan de kust van Brittannië binnen te vallen, de wachters en allen die toevallig op straat waren de keel af te snijden, huizen en kerken open te breken en te plunderen, en ervandoor te gaan met hun buit... Zou de man die een onderneming van een dergelijke gruwelijke aard uitvoerde op billijke gronden recht kunnen doen gelden op de naam van Held?' Talrijke mensen aan het elizabethaanse hof, jaloers, snobistisch, dan wel gewoon gewetensvol, waren bereid dezelfde vraag te stellen.

De aristocraten hielden afstand, maar niets kon de faam van Drake schaden. Het 'gemene volk prees hem met alle lof en bewondering'. En wat nog mooier was, hij stond in de gunst bij de koningin. Die droeg de vijf enorme smaragden die hij haar had gegeven in een nieuwe kroon, waarmee ze pronkte ten overstaan van de Spaanse ambassadeur. Ze stond Drake uitgebreide audiënties toe; ze zond hem allerlei geschenken: juwelen, sjaals en bekers. Ze sprak langdurig met hem wanneer ze hem zag, en dat was vaak: één keer vervoegde hij zich negen keer op een dag bij haar. Ze schonk hem stukken land en grote huizen. Ze bepaalde dat de *Golden Hind* in Deptford moest blijven liggen 'als eeuwig aandenken' aan zijn verbazingwekkende reis. Hij was nu een internationale beroemdheid. John Stow meldt dat 'vele prinsen in Italië, Duitsland en andere landen, vriend zowel als vijand, een schilderij van hem wilden hebben'. In Italië trok zijn portret, dat werd tentoongesteld in Ferrara, een grote menigte. In Frankrijk liet koning Henri III kopieën uitdelen aan alle belangrijke hovelingen. 'Kortom,' aldus John Stow, 'hij was net zo beroemd in Europa en Amerika als Tamburlane in Azië.'

Hij hoefde niets meer te bewijzen. Hij trok zich terug in de West Country, waar hij meer werd gewaardeerd dan aan het hof, en was zo slim een deel van zijn geld te investeren in onroerend goed in Plymouth dat hij kon verhuren. Hij kocht een landgoed, Buckland Abbey in Devonshire, en ontwierp een eigen wapen. Alles wees erop dat hij nu eens van zijn succes wilde genieten. Hij werd burgemeester van Plymouth en lid van het parlement. Toen zijn eerste vrouw stierf hertrouwde hij, deze keer met een vrouw van lage adel. Hij werd dik, en liet zich portretteren door Nicholas Hilliard en Marcus Gheeraerts. Hij zou zichzelf in een gedicht omschrijven als iemand die 'door winst en rijkdom tracht zijn huis en bloed vooruit te helpen'. Hij had zijn doel bereikt.

Het was hem echter niet vergund van zijn pensioen te genieten. In 1585 gaf Filips II opdracht alle Engelse schepen in Spaanse havens te confisqueren. Elizabeth sloeg terug door Drake (door middel van een zegel van koninklijke goedkeuring waaraan het hem op zijn wereldreis zo opvallend had ontbroken) te benoemen tot admiraal van een vloot die een grootscheepse aanval moest uitvoeren op Spaanse havens in Europa en Amerika. Met een leger van zo'n 2300 man dat te land onder commando zou staan van Christopher Carleill, de schoonzoon van Walsingham, met Martin Frobisher als zijn vice-admiraal en met meer dan vijfentwintig schepen maakte hij zijn opwachting in een nieuwe rol, niet langer als de gevatte piraat en avonturier die de spot drijft met de krijgsmacht die tegen hem te hoop loopt, maar nu zelf als gezagvoerder van een imponerende vloot.

Het was geen rol waar hij zich helemaal lekker bij voelde. In elk van de campagnes waar hij in het vervolg aan deelnam, zou hij ernstige meningsverschillen hebben met een of meer van zijn officiers. Zoals hij op het strand bij Port San Julian tegen de jury had gezegd die een oordeel moest uitspreken over sir Thomas Doughty: 'Ik weet wat ik ga doen', en hij hield er niet van daarbij hinder te ondervinden van twijfels en vragen. 'Sir Francis hoorde graag de mening van eenieder aan, maar nam gewoonlijk zijn eigen opinie als richtsnoer,' schreef Robert Mansell. Sommigen van zijn collega's en ondergeschikte officiers konden dat nauwelijks verdragen. Hij wilde dat ze zijn eigen mannen waren, net als de mannen van de *Golden Hind* – zowel de officiers als de bemanning – na Port San Julian. In 1585 eiste hij van al zijn officiers dat ze een eed van trouw aan hem aflegden, een onnodige maatregel die hen krenkte in hun trots en bijna uitdaagde tot muiterij.

In Santiago, op de Kaapverdische Eilanden en in het Caribisch gebied werkten Carleill en Drake echter goed samen. Ze bestormden en plunderden allerlei steden en zamelden geld in zoals de Cid dat had gedaan, door huizen te verbranden en gewassen te verwoesten tot ze betaald werden om weg te gaan. Financieel liep de expeditie niettemin op een debacle uit. De Spaanse kolonisten werden weliswaar gedwongen alles wat ze hadden aan Drake af te staan, maar dat leverde hem niet zoveel op als hij gehoopt had. De investeerders kregen slechts 75 procent van hun inleg terug. Drake zelf verloor al het geld dat hij had voorgeschoten. In menselijke termen waren de verliezen verschrikkelijk: bijna een derde van de opvarenden van de Engelse vloot overleed aan gele koorts. Maar het effect op het moreel, zowel het Engelse als het Spaanse, was gigantisch. Terwijl Drake tekeerging in het Caribisch gebied, deden in Europa allerlei geruchten de ronde: hij zou twaalfduizend zwarte slaven hebben bevrijd, hij zou zesentwintig schepen hebben gekaapt, hij zou elke stad in Spaans-Amerika hebben verwoest. De waarheid was minder indrukwekkend, maar de verzinsels deden hun werk. De legende van de verbazingwekkende moed en het verbijsterende geluk van Drake verbreidde zich naar alle kanten, naar hoog en laag. Terwijl Spaanse zeelieden ervan overtuigd raakten dat hij een tovenaar, misschien zelfs wel een duivel was, en verhalen vertelden over de geest waarmee hij in nauw contact stond, schreef de paus: 'Alleen God weet wat hij allemaal vermag!' 'Waarlijk,' schreef Burghley, 'Sir Francis Drake is een plaag voor de koning van Spanje.'

Het was ten dele als reactie op die buitensporige terreur dat koning Filips besloot opdracht te geven tot een aanval op Engeland, en een oorlogsvloot op te bouwen die een dergelijke aanval zou moeten uitvoeren. Elizabeth sloeg terug. Begin 1587 werd de voormalige Schotse koningin Mary, in de voorgaande jaren talrijke keren het middelpunt van samenzweringen die door Spanje werden gesteund, onthoofd. In maart kreeg Drake opdracht de Spaanse vloot aan te vallen in de havens waar hij werd opgebouwd. In beide gevallen ontkende Elizabeth achteraf die beslissingen te hebben genomen, ofwel omdat ze opeens was gaan twijfelen, of om zich op slinkse wijze in te dekken. Ze tekende weliswaar het doodvonnis van Mary, maar beweerde achteraf dat het al te snel en tegen haar wensen was uitgevoerd. En vlak nadat de vloot van Drake uit Plymouth was vertrokken, werd een sloep achter hem aan gestuurd met nieuwe orders van de koningin die hem verboden 'zich met geweld toegang te verschaffen tot enige haven van voornoemde koning [Filips], of enige Spaanse stad of schepen in Spaanse havens geweld aan te doen'. Van al zijn daden is die waarmee die andere zeevarende lieveling van de Engelsen, Horatio Nelson, nog het meest in de herinnering voortleeft een denkbeeldige daad: hij zou zijn telescoop aan zijn blinde oog hebben gehouden, om niet het sein te zien dat hij zich moest terugtrekken. Ook Drake zorgde ervoor dat een onwelkom bevel hem niet kon bereiken. Misschien was hij wel met opzet vroeg vertrokken om te voorkomen dat hij het toch in ontvangst zou moeten nemen. Maar misschien (want zij was net zo geslepen als hij) was het ook wel helemaal niet de bedoeling van de koningin geweest dat het bericht hem nog op tijd zou bereiken.

Laat op een middag, iets meer dan twee weken later, arriveerde Drake voor de kust bij Cádiz. Zijn vloot kwam, op enige afstand, achter hem aan. In 1625 omschreef sir Robert Mansell hem als een man 'met een energieke geest, resoluut, snel en dapper genoeg'. Bij deze verrassingsaanval was hij op zijn best en had hij alle geluk aan zijn zijde. Hij had de wind in de rug.

Hij negeerde de bezorgdheid van zijn vice-admiraal, William Borough, die wilde wachten tot ook de langzaamste schepen hen hadden ingehaald en die eerst met alle kapiteins om de tafel wilde gaan zitten alvorens tot actie over te gaan. Drake zeilde rechtstreeks de haven in, 'met meer snelheid en arrogantie', volgens een Spaanse douaneofficier die erbij was, 'dan enige piraat ooit aan de dag heeft gelegd'. Er lagen minstens zestig schepen in de haven, en de stad was nagenoeg onverdedigd, want de Spanjaarden, aldus een van hen, hadden er 'alle vertrouwen in dat geen vijand het ooit zou aandurven de baai binnen te varen... noch was het eeuwenlang ooit vertoond dat enige vijand het lef had om tussen de havenhoofden door te varen'. Als de snelvoetige Achilles, als Alcibiades in de Hellespont, als de duivel waar de Spanjaarden hem voor gingen houden, verscheen Drake daar waar niemand ooit had gedacht dat hij zich vertonen zou. Twee galeien kwamen hem tegemoet roeien, maar maakten rechtsomkeert zodra de Engelse schepen het vuur op hen openden. Op de wal zochten de inwoners massaal een veilig heenkomen in het kasteel, waarbij tweeëntwintig van hen onder de voet werden gelopen. Die hele nacht en de hele volgende dag bleef Drake in de haven, waar hij schip na schip plunderde en in brand stak. De pek en de teer waar de schepen mee bedekt waren brandden geweldig: 'Rook en vlammen stegen op, zodat het net een enorme vulkaan leek, of iets uit de Hel,' schreef een Spaanse ooggetuige. De stad stroomde vol Spaanse troepen, maar die durfden niets te ondernemen. De Engelse schepen lagen buiten het bereik van de kanonnen aan wal. Ergens tussen de vijfentwintig en negenendertig schepen (Spaanse schattingen vallen meestal iets lager uit dan Engelse) werden vernietigd dan wel gekaapt terwijl de Spanjaarden vanaf de wal machteloos toekeken. De hele tijd bleef Borough Drake smeken om zich terug te trekken, en hij wees erop dat ze zonder gunstige wind allemaal wel eens als ratten in de val zouden kunnen komen te zitten. Uiteindelijk voer hij, zonder toestemming van Drake, met zijn eigen schip de haven uit, terug naar de open zee. Maar Drake ging ijskoud en genadeloos door, in het rustige vertrouwen dat het geluk wel weer met hem zou zijn als hij zijn destructieve arbeid hier gedaan had.

Op de avond van de tweede dag maakte Drake met veel trompetgeschetter aanstalten om te vertrekken. Op dat moment gebeurde waar Borough al lang bang voor was geweest en ging de wind liggen. Drake gaf het echter niet op, en zijn geluk liet hem niet in de steek. In de kleine uurtjes van de volgende morgen stond er genoeg wind om zijn schepen voor te gaan door de smalle havenmond, 'geroutineerd', aldus een Spaanse getuige, 'als de meest ervaren plaatselijke loods'.

De Spanjaarden deden een dappere poging het verhaal de schijn mee te geven van een Spaanse overwinning. Ze lieten een grote mis opdragen om

God te danken dat hij de stad had gered en 'de trotse vijand vernederd', en Fray Pedro Simón schreef een triomfantelijk verslag waarin hij beweerde dat de Engelsen vele schepen en manschappen hadden verloren. 'Zo werd de drempel van de poort van Spanje bevloeid met het bloed van die wolven, opdat de geur hun landgenoten op afstand zou houden'. Als propaganda voor nationale consumptie heeft het misschien gewerkt, maar de internationale gemeenschap liet zich niks wijsmaken. 'Moet je die Drake eens zien!' riep de paus uit. 'Wie is hij toch? Wat voor macht heeft hij eigenlijk? En toch heeft hij vijfentwintig schepen van de koning verbrand! [...] Het spijt ons dit te moeten zeggen, maar we hebben geen hoge dunk van die Spaanse Armada, en vrezen voor een ramp.' Nog voor de Armada goed en wel bestond en was uitgerust, was de geloofwaardigheid van die beoogde oorlogsvloot al ondermijnd door het sterke wapen van Drakes nog altijd toenemende faam.

Drake vervolgde zijn reis in zuidelijke richting, naar Kaap St. Vincent, bestormde en veroverde het kasteel van Sagres en stond zijn mannen toe het klooster daar leeg te roven, beelden te vernielen en de gebouwen in brand te steken. Een Spaanse functionaris meldde dat ze 'hun gebruikelijke feesten en drinkgelagen aanrichtten, hun duivelse uitzinnigheden en obsceniteiten'. Met Sagres als uitvalsbasis begon hij vervolgens alle bevoorradingsschepen lastig te vallen die langs de zuidkust van Spanje voeren, met voorraden voor de Armada in wording. De zaakwaarnemer van de koningin rapporteerde dat hij zevenenveertig bevoorradingsschepen en tussen de vijftig en zestig vissersboten enterde en in brand stak. Het was niet alleen een briljante, maar ook zeer nuttige operatie. Drake beroofde de Armada van enorme hoeveelheden onontbeerlijke bouwstenen, waarvan de Spanjaarden sommige, en dan met name de houten latten om watervaten van te maken, nooit meer zouden kunnen vervangen. Soldaten die op weg waren om zich aan te sluiten bij het leger, dat in Lissabon bijeenkwam, moesten over land reizen. 'De Engelsen zijn heer en meester op zee,' schreef de Venetiaanse gezant in Madrid. 'Lissabon en de hele kust zijn, als het ware, geblokkeerd.' Vanuit strategisch oogpunt was de expeditie van Drake een triomf; in financieel opzicht was het een teleurstelling. Tonijn en timmerhout zijn geen waardevol roofgoed, en zelfs in die tijd, waarin de Engelse nood hoog was, wilden de investeerders in de expeditie, onder wie niet alleen Drake zelf, maar ook de koningin, geld zien. Toen het nieuws kwam dat schepen met schatten aan boord de Azoren naderden, liet Drake zijn blokkade in de steek en ging eropaf om de buit binnen te halen.

In de Azoren trof hij het Portugese galjoen de *San Felipe*, een groot en enorm kostbaar schip. De bemanning leverde weliswaar vastberadener tegenstand dan Drake ooit eerder had meegemaakt, maar de Engelsen waren in de meerderheid, en uiteindelijk wisten ze het schip te veroveren. De buit was een fabelachtige schat aan specerijen, zijde, ebbenhout, juwelen, goud en zilver – bijna net zoveel als destijds bij de *Cacafuego*, hoewel het deze keer minder spectaculair was, daar er een hele vloot voor nodig was geweest om die buit binnen te halen, in plaats van één klein scheepje. Het commerciële succes van de onderneming was echter gegarandeerd. En ook de Spaanse oorlogsplannen bleken althans voorlopig te zijn gedwarsboomd. Koning Filips was geschrokken van de verdwijning van Drake en bang voor wat hij zou kunnen uitrichten op de Atlantische Oceaan. Hij gaf de Spaanse vloot opdracht om de achtervolging in te zetten. Drie verspilde maanden lang maakten ze vergeefs jacht op hem, en ze kwamen terug met zo'n uitgeputte, door ziekten geteisterde bemanning, en zulke verweerde schepen dat de geplande aanval op Engeland tot het volgende jaar moest worden uitgesteld.

Drake wachtte bij thuiskomst intussen nog meer roem en rijkdom. En deze keer was er geen sprake van dat de buit eventueel zou moeten worden teruggegeven. Er waren zeventien schepen voor nodig om de gigantische lading van de *San Felipe* van Plymouth naar Londen over te brengen, nadat Drake eerst persoonlijk een kist bij de koningin had afgeleverd vol gouden kleinodiën – messen, vorken, pomanderdoosjes, ringen en allerlei juwelen. Burghley mocht de Spaanse gezant dan hebben verteld dat zij zeer verbolgen was over de agressieve daden van Drake, klaarblijkelijk aanvaardde ze zijn geschenken met het nodige enthousiasme. Drake mocht zelf twintigduizend pond houden, een nog groter fortuin dan waar hij reeds over beschikte.

Zijn reputatie was op haar hoogtepunt. Hij was dapper en briljant en, het mooiste nog, hij had succes. In de ogen van zijn landgenoten kon hij werkelijk alles. Hij was precies de voorvechter die Engeland nodig had, hoognodig zelfs. Engeland zag zich geconfronteerd met een gevaar dat al evenveel afschuw wekte als de gevaren die de Atheners ertoe hadden overgehaald Alcibiades terug te roepen, en de koning van Castilië om bij de verbannen Cid te bedelen om hulp. De Spaanse aanval op Engeland was belemmerd en verhinderd, maar niet helemaal afgelast. In juli 1588 vertrok de grote Armada eindelijk uit de havens van Spanje, een stuk of 125 schepen met zo'n dertigduizend man aan boord. John Hawkins noemde het 'de grootste en sterkste combinatie, naar mijn idee, die ooit in de christenheid bijeen is gebracht', en die reusachtige vloot voer op naar Engeland met de onmiskenbare bedoeling het land binnen te vallen en het Engelse volk te onderwerpen aan het soort gruwelen, de zweep, martelingen, de brandstapel, waar – zoals iedereen in Engeland ingeprent had gekregen door de protestantse autoriteiten – de volkeren van Latijns-Amerika al mee te maken hadden gehad.

Het verhaal van de nederlaag van de Spaanse Armada, zoals het bijna onmiddellijk vorm kreeg in de Engelse volksverbeelding, is het verhaal van een machtig wereldrijk dat werd verslagen door een piepklein eiland; van de vertegenwoordigers van een autoritair systeem die werden bespot en getart door de voorvechters van de vrijheid; van een archaïsche, conservatieve macht die werd gesmoord door zijn eigen trots en overtroffen door een creatief, energiek, progressief volk van onconventionele improvisators. Het is in het hart van dit verhaal dat Francis Drake, rover bij klaarlichte dag en afschroeier van de baard van een koning, het beste uitkomt, als de personificatie van alles wat stoutmoedig en onstuimig was aan het elizabethaanse Engeland. Het beeld dat dit verhaal samenvat, een beeld dat bijna helemaal vals is, is dat van de enorme, lompe, ongepast luisterrijke Armada die wordt gehoond en getergd door een muggenzwerm van kleine, wendbare scheepjes.

Dat beeld begon vrijwel meteen de ronde te doen. Thomas Nash schreef over de Spaanse vloot 'als een hoog oprijzend bos, dat het struikgewas van onze lage schepen overschaduwde', en Camden, die toegang had tot verscheidene mensen die de campagne hadden meegemaakt, omschreef de Spaanse schepen als dusdanig groot dat 'de winden het moe werden ze voort te drijven' en de oceaan kreunde onder hun gewicht, terwijl er 'veel minder' Engelse schepen waren. Het beeld van deze ongelijke strijd wortelde diep in de volksverbeelding. In een van de volksverhalen die Southey in de jaren twintig van de negentiende eeuw verzamelde, pakte Drake, toen hij hoorde dat de Armada eraan kwam, een stuk hout en begon daar onbekommerd in te snijden. De houtkrullen die erafvielen belandden in zee en uit elke krul groeide een schip. Met zijn houtkrullen doet Drake netjes alle verwachtingen teniet door een vijand te verslaan die veel groter, veel beter uitgerust en veel pretentieuzer is dan hijzelf. Deze Drake, een tovenaar die zomaar een hele vloot tevoorschijn roept, herinnert ons aan het wijdverbreide geloof dat het Engelse succes tegen de Armada een soort wonder was, gezien de verwachtingen van het tegendeel – een prestatie die aan tovenarij grensde, of in elk geval aan de ongewone durf en onverschrokkenheid van een held die, als Rodrigo Díaz, te goeder ure is geboren.

Feitelijk waren de Engelsen in technologische zin in het voordeel. De ontzagwekkende kracht en grootheid van de Armada maakt zowel deel uit van de legende als van de geschiedenis. Minder bekend is dat de Engelse vloot die bijeen werd gebracht om de Armada een ontvangst te bereiden, anderhalf keer zo groot was. Als er één Engelsman is die de eer kan opeisen voor de overwinning op de Armada, was het John Hawkins, de oude werkgever van Drake. Net als Drake had Hawkins de zeeroverij ingeruild voor diensten aan het landsbelang: sinds 1578 was hij schatmeester geweest van

De climax van Achilles' razernij. Achilles weet dat zijn eigen dood nabij is nu hij Hector heeft vermoord. Peter Paul Rubens (1577-1640), *Achilles verslaat Hector*, 1630-1632, Musée des Beaux-Arts, Pau (Frankrijk).

De prachtige en verrukkelijke Alcibiades, die door Baudelaire de eerste dandy werd
genoemd. François-André Vincent (1746-1816), detail uit *Alcibiades met Socrates*,
Musée Tavet Delacour, Parijs.

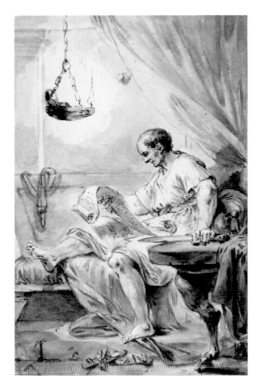

[Links] Cato, een model van stoïcijnse deugdzaamheid, bereidt zich voor op zijn dood met een zwaard in zijn ene en een document in zijn andere hand. Christian Bernhard Rode (1725-1797), *Cato weigert de vrijheid van zijn vaderland te overleven*, Albertina, Wenen.

[Rechts] Een bronzen buste van Cato die in Volubilis, Marokko werd gevonden, daterend van tussen de eerste en derde eeuw.

El Cid, een afbeelding naar het monument in Burgos. Zijn baard, symbool van mannelijkheid, schijnt een ontzagwekkende aanblik te zijn geweest.

Toen Sir Francis Drake terugkeerde van zijn tocht rond de wereld, werd hij een internationale beroemdheid. Een portret van hem dat in Italië werd tentoongesteld, trok grote aantallen bezoekers. De koning van Frankrijk liet kopieën maken voor al zijn vooraanstaande hovelingen. In Engeland bezweek een brug onder het gewicht van de menigte die verscheen om Drake te zien. Nicholas Hilliard (1547-1619), *Sir Francis Drake*, 1581, Kunsthistorisches Museum, Wenen.

[Boven] Op deze karikatuur uit 1629 berijdt Wallenstein een boer. Zijn oorlogszucht werd als een ondraaglijke last gezien voor het volk van het Heilige Roomse Rijk.

[Rechts] Garibaldi in de poncho en fez die hij op latere leeftijd graag droeg. 'Hij zag eruit', schreef een Franse minister, 'als een profeet, of een komiek op leeftijd.' Portret van Giuseppe Garibaldi (1807-1882), Italiaanse School, negentiende eeuw.

De sirenen zingen over de spanning en glorie van de oorlog. Dit Romeinse mozaïek uit de derde eeuw toont Odysseus vastgebonden aan de mast, zijn oren met was dichtgestopt, vastbesloten de verleiding te weerstaan en veilig thuis te komen. *Odysseus en de sirenen*, Musée du Bardo, Tunis.

de Engelse marine, en als zodanig had hij de supervisie gehad over de bouw van wat, daar was iedereen het over eens, de beste oorlogsschepen ter wereld waren. De Spaanse schepen vervoerden een invasieleger, en waren ontworpen als drijvende vesting annex transportvaartuig. De Engelse schepen, gebouwd voor de strijd, hadden niet die enorme bovenbouw die de Spaanse galjoenen zo gigantisch maakte. Maar ze mochten dan lager zijn, kleiner waren ze niet. Het gemiddelde tonnage van de Engelse schepen lag nogal wat hoger dan dat van de Spaanse, en er was geen schip in de Armada dat zo groot was als de *Triumph* van Martin Frobisher met zijn 1.100 ton. Bovendien waren de Engelsen meedogenloos goed bewapend: toen de *Revenge*, het schip waarmee Drake deelnam aan de Armadacampagne, drie jaar later bij Flores in de Azoren werd gekaapt, had het zeventig ton artillerie aan boord. De Engelse schepen waren smaller en veel wendbaarder dan die van de Spanjaarden. Medina Sidonia beschreef ze afgunstig als 'zo snel en zo wendbaar dat ze er alles mee kunnen wat ze willen'. Het waren geen houtsnippers: het was groot, dodelijk oorlogstuig.

Drake was niet de oppergezagvoerder van de Engelse vloot, hoewel bijna alle Spanjaarden, tot en met Filips II, leken te geloven van wel, en de Engelse bevolking hem als haar belangrijkste beschermer zag. De Engelse legende van de Armada legt de nadruk op de streng hiërarchische aard van de Spaanse maatschappij en stelt daar de meritocratische openheid tegenover van het elizabethaanse Engeland, waar een man van het volk als Drake naar de top kon stijgen. Feitelijk werden beide vloten (niet ondeskundig) aangevoerd door edellieden met weinig zeevaarderservaring die hun hoge rang voornamelijk aan hun afkomst hadden te danken: de Spaanse hertog van Medina Sidonia en de Engelse lord Howard of Effingham. Drake was geen goede personeelsmanager. Er waren mensen, onder wie ook koningin Elizabeth, die Thomas Doughty nog niet vergeten waren, en de herinnering aan hem herleefde iedere keer dat Drake met zijn bazigheid een breuk veroorzaakte met zijn bondgenoten. In 1585 had het niet veel gescheeld of hij had muiterij veroorzaakt door met alle geweld te willen dat zijn officiers een eed van trouw aflegden. In 1587 had hij bij Cádiz een felle ruzie gehad met zijn vice-admiraal Borough, die vervolgens met zijn muitende bemanning naar huis was gegaan. Zijn staat van dienst was niet zodanig dat anderen op het idee zouden komen hem het gezag over de hele Engelse vloot toe te vertrouwen.

Al voor de Armada naar Engeland vertrok was het aan alle Spaanse gezagvoerders duidelijk dat het hele invasieplan dat ermee samenhing gedoemd was te mislukken. De orders van koning Filips hielden in dat de vloot in gesloten formatie door het Kanaal moest varen en zo mogelijk een zeeslag in dat stadium moest voorkomen: eerst moest er contact worden gelegd met het Spaanse leger in de Nederlanden, dat onder bevel stond van de hertog van Parma. Vervolgens zou de Armada, op een wijze die nooit naar behoren uiteen was gezet, de troepen van Parma helpen en beschermen terwijl zij op de een of andere manier het Nauw van Calais overstaken om Engeland binnen te vallen, tegelijk met de troepen die de Armada vervoerde. Zowel Medina Sidonia als Parma had Filips duidelijk gezegd dat dit plan onuitvoerbaar was. De grote schepen van de Armada konden niet in de ondiepe wateren voor Duinkerken komen, zodat het hele Spaanse leger met sloepen en andere kleine boten zou moeten worden aangevoerd. Als de zee niet heel kalm was zouden ze verdrinken zodra ze (wat al onwaarschijnlijk was) langs de Hollandse schepen wisten te komen die met hun geringe diepgang langs de kust patrouilleerden, een zeemacht waar de Armada, die gedwongen verder uit de kust moest blijven, hen nooit tegen zou kunnen beschermen.

Voor deze moeilijkheden was geen enkele oplossing aangedragen, het leek er zelfs op alsof daar niet eens naar gezocht was. Parma schreef somber dat het succes van de Armada 'moest afhangen van de heilige en machtige wil van God, want de ijver en geestdrift van mensen is nooit genoeg'. In de ogen van koning Filips was dat, zo niet een ideaal uitgangspunt, dan toch een uitgangspunt dat ermee door kon. Hij had gevraagd of de Spaanse invasiepoging niet de status van kruistocht zou kunnen krijgen. De relatie van de paus met de Spaanse koning was echter bij lange na niet zo harmonieus als de Spaanse propaganda wilde doen geloven (volgens de paus gaf Filips 'net zoveel om de katholieke godsdienst als een hond'), en het Spaanse verzoek werd geweigerd. Dat nam niet weg dat slechts weinig Spaanse opvarenden betwijfelden of God wel aan hun kant stond. Katholieke Spanjaarden (en katholieke Engelsen, van wie er tweehonderd meevoeren op de Armada) lazen over de katholieken die werden gemarteld onder de protestantse Tudors en concludeerden dat de Engelse protestanten gemene vervolgers waren van al wat vroom en godvruchtig was. Bij vertrek sprak Medina Sidonia zijn mannen toe, en bond hun op het hart dat 'de heiligen in de hemel met ons meereizen', onder wie Thomas More, de Schotse koningin Mary en anderen die 'Elizabeth aan stukken heeft gereten met een meedogenloze wreedheid en subtiel uitgedachte martelingen'. Ze gingen naar Engeland, verklaarde hij, teneinde wenende maagden te redden, en 'kleine kindjes, die werden grootgebracht op het gif van de ketterij, en die gedoemd waren eeuwig te branden tenzij de verlossing hun bijtijds bereikte'. Aangezien de zaken er zo voor stonden, vertrouwde koning Filips ten volle op hemelse bijstand. 'Daar het allemaal voor Zijn zaak is, zal God voor goed weer zorgen,' hield hij Parma voor. En aan Medina Sidonia schreef hij: 'Dit is een kwestie die in Zijn hand is en Hij zal u bijstaan.' De Armada vertrok, zoals een van de vertwijfelde gezagvoerders opmerkte, 'in de hoopvolle overtuiging dat er een wonder zou geschieden', maar alle hoop die werd gekoesterd verkeerde al snel in wanhoop.

De Engelsen vertrouwden al evenzeer op goddelijke bijstand als de Spanjaarden. Protestantse Engelsen als Drake lazen het relaas van Foxe over protestantse martelaars onder de katholieke koningin Maria (de vrouw van Filips) en schetsen een beeld van Spanje als vervolger van het ware geloof dat het exacte spiegelbeeld was van hoe de Spanjaarden tegen Engeland aankeken. Meer in het algemeen werd Spanje gezien als een voorpost van de hel, een land van een bloederige grootsheid, een grandeur die was opgetrokken uit het leed van talloze Afrikaanse en Amerikaanse slaven, een land waarop het akelige schijnsel viel van de vlammen van talloze brandstapels. In 1587 zei Drake tegen Walsingham dat hij en zijn mannen 'als één man voor onze genadige koningin en ons vaderland stonden... tegen de Antichrist en zijn lidmaten'. 'God zal ons bijstaan,' schreef Hawkins aan Walsingham, 'want wij verdedigen... onze godsdienst, Gods eigen zaak.' Beide vloten waren goed voorzien van geestelijken, op de schepen van beide vloten werden dagelijks godsdienstoefeningen gehouden, en de voltallige bemanning moest daarbij zijn, niet alleen voor haar eigen geestelijk welzijn, maar ook om het geluk af te dwingen. Van Filips II mocht niemand op de hele Armada vloeken of anderszins godslasterlijke taal bezigen, want God zou de deugdzame partij belonen en de zondaars afstraffen. Wat nog gebeurde ook – in de ogen van de Engelsen.

Zes dagen lang zeilde de Armada door het Engelse Kanaal naar het oosten, aanvankelijk in een halvemaanvormige linie van drie kilometer lang, later in een strakke cirkel. De Engelse vloot kwam erachteraan. De Spaanse schepen waren volgestouwd met gewapende mannen die bereid waren om te enteren en te knokken, schip tegen schip, man tegen man. De Engelsen waren toegerust op de nieuwe manier van oorlogvoeren ter zee, een manier waarbij het werk werd gedaan door kanonnen. Ze hielden dan ook afstand.

De Spanjaarden waren niet bij machte de Engelsen ook maar enige schade toe te brengen. Juan Martínez de Recalde had hun probleem nog voor ze uitvoeren treffend uiteengezet, alsof hij van tevoren wist wat er te gebeuren stond: 'Als we dichtbij kunnen komen, zullen Spaanse moed en Spaans staal en de grote massa soldaten die wij aan boord hebben ons verzekeren van de overwinning. Maar tenzij God ons bijstaat door een wonder te verrichten, zullen de Engelsen, die snellere en behendiger schepen hebben dan wij, en veel meer langeafstands geschut, en die net zo goed als wij weten dat ze in het voordeel verkeren, geen moment te dichtbij komen – ze zullen uit ons vaarwater blijven en ons bestoken met hun geschut, terwijl wij machteloos zullen staan en hun geen wezenlijke schade kunnen toebrengen.' De Engelsen waren echter evenmin bij machte de vijand schade toe te brengen. Ze konden wel rondjes om de Spaanse schepen varen maar hun kanonnen waren op die afstand niet zwaar genoeg om iets te kunnen uitrichten. In de zes dagen die beide vloten nodig hadden om door het Kanaal te varen, vuurden de Engelsen 'een verschrikkelijke hoeveelheid waardevolle kanonskogels' af, maar niet één Spaans schip werd tot zinken gebracht en slechts weinige liepen averij op. 'We plukken hun veren stukje bij beetje,' schreef Howard optimistisch, maar eigenlijk lukte zelfs dat niet.

Eindelijk, op de zevende dag van de achtervolging, kwam de Armada tot rust bij Calais. Daar bereikte Medina Sidonia het verpletterende nieuws dat Parma geen van de boodschappers had gezien die naar de Nederlanden waren gestuurd om hem van de komst van de Armada op de hoogte te stellen. Zijn leger zou pas over zes dagen klaar zijn voor de overtocht. Die nacht stuurden de Engelsen branders tussen de schepen van de Armada. Die richtten weinig schade aan, maar de Spanjaarden raakten wel in paniek. Bijna alle schepen sneden hun trossen door, lieten hun ankers achter, wat hun op de thuisreis veel levens zou kosten, en trokken zich in wanorde terug. De volgende morgen, voor de kust bij Gravelines, nog voor ze zich naar behoren konden hergroeperen, raakten de twee vloten eindelijk slaags.

Dit was de zeeslag die de Engelse geschiedenisboeken in zou gaan als 'de overwinning op de Spaanse Armada', maar in de ogen van degenen die eraan deelnamen bleef het treffen onbeslist. Na afloop was de Armada gehavend maar nog steeds gevechtsklaar, terwijl de Engelsen bijna al hun kruit hadden verschoten. De mannen van Parma waren zich nog altijd aan het inschepen. Maar de volgende dag – zoals de medaille vermeldde die in Engeland werd geslagen om dit heuglijke feit te vieren – 'FLAVIT', 'HIJ BLIES'. Een wind stak op en dreigde de Armada de zandbanken voor de Vlaamse kust op te blazen. De Engelsen lagen veilig in volle zee en baden. God leek echter te aarzelen en de wind ging weer liggen. Maar toen, de volgende morgen, blies HIJ weer, en deze keer werd de goddelijke ademtocht door alle betrokkenen herkend als een protestantse wind. De Armada, nog altijd gevechtsklaar maar machteloos, werd naar het noorden gedreven, waar de Spanjaarden een verschrikkelijke reeks stormen wachtte, waaronder een van de twee enige tyfoons die de afgelopen vijfhonderd jaar in de noordelijke Atlantische Oceaan hebben huisgehouden. Tegen de tijd dat de restanten van de Armada in Spanje terugkeerden was de hele vloot tot nauwelijks meer dan de helft van zijn oorspronkelijke sterkte teruggebracht.

Bij oorlogvoering, schreef de grote mediëvist Johan Huizinga, wordt altijd op de een of andere manier een beroep op God (of op de goden) gedaan om een oordeel uit te spreken. Toen Rodrigo Díaz aanbood zijn reputatie te zuiveren door zich te onderwerpen aan een godsgericht, stemde hij ermee in zich over te geven aan het eeuwenoude geloof dat je door een tweegevecht te overleven en ook nog eens te overwinnen, aantoont een gunsteling van God (dan wel van de goden) te zijn. Een belangrijk motief voor alle duels, de meeste dronkemansgevechten en heel veel oorlogen is de gedachte dat de winnaar van een gevecht overtuigend bewijst dat hij van beide partijen de beste is – in de morele zin des woords. Met name in een heilige oorlog is de uitkomst afhankelijk, en meteen ook bewijs, van de partijdigheid van de betreffende godheid. De uitkomst van de Armadacampagne werd, zoals beide partijen ook hadden verwacht, uitgemaakt door goddelijke interventie. De Engelsen hielden de goede afloop voor een duidelijke aanwijzing dat God protestants was, terwijl de Spanjaarden het als een verschrikkelijk teken zagen dat God hen als onwaardig beschouwde om zijn Heilige Roomse Kerk te vertegenwoordigen. Koning Filips zonk weg in een depressie waar hij nooit meer helemaal uit kwam. Koningin Elizabeth schreef een vers waarin zij haar overwinning vierde, alsmede de goddelijke voorliefde waarvan die overwinning het bewijs was:

Hij liet het water rijzen en een storm opsteken
Om alle linies van de vijand te doorbreken.

Welke rol Drake in dit alles heeft gespeeld, daar zijn de geleerden het niet over eens. Howard noemt hem zelden in zijn verslag. Voor de Spanjaarden was hij echter de belangrijkste Engelsman. Hij was hun boeman, de man die ze de zonden van heel protestants Europa op de schouders legden. Een jonge Spaanse vrouw wier dromen tussen 1587 en 1590 werden vastgelegd door haar priester, kwam hem in haar nachtmerries geregeld tegen als een slimme, brutale en volstrekt meedogenloze vervolger van alle katholieken. In balladen die in die tijd de ronde deden, vertegenwoordigt hij in zijn eentje heel Engeland:

Mijn broer Bartolo
Vaart af naar Engeland
Om el Draque te doden.

Volgens de getuigenis van een Spaanse gevangene die misschien niet op de hoogte is geweest van alle ins en outs van het Spaanse buitenlandse beleid, maar die ontegenzeggelijk verwoordde wat veel van zijn landgenoten dachten, was de hele Armada bijeengebracht omdat 'het niet goed was dat één Drake, met twee of drie waardeloze schepen, altijd maar de havens van Spanje kwam plunderen als hij daar toevallig zin in had'. Een Spaanse heer liet zich zo meeslepen toen hij aan zijn vrienden liet zien wat hij met Drake zou doen als hij hem ooit te pakken kreeg, dat hij een omstander dood-schoot.

Alcibiades had zo'n voortreffelijke reputatie dat de Atheners er min of meer voetstoots van uitgingen dat de successen van hun vloot in de Hel-lespont allemaal aan hem te danken waren. Immers, hij was degene onder de admiraals, en niet de veel competentere maar minder flitsende Thra-sybulus, van wie grote daden werden verwacht. Zo ook ging Drake, die al een gevierd volksheld was, strijken met de eer voor alle prestaties van zijn collega's, voor het gebruik van branders (feitelijk een initiatief van William Winter), voor de strategie die Howard had uitgestippeld, en zelfs voor de uiteindelijke jammerlijke verspreiding van de Armada, die zijn beter geïn-formeerde tijdgenoten voornamelijk toeschreven aan God, en die moder-ne historici, in andere woorden met een soortgelijke strekking, toeschre-ven aan het geluk en aan de weersomstandigheden. Drake, snoever die hij was, hielp graag een handje mee om zijn rol waar nodig aan te dikken. 'Hij rapporteert dat niemand zulk goed werk heeft verricht als hij,' stelde Fro-bisher na afloop woedend vast, 'maar dat is een schaamteloze leugen.' Roem is echter een fenomeen dat zichzelf propageert. Drake kon pochen zoveel hij wilde, hij kon onmogelijk nog beroemder worden dan hij al was. Alleen geruchten konden hem nog meer roem brengen, in combinatie met de bijna universele neiging een goed verhaal te geloven ongeacht de even-tuele aanspraken op authenticiteit. 'Hebben jullie gehoord hoe Drake met zijn vloot de Armada heeft weerstaan?' riep de paus uit, wiens gezanten hem beslist op de hoogte moeten hebben gebracht van de rol van Howard, wiens bestaan hij kennelijk liever negeerde. 'Met welk een moed! ... Hij is een groot kapitein.'

In feite was Drake de vice-admiraal van Howard. Die trad zijn charisma-tische rechterhand zeer genereus en tactvol tegemoet, en Drake was, als on-derbevelhebber, dermate hoog geplaatst dat hij straffeloos kon doen wat hij wilde, zonder enige hinder te ondervinden van de knellende banden van de verantwoordelijkheid.

Toen de Armada onder de kust van Cornwall voor het eerst in zicht kwam, een ontzagwekkende muur van schepen van drie kilometer lang, die gesta-dig op de wind naar het oosten zeilde, lag de Engelse vloot in Plymouth. Een van de beroemdste legendes over Drake verhaalt dat hij bowls aan het spelen was toen hem het nieuws bereikte dat de Armada in aantocht was, waarop hij zijn stoïcijns geïnspireerde kalmte demonstreerde door erop te staan dat ze eerst het spelletje afmaakten. Stow schrijft in 1600 dat de En-gelse 'officiers en anderen feest vierden op de wal... op het moment dat de vijand naderde', maar het verhaal over het spelletje bowls van Drake dateert van meer dan honderd jaar na de Armada, en zijn beroemde woorden 'er is genoeg tijd om dit spel te winnen én de Spanjaarden te verslaan' werden in 1835 voor het eerst gepubliceerd. Het verhaal is in meer dan één opzicht weinig geloofwaardig. Het spelen van bowls in het openbaar was illegaal onder puriteinse wetgeving die Drake zelf vermoedelijk zou hebben onderschreven: een van zijn weinige daden als parlementslid was het indienen van een wetsontwerp geweest dat berenbijten en de jacht, inclusief de valkenjacht, op de Dag des Heren verbood. (De koningin, die een liefhebber was van berenbijten, sprak er haar veto over uit.) Maar waar of niet, het is een verhaal dat Drake vermoedelijk wel zou zijn bevallen, en het levert een subtiele versmelting op van de Drake die zijn tijdgenoten kenden, de schaamteloos oneerbiedige, ongezeglijke zeeschuimer met een hang naar zelfgenoegzaamheid, met de uit marmer gehouwen kalmte van de stoïcijnse held. (Op de dag dat Cato werd verslagen bij de consulaire verkiezingen, gaf hij blijk van zijn ongehoorde onverstoorbaarheid door een balspel te spelen op het Veld van Mars.)

Eigenlijk waren de Engelsen al vierentwintig uur van tevoren op de hoogte, dankzij een patriottische piraat die in allerijl naar Plymouth was gevaren om te melden dat hij de Spanjaarden ter hoogte van de Lizard had zien aankomen – tijd genoeg dus voor een spelletje bowls. Maar als Drake inderdaad heeft gespeeld tot het tij keerde, ging hij zodra het zover was meteen aan de slag. Als de Spanjaarden ervoor kozen de ingang naar de baai van Plymouth te blokkeren, zou de Engelse vloot geen kant op kunnen. De wind kwam echter van zee en de Engelse schepen konden er niet zomaar uit: ze moesten op sleeptouw worden genomen door roeiboten, of aan hun ankers naar zee worden verhaald. Dat ging hopeloos traag en omslachtig, maar de volgende ochtend was de hele vloot op zee. Vierentwintig uur lang, in gruwelijk weer, zwoegden ze tegen de wind in. De helft van de schepen zeilde, onder dekking van de regen, pal voor de Armada langs, en om de zuidelijke vleugel heen naar achteren. Een andere groep, vermoedelijk onder aanvoering van Drake, voer gevaarlijk dicht onder de kust, met de wind bijna pal tegen, om het noordelijke uiteinde van de Spaanse oorlogsvloot heen. Bij het ochtendgloren van de eenentwintigste juli, toen de Armada niet ver meer van Plymouth was, kregen ze de Engelse vloot voor het eerst in de gaten: niet voor hen uit, opgesloten in de haven, maar achter hen aan jagend, met de wind in de zeilen. De hele uitputtende, gevaarvolle manoeuvre was overigens overbodig geweest. Medina Sidonia had orders om elk treffen uit de weg te gaan en zou vrijwel zeker straal langs Plymouth zijn gevaren, waarna de Engelse vloot zonder problemen of schade de haven uit had kunnen komen om achter hem aan te gaan. Maar Howard noch Drake kon dat weten. Voor zeilschepen bood de loefzijde in een zeeslag een belangrijk, niet zelden beslissend voordeel. De Engelsen hadden zich ervan verzekerd door zesendertig uur onafgebroken, slopend en beangstigend werk van de zeelieden, en door een combinatie van zeer kundig zeemanschap, plaatselijke kennis en verbeeldingsvolle energie – die stellig voor het merendeel aan Drake kan worden toegeschreven.

Twee dagen later, ter hoogte van Portland Bill, speelden de schepen die onder Drakes commando stonden een cruciale rol in een heftige zeeslag. 'Nooit werd een fellere strijd gezien,' schreef Howard. Bij een andere gelegenheid werd een Spaans bevoorradingsschip geïsoleerd en aangevallen door een groep Engelse schepen, vrijwel zeker onder aanvoering van Drake. Toen de Armada het eiland Wight passeerde was hij degene die een aanval inzette op de Spaanse zuidflank, waarmee hij er bijna in slaagde de Spanjaarden op een paar zandbanken te drijven. Medina Sidonia zag het gevaar en verlegde op tijd zijn koers, maar Drake had er in elk geval voor gezorgd dat de Spanjaarden, al hadden ze dat gewild, de Solent niet meer konden binnenvaren, waar ze anders mogelijk de invasie hadden kunnen beginnen waarvan de meeste Engelsen het idee hadden dat ze er hun zinnen op hadden gezet.

De aanval met branders bij Calais, die de formatie van de Armada en meteen ook het Spaanse moreel brak, is vaak toegeschreven aan Drake, maar eigenlijk was het William Winter die een dergelijke aanval voorstelde. Wel stond Drake twee schepen af om in brand te laten steken. In de slag bij Gravelines, de volgende dag, de laatste slag van de campagne, ging hij de Engelsen voor in de strijd, maar op een gegeven moment, later op die dag, zeilde hij door, kennelijk om de achtervolging in te zetten op die Spaanse schepen die naar de Noordzee ontkwamen. Martin Frobisher hield later staande dat Drake dat had gedaan, ofwel omdat de moed hem in de schoenen was gezonken, of omdat hij liever achter een buit aan joeg dan voor zijn vaderland te vechten – 'Ik weet niet of hij een laffe schurk is of een verrader, maar op een van tweeën durf ik een eed te doen'. Frobisher had zich toen echter al zo kwaad gemaakt op Drake dat er ook weer niet zoveel waarde kan worden gehecht aan zijn opinie in dezen. Volgens het relaas van Pietro Ubaldino bleef Drake zo dicht bij het vuur van de strijd dat tot twee keer toe een kanonskogel zijn hut kwam binnenvliegen. De eerste vernielde zijn bed, de tweede beroofde een heer van zijn tenen.

De woede van Frobisher houdt verband met de enige actie van Drake in die gedenkwaardige week waar meerdere bronnen melding van maken. Voor de kust bij Plymouth kwamen twee Spaanse schepen met elkaar in botsing. De *Nuestra Señora del Rosario*, die onder gezag stond van Don Pedro Valdés, liep dermate zware averij op dat Medina Sidonia, die het onmogelijk achtte haar op sleeptouw te nemen, de vloot opdracht gaf het gehavende schip in de steek te laten en door te varen. Dat was een moeilijke beslissing, niet alleen omdat Valdés een van de meest eminente gezagvoerders van de Armada was en zijn schip groot en goedbewapend, maar ook omdat het een van de Spaanse geldschepen was. Valdés had onder meer 52.000 dukaten aan boord, ongeveer een derde van de hele schatkist van de Armada.

Howard wilde zijn vloot net zo goed bij elkaar houden als Medina Sidonia. Hij was op de hoogte van de verleidingen van de *Nuestra Señora del Rosario* en gaf expliciete instructies het schip links te laten liggen. Die avond, terwijl de Engelsen de Armada door het Kanaal volgden, gaf hij Drake opdracht om voor te gaan met een lantaarn op zijn achterschip, zodat de rest van de vloot hem kon volgen. Er bestaan twee versies van wat er vervolgens gebeurde. Volgens Drake meldde zijn uitkijk dat er ten zuiden van hen schepen in de tegenovergestelde richting voeren. Hij dacht dat de Spanjaarden misschien iets aan het proberen waren wat hij en Howard hem eerder hadden gelapt: stiekem, onder dekking van het duister, om de vijand heen varen, om voor de ochtend het voordeel van de loefzijde te hebben. Hij besloot op onderzoek uit te gaan. Omdat hij niet de hele vloot van zijn koers wilde afhalen doofde hij zijn lantaarn, keerde hij en haalde de mysterieuze schepen in. Het bleken onschuldige Duitse vrachtschepen te zijn. Vervolgens keerde hij weer om zich opnieuw bij de vloot te voegen. Dit verhaal is nog net geloofwaardig, maar alleen de meest vastberaden aanhangers van Drake hechtten er enig geloof aan, want terwijl de Engelse vloot zonder gids verder voer door het donker – bij het ochtendgloren kwam Howard tot de ontdekking dat hij de achterhoede van de Armada gevaarlijk dicht was genaderd – nam Drake bezit van de *Nuestra Señora del Rosario*.

Hij had bewust zijn orders genegeerd en de hele vloot in gevaar gebracht om stiekem terug te varen en dat Spaanse schip buit te maken. Niettemin werd zijn actie door vrijwel iedereen met gejuich ontvangen. Toen het nieuws van zijn vangst Londen bereikte werden er zelfs vreugdevuren ontstoken. Het incident bood het spektakel van een Spaans schip dat werd overweldigd door een Engels, een schouwspel dat verder jammerlijk ontbreekt aan het verhaal van de Armada. Bovendien was de *Nuestra Señora del Rosario* de vetste buit van de hele campagne en was Drake die week niet de enige in het Kanaal die gedreven werd door hebzucht.

Beide partijen in die laatste Heilige Oorlog hoopten even vurig op een rijke buit als de kruisvaarders voor hen. Medina Sidonia beloofde zijn manschappen de glorie van het verrichten van Gods werken, maar verzekerde hen er tevens van dat de expeditie 'ook profijtelijk zou zijn vanwege de buit en onmetelijke rijkdommen die we in Engeland zullen verzamelen'. De Engelsen waren al even begerig. Admiraal Howard miste het grootste deel van de slag bij Gravelines, die op een climax uitdraaide: hij verknoeide die cruciale ochtend aan een poging een Spaans schip te veroveren dat voor de kust van Calais in ondiep water gestrand was (uiteindelijk wisten de Fransen, die zelf de buit wilden opstrijken, hem te verdrijven door zijn schip vanaf de kant onder vuur te nemen). Zelfs Martin Frobisher, die na afloop zo woedend tegen Drake tekeerging, tekende geen principieel bezwaar aan. Wat hem woest maakte was niet dat Drake een deserteur was die zijn buit hoger aansloeg dan zijn plicht, maar het feit dat hij, Frobisher, kans liep zijn aandeel mis te lopen. 'Ik zal hem het beste bloed in zijn buik laten vergieten,' verklaarde hij, want hij 'denkt ons van ons aandeel van vijftienduizend dukaten te kunnen beroven'.

Hoe schandelijk deze episode misschien ook mag overkomen, de reputatie van Drake leek er niet onder te lijden. Goudzucht, wetteloosheid en een voorliefde voor het gaan van zijn eigen weg behoorden tenslotte tot de eigenschappen die hem tot een gevierd man maakten. En de omstandigheden waaronder de *Nuestra Señora del Rosario* werd gekaapt zouden zijn roem alleen maar vergroten, niet omdat het zo moeilijk was geweest, maar juist omdat het, als zoveel van zijn grootste successen, zo makkelijk was geweest. Aan het eind van het leven van Rodrigo Díaz verklaarde koning Al-Musta'in van Zaragoza (die zijn opperheer was geweest): 'Ik zou zelf de strijd niet met hem durven aanbinden.' Zo ook werd er in 1588 inmiddels zo torenhoog tegen Drake opgekeken, dat hij zelf nauwelijks meer hoefde te vechten. Zijn reputatie vocht voor hem. De *Nuestra Señora del Rosario* had tweeënvijftig kanonnen en een bemanning van vierhonderdvijftig man, die allemaal ongetwijfeld bevel hadden gekregen het schip met lading en al uit handen van de Engelsen te houden, maar toen Drake Valdés opriep zich over te geven, deed hij dat zonder één schot te lossen. Nadien verklaarde hij dat het geen schande was zich over te geven aan een bevelhebber met 'zoveel moed en geluk dat Mars en Neptunus hem leken bij te staan'. De faam van Drake was nu zo groot dat hij er, net als Achilles, die zich op de wallen rond het Griekse kamp liet zien, alleen maar bij hoefde te zijn om zijn tegenstanders doodsangst in te boezemen. Hij kwam, hij werd gezien en hij overwon.

Het waren de laatste van zijn gloriedagen. Voor de Engelsen die erin hadden meegevochten kreeg de Armadacampagne een bittere nasleep. De Engelse vloot ging achter de Armada aan, naar het noorden, maar stormen en ziektes maakten al snel een eind aan de jacht. Drake liep de haven van Margate binnen met tyfus aan boord. Zijn mannen konden niet ontslagen worden omdat er geen geld was om ze te betalen. Hun proviand begon te bederven en al gauw gingen er net zoveel dood aan voedselvergiftiging als aan tyfus. Er waren niet genoeg kleren. De Engelse schepen, en al gauw ook de straten van Margate, Harwich en Broadstairs kwamen vol te liggen met lijken. Howard en Drake reisden naar Londen om verslag te doen van de situatie, maar kregen onvoldoende geld en geen enkel medeleven. In Spanje troffen de overlevenden van de Armada, bij hun terugkeer, in alle havens hospitalen aan die speciaal waren ingericht om hen te ontvangen, en ze kregen allemaal hun loon. In Engeland bezuinigde de regering door de boel telkens op de lange baan te schuiven, in de wetenschap dat in de tussentijd velen zouden sterven. 'Dankzij de dood, door zieken te ontslaan en dergelijke... valt er misschien te besparen op de algehele kosten,' schreef Burghley – hoe later het geld werd gegeven, des te minder zeelieden zouden er nog in leven zijn om het op te eisen. Terwijl Elizabeth op Tilbury op haar witte paard reed, voor haar portret poseerde en haar medailles liet slaan, werden de zeelieden die, volgens de triomfalistische retoriek van die dagen, zo'n vermetele overwinning voor haar hadden behaald door de Onoverwinnelijke Armada te verdrijven, aan hun lot overgelaten en stierven, naakt, vervuild, zonder eten en zonder beloning.

Drake zelf werd flink beloond voor zijn aandeel in de strijd, niet het minst doordat hij Don Pedro Valdés mocht houden, en uiteindelijk dus ook diens losgeld. 'Ik wens u veel plezier van uw gevangene,' zei de koningin minzaam toen ze Drake in St. James's Park tegenkwam. Bovendien was een groot deel van het geld aan boord van de *Nuestra Señora del Rosario* al weg vóór Drake het aan Howard overhandigde. Volgens Hakluyt 'hadden de [Spaanse en Engelse] soldaten de schat onderling vrolijk verdeeld', maar de erfgenamen van Drake beweerden dat hij een goed deel had achtergehouden, nog voor hij opstreek wat hem toekwam.

Hij was er financieel wel bij gevaren, maar zijn populariteit begon te tanen. Dat Spanje pesten was leuk en aardig zolang het ver overzee gebeurde, maar toen de consequenties voelbaar werden in Engeland, keerde het publiek zich tegen hem. Een Spaanse gevangene meldde dat het volk een stevige afkeer had van Drake 'als oorzaak van de oorlogen'. Noch was hij geliefd bij de zeelieden van wie zijn succes afhankelijk was. Al sinds hij was teruggekeerd van zijn reis om de wereld hadden verhalen de ronde gedaan over zijn gierigheid zodra het aankwam op de betaling van de zeelui die hun leven hadden gewaagd op zijn expedities. De gezant Mendoza meldde aan Filips ii dat de bemanning van de *Golden Hind* nooit haar aandeel in zijn buit had gekregen, een ernstige beschuldiging die niet ongeloofwaardig klinkt als je bedenkt dat toen Drake in 1581 probeerde mensen te rekruteren voor een volgende reis, de kapiteins weigerden aan te monsteren tenzij iemand anders dan Drake zou instaan voor hun betaling. In 1585, in het Caribisch gebied, waren zijn mensen moeilijk in de hand te houden. In Santo Domingo pleegden ze, volgens een Spaanse getuige, 'ontelbare wreedheden' – ze gebruikten de kerken als abattoir en latrine, ze braken graftombes open en sloegen heiligenbeelden kapot. Om de discipline te handhaven moest Dra-

283

ke zijn toevlucht nemen tot extreme maatregelen. 'Die Francis behandelt zijn mensen wreed en hangt er velen op,' schreef een Spaanse waarnemer (hij hing er om precies te zijn twee op). 'Hij is hardvochtig tegen zijn mensen,' schreef een ander. Toen ze er bij hun terugkeer achter kwamen dat ze maar de helft van hun loon kregen, sloegen zijn mannen aan het muiten. Ter compensatie verdeelden Carleill en de andere landkapiteins hun aandeel in de opbrengst vrijwillig onder de soldaten en matrozen, maar Drake deed daar niet aan mee. Hij gaf geen geld wanneer hij dat had moeten doen, en hield het geregeld achter wanneer hij dat juist niet zou moeten doen. Toen hij terugkwam van zijn wereldreis had hij van het voorbeeld van zijn koningin geleerd hoe hij zijn winst moest verbergen. De rest van zijn leven zou zijn reputatie overschaduwd worden door geruchten over geknoei met cijfers, verduistering, en vooral een geweldige zuinigheid waar het om het onderhoud van zijn bemanning ging. Hij had zich de roofzuchtige praktijken en de autocratische status aangemeten van een feodale leenheer, maar het ontbrak hem onmiskenbaar aan vrijgevigheid.

In Engeland daalde hij in aanzien, maar in Spanje werd de reputatie van Drake indrukwekkender naarmate het traumatische nieuws over de nederlaag van de Armada zich verder verspreidde. Een nederlaag was makkelijker te dragen als hij was toegebracht door een tegenstander van bovenmenselijke proporties. In de bronnen uit die tijd duikt hij op als een tovenaar, bijgestaan door een bevriende geest. Hij is een demon, de aartsvijand, de antichrist, de 'ontembare wolf'. Maar hij is ook een groot man. Spaanse dichters omschreven hem als een 'edele Engelse heer... bedreven in navigatie, ... sluw en scherpzinnig... Niemand was ooit zijn gelijke'; als 'man van grote faam, en toch zeer infaam'; als 'een kapitein... wiens schitterende gedachtenis / in toekomstige eeuwen niets aan glans zal inboeten'. In de ogen van zijn vijanden had Drake een boosaardige grandeur verworven die hij voor zijn landgenoten nooit bezeten had.

Van de honderddertig schepen die de Armada vormden, keerden er zeventig naar Spanje terug: vanuit Spaans oogpunt verschrikkelijk weinig, vanuit Engels oogpunt gevaarlijk veel. Drake begon onmiddellijk bij de koningin te bedelen om een opdracht de Spanjaarden in eigen huis lastig te vallen. Uiteindelijk stemde ze toe. In april van het volgende jaar voerden Drake en sir John Norris, met wie hij veertien jaar eerder in Ierland had gevochten, een contra-Armada aan. Deze bestond uit honderdtachtig schepen vol gewapende mannen, want het was, net als de iets kleinere Spaanse Armada van het jaar daarvoor, een invasiemacht. En net als zijn voorganger werd het een rampzalige mislukking.

De doelen van de expeditie liepen uiteen en waren onderling ook nauwelijks verenigbaar. De vloot was gebrekkig bevoorraad, de planning was beroerd en de motivatie pover. Bijna onmiddellijk na vertrek begon de vloot al uiteen te vallen – meer dan dertig schepen keerden terug zonder Spanje zelfs maar gezien te hebben. De koningin wilde dat de Spaanse schepen in de havens langs de Spaanse noordkust vernietigd werden. Drake koerste eerst aan op La Coruña, waar ze aan land gingen en de niet versterkte benedenstad onder de voet liepen. Ze roofden huizen leeg, braken wijnkelders open en gingen met hun dronken koppen dagen tekeer. Ze brandden landerijen tot vijf kilometer in de omtrek plat en slachtten alle Spanjaarden af die ze te pakken konden krijgen. Maar hun bestorming van de versterkte bovenstad werd een mislukking. En wat erger was, in La Coruña werden een heleboel mannen ziek. Aanvankelijk dachten ze te maken te hebben met een massale, kolossale kater, maar waarschijnlijk is het een combinatie van tyfus en dysenterie geweest.

Als ze waren doorgegaan naar Santander, schreef een Engelse gezant een maand later, zou Drake Engeland een dienst hebben bewezen 'als geen onderdaan ooit tevoren'. Tientallen van de teruggekeerde schepen van de Armada lagen daar in de haven. 'Met twaalf van zijn schepen had hij de hele Spaanse zeemacht kunnen vernietigen.' Maar hij had er geen zin in oorlogsschepen tot zinken te brengen. Die hadden tenslotte geen goud aan boord. In plaats daarvan negeerden Drake en Norris de instructies van de koningin en besloten ze een aanval op Lissabon uit te voeren. Ze hadden een Portugese troonpretendent bij zich, Dom Antonio, die al jaren bij het Engelse hof had rondgehangen en van wie, als ze hem als koning installeerden, verwacht zou mogen worden dat hij grootmoedig zou zijn jegens de Engelsen in het algemeen en Drake in het bijzonder. Norris en een klein leger gingen aan land om naar Lissabon op te trekken, Drake beloofde de Taag op te varen en hen daar te ontmoeten. Om redenen waar hij nooit een bevredigende verklaring voor heeft kunnen geven, liet hij het echter afweten. De Portugezen weigerden Dom Antonio te steunen en in opstand te komen. Norris zag zich genoodzaakt tot een smadelijke aftocht, lastiggevallen door Spaanse troepen. Steeds meer manschappen werden ziek. Op de mars terug naar de kust bezweek bijna een derde van de soldaten van Norris.

Enigszins vertwijfeld wendden Drake en Norris de steven naar de Azoren, in de hoop althans de onkosten te dekken door wat schatten buit te maken. De mannen stierven inmiddels bij honderden tegelijk. Tot twee keer toe maakten ze rechtsomkeert, teruggedreven door stormweer. Drake gaf het op. De contra-Armada keerde terug naar Engeland. Er was weinig bereikt en veel verloren, waaronder de levens van bijna tweederde van alle manschappen, benevens de charismatische reputatie van de admiraal.

Een van de officiers die de expeditie hadden meegemaakt meldde aan Walsingham dat Drake, door na te laten zich in Lissabon bij Norris aan te sluiten, ofwel incompetent ofwel laf was geweest, of beide. De soldaten van Norris, aldus Camden, lieten zich 'zeer laatdunkend' over Drake uit, 'alsof ze door zijn lafheid de overwinning waarop ze hun hoop gevestigd hadden waren misgelopen'. Op de heenreis had hij de ontoereikende bevoorrading van zijn vloot aangevuld door Franse, Deense en Hanzeschepen te kapen en van hun lading te beroven. Toen de Geheime Raad de financiële kant van de expeditie tegen het licht hield bleek een groot deel van de opbrengst, of die nu op geoorloofde wijze op Spanje, dan wel op ongeoorloofde wijze op schepen van neutrale landen was buitgemaakt, verbazingwekkend genoeg te zijn verdwenen. Drake kreeg opdracht een Frans schip te retourneren en zowel hij als Norris kreeg een berisping wegens wanbeheer. De koningin schreef zuur dat Drake meer oog had gehad voor eigen profijt dan voor haar belang. Hij was niet langer de 'Gouden Ridder' van Engeland. 'De aanvoerders waren laf,' schreef een pamflettist in de Nederlanden, om eraan toe te voegen: 'Bij zijn terugkeer in Plymouth werd de trotse Drake omzwermd en lastiggevallen door de vrouwen die hij tot weduwe had gemaakt.' In Londen braken rellen uit onder zijn soldaten en matrozen, die ook nu weer hun loon niet kregen. 'Drake,' aldus het verslag van een tijdgenoot, 'werd door de stem des volks fel bekritiseerd.'

Het zou zes jaar duren voor hij weer naar zee ging. In de tussentijd werkte hij met Philip Nichols aan het verslag van de vlootpredikant van zijn twee grote successen, *Sir Francis Drake Revived* en *The World Encompassed by Sir Francis Drake*, waarmee hij het feit dat zijn tijdgenoten van hun geloof in hem waren afgevallen trachtte te compenseren door zijn legende voor het nageslacht op te poetsen. In 1592 schreef hij de koningin, bij wijze van opdracht in het eerste boek, een brief waarin hij het aanprees als 'herinnering' aan 'diensten, door uw arme vazal in de strijd tegen uw grote vijand aan Uwe Majesteit bewezen'. Zijn hint kwam eindelijk aan. In 1595 maakte hij in opdracht van Elizabeth opnieuw een reis naar het Caribisch gebied.

Hij kreeg collega's mee – tegen die tijd, meldde een van zijn officiers, werd hij als te 'eigenzinnig en hooghartig' beschouwd om alleen het commando toevertrouwd te krijgen. Drake en zijn oude kennis sir John Hawkins waren gezamenlijk admiraal ter zee, terwijl sir Thomas Baskerville het commando voerde over de duizend soldaten die ze aan boord hadden. Ze werden geacht in Puerto Rico een galjoen te kapen en een aanval uit te voeren op Panama. Geen van beide doelen werd verwezenlijkt. De bevoorrading voor de expeditie was ontoereikend, bij het gevaarlijke af. De officiers beschuldigden Drake ervan dat hij geld dat aan proviand had moeten worden besteed, voor zichzelf had gehouden, en de twee gezagvoerders lagen voortdurend overhoop – een treurig eind aan hun langjarige samenwerkingsverband. Hawkins stierf uitgeput voor de kust van Puerto Rico. Drake ging door, maar hij was zijn zelfvertrouwen, zijn geluk en zijn greep op de werkelijkheid kwijt.

In de kwart eeuw die was verstreken sinds zijn eerste aanvallen op Caribische havens hadden de Spanjaarden geleerd zich tegen dergelijke piraterij te beschermen. Zijn aanval op Puerto Rico sloegen ze met gemak af. Na afloop schepte hij op tegen zijn jongere en minder ervaren manschappen: 'Ik zal jullie naar twintig plaatsen brengen die rijker zijn, en makkelijker te veroveren' – maar dat was loze praat. Gedurende de hele reis was hij traag en besluiteloos, en ging het nieuws van zijn komst hem voor naar elke havenstad die hij op het oog had. Hij wist wat parels los te krijgen van de bewoners van Rio de la Hacha, waarna hij de hele nederzetting platbrandde. Hij ging aan land bij Nombre de Dios, dat hij ooit 'de mond van de schat van de wereld' had genoemd, maar trof daar weinig van zijn gading aan. Hij liet de troepen van Baskerville over de landengte opmarcheren naar Panama, zoals hij ooit zelf had gedaan, maar de Spanjaarden waren er klaar voor en de troepen wisten zich niet door hun linies heen te slaan. Nadat ze daar waren teruggedreven zou Drake, volgens Thomas Maynarde, die bij hem was, 'nooit meer vreugde of vrolijkheid uitstralen'.

Hij, die nooit naar raad had geluisterd, vroeg nu zijn officiers wat ze wilden. Hij wist het niet meer. Hij was teruggekeerd naar het toneel van zijn eerste grote triomf, waar hij als jongeman onder jongemannen was opgedoken en waar hij van ieder schip dat hij tegenkwam had genomen wat hij hebben wilde, en nu was hij machteloos, hulpeloos. Hij was pas rond de vijftig, maar hij praatte op het zeurderige toontje van een nostalgische bejaarde. Het Caribisch gebied was niet wat het geweest was, hield hij Maynarde jammerlijk voor, 'hij had nooit gedacht dat een gebied zo kon veranderen'. Zelfs het weer was niet zo lekker als hij zich herinnerde. Er waren geen schepen die om beroving vroegen, geen kwetsbare havens waar hij met een handvol mannen kon binnenvallen om zich bergen zilver toe te eigenen. Hij was teruggekeerd in zijn eigen paradijs en trof een andere wereld aan, veranderd, 'als het ware, van een aangename, een verrukkelijke tuin, in een verlaten woestenij'.

De vloot doolde rond, feitelijke leiding ontbrak. Drake kreeg dysenterie. Terwijl hij hulpeloos en ellendig in zijn kooi lag, waren zijn broer Thomas en de neef van zijn vrouw allebei in zijn hut (althans dat beweerden zij later van elkaar), de een snuffelend in zijn bezittingen, de ander er bij hem op aandringend om zijn testament te wijzigen. Later deden geruchten de ronde dat een van die twee geprobeerd zou hebben hem te vergiftigen, maar de meesten waren het erover eens dat het zijn ziekte was geweest die 'zijn kleren losmaakte', en zorgen die 'het gewaad van zijn sterfelijkheid in één keer kapot scheurden'. Laat op een avond ging hij ijlen, hij kraamde er van alles uit wat de aanwezigen beter vonden maar niet op te tekenen (vermoedelijk was het ofwel obsceen of lasterlijk), en riep zijn bediende om hem te helpen zijn wapenrusting aan te trekken, zodat hij zijn dood als krijger onder ogen kon komen. Zijn wens bleef onvervuld. Hij werd weer teruggeduwd in bed, waar hij niet veel later stierf. Drake kreeg een zeemansgraf, 'terwijl de trompetten droefgeestig hun smart om zo'n groot verlies tot uiting brachten'. Bij zijn terugkeer in Engeland betoonde Thomas, zijn broer en erfgenaam, zich een ware Drake door te weigeren de zeelieden hun loon uit te betalen. Het was een belabberd einde.

'Dat is goed nieuws,' zei koning Filips ii toen hij op zijn ziekbed hoorde van de dood van Drake, 'nu zal ik beter worden.' Hij had het mis – hij is nooit meer beter geworden – maar hij was niet de enige Spanjaard bij wie het nieuws overdreven emoties losmaakte. Heel Sevilla baadde in het licht en God werd plechtig gedankt voor het verscheiden van Spanjes grote tegenstrever. Lope de Vega vierde de dood van de man die de meeste Spanjaarden nog altijd verantwoordelijk hielden voor de smadelijke aftocht van de Armada (waar Vega ook bij was geweest) met de compositie van een episch gedicht, *La Dragontea*. In dat epos is Drake een verdoemd monster, even indrukwekkend als gemeen. Hij is 'kloekhartig' en vrijwel onoverwinnelijk. In de climax van het gedicht wordt een schitterend beeld geschetst van Drake in drakengedaante: zwart en groen en glinsterend, zijn ogen glanzend als de dageraad, met een vurige adem die de hemel verlicht, 'zijn staalharde zijden ondoordringbaar / voor alle pijlen en speren van Spanje'. In de Spaanse legende zou Drake eeuwenlang figureren als de plunderende draak. Nog in 1898 schreef een Puertoricaanse schrijver over hem: 'Die nieuwe Attila liet alom pijn en zorgen na; zijn schepen trokken een rood spoor van vers vergoten bloed.' In Spaanse ogen was hij een figuur van kolossale statuur en duistere pracht, een geniale boosdoener, de voornaamste opponent van katholieke deugdzaamheid en goed koloniaal bestuur.

In de ogen van zijn landgenoten was hij een kleinere, speelsere figuur, afwisselend de schaamteloze bedrieger die de schat van de draak steelt, en de dappere man die het tegen de draak durft op te nemen en hem nog verslaat ook. In Engeland berustte zijn faam, voor minstens twee generaties na zijn dood, op de geweldige successen waarmee hij zijn fortuin had vergaard. Terwijl de Spaanse dichter Mira de Amescua een tirade schreef tegen 'Die piraat, door hebzucht verblind... Die goddeloze, op goud en zilver belust', stak Robert Hayman de loftrompet over hem als iemand die 'bergen goud naar zijn hol sleepte'. De *Golden Hind*, die als bezienswaardigheid in Deptford was blijven liggen tot hij zo in verval was geraakt dat de restanten een Venetiaanse diplomaat deden denken aan 'de gebleekte ribben en kale schedel van een dood paard', werd in 1662 afgebroken. Het hout bracht, in stukken gezaagd, veel geld op. Een van die aandenkens inspireerde Abraham Cowley tot zijn ode 'Zittend en drinkend in de stoel, gemaakt van de overblijfselen van het schip van sir Francis Drake', waarin hij uiting gaf aan de vreugdevolle verwondering die de geroofde schatten van Drake nog altijd wekten:

'Met goud beladen keren wij weer,
En zullen nooit, nee, nimmermeer
De armoe lijden van weleer.'

Van lieverlede ontwikkelde de Drake die in de herinnering voortleefde zich echter van briljante fortuinjager tot onsterfelijk beschermer van zijn volk. Zoals Charles Fitzgeffrey in 1596 schreef:

'Hij die bij zijn leven hun een draak was
Zal nogmaals een draak voor hen zijn.'

In 1620 nam Henry Holland Drake op in zijn *Heroeologia*, zijn boek over groten. Holland verzekerde dat Drake ooit uit zijn zeemansgraf zou opstaan om de vijanden van Engeland te verdrijven. Hij was toegetreden tot het pantheon van dode, maar de dood overwinnende helden, van die verlossers die (net als Jezus, koning Arthur en Karel de Grote) ooit uit hun graf zullen opstaan.

In 1800, toen Engeland opnieuw te maken had met de dreigende invasie van een Europese autocraat die zijn zinnen op de wereldheerschappij had gezet, werd onder luide bijval een opera gebracht in Londen, met als titel *Francis Drake and the Iron Arm*. Tegen die tijd had Engeland een nieuwe zeeheld. Horatio Nelson was een man van een heel ander slag dan Francis Drake, meer een Cato dan een brutale zeerover. Nelson was tenger en op moreel gebied wel erg veeleisend. Hij had zijn eigen carrière al in het begin bijna weer om zeep geholpen door zich overdreven ijverig te houden aan de wetten die alle handel met vreemde mogendheden in het Caribisch gebied verboden – dezelfde wateren waar Drake, met Hawkins, zijn kanonnen had laten spreken om onwillige Spanjaarden over te halen de regels te overtreden en hun slaven te kopen. Maar hoewel ze vast een hartgrondige hekel aan elkaar gehad zouden hebben, hadden Drake en Nelson veel gemeen.

Ook Nelson was een kleine man met een buitensporig respect voor adellijke titels en andere attributen van werelds succes, en een geweldige honger naar Spaanse schatten. Het was niet bij de verdediging van zijn vaderland tegen de agressie van Napoleon dat hij zijn arm had verloren, maar bij de aanval op een Spaans schip, beladen met Amerikaans zilver, waar hij, zoals hij aan zijn zuster schreef, 'opgewekt en rijk van hoopte terug te keren'. Net als Drake was hij een echte streber en net als Drake was hij zich terdege bewust van de waarde van roem, en altijd bezig met de promotie van zijn eigen imago. Drake was nauw betrokken bij het schrijven van twee boeken over zijn eigen persoon, boeken die expliciet bedoeld waren om hem te presenteren als een voorbeeldige held 'die heldhaftige geesten aanspoorde hun land te dienen en hun naam te vereeuwigen door middel van soortgelijke nobele daden'. Nelson verheerlijkte zichzelf in beschrijvingen van alle grote slagen waarin hij had meegevochten, en vervolgens nog eens in zijn memoires, die hij besloot met de woorden: 'Zonder enige erfenis... is mij alle eer te beurt gevallen die mijn roeping mij verschaffen kon, ben ik in de Britse adelstand verheven, etc. En ik mag wel tot de lezer zeggen: "Ga heen en volg mijn voorbeeld".'

Ook net als Drake, was Nelson een individualist die zijn gelijken tegen de haren instreek en zijn meerderen tot wanhoop dreef (achttien van de admiraals die voor zijn begrafenis waren uitgenodigd bleven weg) en aan wie nooit het opperbevel werd toevertrouwd. Voor het publiek was hij de man die Napoleon had verdreven, net zoals Drake de man was die de Armada had afgeslagen, maar eigenlijk was Nelson, net als Drake in 1588, een van een aantal officiers onder een zeer kundige opperbevelhebber. Die opperbevelhebber, graaf St. Vincent, schreef na de dood van Nelson: 'Een dierlijk soort moed was de enige verdienste van lord Nelson, en hij had een schandelijk karakter, in elke zin des woords.' Maar schandelijk of niet, hij was geliefd en hij werd, net als Drake in zijn beste tijd, vereerd als de enige man in leven die zijn land had kunnen redden. Na zijn overwinning bij Egypte overlaadden keizers en koningen hem met onderscheidingen en met diamanten bezette geschenken, hooggeboren dames bedolven hem onder de geborduurde sjerpen en toen hij eindelijk terugkeerde naar Engeland, werd hij omstuwd door juichende mensenmassa's die zijn paarden per se wilden losmaken om zijn koets zelf door de straten te trekken.

Nelson zag zichzelf als een uiterst loyaal man. Hij hunkerde ernaar om door het establishment te worden geaccepteerd. Maar het publiek hield van hem, net als hun voorvaderen van Drake hadden gehouden, om zijn briljante daden van insubordinatie. Het verhaal van de telescoop aan het blinde oog is louter verzinsel, maar het is wel waar dat Nelson het signaal voor de terugtocht bij Kopenhagen negeerde, en dat hij bij Kaap St. Vincent de linie verbrak, dwars tegen alle beginselen van toenmalige oorlogvoering ter zee, en dwars tegen de bevelen van zijn meerderen in. Hij was een pedante figuur die van zichzelf beweerde dat zijn 'bewuste rechtschapenheid' hem door alle moeilijkheden had geloodst, maar hij werd aanbeden als een eigenzinnige en brutale eenling naar het model van sir Francis Drake. Tegen het eind van het Victoriaanse tijdperk waren die twee in de Engelse volksverbeelding zo onafscheidelijk geworden dat Nelson als een incarnatie van Drake werd beschouwd. In 1908 omschreef de dichter Alfred Noyes Drake als 'eerste op de golven die naar Trafalgar rollen'. In 1916, midden in de Eerste Wereldoorlog, maakte een ingezonden brief in de *Times* melding van een gerucht dat in Devon de ronde deed, als zou de geest van Drake weer rondwaren, net als 'zo'n honderd jaar geleden, toen een kleine man, onder de schuilnaam Nelson (want heel Devonshire weet dat Nelson een reïncarnatie was van sir Francis), scheep ging naar Trafalgar'.

Het was niet alleen in het lichaam van Horatio Nelson dat Drake terugkeerde op aarde. In 1897 publiceerde sir Henry Newbolt zijn gedicht *Drake's Drum*, een opwekkend stukje patriottische mythevorming dat een meeslepend ritme paart aan de sterke figuur van de vroegere en toekomstige nationale verlosser:

'Drake ligt in zijn hangmat tot de komst van de Armada's
(Slaapt gij daar beneden, kapitein?)'

Het gedicht verwijst naar een legende die Newbolt kennelijk zelf heeft verzonnen; hij is althans uit geen enkele eerdere bron bekend, hoewel hij doet denken aan een verhaal uit de vijftiende eeuw, de tijd van de Hussietenoorlogen. In dat verhaal verordonneerde een eerdere protestantse held, de blinde generaal Zizka, vlak voor zijn dood dat zijn huid gebruikt moest worden als vel voor een trommel die zijn troepen zou opzwepen in de heldhaftige strijd voor godsdiensthervormingen. Een trommel die Drake naar verluidt zou hebben meegenomen op zijn reis rond de wereld is sinds 1799 te bezichtigen in zijn huis op Buckland Abbey, maar het was Newbolt die zich voorstelde dat de stervende Drake (in een fantasievariant op het Devonse accent) tegen zijn mannen zou hebben gezegd:

'Neem mijn trommel mee naar huis en laat 'm dicht bij zee,
Sla d'r op als jullie krachten het begeven;
Als de Spanjaard Devon ziet vaar ik de hemelhaven uit
En drijf ze op de vlucht zoals ze eens werden verdreven.'

Toen de Duitse vloot zich in 1918 bij Scapa Flow overgaf beweerden verscheidene Engelse officiers een mysterieuze trommel te hebben gehoord waarvan niemand wist waar hij vandaan kwam. (Newbolt werd veel gelezen op de kostscholen waar de kennelijk nogal makkelijk te beïnvloeden jongemannen uit de officiersklasse werden opgeleid.)

Ook in de Tweede Wereldoorlog was de onsterfelijke verlosser van Engeland weer 'wakker en waakzaam', zoals Newbolt had voorzegd. Toen de Armada in 1588 het Kanaal invoer huurde de Engelse jeugd, volgens William Camden, 'uit algehele liefde voor het vaderland, op eigen kosten schepen uit alle delen van het land, en sloot zich in groten getale bij de vloot aan'. (Camden vermeldt er niet bij dat admiraal Howard geen gebruikmaakte van de diensten van al die vrijwilligers, voor wie hij wapens noch proviand had.) Toen het verslagen Britse leger, na de val van Frankrijk in 1940, van de stranden van Duinkerken werd geëvacueerd met behulp van talrijke schepen met hun eigen burgereigenaars aan het roer, refereerde iedere Britse krant aan de Armada, en aan de talloze loyale Engelsen die vrolijk en vrijwillig waren uitgevaren om de Spanjaarden een halt toe te roepen. De zogenaamd 'kleine' Engelse schepen die de Armada het hoofd boden werden voortdurend vergeleken met de vele werkelijk kleine scheepjes die bij de evacuatie betrokken waren. Robert Nathan schreef er een geweldige tranentrekker over, een onwaarschijnlijk populaire ballade over twee koene kinderen die naar Duinkerken voeren om de dappere soldaten in hun bootje te redden. Het gedicht besluit met de regels: 'Daar aan zijn zij zat Francis Drake / En hield hem op koers, en stuurde hem op huis aan.' In de maanden na Duinkerken, maanden waarin de Britten zich schrap zetten om de kennelijk onvermijdelijke Duitse invasie af te slaan of anderszins te doorstaan, meldden verscheidene legerofficieren dat ze een aanhoudend tromgeroffel hadden gehoord langs de hele zuidkust van Engeland. De kapitein die 'daar beneden' lag te slapen maakte aanstalten zich weer te roeren.

Drake als de onsterfelijke verlosser, als de vaderlijke hoeder en leider van Engeland, heeft zo'n goede naam gekregen dat hij bijna niet meer te herkennen is als de man met de rode en zwarte oorlogsstrepen die ooit elk schip in het Caribisch gebied tot twee, drie keer toe beroofde. In de tijd dat het mystieke visioen van John Dee van een Brits wereldrijk werkelijkheid werd, verwierf Drake met terugwerkende kracht nieuwe faam als een van de pioniers van dat rijk, en als grondlegger van de marine waarmee Groot-Brittannië dat alles bestierde. Halverwege de negentiende eeuw hadden zijn zeeroverijen een vernislaag gekregen van geloofwaardige rechtvaardigingen, een laag zo dik dat hij er bijna achter verdween, en was zijn rol in de overwinning op de Armada geweldig opgeblazen. In 1892 publiceerde sir Julian Corbett een uitputtende biografie waarin Drake ten tonele werd gevoerd als de wijze en vooruitziende stichter van de sterke Britse zeemacht. Hij werd een patriot. 'Toen Drake naar Kaap Hoorn vertrok, / Werd dat de kroon op Engeland,' schreef Rudyard Kipling. Toen (en als) Drake Kaap Hoorn bereikte, deed hij dat niet ter meerdere eer en glorie van Engeland, maar ten bate van zijn beurs en die van zijn investeerders. Dat weerhield hem er echter niet van om voor sentimentele nationalisten een totemachtige figuur te worden. 'De ziel van Francis Drake was Engeland,' schreef Noyes – hij was 'voor alle Engelse harten Engeland'.

Castilië (thans Spanje) had de Cid – Engeland (thans Groot-Brittannië) had Drake. Twee grote wereldrijken kozen als hun held een man die, bij zijn leven, een schaamteloze bandiet was geweest. Dat is geen toeval. Voor zijn tijdgenoten en voor het grootste deel van het nageslacht zijn het dolende bestaan van de Cid, zijn onafhankelijkheid van ieder gevestigd gezag en de vrijheid waarmee hij ging en stond waar hij wilde en van zichzelf maakte wat hij wilde, de meest stimulerende aspecten van zijn levensverhaal. Zo ook maakt de onverschilligheid van Drake jegens wetten en conventies de kern uit van zijn aantrekkingskracht. Hij is de briljante hoofdpersoon van *Westward Ho!* van Charles Kingsley, een schandalig boek vol xenofobie, rabiaat antikatholicisme en een verbijsterend perverse kijk op de vrouw, dat halverwege de negentiende eeuw een geweldige populariteit verwierf die het zo'n honderd jaar zou weten te behouden, dankzij de verleidelijke idealisering van de elizabethaanse avonturen en van hun 'machtige veroveringen, gedaan met de vrolijke roekeloosheid van jongens die aan het spelen zijn'. Kingsley zet hen neer als de voorlopers van de negentiende-eeuwse stichters van het Britse wereldrijk, en met name Drake wordt kritiekloos bewonderd. Bij zijn befaamde spelletje bowls prevelt hij tegen Hawkins dat hij 'die Razende Roelanden en Pedro Precisio's eens goed op hun falie zal laten geven', terwijl hij er kalmpjes achteraan gaat in de hoop op een vette buit. Hij is een aasgier ('Waar het karkas is, daar is onze plaats, hè?' beaamt Hawkins). Hij heeft een betreurenswaardig gebrek aan burgerzin. Desondanks is hij een held. 'Van zulke kapiteins als Frankie Drake maakt de hemel er altijd maar een tegelijk; en als we hem kwijtraken is het gedaan met het geluk van Engeland.' Hij is een van die helden die zich onderscheiden doordat ze uniek zijn, de 'enige man in leven' die kan wat hij doet.

Net als Cato, en veel toepasselijker, staat Drake voor vrijheid. Veel Europese imperialisten waren er oprecht van overtuigd dat ze, door andere volken aan hun heerschappij te onderwerpen, die volken bevrijdden (van andere onderdrukkers dan wel van hun eigen onwetendheid en achterlijkheid). Drake, de piraat, buiten de arm van iedere wet op zijn reis rond de wereld, onafhankelijk en onbedwingbaar op het kleine schip waar hij het absolute gezag had, is een sterk symbool van vrijheid, en bepaald ook geen misplaatste schutspatroon voor imperialisten die hun leven gewijd hadden aan het nemen wat niet van hen was. In zijn legende zijn Spanje en overzeese gebiedsdelen in de eerste plaats een rijk van onvrijheid, waar een rigide religieuze orthodoxie en een autocratische monarch iedereen die aanspraak maakt op onafhankelijkheid straft met gruwelijke martelingen en de dood.

Engeland – in contrast met die duistere, hardvochtige vijand – wordt in zijn eigen zelfgenoegzame literatuur de belichaming van alles wat creatief is, en tolerant ten aanzien van individuele vrijheden. Met zijn kleine eiland en zijn kleine schepen is Engeland een vrijstaat als het groene woud van Robin Hood, een schuilplaats voor vrije geesten – en Drake is daarvan de personificatie. Uitdagend weigert hij een onrechtvaardige wet te erkennen. Stoutmoedig neemt hij de wapens op tegen de machtige onderdrukker. Als hij, in het gedicht van Noyes, de havens van Latijns-Amerika binnenvalt, 'klinkt over de deinende golven geluid / van brekende kettingen.'

Erop wijzen dat wat hij in het Caribisch gebied deed niet zozeer het bevrijden van slaven of onderdrukte indianen was, maar meer het 'bevrijden' van andermans bezit, is weliswaar juist, maar doet niets af aan zijn charme. In werkelijkheid gaan criminaliteit en vrijheid zelden samen: wetteloosheid opent de weg naar onderdrukking. Maar in de denkbeeldige wereld van volksverhalen en nationale mythen is de misdadiger een vrije geest. Net als de legendarische dief en moordenaar Robin Hood, net als de boekaniers en struikrovers uit de verhalen en gedichten van de Romantiek, net als de gangsters en beroepsmoordenaars uit de twintigste-eeuwse cinema, was Drake – en dat is hij nog steeds – voorwerp van bewondering en genegenheid, niet ondanks maar dankzij het feit dat de daden waarom hij bekendstaat sociaal ontwrichtend, gewelddadig en onwettig waren, en geen betere grond hadden dan dat zijn slachtoffers buitenlanders waren, en katholiek op de koop toe.

Wallenstein

Toen Achilles zich in al zijn afschrikwekkendheid vertoonde, naar alle kanten een vuurgloed uitstralend, raakten zijn vijanden in paniek en liepen elkaar onder de voet; toen hij, besmeurd met het bloed van zijn slachtoffers, over het slagveld reed, sloegen de Trojanen in wanorde op de vlucht. De held van Homerus was de vleesgeworden gruwel. Hetzelfde gold voor Albrecht Eusebius von Wallenstein, hertog van Friedland, en in de Dertigjarige Oorlog opperbevelhebber van de legers van de Heilige Roomse keizer. Op een plafondschildering in de audiëntiezaal van zijn Praagse paleis jaagt een krijger met een grimmig gelaat en in een schitterende uitrusting een strijdwagen met vier paarden ervoor door het luchtruim. Het is de god van de oorlog, of Wallenstein zelf, of, wat waarschijnlijker is, allebei, want voor zijn tijdgenoten was Wallenstein de genius van de oorlog, de personificatie van het verwoestende conflict waar Europa door geteisterd werd. Storm, vuur en verschrikking werden als zijn handlangers gezien. Een achttiende-eeuwse historicus schreef: 'Als alles om hem heen in elkaar stortte, als de lucht verzadigd was van rook en stof, en een gekreun van ondraaglijke pijn in de oren woedde, als allen krijsend van doodsangst voor hem kropen en hij zijn hand aftrok van moeders en kinderen die zich aan hem vastklampten en om hun leven smeekten, glom een sprakeloze tevredenheid op zijn gezicht.' In de ogen van vriend en vijand was hij even meedogenloos als het noodlot. In de woorden van de grote romantische historicus en toneelschrijver Friedrich Schiller, die veel over hem geschreven heeft: 'Alleen in de nacht kon de ster van Friedland stralen'. De duisternis was zijn element, verschrikking zijn instrument. Waarnemers maakten melding van de onheilspellende tekenen die zich op de gedenkwaardige dagen van zijn leven voordeden. Op de dag dat hij het bevel over de keizerlijke troepen op zich nam, kwam de Vesuvius tot uitbarsting; op de avond van zijn dood werd de stad waarin hij werd vermoord, volgens getuigenverslagen, getroffen door zo'n hevige storm dat niemand zich kon herinneren ooit zoiets te hebben meegemaakt.

Het is een ongelukkig land dat helden nodig heeft, schreef Brecht, en het zeventiende-eeuwse Duitsland was een land waar het ongeluk endemisch was, waarin het soort wanhoop dat de Atheners ertoe bracht in de verraderlijke Alcibiades een almachtige verlosser te zien zowel boeren als prinsen in zijn greep hield. Edmund Calamy, een Engelse predikant, beschreef het als 'een Golgotha, overal schedels van doden... een bloeddoordrenkte vlakte'. Van 1618 tot 1648 was Midden-Europa een slagveld, een chaos, veroorzaakt door een reeks van conflicten (nationalistische revoltes, invasies, boerenopstanden, sektarische moorden, machtsstrijden tussen prinsen) die samen bekend staan als de Dertigjarige Oorlog. 'Sommige naties worden getuchtigd met het zwaard,' schreef Calamy, 'andere met hongersnood, weer andere met de vernietigende pest. Maar het arme Duitsland is gegeseld door al die drie meedogenloze zwepen tegelijk, en meer dan twintig jaar achtereen.'

Uitgehongerde legers van onduidelijke signatuur doorkruisten het Heilige Roomse Rijk, ontweken dan wel achtervolgden elkaar in het korte campagneseizoen dat de zomer hun liet, en streken 's winters in de steden neer of schuimden het platteland af op zoek naar voedsel, onderdak en buit. Die legers trokken een spoor van platgebrande dorpen, vernielde akkers en, waar ooit levensvatbare gemeenschappen hadden bestaan, geïsoleerde groepjes berooide burgers. Kleine boeren, die liever plunderden dan geplunderd werden, lieten hun bedoening in de steek en werden soldaat. 'Een mens kan er vijftien kilometer reizen zonder een ander mens of een dier te zien,' schreef een tijdgenoot. 'In alle dorpen liggen de huizen vol lijken, kadavers ertussen, bezweken onder de pest en de honger en aangevreten door wolven, honden en zwarte kraaien, omdat er niemand over is om hen te begraven.' Het was een afgrijselijke tijd, een periode waarin de vier ruiters van de Apocalyps rondwaarden, een tijdperk van een dermate chaotische en zinloze gewelddadigheid, dat de wereld leek stil te staan.

Hans Jacob von Grimmelshausen, schrijver van de roman *Der abenteuerliche Simplicissimus*, het enige meesterwerk dat uit de oorlog voortkwam, laat Jupiter (niet de koning van de Olympos maar een geesteszieke, door vlooien gekwelde zwerver met dezelfde naam) de komst voorzeggen van 'zo'n grote held dat hij geen soldaten nodig zal hebben, en toch zal hij de wereld hervormen'. Naar de komst van zo'n verlosser werd gesmacht. De jaren sleepten zich voort en het begon ernaar uit te zien dat alleen een Übermensch kon wat wapengekletter noch diplomatiek overleg voor elkaar scheen te kunnen krijgen: een einde maken aan een oorlog die alleen maar nog meer oorlog veroorzaakte, en een vruchtbare vrede stichten. Verscheidene kandidaten voor die rol presenteerden zich. 'Talrijk waren de duistere heldenfiguren die opdoemden uit die chaos van bloed en vuur,' schreef een negentiende-eeuwse Duitse historicus die zich in de Dertigjarige Oorlog verdiepte. De meest duistere en imponerende van hen was Wallenstein, die vanuit betrekkelijke onbekendheid opklom naar de rang van opperbevelhebber van alle keizerlijke troepen, die van zijn bevel werd ontheven toen zijn macht zo was toegenomen dat zelfs de keizer die hij diende bang voor hem

geworden was, die werd teruggeroepen toen degenen die hadden samengezworen om van hem af te komen ervan overtuigd raakten dat hij de enige
man in leven was die het Rijk kon redden, en die uiteindelijk vermoord werd
in zijn nachthemd, verlaten door bijna al die tienduizenden over wie hij het
bevel had gevoerd, op een handjevol na, en zo ziek dat hij nauwelijks op zijn
benen kon staan, maar nog altijd met zo'n dreigend charisma dat de keizer
het nodig vond in alle kerken van Wenen goddelijke assistentie te laten af-
roepen voor de beoogde aanslag op zijn leven.

Helden zijn niet noodzakelijkerwijs beminnelijk. Angst is net zo'n overweldigende emotie als liefde, en een man die in staat is mensen angst in te
boezemen kan op net zoveel respect, ja, net zoveel toewijding rekenen, als
helden van de mildere soort. Alcibiades was mooi en charmant, Cato was integer, de Cid was vrijgevig en Drake was brutaal en geestig, maar ze hadden
alle nóg een kwaliteit gemeen, een dreigende kracht die anderen, vriend zowel als vijand, een onbehaaglijk gevoel gaf. Bij Wallenstein overheerste die
eigenschap. Het was het gevaar dat hij klaarblijkelijk belichaamde dat zijn
tijdgenoten imponeerde, en dat hen aanvankelijk bewoog hem een macht
te verlenen die in die maatschappij ongekend was voor een man van zijn
komaf, maar dat hen er uiteindelijk toe bracht hem te doden. De Grieken
waardeerden Achilles om zijn ontzagwekkende talent voor gewelddadigheid, niet alleen omdat zij er baat bij hadden wanneer dat geweld zich tegen
hun vijanden richtte, maar ook omdat zijn gewelddadigheid iets intrinsiek
indrukwekkends had. Ze omschreven het als een goddelijke eigenschap. Nu
waren de zeventiende-eeuwse tijdgenoten van Wallenstein eerder geneigd
diens afschrikwekkendheid als duivels te zien, maar ze vonden het toch ook
iets ontzagwekkends, en waren volledig bereid hun lot in zijn handen te leggen.

Wallenstein was echt een angstaanjagende figuur. Hij was niet – dat zou
geen sterveling ooit kunnen zijn – de almachtige furie waar zowel zijn bewonderaars als zijn belasteraars hem voor hielden, maar hij kwam soms wel
in de buurt. Als student werd hij 'dolle Wallenstein' genoemd. Hij stak een
medestudent in zijn been. Een bediende kreeg van hem zo'n akelig pak slaag
dat de universitaire autoriteiten tussenbeide moesten komen en hem opdracht gaven de familie van de jongen een schadeloosstelling te betalen.
Hij terroriseerde een hoogleraar, stond midden in de nacht voor zijn huis
te schreeuwen, sloeg zijn ruiten in en probeerde zijn deur te forceren. Hij
hoorde bij een groep jongeren die een inwoner van de stad overvielen en
vermoordden.

Als volwassene maakte hij een effectiever gebruik van zijn razernij: hij
beheerste zich en liet zich pas gaan als het hem uitkwam om zijn omgeving
schrik aan te jagen. Hij was geen plunderaar. Er werd nooit een berucht

bloedbad aangericht waar hij verantwoordelijk voor was. Hij putte een vijandelijk leger altijd liever uit, of was het anderszins te slim af, dan dat hij
het afslachtte. In een tijdperk waarin wat nu als oorlogsmisdaden of wreedheden zouden worden beschouwd, aan de orde van de dag waren, droeg hij
vermoedelijk minder schuld dan de meeste van zijn collega's. Graaf Khevenhüller, de hoveling en kroniekschrijver die zijn loopbaan kende van eigen waarneming, prees de discipline in zijn legers: 'Hij handhaafde een
voorbeeldige orde, zodat de landerijen niet werden vernield of platgebrand,
noch de mensen uit hun hut en huis verdreven.' Toch leek in de ogen van
zijn tijdgenoten en van het nageslacht een aura om hem heen te hangen van
onderdrukte gewelddadigheid, van een potentieel vernietigende destructi-
viteit. Verhalen deden de ronde waaruit wel bleek hoe meedogenloos hij
was. Een soldaat die beschuldigd werd van plunderen zou worden opgehangen. De man wierp tegen dat hij onschuldig was. 'Hang hem dan schuldloos
op,' zei Wallenstein. 'Des te heviger zullen zij die schuldig zijn beven.'

Privé was hij vreselijk opvliegend. Hij schijnt een page te hebben neer-
gestoken die hem tegen zijn orders in stoorde, en hij zou een man hebben
laten executeren omdat die hem te vroeg had gewekt. Toen, op de laatste
avond van zijn leven, zijn moordenaars de trap op kwamen stampen om
hem te doden, troffen ze een bediende aan die doodsbang was, niet van
hun grimmige gezichten en kletterende wapens, maar van de gedachte hoe
kwaad zijn heer wel niet zou zijn om deze inbreuk. Een negentiende-eeuwse
geleerde die zijn portret bestudeerde, vond dat hij 'het donkere en sinister-
re voorkomen had van een man wiens handen met bloed zijn bevlekt, wiens
vereelte geweten voor geen middel terugdeinst, hoe laag ook, hoe wreed, of
gruwelijk, om zijn doel te bereiken'. Die kijk op Wallenstein was bij zijn leven al gangbaar. In een poging zijn moord te rechtvaardigen zouden zijn rivalen aan het keizerlijke hof hem ervan beschuldigen plannen te hebben gesmeed niet alleen de keizer af te slachten, maar met hem de hele keizerlijke
familie, en Wenen plat te branden. Zo wreed werd hij geacht, zo destructief,
en zo groot en afschrikwekkend werden zijn ambities afgeschilderd.

Hij werd in 1583 geboren in een Boheems geslacht van verarmde adel.
Toen hij nog een kind was, stierven beide ouders, hij werd grootgebracht
door voogden. Bohemen maakte deel uit van het Heilige Roomse Rijk,
maar had zijn eigen geschiedenis en eerbiedwaardige cultuur. De eerste taal
van Wallenstein was Tsjechisch, de tweede Italiaans. Na zijn dood werd hij
vergeleken met Arminius, het stamhoofd dat het waagde Rome uit te dagen en dat, verduitst tot Hermann, de symbolische held was van het Duitse
nationalisme, maar bij zijn leven was Wallenstein in de ogen van de Duitse
prinsen een onbetrouwbare buitenlander, een vreemdeling wiens belangen
best eens strijdig zouden kunnen zijn met die van henzelf. En het is waar, als

man met verscheidene paleizen, ver van elkaar, waar hij overigens ook zelden verbleef, schijnt hij weinig sentimentele banden te hebben gehad met welke stad of staat dan ook.

Hij was protestant van geboorte, maar bekeerde zich als jongvolwassene tot het katholicisme. Volgens graaf Khevenhüller werd zijn bekering teweeggebracht door een wonder. Hij zat een keer in een vensterbank te lezen, maar dommelde in boven zijn boek en tuimelde naar beneden, waar hij van een wisse dood werd gered door de Maagd Maria, die hem opving in haar armen en hem een zachte landing bezorgde. Dit verhaal is wellicht in omloop gebracht om critici die zijn toewijding aan de Kerk in twijfel trokken beschaamd te doen staan. Het vertoont een opvallende gelijkenis met verhalen die worden verteld over een andere, beroemdere tuimeling, het incident dat algemeen voor het begin van de Dertigjarige Oorlog wordt gehouden, toen Boheemse nationalisten twee keizerlijke agenten uit de ramen van de Hradsjin (burcht) te Praag gooiden. Die keer zagen, volgens een verslag van een tijdgenoot, 'verscheidene vrome en betrouwbare mensen... de verheven Maagd Maria [de keizerlijke gezant graaf Martinitz] in de lucht opvangen met haar mantel' en hem zo voorzichtig neerzetten dat 'het was alsof hij gewoon ging zitten... ondanks zijn corpulente lijf'. (Protestantse Boheemse bronnen meldden dat Martinitz en zijn medeslachtoffer Slawata hun zachte landing te danken hadden aan een mesthoop.) Wallenstein, later een notoir scepticus, reageerde op zijn wonderbaarlijke ontsnapping aan de dood met een uitgesproken onchristelijke mengeling van trots en solipsisme. Zijn eerste biograaf, Gualdo Priorato (die onder hem diende en wiens biografie in 1643 werd gepubliceerd), zag het als inspiratiebron voor zijn geloof, niet in de Almachtige, maar in zijn eigen status als een van de uitverkorenen: 'Hij geloofde dat hij was voorbestemd voor buitengewone verrichtingen; en legde zich er vanaf dat moment op toe om studie te maken van de toekomst teneinde de hoge bestemming te ontdekken die hem wachtte.'

Wallenstein was een van de vele Boheemse edellieden die in de eerste twee decennia van de eeuw terugkeerden tot het oude geloof en daarmee hun wereldse vooruitzichten aanzienlijk verbeterden. Op het hoogtepunt van zijn macht als opperbevelhebber van een fanatiek roomse keizer zou Wallenstein gezien worden als zwaarddrager van de Contrareformatie, beschermer van zowel de Heilige Roomse Kerk als het Heilige Roomse Rijk, maar hij ontkende zelf stelselmatig dat hij een godsdienstoorlog uitvocht. Sommigen van zijn tijdgenoten betwijfelden zelfs of hij wel christelijk was.

Keizer Ferdinand II, die hij het grootste deel van zijn volwassen leven diende, was een sektarische zeloot. Op zijn negentiende was de toenmalige aartshertog Ferdinand als pelgrim naar Loreto gereisd, waar hij had gezworen alle ketters uit zijn rijk te verdrijven. Eenmaal terug in zijn hertogdom Stiermarken had hij alle lutherse predikanten verbannen. Hij verbood de protestantse eredienst op straffe van de dood. Hij beval de verbranding van tienduizenden boeken, en gaf de burgers drie weken de tijd om ofwel naar de mis te gaan, ofwel het land te verlaten. Zijn raadsheren, die een economische ramp en een mogelijke burgeroorlog voorzagen, smeekten hem om zijn besluit in heroverweging te nemen, maar hij was, volgens een kroniek uit die tijd, even vastbesloten 'als een blok marmer'. 'Beter een woestijn dan een land vol ketters,' zei hij. Duizenden gingen in ballingschap, onder wie de grote astronoom Johannes Kepler (later de protégé van Wallenstein). Zo'n veertigduizend, minder standvastig of minder devoot, bekeerden zich. Lagere heren namen een voorbeeld aan hun opperheer. Protestanten vertelden gruwelverhalen over katholieke meesters die hun vazallen met honden naar de mis dreven, of die degenen die nog altijd weigerden de hostie te nemen op de grond in bedwang hielden en met een tang hun kaken van elkaar wrikten.

Wallenstein pakte het anders aan. Protestanten waren altijd welkom in zijn legers en kregen hoge posten toevertrouwd. Hij hield zich aan de formaliteiten, hij ging naar de mis en schreef zijn successen toe aan de gunst van God, maar een keizerlijke raadsheer beweerde dat hij 'riekte naar atheisme en zich niet druk maakte om God'. Hij 'neemt vaak de afgrijselijkste vloeken en godslasteringen in de mond', meldde een andere collega, en de hertog van Weimar sloeg zijn aanbod om een bondgenootschap aan te gaan af omdat 'hij die niet op God vertrouwt, nooit door mensen kan worden vertrouwd'. Hij was gefascineerd door astrologie, en hechtte er ook geloof aan, hij liet observatoria bouwen op zijn landgoederen en liet horoscopen trekken die hij angstvallig onderzocht op aanwijzingen omtrent de toekomst. Toen hij in 1630 uit zijn functie werd ontheven liet hij de gezanten van de keizer weten dat hij niets beters had verwacht: hij had gezien dat zijn val door de sterren was voorzegd. Tegen het eind van zijn leven begon hij (net als Drake) de sinistere reputatie van tovenaar te verwerven, van liefhebber van de zwarte magie. Kepler, een van de verscheidene astrologen die in de loop der jaren deel uitmaakten van zijn huishouden, schreef dat hij zich aangetrokken voelde tot 'alchemie, tovenarij, bezweringen, omgang met geesten'. Net als Rodrigo Díaz, een ander boegbeeld van de Contrareformatie, was hij een man wiens geloof in wonderen en voortekenen in allerlei bronnen bevestigd wordt, en wiens aanspraken op de benaming van goed christen aan twijfel onderhevig is.

Godsdienst was een van de talrijke kwesties waar in de Dertigjarige Oorlog strijd om werd geleverd. Het keizerrijk was doordrenkt van sektarische vijandigheid, elk staatje had zijn godsdienst en zijn godsdienstige minderheden, en alles werd nog eens extra ingewikkeld gemaakt door politieke over-

wegingen van meer wereldse aard. De wereld waarin Wallenstein zich bewoog was, net als het Rome van Cato, een wereld waarin het politieke stelsel niet bij de daadwerkelijke verdeling van de macht aansloot. De Heilige
Roomse keizer was in naam de heerser van heel Midden-Europa, van de
Baltische Zee tot aan de Alpen, en van de Franse grens oostwaarts tot aan
het rijk van de Turkse sultan. De keizer werd geacht zijn titel niet te erven
– hij werd gekozen door de zeven keurvorsten, van wie vier werelds heerser waren van een staat binnen het Rijk, en drie aartsbisschop – maar al bijna twee eeuwen lang was iedere keizer een Habsburger geweest. Onder de
wankele heerschappij van die keizers zwaaide een veelheid van lagere heersers de scepter in staten waarvan instellingen en politieke zowel als godsdienstige achtergrond verbazend ver uiteenliepen. Er waren vrije steden die
bestuurd werden door gekozen raden. Er waren erfprinsdommen. Er waren
aartsbisdommen en bisdommen, hertogdommen, markgraafdommen, koninkrijken. Elk van die uiteenlopende Rijksstaten had zijn eigen regeringsinstellingen, stenden of landdagen, oligarchische raden of autocratische ministers. Elk waakte hardnekkig over zijn eigen rechten op zelfbeschikking
(collectief bekend als de Duitse Vrijheden) en was alert op iedere eventuele
inbreuk door de centraliserende, keizerlijke macht.

De godsdienstpolitiek van zo'n staat was vaak ambivalent. In verscheide
ne plaatsen moest een katholieke prins voortdurend de strijd aanbinden met
een overwegend protestantse landdag. En dan liepen sektarische verschillen
en conflicten tussen de verschillende klassen ook nog eens op verwarrende
wijze dooreen – de adel was overwegend katholiek, de burgerij protestants.
Elke kleine staat was verbonden met andere in grotere, lossere instellingen. In de kreitsen van het Rijk, gevestigd aan het begin van de zestiende
eeuw, sloten buurstaten uit defensieve overwegingen bondgenootschappen
met elkaar. Recentelijker hadden de katholieke prinsen een liga gevormd
om hun belangen te verdedigen, terwijl de protestanten een verbond hadden gesloten met hetzelfde doel. Het zou al verbijsterend ingewikkeld zijn
geweest als het een consequent, vaststaand geheel was, wat niet het geval
was. Zeventiende-eeuwse staten waren geen gesloten systemen. Bloedban-
den doorkruisten politieke en godsdienstige banden, wat een en ander des
te ingewikkelder maakte. Iemand kon verscheidene posities bekleden, en
verschillende identiteiten hebben die onderling strijdig waren. Toen koning
Christiaan van Denemarken met een leger het keizerlijke gebied Pommeren binnendrong, deed hij dat, althans dat beweerde hij, niet als buitenlander, maar als hertog van Sleeswijk-Holstein, als lid van de Nedersaksische
kreits met een legitiem belang bij het plaatselijke reilen en zeilen. Er waren
staten, waaronder ook het Rijk zelf, zonder leger. En wat een nog ontwrichtender uitwerking had: er waren ook legers zonder staat, zoals dat van de

geweldig succesvolle huurling graaf Mansfeld, legers die functioneerden als landloze staten met hun eigen hiërarchie, hun eigen economie, en hun eigen enorme bevolking, legers die zich, bij gebrek aan eigen *Lebensraum*, als monsterlijke parasieten op andermans grondgebied vestigden. Het Rijk was een labyrint (een woord dat vaker in de correspondentie van Wallenstein voorkomt). Het was een wereld waarin chronische instabiliteit herhaaldelijk ontaardde in geweld op een gigantische schaal. Het was ook een wereld die eindeloos veel kansen bood aan een man met voldoende energie en meedogenloosheid, talent en geluk.

Pas toen hij tegen de veertig liep begon Wallenstein die kansen zodanig te benutten dat hij de aandacht van de wereld trok. Als twintiger had hij zich op bescheiden wijze verdienstelijk gemaakt bij verschillende keizerlijke veldtochten tegen de Turken en de Venetianen, en was hij getrouwd. Zijn eerste vrouw was een weduwe met een groot fortuin en landgoederen in Moravië (tegenwoordig, net als Bohemen, een deel van Tsjechië). Volgens de legende zou ze oud en lelijk zijn geweest, en zou ze haar man bijna hebben gedood door hem heimelijk een te krachtige dosis van een minnedrankje toe te dienen, een afrodisiacum dat noodzakelijk werd gemaakt door haar ongehoorde wellust en gebrek aan charme. Het verhaal klinkt als vrouwonvriendelijke kletskoek: ze was maar drie jaar ouder dan Wallenstein. Ze stierf vijf jaar nadat ze getrouwd waren. Tien jaar later zou hij ter ere van haar een klooster stichten, en haar daar laten herbegraven, een gebaar dat suggereert dat hij, op zijn minst, gepaste waardering had voor de rol die haar fortuin had gespeeld bij zijn klim naar de top.

Hij was voorzichtig en geslepen en hij wist het altijd heel goed wanneer zich een uitgelezen kans voordeed. Hij verbleef enige tijd aan het keizerlijke hof in Wenen, wat noodzakelijk was voor een man met ambities. Daar spreidde hij de stijl ten toon van een groot edelman, hij deelde steekpenningen en beloningen uit en was daarin opmerkelijk vrijgevig – er werd respectvol vastgesteld dat hij nooit minder gaf dan duizend guldens. Volgens Khevenhüller 'keerde hij, toen hij zijn voorraad had uitgeput, naar huis terug en bleef daar tot hij genoeg had vergaard om weer naar het hof te komen'. Zo beidde hij zijn tijd en koesterde hij zowel zijn fortuin als zijn reputatie tot in 1618, aangekondigd door de omineuze verschijning van een komeet, de lange oorlog uitbrak.

Toen de vertegenwoordigers van de Boheemse staten de vijandigheden begonnen door de graven Martinitz en Slawata op een mesthoop dan wel in de mantel van de Serene Maagd Maria te gooien, gaf Wallenstein geen blijk van enige sympathie voor de pogingen van zijn landgenoten om godsdienstvrijheid en politieke onafhankelijkheid te bevechten. Hij was inmiddels verbonden aan het hof van Ferdinand van Stiermarken, die niet veel later keizer zou worden. Wallenstein, protestants Bohemer van geboorte, was uit eigen vrije wil katholiek en keizersgezind geworden. Achilles, Alcibiades en Rodrigo Díaz dreigden allemaal het politieke systeem op te blazen waarin ze te groot waren geworden. Hetzelfde (althans dat meenden zijn moordenaars) zou later ook van Wallenstein worden gezegd, maar het grootste deel van zijn loopbaan zou hij met buitensporige energie en dito succes werken aan de opbouw van de staat die hij diende, en van het keizerrijk de beoogde grootmacht maken. Zijn belasteraars zouden zeggen dat hij dat alleen deed om er zelf beter van te worden – maar als Wallenstein er ooit naar gestreefd heeft de grote politieke en militaire macht die hij creëerde naar zich toe te trekken, zou dat op zich niet zo erg zijn geweest. Het ambt van keizer was, per slot van rekening, een verkiesbaar ambt. Het is vaak genoeg voorgekomen dat militairen, van Julius Caesar tot Oliver Cromwell, tijdgenoot van Wallenstein, de ultieme macht verwierven. Napoleon Bonaparte, die zichzelf tot keizer kroonde en die getrouwd was met een dochter van het keizerlijk huis van Oostenrijk, zou op St. Helena vragen of hem geschiedenissen van de Dertigjarige Oorlog konden worden gestuurd. Het verhaal van Wallenstein moet hem veel belangstelling hebben ingeboezemd.

In november 1618 stuurde Ferdinand, de landsheer van Wallenstein, troepen naar Bohemen om de opstand neer te slaan. Wallenstein was thuis op het landgoed van zijn vrouw, in de naburige staat Moravië. Toen de gevechten zich het jaar daarop verbreidden tot in Moravië zag hij zich genoodzaakt een moeilijke keuze te maken. Wallenstein was kolonel in het Moravische militieleger. De Moravische landdag sympathiseerde met de Boheemse rebellen. Wallenstein niet. Hij overwoog een staatsgreep te plegen in Moravië om de keizer te steunen, maar aangezien dat geen haalbare kaart bleek, besloot hij over te lopen. Aan het hoofd van veertig musketiers drong hij de schatkamer van het district waar hij gelegerd was binnen en dreigde de schatmeester op te hangen als hij niet de hele inhoud van de schatkist meekreeg. Het geld werd naar buiten gedragen en op karren geladen, samen met alle munitie die hij kon vinden. Wallenstein leidde zijn manschappen door Hongarije naar het keizerlijke hof in Wenen. Net als Drake voor hem had hij iets begaan wat zijn slachtoffers wel als een misdaad zouden beschouwen; en net als Drake had hij genoeg geld bij zich om ervan op aan te kunnen dat hij welkom zou zijn. Ferdinand was echter gewetensvoller en politiek minder zeker van zijn zaak dan de koningin van Drake. Hij achtte het zijn plicht al die met ijzer beslagen kisten vol munten die Wallenstein van de Moravische autoriteiten had gestolen weer terug te geven, maar liet in het geheim weten dat Wallenstein goed werk had gedaan.

Dit was het eerste verraad van Wallenstein, of vanaf de andere kant bekeken: zijn eerste daad van onmiskenbare loyaliteit. In 1619 kon je onmogelijk een Boheemse of Moravische onderdaan van het Heilige Roomse Rijk zijn zonder, vanuit op zijn minst één oogpunt, een verrader te zijn. In Moravië, het vaderland van zijn vrouw en de afgelopen tien jaar zijn thuis, en in zijn geboorteland Bohemen, werd Wallenstein met hoon overladen. Hij werd bij afwezigheid veroordeeld door de Moravische landdag (zoals Alcibiades door de Atheense volksvergadering) en schuldig bevonden aan 'boosaardig verraad, zonder zich iets aan te trekken van het dictaat van de eer'. Hij werd verbannen, en al zijn bezittingen werden geconfisqueerd. Graaf Thurn, leider van de Boheemse opstandelingen, noemde hem een overloper en een plunderaar: 'Daar zit het trotse beest, hij is zijn eer kwijt, zijn have en goed, en ook zijn ziel, en als hij geen boete doet gaat hij nog naar het vagevuur.' In de ogen van Tsjechische patriotten was het onvergeeflijk wat hij had gedaan. Twee eeuwen later kreeg Jan Palacky, de nationalistische historicus, een keer een standbeeld van Wallenstein te zien. Hij staarde er enige ogenblikken naar, mompelde: 'Schoft!' en draaide zich om.

In 1620 aanvaardde Frederik, de protestantse keurvorst van de Palts, op uitnodiging van de opstandige adel en tegen de wil van de keizer in, de titel van koning van Bohemen. Samen met zijn vrouw Elizabeth (dochter van James I van Engeland) vestigde hij zijn hof in Praag. Zijn regering duurde slechts enkele maanden. In november 1620, in de slag op de Witte Berg, versloegen de legers van de keizer en de katholieke keurvorst van Beieren gezamenlijk de Bohemers. Frederik en zijn familie werden smadelijk op de vlucht gedreven en de Habsburgse heerschappij werd weer gevestigd.

Wallenstein was niet bij de Witte Berg, maar hij was enkele dagen na de nederlaag van Frederik wel in Praag, bereid om ook zijn Boheemse aandeel op te eisen. Iedereen die had meegedaan aan de opstand zou worden veroordeeld en gestraft. Zevenentwintig man wachtte executie – in een misselijkmakende ceremonie die vierenhalf uur duurde, werden ze voor het stadhuis van Praag achter elkaar door één beul onthoofd. Wallenstein was bij die gelegenheid verantwoordelijk voor de ordehandhaving. Twaalf van de hoofden werden tentoongesteld op de Karlsbrücke, waar ze tien jaar zouden blijven wegrotten. Maar hoeveel bevrediging de keizer en zijn mensen ook putten uit een dergelijk gruwelijk spektakel, ze hadden meer oog voor de bezittingen van de Boheemse aristocratie. Een Saksische gezant in Praag meldde: 'Het enige waar ze naar hunkeren is geld en bloed'. Wallenstein was een van degenen die er verantwoordelijk voor waren dat de verslagen opstandelingen van de maximale hoeveelheid van beide werden beroofd (zij het met de nadruk op geld).

Halverwege de jaren twintig was Wallenstein zeer rijk. Hij was een ijverig en buitengewoon energiek beheerder van zijn eigen landgoederen. Toen hij Moravië de rug had toegekeerd was hij zijn bezittingen daar tijdelijk kwijtgeraakt, maar die kreeg hij later weer terug, waarop hij ze prompt verkocht. Intussen had hij duidelijk een veiliger plek gevonden voor zijn kostbaarheden: in 1620 verkocht hij wat zilveren tafelgerei dat hij in Wenen had opgeslagen en kocht van de opbrengst een uitgestrekt stuk land. Hij achtte het niet beneden zijn waardigheid om zich met handel bezig te houden: hij verkocht veel Moravische wijn in Praag. Maar er waren snellere, minder omslachtige manieren om een fortuin te maken. Wallenstein begon met wat activa, en na de nederlaag van de opstandelingen was Bohemen een land waar activa snel geld konden opbrengen. 'Hij speculeerde veel,' schreef Khevenvüller, en zijn speculaties waren roekeloos noch impulsief. 'Hij was heel actief en discreet en hij had overal spionnen.'

Hij verdiende geld door het zelf te munten. Hij was lid van een syndicaat dat het monopolie had op de aankoop van zilver en het recht dat tot geld te slaan. Onder leiding van dat syndicaat, en tot voordeel van zijn leden, steeg het aantal guldens dat uit een half pond zilver werd geslagen van negentien naar negenenzeventig. De resultaten waren, heel voorspelbaar, desastreus. In een voortdurend versnellende cyclus van devaluatie en inflatie werd de Boheemse economie op de klippen gejaagd. Spaargeld werd waardeloos. Mensen die in loondienst werkten verarmden. Scholen en universiteiten sloten hun deuren. Ambachtslieden en handelaars hielden het hoofd boven water door ruilhandel te drijven. 'Wij verkopen geen goed vlees voor waardeloos muntgeld,' lieten de slagers weten. 'Het was toen, voor het eerst,' schreef de Tsjech Pavel Stransky in 1633, 'dat we uit ervaring leerden dat pest noch oorlog, noch vijandige invallen in ons land, noch ook plunderingen of brand, goede mensen zoveel schade konden berokkenen als frequente wijzigingen in de waarde van geld.' Wallenstein streek onverstoorbaar zijn winst op en legde verscheidene nuttige contacten. Een van de leden van het syndicaat was de briljante Belgische financier Hans de Witte, wiens financiële en zakelijke transacties hem de nodige contacten in heel Europa hadden opgeleverd. Al snel zou De Witte een nauwe band krijgen met Wallenstein, zo nauw dat toen Wallenstein de macht verloor, De Witte zich van het leven beroofde.

Crassus, de tegenstrever van Cato, legde de fundamenten voor zijn fortuin door tegen bodemprijzen de geconfisqueerde bezittingen op te kopen van de slachtoffers van Sulla, en zette zijn geld om in macht door de invloedrijkste Romeinen nauwelijks terug te betalen geldsommen te lenen. Zo'n zeventienhonderd jaar later in Bohemen volgde Wallenstein zijn voorbeeld. Na hun overwinning confisqueerden de aanhangers van de keizer alle geld en goed van de Boheemse rebellenleiders. Diegenen die in mindere mate schuldig werden bevonden, moesten de helft, een derde of een kwart van hun bezittingen afstaan. Dat betekende echter niet dat ze de rest mochten houden. De keizersgezinde officieren 'kochten' de rest van hun bezittingen tegen prijzen die door diezelfde officieren werden vastgesteld, en betaalden ervoor met de nieuwe, gedevalueerde munten. Alles was te koop voor hen die de keizer waardig achtte er bezit van te nemen.

In 1620 bood Wallenstein (vermoedelijk met steun van De Witte) de keizer, voor wie de onderdrukking van de Boheemse opstand rampzalig duur had uitgepakt, een kolossale lening aan van maar liefst zestigduizend guldens. Als onderpand vroeg hij het landgoed Gitschin, dat drie steden omvatte, zevenenzestig dorpen, vier landhuizen, dertien boerderijen en talrijke brouwerijen en werkplaatsen. De keizer had eerst bedenkingen, maar ging er toen toch op in. Telkens weer herhaalde dit proces zich. Als onderpand voor 'leningen' aan de keizer, die nooit zouden worden terugbetaald, verwierf Wallenstein het ene geconfisqueerde Boheemse landgoed na het andere. In februari 1621 bood hij aan om op zijn eigen kosten een garnizoen te leveren voor de vesting Friedland, waarvan de eigenaar naar Polen was gevlucht. In juni, na nog eens achtenvijftigduizend guldens aan de keizer te hebben voorgeschoten, werd hij de eigenaar van Friedland. Rond 1623 had hij, door aankoop en door verwerving van grond als onderpand voor leningen, een kwart van heel Bohemen in zijn bezit gekregen.

Met de toename van het bezit van Wallenstein groeide ook zijn status. In 1622 werd hij tot militair gouverneur van Praag benoemd, wat hem, na de keizerlijke onderkoning, tot de belangrijkste man in Bohemen maakte. Hij liet een enorm, somber paleis in de stad bouwen. Zesentwintig huizen, vier tuinen en een kalkoven moesten er plaats voor maken – hij zette troepen in om de mensen die hun huis niet uit wilden met geweld te verdrijven. Sommige huizen werden gesloopt terwijl hun bewoners er nog in zaten. Het paleis heeft een fraaie voorgevel in Italiaanse stijl, met zesendertig hoge boogramen en een voorname poort, maar hoe imposant het van buiten ook is, er valt niet aan af te lezen hoe uitgestrekt de ruimte en hoe groot de gebouwen erachter wel niet zijn. Met zijn complex van binnenplaatsen en omsloten tuinen met stallen voor driehonderd paarden, een ommuurd park en een overdekte galerij naar het nabijgelegen klooster van St. Thomas, was het paleis een waar labyrint, en in het hart van dat labyrint hield Wallenstein zich schuil, door de geweldige grandeur waarmee hij zich omringd had afgesloten van het geraas van de buitenwereld.

Hij was veertig jaar oud. Toen het laatste en gedenkwaardigste decennium van zijn leven begon had hij in fysieke zin zijn bloeitijd gehad. Portretten uit die periode tonen een meedogenloos, bleek gezicht met krachtige lijnen –

een wijkende haarlijn boven een hoog, gegroefd voorhoofd, een lange rechte neus, hoge jukbeenderen, volle rode lippen en een strenge, waakzame blik. Hij wordt omschreven als uitzonderlijk lang. De 'dolle Wallenstein' met zijn misdadige neigingen was gerijpt tot een man die anderen niet zozeer intimideerde met zijn woedeaanvallen (hoewel die nog steeds berucht waren) als wel met zijn terughoudendheid. Hij had geen vertrouwelingen, geen adviseurs. Zijn ondoorgrondelijkheid was berucht. 'Niemand dan God kent de bodem van zijn hart,' schreef iemand die hem kende. Kepler had opgemerkt dat hij als ascendant de sombere planeet Saturnus had, wat een neiging teweegbrengt tot 'melancholie, een voortdurende waakzaamheid', en erop wees dat hij 'hardvochtig [was] jegens zijn ondergeschikten... zwijgzaam... een volhardend, rusteloos temperament'.

Hij had een dermate scherpzinnige, dermate vitale intelligentie dat de weifelachtigheid van anderen hem bijna ondraaglijk irriteerde. Hij verafschuwde futiliteiten, of ze nu uit andermans of uit zijn eigen mond kwamen. Eén keer, toen een lid van een delegatie bij hem kwam met een onwelkom voorstel terwijl hij ziek in bed lag, verborg hij zijn gezicht in het kussen en hield zijn handen voor zijn oren, liever dan de pogingen van de man om hem over te halen te moeten aanhoren. Hij had geen tijd te verbeuzelen en hield niet van frivoliteiten. 'Hij had een uitgesproken afkeer van hofnarren, en overigens van alle grappenmakerij,' merkte Gualdo Priorato op. In een tijd waarin zelfs de hoogste edellieden in Europa hun brieven aan elkaar begonnen met alinea na alinea vol hoffelijke begroetingen was zijn aanhef, al was het de keizer, altijd zo bruusk dat je bijna van majesteitsschennis zou spreken. 'De hertog van Friedland heeft in zijn manier van redeneren en zijn hele houding inderdaad iets onbehouwens,' vond de keizer.

Hij was geen man om in een bestuur of commissie te zitten. Hij achtte het beneden zijn waardigheid om zichzelf te rechtvaardigen, om uit te leggen wat hij bedoelde, om naar argumenten van anderen te luisteren. 'Als hij bevelen gaf,' stond in een Frans traktaat dat kort na zijn dood werd gepubliceerd, 'moest iedereen zijn mond houden en zonder commentaar zijn bevelen ten uitvoer brengen.' Een van de replieken waarvan hij zich het meest bediende (in het Italiaans, zijn tweede taal, en de taal waarin hij het liefst uiting gaf aan zijn emoties) was 'non si può' – 'kan niet', oftewel: 'vergeet het maar'. Hij nam zelden de moeite mensen wier verzoek hij met die woorden van tafel veegde uit te leggen waarom het niet kon, zelfs niet als het de keizer zelf betrof. Toen een afvaardiging uit de stad Maagdenburg bij hem kwam om te smeken de heffing die hij hun had opgelegd te verlagen, onderbrak hij hun smeekbede botweg met de woorden: 'Ik ga niet marchanderen. Ik ben geen handelaar.' 'Ik moet niets meer van die deken hebben,' schreef hij over een geestelijke die niet gediend was van een al te bondig bevel. 'Hij wil gesmeekt worden. Daar heb ik geen behoefte aan en dat ben ik ook niet gewend.' In 1619, toen een van zijn officieren te paard naast hem kwam rijden om bezwaar te maken tegen zijn verbazingwekkende bevel om het Moravische militieleger uit Moravië weg te leiden, legde Wallenstein de man met één brul het zwijgen op, waarna hij zijn zwaard trok en hem doodde.

Niet dat hij niet communicatief was. Thuis in Gitschin schreef hij eigenhandig tien, twaalf brieven per dag, nog afgezien van het veel grotere aantal dat hij aan zijn secretarissen dicteerde. Op campagne was hij niet minder productief – zijn onuitputtelijke energie werd nooit volledig in beslag genomen door wat er in het hier en nu gebeurde, al was dat een slag waar het lot van heel Europa van af kon hangen. Hij was even onvermoeibaar en had evenveel oog voor de details als Cato. Zelfs wanneer hij ver van huis was, maanden, of zelfs jaren achtereen, hield hij toezicht op elk facet van het beheer van zijn bezittingen. Terwijl hij de vijanden van de keizer uit Silezië verdreef, zag hij ook nog kans aan zijn zaakwaarnemer te schrijven dat er zijdeweverijen op zijn landgoed moesten worden gevestigd en dat daar Italiaanse wevers voor moesten worden aangetrokken. Aan de vooravond van de beslissende veldtocht tegen koning Christiaan van Denemarken beval hij het thuisfront dat er honderd lindebomen moesten worden aangeschaft voor een laan in zijn tuin. Vlak voor zijn fatale treffen met koning Gustaaf Adolf bij Lützen schreef hij aan de man die het toezicht hield op de gebouwen op zijn landgoederen dat hij dakpannen moest laten bakken om een hele stad van nieuwe daken te voorzien: 'Het is ons verlangen dat nergens meer dakspanen te zien zijn.' Maar hij mocht dan veel brieven schrijven, zijn brieven waren absoluut functioneel. Aan zijn ondergeschikten gaf hij bevelen. Aan zijn politieke bazen meldde hij zijn bewegingen. Met graaf Karl von Harrach, de verheven hoveling die zijn tweede schoonvader was en die vermoedelijk dichter dan wie ook is gekomen bij wat je een vriendschap met hem zou kunnen noemen, wisselde hij informatie uit.

Als jongeman was hij regelmatig aan het hof geweest, wat ook noodzakelijk was voor zo'n ambitieus iemand. Maar toen hij eenmaal een machtige positie bekleedde, bleef hij steeds langer achtereen weg. Net als de Cid uit de *Poema*, een man van de daad die al die slappe hovelingen op hun zijden sloffen minachtte, ergerde hij zich vreselijk aan de maniertjes van hen die van hogere komaf waren maar nog nooit iets noemenswaardigs gepresteerd hadden. Hij was niet gediend van de absurde regeltjes die het onderscheid bepaalden in de sociale en politieke hiërarchie aan het hof, zelfs niet als zo'n regeltje voorschreef dat hij degene was die met respect moest worden behandeld. Hij hield er niet van als mensen voor hem bogen, of zich anderszins kruiperig jegens hem opstelden. 'Het trof hem onaangenaam als iemand opstond om hem formeel te begroeten, en ook als iemand hem in het voorbijgaan zag of opnam,' schreef een tijdgenoot. Als iemand hem met al te veel ceremonieel aansprak, wendde hij zich abrupt af. En waar hij zich stoorde aan eerbiedigheid jegens zijn eigen persoon, vond hij het helemaal vreselijk andere mensen die eerbiedigheid te moeten betonen. Hij vermeed het zich te moeten vernederen ten overstaan van hen die er aanspraak op konden maken zijn meerderen te zijn door domweg te weigeren hen te ontmoeten. Op weg naar het hof in 1626 werd hij ziek, en zag hij zich genoodzaakt in een afgelegen dorp bijna een maand in een of andere ellendige herberg te blijven. Zijn ziekte, of die nu psychosomatisch was of voorgewend, lijkt in elk geval verband te hebben gehouden met zijn weerzin om zich bloot te stellen aan de spelletjes die de hovelingen speelden. 'Ik heb meer te stellen met zekere ministers dan met de vijand,' schreef hij. Tegen de tijd dat hij stierf was het zeven jaar geleden dat hij voor het laatst in Wenen was geweest, de keizerlijke hoofdstad, en zes jaar dat hij de keizer had gezien, wiens opperbevelhebber hij was.

Opgesloten in zijn paleis boezemde hij het publiek ontzag in, niet door met veel spektakel in het openbaar te verschijnen, maar juist door zich nergens te vertonen. Hij wilde het volk zien noch door het volk gezien worden. Het was niet makkelijk om toegang tot hem te verkrijgen. Waar mogelijk observeerde hij mensen graag heimelijk, zonder zelf door hen gezien te worden, alvorens hun een audiëntie toe te staan. De beproevingen van de gezant van de keurvorst van Brandenburg, graaf Bertram von Pfuel, waren typerend. In zijn wanhopige pogingen een onderhoud van slechts enkele minuten met Wallenstein te regelen, zat Pfuel op de Karlsbrücke in Praag op zijn koets te wachten om in het voorbijgaan een brief door het raam naar binnen te steken. Hij sloot zich aan bij de adellijke drommen die de hele dag voor de poort van Wallensteins paleis stonden, in de hoop de aandacht van de grote man te trekken als hij thuiskwam. Hij zat uren en uren te zweten in wachtkamers. Uiteindelijk ontving hij een uitnodiging voor een diner, maar daar zat hij een heel eind van Wallenstein af. Hij kreeg het eindelijk voor elkaar om een afspraak te maken, althans dat dacht hij, maar toen hij op het afgesproken tijdstip aankwam zag hij de koets van Wallenstein net de poort uitrijden. Nog een afspraak. Opnieuw zag Pfuel zijn prooi bij aankomst ontsnappen. Met enige roekeloosheid vroeg hij toestemming de korte klim naar het kasteel met Wallenstein te mogen meemaken. Wallenstein stemde daarin toe, maar toen Pfuel wat papieren tevoorschijn haalde, verklaarde hij dat hij geen papieren verdragen kon, alsof hij zijn zaken altijd mondeling afhandelde (hij, die dagelijks tientallen brieven schreef dan wel dicteerde), en dat hij te veel aan zijn hoofd had om zich met de verzoeken van Pfuel bezig te houden. Mensen die Wallenstein wilden spreken zouden wel van hem horen wanneer hij eraan toe was. Wie zich aan hem opdrong haalde zich zijn ongenoegen op de hals.

Hij was al even kieskeurig in wat hij aanraakte als in wie hij ontmoette. In zijn huishouden werden tafelkleden en servetten nooit meer dan één keer gebruikt. Hij nam geregeld een bad – tot verbijstering van zijn tijdgenoten. Hij had een zilveren bad, dat speciaal voor hem in Genua was gemaakt, en een tobbe uit de werkplaats van een Praagse goudsmid. Zijn kledij was schitterend. Volgens de traditie zou hij onveranderlijk zwart hebben gedragen, met slechts een bloedrode sjerp, een outfit die paste bij zijn legendarische reputatie als zwarte prins der duisternis, maar de rekeningen van zijn kleermakers tonen aan dat hij niet afkerig was van enige variatie in al die pracht en praal: 'achttien el karmijnrode zomen voor de handschoenen van Zijne Prinselijke Hoogwaardigheid', 'een mantel in scharlaken, met een dikke zoom in karmozijn en een wambuis van rood satijn'. Rood – duidelijk zichtbaar op een slagveld – was handig. 'In het veld,' schreef Priorato, die onder hem gevochten had, 'was zijn gebruikelijke dracht een jas van buffelleer of elandsvel, rode pofbroek, een rode sjaal, een scharlakenrode mantel en een grijze beverhoed, versierd met rode veren'. Hij hield ook van blauw: blauw leer met gouden opdruk hing aan de muren van zijn paleis in Praag, en zijn tientallen pages droegen kobaltblauwe livreien. Naar verluidde zou hij zijn lippen verven.

Hij was een hardvochtige maar gewetensvolle werkgever voor zijn bedienden en bevelhebber voor zijn soldaten, iemand die prompt betaalde en stipte gehoorzaamheid eiste. Volgens Schiller gaf hij het bevel dat al zijn manschappen rode sjerpen moesten dragen. 'Een kapitein van de cavalerie had dat bevel nog maar net gehoord of hij trok zijn met gouddraad geborduurde sjerp af en vertrapte hem. Wallenstein bevorderde hem ter plekke.' Een tijdgenoot schrijft dat hij het liefst officieren had 'van geringe komaf', die hun status alleen aan hem te danken hadden en hem daarom des te meer toegewijd zouden zijn. Maar 'eenieder die probeerde bij hem in dienst te komen moest heel goed oppassen want hij ontsloeg niemand tenzij hij dat persoonlijk nodig achtte'. Zijn mensen moesten absoluut van en voor hem zijn, en bij voorkeur voor altijd.

Hij leed al aan jicht, veroorzaakt – althans dat geloofde hij – doordat hij te veel wijn had gedronken. Verscheidene van zijn prominentste tijdgenoten waren dronkaards. Koning Christiaan van Denemarken was soms weken achtereen te dronken om zich met staatszaken bezig te houden. Keurvorst Johan George van Saksen, de machtigste van de Duitse protestantse prinsen, was ook een dronkaard. 'Hij is je reinste beest,' zei Wallenstein, 'kijk eens hoe hij leeft.' Het was een tijd waarin wat voor een matige alcoholconsumptie doorging al schadelijk voor de gezondheid kon zijn. Tegen de tijd dat Wallenstein de middelbare leeftijd had bereikt, at en dronk hij niet veel meer, en gaf hij de voorkeur aan bier dat op zijn eigen landgoederen was gebrouwen boven wijn; rood vlees meed hij. Maar het was te laat om hem te behoeden voor de jicht, die een voortdurende en steeds zwaardere beproeving werd. Tegen het eind van zijn leven moest hij op het slagveld in een draagstoel worden rondgedragen. Al aan het begin van de jaren twintig van de zeventiende eeuw – dus rond zijn veertigste – droeg hij met bont gevoerde laarzen die gemaakt waren om de pijn in zijn voeten te verzachten, en reed hij met stijgbeugels van fluweel. De pijn maakte hem opvliegend. 'Onze generaal is in de greep van zijn jicht,' schreef een van de raadslieden die hem zeer gunstig gezind waren, 'vrijwel niemand in de stad durft zijn stem boven een fluistertoon te verheffen, uit angst dat de prins door het lawaai van zijn stem gestoord zal worden.' Hij had een hekel aan kabaal. In Praag, en overal waar hij kwam op zijn reizen, moest het plaveisel van de straten waaraan hij verbleef met stro worden bedekt, om het geluid van voetstappen te dempen, en met kettingen worden afgesloten voor rijverkeer. Geen haan mocht in zijn onmiddellijke omgeving kraaien. Als hij zich onwel voelde – wat vaak het geval was – mochten er geen kerkklokken luiden. Zijn officiers deden hun sporen af voor ze bij hem in de buurt kwamen, om hem niet met hun gerinkel te ergeren. In zijn nabijheid slopen en mompelden zijn bedienden. Zijn hof was dichtbevolkt – op het hoogtepunt van zijn macht telde zijn huishouden negenhonderd mensen – maar geanimeerd ging het er niet aan toe. Gasten en vazallen konden erop rekenen dat ze aan tafel gul werden onthaald, maar zijn eigen maaltijden waren sober en hij at alleen.

Het landeigenaarschap was voor hem zowel werk, waar hij zich volledig aan wijdde, als een genoegen. Hij had een hekel aan honden – aanstellerige, kruiperige, lawaaierige beesten – en er werd beweerd dat als hij in een stad kwam, hij alle zwerfhonden liet vangen en afmaken. Maar hij schepte behagen in dieren die hun plaats kenden. Op de paleisgronden in Praag liet hij voor zijn verzameling exotische vogels een vogelhuis bouwen dat eruitzag als een fantastische grot, en op Gitschin had hij een dierentuin waar hij graag naar de edelherten keek. Hij was geen jager, in tegenstelling tot de keizer, en in tegenstelling tot de keurvorst van Saksen, die beweerde meer dan honderdvijftigduizend dieren te hebben gedood. Maar hij was, net als Alcibiades, een enthousiast paardenfokker: hij had er honderden en gaf er duizenden guldens aan uit. Een Ierse avonturier heeft een beschrijving gegeven van zijn stallen, waar de voerbakken van marmer waren, met 'bij iedere bak een heldere bron om van te drinken'. Het oorlogspaard dat in de slag bij Lützen onder hem werd doodgeschoten liet hij opzetten, waarna het in zijn paleis in Praag kwam te staan.

Op zijn uitgestrekte Boheemse landgoederen voerde hij de facto een soevereine heerschappij. In Gitschin toverde hij een gloednieuwe stad uit zijn hoed, gebouwd volgens een ordentelijk plan, met fraaie pleinen en parken en brede lanen en een enorm paleis voor hemzelf. Een biograaf uit die tijd, die vijfduizend man aan het project zag werken, vergeleek het schouwspel met de bouw van Carthago zoals beschreven door Vergilius. Hij had zijn eigen hof, zijn eigen beul, zijn eigen raadslieden en kanselarij en zijn eigen landvoogd, Gerhard von Taxis, die voor hem waarnam als hij er niet was. Hij werd een krijgsman maar hij is altijd in de eerste plaats een bestuurder gebleven. Hij had boerderijen, mijnen, werkplaatsen en een onderworpen bevolking, die zowel zijn arbeidspotentieel als zijn monopolistische markt vormde. Alle bewoners van zijn land moesten zijn bieren drinken en geen andere, behalve 'als ze op reis waren, en er zo nu en dan moest worden gedronken, maar anders absoluut niet'. Kaasmakers werden uit Italië gehaald en een kleermaker uit Parijs, zodat Wallenstein Parmezaanse kaas kon eten en Franse mode kon dragen zonder buiten zijn eigen grondgebied geld te hoeven uitgeven. Hij schreef voor hoeveel boter en kaas zijn koeien moesten opbrengen; hij beval dat ieder huis een watervoorraad moest hebben en dat bij elke schoorsteen een ladder moest worden bewaard. Hij eiste van de ingezetenen van zijn steden dat ze hun huizen 'van steen bouwden, mooi en netjes uitgevoerd' (orde en knapheid waren voor zijn kritische geest even belangrijk als productiviteit). Alles op de landgoederen die hij had verworven moest nuttig en efficiënt zijn en hem in de eerste plaats voorspoed brengen. Zijn recente biograaf Golo Mann heeft erop gewezen hoe vaak, in zijn correspondentie, de frase *für mich* voorkomt – voor mij. Taxis liet hem een keer per brief weten dat er op zijn grond afzettingen waren gevonden van een mineraal, 'rood van kleur', dat cinnaber heette. Wallenstein reageerde scherp. 'Houd me niet voor onnozel. Ik weet heel goed wat cinnaber is. Zorg dat het iets oplevert voor mij.'

Hij trouwde zijn tweede vrouw, Isabella von Harrach, in 1623. Hij was vaak weg, op veldtochten, maar hij sprak over haar in vriendelijke bewoordingen. Er zijn brieven van haar aan hem bewaard gebleven, en die wekken een oprecht toegenegen indruk. Van de vele aantijgingen aan zijn adres heeft er niet een met zijn seksuele levenswandel te maken. Als je bedenkt hoeveel mensen er wel niet waren die hem graag in diskrediet zouden hebben gebracht, kan derhalve waarschijnlijk veilig worden verondersteld dat op zijn seksuele gedrag niets aan te merken viel. Kepler had gezegd dat het Wallenstein zou ontbreken aan 'broeder- of huwelijksliefde', en misschien was hij wel te stug en eenzelvig om in emotionele zin iets anders dan enigszins frigide te zijn, maar hij was altijd bezorgd om de veiligheid van Isabella en zich bewust van wat haar toekwam. Ze schonk hem een zoon, die heel jong overleed, en een dochter.

Wallenstein was een groot man geworden in Bohemen. Maar dat was niet genoeg. Spoedig na zijn huwelijk zette hij de stap die er uiteindelijk toe zou leiden dat hij, in eigen persoon, een Europese grootmacht werd. De Heilige Roomse keizer had geen staand leger. Het rijk van Ferdinand was geweldig uitgestrekt en in politieke zin aan de gammele kant, het werd bedreigd door invasies van buiten en andersdenkenden van binnen. Toch had hij geen eigen geregelde troepen om zijn rijk te verdedigen. Bij elke crisis werden ad hoc legers samengesteld door ronseling ter plaatse; ook burgerlegers werden erbij betrokken (zoals de Moravische militie waar Wallenstein bij gediend had); een en ander werd aangevuld met eenheden die op eigen kosten gerekruteerd waren door ambitieuze heren. In 1617 bijvoorbeeld, toen de Venetianen Gradisca belegerden, had Wallenstein een regiment op de been gebracht dat onder zijn aanvoering had meegeholpen de stad namens de keizer te bevrijden. Die gelegenheidslegers waren echter weinig betrouwbaar en nooit groot genoeg. De keizer moest het hebben van de militaire steun van de prinsen in zijn rijk, die wettelijk niet verplicht waren hun legers voor hem in te zetten, en die een royale beloning verwachtten als ze dat wel deden. Om de opstandige Bohemers weer in het gareel te krijgen moest hij de hulp inroepen van keurvorst Maximiliaan van Beieren, bij wie hij, tegen de tijd dat de opstand was neergeslagen, gigantisch in het krijt stond. Zonder adequaat leger of het geld om er een te werven was Ferdinand gevaarlijk afhankelijk van zijn ondergeschikte vorsten, en die afhankelijkheid maakte feitelijk een lachertje van zijn veronderstelde autoriteit over hen.

Wallenstein onderkende zijn behoefte. Hij moet ook hebben ingezien hoe groot de beloning zou kunnen zijn voor wie erin kon voorzien. In het voorjaar van 1623 deed hij de keizer een verbazingwekkend aanbod. Hij, Wallenstein, een privé-persoon, zij het rijk, een edelman, zij het niet uit een van de grote families van het Rijk, zou doen waar niemand anders, zelfs niet de machtige Habsburger zelf, toe in staat scheen. Hij zou de keizer van een leger voorzien. Hij moest zijn aanbod verscheidene keren herhalen. Zo ongehoord, zo uitzonderlijk was het, dat de keizer en zijn ministers aanvankelijk achterdochtig waren, ja, zelfs bang.

Schiller zou de politieke opponenten van Wallenstein vergelijken met onwetende tovenaars die een machtige geest oproepen, '[maar] als hij komt, / kruipen de koude rillingen over hun rug, en zijn ze banger voor hem / dan voor het kwaad waartegen ze hem hebben opgeroepen'. In de tijd van Wallenstein waren er in Europa schijnbaar nog tovenaars actief. Een halve eeuw eerder had John Doughty aan bemanningsleden van Drake verteld dat hij geesten kon oproepen, en later in zijn leven ging over Wallenstein het gerucht dat hij over dezelfde vaardigheid zou beschikken. Dat was een gevaarlijke gave. Een tovenaar of heks die geesten opriep, deed dat op eigen risico: in verscheidene middeleeuwse legenden worden tovenaars gestraft voor het feit dat ze op oneerbiedige wijze de grens hebben geschonden tussen het natuurlijke en het bovennatuurlijke, en blijken geesten die ze hebben opgeroepen te sterk te zijn om de baas te blijven – die geesten tarten hen, kwellen hen en sleuren hen uiteindelijk mee naar de hel. In de loop van de zestiende eeuw begon een versie van deze legenden de ronde te doen over een Dr. Faustus uit Württemberg. In de jaren tachtig van die eeuw werd het eerste *Faustbuch* in Duitsland gepubliceerd, *Historie und Geschichte der Doktor Johannes Faust*. Spoedig volgden vertalingen in het Frans en het Engels. Faust roept een duivel op, Mefistofeles, die belooft een aantal jaren al zijn wensen te vervullen op voorwaarde dat Faust aan het eind van die periode, als beloning daarvoor, zijn ziel aan hem zal afstaan. Het was een fascinerend verhaal. In Engeland maakte Christopher Marlowe er een mooie en verschrikkelijke waarschuwing van tegen de waardeloosheid van alle genot, kennis en macht in het aangezicht van de eeuwige verdoemenis. Maar het verhaal liet zich niet alleen lezen als parabel over de spirituele beproeving van een mens, maar ook als politieke allegorie. Toen de Atheners Alcibiades het bevel hadden gegeven over de voortreffelijkste strijdmacht die ooit door een Griekse stad bijeengeroepen was, deinsden ze onmiddellijk ontsteld terug voor het gevaar dat hij – met zoveel macht – vormde, zowel voor henzelf als voor de vijand. Alfonso van Castilië riep Rodrigo Díaz twee keer te hulp, maar haastte zich ook telkens weer om zich van hem te ontdoen. Wallenstein, een nieuwe Mefistofeles, bood zijn keizerlijke heer en meester iets ongelooflijk verleidelijks aan – de militaire macht om zich zowel feitelijk als formeel opperheerser van het grootste rijk in Europa te kunnen noemen. Ferdinand aarzelde omdat hij en zijn raadgevers allemaal wel aanvoelden waar het gevaar school van die duivelse deal. Wallenstein was tot dusver een loyale dienaar van zijn rijk geweest, maar aan het hoofd van een leger van het formaat dat hij had voorgesteld zou Wallenstein een dienaar zijn met een angstaanjagende macht, en niemand zou met zekerheid kunnen zeggen welke duivelse prijs hij uiteindelijk voor zijn diensten in rekening zou brengen.

Het beloofde leger, dat Wallenstein gewichtig zijn '*armada*' noemde, moest niet de zoveelste onbeduidende gelegenheidsweermacht worden. De vraag rees hoe dat leger gefinancierd zou moeten worden. 'Daden die iets inherent groots hebben,' had Niccolò Machiavelli geschreven, 'lijken altijd meer roem dan blaam te brengen, wat voor daden het ook zijn.' Wallenstein handelde daarnaar: hij liet Ferdinand en zijn raadslieden weten dat hij geen leger van twintigduizend man kon onderhouden, maar dat een leger van vijftigduizend man in zijn eigen onderhoud zou kunnen voorzien. De stank van zwavel begon steeds sterker te worden. Wallenstein zou bepaalde kosten voor zijn rekening nemen, waardoor de keizer nog dieper bij hem in de schuld zou komen te staan, maar hij kon ze onmogelijk allemaal op zich nemen. Crassus had gezegd dat een man pas rijk was als hij zich zijn eigen leger kon veroorloven, maar hoewel Wallenstein, zelfs naar de maatstaven van Crassus, toch echt heel rijk was, was hij, noch vermoedelijk enige andere Europese burger op dat moment, rijk genoeg om vijftigduizend man te betalen en bevoorraden. Wat hij bedoeld had met zijn aforistische bewering was: hoe groter het leger, des te meer afschrik het baarde, en des te beter zou het derhalve in staat zijn om de benodigde middelen af te persen van de inwoners van de landen die de keizer vijandig gezind waren, en indien nodig van de onderdanen van de keizer zelf. De *armada* zou zich net zo overeind houden als de legers van de Cid, door intimidatie. 'Oorlog,' zegt een figuur in de grote toneeltrilogie van Schiller die op het verhaal van Wallenstein is gebaseerd, 'moet oorlog voeden.'

Ferdinand aarzelde; Wallenstein, hautain als altijd, dreigde zijn voorstel in te trekken. 'Ik heb het aanbod uit mezelf gedaan, om zijne majesteit te dienen, en ik zal het hoogst loyaal ten uitvoer brengen. Maar als ik zie dat er moedwillig tijd wordt verknoeid dan ga ik niet zo'n labyrint binnen waar mijn eer moet worden geofferd.' Zijn ongeduldigheid had effect. In juni 1625 werd hij benoemd tot opperbevelhebber van alle keizerlijke troepen en kreeg hij een titel die bij zijn nieuwe machtspositie paste, die van hertog van Friedland (de naam waaronder hij normaal gesproken voortaan bij zijn tijdgenoten bekend zou staan). Het visioen dat op het plafond van de grote hal in Praag was geschilderd zou werkelijkheid worden. Zijn apotheose van sterfelijke rijksgrote tot goddelijke (of duivelse) krijgsheer was begonnen.

Hij was er klaar voor. Zijn aanbod was niet overhaast of onbezonnen gedaan. Binnen een week had hij twintigduizend man op de been en aan het eind van de zomer had hij zijn vijftigduizend man bij elkaar. Het was een tijd waarin drakentanden sneller opschoten dan tarwe, waarin het makkelijker was een leger te ronselen dan een oogst binnen te halen. Er liepen in het Heilige Roomse Rijk talloze vechtjassen rond die om werk verlegen zaten, mannen uit Engeland, Schotland en Ierland, van de vlakten van Noord-Italië, uit Kroatië en Hongarije, mannen die om uiteenlopende redenen thuis de kost niet konden verdienen. Er waren mannen bij die in het oorlogvoerende Duitsland waren neergestreken op zoek naar avontuur, zoals de Engelse gentleman sir James Turner, die schreef dat 'een rusteloos verlangen mij doordrong om zoniet mee te vechten, dan toch op zijn minst getuige te zijn van die oorlogen'. En voor elk van die Hotspurs was er een heel leger van het soort tuig dat Falstaff gerekruteerd zou kunnen hebben, van het slag dat ook deel uitmaakte van de bemanning van Francis Drake, dat 'gezelschap van wanhopige mislukkelingen die niet in hun eigen land konden leven zonder bij elkaar te roven wat anderen in het zweet huns aanschijns hadden verdiend'. Ze liepen vaak over van het ene kamp naar het andere. Turner, die voor Denemarken en Zweden vocht, 'slikte in Duitsland zonder kauwen een zeer gevaarlijke stelregel, waar militairen zich daar te veel aan houden, namelijk dat als wij onze meester eerlijk dienen, het niet uitmaakt welke meester wij dienen'. Na een veldslag was het heel gebruikelijk dat de overlevenden van het verslagen leger zich bij de overwinnaar aansloten, om voortaan aan de zijde van hun voormalige tegenstanders te vechten. Het waren geen idealisten die een zaak dienden, of patriotten die hun plicht deden – het waren huurmoordenaars die het vege lijf trachtten te redden en probeerden hun kostje bij elkaar te schrapen onder willekeurig welke meester zich maar aandiende.

Het leven dat hun in Duitsland wachtte bood weinig zekerheid. Soldaten leden net zo vaak honger als de burgerbevolking. Het voorstel van Wallenstein om een leger op de been te brengen en te houden – jaar in, jaar uit – dat groot genoeg was om eventuele opstanden of aanvallen te ontmoedigen of anderszins het hoofd te bieden was van een verbijsterende nieuwigheid. Het was gebruikelijk dat een leger werd gedemobiliseerd zodra het onmiddellijke gevaar was geweken, of anders aan het eind van het zomerseizoen, de campagnetijd, waarna het overal krioelde van de mannen, allemaal gewelddadig van beroep en uit gewoonte en allemaal opeens verstoken van een legitieme manier om aan de kost te komen. Het leven van een soldaat was hard, en duurde meestal niet lang. Medische troepen en veldhospitalen waren er niet. Toen Wallenstein bij Neurenberg tegen de Zweden vocht, reed hij zelf door de linies om de gewonden gouden munten toe te werpen, zodat ze aan eten zouden kunnen komen als ze eenmaal – wat onvermijdelijk zou gebeuren – op het slagveld waren achtergelaten. Koning Gustaaf Adolf, die weken later over het slagveld terugreisde, werd ziek toen hij zag dat degenen die het overleefd hadden 'hongerig en onverzorgd waren, en omringd werden door lijken en kadavers'. Maar het soldatenleven mocht dan hard zijn, het bood in elk geval de kans tot overleven. Naarmate de oorlogen voortduurden, en zich uitbreidden, en ze de structuren van het burgerbestaan steeds verder uitholden, sloten steeds meer mensen zich bij de rangen der thuisloze huursoldaten aan. Een boertje dat zijn gewassen, zijn hut, zijn paard allemaal was kwijtgeraakt aan plunderaars kon weinig anders proberen dan zelf ook soldaat te worden. Gedurende de hele Dertigjarige Oorlog was er aan veel tekort – of het nu contanten waren of paarden, brood of ijzer – maar een tekort aan buskruit deed zich nergens voor.

Vijf jaar later zouden de mensen die riepen om het ontslag van Wallenstein hem ervan beschuldigen het rijk te hebben opgezadeld met een leger van monsterlijke proporties, en dat in een tijd dat de keizer het niet eens nodig had. Maar er mocht dan niet echt een oorlog gaande zijn, er waren wel vijanden wie het hoofd moest worden geboden. De protestantse prinsen van de Nedersaksische kreits, onrustig en weerspannig onder hun katholieke keizer, hadden koning Christiaan van Denemarken verzocht als hun opperbevelhebber op te treden. Andere machten – Engeland, Zweden, Frankrijk en de Nederlanden – hadden de Deense koning aangemoedigd die rol te aanvaarden en met de nodige agressie te spelen. Tegen de tijd dat Wallenstein gereed was om op te marcheren wemelde het in de noordelijke contreien van het keizerrijk van de Deense troepen. Verder bestond altijd de kans dat Bethlen Gabor, de prins van Transsylvanië, vanuit het zuidoosten een aanval op Wenen zou wagen. En dan was er ook nog een leger dat vanuit de Nederlanden oostwaarts het rijk binnentrok onder leiding van Ernst von Mansfeld. Graaf von Mansfeld was een krijgsheer, een eigentijdse Cid, die eraan gewend was zijn leger ter beschikking te stellen van de hoogste bieder. In dit geval werd hij gefinancierd door de Hollanders en de Engelsen, die elk hun redenen hadden om het Habsburgse rijk te willen ondermijnen.

Wallenstein was de keizerlijke generaal, maar hij opereerde niet alleen. Hij werkte samen met Maximiliaan, keurvorst van Beieren, die Bohemen voor de keizer op de knieën had gekregen. Maximiliaan zou een hoofdrol spelen in het verdere levensverhaal van Wallenstein, als collega en rivaal, politiek bondgenoot en heimelijke vijand. Maximiliaan was edelman en erfvorst, een man die, in tegenstelling tot de nieuwe generaal, hoog geboren was. Hij was de zwager van keizer Ferdinand en vijf jaar ouder dan hij, en net als Ferdinand fervent katholiek. Hij droeg onder zijn staatsiekleed een haren boetckleed en had gezworen, een eed die hij met zijn eigen bloed had geschreven, zijn leven te wijden aan de dienst van de Maagd Maria. Maar afgezien van het feit dat hij de machtigste was onder de keizersgezinde katholieken, was hij ook, en altijd in de eerste plaats, aartshertog van Beieren, en als zodanig bekommerde hij zich meer om zijn eigen gebied dan om de Habsburgse erflanden rond Wenen, en was hij meer geïnteresseerd in verheerlijking van zijn eigen dynastie dan in bescherming van de keizerlijke dynastie. Zijn belangen vielen niet helemaal samen met die van de keizer, en botsten vaak regelrecht met de belangen van de nieuwe opperbevelhebber, die zich de rol van Maximiliaan als militair beschermer van de keizer aan het toe-eigenen was – een rol waarmee je zowel aanzien als rijkdom oogstte.

Het was een tijd waarin gekroonde koningen hun leger nog aanvoerden in de strijd, maar net als Ferdinand gaf Maximiliaan er de voorkeur aan dat bevel te delegeren. Zijn eigen opperbevelhebber was generaal Johann Tserclaes von Tilly, in 1625 zesenzestig jaar oud, en even rijk aan krijgsroem als aan levenservaring. Tilly en Wallenstein konden aardig samenwerken, hoewel Tilly wist dat zijn jongere collega hem in de schaduw stelde en in alles te slim af was – en daar stoorde hij zich aan. Als Wallenstein Alcibiades was, was hij Thrasybulus. Niet zonder verbittering moest hij aanzien dat Wallenstein gevierd werd om overwinningen die hij zelf mogelijk had gemaakt: 'Hoe hard ik ook werk, ze laten mij aan een paar botten kluiven terwijl anderen [hij bedoelde Wallenstein] door de deur naar binnen gaan die ik heb opengeduwd en zich te goed doen aan het vlees.' Wallenstein, opgewekt in zijn neerbuigendheid, had de gewoonte aan Tilly te refereren als 'de goede oude man'.

In oktober 1625 ontmoetten de twee generaals elkaar, maar niet veel later gingen ze weer uiteen, op zoek naar een gebied waarin hun legers het voorjaar konden afwachten. Toen de troepen van Wallenstein – zoals alle legers in die tijd gevolgd door een stoet vrouwen en kinderen en marketentsters en bedienden die zo'n leger dubbel zo groot maakten – naar het noorden trokken schreef de burgemeester van een stad waar ze langskwamen: 'God sta de plaats bij waar die hun winterkwartier opslaan!'

Een zeventiende-eeuws leger in opmars was een angstaanjagend verschijnsel, en niet alleen voor de gewaande vijand. Legers droegen ziektes bij zich – tyfus, de builenpest, iets dodelijks dat bekendstond als 'de Hongaarse ziekte'. Toen Wallenstein een keer achter graaf von Mansfeld aan joeg verloor hij binnen drie weken driekwart van de twintigduizend man met wie hij begonnen was aan uitputting en ziekte – en we zullen nooit weten hoeveel slachtoffers onder de burgerbevolking door hen waren aangestoken en eraan bezweken. Daarnaast werden ook nog eens veel burgers moedwillig gedood. De officiële documenten, zowel als de pamfletten en nieuwsbladen uit die tijd, staan vol verslagen van gewelddadige berovingen, gepleegd door soldaten. Een Engelsman die onder Mansfeld diende noteerde onomwonden dat ze, na een stad te hebben ingenomen, 'er binnentrokken en mannen, vrouwen en kinderen doodden; de executies gingen twee uur door, het plunderen twee dagen'. In 1632 gaf een Schotse huurling een beeldend verslag van de verhoudingen tussen de legers en de boeren over wier land ze marcheerden: 'De boeren mishandelden onze soldaten die een andere weg namen om te plunderen door hun neuzen en oren af te snijden, handen en voeten, hun de ogen uit te rukken en allerlei andere wreedheden te begaan, wat hun terecht betaald werd gezet door de soldaten die onderweg talrijke dorpen platbrandden, en de boeren dood lieten liggen waar ze werden gevonden.'

Wallenstein, altijd pragmatisch, deed zijn best om te voorkomen dat zijn mannen de burgereconomie verwoestten waarvan hij voor hun onderhoud afhankelijk was. Maar hoe straf zijn discipline ook was – op zijn eerste lange mars in 1625 liet hij op één ochtend een keer vijftien man ophangen wegens plunderen in zijn bijzijn –, hij kon weinig veranderen aan wat zijn troepen nu eenmaal gewend waren. En hoewel lukraak plunderen zonde was, een stommiteit die hij trachtte te beteugelen, was georganiseerde afpersing voor hem heel gewoon. Wat dat betreft was het allemaal volstrekt normaal: in het verleden was het de edellieden die troepen op de been hadden gebracht voor de keizer altijd toegestaan geweest een en ander kostendekkend te maken door plunderingen op vijandelijk gebied. Maar de omvang van het leger van Wallenstein bracht met zich mee dat niet alleen de overwonnen vijand, maar ook de loyale onderdanen van de keizer geacht werden te helpen zijn troepen van eten, onderdak en soldij te voorzien. De onvrijwillige gastheren van Rodrigo Díaz betaalden een schatting om hem zover te krijgen dat hij zou vertrekken. De gastheren van Wallenstein betaalden 'heffingen' en moesten desondanks zijn aanwezigheid verduren. De belastingen die hij de bewoners van de districten waar hij zijn troepen onderbracht afdwong, konden oplopen tot een bedrag van 24 procent van wat ze aan middelen ter beschikking hadden, en niet betalen werd meedogenloos gestraft.

In 1625 trok hij de aarstbisdommen Halberstadt en Maagdenburg binnen en verklaarde dat hij de bevolking noch hun vorsten enig kwaad zou doen, mits zijn manschappen van voedsel en onderdak werden voorzien. Zijn dreigende woorden bereikten hun doel. Toen de huisvesting van zijn manschappen geregeld was, nam Wallenstein met zijn hofhouding zijn intrek in het kasteel van Halberstadt, waar hij de bescherming genoot van de tweehonderd lansiers van zijn privé-lijfwacht, en bereidde zich voor op de lente.

In Halberstadt, zoals overal elders, werkte hij. Hij was soldaat, maar hij was ook, altijd, bestuurder. Een Beierse gezant die hem van nabij observeerde (hij was altijd door spionnen omringd) noemde hem *il grand economo*. Hij combineerde in zijn persoon de rollen van opperbevelhebber, kwartiermeester en leverancier. Hij had alles meegenomen wat hij in deze oorlog nodig zou hebben en wat zijn uitgestrekte en uiterst kundig beheerde landgoederen hem leveren konden. Het leger had bier, bloem, laarzen en musketten nodig. Op Gitschin had hij brouwerijen, boerderijen, molens, looierijen, mijnen en metaalgieterijen die er klaar voor waren om aan die vraag te voldoen. Zijn belasteraars hebben hem, tot in de huidige tijd aan toe, beschuldigd van corruptie, maar de mensen die hem ervan beschuldigen dat hij zelf beter werd van de oorlog die hij voerde, zien over het hoofd dat zijn monopolie nu eenmaal absoluut was, zodat een andere constructie niet eens tot de reële mogelijkheden behoorde. Als generaal betaalde hij zichzelf, in zijn rol van leverancier, voor het uitrusten en bevoorraden van zijn eigen leger (kosten die, in een vage toekomst, door de keizer zouden moeten worden vergoed). Hij had van zichzelf een eenmans militair-industrieel complex gemaakt.

In 1626 versloeg hij graaf von Mansfeld bij Dessau en dreef de restanten van diens leger door Hongarije Kroatië in, maar het was Tilly die een glorieuzere overwinning behaalde, door de legers van koning Christiaan van Denemarken en zijn bondgenoten bij Lutter af te slachten. Een waarnemer meldde aan de keurvorst van Beieren, de heer van Tilly, dat toen Wallenstein van de triomf van zijn collega hoorde, hij woedend een wijnglas door de kamer had gesmeten. Of dit waar is of niet, het verhaal geeft wel weer dat bij het volk de indruk leefde dat de geallieerde generaals met elkaar wedijverden, en dat Tilly aan de winnende hand was. Wallenstein reageerde bot op kleingeestige kritiek: 'Als ik God net zo goed gediend had, zou ik de belangrijkste heilige in de hemel zijn.' Aan het keizerlijke hof gingen echter stemmen op die zich afvroegen of de betrekkelijk bescheiden prestaties van de hertog van Friedland de eer die hem bewezen werd eigenlijk wel rechtvaardigden – om maar te zwijgen over de kosten van zijn enorme *armada*.

Het was echter te laat om te overwegen of hij niet beter ontslagen kon worden. Een geest kan wel worden opgeroepen maar laat zich niet zo gemakkelijk overhalen om terug te gaan naar de helse sferen waar hij vandaan komt; hij zou de buitengewone diensten waarvoor hij is opgeroepen immers ook niet kunnen verlenen als hij niet over machten beschikte die ver boven de kunde van zijn sterfelijke meester uitstegen. Niemand, zelfs keizer Ferdinand niet, zou zich ooit nog in alle veiligheid in staat achten Wallenstein een strobreed in de weg te leggen. Hij werd er nog niet van verdacht het plan te koesteren om zijn soldaten tegen het keizerrijk in te zetten, maar zijn leger vormde niettemin voortdurend een enorme bedreiging voor de gemeenschap die het ogenschijnlijk diende.

Er kon nooit op worden vertrouwd dat een huurlingenleger zich niet tegen zijn eigen heer en meester zou keren. In het eerste jaar van het bevel van Wallenstein meldde de Venetiaanse ambassadeur in Wenen dat 'de loyaliteit [van het leger] twijfelachtig is... er wordt gevreesd voor muiterij en aansluiting bij de vijand'. Dat waren angsten die Wallenstein opzettelijk voedde. In de loop van de volgende jaren zou hij herhaaldelijk zijn ontslag indienen als hij werd dwarsgezeten – misschien in alle oprechtheid, maar het was natuurlijk ook de bedoeling dat men eraan herinnerd werd hoe onvervangbaar hij was – en elke keer dat hij dat deed liet hij terdege doorschemeren dat zijn ontslag het gevaar dat zijn troepen vormden er niet bepaald geringer op zou maken. 'Het moet voorkomen worden dat de mannen moedwillig tot wanhoop worden gedreven, want bij de God tot wie ik bid, ze slaan aan het muiten.'

In naam dienden zijn mannen, zowel officieren als soldaten, de keizer, maar feitelijk had Wallenstein het voor het zeggen. 'Zij zijn als vreemden op de grond die ze betreden,' zegt een officier in Schillers *Wallenstein* – waarmee hij er niet ten onrechte op wees dat huursoldaten, van wie velen uit het buitenland kwamen, en geen sentimenteel of politiek motief hadden om de keizer of het keizerrijk toegewijd te zijn, slechts loyaliteit verschuldigd waren aan hun opperbevelhebber. De officieren van Wallenstein waren financieel aan hem gebonden. Het leger werd niet alleen bijeengehouden door de hiërarchische structuur, maar ook door een uitgestrekt web van verleende kredieten, en midden in dat web zat de opperbevelhebber. Elke kolonel had op eigen kosten troepen op de been gebracht, met dien verstande dat hij die kosten uiteindelijk vergoed zou krijgen, en degene die daar borg voor stond was Wallenstein. Daar kwam bij dat hij de hebbelijkheid had zijn officieren emotioneel aan zich te binden door ze nu eens te koeioneren en ze dan weer allerlei gunsten te bewijzen. Hij kon heel vrijgevig zijn. Na een geslaagde verrassingsaanval beloonde hij een van zijn kolonels met vierduizend kronen en een paard. De kolonel, die graag en roekeloos gokte, verspeelde prompt zijn hele beloning. Nog voor hij kon opstaan van de speeltafel stopte de page van Wallenstein hem een buidel toe met nog eens een klein fortuin. Maar hij kon ook vreselijk tekeergaan. Van tijd tot tijd liet hij, ten overstaan van hun eigen manschappen, al zijn woede en razernij op zijn officieren los. Eén keer, toen hij aan het hoofd van zijn troepen een stad binnenreed en daar vernam dat de voorraden die hij besteld had niet waren geleverd, schold hij de intendanten die daar verantwoordelijk voor waren op een vreselijke manier de huid vol – zijn officieren stonden erbij en de inwoners van de stad kwamen aanhollen om te kijken wat al die herrie te betekenen had. Documenten waaruit moest blijken dat zij er ook niks aan konden doen werden hem beschroomd overhandigd; hij verscheurde ze. Hij raasde en was buiten zinnen. Volgens een van de geschokte en vernederde intendanten noemde hij hen 'verachtelijke lafbekken, luiaards, beesten en schurken, en ging daarmee door tot hij er zelf uiteindelijk moe van werd'. Nadien nam een van zijn hoogste officieren contact op met de beledigde mannen, niet bepaald om zijn excuses aan te bieden, maar om hun aan te raden het incident te vergeten. Zijn nabije omgeving accepteerde het dat de woede van Wallenstein als een vulkaan was die af en toe tot uitbarsting kwam – dat te verduren was de prijs die zijn bondgenoten en metgezellen nu eenmaal moesten betalen voor het voorrecht zo dicht bij die ontzagwekkende energiebron te verkeren.

Gesteund door zijn tienduizenden gewapende mannen werd zijn positie gegarandeerd door de vrees dat zonder hem wel eens zou kunnen blijken dat ze niet in de hand te houden waren. 'Zijn legers floreerden,' schreef Schiller, 'terwijl alle staten waar ze doorheen trokken verkwijnden. Wat zou hij zich druk maken om de haat van het volk en de klachten van de prinsen? Zijn leger aanbad hem, en het was juist de immensheid van zijn schuld die hem in staat stelde de consequenties ervan te trotseren.' Hij was de leeuwentemmer die onmisbaar was omdat de leeuw anders niet meer te houden was. Toen hij achter de troepen van Mansfeld aanjoeg, naar het zuiden, had hij de keizer laten weten dat hij soldij voor zijn troepen moest hebben, een dringende boodschap die hij vergezeld had doen gaan van de omineuze waarschuwing dat ze, als ze die soldij niet kregen, 'wel eens hun eigen weg zouden kunnen inslaan' – waarop de Venetiaanse gezant had opgemerkt dat dit eisen waren 'die iedere andere prins de kop zouden hebben gekost, maar Wallenstein wordt gevreesd omdat hij aan het hoofd van een groot leger staat'.

Het jaar daarop werd de stemmen die op hem mopperden het zwijgen opgelegd, althans voor een tijdje. 1627 was Wallensteins *annus mirabilis*, het jaar dat hij van overwinning naar overwinning trok, het jaar waarin hij door het keizerrijk naar het noorden raasde, de vijanden van de keizer voor zich uit drijvend. Zijn zelfvertrouwen kon niet groter, zijn strategie was gedurfd en hij had een ijzeren wil. Triomfantelijk wees hij erop dat hij Ferdinand en zijn raadsheren terecht eisen had gesteld, dat hij terecht om al die bijdragen uit de schatkist had gevraagd. Hij was onverbiddelijk, en wekte ieders ontzag. Het was de veldtocht van dat jaar waarmee hij de reputatie verwierf onoverwinnelijk – ja, almachtig – te zijn, en die zijn tijdgenoten ertoe bracht te geloven dat hij, en hij alleen, de meest gevreesde vijand van het rijk de baas kon. Aan het hoofd van een veertigduizend man sterk leger verdreef hij de Denen en hun bondgenoten uit Silezië. Hij sloot zich weer aan bij Tilly, maar omdat die gewond was, kreeg Wallenstein onbetwist het bevel over beide legers. Hij trok verder naar het noorden, door Mecklenburg, Pommeren, Holstein, Jutland, en steden en vestingen vielen hem en zijn luitenants als overrijp fruit in de handen. Uiteindelijk veroverde hij het hele Deense schiereiland. Christiaan, opeens een koning zonder land, vluchtte naar de eilanden. De abt van Kremsmünster sprak voor de meerderheid toen hij schreef dat de 'opmars van Wallenstein, verbazingwekkend in zo'n korte tijd, zo overweldigend is dat iedereen van zijn stuk is en zegt: "*Quid est hoc?*" – Wat is dit?'

Hij kreeg zijn beloning. Keizer Ferdinand bood zijn zegevierende generaal de kroon van Denemarken aan. Wallenstein was zo verstandig dat aanbod af te slaan 'daar ik niet in staat zou zijn mezelf te onderhouden', maar hij aanvaardde wel de hertogdommen Mecklenburg en Sagan, met al hun landerijen en paleizen, alsmede de orde van het Gulden Vlies.

Hij had een koninkrijk afgeslagen, maar hij was nu rijker en machtiger dan veel koningen. Hij had het soort verhevenheid bereikt dat niet alleen dodelijke afgunst wekt, maar ook argwaan bij eigentijdse Cato's, die altijd op hun hoede zijn voor militairen wier ster te hoog dreigt te stijgen. In Engeland had het parlement nog maar een jaar eerder stappen genomen om een aanklacht in te dienen tegen George Villiers, de eerste hertog van Buckingham. Buckingham was de lieveling geweest van de homoseksuele koning James I. (De koning noemde hem 'Steenie' – naar Sint-Stefanus die een gezicht had 'als van een engel' – en 'mijn lieve kind en vrouw'.) Buckingham was een uitzonderlijk mooie en geniaal manipulerende jongeman die door zijn bewonderaars werd binnengehaald als een 'tweede Alcibiades'. Hij had zijn aantrekkingskracht gebruikt om zowel politieke macht als een enorme rijkdom te verwerven. Op het hoogtepunt van zijn carrière was hij net zo rijk als de koning en, als diens eerste minister, na hem de hoogste gezagdrager in het land. Hij stelde zijn rijkdom ten dienste van de staat en ging op diplomatieke missies in met parels bezette kostuums die zo duur waren dat je er een fors leger van op de been zou kunnen houden – en net als Alcibiades stelde hij het instituut dat hij geacht werd te vertegenwoordigen in de schaduw, en oogstte hij net zoveel haat als bewondering. Na de dood van zijn koninklijke beschermheer wist hij de nieuwe koning ook te betoveren. Charles I was al niet zo gebiologeerd door hem als zijn vader geweest was. Maar toen Buckingham een onbezonnen en kostbare poging deed om zich in het Duitse oorlogsgewoel te storten, keerde het parlement zich tegen hem, en noemde hem 'de hoofdoorzaak van alle kwaad en onheil waar dit land door wordt bezocht'. De koning behoedde hem voor inbeschuldigingstelling door het parlement te ontbinden, maar twee jaar later, na een ander desastreus verlopen militair avontuur, werd hij in een drukke taveerne doodgestoken. Hij was als een raket omhooggeschoten naar een fenomenale machtspositie, maar dat had hem meteen ook zoveel vijanden bezorgd dat toen zijn lichaam door de straten van Londen naar Westminster Abbey werd gedragen, de wachten die langs de route stonden hun wapens uitdagend omhoophielden in plaats van ze te laten hangen (zoals bij begrafenissen gebruikelijk was) en bij de Tower een mensenmenigte bijeenkwam om te bidden voor zijn moordenaar. Wallenstein, ook een omhooggevallen potentaat wiens positie in wezen afhankelijk was van de steun van een vorst, zou er goed aan hebben gedaan het verhaal van Buckingham ter harte te nemen.

In december 1627 zocht Wallenstein de keizer op, die niet ver van Praag op jacht was. Ferdinand ontving hem en verzocht hem het hoofd weer te bedekken. Wallenstein aarzelde. Hij was een militaire held, de redder van het rijk en inmiddels tot drie keer toe hertog, maar alleen de erfprinsen van het rijk genoten het voorrecht om in aanwezigheid van de keizer hun hoed op te mogen houden. Dat iemand als Wallenstein, die in de lagere adel geboren was, werd vergund wat alleen voor prinsen was weggelegd, was werkelijk ongehoord. Tot twee keer toe moest de keizer zijn bevel herhalen, pas toen durfde Wallenstein, die wel begreep wat voor geweldige eer hem hier werd bewezen, het aan om te gehoorzamen. Iets later dezelfde ochtend kwam het hof bijeen voor de ceremonie van het keizerlijke ontbijt. Ferdinand dipte zijn vingers in een zilveren schaal. Het was aan een prins van het rijk om hem een handdoek aan te reiken, maar deze keer vervulde Wallenstein, opnieuw blootshoofds, die taak. En opnieuw, als publieke erkenning van zijn nieuwe status, nodigde Ferdinand hem uit om zijn hoed op te zetten. Dat deed Wallenstein, 'waarmee hij', zoals de pauselijke nuntius die erbij aanwezig was opmerkte, 'misschien veeleer de stille afgunst van het hof over zich afriep dan hun gefluisterde afkeuring'.

Afgunst, gefluisterde afkeuring, overdreven gedoe met hoeden en handdoeken en wasbekkens – dat soort dingen verafschuwde Wallenstein. Maar wat het allemaal impliceerde zal hem zeker genoegen hebben gedaan. Achilles, opstandig, verklaarde zich onafhankelijk van ieder gezag behalve dat van de goden. Wallenstein, nu een keizerlijke prins, hoefde voor niemand te buigen behalve voor de Heilige Roomse keizer, de wereldlijke plaatsvervanger van God. Hoe groter de meester, des te minder vernederend het is om hem te dienen. Later, toen hem verzocht werd een deel van zijn troepen onder commando van Tilly te stellen, weigerde Wallenstein dat met de hooghartige woorden: 'Ik ben gewoon het Huis van Oostenrijk te dienen, niet mij te laten koeioneren door een Beierse slaaf.' Dat voorjaar benoemde Ferdinand hem tot hoogste opperbevelhebber, met het gezag om bij afwezigheid van de keizer te 'decreteren en bevelen' – alsof hij zelf keizer was.

Ferdinand benoemde hem tevens tot admiraal van de Duitse Oceaan en de Baltische Zee. Die titel gaf een geheel eigen draai aan de werkelijkheid, daar de keizer geen vloot had, maar Wallenstein was van plan daar snel iets aan te doen. Zijn eerste biograaf vertelt dat hij het jaar daarvoor, toen hij machteloos had moeten toezien hoe de Denen naar de eilanden ontkwamen, 'gloeiend hete kogels in de opstandige golven liet schieten, die het immers gewaagd hadden zijn veroveringen een halt toe te roepen'. Elk obstakel dat uitbreiding van zijn macht in de weg stond deed zijn bloed koken. Nu maakte hij plannen om een kanaal door het smalste deel van het Deense schiereiland te laten graven, opdat schepen van de Noordzee naar de Baltische Zee konden varen. Met de medewerking van de havensteden van de Hanze, en met schepen die hij van de Spanjaarden had geleend, zou hij het keizerlijke gebied verder naar het noorden kunnen uitbreiden, het rijk zou ook een zeemacht worden, waarmee het meteen alle overzeese handel in het noorden van Europa onder controle zou hebben. Hij had de keizer op het land oppermachtig gemaakt, hij had de buitenlandse vijanden van het keizerrijk verslagen en de binnenlandse critici de mond gesnoerd. Nu verkondigde hij een grandioos visioen van een nog groter rijk. Hij sprak over een aanval op de Turk, een machtsgreep op zee. De negentiende-eeuwse histori-cus sir Adolphus Ward was van mening dat niemand behalve Napoleon ooit een plan had ontwikkeld voor overheersing van Europa dat 'zo gedurfd van opzet was, en zo systematisch in de details'.

Het was niet voor Wallenstein weggelegd dat visioen te verwezenlijken. Drie eeuwen zouden voorbijgaan voor Adolf Hitler, die een groot bewon-deraar was van Wallenstein, erin slaagde een op nieuwe leest geschoeid, effi-ciënt en meedogenloos roofzuchtig Duitse *Reich* te stichten. Intussen, in dat voorjaar van 1628, het seizoen dat de loopbaan van Wallenstein zijn hoog-tepunt bereikte, keerde het tij. In januari overleed zijn eerste en enige zoon, een baby van zeven weken (hij had toen al laten weten dat zijn andere kind, een meisje, niet zijn erfgenaam zou worden). En er was irritant nieuws uit het noorden.

Terwijl hij de winter doorbracht in Bohemen, waar hij zich bezighield met het beheer van zijn landgoederen en bezoeken aan het hof, had hij zijn leger onder commando gesteld van Hans Georg von Arnim. De carrière van Arnim, in moderne ogen een aaneenschakeling van verraderlijkheden, illustreert duidelijk hoezeer het concept van loyaliteit sinds de zeventiende eeuw is veranderd, want hij genoot onder zijn tijdgenoten algemeen erken ning als een bijzonder rechtschapen man. Hij was luthers, en hij stond be-kend om zijn nuchterheid, zijn strenge discipline en zijn gewoonte om voor een veldslag zijn manschappen voor te gaan in gebed. Hij had de koning van Zweden gediend, diens aartsvijand de koning van Polen, en graaf von Mans-feld (en met hem degene die Mansfeld op dat moment toevallig diende). In 1627 was hem werk aangeboden door zowel de koning van Denemarken als de gesel van Denemarken, Wallenstein. Enigszins verrassend, gezien zijn godsdienstige overtuiging, had hij voor de laatste gekozen. Wallenstein res-pecteerde zijn inzicht en zijn professionele instelling: hij benoemde hem tot zijn plaatsvervanger en schreef hem soms wel zeven keer per dag.

In afwezigheid van Wallenstein probeerde Arnim een garnizoen te instal-leren in de semi-autonome Baltische havenstad Stralsund. De Stralsunders verzetten zich. De koningen van Denemarken en Zweden boden de stad al-lebei hulp aan. Tegen de tijd dat Wallenstein die zomer weer naar het noor-den trok, was de situatie in een alarmerend tempo aan het escaleren. On-derweg werd Wallenstein ziek. Vanaf zijn ziekbed schreef hij aan Arnim: 'Ik zie dat die van Stralsund volharden in hun koppigheid, weshalve ik vast-besloten ben hen serieus aan te pakken.' Dat was een beslissing, genomen in een pestbui en zonder voldoende weet van de omstandigheden. De De-nen stuurden een regiment Schotse huurlingen naar Stralsund. De Zweden volgden met acht schepen vol soldaten en munitie. Een plaatselijk geschil over een inkwartiering was een internationaal incident geworden.

Wallenstein kwam begin juli aan. In zijn wrevel over de uitdagende houding van Stralsund had hij schijnbaar alle behoedzaamheid laten varen, want hij riep uit (althans zo staat het geschreven): 'Stralsund moet op de knieën, al hangt zij met kettingen aan de hemel.' Een overmoedige godslastering, en dito stommiteit: nu moest hij zijn woorden wel waarmaken. Stralsund was nog net geen eiland. De stad werd aan de landzijde beschermd door moerassen en was slechts toegankelijk over vijf makkelijk te verdedigen, verhoogde wegen. Achtenveertig uur lang beschoot Wallenstein de stad bij dag, terwijl zijn voetsoldaten 's nachts, in het donker, optrokken langs de smalle toegangswegen, over elkaar struikelend en een makkelijk doelwit voor de Stralsunders. De cavalerie ploeterde aan weerskanten mee door het moeras. Twaalfduizend van de keizerlijk gezinde troepen sneuvelden in de modder. Dit onbeduidende conflict eiste veel te veel slachtoffers. Wallenstein deed soepele vredesvoorstellen. Hij wilde alleen nog maar 'eervol wegkomen en spoedig vertrekken'. Maar de bondgenoten van Stralsund waren niet van plan hem zo makkelijk te laten gaan. De onderhandelingen sleepten zich voort. Meer Deense troepen arriveerden, en nog eens duizend Schotten. Met zijn poging een zeehaven te blokkeren met niet meer dan een landleger had Wallenstein een elementaire fout gemaakt. De Stralsunders weigerden welke voorwaarden dan ook te accepteren, voordat hij zijn troepen had teruggetrokken. Het had dagen achtereen geregend. Om hun vooruitgeschoven posities te verdedigen moesten de mannen van Wallenstein tot hun middel in het water staan. Op 24 juli, amper drie weken nadat hij ter plaatse was aangekomen, liet hij de aftocht blazen.

Het verhaal van de slag om Stralsund, het onwankelbare stadje dat de dubbele macht had weerstaan van de Roomse Kerk en de Heilige Roomse keizer zoals gepersonifieerd door de wrede en zwaarmoedige hertog van Friedland, nam in de ogen van protestantse pamflettisten uit die tijd en van protestantse historici uit later tijden de proporties aan van een legendarisch heldenverhaal. Voor de belasteraars van Wallenstein aan het hof toonde het mooi aan dat hij dus kennelijk niet altijd onoverwinnelijk was. Voorlopig wist hij de ongelukkige indruk die hij had gewekt echter gauw naar de achtergrond te dringen. Hij had gewacht op de gelegenheid af te rekenen met de uitdaging die de Denen nog steeds vormden. Zolang een keizerlijke vloot alleen in de verbeelding van Wallenstein bestond, kon koning Christiaan niets overkomen, mits hij zich niet op het vasteland waagde. Wallenstein hoonde hem: 'Hij is elke dag straalbezopen en ik hoop bij God dat hij op een dag met zijn dronken kop nog eens iets zal proberen en uit zijn waterhol tevoorschijn zal kruipen, dan is het stellig afgelopen met hem.' Wallenstein werd op zijn wenken bediend. Nog geen maand nadat hij zich had teruggetrokken bij Stralsund, nam Christiaan, met zevenduizend man, het kust-plaatsje Wolgast met vesting en al in. Wallenstein ging er meteen op af. De veldslag die volgde was bloedig, de uitslag overtuigend. De Deense troepen zaten in de val tussen het keizerlijke leger en de zee en werden afgeslacht, op het handjevol overlevenden na dat Christiaan met zich mee wist te ne-men in zijn schepen. De oorlog met Denemarken was feitelijk voorbij (het vredesverdrag werd in juni van het jaar daarop officieel getekend). De critici van Wallenstein waren tot zwijgen gebracht. Andermaal was hij de zegevie-rende opperbevelhebber.

De oorlog verplaatste zich langzaam in zuidelijke richting. Wallenstein liet zich niet verleiden. Er rees een geschil over de opvolging in het hertog-dom Mantua, waar de Fransen en de Spanjaarden en uiteindelijk ook de kei-zer bij betrokken raakten, maar Wallenstein hield zich afzijdig. Met zijn ty-perende onverzettelijkheid liet hij een Spaanse gezant weten dat 'de gedach-te aan het verkrijgen van ook maar één soldaat van hem niet eens bij hen hoefde op te komen, al gaf de keizer hem daar persoonlijk het bevel toe'. In plaats daarvan hield hij zich bezig met zijn nieuwe hertogdom Mecklen-burg.

De voormalige hertogen, twee broers die partij hadden gekozen voor Denemarken en die daarom verbannen waren, hadden hun paleis leeg ach-tergelaten. Wallenstein nam er zijn intrek, samen met de ruim achthonderd mensen die zijn hofhouding vormden (maar zonder zijn hertogin), en begon het naar zijn gebruikelijke smaak in te richten. Wandkleden, leren wandver-siering met goudopdruk, fijn tafellinnen, damast, tapijten in zijn favoriete blauw uit Lucca en Venetië, tafelzilver uit Genua ter waarde van dertigdui-zend daalders. Een calvinistische kerk werd afgebroken om ruimte te ma-ken voor een nieuwe vleugel, die uit het steen van de voormalige kerk werd opgetrokken. Tegelijkertijd wilde hij een gloednieuw paleis laten bouwen in zijn derde hertogdom Sagan. Volgens de Ier Thomas Carew waren de plan-nen voor dat paleis dermate fantastisch dat het zonder meer het achtste we-reldwonder zou zijn geworden. Het werd echter nooit voltooid. Wallenstein zou in de jaren die hem nog restten slechts negen dagen in Sagan doorbren-gen.

Zoals hij het paleis herinrichtte, bracht hij ook de nodige bestuurlijke verbeteringen aan in Mecklenburg. 'Ik zie wat voor onbeschaamdheden en hoeveel getreuzel hier altijd getolereerd zijn,' schreef hij. 'Maar ze krijgen nu met iemand anders te maken dan met de voormalige hertogen. Ik sta zulks voorzeker niet toe.' Hij herschreef de grondwet. Hij stelde een post-dienst in. Hij introduceerde uniforme maten en gewichten. Hij bouwde ar-menhuizen. Hij snoeide drastisch in het aantal rechtszaken dat op een uit-spraak wachtte. Hij installeerde garnizoens en bouwde vestingwerken. Hij vorderde grote sommen gelds aan huur, vergunningen, accijnsen en andere 'heffingen'. Toen de erfelijke eigenaars van al die middelen, de voormalige hertogen, een gezant naar hun opvolger stuurden met het naïeve verzoek een goed woordje voor hen te doen bij de keizer, liet Wallenstein hem hardvochtig weten: 'Kom nog eens op zo'n missie en ik leg je hoofd voor je voeten neer.' De man begon tegenwerpingen te maken. Wallenstein kapte hem af: 'Je hebt gehoord wat ik zei.'

Terwijl hij zich met de bestuursvernieuwingen in zijn nieuwe hertogdom bezighield, gingen de oorlogen hun tweede decennium in. De gebieden waar Wallenstein de scepter zwaaide vormden oases van vrede en voorspoed in wat er in de ogen van tijdgenoten uit begon te zien als een eindeloze woestenij. Een keizerlijke functionaris vergeleek de Boheemse landerijen van de opperbevelhebber rond Gitschin en Friedland met een '*terra felix*'. 'Een algehele toestand van vrede, zalig en weldadig, overheerst.' Het was wel een jammerlijk contrast met de '*terra deserta*' die de rest van Bohemen uitmaakte. Daar 'storten steden, voorname kastelen, markten, dorpen allemaal in, en de gekoesterde, vruchtbare grond is overwoekerd door distels en doornstruiken'. In het grootste deel van het enorme rijk stonden de zaken er zo voor, en al die schade was niet aangericht door de oorlog, maar simpelweg door verschillende legers op doortocht. Het contrast tussen de *terra felix* van Wallenstein en de omliggende woestenij was makkelijk te verklaren. Als opperbevelhebber kon hij, zoals die functionaris opmerkte, ervoor zorgen dat 'geen leger bij hem recht op doortocht kreeg, om over een langduriger verblijf maar te zwijgen'. Het gevolg was dat 'alles kan worden aangetroffen in een toestand van de grootst mogelijke voorspoed'.

Wallenstein, *il grand economo* die gruwde van verspilling, kwam altijd fel in opstand als zijn politieke bazen voorstelden dat hij over bouwland optrok als het graan nog groen was, maar slechts weinig militaire bevelhebbers en geen der gewone soldaten had zijn vooruitziende blik. Het kon buitenlandse huurlingen en berooide boertjes die soldaat waren geworden niet schelen hoeveel vernielingen ze aanrichtten, en ze hadden allemaal honger. Het waren huurlingen die terugkeerden van de Duitse slagvelden die het woord '*plunder*' in de Engelse taal introduceerden.

Historici kunnen het nog altijd niet eens worden over de precieze omvang van de vernielingen die door de oorlog zijn aangericht: stellig zijn veel van de afschuwelijke verhalen en schokkende statistieken die documenten uit die tijd bevatten overdreven (ofwel omdat de auteurs een zo hoog mogelijke schadevergoeding wilden claimen, ofwel omdat ze de vijand wilden zwartmaken), maar de naakte waarheid was erg genoeg om buitenlandse reizigers versteld te doen staan en de beklagenswaardige onderdanen van de keizer tot wanhoop te drijven. Een Silezische mysticus verkondigde dat het einde der tijden ophanden was: de alomtegenwoordige dood en vernietiging waren een voorspel van het Laatste Oordeel. Het was nagenoeg onmogelijk om je voor te stellen dat het leven ooit weer zijn normale loop zou nemen. Het dagboek van een schoenmaker uit die oorlogsjaren vermeldt dertig afzonderlijke keren dat hij met zijn familie hun dorp moest ontvluchten om zich schuil te houden voor plunderende legers. Het reisjournaal van een Engelsman uit 1636 beschrijft 'kastelen die zijn beschoten, geplunderd en in brand gestoken', dorpen die verlaten zijn door hun inwoners omdat de pest had toegeslagen, huizen die waren afgebrand, leeggeroofde kerken, steden die zijn geplunderd en kennelijk verlaten, op wat hongerige kinderen na die toekijken vanuit deuropeningen, kapotte bruggen, bossen die worden afgestroopt door huurlingen en wegen omzoomd met galgen waar lijken aan hangen. *The Lamentations of Germany*, in 1638 in Londen gepubliceerd, is een afgrijselijk geïllustreerde verzameling getuigenissen van vluchtelingen. De onderschriften bij de illustraties luiden bijvoorbeeld: 'Priesters, doodgeslagen op het altaar', 'Slakken en kikkers worden gretig gegeten', 'Moeder treurend om zes dode kinderen'. Nieuwsbladen uit die tijd laten prenten zien van ouders die hun eigen kinderen opeten, van gapende graven met wanhopige mensen erbij die aan opgegraven lijken zitten te knagen. Hoewel zulke afbeeldingen natuurlijk niet te verifiëren zijn, wijzen ze er op zijn minst op dat de inwoners van het rijk het gevoel hadden te leven in een tijd van onzegbare gruwelen, een tijd waarin lijden de norm was en de structuren van het dagelijks leven zo vreselijk waren ondermijnd dat ze nergens konden schuilen voor de chaos en de duisternis.

Onder dergelijke omstandigheden gaan mensen op zoek naar een zondebok. En tegen die tijd was Wallenstein, in de ogen van velen, de personificatie van de oorlog geworden. Het was een van de functies van de opperbevelhebber dat hij de schuld en de schande van de oorlog op zich nam. Toen dan ook werd geopperd dat de jonge koning van Hongarije, de erfgenaam van de keizer, eigenlijk opperbevelhebber zou moeten worden, wierpen raadslieden tegen dat als hij een dergelijke rol speelde, zulks zijn verhouding met de mensen over wie hij ooit zou heersen onontkoombaar en onherstelbaar zou schaden, want de opperbevelhebber kon immers niet anders zijn dan een 'gesel' en een 'onderdrukker'. Het maakte niet uit dat Wallenstein de verschrikkelijke reeks conflicten niet begonnen was, het maakte niet uit dat hij slechts een dienaar en instrument van de keizer was (of althans geacht werd dat te zijn). Het was Wallenstein die het leger op de been had gebracht dat als een verderfelijke en vraatzuchtige parasiet op het rijk drukte. Het was Wallenstein wiens hardvochtige motto luidde: 'Beter een verwoest land dan een verloren land.' Het was Wallenstein wiens legers, zoals voorgesteld door de Engelse toneelschrijver en tijdgenoot Henry Glapthorne, de velden karmijnrood kleurden en die 'door stijgende zeeën van bloed' naar de overwinning zwommen. Het was Wallenstein wiens mensen stad na stad aandeden en overal zulke buitensporige 'heffingen' afdwongen dat alle handel, alle landbouw verder zinloos was, en wiens soldaten af en aan trokken door het keizerrijk, het land kaalvretend en ziektes verspreidend. Het was Wallenstein wiens ambitie (of die nu hemzelf gold dan wel zijn keizerlijke heer) er de duidelijkste oorzaak van leek dat de oorlog zich voortsleepte. Mensen maakten grapjes over zijn naam: Wallenstein – *Allen ein Stein* – allen een (graf)steen.

Zoals Drake de dromen en nachtmerries van het Spaanse volk was binnengedrongen, drong Wallenstein die van zijn landgenoten binnen. Een mystica, ene Christina Poniatowska, kwam naar Gitschin, op zoek naar 'die wilde hond, die Wallenstein'. Toen hij er niet bleek te zijn, gaf ze de hertogin een brief waarin ze hem beval berouw te tonen, waarna ze in trance raakte en Wallenstein voor zich zag, in bloedbesmeurde kleren, pogend een ladder naar de hemel te beklimmen, waar hij echter af werd gesmeten. Zelfs zijn minder extatische landgenoten schreven hem bovennatuurlijke, destructieve krachten toe. Tijdens zijn laatste bezoek aan Wenen brak een brand uit die het bisschoppelijk paleis en honderdachtenveertig andere huizen in de as legde. 'De komst van de hertog van Friedland heeft ons niets dan storm, vuur en verschrikking gebracht,' schreef een hoveling. 'Toen hij in januari naar Praag kwam vloog zijn eigen huis in brand. Wat kan daar anders uit geconcludeerd worden dan dat hij nog veel meer wil verbranden en vergallen, tot hij zelf uiteindelijk verteerd zal zijn?' Hem was het karakter toebedeeld van Mars of van Thanatos, belichaming van de verwoesting en van de dood.

Dergelijke fantasieën hadden hem niet dwars hoeven zitten. De publieke opinie had in die tijd niet veel invloed op doen en laten van de machthebbers. Maar ook onder die machthebbers waren er talrijken die hem vreesden en haatten. Zijn geweldige leger had een fundamentele verschuiving teweeggebracht in het machtsevenwicht. De keizer was voorheen de marionet geweest van de keurvorsten, maar nu behoorden zij zelf tot de geïntimideerde onderdanen van de keizer. De exorbitante 'heffingen' die hij oplegde hadden niet alleen de belangen van het volk geschaad, maar ook die van hun meesters. Op een bijeenkomst van keurvorsten in 1627 werd unaniem geklaagd dat 'regionale heersers aan de genade zijn overgeleverd van kolonels en kapiteins, ongenode oorlogsprofiteurs en criminelen die de rijkswetten met voeten treden'. Het blote bestaan van het leger vormde al een gevaar. Ooit lag de schaduw van Pompeius en Caesar over Rome, en dreigden zij alle leven uit de staat te persen als zij ervoor kozen Rome binnen te trekken. Even duister was de dreiging van Wallenstein en zijn leger, dat als een niet te torsen gewicht op het Heilige Roomse Rijk lag, en er stukje bij beetje alle leven uit perste. 'De hertog van Friedland,' verklaarde de keurvorst van Mainz, 'heeft vrijwel iedere regionale heerser in het keizerrijk diep geërgerd en gegriefd.' Wallenstein was zich er volledig van bewust hoezeer hij werd verfoeid. 'Alle keurvorsten en prinsen, ja, zelfs een menigte van anderen moet ik mij tot vijand maken in het belang van de keizer,' schreef hij. Zolang hij de bescherming genoot van Ferdinand konden anderen hem weinig kwaad doen. Maar in 1628, hetzelfde jaar waarin hij aanvankelijk zo met roem en eer overladen was, begon dat schild barsten te vertonen.

'Als Wallenstein een groter diplomaat was geweest,' schreef Oswald Spengler, 'en had hij in het bijzonder de moeite genomen om, net als Richelieu, de persoon van de monarch onder zijn invloed te krijgen, dan zou het in het keizerrijk vermoedelijk helemaal gedaan zijn geweest met het prinsdom.' Maar de vorst met wie Wallenstein te maken had, had in tegenstelling tot die van Richelieu, een sterke wil en een heilige missie. Als aartshertog van Stiermarken had Ferdinand zijn protestantse onderdanen geterroriseerd dan wel gemarteld tot ze hun geloof verzaakten of in ballingschap gingen. Als keizer was hij behoedzamer geweest, maar toen de Denen en hun protestantse bondgenoten waren verslagen en zijn persoonlijke macht was veiliggesteld door de troepen van Wallenstein, voelde hij zich eindelijk zo zeker van zijn zaak dat hij zijn vervolgingen hervatte. In 1629 vaardigde hij het Restitutie-edict uit, een maatregel die voorschreef dat alle bezittingen van de katholicke Kerk die na 1552 in wereldlijke handen waren gevallen moesten worden teruggegeven. Het was een maatregel die tot veel onrust en onvrede leidde. (Tien jaar later zou een vergelijkbaar voorstel de Schotse covenanters aanzetten tot opstand tegen Charles i van Engeland en Schotland, de eerste schakel in een keten van gebeurtenissen die uiteindelijk tot zijn onthoofding en de tijdelijke omverwerping van de monarchie zou leiden.) Alle protestanten, en veel gematigde katholieken met hen, waren ontzet. Een van de gedrukte exemplaren van het oorspronkelijke Edict die zijn overgeleverd draagt het commentaar, erop geschreven door een katholiek uit die tijd: 'Radix Omnium Malorum', de wortel van alle kwaad.

Het was geen maatregel die Wallenstein onbekommerd aan het volk kon opleggen. Hij had van begin af aan staande gehouden dat hij geen godsdienstoorlog uitvocht. Zijn doelen waren geen sektarische, maar politieke doelen, wat hij nastreefde was de vestiging en handhaving van een sterke, gecentraliseerde keizerlijke regering. Zijn leger was een seculiere, kosmopolitische organisatie waar mannen van elke overtuiging welkom waren. Arnim, zijn plaatsvervanger, was luthers. Wat hijzelf geloofde zou niemand met zekerheid kunnen zeggen. Toespelingen op de Here God waren hem niet welgevallig. Toen zijn muntmeester een keer munten uitgaf met een vroom omschrift, schreef hij bruusk: 'Ik weet niet wie jou op het idee heeft gebracht van dat *"Dominus Protector Meus"*.' Als hertog van Mecklenburg bemoeide hij zich altijd slechts in zoverre met de godsdienstoefeningen van zijn onderdanen dat hij hun opdroeg in elk geval voor hem te bidden: '*Für mich*.'

Hij zag het Restitutie-edict als een daad van politieke zelfvernietiging, die de protestantse ingezetenen van het rijk wel van de keizer móést vervreemden. Het gevolg zou wel zijn dat ze iedere buitenlandse strijdmacht die het aandurfde om het tegen de Habsburgers op te nemen met open armen zouden ontvangen. Maar Ferdinand had ooit uitgeroepen: 'Beter een woestijn dan een land vol ketters!' en aan zijn prioriteiten was niks veranderd. Zijn biechtvader, de jezuïet pater Lamormaini, zei tegen de keurvorst van Beieren: 'Het Edict moet rechtovereind blijven staan, wat voor kwaad er uiteindelijk ook uit mag voortkomen. Het doet er weinig toe dat de keizer, als gevolg van het Edict, niet alleen Oostenrijk verspeelt maar al zijn koninkrijken... als hij zijn ziel maar redt.' Geen wonder dat Wallenstein, wiens taak het was de seculiere belangen van de keizer te behartigen, de jezuïeten als zijn grootste vijanden aan het hof zou gaan zien. Zijn agenda was een radicaal andere. 'Het Edict,' hield hij het volk van Maagdenburg weinig behoedzaam voor, 'kan onmogelijk van kracht blijven.'

Toen de keizer en zijn opperbevelhebber een dergelijk verschil van inzicht bleken te hebben, stond een groot deel van hun smaadgrage en roddelzieke omgeving klaar om de kloof tussen hen verbreden. Net als Alcibiades en El Cid voor hem, was Wallenstein te groot geworden om nog onderdaan te kunnen zijn, zoals waarnemers, zowel buitenlandse gezanten als keizersgezinde edellieden, herhaaldelijk opmerkten. 'Hij veracht het voltallige hof en maakt openlijk ruzie met ministers... Hij beledigt heersende vorsten,' schreef er een. Een ander meldde dat 'Friedland de keizer zover van zijn macht heeft beroofd dat hij alleen in naam nog keizer is.' In een vertrouwelijk rapport dat voor Maximiliaan van Beieren was bestemd werd hij vergeleken met Attila, Theodorik en Berengarius, 'die antieken die, tot verbazing van de geschiedschrijving, als simpele legerleiders koninkrijken verwierven en' – zo werd er venijnig aan toegevoegd – 'keizerlijke waardigheid nastreefden'.

Graaf Khevenhüller tekende op dat toen Wallenstein tot hertog van Mecklenburg werd gemaakt, er protesten kwamen van een groep conservatieve prinsen, die vreesden voor hun erfelijke privileges en die van streek waren geraakt bij de aanblik van twee van hen die waren onteigend ten gunste van een Boheemse parvenu. Eigentijdse Cato's waren het, verontwaardigd bij het vooruitzicht van een tweede Caesar die de macht naar zich toetrok die al zo lang bij hun eigen aristocratische oligarchie had berust. Ze waarschuwden de keizer dat 'waar sommige soevereine vorsten hun bedienden meer gezag hebben verleend dan gepast was, zij dit vaak betreurd hebben, met een wroeging die helaas te laat kwam'. De keizer nam er notitie van. In 1628, terwijl hij Wallenstein nog met nieuwe ereblijken overlaadde, wekte Ferdinand bij de Spaanse gezant de indruk 'zich buitengewoon ongerust te maken over de eigenzinnigheid van de hertog van Friedland'. De gezant vroeg waarom hij het in dat geval niet 'gedurfd' had om de hertog van zijn commando te ontheffen. 'Hij is de mening toegedaan dat zulks veel gevaarlijker consequenties zou hebben dan als [Friedland] voorlopig minzaam tegemoet werd getreden.' Ondanks al dat verfijnde gedoe met die hoed en die handdoek, ondanks alle hertogdommen en titels die hem verleend werden, was het geen genegenheid wat Ferdinand voor zijn opperbevelhebber voelde, maar angst.

Wallenstein wist dat zijn verbazingwekkende succes provocerend werkte, maar hij deed niets om degenen die zich eraan stoorden gunstig te stemmen. De pracht en praal waarmee hij zich omringde had iets van laatdunkendheid: hij had als motto gekozen *Invita Invidia* - 'het trotseren van (of uitnodigen tot) afgunst'. De prins van Hohenzollern verwonderde zich over zijn persoonlijke lijfwacht, zeshonderd man 'wier kleren dik bestikt waren met gouddraad, bandeliers versierd met gedreven zilver en pleken met verzilverde punten, zodanig dat geen keizer ooit een soortgelijke lijfwacht had'. De keurvorsten klaagden dat 'niet een van hen, noch enige koning of keizer, ooit een hofhouding had gehad die zich met de zijne kon meten'.

Als Wallenstein zich die moeite had getroost, zou hij de groeiende factie die vastbesloten op zijn ontslag aanstuurde wellicht de wind uit de zeilen hebben kunnen nemen. Toen hij in Wenen was merkte de Venetiaanse gezant op: 'Voor Wallenstein naar het hof kwam sprak iedereen kwaad over hem. Vandaag laat niemand zich horen.' Maar hij verwaardigde zich nooit om zich te verdedigen. Hij was te arrogant om naar het pijpen te dansen van mensen die hij verachtte, en had te veel minachting voor de op verkeerde informatie gebaseerde meningen van anderen om zijn tijd te besteden aan pogingen hen op andere gedachten te brengen. Doordat hij zich afzijdig hield van het hof, kon het gebeuren dat geruchten en irrationele angsten een eigen leven gingen leiden. Een van zijn generaals zei over hem: 'De slechte naam en faam van deze heer zit zo diep bij de mensen dat ik mij er vaak slechts met moeite van kan weerhouden geloof te hechten aan al dergelijke berichten... ook al was ik zelf bij hem op het moment dat gebeurde waar ik later anderen over hoor vertellen.' Afwezig en onzichtbaar voor het oog, dijde hij uit tot monsterachtige proporties in de gedachten van hen die steeds banger voor hem werden.

Een meerderheid van de keurvorsten, onder aanvoering van Maximiliaan van Beieren, besloot dat het keizerrijk van hem af moest. Hun bezwaar tegen hem, en zijn leger, was niet domweg gebaseerd op afgunst jegens zijn buitensporige macht. Een en ander maakte deel uit van een politiek debat dat al lang gevoerd werd over de monarchie in het algemeen, en de aard van het keizerrijk in het bijzonder. In 1619 had professor Reinking van de Universiteit van Geissen een verhandeling gepubliceerd waarin hij zich baseerde op de *Institutiones* van de Romeinse keizer Justinianus en waarin hij aantoonde dat de keizer 'het hoogste gezag in de christelijke wereld' vertegenwoordigde, en dat hij een absoluut vorst was wiens wensen kracht van wet hadden. Het hoeft geen verbazing te wekken dat deze doctrine genade vond in de ogen van Ferdinand. Maar andere theoretici hielden er andere inzichten op na. In 1608 had een dr. Horleder geschreven dat het rijk (een abstractie die werd vertegenwoordigd door de keurvorsten en prinsen) superieur was aan de keizer, die de dienaar van dat rijk was, en in 1603 had Althusias verklaard dat de keizer de beheerder, niet de bezitter, was van de opperste macht. Het gevaarlijkst van al was de mening die werd geventileerd door de half-Zweedse politieke filosoof Chemnitz, die vond dat als de keizer ooit een bedreiging zou vormen voor de soevereiniteit en de vrijheid van het rijk, het de plicht van de vertegenwoordigers van het rijk zou zijn de strijd met hem aan te binden, en hem zo nodig met geweld van de troon te stoten. Ferdinand had het boek van Chemnitz laten verbranden.

In de ogen van de keurvorsten en prinsen had Ferdinand het aan Wallenstein te danken gehad dat hij alle macht naar zich toe kon trekken. Zolang de keizer voor zijn militaire veiligheid afhankelijk was geweest van de medewerking van zijn prinselijke onderdanen, was zijn macht beperkt geweest, daar hij toen immers nooit in staat was zomaar door te drukken wat hij wilde. Maar zo tegen 1630, toen het leger van Wallenstein tot zijn beschikking stond, kon hij al die keurvorsten en prinsen eindelijk het hoofd bieden. Bovendien was het Wallenstein die er voordeel bij had gehad toen de keizer, tegen alle precedenten in, de erfelijke hertogen van Mecklenburg van hun titel had beroofd. Het was Wallenstein die nu, zo ongepast, zelf prins en hertog was, titels die hem verleend waren door een keizer wiens veronachtzaming van eerbiedwaardige tradities wel aantoonde dat hij er geen been in zag schandalig slordig met oude rechten om te springen. En het was Wallenstein die verantwoordelijk moest worden gehouden voor de ondraaglijke toestand waarin het rijk was komen te verkeren. Voor Maximiliaan en de andere keurvorsten was hij de zondebok op wie ze alle schuld aan de oorlog konden afschuiven, en de keizerlijke vertegenwoordiger op wie ze hun haat voor de keizer konden projecteren zonder openlijk hoogverraad te plegen.

In juli 1630 zou er een bijeenkomst zijn van de keurvorstelijke Rijksdag, het meest verheven en invloedrijke van alle regeringsinstellingen in het keizerrijk. De Rijksdag werd gehouden in Regensburg en was een geweldig evenement, politiek, diplomatiek en sociaal. De keizer met zijn hele hofhouding, alle keurvorsten met de hunne en talloze waarnemers, hovelingen, spionnen en andere aanhang kwamen ervoor bijeen. De stad was bomvol. Het gevolg van de keizer alleen al telde drieduizend mensen. Er werden feestmaaltijden gehouden, toernooien, wolvenjachten. Mensen reisden onder de meest onbeduidende voorwendsels heel Europa door, alleen om erbij te zijn.

Wallenstein was niet present. Sinds een maand hield hij verblijf in Memmingen, vier dagreizen van Regensburg. Net als Julius Caesar, die de laatste maanden voor hij eindelijk met een leger optrok naar Rome gezanten en tussenpersonen ontving in Ravenna, was hij een dreigende aanwezigheid achter de coulissen, en vormde hij in zijn eentje een concurrerend machtscentrum. Maximiliaan had geschreven dat hem van zijn commando ontheffen 'uiterst riskant' zou zijn. Er waren velen in Regensburg die zich maar al te goed konden voorstellen dat Wallenstein bereid zou zijn het voorbeeld van Caesar te volgen, en een staatsgreep te plegen in plaats van zijn positie op te geven.

Die warme en beangstigende zomer kreeg de reputatie van Wallenstein steeds meer duivelse trekjes. De potentaat wiens macht hij verondersteld werd te benijden werd niet uit loze hoffelijkheid 'heilig' genoemd: Ferdinand zag zichzelf, en werd door vele katholieken gezien, als de ware wereldse hoeder van de Kerk. Zijn macht trotseren, of erger, zich die macht toeeigenen, zou niet alleen een politieke misdaad zijn, maar ook een doodzonde. Een generatie later zou John Milton, die had meegestreden in een langdurige en succesvolle opstand tegen een goddelijke monarchie, het verhaal schrijven van de gevallen aartsengel, 'die de Almacht tartte met het zwaard'. Wallenstein, wiens vroomheid aanvechtbaar was, die in zo'n schaamteloze grandeur hof hield in Memmingen, had wel heel veel weg van een voorloper van de duivel van Milton die 'door hoger glorie boven elk verheven' was – 'met koninklijke trots, zich van zijn rang bewust'. Hij werd verdacht van trouweloosheid, en trouweloosheid aan de gezalfde vertegenwoordiger van de hemel stond gelijk aan satanische opstandigheid.

De Rijksdag werd geopend en de keizer vroeg zijn keurvorsten om raad inzake een breed scala aan beleidsmatige kwesties. Onder leiding van Maximiliaan van Beieren gaven ze antwoord alsof er maar één kwestie was die om een oplossing vroeg. Wallenstein en zijn leger, zeiden ze, was een vloek geworden. Ze hielden staande dat 'het krijgsvolk, dat nu onzegbaar talrijk was geworden, geen ander doel diende dan het verwoesten van het gemeen-

337

schappelijke vaderland'. In gruwelijke en hartverscheurende details deden ze het relaas van het leed onder hun onderdanen. Ze vertelden over 'wrede en onnodige vorderingen', over leeggeroofde kerken, over uitgehongerde mensen die alleen nog maar gras konden eten, over voedsel en bezittingen die 'op barbaarse wijze van de mensen werden afgeperst' en ze beweerden dat 'de hele schuld voor die ellende, die schande en eerloosheid... bij de nieuwe hertog van Mecklenburg berustte, aan wie als bevelhebber van de keizerlijke strijdkrachten, zonder toestemming van de staten, meer macht was verleend dan iemand ooit eerder had uitgeoefend'. Het leger van Wallenstein moest tot een derde van zijn huidige grootte worden teruggebracht en Wallenstein zelf, 'een man met een rusteloze en meedogenloze geest', een man die 'het hele menselijke ras verziekt en die door iedereen verfoeid wordt', en bovendien een buitenlander, een Tsjech, moest worden vervangen door een bevelhebber die 'geboortig was uit het keizerrijk en er zelf een eminente vertegenwoordiger van was' (zeg maar zo iemand als Maximiliaan).

De keizer aarzelde en draaide eromheen. Er volgden lange, hete dagen van gesprekken, van verzoeken en ontwijkende antwoorden, van voorstellen en tegenvoorstellen. Het zou voor de keizer vernederend zijn om zijn militaire opperbevelhebber op te geven, alleen omdat de keurvorsten erom vroegen, maar hij wilde dat zij zijn zoon, de koning van Hongarije, als zijn opvolger erkenden en hij had hun steun nodig voor het Restitutie-edict. In ruil daarvoor zou hij zich misschien laten overhalen die ene concessie te doen. Misschien zou hij, al zou hij daar nooit voor uitkomen, ook wel blij zijn om van zijn opperbevelhebber af te zijn. Als hij zich van Wallenstein ontdeed, zou hij zich misschien in één moeite door kunnen ontdoen van de schande die Wallensteins grote successen in zijn dienst over hen beiden gebracht hadden. Koning Charles I van Engeland, een tijdgenoot, zou niet veel later instemmen met de vervolging en executie van zijn rechterhand, de graaf van Strafford, in een vergeefse poging zijn populariteit te herwinnen. Charles offerde Strafford op ondanks het feit dat hij van hem gehouden had en hem vertrouwd had, terwijl niets erop wijst dat Ferdinand enige genegenheid voelde voor Wallenstein, de aanmatigende, onhandelbare onderdaan die hem zo 'ruw' aansprak, die hij inmiddels een dermate hoog bedrag schuldig was dat hij wel nooit van zijn schuld af zou komen, en wiens ultieme ambitie voor iedereen geheim bleef.

Op 13 augustus liet de keizer de keurvorsten weten dat hij had besloten tot 'een verandering in de leiding van zijn gewapende strijdkrachten'. Zijn capitulatie, zijn abjecte onvermogen om vast te houden aan zijn eigen opperbevelhebber, moest met eufemistische bewoordingen worden omzwachteld. Hij stelde een brief op waarin hij Wallenstein verzekerde van zijn 'duurzame genegenheid' en zijn 'hoge achting' en zijn zorg voor Wallensteins 'veiligheid, eer en goede naam'. Hij vertrouwde zijn brief toe aan de twee raadslieden die altijd het best met Wallenstein hadden kunnen opschieten. Die moesten die brief naar de keizerlijke opperbevelhebber in Memmingen brengen en 'hem overhalen zijn ontslag in te dienen, waarbij ze hem tegelijkertijd moesten verzekeren van de steun en bescherming van de keizer'. Aan Wallenstein – een man die berucht was om zijn hooghartigheid en zijn gewelddadige woedeaanvallen – vragen zijn machtspositie op te geven trof allen die erover nadachten als een taak die een gevaarlijke stoutmoedigheid vereiste. Een chroniqueur meldt dat de twee gezanten hun vierdaagse reis met angstig kloppend hart ondernamen. Tot hun verbazing ontving Wallenstein hen kalm. Volgens één bron zei hij: 'Heuglijker tijding kon mij niet gebracht worden. Ik dank God dat ik uit die nesten bevrijd ben.' Volgens een andere bron haalde hij een astrologische kaart tevoorschijn. Hij had geweten wat er ging gebeuren, zei hij, want in de sterren stond geschreven dat de keurvorst van Beieren de keizer in die periode stellig zou overvleugelen, en dus, 'hoewel het mij bedroeft dat zijne majesteit mij zo weinig goedertierenheid heeft betoond, zal ik toch gehoorzamen'.

De keurvorsten konden het niet geloven. De man voor wie ze zo bang waren geweest, van wiens rampzalige macht ze zich vertwijfeld hadden afgevraagd of ze er ooit nog eens af zouden komen, was met stille trom vertrokken, ogenschijnlijk om geen andere reden dan dat het hem verzocht was. Het was de eerste van drie anticlimaxen die het verhaal van Wallenstein in petto had voor degenen die er een rol in speelden, verrassingen die hun vermogen tot choqueren ontleenden aan de bovenmenselijke status die hij in de verbeelding van zijn omgeving had aangenomen. Hij was maar een mens, maar de mensen om hem heen dachten dat hij een boze geest was, dat hij Mefistofeles was, tegenover de Faust van Ferdinand. Als Wallenstein werkelijk zo'n diabolische geest was geweest, zou hij zijn laffe werkgever een verschrikkelijke straf hebben opgelegd. Hij zou de hemel in vuur en vlam hebben gezet, hij zou de aarde hebben verschroeid en Ferdinand hebben meegesleurd naar de verdoemenis. Hij zou nooit hebben gedaan wat hij deed: Taxis, zijn landvoogd op Gitschin, een berichtje sturen dat hij spoedig thuis zou zijn. 'Leg voorraden aan van alles wat ik nodig heb.' Hij schreef dat de stallen, de manege en het tennisveld in gereedheid moesten worden gebracht en dat er voorraden wijn en vermout moesten worden ingeslagen. Hij deed geen poging beroep aan te tekenen tegen zijn ontslag of de keizer zelfs maar enig verwijt te maken, hij trok zich met kalme waardigheid terug op zijn Boheemse landgoed en leidde daar het leven van een rijke landheer, ver verheven boven het politieke gewoel.

Na zijn dood verklaarden keizersgezinde propagandisten dat zijn kalmte een masker was geweest, dat hij woedend was geweest en meteen plannen was gaan maken om zich te wreken. Veel mensen, toen en later, geloofden dat. Het is in psychologische zin ook wel een plausibele theorie. Wallenstein had grote successen behaald voor Ferdinand. In *The Tragedy of Albertus Wallenstein*, geschreven door de Engelse toneelschrijver Henry Glapthorne en al vijf jaar na zijn dood voor het eerst opgevoerd, gaat Wallenstein er prat op dat hij de adelaar van de keizer is, die 'zijn kroon heeft gegrepen, die op aarde in de modder lag, en hem heeft meegevoerd naar de hemel', en de grondlegger van zijn macht: 'Ik heb de wankele pilaren van zijn staat gepakt en stevig overeind gezet.' De snoeverijen die Glapthorne zijn Wallenstein in de mond legt, zijn niet uit de lucht gegrepen. Wallenstein had de positie van Ferdinand zeker gesteld en diens macht geweldig uitgebreid ten koste van zijn eigen populariteit. Zoals hij zelf opmerkte: 'Dat ik gehaat ben in het keizerrijk komt hierdoor: dat ik de keizer veel te goede diensten heb bewezen, tegen de wil van velen.' Hij had goede reden om zich verraden te voelen, en een verrader verraden is makkelijk verdedigbaar. Geen wonder dat zoveel mensen, onder wie uiteindelijk ook Ferdinand zelf, gingen geloven dat hij vastbesloten was zich te wreken op zijn 'beledigende' en ondankbare heer. Maar er zijn ook nog andere, overtuigender manieren om de stoïcijnsheid te verklaren waarmee Wallenstein zijn verlies van de macht aanvaardde.

Een is dat hij zo uitgeput en gedeprimeerd was dat hij er werkelijk blij om was. In Memmingen meldde een kamerheer dat hij 'een excessieve melancholie aan de dag legt, niemand bij zich toelaat, en zijn knechten en bedienden zo slecht behandelt dat er geen woorden voor zijn'. In zijn eerste jaren als opperbevelhebber staan de brieven die hij aan zijn schoonvader, graaf Harrach, schrijft, vol klachten. Hij is zo moe, zo overwerkt. Hij is ziek en lijdt pijn. Er is een vreselijk misverstand geweest: wat hij had aangeboden was een leger op de been te brengen, niet het op zijn eigen kosten te onderhouden, en nu walgt hij, want 'ik zie dat het hof van mening is dat ik deze oorlog niet alleen moet voeren maar ook financieren.' Hij ziet geen mogelijkheid om de oorlog voort te zetten, noch om hem te beëindigen. In wat stellig een staaltje vertwijfelde overdrijving was, maar wat voor een profetie is gehouden, schreef hij dat de gevechten 'misschien wel Dertig Jaar zullen doorgaan voor er iets heilzaams uit voortkomt'. Telkens weer bedient hij zich van het beeld van een labyrint: hij heeft het gevoel dat hij erin verdwaald is en dat hij, voor hij een uitweg heeft gevonden, in iedere zin des woords kapotgemaakt zal zijn. Hij verlangt ernaar 'mijn functie neer te leggen, want bij de God die ik aanbid, ik kan niet langer aanblijven nu ik zie dat ik zo misbruikt word'.

Hij wist hoe gehaat hij was. Een jaar eerder had een van de raadslieden van de keizer hem geschreven met de waarschuwing dat Tilly geheime orders van Ferdinand had om hem op te sluiten of 'op een snellere en bondiger manier uit de weg te ruimen'. Wallenstein wuifde die waarschuwing weg: 'Het verbaast mij dat u naar dergelijke kinderachtige verhaaltjes luistert. De keizer is een rechtvaardig en dankbaar soeverein die trouwe dienst op een andere manier beloont dan u veronderstelt.' Maar dat er veel mensen waren die hem dood wensten, daar twijfelde hij niet aan: in maart 1630 vroeg hij een apotheker die hij vertrouwde een tegengif voor hem te bereiden. Ook zijn financiële positie was nijpend. Het buitengewoon ingewikkelde kredietsysteem waarmee de oorlog werd gefinancierd was bezig om hem heen in elkaar te storten. De dag nadat Ferdinand had ingestemd met zijn ontslag (voor iemand buiten Regensburg er kennis van kon hebben genomen) kreeg hij een brief van Hans de Witte, op wiens financiële tovenarij zo'n groot deel van de rijkdom en het succes van Wallenstein gebaseerd was. De Witte meldde dat hij de volgende maand niet in staat zou zijn het geld bijeen te brengen dat hij hem tot dusver maandelijks gezonden had. Een maand later verdronk De Witte zich in de bron in zijn tuin. De reactie van Wallenstein op de wanhoop van zijn oude compagnon was ijzingwekkend. 'Het verhaal doet hier de ronde dat Hans de Witte zich heeft opgehangen,' schreef hij aan Taxis. 'Kijk wat voor dingen van mij daar bij hem te vinden zijn en haal ze zo snel mogelijk weg, vooral wandtapijten, verguld leer en andere dingen... We zijn hem op geen enkele manier iets verschuldigd.' Maar hoe hartcloos hij misschien ook was, onkwetsbaar was hij niet. Zo rond de tijd van de Rijksdag in Regensburg ontsloeg hij een groot deel van zijn bedienden zonder betaling. Het uitblijven van dat krediet van De Witte zou het voor hem best onmogelijk kunnen hebben gemaakt aan te blijven als opperbevelhebber, ook al had de keizer niet om zijn ontslag gevraagd.

En er is nog een andere lezing van het verhaal mogelijk. De rivalen van Wallenstein hadden hun zet tegen hem belachelijk slecht getimed. Twee jaar eerder had Wallenstein een astroloog opdracht gegeven de horoscoop te trekken van Gustaaf Adolf, de koning van Zweden, en geschreven: 'In de Zweden zullen wij een ergere vijand treffen dan de Turken.' Hij had wel gezien dat de Zweedse koning, vitaal als hij was, oorlogszuchtig, en tot dusver geweldig succesvol, potentieel de meest geduchte vijand was waar de Habsburgse keizer mee te maken had. Gedurende de hele periode dat Wallenstein voor het eerst opperbevelhebber was, was Gustaaf Adolf verwikkeld in een slepend conflict met zijn neef, de koning van Polen, maar zodra hij zich daaraan onttrokken had, richtte hij zijn aandacht zuidwaarts. Hij was een vroom lutheraan, en als zodanig bereid de rol van voorvechter van de Duitse protestanten op zich te nemen. Op 6 juli 1630, de derde dag van de Regensburgse Rijksdag, ging hij met een voorhoede van dertienduizend man in de monding van de Oder aan land. Tegen de tijd dat Wallenstein was overgehaald om zijn functie neer te leggen, hadden de Zweden Pommeren onder de voet gelopen. Zonder enig protest of beroep trok de voormalige opperbevelhebber zich terug in Bohemen, in de wetenschap dat de keizer erin had toegestemd zich van al zijn militaire macht te beroven op hetzelfde moment dat zijn rijk een grote invasie te verduren kreeg. Wallenstein verdeelde zijn tijd tussen Gitschin en Praag, en wachtte tot de keizer, tot Duitsland, tot heel katholiek Europa tot de ontdekking zou komen dat ze niet zonder hem konden, dat hij – net als Alcibiades twee millennia eerder – 'de enige man in leven' was die kon doen wat gedaan moest worden.

Toen Achilles ruzie had gekregen met zijn koning, ging hij zitten zieden en razen in zijn tent. Wallenstein, daarentegen, wachtte zijn terugroeping ogenschijnlijk gelijkmoedig af. Hij organiseerde zwijnenjachten, niet zozeer voor zichzelf als wel voor zijn steeds grotere gevolg. Hij was herenigd met zijn hertogin. Hij begon voorbereidingen te treffen voor uitbreiding van zijn tuinen in Praag en de bouw van een tweede paleis in Gitschin. Hij bracht zijn dagen tussen zijn papieren door, en zijn nachten met zijn favoriete huisastroloog, Battista Senno. Er is wel aangevoerd – en ongeloofwaardig is dat niet – dat dit de gelukkigste periode van zijn leven was. Intussen trokken de Zweden in een onstuitbaar tempo verder naar het zuiden. Wallensteins hertogdom Mecklenburg viel ook in Zweedse handen – hij accepteerde het verlies met een verbazingwekkende zelfbeheersing. De keizer bleef hem schrijven, en hem hoffelijk met al zijn titels aanspreken.

Zijn leger was uiteengevallen. Het grootste deel werd onder generaal Tilly verenigd met de Beierse troepen. Officieren die geen ander wilden dienen, volgden Wallenstein naar Bohemen en verbonden zich aan zijn hof (hetzelfde deden verscheidene kamerheren van de keizer). Anderen zochten hun heil elders. Arnim liep weer over en werd opperbevelhebber van de lutherse keurvorst van Saksen, de belangrijkste bondgenoot van Gustaaf Adolf onder de Duitse prinsen. Dat was een functie die beter bij zijn godsdienstige overtuiging paste dan zijn rol als tweede man van Wallenstein was geweest. Toen de twee mannen elkaar weer ontmoetten, stonden ze tegenover elkaar.

Er waren mensen die zich afvroegen of Wallenstein zelf misschien ook bereid zou zijn een nieuwe meester te dienen, iemand die meer waardering voor hem zou weten op te brengen. Terwijl hij zich onledig hield met het verfraaien van zijn tuin (dertig standbeelden waarvoor speciaal opdracht was gegeven aan de Hollandse beeldhouwer Adriaen de Vries, een groot bronzen bassin waarboven een standbeeld van Venus troonde, een vogelhuis, gebouwd als een sprookjesachtige grot, met vierhonderd zangvogels), wachtte heel Europa af, benieuwd wat hij nu zou gaan doen en er niet helemaal gerust op. In november 1630 schreef Gustaaf Adolf hem een uiterst vriendelijke brief met de belofte dat hij er, in tegenstelling tot de ondankbare keizer, toe bereid zou zijn hem alle gunsten te bewijzen, en zelfs met het aanbod hem onderkoning van Bohemen te maken (als het land eenmaal op de keizerlijke troepen zou zijn veroverd). Maar toen generaal Tilly in een brief informeerde of het waar was, zoals een Franse journalist had gemeld, dat Wallenstein die beleefdheidsbetuiging had beantwoord door de koning een gouden ketting te sturen, antwoordde Wallenstein kortaf dat er al een heel andere ketting werd gesmeed voor de hals van Gustaaf Adolf. De boodschapper van Gustaaf Adolf was graaf Thurn geweest, de vroegere leider van de Boheemse opstandelingen, nu in ballingschap en in dienst bij de Zweden, maar nog altijd dromend van een onafhankelijk Bohemen. In de zomer van 1631 kwam een Boheemse gezant, wiens getuigenis later cruciaal zou zijn voor de keizerlijke zaak tegen Wallenstein, bij hem met een voorstel dat vermoedelijk ook bij Gustaaf Adolf vandaan kwam; Wallenstein kreeg veertienduizend Zweedse troepen aangeboden onder bevel van graaf Thurn, voor een niet gespecificeerd doel – de herovering van Bohemen wellicht?

Wallenstein reageerde ontwijkend op al die toenaderingspogingen. Later zou hij ervan worden beschuldigd dat hij de rest van zijn leven in het geheim voor Zweden en zijn Duitse protestantse bondgenoten had gewerkt, en misschien ook wel voor Frankrijk, tegen de belangen in van degenen die hij voorwendde te dienen. Dergelijke beschuldigingen konden echter nooit onweerlegbaar worden bewezen. Het is moeilijk voorstelbaar waarom hij zulks gewild zou hebben. Hij wist heel snel nadat hij zijn positie had moeten opgeven dat hij, wilde hij weer ten strijde trekken, geen nieuwe meester nodig zou hebben.

In maart 1631, nog geen halfjaar na zijn ontslag, smeekte Ferdinand hem naar Wenen te komen om hem te adviseren hoe deze crisis het hoofd kon worden geboden. Wallenstein bleef zitten waar hij zat. Het keizerrijk viel uiteen, de ene na de andere protestantse prins sloot een verbond met de Zweden. Het zag er niet best uit voor de keizer. De voormalige officieren van Wallenstein lieten hem schriftelijk weten de verwarring en het gebrek aan strategie in de keizerlijke en Beierse legers, nu verenigd onder het bevel van generaal Tilly, te betreuren. Tilly zelf schreef: 'Uwe prinselijke hoogwaardigheid kan zich gelukkig prijzen dat u van die enorme inspanning en zware last bevrijd bent.' Waarschijnlijk was dat oprecht gemeend. In september werd Tilly bij Breitenfeld verpletterend verslagen door de Zweden onder Gustaaf Adolf. Een karikatuur in een nieuwsblad uit die tijd toonde Wallenstein op zijn gemak in een vorstelijke zetel, uitgelaten lachend om het nieuws over de nederlaag van zijn voormalige collega en de aftocht van het leger dat tot voor kort van hem was geweest. Volgens het onderschrift lachte hij veertien dagen onafgebroken, en wel zo hard dat zijn buik en zijn stoel ervan meeschudden. Wallenstein was echter geen man van de daverende lach: een geloofwaardiger bron vermeldt dat hij, toen hem het nieuws ter ore kwam, opmerkte dat als hij Tilly was geweest, hij zich van kant zou hebben gemaakt.

In november vielen de bondgenoten van Zweden, de Saksen onder aanvoering van Arnim, Bohemen binnen. Wallenstein, die nu een privé-burger was, vertrok uit zijn paleis in Praag. De uittocht van zijn enorme hofhouding veroorzaakte paniek in de hele stad. Het keizerlijke garnizoen trok zich terug zonder slag of stoot, en liet de Saksen de hoofdstad bezetten. Arnim, die zijn route door Bohemen zo gekozen zou hebben dat hij de landgoederen van zijn voormalige opperbevelhebber zo weinig mogelijk schade toebracht, zette wachten voor het paleis van Wallenstein neer om het tegen plunderaars te beschermen. Geruchten deden de ronde als zou hij nooit de vermetelheid hebben kunnen opbrengen op te trekken naar Praag als Wallenstein hem daar niet toe had uitgenodigd. De voormalige opperbevelhebber stond niet meer aan het hoofd van een strijdmacht, maar nog altijd – zo groot was zijn reputatie – werd verondersteld dat hij het voor het zeggen had in het koninkrijk Bohemen.

Gustaaf Adolf werd door Engelse en andere protestantse commentatoren geroemd als de schitterende voorvechter van godsdienstige en politieke vrijheid, een tweede Gideon die onderdrukkers net zo dapper te lijf ging als de bijbelse held de Midianieten. Maar vanuit het standpunt van de Heilige Roomse keizer en zijn katholieke onderdanen was hij een boosaardige roverhoofdman uit dat duistere land aan de rand van de wereld. De 'leeuw van het holst van de nacht' noemden ze hem, of ook wel de 'koning van middernacht'. Aan het hoofd van zijn 'hongerwolven' raasde hij door Duitsland, en trok een spoor van vernielingen. Hij was een veel strijdlustiger commandant dan Wallenstein, hij trok zich maar zelden terug als er gevochten kon worden. 'Het was zijn stelregel,' schreef Schiller, 'dat hij nooit een veldslag afsloeg, zo lang die hem niets meer kostte dan soldaten.' Zij die met diplomatieke middelen zijn agressie probeerden af te leiden, hoefden nergens op te rekenen. Heersers in de gebieden die hij afstroopte smeekten hem hun 'neutraliteit' te eerbiedigen en hun rijkje links te laten liggen. Zulke vorsten lachte hij in het gezicht uit. 'Wat is dat, "neutraliteit"? Dat zegt mij niets... Dat is alleen maar flauwekul die wegwaait op de wind.' Niemand kon hem weerstaan. 'We roepen "Help, help", maar er is niemand die ons horen kan,' schreef een van de raadsliden van Ferdinand toen ook de keizerlijke hoofdstad werd bedreigd. Generaal Tilly was drieënzeventig en na Breitenfeld, al-

344

dus een Beierse adviseur, 'totaal onthutst en kennelijk gedeprimeerd'. Geen van zijn luitenants leek geschikt om hem op te volgen. Er was, daar was iedereen het over eens, maar één man in heel Europa die de situatie kon redden. In december 1631, nog geen anderhalf jaar nadat hij zo bruusk was afgedankt, haalde de keizer Wallenstein over om weer aan te treden als keizerlijk opperbevelhebber – na veel smeken en soebatten, en nadat hij Wallenstein zulke volmachten en voorrechten had verleend dat waarnemers uit die tijd zich niet aan de indruk konden onttrekken dat hij zijn onderdaan zo ongeveer de hele keizerlijke macht in handen had gegeven.

De opperbevelhebber hernam zijn oude positie niet juichend, maar veeleer schoorvoetend, en zeer op zijn hoede. Aanvankelijk stemde hij er slechts mee in om drie maanden aan te blijven, teneinde een leger op de been te brengen, niet om het aan te voeren. Hij was trots, zeiden zijn toenmalige en latere belasteraars, hij wilde de keizer die hem had afgedankt vernederen, hij wilde zijn heer en meester op de knieën hebben. Misschien was dat wel zo, maar hij paste er ook wel voor op niet nog een keer te worden opgezadeld met de kosten van een langdurige campagne. Deze keer moest het leger op een iets fatsoenlijker manier worden gefinancierd, en moest ieder district in het rijk een heffing worden opgelegd. Toen dat geregeld was, begon Wallenstein te rekruteren

Bij Schiller pocht Wallenstein:

'Het is me gelukt. Als een oorlogsgod ging mijn naam
door heel de wereld. De trom werd geslagen, en zie:
De ploeg, de werkplaats wordt verlaten, allen drommen
samen rond de oude vertrouwde en altijd beminde banieren.'

Het was waar. Wallenstein werd beschouwd als een die te goeder ure geboren was, net als Rodrigo Díaz. Daar kwam bij dat de mensen geloofden dat hij over bovennatuurlijke krachten beschikte. De meesten die in de Dertigjarige Oorlog vochten hadden wel heksen gekend en geloofden in tovenarij. De hertog van Braunschweig rustte zijn troepen uit met glazen kogels, de enige soort die niet kon worden tegengehouden door de betovering die, zo had hij begrepen, het hele keizerlijke leger onkwetsbaar had gemaakt. Wallensteins reputatie van tovenaar deed zijn naam als militair bevelhebber veel goed. De mensen geloofden dat hij een pact had gesloten met de machten van de duisternis dat hem onoverwinnelijk had gemaakt, dat hij 'de overwinning aan zijn banier had geketend'. Bovendien genoot hij de reputatie dat hij zijn manschappen prompt betaalde. Tegen het einde van maart had hij bijna honderdduizend man bij elkaar, een van de grootste legers ooit in Europa gezien, en opnieuw voorzagen de boerderijen en mijnen en werkplaatsen op zijn Boheemse landgoederen hem van voedsel, kleren en wapens.

De drie maanden gingen voorbij. Het was ondenkbaar dat iemand anders dan Wallenstein het leger dat hij op de been had gebracht zou kunnen leiden. De keizer verzocht hem dringend het bevel op zich te nemen. Hij bleef onvermurwbaar. De keizer smeekte hem op zijn minst naar Wenen te komen voor besprekingen. Dat weigerde hij. (Hij had Ferdinand al vier jaar niet gezien – ze zouden elkaar nooit meer ontmoeten.) Eindelijk, half april, toen dat enorme leger eigenlijk al weken zonder opperbevelhebber zat, zegde hij toe de keizerlijke minister prins Eggenberg in Gollersdorf te ontmoeten. Daar legde hij de voorwaarden neer onder welke hij bereid zou zijn het bevel op zich te nemen. Wat die voorwaarden ook waren, ze werden geaccepteerd.

Toen Rodrigo Díaz er, na de invasie van de Almoravieden, in toestemde weer voor de koning van Castilië te vechten, dwong hij voorwaarden af die zo ver gingen dat hij feitelijk de gelijke van zijn heer werd. Hetzelfde, en in een soortgelijke situatie, deed Wallenstein. Volgens weinig betrouwbare bronnen uit die tijd eiste hij dat hij opperbevelhebber in 'assolutissima forma' zou worden van alle Habsburgse legers, Spaanse zowel als Oostenrijkse. Er was sprake van geweest dat de erfgenaam van Ferdinand, de koning van Hongarije, als zijn medebevelhebber zou optreden. Wallenstein wees dat voorstel niet alleen van de hand, hij eiste de garantie dat de jonge koning noch zijn vader, de keizer, ooit bij het leger in de buurt zou komen. Hij zou de onbegrensde volmacht krijgen om bezit te confisqueren en eventueel aan derden toe te wijzen, een bevoegdheid die hem onbeperkte mogelijkheden gaf bondgenoten te verwerven en rivalen aan te pakken. De keizer noch zijn ministers zouden het recht hebben om zijn beslissingen terug te draaien. Hij, en hij alleen, zou gratie kunnen verlenen – een eventuele kwijtschelding door de keizer zou alleen geldig zijn indien hij, Wallenstein, die bekrachtigd had. De keizer zou garanderen dat hij de kosten van de oorlog zou dekken, en hij zou Wallenstein onmiddellijk een grote geldsom overmaken voor persoonlijk gebruik. Daar bovenop werd het hem vergund om, net als de Cid, een eigen koninkrijk te stichten. Hij zou het recht krijgen alle gebieden die hij veroverde te houden en erover te heersen. Aan het eind van de oorlog zou hij schadeloos worden gesteld voor alle gebieden die hij was kwijtgeraakt (Mecklenburg, bijvoorbeeld, dat al in Zweedse handen was), en als loon voor zijn diensten zou hij een deel van de erflanden van de Habsburgers krijgen.

Kardinaal Richelieu, die voor het gemak even negeerde dat hij zelf ook een voorbeeld was van een onderdaan die zijn vorst voorbij was gestreefd, omschreef de overeenkomst als 'een misdaad van de bediende tegenover

zijn meester'. Schiller zag een en ander, een eeuw later, als een onmiskenbare voorbode van rebellie: door hun overeenkomst was de keizer van zijn
gezag beroofd, en aan de genade van zijn opperbevelhebber overgeleverd.
Wallenstein, die – net als Alcibiades en de Cid in hun tijd – ontslagen was
omdat hij een maatje te groot was geworden, keerde nu terug, met nieuwe,
hem door de keizer verleende rechten, die hem nog groter maakten.

Zijn leger was multi-ethnisch en polyglot, een horde waar een even grote dreiging van uitging als van welke horde dan ook die ooit vanaf de step-
pen was komen aanstormen. Thomas Carlyle zou hen omschrijven als 'alle
woeste en wetteloze geesten van Europa, binnen de sfeer van één loopgraaf
verzameld... verstotenen, hun hand tegen eenieder, en ieders hand tegen
hen; je reinste plunderaars; door bijna iedere ondeugd aangetast, en vrijwel gespeend van kennis van welke deugd dan ook, afgezien van een roekeloos soort moed en onberekende gehoorzaamheid aan hun leider'. Carlyle,
die halverwege de negentiende eeuw schreef, baseerde zich op het toneelstuk van Schiller, maar Schiller reproduceerde nauwgezet indrukken uit de
eerste hand van het leger van Wallenstein. De legerleiders waren exotisch,
angstaanjagend. Daar was bijvoorbeeld generaal Ottavio Piccolomini, over
wie later veel meer; deze Piccolomini werd door de Duitse historicus Wolfgang Menzel 'een corrupte Italiaanse huurling' genoemd, 'de meest verdorven ellendeling die op het krijgstoneel verscheen'. Piccolomini werd algemeen verantwoordelijk gehouden voor de schandelijke moord op een Deense prins tijdens een kort bestand, en zijn extreme gewelddadigheid bij het
afdwingen van 'heffingen' trof zelfs Wallenstein als verwerpelijk. Daar was
graaf Isolani, een krankzinnige gokker en leider van de Kroaten. Daar was
generaal von Pappenheim, de vleesgeworden moed en strijdlust, die op zijn
voorhoofd een moedervlek had in de vorm van twee gekruiste zwaarden en
die de luitenant van Tilly was geweest toen hun legers de grote stad Maagdenburg plunderden en platbrandden, de ergste gruweldaad in die gruwelijke oorlog.

De troepen onder hun aanvoering waren, in burgerogen, bizar en barbaars. De Kroaten van Isolani, ruiters die optraden als verkenners en voorhoede, droegen Turkse wapenrustingen die hun, in de ogen van de vrome
boerenbevolking, het aanzien gaven van de heidenen, de erfvijand van Europa. De Schotse, Engelse, Ierse en Italiaanse huurlingen waren hun niet
minder vreemd, met hun gewauwel in onbegrijpelijke talen, allemaal iets te
duidelijk bijeengekomen op het bloedende keizerrijk als vliegen op een ka-
daver – wreed en roofzuchtig. Schouder aan schouder met die buitenlanders
vochten mannen die ze eerder als vijand hadden gekend, mannen die voor
Denemarken of Zweden of voor graaf Mansfeld hadden gevochten, tot de
rampspoed van de oorlog hen naar de andere kant had gedreven. Merk-

waardig genoeg voor een keizerlijk leger waren er ook nog eens duizenden vluchtelingen voor keizerlijke vervolging. Ferdinand probeerde nog steeds vol verve het katholicisme aan al zijn Oostenrijkse onderdanen op te leggen. Zoals een nieuwsblad uit die tijd meldde: 'Boeren willen niet bekeerd worden en trekken in groten getale ten strijde – het leger van Friedland telt er negen- of tienduizend.' Toen Rodrigo Díaz Valencia innam, een triomf die in later eeuwen gepresenteerd zou worden als een overwinning voor het Kruis, deed hij dat aan het hoofd van een deels islamitisch leger – de aanhangers van de afgezette koning Al-Qadir hadden zich bij zijn strijdmacht aangesloten. Zo ook werd Wallenstein, militair vertegenwoordiger van de katholieke Kerk, gevolgd door hele hordes vervolgde protestanten. Verdreven van huis en haard als zij waren, door de godsdienstpolitiek van de keizer beroofd van hun land en levensonderhoud, konden ze geen andere manier vinden om de kost te verdienen dan doden en sterven uit naam van de keizer.

Die soldaten gedroegen zich minstens zo wreed als welk leger uit die tijd ook. Een pamflet met de titel *De Vreselijke maar Waarachtige Historie van de Buitengewoon Barbaarse, Voorwaar, Satanische Verwoesting door de Keizersgezinden van de Stad Goldberg* beschrijft een gelegenheid waarbij soldaten van Wallenstein de poort van een stadje met bijlen kapotsloegen, waarna ze naar binnen stormden, de vrouwen verkrachtten en alle roerende goederen stalen. Vervolgens werden de mannen op allerlei afgrijselijke manieren gemarteld om erachter te komen waar misschien nog meer schatten verborgen lagen. Deze soldaten, onbehuisd en onbeschaafd als ze waren, waren in de ogen van hen die ze geacht werden te beschermen roofdieren die zich voedden met kudden die de boeren hadden vetgemest, even wild en woest als Achilles en zijn Myrmidonen moeten zijn overgekomen op de Trojanen die doodsbang toekeken vanaf de stadsmuren. En Wallenstein, hun leider, die Carlyle zich voorstelde als 'voorwerp van universele verering waar verder niets in ere wordt gehouden', belichaamde de doodsangst die zij inboezemden. 'Honderd dorpen brandden in zijn kielzog,' schreef de negentiende-eeuwse historicus Wolfgang Menzel, 'en hij trok verder, met verschrikking in het vaandel.'

De oorlog was inmiddels een veelkoppig monster. Terwijl Wallenstein onderhandelde over de voorwaarden waaronder hij terug zou komen, had Gustaaf Adolf Tilly weer eens verslagen, deze keer in Beieren zelf. De 'goede oude man' was gewond aan zijn dijbeen. Twee weken later overleed hij. Zijn heer, de keurvorst Maximiliaan, werd uit zijn hoofdstad München verdreven en 'sloop met een stok door de kerk, als een schaduw op de muur, zo terneergeslagen dat hij nauwelijks te herkennen was'. Gustaaf Adolf trok in het paleis van Maximiliaan en gaf zijn mannen opdracht, zoals hij de Franse gezant botweg liet weten, 'het land plat te branden en te verwoesten'. De keurvorst, die nog niet zo lang geleden de val van Wallenstein had veroorzaakt, richtte nu een smeekbede tot hem om 'mij in overeenstemming met de vriendelijke genegenheid en zorg die u altijd voor mij aan de dag hebt gelegd... in deze huidige benarde en behoeftige situatie niet weerloos achter te laten'. Wallenstein negeerde de schijnheilige praat over vriendelijke genegenheid. Beieren was verloren. Alvorens zich daarmee bezig te houden stelde hij voor om eerst de Saksische vijanden van de keizer (onder Arnim) uit Bohemen te verdrijven.

Dat deed hij prompt. Gustaaf Adolf trok zich gealarmeerd terug in noordelijke richting. Het Beierse leger, nu onder bevel van de keurvorst in eigen persoon, trok op om zich bij het keizerlijke leger aan te sluiten. De eens zo hooghartige Maximiliaan, diep vernederd, zag zich genoodzaakt zichzelf en zijn leger onder het herstelde commando van de opperbevelhebber te plaatsen. De twee mannen ontmoetten elkaar op 1 juli. 'Alle ogen,' schrijft graaf Khevenhüller, 'waren op hen gericht.' Op het persoonlijke vlak waren ze vijanden van elkaar, maar politiek en militair gezien waren ze bondgenoten. Ze begroetten elkaar zoals het hoorde, maar waarnemers merkten op dat 'Zijne Keurvorstelijke Hoogheid de kunst van de veinzerij beter heeft geleerd dan de hertog' en meenden de haat en heftige, triomfantelijke vreugde van Wallenstein weerspiegeld te zien in zijn fonkelende ogen.

Gustaaf Adolf zag zijn weg versperd door hun verenigde strijdmacht. Hij trok zich terug in Neurenberg en zette twintigduizend soldaten en evenveel boeren aan het werk: de hele stad moest omringd worden door greppels en wallen. Wallenstein sloeg zijn kamp op ten zuidwesten van de stad, waar hij met zijn legers de aanvoerlijnen naar Neurenberg afsloot, en wachtte daar af. Zijn kamp bestreek meerdere kilometers. Het omvatte dorpen, bossen, een rivier en een heuvel met op de top een kasteelruïne, de Alte Veste, en werd net zo grimmig verdedigd als Neurenberg zelf. Twee maanden wachtte Wallenstein terwijl Maximiliaan, zijn onwillige assistent, zich opvrat en aandrong op actie. De Zweedse kanselier Oxenstierna was in aantocht met versterkingen voor Gustaaf Adolf. De Zweden noch de bondgenoten van Wallenstein begrepen waarom hij niks deed om te voorkomen dat die strijdmacht Neurenberg kon bereiken. Maar hij had voorzien dat de troepen die bedoeld waren om de Zweedse koning te ontzetten alleen maar ramspoed met zich mee zouden brengen. Hij liet iedereen, zoals hij Maximiliaan kortaf te kennen gaf, een nieuwe manier van oorlogvoeren zien.

Het was hoogzomer. In Neurenberg begon het voedsel op te raken, en het water ook. De paarden stierven het eerst. Hun kadavers rotten weg op straat. Toen kwamen de ziektes. Een kroniekschrijver vermeldt dat meer dan negenentwintigduizend mensen binnen de stadsmuren stierven. Ook in het kamp van Wallenstein stierven soldaten, maar niet zo massaal. Gustaaf Adolf zou onmogelijk nog eens dertigduizend man kunnen herbergen. Zodra zijn versterkingen arriveerden werd hij genoodzaakt vanachter zijn wallen tevoorschijn te komen en te vechten. Twee dagen achtereen beschoot hij het keizerlijke kamp, maar Wallenstein reageerde niet. Op de derde dag gaf Gustaaf Adolf het bevel tot een algehele aanval, en deze keer vocht Wallenstein terug. 'De strijd begon in alle vroegte,' rapporteerde hij aan de keizer, 'en woedde de hele dag in alle hevigheid. Veel officieren en manschappen van het leger van Uwe Majesteit zijn dood of gewond... maar in dit treffen heeft de koning van Zweden zijn gewei allemachtig stomp gemaakt.' Hij zelf had zijn troepen aangevoerd vanaf de Alte Veste, waar hij van alle kanten goed te zien was in zijn scharlakenrode jas.

Het bleef even rustig. Het was augustus. De Zweedse gelederen raakten steeds verder uitgedund in de zon die alle ziektes koesterde. Wallenstein had nog voedsel. In de twee weken na dat eerste treffen verloor Gustaaf Adolf nog eens vijftienduizend man, van wie velen gewoon overliepen naar het keizerlijke kamp om niet te sterven van de honger. Hij zond een gezant naar Wallenstein met het voorstel elkaar te ontmoeten om over vredesvoorwaarden te spreken. Wallenstein zond het bericht terug dat hij (opperbevelhebber in *assolutissima forma*) daar niet toe gemachtigd was. Uiteindelijk leidde Gustaaf Adolf zijn overlevende troepen weg uit Neurenberg. Wallenstein stuurde verkenners achter hen aan, maar hij liet hen gaan. Keurvorst Maximiliaan, buiten zichzelf van gefrustreerdheid, stormde op hem af. Waarom dat eindeloze wachten? Waarom niet meer strijd? Waarom was hij niet achter de Zweden aan gegaan? 'Het was allemaal vergeefs,' meldde hij verbitterd, 'we moesten ervaren hoe de hertog de draak met ons stak, alsof wij niet genoeg ervaring hadden met dat soort dingen.' Wallenstein was volkomen tevreden over zijn eigen optreden. Dertig jaar eerder had William Shakespeare zijn *Troilus and Cressida* geschreven, waarin Achilles, toonbeeld van de krijgsheld, wordt voorgesteld als een ijdele, nalatige vechtersbaas en waarin de vuilspuiter en waarheidzegger Thersites hem bespot als een van die 'trekossen' met wie de slimmeriken, Odysseus en Nestor, 'de oorlogen uit de grond ploegen'. Wallenstein was geen os. Hij leverde alleen slag als het nodig was. Wat traditionele bevelhebbers bereikten met lef en geweld, kreeg hij voor elkaar met modernere methoden, met geduld en een vooruitziende blik, en door het afschuwelijke gewicht van zijn leger als een loden last op de Zweden te laten rusten, zoals het ook tijden op de eigen bevolking van het keizerrijk had gedrukt.

Gustaaf Adolf trok naar het zuiden. Wallenstein ging op weg naar Saksen, in het noorden. Gustaaf Adolf maakte rechtsomkeert en ging achter hem aan. In november naderden de opponenten elkaar weer bij Lützen.

'We verwachten de koning morgen al te treffen,' schreef Wallenstein op de tiende. Maar vier dagen later, toen de Zweedse koning de strijd uit de weg bleef gaan, besloot hij zijn troepen voor de winter uiteen te laten gaan. Dat was een rampzalige vergissing. Op de ochtend van de vijftiende vertrok zijn onschatbare generaal von Pappenheim met achtduizend man. Ook andere, kleinere divisies vertrokken. Rond het middaguur reed een van die divisies zo in de armen van het voltallige Zweedse leger, dat op weg was naar Lützen voor een aanval op de uitgedunde krijgsmacht van Wallenstein. Boodschappers gingen in galop achter Pappenheim aan. Om vier uur, te laat op een novemberdag om nog slag te leveren – een geluk voor Wallenstein –, kwamen de Zweden in zicht en betrokken hun stellingen aan de overkant van een riviertje. De hele nacht bleven manschappen van Wallenstein terugkomen naar het keizerlijke kamp, om meteen naar hun commandopost te worden gebracht. De opperbevelhebber, wiens jicht hem in die fase van zijn leven vrijwel onafgebroken kwelde, werd intussen in een karmijnrode rosbaar tussen twee muilezels langs de met toortsen verlichte linies gedragen. Pappenheim en zijn leger zouden pas de volgende dag terugkeren. Door zijn eigen toedoen stond Wallenstein tegenover een meerderheid.

Toen het ochtend werd, waren beide legers in mist gehuld, maar om elf uur waren de vijandelijkheden begonnen. Volgens Wallenstein zelf werd er slag geleverd 'met zo'n razernij als geen mens ooit gezien of gehoord heeft'. Hij verbeet de pijn in zijn benen en voeten en voerde zijn mannen te paard aan. De slag duurde de hele dag en tot diep in de volgende nacht. 'Hele regimenten van de vijand werden afgemaakt,' schreef Wallenstein, 'terwijl aan onze kant ook verscheidene duizenden op het slagveld zijn gebleven.' Van uur tot uur fluctueerden de linies terwijl posities werden veroverd en heroverd, en al die tijd ging het moorden door tot de hele vlakte, volgens een ooggetuige, bedekt was met bergen lijken. Onder de gevallenen was ook koning Gustaaf Adolf, de Leeuw van Middernacht, de tweede Gideon. Die had zijn grote schimmel niet meer voldoende onder controle gehad nadat een pijl zijn arm had verwond, en was te bijziend om te weten waar hij een veilig heenkomen moest zoeken: hij was regelrecht in de armen van een troep keizersgezinde soldaten gereden, die hem hadden beschoten en uit het zadel getrokken, zijn gouden horloge en zilveren sporen hadden buitgemaakt, zijn kleren hadden uitgetrokken en zijn lijk tussen die duizenden andere lijken op het slagveld hadden laten liggen.

Na afloop ontving de keizerlijke opperbevelhebber brieven vol overdreven dankbetuigingen. 'Geliefde zoon en edele heer,' schreef de paus, 'uw moed heeft niet alleen Duitsland, maar de hele christelijke wereld bevrijd van zijn gevaarlijkste vijand.' In alle katholieke hoofdsteden van Europa werden uit dank *Te Deums* gezongen, en in Madrid werd voor een enthousiast publiek een toneelstuk in vierentwintig bedrijven opgevoerd waarin de slag werd nagespeeld. Wallenstein gaf te kennen blij te zijn met de dood van zijn formidabele tegenstander. 'Het is goed voor hem en mij dat hij weg is: Duitsland was niet groot genoeg voor ons allebei.' Maar de dag zelf was voor geen van beide partijen een triomf. De meeste historici beschouwen het als een Zweedse overwinning, ondanks de dood van de koning, omdat Wallenstein zich bij het vallen van de nacht terugtrok, waarbij hij zijn artillerie op het slagveld liet staan en hij (zoals gewoonlijk) zijn gewonden in de steek liet, maar de slachtpartij zou geen van beide partijen blijvend voordeel opleveren. De gebeurtenissen die dag zijn het best samengevat in de kale, afgematte bewoordingen van de keizerlijke kolonel Holk (die net zomin als duizenden andere medestrijders geneigd was een van beide partijen op te hemelen, omdat hij in zijn leven aan beide kanten had gevochten): 'Het bloedbad duurde zeven uur, en nadat beide kanten ongekende verliezen hadden geleden, trok de ene zich langs de ene route terug, en de andere langs de andere route.' Wallenstein zou nooit meer zo'n veldslag leveren.

Hij trok aan het hoofd van zijn leger Bohemen binnen. Khevenhüller is een van de verscheidene tijdgenoten van Wallenstein die getuigd hebben van de gulheid waarmee hij goede diensten beloonde, maar merkt ook op dat hij 'wreed was, en berucht om de uitspraak: "Ophangen dat beest!"' Die winter in Praag werden zijn officieren die het goed hadden gedaan overvloedig beloond. Ottavio Piccolomini, onder wie bij Lützen drie paarden sneuvelden, ontving een fortuin in baar geld. Aan Holk, een Deen die bij Stralsund nog tegen Wallenstein had gevochten, maar die inmiddels zijn vertrouwde plaatsvervanger was, werden vier grote Boheemse landgoederen toegewezen, met elk achttien dorpen. Maar de straffen die Wallenstein uitdeelde deden niet onder voor zijn beloningen. Een schavot werd opgericht op dezelfde plek waar twaalf jaar eerder de Boheemse rebellen waren terechtgesteld – een opzettelijke nabootsing van die gruwelijke vertoning. Zeven officieren die waren beschuldigd van lafheid moesten erbij staan terwijl hun zwaarden, als symbool van hun eerverlies, publiekelijk op het schavot werden gebroken. Nog eens veertien werden onthoofd. Wallenstein was er niet bij. Holk voerde de regie. Vooral de jongste van de veertien ter dood veroordeelden wekte het medelijden van de omstanders. Zelfs Holk, die toch bekendstond om zijn ijskoude hart en die vele duizenden jongemannen had zien sterven zonder dat daar een goede reden voor was, was geroerd, en merkte op dat de veroordeelde nog maar een 'kind' was. Hij veranderde de volgorde waarin de executies zouden plaatsvinden, om hem zo lang mogelijk de hoop op gratie te laten. Toen die niet kwam liet Holk de beul wachten, tot luidruchtige goedkeuring van het publiek. Terwijl de veroordeelde geknield op het schavot bleef zitten, reed Holk over de brug naar het paleis van Wallenstein om te vragen of er geen uitzondering kon worden gemaakt. Het antwoord luidde dat dat niet kon: '*Non si può.*' De jongen werd onthoofd. Het was zijn twintigste verjaardag.

Die winter was Wallenstein afstandelijker, zwartgalliger dan ooit. Hij sloot zich op in de krochten van zijn Praagse paleis. Slechts weinigen hadden toegang tot hem. 'Zijne Prinselijke Hoogwaardigheid laat zich zelden zien,' meldde een Beierse gezant. Zelfs hogere officieren moesten weken op een audiëntie wachten. Hij had lange tijd het gevoel gehad dat hij zat opgesloten in een labyrint. Nu nam hij de kenmerken aan van de minotaurus, een mythisch monster, dat zich zelden vertoonde, en deerniswekkend was, maar ook ten zeerste moest worden gevreesd. Degenen die bij hem werden toegelaten schrokken ervan hoe ziek hij eruitzag. Hij was uitgemergeld. Zijn gezicht, zo'n beetje half verscholen achter een zijden sjaal, was gelig groen, met zwarte vlekken. Iets, wat het ook was – jicht, artritis, of misschien syfilis in het derde stadium – was hem steeds meer aan het verzwakken en verminken. Na Lützen heeft hij nooit meer een paard bestegen. Er waren weken dat hij niet eens zijn handtekening kon zetten.

Terwijl hij fysiek achteruitging, werd zijn politieke aanzien steeds groter. Gezanten kwamen vanuit heel Europa om naar zijn gunsten te dingen. Keizerlijke ministers zochten zijn advies. Brieven werden uitgewisseld tussen hem en al zijn potentiële tegenstanders en bondgenoten. Hij functioneerde als een nagenoeg onafhankelijke potentaat, bijna net zover van de keizer in Wenen als Rodrigo Díaz in Valencia van Alfonso in Castilië was geweest. Bijna twintig jaar eerder had Kepler in de sterren gelezen dat zijn onafhankelijke geest hem zou voorbestemmen voor insubordinatie en 'minachting en onverschilligheid jegens menselijke geboden en praktijken'. Na zijn dood getuigde zijn eerste secretaris dat hij die winter in Praag met kennelijke weerzin brieven van Ferdinand had ontvangen. Hij schoof ze aan de kant, liet ze dagenlang ongelezen liggen en verzuimde herhaaldelijk te reageren.

In februari van dat jaar begon zijn laatste levensjaar. Later, toen hij vermoord was, publiceerden keizerlijke functionarissen een '*Gedetailleerd en Grondig Rapport over het Afschuwelijke Hoogverraad Gepland door Friedland en zijn Aanhangers*', een rechtvaardiging achteraf van zijn moord, waarin beweerd werd dat hij de aanstichter en belangrijkste beoogde begunstigde was van een verraderlijke samenzwering tegen de keizer. Maar hoe ze het ook plooiden, en hoe dringend noodzakelijk het voor hen ook was hun heer vrij te pleiten van de beschuldiging op onwettige wijze een loyaal onderdaan van het leven te hebben beroofd, de mensen van de keizer wisten geen overtuigende bewijzen van de schuld van Wallenstein te vinden. Het is zonder meer waar dat met name Richelieu en die Boheemse vluchtelingen die nog altijd hoopten op een onafhankelijk vaderland, in de winter en het voorjaar van 1632-'33 plannen hebben gesmeed om Wallenstein met het keizerlijke leger tegen de keizer in te zetten; de bedoeling was dat hij zichzelf koning van Bohemen zou maken, en dat hij een bondgenootschap zou sluiten met de Fransen, de Zweden, de Saksen, of een combinatie van die drie. Of Wallenstein ooit met een dergelijk plan heeft ingestemd, is een vraag waar historici het nog steeds niet over eens kunnen worden, niet omdat er niet genoeg documentatie zou zijn, maar omdat wat er is onderling zo tegenstrijdig is. De motieven van Wallenstein waren destijds duister, en zullen dat derhalve waarschijnlijk altijd blijven. Hij zei het ene tegen de ene gezant, en iets heel anders tegen de andere. Hij luisterde naar voorstellen, hij las brieven, maar zijn reacties waren altijd dubbelzinnig en werden zelden op schrift gesteld. Het was in die laatste fase van zijn leven dat hij zijn reputatie van ondoorgrondelijkheid verwierf. 'Een van de stelregels van de hertog van Friedland,' schreef Priorato, 'was dat hij altijd iets anders deed dan hij aankondigde.' Zelfs Arnim, zijn voormalige rechterhand die hem beter kende dan wie ook, wist niet wat hij van hem denken moest. Hij die altijd zo bruusk was geweest, bij het schokkende af achteloos waar het om diplomatieke beleefdheden ging, zo vatbaar voor onbeheersbare woedeaanvallen, begon bekend te staan als een raadsel, een meesterlijke bedrieger.

Schiller, de briljantste schrijver tot dusver die zijn licht over Wallenstein heeft laten schijnen, kwam met twee interpretaties van diens laatste levensfase die bijna diametraal tegenover elkaar staan. In zijn *Geschiedenis van de Dertigjarige Oorlog*, voltooid in 1797, volgde hij de keizerlijke lijn. Hij beschreef Wallenstein als een man met een onverzadigbare honger naar macht die 'onder veel theatrale pracht en praal de duistere plannen verborgen hield van een rusteloos genie'. Hij stelde zich voor dat de onvergeeflijke belediging van zijn ontslag in Regensburg Wallenstein welkom moet zijn geweest, 'aangezien die alle gunsten uit het verleden in één klap ongedaan had gemaakt, en hij zich voortaan ontheven kon achten van iedere verplichting jegens zijn voormalige weldoener'. Alles wat hij nadien deed stond in het teken van de wraak. Hij aanvaardde het commando voor de tweede keer opdat hij een leger op de been zou kunnen brengen dat hij tegen de keizer kon gebruiken, en de rest van zijn leven besteedde hij aan de plannenmakerij voor zijn verraad.

Aldus Schiller – maar hij moest zich van uiterst omslachtige redeneringen bedienen om de feiten in te passen in zijn theorie. Hij beweerde dat de goede diensten die Wallenstein het rijk tijdens zijn eerste bevelhebberschap had bewezen, gedaan waren met de boosaardige intentie de Duitse prinsen van hun keizer te vervreemden, opdat hij uiteindelijk louter en alleen van

Wallenstein zelf afhankelijk zou zijn; maar het is veel makkelijker staande te houden dat hij de keizer die goede diensten bewees omdat hij een goed dienaar was. Om de tegenstrijdigheden tussen het daadwerkelijke gedrag van Wallenstein in zijn laatste levensjaar en zijn veronderstelde motieven met elkaar te verzoenen, nam Schiller zijn toevlucht tot een conventionele oplossing: hij opperde dat Wallenstein een man was van een bijna onpeilbare raadselachtigheid. 'Van binnen door brandende hartstochten verscheurd, terwijl zijn hele uiterlijk getuigde van kalmte en onverschilligheid, broedde hij op ambitieuze en wraakzuchtige projecten en ging hij langzaam maar zeker op zijn doel af.' Maar Schiller mocht dit dan opschrijven, de eerlijke historicus die hij was moest tegelijkertijd toegeven dat hij het zelf niet kon geloven. In zijn uiteindelijke samenvatting van de carrière van Wallenstein erkende hij dat hij geen definitieve bewijzen van zijn verraad had kunnen vinden (net zomin als enige historicus na hem, uitputtend speurwerk in archieven ten spijt), en hij besloot met: 'Wallenstein kwam niet ten val omdat hij een opstandeling was, maar hij werd een opstandeling omdat hij ten val was gekomen.' Twee jaar later begon Schiller aan zijn driedelige tragedie, *Wallensteins Lager*, *Die Piccolomini* en *Wallensteins Tod*, waarbij hij die conclusie als leidraad nam. De Wallenstein uit de toneelstukken van Schiller is in de verste verte geen man die 'langzaam maar zeker op zijn doel afgaat'. Veeleer is hij iemand die verstrikt is in een web van intriges en die zich, zonder dat hij het wil, genoodzaakt voelt in alle ernst een rol te spelen die hij eigenlijk alleen als krijgslist op zich had genomen; iemand die, zoals de meeste helden van Schiller, een hulpeloos en uiteindelijk schuldloos slachtoffer is van historische krachten waarover hij geen enkele controle heeft.

Tot de naaste bondgenoten van Wallenstein hoorden twee families uit de Tsjechische adelstand, de Trcka's en de Kinsky's, die er nog altijd van droomden de nederlaag van de Witte Berg ongedaan te maken en een autochtone, niet-Habsburgse koning op de Boheemse troon te zetten. Die mensen waren zelf machteloos, maar hadden machtige connecties. Aangemoedigd door wat hij over hen hoorde, stuurde kardinaal Richelieu een gezant naar Wallenstein om een bondgenootschap voor te stellen en hem te verzekeren dat de Franse koning bereid was hem gewapende steun te verlenen 'bij het bestijgen van de Boheemse, of een nog hogere troon'. Wallenstein hoorde de voorstellen aan, las persoonlijke brieven van de grote kardinaal en van diens adviseur pater Joseph, maar reageerde niet. Wat hij van het voorstel vond weten we niet. En zijn tijdgenoten evenmin. De Franse ambassadeur, verbijsterd en teleurgesteld, gaf zijn pogingen om ernaar te raden uiteindelijk maar op. 'Het spel dat de hertog van Friedland speelt is mij te subtiel,' rapporteerde hij. De Zweedse kanselier Oxenstierna, eveneens op het idee gebracht door Tsjechische vluchtelingen, deed een soortgelijk aanbod. Hij zou Wallenstein verwelkomen als bondgenoot en hem alle steun geven, maar alleen als hij ondubbelzinnig verklaarde, met woorden dan wel daden, dat hij geen man van de keizer meer was. Opnieuw kwam er geen reactie van Wallenstein. Hij ging om met allerlei mensen die in politieke zin nogal compromitterend waren, maar dat waren wel mensen met wie hij, als vertegenwoordiger van de keizer, een legitieme reden had om te onderhandelen: zoals hij jaren eerder aan Arnim had geschreven, toen die nog zijn tweede man was, 'diegenen aan wie wij het opperbevel toevertrouwen is het stellig toegestaan gesprekken te voeren met de vijand.' Hij hoorde voorstellen aan die hij voor zijn eigen veiligheid beter niet had kunnen horen, maar voor zover iemand ooit heeft kunnen vaststellen heeft hij er nooit zijn goedkeuring aan gehecht. In mei trok hij weer ten strijde als opperbevelhebber van de keizerlijke strijdmacht.

Hij reed uit met veel vertoon. 'Alle hofdienaren waren gehuld in uniformen in blauw en scharlaken, en tien trompetters, blazend op verzilverde trompetten, gingen voor.' Er waren veertien koetsen, elk door zes paarden getrokken, en een stoet van bagagewagens, alle afgedekt met verguld leer. 'De stoet kondigde de man aan die, in macht en pracht, de keizer zelf naar de kroon stak,' schreef een waarnemer. Wallenstein zou hebben opgemerkt dat het 'een mooie stoet was, een fraai schouwspel, maar bij onze terugkeer zal ons gevolg nog veel statiger zijn'. Die belofte werd onthouden (of later verzonnen) omdat hij zo pikant was. Die terugkeer zou namelijk nooit plaatsvinden.

Arnim, nog altijd bevelhebber van de keurvorst van Saksen, was in Silezië, met de troepen van de keurvorst van Brandenburg, ook een bondgenoot van Zweden, en een Zweedse strijdmacht onder leiding van de Boheemse nationalist graaf Thurn. Het leger van Wallenstein was veel groter dan hun gecombineerde strijdmacht, maar in plaats van tot de aanval over te gaan, stelde hij een wapenstilstand voor.

Hij had bij Lützen gezien hoe weinig voordeel er te behalen viel bij zo'n massale slachtpartij. Zijn tijdgenoot de Spaanse gezant schreef: 'De oorlogen die de mensheid vandaag de dag voert, beperken zich niet tot het op de proef stellen van elkaars natuurlijke kracht, zoals bij een stierengevecht, noch zelfs tot geregelde veldslagen. Veeleer draaien ze om het sluiten van de juiste vriendschappen en bondgenootschappen, en het is dat doel waarop een goed staatsman al zijn aandacht en energie richt.' Het was een les die Wallenstein zich al eigen had gemaakt.

Het was kennelijk zijn streven de Zweden in een isolement te drijven door afzonderlijk vrede te sluiten met hun bondgenoten binnen het keizerrijk. Dat was een verstandige politiek, en een waarvan hij zelf meende dat hij de instemming genoot van Ferdinand. De keurvorst Johan George van Saksen, de heer van Arnim en de machtigste der Duitse protestantse prinsen, was er een wiens bondgenootschap hij in het bijzonder nastreefde. In 1626, toen Christiaan van Denemarken zijn inval in het keizerrijk had gedaan, had Johan George er bij de andere leden van de Nedersaksische kreits op aangedrongen trouw aan de keizer te blijven in plaats van hun buitenlandse geloofsgenoot te steunen. Net als Wallenstein was de Saksische keurvorst voorstander van een sterke, gecentraliseerde keizerlijke regering, zolang die als redelijk en rechtvaardig werd beschouwd, en zolang er godsdienstvrijheid bestond. Na het Restitutie-edict en na de afgrijselijke plundering van de protestantse stad Maagdenburg door het leger van Tilly was Johan George een bondgenootschap aangegaan met de Zweden, maar Wallenstein had goede reden om hem te zien als iemand die, van nature, zijn bondgenoot was. Voor een inschikkelijker, minder dogmatische keizer dan Ferdinand had hij een loyale onderdaan van wezenlijk belang kunnen zijn, een onderdaan dankzij wie de keizer zich verzekerd zou hebben kunnen weten van de trouw van een heel stel kleinere machten. Wallenstein en Arnim ontmoetten elkaar bij Heidersdorf, waar ze langdurige besprekingen voerden, Arnim nam de vredesvoorwaarden die Wallenstein had voorgesteld mee naar de keurvorsten van Saksen en Brandenburg, die ze van de hand wezen. De wapenstilstand was formeel voorbij, maar nog altijd ging Wallenstein niet tot de aanval over.

Dat geweldloze getreuzel was niet wat de meeste keizerlijk gezinden verlangden van de man wiens beschermengelen 'storm, vuur en verschrikking' waren. In Wenen verscheen een pamflet waarin ernstige twijfels werden geuit ten aanzien van de gezondheidstoestand en algehele competentie van Wallenstein, en waarin de sarcastische vraag werd gesteld of het 'niet beter zou zijn het Huis van Oostenrijk en daarmee, uiteindelijk, het christendom als geheel te gronde te richten, dan de opperbevelhebber in zijn gevoelens te kwetsen'.

Eind augustus kwamen Wallenstein en Arnim – de oude kameraden – een tweede bestand overeen. Boodschappers reden in galop naar alle betrokken partijen om hun een vredesplan voor te leggen dat zo vaag was geformuleerd dat niemand precies scheen te kunnen zeggen waar het om draaide. Oxenstierna en Thurn maakten er allebei uit op dat Wallenstein er eindelijk mee had ingestemd zich tegen zijn keizer te keren. Als ze daar gelijk in hadden, overwoog Wallenstein inderdaad, in elk geval ogenschijnlijk, verraad aan de zaak van de keizer. Maar als dat het geval is, was hij in september, toen hij opnieuw een ontmoeting had met Arnim, weer van gedachten veranderd. 'Met een geweldige hartstochtelijkheid' hield hij vol dat wat hij wilde was, dat de protestantse keurvorsten en hun Boheemse bondgenoten zich bij hem en zijn keizer zouden aansluiten, om gezamenlijk alle buitenlanders – zowel Zweden als Spanjaarden en Fransen – uit het keizerrijk te verdrijven. Toen de vertegenwoordiger van Arnim tegenwierp dat Zweden de bondgenoot van Saksen was, kreeg Wallenstein een 'koortsaanval' en brak de onderhandelingen af.

Wat hem in dat laatste jaar voor ogen stond is nu net zo moeilijk te peilen als het voor zijn tijdgenoten was. Zijn moordenaars zouden hem een wil toeschrijven die even onwankelbaar, en een moed die even onverschrokken was als die van de Satan van Milton, die snoefde over zijn 'vaste doel' en 'de hoon van mijn verongelijktheid waardoor ik met de machtigsten de strijd zocht', maar beslistheid was nou net waar het Wallenstein, in die laatste fase van zijn leven, zo duidelijk aan ontbrak. 'Vaststaat dat geen betrouwbaar verdrag met de man kan worden gesloten,' schreef Arnim, geërgerd, 'want elke bestendigheid, elke evenwichtigheid is hem vreemd.' Sommigen zagen in zijn kennelijke inconsequenties het sluwe gekonkel van een samenzweerder die doortrapter was dan ze voor mogelijk hielden, anderen zagen er de aarzelingen in van iemand die ziek was, of bijgelovig, of vertwijfeld.

Tijdgenoten, onder wie graaf Adam Trcka, die in die periode een van zijn meest geliefde bondgenoten was, en Arnim, die zowel zijn vertrouweling als zijn opponent was geweest, betreurden de buitensporige invloed die zijn astrologen op hem hadden. Aan het eind van dat tweede bestand, toen zich zo'n plotselinge en onverklaarbare wijziging in zijn beleid leek te hebben voorgedaan, strooide een van zijn kolonels het verhaal rond dat die wijziging moest worden toegeschreven aan de voorspelling van een astroloog dat hij in november een grote veldslag zou winnen. 'Daar hij zo bijgelovig is zich te bekommeren om de invloed van de sterren en zich in zijn daden vooral te laten leiden door sterrenwichelarij', had hij besloten dat er meer viel te winnen met een confrontatie dan met vredesbesprekingen. Hij had altijd de raad van de sterren ingewonnen. Kepler (die sceptischer was dan zijn patroon) schreef een keer boos dat Wallenstein hem drie weken aan het werk had gehouden met het telkens weer trekken en bijwerken van zijn horoscoop, 'verspilling van tijd voor hem en voor mij'. Kepler had verzoeken van Wallenstein om precieze voorspellingen van ondermaanse gebeurtenissen herhaaldelijk en streng afgewezen. Maar Battista Senno was voorkomender, en het is mogelijk dat de verslechtering van zijn gezondheid Wallenstein zowel minder besluitvaardig als goedgeloviger had gemaakt.

In elk geval ging het hem niet goed. Als hij zich genoodzaakt zag van zijn rustbank op te staan, liet hij zich vervoeren in een draagstoel. Hij gebruikte allerlei poeders en drankjes om zijn lijden te verlichten, medicijnen waarvan het effect op zijn gemoedstoestand niet alleen nauwelijks zal zijn begrepen door de toenmalige artsenij, maar ook achteraf onmogelijk in te schatten is. Hij viel geregeld ten prooi aan geweldige aanvallen van razernij, die hij op geen enkele manier meer leek te kunnen beheersen. Bovendien ging zijn aftakeling misschien wel gepaard met meer dan de onvermijdelijke uitputting en opvliegendheid van iemand die constant pijn lijdt. Een geleerde die de rekeningen van zijn apotheker heeft bestudeerd is tot de conclusie gekomen dat hij misschien wel een soort urinevergiftiging heeft gehad die hallucinaties en andere wanen kon veroorzaken. Herhaalde toespelingen van mensen die hem in die maanden hebben gesproken op het feit dat hij midden onder belangrijke besprekingen opeens ziek kon worden, wijzen erop dat hij mogelijk aan een vorm van dementie heeft geleden.

Hij wilde vrede. Zoveel lijkt duidelijk. Hij was er de man niet naar om tot de laatste snik voor een verloren zaak te vechten. Hij was geen dogmatische, onkreukbare Cato. Er was geen principe dat hij niet zou prijsgeven, geen bondgenootschap of concessie die hij niet zou overwegen. Hij heeft een keer gezegd: 'Als het hele land in puin ligt, zullen we vrede moeten sluiten.' Die woorden zijn wel aangehaald door mensen die hem als vertwijfelde krijgsman wilden afschilderen, als zogenaamd bewijs van zijn onverzettelijkheid en standvastigheid. Hij schreef die woorden echter omdat hij zich verschrikkelijk ergerde aan de diplomatieke intriganten door wier gekonkel de oorlog zich eindeloos dreigde voort te slepen, en aan de dwepers wier onverdraagzaamheid elke overeenkomst bij voorbaat leek uit te sluiten.

Hij wilde wat hij altijd al gewild had: een verenigd keizerrijk en de uitzetting van alle buitenlandse bemoeials. Met andere woorden: alles waar hij zich voor inzette zou aan de keizer ten goede zijn gekomen, maar de keizer zelf liep hem voor de voeten. In de loop van zijn onderhandelingen met Arnim, die laatste zomer, zou Wallenstein verscheidene keren lucht geven aan zijn frustratie, zijn teleurstelling in Ferdinand, en zijn vijandigheid jegens de jezuïeten en Spanjaarden die de keizer aanmoedigden in zijn militante katholicisme. Wallenstein zette zich in voor politieke eenheid, niet voor godsdienstige eenvormigheid. Het Restitutie-edict van Ferdinand, de 'wortel van alle kwaad', had het keizerrijk waar hij één geheel van probeerde te smeden, uiteengereten. Voor hij in mei uitreed had hij tegen twee gezanten van Oxenstierna gezegd: 'Zijn wij geen aartsdomoren dat wij ons voortdurend het hoofd stoten in het belang van anderen, waar wij een vrede naar onze zin zouden kunnen sluiten, daar wij immers de legers in onze macht hebben?' Er is geen duidelijk bewijs dat hij ooit heeft overwogen de keizer af te zetten, maar er zijn talrijke aanwijzingen dat hij streefde naar de rol van onafhankelijke arbiter, wat Schiller 'de beschikker' noemt, een man met het gezag, niet alleen om een vredesregeling voor te stellen, maar hem ook aan de keizer zowel als zijn vijanden op te leggen.

Een ander geschilpunt tussen keizer en opperbevelhebber diende zich aan. De Spaanse Habsburger prins, de kardinaal-infante, trok door het westen van het keizerrijk op naar de Nederlanden. Hij vroeg de keizerlijke troepen onder kolonel Aldringen te leen, die in Oostenrijk lagen maar onder het opperbevel van Wallenstein vielen. Wallenstein verbood Aldringen mee te gaan. Begin augustus richtte Ferdinand een 'verzoek' aan Wallenstein om die troepen toch af te staan. Voor de brief werd verzegeld, maakte hij van dat 'verzoek' een 'bevel'. Tot zover de suprematie *in assolutissima forma* van Wallenstein. Twee weken later kwam een keizerlijke minister naar Silezië met geheime instructies om een aantal hoge officieren van Wallenstein te polsen, 'opdat zijne keizerlijke majesteit verzekerd is van hun onwankelbare trouw en toewijding, voor het geval zich een verandering voordoet met betrekking tot de hertog van Friedland vanwege zijn ziekte of anderszins'. De schrijver van een Frans traktaat uit die tijd zei dat Wallenstein 'zeer geëerd werd door zijn eigen en buitenlandse soldaten door wie hij, eenmaal gekend, bijna werd aanbeden', maar het is mogelijk dat met zijn gezondheid ook zijn charisma achteruitging. Latere gebeurtenissen suggereren dat de verzekeringen die de vertegenwoordiger van de keizer kreeg van ten minste twee mensen die door hem benaderd werden, Octavio Piccolomini en Matthias Gallas, hem in hoge mate tevreden moeten hebben gestemd.

Toen de tweede ronde van zijn besprekingen met Arnim werd afgebroken, sprak Wallenstein tegen de Saksische gezant de geheimzinnige woorden dat als de wapenstilstand afliep 'ik zal weten wat mij daarna te doen staat!' Dat wist hij inderdaad. Hij trok op naar Steinau, een vesting die in handen was van de Zweden van graaf Thurn. Zo snel en zo onverwacht kwam die agressieve zet van Wallenstein dat de Zweden niet eens probeerden zich te verdedigen. Binnen een halfuur gaven ze zich over. Vijfduizend van hen sloten zich aan bij het leger van Wallenstein. Thurn werd gevangengenomen (maar vervolgens weer vrijgelaten). Wallenstein ijlde voort, en het Zweedse leger vluchtte voor hem uit en liet vesting na vesting aan hem over.

Dat was goed werk, maar niet goed genoeg. In augustus bereikte wat naar verluidde een woordelijk verslag zou zijn van de besprekingen die Wallenstein en Arnim bij Heidersdorf hadden gevoerd, de keizer in Wenen. Volgens dat geheime, niet verifieerbare verslag had Wallenstein onafhankelijkheid beloofd voor Bohemen, en een generaal pardon voor alle verbannen opstandelingen, terwijl hij er tegelijkertijd op zinspeelde dat hij zichzelf misschien koning van Bohemen en markgraaf van Moravië zou maken. Hij was tekeergegaan tegen de keurvorst van Beieren en tegen de jezuïeten. Over Maximiliaan zou Wallenstein woordelijk gezegd hebben: 'De Beier is dit spelletje begonnen. Ik zal hem geen assistentie verlenen... Ik wou dat zijn land al verwoest was. Ik wou dat hij allang dood was. Als hij geen vrede sluit, zal ik zelf oorlog tegen hem voeren.' Over Ferdinand zou hij gezegd hebben: 'Als de keizer geen vrede wil sluiten en zich aan de overeenkomst houden, zal ik hem ertoe dwingen.' Toen dit verslag de ronde deed, haastten zelfs die ministers die voorheen als leden van de 'Friedland-factie' waren beschouwd, zich om afstand van hem te nemen. Dat najaar rapporteerde een hoveling dat er in Wenen, ondanks zijn schitterende successen in het veld, 'publiekelijk en schaamteloos... met een ongelooflijke minachting en boosaardigheid' over Wallenstein werd gesproken.

Terwijl hij de Zweden naar het noorden verdreef, bedreigde hun bondgenoot Bernard van Weimar Regensburg aan de Beierse grens. Maximiliaan smeekte de keizer om Wallenstein en zijn leger erop af te sturen. De keizer zou daar graag gehoor aan hebben gegeven, ware het niet dat het onuitstaanbaar, vernederend, ja, verontrustend duidelijk begon te worden dat zijn opperbevelhebber zich niet door hem liet gebieden. Wallenstein weigerde de bedreiging van Regensburg serieus te nemen, verklaarde dat hij er geen troepen heen kon sturen, maar logenstrafte zijn eigen verklaring door er toch met een strijdmacht op af te gaan – te laat. Voor hij ter plaatse kon zijn, was Regensburg al door de protestanten veroverd. Het enige wat hij met zijn trage reactie had bereikt was dat hij had laten zien dat zijn beoordelingsvermogen hem in de steek begon te laten. De keizer drong er bij hem op aan om te proberen de stad te heroveren. Maar Wallenstein ging nooit bewust een confrontatie aan die hij niet winnen kon. Het begon al koud te worden, tijd om op zoek te gaan naar een winterkwartier. Hij negeerde de keizerlijke bevelen en leidde zijn leger terug naar Bohemen, waar hij zijn kamp opsloeg in Pilsen.

Tegen de tijd dat hij Pilsen weer binnentrok, had hij aan het hof geen vriend meer over. Na de nederlaag van de vloot van Alcibiades bij Notium, in 408 v. Chr., gingen de Atheners heel anders tegen hem aankijken. Nog maar enkele maanden eerder hadden ze hem aanbeden en hem ongekende volmachten verleend, maar hij had nog maar net voor het eerst gefaald, of al hun grieven jegens hem kwamen weer boven. Zo ook werd de hele loopbaan van Wallenstein opnieuw tegen het licht gehouden en geherinterpreteerd als de loopbaan van een verrader. Het is een deel van de prijs die helden betalen voor hun heldhaftige status dat de mensen die hen aanbidden of vrezen om hun ingebeelde bovenmenselijke capaciteiten, geen rekening houden met de feilbaarheid die inherent is aan hun uiteindelijk niet meer dan menselijke natuur. Tegen de tijd dat Alcibiades voor de tweede keer het bevel over de Atheense vloot op zich nam, werd algemeen geloofd dat hij almachtig en onoverwinnelijk was, en dat als hij een slag verloor, dat dus wel moest komen doordat hij er opzettelijk, ja, verraderlijk van afzag de overwinning naar zich toe te halen. Zo ook werd van Wallenstein gedacht dat niets anders dan verraad zou kunnen beletten dat zijn loopbaan één lange zegetocht was.

Zijn ambitie, hielden zijn belasteraars staande, was altijd al onverzadigbaar geweest, en sinds zijn ontslag in Regensburg was die ambitie er door zijn etterende woede en zijn wraaklust alleen maar sterker op geworden. Er werd beweerd dat hij in zijn ambteloze periode de campagne van Tilly had gesaboteerd door te weigeren eten en andere producten van Friedland aan het leger te verkopen. Een pamflet blies de aantijging dat hij in 1631 verraad had gepleegd door Arnim en zijn Saksers zelf naar Praag te halen, nieuw leven in. Opnieuw werd erop gezinspeeld dat hij er alleen maar in had toegestemd het opperbevel weer op zich te nemen om het keizerrijk van binnenuit te gronde te kunnen richten. Er werd gefluisterd dat hij er, opzettelijk en verraderlijk, van had afgezien het Zweedse leger in Neurenberg aan te vallen omdat een klinkende overwinning niet in zijn eigen belang zou zijn. Een keizerlijke commissie oordeelde dat zijn aftocht in Lützen een laffe daad was geweest. Zijn recente vrijlating van graaf Thurn kwam neer op samenzwering met de vijand. Zelfs zijn afkeer van het kabaal van kraaiende hanen werd tegen hem gebruikt: net als Petrus had hij zijn heer verraden. Dat hij Regensburg niet had gered was boosaardige opzet, hem ingegeven door zijn haat jegens keurvorst Maximiliaan. En dat hij geen gehoor had gegeven aan het bevel van de keizer, maar was afgemarcheerd naar Pilsen, was zelfs naar de mening van prins Eggenburg, die van alle keizerlijke raadslieden altijd de meeste sympathie voor hem had gehad, 'het verderfelijkste, het meest hachelijke en roekeloze dat de hertog ooit had gedaan'. Alles wat hij gedaan had sinds hij weer het bevel had gekregen, werd ontmaskerd als een trage, slinkse, duivelse en verdorven opmaat naar het moment dat hij zich op zijn keizerlijke heer zou kunnen wreken.

De keizer was bang. Hij volgde het advies van zijn raadslieden en de aansporingen van Maximiliaan van Beieren op en besloot zijn gezag op de proef te stellen. Wallenstein had aangekondigd zijn leger in Bohemen te laten overwinteren. Ferdinand stuurde hem de boodschap dat hij dat uit zijn hoofd moest zetten. Hij moest rechtsomkeert maken en terugkeren naar Beieren, daar Bernard van Weimar aanvallen, en zijn troepen nadien inkwartieren in Saksen of Brandenburg (vijandige districten waar het keizerlijke leger zich alleen onder dreiging met geweld toegang zou kunnen verschaffen). 'Dat,' besloot de keizer, 'is mijn definitieve besluit waar ik ten volle aan vasthoud.'

Het was de eerste keer dat hij zijn opperbevelhebber een dermate onverbiddelijk bevel gaf. Misschien was het domme pech, misschien was het ook wel waar degenen die naar de val van Wallenstein hunkerden op aangestuurd hadden, in elk geval was het bevel waar hij 'ten volle aan vasthield' nagenoeg onmogelijk op te volgen. Het was december. Wallenstein had nog nooit zo laat in het jaar een militaire campagne ondernomen. Het was bitter koud. De grond was keihard bevroren. Er lag sneeuw op de heuvels. In die tijd van het jaar nog een offensief op touw zetten was vragen om muiterij, om het snelle verlies van manschappen door desertie, ziekte en blootstelling aan kou, en – uiteindelijk – om een vrijwel zekere nederlaag.

Het is op dit punt in de carrière van Wallenstein dat de actie van de grote dramatische trilogie van Schiller begint. Schiller bedient zich van enige dichterlijke vrijheid door wat met de daadwerkelijke loop der gebeurtenissen te goochelen. Hij schreef aan het eind van de achttiende eeuw, in een tijd van opkomend Duits nationalisme, en kiest als het breekpunt een eerder bevel van de keizer, namelijk dat Wallenstein Aldringen en zijn troepen onder Spaans commando moest stellen, een aanpassing die hem in de gelegenheid stelt de nodige nadruk te leggen op Wallensteins 'patriottische' oppositie tegen Spaanse en jezuïtische facties aan het hof. Maar het historische drama dat zich in Pilsen voltrok, is in grote lijnen in het stuk te herkennen. Schiller wist waarover hij schreef – zowel de historicus als de toneelschrijver in hem begreep dat vanaf het moment dat Wallenstein in een positie werd geplaatst waarin hij niet anders kon dan de keizer weerstaan, zijn val onafwendbaar was. De rest van zijn verhaal heeft de nachtmerrieachtige schoonheid van een tragedie: alle gebeurtenissen razen onverbiddelijk op een gruwelijk einde aan.

In Pilsen stond Wallenstein er alleen voor. Degenen die volgens zijn tijdgenoot Robert Burton nog het meest te lijden hadden van melancholie waren 'de machtigen wanneer zij oud worden, zij die hebben liefgehad noch zijn liefgehad, die anderen alleen hebben gebruikt, *sibi nati*, zij die voor zichzelf geboren zijn'. Wallenstein was niet oud in jaren, en toch was hij een vreselijk oude man: de omschrijving past. Verscheidene van zijn officieren hadden hun vrouw bij zich in Pilsen, maar zijn hertogin bleef weg. Er was niemand in zijn nabije omgeving die hem niet, tot op zekere hoogte, gebruikte. Een jaar eerder had hij aan zijn schoonvader geschreven: 'Wij moeten het als een stelregel beschouwen dat we niemand volkomen kunnen vertrouwen.' Hij had gelijk. Zelfs zijn astroloog Senno, met wie hij, zo werd gezegd, hele slapeloze nachten opbleef in een vergeefse poging zijn toekomst te voorzien, nam geld aan van een van zijn latere moordenaars voor informatie over hun nachtelijke conversatie. In de laatste weken van zijn leven wordt de taal van trouw en verraad op zijn kop gezet. De 'loyalisten' waren die officieren die hem ogenschijnlijk nog respecteerden, maar in het geheim al zijn twijfelachtige uitspraken overbrieften aan het hof. De 'verraders' waren diegenen die hun commandant trouw bleven, en van wie sommigen samen met hem de dood vonden. 'Loyalisten' en 'verraders' droegen in vrijwel gelijke mate bij aan het graven van de kuil waarin Wallenstein zou vallen.

In zijn verduisterde kamer met uitzicht op het grote plein van Pilsen, een kamer waar ieder geluid zoveel mogelijk was uitgebannen, werkte Wallenstein onverdroten door. Hij stuurde de ene na de andere boodschapper naar de protestantse keurvorsten en bleef proberen het op vrede aan te sturen. Maar terwijl hij zijn plannen smeedde, maakten anderen hem, tegen zijn zin, tot speler in hun eigen vuige spelletjes. In de laatste weken van zijn leven was hij zowel de meedogenloze krijgsheer die niemand durfde te beledigen als een machteloos slachtoffer van andermans gekonkel. Zijn rivalen aan het keizerlijke hof probeerden hem te verlokken tot openlijk verraad, zodat ze van hem verlost konden worden. Zijn bondgenoten onder de protestanten waren erop gebrand hem over te halen zich ondubbelzinnig aan hun zaak te wijden. Zowel voor de katholieke keizersgezinden als voor de protestantse opstandelingen was Wallenstein een prooi die ze in hun val probeerden te laten lopen. Een Saksische generaal schreef in januari triomfantelijk aan Arnim: '[Wallenstein] zit er nu zover in dat hij niet meer kan ontkomen.'

Onder zijn officieren waren de verraderlijke 'loyalisten', zoals de gebeurtenissen zouden aantonen, in de meerderheid. De drie prominentste 'loyalisten', het triumviraat dat ervoor zou zorgen dat hij vogelvrij verklaard en gedood werd, waren Aldringen, Gallas en Piccolomini. Aldringen was ver weg in Beieren en had zich een weinig oprecht aanhanger van zijn opperbevelhebber betoond toen hij (wat moest hij ook anders?) gehoor had gegeven aan het bevel van de keizer om zijn troepen ter beschikking te stellen van de kardinaal-infante. Wallenstein was al niet meer zo zeker van hem. Maar de andere twee, Gallas, die hem zou vervangen als opperbevelhebber, en Piccolomini, op wiens woord hij schuldig zou worden bevonden aan het gruwelijkste hoogverraad, waren zijn meest geliefde luitenants. Met name Piccolomini was, sinds Holk aan de builenpest was overleden, de vertroweling geweest die zijn voorkeur genoot. Na zijn dood werd gezegd dat Wallenstein Piccolomini vertrouwd had, 'verblind door een conjunctie van hun sterren'. In december bevorderde Wallenstein hem nog tot de rang van veldmaarschalk. Maar zijn grootmoedigheid was niet genoeg om hem dankbaarheid op te leveren of verraad te voorkomen.

Met de trouwe 'verraders' was hij nauwelijks beter gediend. Een tweede, tegengestelde triumviraat van de twee Bohemers, de graven Trcka en Kinsky, en de Hongaar Christian von Ilow, zou tot het einde toe achter hem staan, maar het valt te beargumenteren dat zonder hun intriges dat einde niet eens had hoeven komen. Trcka en Kinsky, die droomden van een onafhankelijk Bohemen en een rijk dat vrij was van Habsburgers, hadden de Fransen, de Zweden en de Saksers gepaaid met beloftes over de bereidheid van Wallenstein om een opstand te ontketenen, terwijl ze Wallenstein hadden gepaaid met beloftes dat de Fransen, Zweden en Saksers hem zouden steunen als hij inderdaad in opstand kwam. Misschien was hij op de hoogte van alles wat ze deden, en kon een en ander ook op zijn instemming rekenen, maar telkens weer werden hun beweringen ten aanzien van zijn bereidheid over te lopen door zijn daden gelogenstraft.

Toen Wallenstein dat 'definitieve besluit' van de keizer vernam, probeerde hij zichzelf te beschermen. Hij wist hoe onzeker zijn positie was. Een van de keizerlijke raadslieden bevond zich in Pilsen. Wallenstein gaf hem te verstaan dat hij best zag 'wat voor blinddoek jullie me om zouden willen binden, maar ik zal hem van mijn hoofd rukken. Ik ben mij bewust van alle pogingen het leger uit mijn handen te grissen.' Maar hij beschikte niet meer over de energie en het vertrouwen in zijn eigen gezag die hem ooit in staat hadden gesteld zowel de keizer als zijn rijk te intimideren. Samuel Taylor Coleridge, die de trilogie van Schiller heeft vertaald, beschouwde 'zwakheid' als zijn overheersende karaktertrek, een analyse die elke zeventiende-eeuwse waarnemer zou hebben verbijsterd, maar die past bij wat wij weten van zijn laatste, trieste dagen. Op zijn laatste reis vroeg Francis Drake zijn officiers voor het eerst om advies. Zo ook riep Wallenstein, in plaats van te reageren met het barse 'non si può' dat karakteristiek voor hem zou zijn geweest in tijden van groter zelfvertrouwen, in Pilsen al zijn hoge officieren voor krijgsberaad bijeen. De orders van de keizer werden voorgelezen. De officieren waren het er allemaal, zonder uitzondering, over eens dat ze onuitvoerbaar waren. Wallenstein schreef een brief aan de keizer waarin hij verslag deed van de bijeenkomst, en vroeg hem om instemming.

Ferdinand kampte met een groeiende angst. Hij beklaagde zich dat 'deze kwestie nooit uit mijn gedachten is. Hij staat 's morgens met me op en gaat 's avonds mee naar bed en berooft me van alle rust.' Pamfletten waarin Wallenstein aan de kaak werd gesteld circuleerden in het hele rijk. In een van die pamfletten werd de keizer gewaarschuwd dat zijn generaal wraaklustig, arrogant, goddeloos en volslagen krankzinnig was. Het besloot met: 'Verlossing is maar op één manier mogelijk: verdrijf uw bevelhebber... Aldus spreekt God door mij, zijn engel. Doe het snel. Volg zijn raad op of sterf.' Op oudejaarsavond 1633 schreef een Beierse gezant aan Maximiliaan dat de keizer eindelijk in het geheim besloten had het advies van de engel op te volgen en zijn opperbevelhebber te ontslaan.

Wallenstein was inmiddels bedlegerig – hij was maar een paar uur per dag op, en leed onophoudelijk pijn. Ilow liet weten dat niemand enige hoop hoefde te koesteren op een onderhoud met de hertog, tenzij hij door hem ontboden werd, en zelfs diegenen wie dat voorrecht te beurt viel, hoefden niet te hopen op een samenhangend gesprek: hij had zo'n pijn dat hij 'voortdurend verschrikkelijk lag te vloeken'. Een van zijn officieren die op 10 januari bij hem werd toegelaten trof de opperbevelhebber in verwarde toe-stand aan, hij lag in bed te kronkelen en te kreunen: 'O, vrede! O, vrede! Vrede! O, vrede!' Hij zei tegen een priester dat 'als hij niet zo bang was voor de eeuwigdurende straffen van de hel, hij het dodelijkste gif zou slikken om eindelijk van al zijn ellende verlost te zijn'. De Minotaurus was verslagen. Toch was deze zielige figuur in de verbeelding van zijn vijanden nog een schrikbarend monster. Zelfs de keizer, in naam de machtigste man van Europa, aarzelde, en durfde niet tegen hem op te treden. 'Vanwaar dit uitstel?' vroeg de Spaanse gezant in Venetië, graaf Oñate, 'een dolk of pistool zal hem wegnemen.' Maar Ferdinand moest nog de moed verzamelen om hem uit de weg te laten ruimen.

Op 3 januari had Ottavio Piccolomini een besloten ontmoeting met Gal-las en een andere 'loyalistische' generaal, Colloredo. Volgens het rapport dat hij kort na de dood van Wallenstein schreef, onthulde Piccolomini aan zijn beide collega's dat Wallenstein hem zelf verteld had dat hij van plan was naar de vijand over te lopen, met medeneming van het keizerlijke leger. Hij had tegen Piccolomini gezegd, althans dat beweerde deze, dat hij van plan was de keizer gevangen te nemen, de Habsburgers uit het rijk te verdrij-ven en het rijk onder zijn volgelingen te verdelen. Colloredo was geschokt en ontstak in grote woede. Wallenstein, zei hij, was een schurk die 'snel ge-wurgd' moest worden. Gallas was evenzeer geschokt, maar die aarzelde. Hij kon niet geloven (en misschien had hij daar wel gelijk in) dat Wallenstein zover zou gaan. Binnen een week had de Spaanse gezant de aantijgingen van Piccolomini aan de keizer overgebriefd. (Wallenstein stond uitgespro-ken kritisch tegenover de invloed van Spanje op de interne aangelegenhe-den van het rijk – de Spanjaarden zagen reikhalzend uit naar zijn val.) Het goede voornemen van Ferdinand van die oudejaarsavond, om af te rekenen met Wallenstein, vroeg andermaal om spoed.

Als Wallenstein het bed hield, werd hij vertegenwoordigd door Christian von Ilow. Acht jaar eerder had Wallenstein opgesomd waarom hij Ilow niet mocht. 'Ten eerste is hij een trotse, opgeblazen kerel. Ten tweede houdt hij ervan de officieren aan te zetten tot allerlei gekonkel.' De hertog was anders tegen Ilow gaan aankijken, maar hij was nog steeds een intrigant. De rol die hij in de laatste twee maanden van Wallensteins leven speelde was cruciaal, en uitermate dubbelzinnig. Het is ten zeerste de vraag of hij loyaal de wil van zijn meester uitvoerde, of dat hij (zoals Schiller geloofde) een smerig spelletje speelde, en er samen met Trcka aan werkte om Wallenstein in een positie te manoeuvreren waarin deze niet anders zou kunnen dan een gebaar maken dat voor de keizer onvergeeflijk zou zijn, waarna Wallenstein op zijn beurt geen andere keus meer zou hebben dan zich aan te sluiten bij de op-standelingen.

Begin januari ontbood Ilow alle zevenenveertig generaals en kolonels van het keizerlijke leger naar Pilsen. Op 11 januari waren ze in de stad bijeen. Die dag ontving Ilow hen allemaal in zijn eigen huis, waar hij uitweidde over de jezuïeten en de Spanjaarden die, zo zei hij, zo'n buitensporige invloed op de keizer hadden. Vervolgens maakte hij bekend dat Wallenstein, die zich altijd had ingezet voor de keizerlijke zaak, waarvoor hij nu beloond werd met ondankbaarheid en laster, van plan was het bevel neer te leggen. Die mededeling werd begroet met kreten van ontzetting en boosheid. Financieel zelfbelang, maar ook persoonlijke loyaliteit en de woedende afwijzing door de professionele soldaat van de inmenging van die fatjes aan het hof, maakten dat allen zich hartstochtelijk achter Wallenstein schaarden. Twee keer die middag drong een delegatie officieren, onder leiding van de stokende Ilow, de schemerige privé-vertrekken van de opperbevelhebber binnen om hem te smeken zijn ontslag te heroverwegen. De tweede keer zegde Wallenstein, minzaam maar uitgeput, toe om op zijn post te blijven. Nadien opperde Ilow dat het passend zou zijn als zij, de officieren, een wederkerig gebaar zouden maken, en zouden zweren de opperbevelhebber te dienen, zoals hij, nobel en onzelfzuchtig, gezworen had zich voor hen in te zetten. Allen stemden hiermee in.

De volgende avond richtte Ilow in het raadhuis een feestmaal aan voor de verzamelde officieren. De opperbevelhebber, in wiens paleis hovelingen ooit alleen maar hadden durven fluisteren, bleef op zijn kamer aan de overkant van het plein, binnen gehoorsafstand van het feest, dat uren duurde. En het ging er luidruchtig aan toe. Er was muziek, veel wijn, er werd voortdurend geschreeuwd en er werden talrijke sentimentele dronkemanstoosten uitgebracht. Het nodige meubilair werd omgegooid en kapotgeslagen. Te midden van die bende werd een document doorgegeven. Het was een eed van trouw aan Wallenstein, die ze allemaal moesten tekenen. Het was een raar moment voor zoiets plechtigs. Sommige officieren aarzelden. (De aarts-'loyalist' Piccolomini zou later beweren dat hij in die periode ten minste achttien officieren had benaderd om zich van hun trouw aan de keizer te verzekeren – waaruit logischerwijs ontrouw jegens diens opperbevelhebber zou kunnen worden opgemaakt.) De sfeer werd gewelddadig. Iemand schreeuwde dat iedereen die weigerde te tekenen een schurk was, een tweede dreigde de eerste uit het raam te gooien, een derde trok zijn zwaard en bedreigde de tweede. Trcka, eveneens met het zwaard in de hand, verklaarde zich bereid iedereen te doden die zich tegen de generaal verzette, waarop Piccolomini onwillekeurig uitriep: 'Verrader!' Want was de keizer zelf inmiddels niet tegen Wallenstein? Hij leek echter snel de aandacht van die al te onthullende uitroep te willen afleiden, want hij greep meteen een andere officier beet en slingerde die met veel vertoon door de hal. Sommigen te-

kenden, maar niet allemaal, en veel van de ondertekenaars krabbelden hun
naam zo klunzig neer (misschien omdat ze dronken waren, misschien omdat
ze nog nuchter genoeg waren om in te zien wat voor gevaar dat document
feitelijk inhield), dat ze achteraf niet te identificeren waren.

De eed was bedoeld om al die officieren stevig op de zaak van Wallenstein
vast te pinnen. De ondertekenaars – aldus de redenering van Ilow in het stuk
van Schiller, en vermoedelijk ook in het echt – zouden, als Wallenstein in opstand kwam, niet meer naar Wenen kunnen gaan om de keizer te verzekeren
dat zij met die opstand niets te maken hadden. Hun eigen handtekening zou
een dergelijke bewering als een leugen aan de kaak stellen. En wat voor die
officieren gold, gold misschien ook voor de bevelhebber. Ilow is bij Schiller
een verleider, die de eed gebruikt om Wallenstein de kracht te geven de stap
naar openlijke opstandigheid te wagen. Stellig moet Ilow voorzien kunnen
hebben (zo moeilijk kan dat niet geweest zijn) wat voor gevoelens die eed in
Wenen zou losmaken. Het afleggen ervan zou kunnen worden opgevat als
het ondubbelzinnige gebaar van opstandigheid van Wallensteins kant waar
zoveel mensen in beide kampen op zaten te wachten. Wallenstein zat eraan
vast, net zo vast als degenen die hij, dan wel zijn naaste medewerkers trachtten te strikken.

De volgende morgen ontbood Wallenstein alle zevenenveertig officieren.
Hij ontving hen aangekleed en wel, gezeten in een leunstoel. Hij had ver-
nomen, vertelde hij hun, dat sommigen van hen aarzelden om de eed te tekenen. Als dat zo was, kon hij niet aanblijven als opperbevelhebber. 'Ik zou
nog liever dood zijn dan mezelf zo te zien leven; ik zal mij terugtrekken en
mijn gezondheid koesteren.' Hij kreeg weer een aanval van razernij. Hij
ging tekeer over geld, over de Spanjaarden, over de zondige kringen rond
de keizer. Zijn tirade stond bol van woede en wanhoop. Hij herinnerde zich
een tijd dat 'wij het hele keizerrijk met ons leger hadden overspoeld, dat alle
vestingen en passen in onze handen waren'. Als er toen geen vrede gesticht
kon worden, wanneer zou het dan ooit nog vrede worden? Hij zei dat zijn
belasteraars aan het hof erop uit waren zijn naam te bezoedelen, hem misschien zelfs te vergiftigen. Hij raasde door tot hij, opeens uitgeput, de officieren aanraadde nog eens over die eed na te denken, waarna hij allen met
een knikje heenzond. Schaapachtig en katterig vertrokken de officieren. Ze
stelden een petitie op waarin ze de opperbevelhebber smeekten hun hun
dronkenschap van de vorige avond te vergeven, waarop ze allemaal, niet één
uitgezonderd, de eed ondertekenden. De meerderheid van hen die daarmee
plechtig zwoeren om Wallenstein te dienen en verdedigen, zouden hem niet
veel later in de steek laten. Zes weken later zouden drie van hen medeplich-
tig zijn aan de aanslag op zijn leven.

Niet lang na de gebeurtenissen in Pilsen werd beweerd dat de bewoordingen van de eed waren gewijzigd tussen het tijdstip waarop hij hardop aan de officieren was voorgelezen en het tijdstip waarop ze hun handtekening eronder moesten zetten – de eerste versie zou een ontlastende clausule hebben bevat die de plicht van de officieren om Wallenstein te dienen afhankelijk maakte van diens trouw aan de keizer. Gezien het aantal ondertekenaars en het feit dat ze, hoe dronken ze op dat feestmaal van Ilow ook waren, de volgende dag allemaal weer getekend hebben op vijf afzonderlijke kopieën, lijkt het niet waarschijnlijk dat iemand geprobeerd zou hebben de boel te bedriegen, laat staan dat diegene nog in die opzet geslaagd zou zijn ook. Graaf Oñate vertelde een andere versie van het verhaal: het originele concept had inderdaad een dergelijke zinsnede bevat, maar die was door Wallenstein geschrapt. Dat zou een opzettelijk valse voorstelling van zaken kunnen zijn, bedoeld als aanvullend bewijs van de trouweloosheid van Wallenstein, maar het zou wel passen bij zijn karakter. Hij had eerder ook niet gewild dat zijn munten het opschrift 'De heer is mijn hoeder' meekregen – evenmin zou hij wensen dat zijn officieren hem trouw zwoeren op voorwaarde dat hij zijn heer diende. Hij was niemand enige dienst verschuldigd. Hij stond alleen. Als het verhaal van Oñate strookt met de historische feiten, weigerde hij in Pilsen naar de trouw van zijn manschappen te dingen in zijn hoedanigheid van opperbevelhebber van de keizer. Hij wilde dat hun trouw hem persoonlijk gold – het moest alleen '*für mich*' zijn.

Deze geschiedenis richtte hem te gronde. De eed van Pilsen, klaarblijkelijk opgesteld om zijn veiligheid te waarborgen, maakte zijn val onvermijdelijk. Berichten erover, die vlak na de aantijgingen van Piccolomini Wenen bereikten, leken die aantijgingen alleen maar te bevestigen. Als hij niet vastbesloten was in opstand te komen, waarom zou Wallenstein zich dan zo nadrukkelijk van de steun van zijn officieren willen verzekeren? De keizer kwam in beweging. Wallenstein, de satanische genius van de oorlog, ten paleize ontbieden om zich nader te verklaren, was een dermate beangstigend vooruitzicht dat hij het niet eens in overweging nam. Wallenstein zou bij verstek worden veroordeeld. Een panel van drie rechters, alle drie eminente raadslieden die voorheen op goede voet met Wallenstein hadden gestaan, werd benoemd om zijn schuld vast te stellen. Ze deden gedwee wat van hen verlangd werd.

Hij was altijd op afstand gebleven. Zijn afwezigheid en arrogantie, zijn weigering om deel te nemen aan het leven van hof en staat, hadden hem iets ontzagwekkends gegeven. Nu, zover van de hoofdstad, doemde hij als een nachtmerrie op aan de rand van de keizerlijke wereld. Graaf Oñate, die de hysterie onvermoeibaar aanwakkerde, merkte tegenover de Beierse gezant op dat Wallenstein als gevangene een groot gevaar zou vormen voor de staatsveiligheid: het zou makkelijker zijn hem te doden. Prins von Liechtenstein schreef een memorandum aan de keizer waarin hij hetzelfde beweerde, zij het in bedekte termen: hij voerde aan dat 'voor extreme boosaardigheid extreme remedies gepast zijn'. In de ogen van zijn tijdgenoten was Wallenstein niet slechts een militaire bevelhebber met onbetrouwbare politieke overtuigingen. Gevaar en vernietiging waren zijn metgezellen. De situatie werd steeds hachelijker, schreef Oñate, 'met elke dag dat die man in leven wordt gelaten'.

Een proclamatie werd opgesteld, gedateerd 24 januari, maar moest geheim blijven tot het moment dat Ferdinand en zijn raadslieden het veilig achtten de inhoud te openbaren. In de proclamatie ontsloeg Ferdinand al zijn officieren van de plicht Wallenstein te gehoorzamen, en schonk iedereen vergiffenis die er in Pilsen toe misleid was de eed te ondertekenen. Graaf Gallas werd benoemd als waarnemend opperbevelhebber. Tegelijkertijd, zou de biechtvader van Ferdinand later onthullen, 'verleende de keizer verscheidene van de loyaalsten – met name Gallas, Aldringen, Piccolomini en Colloredo – die voorwendden tot het kamp van Friedland te behoren, onbeperkte volmacht om de belangrijkste samenzweerders gevangen te nemen en ze zo mogelijk naar Wenen te halen, of ze anders als veroordeelde misdadigers te executeren'. Zo, in het geheim en zonder kans zich te verdedigen, werd Wallenstein ter dood veroordeeld.

Bijna drie weken lang gebeurde er niets. Twee jaar eerder had de Franse jurist Cardin le Bret de vraag aan de orde gesteld of 'gehoorzaamheid verschuldigd is aan bevelen die, hoewel ze onrechtmatig lijken, het welzijn van de staat als vast oogmerk hebben, alsof de prins de moord zou afdwingen van iemand die notoir opstandig, oproerig en gezagsondermijnend was'. Le Bret besloot met een citaat van Seneca: *'Necessitas omnem legem frangit'* – nood breekt wet. Maar het feit bleef dat een dergelijke executie 'onrechtmatig' was. Aldringen, Piccolomini en Gallas wisten wat van hen verlangd werd, maar ze waren allemaal bang om de daad bij het woord te voegen. En hetzelfde gold schijnbaar voor de keizer, die nog twintig dagen nadat hij opdracht had gegeven tot de moord van Wallenstein minzame brieven aan hem bleef schrijven, met de aanhef: 'Hooggeboren geliefde neef'.

Uiteindelijk werd de impasse doorbroken door graaf Gallas. Op 12 februari vertrok hij uit Pilsen, in een koets en met paarden die hem geleend waren door de nietsvermoedende Wallenstein. Gallas wendde voor Aldringen te gaan halen. De volgende dag vertrok Piccolomini eveneens. Piccolomini zei tegen Wallenstein te vrezen dat Aldringen Gallas zou ompraten of zelfs gevangennemen, en gaf aan dat het hem derhalve beter leek achter Gallas aan te gaan en hem terug te halen. Wallenstein leende ook hem een koets. Toen hem in 1630, in Memmingen, het nieuws van zijn ontslag gemeld werd, waren waarnemers getroffen door het feit dat Wallenstein in het geheel niet verrast leek. De almachtige opperbevelhebber werd in die tijd verondersteld niet alleen alles te kunnen, maar ook alles te weten – hij had vast talloze spionnen op aarde, en vermoedelijk heulden zelfs de sterren met hem. Maar nu was hij zich duidelijk niet bewust van de plannen die tegen hem werden gesmeed. Aan mensen die je in de steek willen laten of zelfs vermoorden leen je geen koets.

In Wenen deden allerlei geruchten de ronde en werd de stemming paniekerig. De keizer gaf opdracht dat er in alle kerken gebeden moest worden voor de goede afloop van een niet nader gespecificeerde 'zaak van het hoogste belang'. Een brand bij een munitieopslagplaats joeg de bevolking de stuipen op het lijf. Een verdachte generaal werd gearresteerd en continu door vijftig man bewaakt; hij werd ervan beschuldigd in opdracht van Wallenstein brand te willen stichten in alle vier hoeken van de stad. Terwijl Wenen dan brandde, zo werd beweerd, zouden huurmoordenaars die door Wallenstein in de arm waren genomen en die zich al in de stad schuilhielden, de hele keizerlijke familie hebben uitgemoord. Op 17 februari kwam Aldringen in de hoofdstad aan. De keizer verleende hem audiëntie. Wat Aldringen te melden had overtuigde Ferdinand ervan dat eindelijk de tijd gekomen was om bekend te maken dat Wallenstein in ongenade gevallen en vogelvrij verklaard was. De volgende morgen werd de keizerlijke proclamatie, die meer dan drie weken eerder was opgesteld, ten langen leste aan de openbaarheid prijsgegeven. Kopieën werden verzonden aan alle hoge militaire officieren en opgehangen op openbare plaatsen. Een nieuwe proclamatie werd opgesteld die 'bekendmaakte hoe [Wallenstein] Ons en Ons eerwaardige Huis volkomen wilde uitroeien' en waarin 'zijn meinedige trouweloosheid en barbaarse tirannie' aan de kaak werden gesteld: iets dergelijks was 'volstrekt ongehoord' en ook 'in geen enkel geschiedverhaal te vinden'. De generaal van de jezuïeten gebood dat 'wekelijks duizend missen moesten worden opgedragen voor de veiligheid van de keizer en het geluk van het keizerrijk'. Zoals het feit dat Alcibiades in ongenade was gevallen op het Parthenon in steen werd gegrift en door alle priesters in Athene werd verkondigd, zo ook werd vanaf iedere kansel in Wenen Wallenstein, die zo lang het zwaard en het schild van de katholieke Kerk was geweest, niet alleen tot verrader uitgeroepen, maar ook tot handlanger van de duivel.

De aantijgingen van Piccolomini, nu bevestigd door Aldringen (die niet in Pilsen was geweest en die Wallenstein die hele winter niet gezien had) en door graaf Oñate enthousiast rondgebazuind, waren voldoende gebleken om de keizer van de schuld van Wallenstein te overtuigen, maar zijn nazaten bleven aan twijfel ten prooi. Keizer Leopold, de kleinzoon van Ferdinand, vroeg bij een bezoek aan Praag aan de man die hem op het paleis van Wallenstein wees: 'Weet u zeker dat Wallenstein een opstandeling was?' Zeker weten deed niemand het, en dat is tot op de dag van vandaag zo gebleven. In de volgende eeuw vroeg Frederik de Grote van Pruisen aan keizer Joseph II 'hoe het nou werkelijk zat met dat verhaal van de dood van Wallenstein'. De keizer antwoordde: 'Ik kan de eer en integriteit van mijn voorvader onmogelijk in twijfel trekken', een antwoord dat zo ontwijkend was dat het alleen kan worden opgevat als exact het tegenovergestelde van wat Joseph II ogenschijnlijk wilde zeggen. Afgezien van een oprecht geloof in de verraderlijkheid van zijn opperbevelhebber, kan Ferdinand meer dan genoeg andere motieven hebben gehad om van hem af te willen. Wallenstein was steeds weerspanniger geworden, steeds moeilijker in de hand te houden. Bovendien was er de kwestie van het geld. Al twee dagen nadat zijn vogelvrijverklaring bekend was gemaakt, verordende de keizer de confiscatie van alle landgoederen van Wallenstein. De torenhoge schuld die het keizerrijk bij hem had werd nietig verklaard en het rijkste land van heel Bohemen, de *terra felix*, was weer in Habsburgse handen.

De communicatie verliep traag. Tot twee dagen nadat heel Wenen op de hoogte was gesteld van zijn 'meinedige trouweloosheid en barbaarse tirannie' bleef Wallenstein keizerlijke ministers schrijven over routinezaken. Maar geleidelijk aan, in het geniep, kwam het nieuws het kamp binnensijpelen. Gallas bleef op onverklaarbare wijze weg. Hetzelfde gold voor Aldringen en Piccolomini. Meer mensen verdwenen. Een kolonel die eropuit gestuurd was om te kijken wat er met Gallas was gebeurd, keerde niet terug. De neef van Wallenstein, die naar Wenen was vertrokken met een brief voor raadsman Eggenberg (een van die veronderstelde vrienden van Wallenstein die hem schuldig hadden verklaard) kwam ook nooit meer terug. Ene kolonel Diodati verliet plotseling het kamp, zonder daartoe bevel te hebben gekregen, en nam zijn regiment mee. De officier die achter hen aan werd gestuurd werd niet meer in Pilsen gezien. Het stille vertrek van zovelen was griezelig en verontrustend. Tien jaar eerder had Kepler Wallenstein gewaarschuwd dat de maand maart van het jaar 1634, die over enkele dagen zou beginnen, voor hem een maand zou zijn van immense maar onheilspellende betekenis. Op 19 februari nodigde Wallenstein – niet op zijn gemak maar nog altijd niet op de hoogte van zijn ontslag – de verzamelde officieren uit in zijn appartement. Deze keer bleef hij tijdens de ontvangst in bed liggen. Andermaal werd de officieren verzocht hem trouw te zweren. Dat deden ze, elk met zijn eigen stiekeme voorbehoud. Een kolonel Walter Butler, een bedrieglijk innemende Ier die nog geen fortuin had weten te vergaren, behoorde tot degenen die zich verplichtten 'te leven en sterven aan de zijde van Zijne Prinselijke Hoogwaardigheid'. Op de twintigste stuurde Wallenstein nog een boodschapper naar Wenen. Deze boodschapper werd gearresteerd door Gallas en verdween net als alle anderen.

De 'verraders', Ilow, Trcka en Kinsky, maakten plannen om naar Praag op te rukken en hun kamp op te slaan op de Witte Berg, als om een onafhankelijk Bohemen, als een feniks, uit het slagveld te laten oprijzen waar het veertien jaar eerder was geslachtofferd. Daar zou Wallenstein, in weerwil van de Habsburgers, misschien wel tot koning zijn uitgeroepen (zoals Piccolomini en de anderen beweerden dat hij van plan was). Of hij inderdaad met dat plan heeft ingestemd, of hij er überhaupt van op de hoogte was, is niet bewezen. Een Saksische gezant die Wallenstein op 19 februari ontmoette rapporteerde dat hij eruitzag 'als een lijk'. Het is mogelijk dat Ilow en de Bohemers van oordeel waren dat hij inmiddels zo ziek was, dat hij gebruikt kon worden als het lijk van de Cid in de film uit 1961, als het inerte maar symbolisch sterke boegbeeld voor een campagne waar hij geen controle over had. Hoe dan ook, uiteindelijk kwam er van dat plan niets terecht. Op de eenentwintigste vertrok Trcka aan het hoofd van een militaire colonne naar Praag. De eerste vijftien kilometer zaten er nog maar net op, of hij ontmoette een officier die hem wist te vertellen wat er in de wereld gaande was. Het was een vernietigende onthulling. Wallenstein was onttroond. Praag was in handen van troepen die onder bevel stonden van Gallas en Piccolomini, de officieren die Wallenstein vertrouwd had, maar die hem hadden aangeklaagd en die zich zijn positie hadden toegeëigend. De troepen die in Oostenrijk lagen hadden allemaal hun eed van trouw aan de keizer hernieuwd, en gezworen Wallenstein niet langer te gehoorzamen. Piccolomini was op nog geen dag reizen van Pilsen met een veel groter leger dan Wallenstein tot zijn beschikking had, en met orders hem gevangen te nemen en naar Wenen over te brengen.

Velen waren uit het kamp vertrokken en stilletjes verdwenen; Trcka kwam terug naar Pilsen met zijn vreselijke nieuws. Eindelijk drong tot Wallenstein door wat hem overkomen was. Toen Alcibiades in zijn eigen stad werd veroordeeld, liep hij over naar de Spartanen. Zo ook besloot Wallenstein, waarschijnlijk voor het eerst en zonder dat hij een wezenlijk andere keuze had, om de stap te zetten waarvan al jaren werd vermoed dat hij hem stilletjes overwoog. Hij besloot zich onmiddellijk, nog diezelfde nacht, terug te trekken in de grensversterking van Eger, en zijn troepen daar zo mogelijk te verenigen met de Saksen onder Arnim, of de Zweden onder de hertog van Weimar.

Niemand sliep. Boodschappers werden in allerijl naar die officieren op het platteland rond Pilsen gezonden die Wallenstein nog meende te kunnen vertrouwen. Een van die officieren was kolonel Walter Butler. De bedienden van Wallenstein werkten koortsachtig. Zijn huishouding in Pilsen, zij het veel minder indrukwekkend dan de hofhouding uit zijn glorietijd, omvatte tweehonderd mensen. Er was gouden bestek en vaatwerk dat moest

worden ingepakt, wandtapijten en kandelaars, bontspreien en bewerkte le-
deren schermen, waskommen van zilver en porselein en fijn tafellinnen dat
in kisten moest worden gelegd en op wagens geladen. En terwijl de bedienden inpakten, plunderden de soldaten. Trcka en Ilow, die beseften dat hun
landgoederen zonder meer zouden worden geconfisqueerd, pakten wat ze
pakken konden alvorens Bohemen te verlaten: ze gaven hun soldaten bevel
de inwoners onder dreiging met vuurwapens al hun contanten of goud en
sieraden afhandig te maken. Ook Wallenstein was de hele nacht bezig. Hij
had zich teruggetrokken met zijn secretarissen en schreef de ene na de andere vlammende brief in een vergeefse poging de wond te dichten waaruit
zijn macht weg sijpelde. Zijn pogingen bleven vruchteloos. Rondom hem,
in het donker, lekte zijn leger weg. Officieren die drie dagen eerder nog
een eed hadden getekend dat ze hem tot in de dood zouden dienen, haastten zich om hem in de steek te laten, en hun regimenten namen ze mee. Bij
het ochtendgloren de volgende dag, 'in de grootste wanorde' en een 'onbe-
schrijflijke paniek', vertrok het restant.

Wallenstein had ooit aan het hoofd gestaan van een leger van honderdduizend man. Nauwelijks veertienhonderd volgden hem naar Eger. Van al
zijn hoge officieren waren alleen de drie trouwe 'verraders' Kinsky, Trcka
en Ilow nog over. De mars verliep traag en moeizaam. De sneeuw was tot
een brij aan het smelten. Wallenstein werd herhaaldelijk uit zijn koets gehaald en in een draagstoel gezet die tussen twee paarden was opgehangen,
om even later weer naar zijn koets te worden gedragen – geen van beide
vervoermiddelen bood een uitweg voor de pijn. Onderweg kregen ze gezelschap van kolonel Butler, die gehoorzaam met zijn regiment kwam aanzetten om zich bij de strijdmacht van de opperbevelhebber aan te sluiten.
Wallenstein, aan wie zo weinigen trouw waren gebleken, was geroerd door
zijn loyaliteit. Hij nodigde Butler uit om met hem in zijn koets mee te rijden, een bijzondere gunst van iemand die zo'n afkeer had van al te willekeurige vriendschappelijkheid, en verzekerde de Ier dat deze van nu af aan niet
één regiment zou aanvoeren, maar twee, beide gefinancierd door hem, Wallenstein, de gulle plutocraat en opperbevelhebber. (Terwijl hij die belofte
deed, hadden keizerlijke functionarissen al bezit genomen van Gitschin, Sagan, en zijn paleis in Praag.) Butler gaf beleefd uiting aan zijn dankbaarheid,
maar ergens onderweg bedacht hij dat er misschien nog wel een veiliger manier was om rijk te worden. De reis duurde drie dagen. In het donker van de
tweede avond stuurde Butler zijn aalmoezenier naar Piccolomini met een
geheime boodschap. Nog voor Wallenstein in Eger aankwam kon Gallas al
aan Aldringen laten weten dat hij 'hoopte, en geloofde dat het al vaststond,
dat kolonel Butler de klap zou uitdelen'.

Eger ligt in een bocht van de Elbe, aan de noordwestelijke grens van Bohemen. Op een heuvel erachter verrijst een kasteel van zwarte steen. Wallenstein en zijn gevolg bereikten het op de avond van vrijdag 24 februari. De bevelhebber van het keizerlijke garnizoen ter plaatse, kolonel Gordon, ontving hen. De soldaten moesten hun kamp buiten de stad opslaan, de officieren en hun huishoudingen werden in de stad ondergebracht, en Gordon stond zijn eigen huis in de stad aan Wallenstein af. Zelf zou hij de nacht in het kasteel doorbrengen. Die avond nodigde kolonel Butler Gordon en diens rechterhand majoor Leslie, ook een Schot, uit om te komen dineren. Om elf uur in de avond arriveerde een boodschapper vanuit Pilsen, met een kopie van de keizerlijke proclamatie van 24 januari. Leslie bracht de boodschapper bij Wallenstein, die nu voor het eerst de woorden las waarin zijn ontslag was afgekondigd. Wallenstein sloeg zo ongeveer wartaal uit van pijn, woede en uitputting: hij raaskalde over wat hij voor de keizer had gedaan, hoe karig hij was beloond, hoe boos hij zich maakte over de onrechtvaardige behandeling die hem ten deel viel, hoe dit alles de keizer zou berouwen. Leslie hoorde het gedwee aan en schreef later alles op wat hem ter ore was gekomen. Hij keerde terug naar het onderkomen van Butler. Die nacht kwamen Gordon, Butler en hij, 'de drie helden' zoals ze zichzelf later zouden noemen, overeen wat er moest gebeuren.

Op zaterdagochtend werden de twee driemanschappen, Kinsky, Ilow en Trcka, die met Wallenstein zouden sterven, en Gordon, Leslie en Butler, die hem zouden doden, bij Wallenstein ontboden. De laatste drie werden door de eerste drie overgehaald te zweren dat ze Wallenstein zouden gehoorzamen, en niemand anders (ondanks de gebeurtenissen van de voorgaande week schijnt Ilow te hebben vastgehouden aan zijn geloof in de kracht van eden). Dat deden ze, en toen trokken ze zich terug. Korte tijd later stuurde Gordon iemand om Kinsky, Ilow en Trcka uit te nodigen die avond om zes uur bij hem te komen dineren in het kasteel boven de stad. De uitnodiging werd aanvaard. Die middag las een van de mensen van Wallenstein hem, ter goedkeuring, een kladversie van een bevel voor dat aan alle officieren in het veld was gericht. Het was de gewoonte in dergelijke documenten te verklaren dat wij 'niets anders doen dan zijne Keizerlijke Majesteit dienen', een verklaring die ook in het ontwerp stond die aan Wallenstein werd voorgelezen. De man had lang genoeg onder hem gediend om te weten hoe razend de opperbevelhebber soms kon worden, maar de aanval van razernij die nu plaatsvond was de ergste die hij ooit had meegemaakt. 'Met de afschrikwekkendste vloeken en scheldwoorden... gekweld door alle furies, gelastte hij mij naar de hel te lopen.' Wallenstein was zijn Rubicon overgetrokken. De officieren moesten nu weten dat het niet voor de keizer was dat ze vochten, maar voor hem alleen, '*für mich*'.

De duisternis viel. Kinsky, Ilow, Trcka, de adjudant van Trcka en een handvol bedienden liepen de heuvel op naar het kasteel, waar ze waren uitgenodigd voor het diner. Gordon, Leslie en Butler ontvingen hen en begeleidden hen naar een gelambriseerde eetkamer met deuren aan weerskanten, terwijl hun bedienden naar de keuken werden gebracht om daar te eten. Er stond lekker eten op tafel en veel wijn. De gasten ontspanden zich. Ze wisten niet dat toen ze goed en wel zaten, en hun borden en glazen gevuld waren, de keukendeur van buiten op slot werd gedaan zodat hun bedienden gevangenzaten, terwijl zeventig Ierse soldaten van Butler het kasteel binnenkwamen en hun posten bij de poorten betrokken. De ophaalbrug was achter hen opgehaald. De wijn vloeide rijkelijk. Het gezelschap werd rumoerig. Vooral Ilow maakte het nodige kabaal. Hij schepte op dat Wallenstein binnen enkele dagen een groter leger zou hebben dan hij ooit onder zijn bevel had gehad. Toen, op een teken van Leslie, werden de beide deuren naar de eetzaal opengegooid en kwamen door elk zeven man met het zwaard in de aanslag binnenstormen. 'Wie is trouw aan de keizer?' riepen ze. Gordon, Butler en Leslie stonden op, kiepten de tafel om en riepen *Vivat Ferdinandus!* Kinsky werd bijna meteen gedood. Ilow en Trcka wisten hun zwaard te trekken. Het was donker, alle kaarsen waren van tafel gevallen en gedoofd. Borden en ruiten sneuvelden. Ilow en zijn onfortuinlijke adjudant werden ter plekke afgeslacht. Trcka, een befaamd krijgsman (die, wat ook hielp, de bescherming genoot van zijn leren jas) wist zich een weg te banen uit het strijdgewoel en naar de poort te ontkomen, waar hij echter door de Ieren van Butler met speren overhoop werd gestoken.

Geen musket was afgevuurd. Niemand in de stad had iets gehoord. Gordon bleef in het kasteel om erop toe te zien dat de lijken uit de weg werden geruimd. Leslie leidde een troep soldaten door de straten om eventuele ongeregeldheden te voorkomen. Butler, die eerder dezelfde dag nogmaals had gezworen Wallenstein trouw te zullen dienen, nam de moordenaars uit het kasteel, met het bloed nog aan hun zwaarden, mee naar het huis waar Wallenstein in bed lag. Het was niet moeilijk er binnen te komen. Er was geen speciale wacht neergezet, er waren alleen de gebruikelijke patrouilles om blaffende honden en verkeer op afstand te houden. Eveneens oudergewoonte had Wallenstein de meest afgelegen kamers in het huis betrokken, buiten gehoorsafstand van het grootste deel van zijn huishouding. Butler wachtte bij de ingang. Zeven mannen denderden over de binnenplaats, het huis in en de trap op. 'Opstandelingen!' riepen ze. Ze duwden de schenker van Wallenstein, die net met een gouden beker de trap afkwam, aan de kant. Ze doodden de kamerheer die hen tot stilte maande. Ze forceerden de vergrendelde deur van Wallensteins slaapkamer. Wallenstein was met veel pijn en moeite zijn bed uitgekomen. Toen ze binnendrongen, met brandende fakkels, bleef hij zwaaiend op zijn benen staan en spreidde zijn armen.

Hij zei iets, misschien smeekte hij om genade. De leider van het stel doodde hem met één harde stoot van zijn speer. Later benadrukten de moordenaars welk een moed en vastberadenheid ervoor nodig waren geweest om
een eind te maken aan het leven van 'zo'n snode, wraakzuchtige man, door
heel de wereld gevreesd'. Eigenlijk lijkt het er meer op dat het gemak waarmee een en ander was gegaan hen lichtzinnig maakte. Een van hen pakte
het lichaam op en maakte aanstalten het uit het raam te gooien. Een ander
hield hem tegen. Wallenstein werd in iets roods gewikkeld, niet een van zijn
beroemde scharlakenrode mantels, maar een beddensprei of wandtapijt, en
hotsend en bonkend de trappen af gesleept. Later trokken de moordenaars
hem al zijn kleren uit, want die waren, in het zeventiende-eeuwse Europa net zo goed als in het Jeruzalem ten tijde van de kruisiging van Jezus, te
kostbaar om aan de doden te verspillen.

In 1630, toen Wallenstein zijn ontslag aanvaardde en hij zich rustig terugtrok, in plaats van de opstand te ontketenen waar zovelen voor gevreesd
hadden, stonden waarnemers perplex, al was hun opluchting ook doortrokken van teleurstelling dat de duivelse krijgsheer van hun verbeelding zich
net zo makkelijk uit het veld liet slaan als ieder ander. Zijn sterfelijkheid
was de tweede schokkende desillusie die zijn levensverhaal opleverde. Het
was een tijd waarin mensen geen moeite hadden te geloven dat een mens,
zo niet daadwerkelijk onsterfelijk, maar dan toch op zijn minst onkwetsbaar
kon zijn. Velen die in de Dertigjarige Oorlog vochten, droegen amuletten
waar ze flinke bedragen voor hadden neergeteld, omdat ze ervan verzekerd
waren dat zo'n amulet ervoor zou zorgen dat ze het allemaal zouden overleven. Slechts weinigen keken verbaasd op dat er lansiers voor nodig waren
geweest om graaf Trcka te doden – het was algemeen bekend dat hij magische bescherming genoot tegen verwondingen door zwaard of musket. En
uiteraard kon Wallenstein zelf, de genius van de oorlog, niet zomaar als een
willekeurige sterveling worden gedood. In Lützen had hij geen wapenrusting gedragen, wat (volgens zijn critici) wel bewees dat hij bovennatuurlijke, vermoedelijk demonische bescherming genoot. (Toevallig droeg Gustaaf Adolf evenmin een wapenrusting, maar in zijn geval werd zijn voorkeur voor een minder logge uitmonstering gezien als vertoon van moed en
een vroom vertrouwen op God.) Alle bedienden van Wallenstein vonden
de dood op het slagveld, maar hijzelf bleef daar ongedeerd. Er werd gezegd
dat een van zijn sporen was stukgeschoten door een kanonskogel, en aan het
eind van de dag, toen hij zijn hemd uittrok, vielen er tientallen kogels uit,
waarvan niet één hem ook maar oppervlakkig verwond had. Vulkanen spuw-
den vuur als hij te velde trok. Steden brandden af wanneer hij door de poort
naar binnen reed. Het leek absoluut onmogelijk dat zo'n man gedood kon

worden door simpelweg een stuk puntig en van weerhaken voorzien metaal in zijn borst te steken.

Zijn dood werd door hen die ernaar hadden uitgekeken als een wonder onthaald. Toen het nieuws de generaal van de jezuïeten ter ore kwam, bedankte hij de Allerhoogste op juichende toon. Deze 'prachtige daad' was verricht, zo merkte hij op, als antwoord op de duizenden missen die in heel Europa door leden van zijn orde waren opgedragen. Dat de moord op Wallenstein het werk van God zelf was, werd bevestigd door een schilderij dat niet veel later gemaakt werd, waarop de moordenaars aureolen droegen. Verscheidene verslagen presenteerden zijn dood als een soort uitdrijving. In 1628 had de mystica Christina Poniatowska in een visioen zijn eind voorzien. 'Toen [Wallenstein] op de grond lag, schoten met een afgrijselijk geraas vlammen uit zijn mond, terwijl zijn hart gif en pek bleef spuwen tot het door een bliksemschicht uit de Hemel werd doorboord', een visioen dat nauw overeenstemt met wat een paar van zijn moordenaars zelf over zijn dood meldden. Een van hen zei dat hij, toen hij viel, geweldig boerde, 'zo'n angstaanjagend geluid dat degenen die het hoorden verbijsterd waren'. Ook zou hij een verschrikkelijke tabaksstank hebben verspreid. Tabak was het kruid van de duivel, en tabaksas werd geassocieerd met de as van geplunderde en platgebrande steden. Gallas kreeg te horen dat toen de speer in zijn borst werd gedreven, er een enorme rookwolk uit kwam, vergezeld van een kabaal of er een musket werd afgevuurd. 'Vermoedelijk was dat de Duivel die uit hem wegtrok,' zei Gallas.

Het drama van Wallensteins dood werd alom als spannend ervaren. Prenten waarop de moorden in Eger waren verbeeld, werden met honderden tegelijk verkocht. Toneelstukken en gedichten over hem werden in heel Europa uitgegeven. De val van iemand die zo hoog en machtig was, verschafte hun die zoveel lager stonden dat ze hem hadden benijd en gevreesd, een akelig genoegen. Een 'Vaarwel aan Wallenstein' dat in die periode circuleerde staat bol van die combinatie van vrome afkeuring en gretig leedvermaak waarmee de beproevingen van al wie rijk en beroemd zijn vanaf die tijd tot op de dag van vandaag door het volk zijn begroet:

'Dat gebeurt als een mens
te ambitieus is.
De Duivel komt stilletjes
En brengt hem ten val.
Geen boom groeit tot in de Hemel.
De bijl is altijd klaar om hem te vellen.'

De draai die in verslagen uit die tijd aan het verhaal werd gegeven, is afhankelijk van de politieke kleur van de verslaggever. Loyalistische nieuwsbladen publiceerden groteske karikaturen van de gevallen potentaat, en een weekblad in Zürich kwam met een honend grafschrift voor de 'Admiraal, maar zonder zee en zonder vloot / Generaal die vele slagvelden ontvlood'. Met even veel verve grepen andere stemmen, zowel binnenslands als over de grens, de moord aan als voorbeeld van Habsburgse boosaardigheid. De Zweden hemelden Wallenstein op, deels om onrust en verdeeldheid te zaaien in de keizerlijke gelederen, deels (zoals de Spanjaarden Drake hadden opgehemeld) om zich te verontschuldigen voor het feit dat ze er niet in waren geslaagd hem te verslaan. 'Wie anders dan Wallenstein brak bij Neurenberg die grote, zegerijke strijdmacht die was samengetrokken door Onze Hoogst Goedgunstige Koning en Heer, nu rustend onder Gods vleugels?' vroeg de schrijver van een Zweeds vlugschrift. 'Graag loof ik de heldenmoed van de vijand.' Protestanten begroetten Wallenstein met gejuich als martelaar, om zijn geloof vermoord door samenzwerende papisten. Butler, Gordon en Leslie werden vergeleken met Ravaillac, de moordenaar van Henri IV van Frankrijk, en gedemoniseerd als 'meinedige, goddeloze, ontrouwe, laaghartige boeven'. In de ogen van nationalisten was hij het slachtoffer van de Spaanse invloed aan het hof. 'Hij was een Duitser!' riep een pamflettist foutievelijk uit. 'Dat was zijn misdaad. Daaruit vloeide zijn onheil en alle rampspoed voort.'

De postume beeldbepaling was echter te belangrijk om over te laten aan de vooroordelen die onder het volk spontaan leken op te wellen. Zoals de loyale graaf Khevenhüller noteerde, waren er kwaadaardige mensen die er geen been in zagen 'de snelle en nobele executie in Eger af te schilderen als een valse en infame moord'. Om een dergelijk beeld te corrigeren moest de keizer aantonen dat Wallenstein inderdaad een verrader was, en wel een dermate gevaarlijke verrader, dat hij onmogelijk gespaard had kunnen worden om levend en wel voor de rechter te verschijnen.

Die beeldvorming bleek niet mee te vallen. Piccolomini stelde een rapport op waarin zijn eigen aandeel in de affaire werd opgehemeld, maar toen puntje bij paaltje kwam kon hij niet worden overgehaald ervoor te tekenen. Het was hem niet toegestaan te onthullen dat Wallenstein eigenlijk in opdracht van de keizer was vermoord, dus hij moet zich hebben gerealiseerd dat het rapport gebruikt zou kunnen worden om hem tot zondebok te bestempelen. Zes officieren van Wallenstein werden ervan beschuldigd met hem in het complot te hebben gezeten, maar die aanklacht moest bij gebrek aan bewijs weer van tafel. Vijf van de zes werden na een kort verblijf in de gevangenis vrijgelaten. De onfortuinlijke zesde, graaf Schaffgotsch, werd voor zijn executie drie uur lang gefolterd, maar had niets te zeggen waar zijn inquisiteurs iets mee konden.

Er werd overwogen een postuum proces tegen Wallenstein te voeren, maar van dat plan werd ook weer afgestapt. Een proces op touw zetten zou de suggestie kunnen wekken dat de verdachte ook nog wel eens onschuldig zou kunnen zijn, een idee dat te gevaarlijk was om al te lang bij stil te staan. Toen uiteindelijk het *Gedetailleerde en Grondige Rapport over het Afschuwelijke Hoogverraad Beraamd door Wallenstein en zijn Volgelingen* door de keizerlijke kanselarij werd gepubliceerd, bevatte dat alleen dezelfde vage beschuldigingen die al lang aan het hof hadden gecirculeerd. De dreiging die Wallenstein voor de staat vormde was ondefinieerbaar en onbewijsbaar. Net als bij Alcibiades en Rodrigo Díaz school dat gevaar niet in iets wat hij misschien wel of niet gedaan had, als wel in wat hij geworden was. Kardinaal Richelieu, de meest wereldwijze van alle contemporaine waarnemers, was van oordeel dat het bij een man als Wallenstein uiteindelijk onvermijdelijk was dat hij in ongenade zou vallen, 'of het nu komt doordat vorsten genoeg krijgen van een man die ze al zoveel hebben vergund dat ze hem niets meer te geven hebben, of dat ze argwaan gaan koesteren jegens hen die zoveel goeds voor hen hebben gedaan dat wat zij daar tegenover zouden kunnen stellen niet minder is dan hun hele hebben en houden.' De keizer vijandig gezinde pamflettisten en satirici legden nogal de nadruk op de ondankbaarheid van Ferdinand, die immers de man had laten vermoorden aan wie hij zoveel te danken had. De kardinaal begreep echter dat het juist was omdat de keizer Wallenstein zoveel verschuldigd was, dat Wallenstein moest sterven.

De derde en meest banale van de drie verrassingen die het verhaal van de ondergang van Wallenstein opleverde was de onthulling dat Wallenstein niet alleen gedood kon worden, maar dat hij ook nog eens niet onmisbaar bleek te zijn. Hij, en zijn meeste tijdgenoten met hem, had zichzelf als van wezenlijk belang beschouwd: niet alleen had hij de meeste bouwstenen aangeleverd voor de keizerlijke heerschappij, hij was er ook de grondlegger van. In het stuk van Glapthorne snoeft hij: 'Ik was de Atlas van de macht [van de keizer].' Maar Atlas stierf en het hemelgewelf kwam niet naar beneden. De erfgenaam van Ferdinand, de jonge koning van Hongarije, werd de nieuwe opperbevelhebber en bleek zowel kundig als fortuinlijk. Het grote oproer waar Ferdinand en zijn ministers zo lang voor gevreesd hadden bleef uit. De Franse generaal Peblis meldde dat het keizerlijke leger, na de moord op Wallenstein, een rustige, gedisciplineerde indruk wekte, 'waar ik mij hogelijk over verbaas, aangezien ik er vast van overtuigd was dat op zo'n tragedie een grote verandering zou volgen'. Hij was een van de velen die met opluchting, teleurstelling of gewoon verbazing opmerkten hoe weinig het verscheiden van zo'n groot man teweegbracht. Schiller presenteert Wallenstein als een tragische held naar aristotelisch model: 'Deze grote vorstenziel zal, als hij valt / een wereld in de afgrond storten.' Maar alleen die paar mannen die met hem de dood vonden in Eger, en het handjevol mannen dat er vervolgens van werd beschuldigd met hem te hebben samengezworen, werden meegesleurd. Verder ging het leven gewoon door.

Er veranderde niets. Wallenstein was ervan overtuigd geweest dat hij de oorlog ten einde had kunnen brengen. 'Ik had de vrede onder handbereik,' zei hij tegen een officier vlak voor hij naar Eger vertrok. Hij had het mis. Hij wist niet hoe diep het wantrouwen zat dat de protestantse prinsen met wie hij aan het onderhandelen was jegens hem koesterden, noch besefte hij hoezeer zijn invloed op de keizer was afgenomen. Anderen hadden hem beschouwd als een van de aanstichters van de oorlog en baden dat nu hij dood was vrede zou heersen, maar er zouden nog eens veertien smartelijke jaren voorbijgaan voor de Vrede van Westfalen werd gesloten. Bij zijn leven had hij prinsen met ontzag vervuld en een keizer angst aangejaagd. Na zijn dood bleef van al die afschrikwekkendheid niets over. Zijn lichaam, net als dat van de Cid, bleef op wonderbaarlijke wijze behouden. Twee en een kwart jaar na zijn dood werd het overgebracht naar het kartuizer klooster dat hij bij Gitschin had gesticht, en de monniken toonden hun dankbaarheid jegens hun weldoener door te melden dat zijn stoffelijk overschot geen zichtbare of ruikbare tekenen van ontbinding vertoonde. Maar zijn bezittingen werden opgesplitst, zijn prestaties gekleineerd, zijn reputatie verschrompelde. De belichaming van gruwel en verschrikking was ook maar een mens gebleken. Zijn grootheid en het gevaar dat hij vormde bleken, net als de wereldveroverende charme van Alcibiades, een gigantische hersenschim. Alcibiades, de briljante oplichter, had zijn eigen charisma gecreëerd. Het charisma van Wallenstein was het product geweest van de angst van anderen. In beide gevallen ging dat fenomenale beeld, toen de man eenmaal dood was, in rook op.

Sir Thomas Browne, tijdgenoot van Wallenstein, noemde sterfelijkheid 'de schandvlek bij uitstek van ons hele wezen'. Achilles en de zijnen streefden een roemruchte en gedenkwaardige dood na om de kortstondigheid van hun leven te compenseren. Maar Wallenstein, die bij zijn leven zo groots en geducht was geweest, stierf een smadelijke dood, en 'na zijn dood', schreef kardinaal Richelieu, die een scherpe inschatting maakte van de dreigende parallellen tussen zijn eigen loopbaan en die van de al te machtige dienaar van de keizer, 'werd hij beschimpt door al degenen die hem hemelhoog zouden hebben geprezen als hij in leven was gebleven. Laat de boom vallen en allen zullen zich haasten om hem van loof te ontdoen en in stukken te hakken.' Het verhaal van Wallenstein biedt geen troost. Coleridge zei dat de inspanning van het werk eraan 'mijn stemming drukte en mijn humeur verpestte, en mij een gevoel liet van walging en vermoeienis die me de lust in alles benam'. Hegel was ontsteld over het pessimisme van de versie van Schiller: 'Aan het eind van het stuk is alles voorbij. De nacht heerst. De dood heeft de oorlog gewonnen.' In 1934 lieten nazaten van Wallenstein een marmeren gedenkplaat maken om de plek waar hij begraven lag te markeren. Het is een treurig grafschrift. *Quid lucidius sole? Et hic deficiet.* 'Wat geeft meer licht dan de zon? Toch gaat ze onder.'

Garibaldi

Giuseppe Garibaldi was halverwege de negentiende eeuw de meest geliefde held van Europa. Op het hoogtepunt van zijn roem omschreef Alexander Herzen hem, zonder ongepaste overdrijving, als 'de ongekroonde koning van de volken, hun vurige hoop, hun levende legende, hun heilige – en dat van de Oekraïne en Servië tot Andalusië en Schotland, van Zuid-Amerika tot de noordelijkste der Verenigde Staten'. Lokken van zijn haar, verband van zijn wonden, zelfs het zeepsop uit zijn bad werd verkocht en door de koper gekoesterd als een relikwie. Hij werd voor onoverwinnelijk, ja, zelfs voor onkwetsbaar gehouden. Als zijn vijanden hoorden dat hij in aantocht was, legden ze de wapens neer en sloegen op de vlucht. Hertoginnen waren weg van hem. Boeren lieten zich in aanbidding voor hem op de knieën vallen. Zijn bewonderaars raakten al in extase als ze hem alleen maar langs zagen komen. 'Het scheen mij toe,' schreef een van zijn officieren, 'of God tot mij sprak door zijn mond.'

In zijn lange en veelbewogen leven was hij (dan wel scheen het te zijn) een held in talrijke verschijningsvormen, achtereenvolgens dan wel tegelijkertijd. Als twintiger was hij een stoutmoedig revolutionair en een nog stoutmoediger minnaar, verbannen uit zijn vaderland Piemonte wegens pogingen om aan te zetten tot een revolutie, en op zijn vlucht bijgestaan door een reeks bewonderaarsters. Als banneling trok hij naar Zuid-Amerika en verwierf hij een aura van exotisme door ver van huis te vechten voor de vrijheid, gehuld in het archaïsche kostuum dat zijn handelsmerk zou blijven en vergezeld door Anita, de krijgshaftige vrouw die hij met een verrukkelijk romantische overijldheid had getrouwd. De Europeanen die zich opgesloten voelden in hun steeds meer getemde en geïndustrialiseerde omgeving, idealiseerden hem als een kind van de wildernis, kleurrijk en vrij. Het was 'zijn geluk nooit volledig deel te nemen aan het prozaïsche bestaan van de beschaafde mens,' schreef G. M. Trevelyan, wiens biografie in drie delen werd geschreven toen zijn heldendaden nog voortleefden in de herinnering van ooggetuigen, 'hoewel hij het diepgaand in beroering bracht, als een stormwind die van onbekende kusten waait'.

Eenmaal terug in Europa werd hij het boegbeeld van de Risorgimento, de nationalistische bevrijdingsbeweging van Italië, die met zijn guerrillaeenheden de legers van een onderdrukkende grootmacht te slim af was en wist te vernederen, zoals Drake eens Spanje had doen buigen. Toen Rome in 1849 door de Fransen werd ingenomen was hij opnieuw een vluchteling, maar deze keer met de hartverscheurende allure van de verslagen idealist. Zoals Cato kaarsrecht tussen de ruïnes van de eerste Romeinse Republiek had gestaan, verwierf Garibaldi een melancholieke grandeur met zijn aandeel als verliezer aan de verdediging van de tweede Romeinse Republiek – en deze tragische figuur werd dubbel zo aandoenlijk doordat hij niet alleen zijn politieke droom moest opgeven, maar ook zijn grote liefde: Anita stierf in zijn armen terwijl vier legers kriskras door Italië trokken, op jacht naar hem. Tien jaar later onderging deze romantische verliezer, gedoemd voorvechter van een verloren zaak, nog een metamorfose en werd een onstuitbare veroveraar, een wiens verbazingwekkende overwinningen zelfs de vergelijking kunnen doorstaan met het geweldige geluk dat de Cid ten deel viel. Aan het hoofd van een troep van iets meer dan duizend vrijwilligers, geen van alle militair geschoold en pover uitgerust, verdreef hij de Bourbons uit Zuid-Italië, een prestatie die er borg voor stond dat hij de resterende twee decennia van zijn leven 's werelds meest gevierde beroemdheid zou zijn, aanbeden om zijn vermeende heiligheid, geliefd en gezocht om zijn gigantische invloed op het volk, en – zo machtig was zijn reputatie en zo grillig zijn politieke hartstocht – bron van aanhoudende zorg voor de autoriteiten van de Italiaanse natie die zijn schepping was. De Japanse held Saigo Takamori, een tijdgenoot van hem wiens levensverhaal in vele opzichten parallel liep aan het zijne, schreef eens: 'Hij die noch om zijn leven geeft, noch om zijn roem, noch om status of geld – zo'n man is standvastig en onhandelbaar. Toch is het alleen zo'n man die met zijn kameraden bereid is elke ontbering te ondergaan teneinde grote daden te verrichten voor het land.' Zo 'standvastig en onhandelbaar' als Cato, zo dapper als de Cid, zo'n man was Garibaldi.

De tweede helft van zijn leven woonde hij op Caprera, een door de wind geteisterd eiland voor de Sardijnse noordkust waar hij, tussen zijn militaire operaties door, het leven leidde van een keuterboer. Op het naburige eilandje werden drie hotels gebouwd voor de toeristen die vanuit heel Europa kwamen om over het water te turen, in de hoop een glimp van hem op te vangen bij het drijven van zijn geiten of het schoffelen van zijn groentetuin. Toen de Britse minister van Buitenlandse Zaken aan koningin Victoria voorstelde hem te schrijven, wierp zij tegen dat als ze dat deed, zulks zou kunnen worden uitgelegd als 'erkenning van de positie van de generaal als Europese macht'. Haar zorg was gerechtvaardigd. Garibaldi was de zoon van een eenvoudige zeeman. Rijk is hij nooit geworden. Hoewel hij kortstondig de dictator van half Italië was, deed hij afstand van dat ambt, en bekleedde hij nadien geen ander meer dat ook maar in de verte paste bij zijn fenomenale prestige, maar eenvoudig burger als hij was, was hij wel degelijk een 'macht'. Als zodanig zou hij van lieverlede een bedreiging gaan vormen voor de natie die hij zelf in het leven had helpen roepen – met net zoveel lak aan het gezag als vergelijkbare grootheden als Alcibiades, Wallenstein en de Cid. Koning Victor Emmanuel, door Garibaldi tot de eerste monarch van Italië gemaakt, zou hem herhaaldelijk gebruiken om hem vervolgens weer aan de kant te zetten, hem te arresteren en op te sluiten, hem te blokkeren op zijn eilandje en legers op hem af te sturen. Toen het gerucht de ronde deed dat hij overwoog een nieuwe revolutie te ontketenen, vond de Italiaanse regering het nodig acht oorlogsschepen te sturen om te voorkomen dat hij Caprera zou verlaten, wat hem ertoe uitdaagde nogmaals aan te tonen dat hij, als eenling, superieur was aan de macht van een koninkrijk. Terwijl de enorme schepen om het eiland voeren glipte hij er tussendoor, alleen in een roeibootje.

In 1840, toen Garibaldi nog aan de andere kant van de Atlantische Oceaan vocht voor de onafhankelijkheid van Rio Grande do Sul, een land dat er nooit zou komen, gaf Thomas Carlyle in Londen de serie lezingen die zouden worden gepubliceerd onder de titel *On Heroes, Hero-Worship and the Heroic in History*. De lezingen waren een sensationeel succes – het uitgaanspubliek en de hogere klassen verdrongen elkaar voor een kaartje – en het boek was een bestseller. In zijn lezingen betreurde Carlyle het scepticisme van zijn tijd dat 'het bestaan en de wenselijkheid van Grote Mannen ontkent', en zette hij zijn theorie uiteen dat 'elke vooruitgang die de mensheid heeft geboekt te danken was aan speciale individuen die bovenmatig begiftigd waren in geest en karakter, die de Voorzienigheid in bevoorrechte tijden tussen de mensen deed opstaan', dat 'de geschiedenis van de wereld niet meer is dan een levensbeschrijving van Grote Mannen'. Elk van zijn lezingen ging over één dergelijke figuur. Collectief vormen zij een beeld van de complete held, een man (het zijn allemaal mannen) met een 'diepe, eenvoudige, ernstige geest', zalig vrij van mondainheid, dermate onwelsprekend dat je bijna van stomheid zou kunnen spreken, gedreven door een hartstochtelijke overtuiging. Toen Garibaldi terugkeerde naar Europa, werd hij als de vrijwel volmaakte personificatie van dat ideaal gezien.

Hij was een eenvoudig man. Giuseppe Mazzini, de theoreticus van de Risorgimento, het hoofd ervan zoals Garibaldi er het hart en de sterke arm van was, was grotendeels verantwoordelijk voor de creatie van Garibaldi's publieke imago, maar privé dreef hij de spot met hem. Op het hoogtepunt van zijn roem werd Garibaldi, met zijn lange, donkerblonde haar, zijn koele, verheven uitstraling en zijn onwankelbare moed, te pas en te onpas vergeleken met de leeuw, de koning der dieren. De middeleeuwse dichters die

387

dezelfde vergelijking trokken met de Cid, deden dat met onversneden bewondering, maar negentiende-eeuwse politici mochten dan graag gebruikmaken van helden, ze waren minder onder de indruk van godgelijkende dieren. 'Heb je wel eens goed naar het gezicht van een leeuw gekeken?' schreef Mazzini aan een vertrouweling. 'Vind je dat geen heel onnozel gezicht? Nou, zie daar Garibaldi.' Een andere tijdgenoot was van mening dat hij 'het hart van een kind en de kop van een buffel' had. Maar de eenvoud van Garibaldi was niet zozeer een kwestie van simpelheid, alswel van standvastigheid. 'Oprechtheid, een diepe, machtige, waarachtige oprechtheid is het belangrijkste kenmerk van allen die op wat voor manier dan ook heroïsch zijn,' zei Carlyle. Garibaldi was oprecht. Hij was een man zonder enige dubbelhartigheid. Hij had net zo weinig gevoel voor tact en diplomatie, en hij was net zomin bedreven in het politieke spel, als Cato in zijn tijd. Wat hij geloofde, daarvan was hij ten volle overtuigd. Hij kende geen twijfels, hij kwam nergens op terug. Hij had niets sluws of geraffineerds over zich, hij was niet ironisch, had geen oog voor het bespottelijke, geen greintje gevoel voor humor. Hij was zo'n man als de Luther van Carlyle, een man van 'rauwe eerlijkheid, soberheid; een rauwe, zuivere bevattelijkheid en kracht', of als de Cromwell van Carlyle, die aan de woeste Alpen deed denken, 'enorme granieten massa's, geworteld in het Hart van de Wereld'. Atheense intellectuelen van de vijfde eeuw v. Chr. zagen de Spartanen als weinig bespraakte primitieven maar ook als dragers van een archaïsche edelheid; zo ook greep Garibaldi, met zijn witte paard, zijn wapperende mantel en zijn omzwervingen als was hij een dolende ridder, in de ogen van negentiende-eeuwse Europeanen terug op een simpeler, maar grootser tijdperk. Zijn heldenmoed, zijn zuivere rechtschapenheid en zijn soberheid, 'hoewel ietwat gemaakt', deden een Franse functionaris die hem nog kende uit Uruguay, denken aan de oude Romeinen. Alexandre Dumas (schepper van de Drie Musketiers en enthousiast bewonderaar van Garibaldi) gaf zijn boek over de krijgsverrichtingen van Garibaldi in Zuid-Amerika de titel *Het Nieuwe Troje*.

Zijn loopbaan als revolutionair begon toen hij in de twintig was en hij, als zeeman bij de Piemontese marine, werd gerekruteerd door Jong Italië, de ondergrondse bevrijdingsbeweging die Mazzini in 1831 had opgericht. Italië was in die tijd, zoals de Oostenrijkse prins Metternich het formuleerde, een 'geografische term' zonder enig verband met de politieke realiteit. Het schiereiland was verdeeld in een aantal afzonderlijke staten, waarvan de meeste – met min of meer harde hand – werden geregeerd door buitenlanders. De paus heerste over een groot deel van Midden-Italië. Zuidelijk Italië en Sicilië werden vanuit Napels bestuurd door een Bourbon-koning.

Het grootste deel van het noorden stond onder Oostenrijkse heerschappij, afgezien van het onafhankelijke koninkrijk Piemonte, het geboorteland van Garibaldi, waar ook Sardinië onder viel. Mazzini streefde ernaar die koningen te onttronen, de priesters te verdrijven, de buitenlanders uit te zetten en al die verschillende staten te verenigen in een splinternieuwe, soevereine republiek Italië. Het was een zaak die de harten van romantici over de hele wereld sneller deed kloppen. 'De gedachte alleen al,' had Byron geschreven, 'een vrij Italië... Dat is een grandioos doel – de absolute *poëzie* van de politiek'.

Garibaldi groeide op in Nice, dat ten tijde van zijn geboorte deel uitmaakte van Frankrijk. Zijn eerste taal was Ligurisch, zijn tweede Frans. Hij was net zomin geknipt voor de rol van nationale held van Italië, als de Italiaanssprekende Corsicaan Napoleon dat was geweest voor eenzelfde rol in Frankrijk. Noch zal het er nu zo een-twee-drie op hebben geleken dat hij ervoor in aanmerking kwam te worden ingelijfd bij een Italiaanse nationalistische organisatie. Volgens de legende van de Risorgimento (en volgens het verhaal zoals dat op schrift werd gesteld door Garibaldi) was het Mazzini zelf die hem overhaalde zich bij de beweging aan te sluiten. Hun ontmoeting zou later worden afgebeeld op prenten die mensen in heel Italië aan de muur hingen, prenten waarop de visionaire Mazzini met zijn lange, donkere haar en brandende ogen in vervoering naar Garibaldi keek, de leeuwachtige krijger die zijn droom van een verenigd Republikeins Italië in vervulling zou doen gaan; deze ontmoeting heeft evenwel nooit plaatsgehad. Hoe het ook zij, in 1834 was Garibaldi lid van Jong Italië, en maakte hij deel uit van een groep muiters binnen de Piemontese marine die plannen beraamden om zich meester te maken van een aantal schepen in de haven van Genua. Ze wilden die schepen voor revolutionaire doeleinden gebruiken. Hun plannen draaiden echter op een mislukking uit. Garibaldi, die aan wal was gegaan om zich aan te sluiten bij een opstand die nooit plaats zou vinden, en die dus feitelijk was gedeserteerd, dook onder.

Het was een tijd waarin je kon worden doodgeschoten om de eenvoudige reden dat je een republikeinse krant las; Garibaldi verkeerde in ernstig gevaar. Hij wist te ontkomen, daarbij geholpen door verscheidene vrouwen. Volgens de legende zou hij in de loop van één middag met drie van hen de liefde hebben bedreven, terwijl de Piemontese autoriteiten de straten en cafés afspeurden op hem en zijn medesamenzweerders. (Decennia later zouden enkele tientallen Genovese matrones hem aanschrijven en beweren een van die drie te zijn geweest. Garibaldi was een man die, als de ideale, hoffelijke ridder, krijgslust paarde aan een stipte beleefdheid – vooral tegenover dames. Hij beantwoordde al hun brieven, met hoffelijke dankzeggingen en de beste wensen, zonder echter nader in te gaan op vragen over zijn eigen herinneringen aan hun vermeende intimiteit in dat verre verleden.) Hij werd bij verstek ter dood veroordeeld.

Hij zocht zich een weg naar Marseille, en wist onderweg een paar keer op spectaculaire wijze te ontkomen (hij sprong uit een raam op de bovenverdieping van een douanekantoor, palmde een herbergier in die gedreigd had hem aan te geven door revolutionaire liederen voor hem te zingen, en redde een jongen van de verdrinkingsdood). In Marseille vond hij een schip dat naar Rio de Janeiro ging – een populaire bestemming voor politieke vluchtelingen. Hij monsterde aan, waarna veertien jaren van ballingschap volgden, jaren waarin hij, zonder er zelf bij te zijn en voor een groot deel ook zonder dat hij er iets van wist, uitgroeide tot een held van de Italiaanse bevrijdingsbeweging.

Hij was schuldig bevonden aan hoogverraad, maar elke revolutie, elke onafhankelijkheidsbeweging, elke opstand tegen een onderdrukkend of onrechtvaardig regime, moest met een soortgelijk vergrijp beginnen. In 1560, zes jaar voordat Drake voor het eerst de Atlantische Oceaan overstak, trok een groep van driehonderdzeventig Spaanse conquistadores vanuit Lima de binnenlanden van Zuid-Amerika in, op zoek naar El Dorado. Vier maanden later was hun leider vermoord door een bende muiters onder leiding van Lope de Aguirre, een psychotische moordenaar en visionair die zich, toen hij de verklaring ondertekende waarin het nieuwe doel van de expeditie werd omschreven, 'de Wrake Gods' noemde, 'Prins van de Vrijheid' en – het opmerkelijkst – 'verrader'. Aguirre was een onderdaan van Filips van Spanje, de vijand van Drake en de vorst die dichter dan welke andere heerser dan ook sinds de val van Rome, bij de wereldheerschappij stond. Jezelf als onderdaan van zo'n heerser tot verrader uitroepen was een krankzinnige daad van zelfdestructie, maar kon ook worden uitgelegd als politiek en moreel heldhaftig, en misschien zelfs als heilige plicht. De wraak van God was gewekt door de overmoedigheid waarmee Filips meer macht naar zich toe had gehaald dan gepast was voor een sterveling. Aguirre, de Wrake Gods, wilde, om hem te tarten, een vrije staat stichten. Zijn avontuur eindigde in een waanzinnige orgie van moord en doodslag. Bijna de helft van zijn metgezellen werd door hem of op zijn bevel vermoord. Zelf werd hij uiteindelijk opgespoord door de Spaanse koloniale autoriteiten – hij liep in een hinderlaag en werd vermoord in de buurt van Caracas. Maar krankzinnig en gevaarlijk als hij was, had hij zich wel een plaats verworven in de geschiedenis als een van de eerste helden van de Amerikaanse onafhankelijkheidsbeweging, en als ongewoon zelfbewuste illustratie van het principe dat elke daad van opstandigheid – door die andere bril bekeken – ook een daad van verraad is.

Aan de Braziliaanse kust schraapte Garibaldi zijn kostje bij elkaar als handelaar, tot hij een zaak vond om zich voor in te zetten die beter bij hem paste. Nationalisme was, in die tijd van romantische revolutionairen, een internationale beweging. 'De man die zijn eigen land verdedigt of het land van anderen aanvalt is niet meer dan een soldaat,' schreef Garibaldi jaren later, 'maar de man die... zijn zwaard en zijn bloed overheeft voor een volk dat strijdt tegen tirannie, is meer dan een soldaat; dat is een held.' In heel Europa en Amerika vochten mannen voor de bevrijding van landen die hun vader- noch moederland waren. Fransen gaven hun leven om de kolonisten van Noord-Amerika te helpen het Engelse juk af te werpen. Byron was betrokken bij de *carbonari*, de voorlopers van Jong Italië, en alvorens te besluiten naar Mesolongi te gaan om voor de Grieken te vechten, had hij zijn jacht *Bolívar* genoemd en overwogen naar Zuid-Amerika af te reizen. Engelsen en Duitsers vochten voor de Grieken tegen de Turken. Er vochten Ieren in Chili, Duitsers in Hongarije, Italianen in Polen, en de Polen vochten overal.

Toen Garibaldi in Brazilië aankwam, werd dat land nog, zij het met moeite, geregeerd door een Portugese keizer. In 1835 begon generaal Benito Gonçalves een opstand in het zuidelijke district Rio Grande do Sul, met als oogmerk de vestiging van een onafhankelijke republiek. Garibaldi – die niet lang daarvoor aan een andere balling had geschreven: 'Mijn God, ik ben dit slepende bestaan van kustvaarder zo moe, het is zo zinloos voor ons land. Ik verlang ernaar mij er weer in te storten' – stortte zich er prompt weer in.

Hij hield van vechten. Toen hij jaren later zijn memoires schreef, zou hij verklaren pacifist te zijn en uitvoerig stilstaan bij zijn zachtmoedigheid en afkeer van nodeloos bloedvergieten, en bij die ene keer dat hij als kind uren had gehuild omdat hij per ongeluk een pootje van een sprinkhaan had gebroken – maar oorlog bracht hem in een roes. Meer dan eens zouden zijn eigen bondgenoten hem fel bekritiseren wegens het uitlokken van een onnodige veldslag. Hij zou ook geprezen en aanbeden worden om de Don Quichot-achtige wijze waarop hij met alle geweld tot het bittere einde wilde doorvechten tegen een overweldigende meerderheid. Verschillende van zijn meest gevierde operaties waren in feite afgrijselijke nederlagen, ja, bijna bloedbaden, die een bevelhebber die voorzichtiger met de levens van zijn manschappen omsprong misschien zou hebben vermeden of afgekapt door zich over te geven, maar die Garibaldi de roem verschaften van een man die niet terugdeinsde voor het martelaarschap (voor zichzelf noch voor zijn manschappen).

Vier jaar lang vocht hij te land en ter zee voor de onafhankelijkheid van Rio Grande do Sul, en nog eens zes jaar diende hij de liberale regering van Uruguay die in een burgeroorlog verwikkeld was. Dat waren kleine oorlogen die werden uitgevochten in onmetelijke landschappen. De marine van Rio Grande, waar Garibaldi de bevelhebber van werd, bestond uit twee schepen. Maar Garibaldi was net zo'n vermetele horzel als Drake, in gevecht met een rijk als een olifant; met die twee schepen bond hij de strijd aan met de zevenenzestig schepen van de Braziliaanse marine, die de grootste was van Zuid-Amerika. Rio Grande do Sul was zo groot als de Britse eilanden, terwijl Brazilië, waar het zich van wilde afscheiden, zo groot was als Europa, inclusief Rusland; in die enorme, nauwelijks bevolkte contreien, bedekt met wouden dan wel pampa's waar het gras zo hoog groeide dat een man te paard zich erin kon verschuilen, brachten de kleine legers en de nog kleinere guerrillabendes evenveel tijd door met het zoeken naar elkaar als met vechten.

Als ze daadwerkelijk slaags raakten, was het meestal van korte duur (een van de belangrijkste veldslagen die Garibaldi leverde duurde anderhalf uur), al ging het er wreed aan toe. Later zou Garibaldi geïdealiseerd worden als een vlekkeloze paladijn, maar zijn daadwerkelijke staat van dienst is zo bloederig als je van een ongeregelde soldaat mag verwachten. Er werd zo snel gemanoeuvreerd op die uitgestrekte vlakten als hun paarden hen dragen konden, en de animo om verslagen tegenstanders gevangen te nemen was gering. Volgens een verhaal dat in later jaren veelvuldig zou worden verteld, had Garibaldi in Brazilië een keer ingegrepen bij de executie van een jongen (iets wat Wallenstein ooit geweigerd had te doen) omdat die misschien nog van nut zou kunnen zijn voor de gemeenschap. Die anekdote wordt geacht de barmhartigheid van Garibaldi te illustreren, en dat doet hij ook, maar hij had die dag al wel vier mannen de keel laten afsnijden.

Zijn mannen behoorden in de regel tot hetzelfde 'schuim der aarde' dat ook de *Golden Hind* had bemand. Garibaldi heeft hen zelf ooit omschreven als 'ongeketende wilde beesten'. (Volgens één bron was elk van de zestig mannen die tezamen de marine van Rio Grande do Sul vormden op enig moment schuldig bevonden aan moord.) Het waren piraten, zoals Garibaldi onomwonden toegaf, en volgens een van hun vijanden gedroegen ze zich dienovereenkomstig: 'Ze beroofden en verwoestten ieder wezen of waardevol voorwerp dat het ongeluk had in hun handen te vallen.' Discipline was moeilijk te handhaven. Tientallen jaren zou Garibaldi achtervolgd worden door de herinnering aan zijn manschappen die, dronken en onhandelbaar als ze waren, een lijk als tafel hadden gebruikt, waarop ze kaarsen hadden neergezet en hun kaartspelletjes speelden. Voor sommige gruwelen was hij direct verantwoordelijk. Na één nederlaag blies hij zijn schepen op met een deel van zijn manschappen nog aan boord. Zijn belasteraars beschuldigden hem ervan op die manier zijn gewonden uit de weg te ruimen. Garibaldi wierp tegen dat de mannen die aan boord waren gebleven niet gewond maar dronken waren. Hoe dan ook, ze waren hulpeloos, en ze stierven.

Zijn avonturen en beproevingen waren talrijk. Hij werd gevangengenomen en gemarteld; het verhaal gaat dat hij later, toen hij de man die hem had
gefolterd in zijn macht had, blijk zou hebben gegeven van een verheven ver-
gevingsgezindheid door de man persoonlijk een kop koffie te brengen. Hij
werd op zee door een orkaan overvallen en moest zijn zinkende schip verlaten en naar land zwemmen (hij was een ervaren zeeman maar hij lijkt het
geluk niet aan zijn kant te hebben gehad). Eén keer hield hij het met veertien man (of misschien waren het er elf – zijn eigen verslagen lopen uiteen)
verscheidene uren lang vol tegen honderdvijftig belagers, aan één stuk door
het volkslied van Rio Grande zingend, en uiteindelijk wist hij hun belagers
op de vlucht te jagen, 'wat bewijst,' schreef hij later, 'dat één vrije man twaalf
slaven waard is', iets waar hij zijn leven lang werkelijk van overtuigd was.

Hij werd ook verliefd. Foto's, waar hij steevast mager en met een haak-
neus op staat, zijn befaamde donkerblonde manen glad gekamd, slagen er
niet in het vast te leggen, maar veel van zijn tijdgenoten hebben getuigd van
zijn buitengewone aantrekkingskracht op vrouwen. Het was een komen en
gaan van vrouwen, minnaressen en would be minnaressen, echtgenotes en
would-be echtgenotes, bewonderaarsters, vrouwen die hem toevallig op de
vlucht troffen en die hun leven in de waagschaal stelden om het zijne te redden. Verhalen deden de ronde over zijn seksuele onverzadigbaarheid en Garibaldi deed geen moeite die geruchten te ontzenuwen. Zoals hij zelf verklaarde kon hij niet tegen bedeesde maagden en had hij geen tijd of gevoel
voor langdurige verlovingen. 'Als een vrouw bij mij in de smaak valt, zeg ik:
houd je van mij? Ik houd van jou! Je houdt niet van mij? *Tant pis pour toi*.'
Maar hoewel hij ongetwijfeld een hartstochtelijk rokkenjager was, was hij
ook een romanticus. In Rio Grande do Sul ontmoette hij zijn grote liefde,
en eiste hij haar op met zijn gebruikelijke abruptheid.

Hij was een halve aardbol verwijderd van zijn familiekring. De laatste Italiaanse kameraden die hem over de Atlantische Oceaan vergezeld hadden,
waren omgekomen toen zijn schip ten onder ging. 'In de immense leegte
die na die verschrikkelijke catastrofe om mij heen was ontstaan, voelde ik
het gemis van een mensenhart om mij lief te hebben; zonder dat hart was
het bestaan voor mij onverdraaglijk.' Bij het binnenvaren van een haven be-
keek hij de stad door zijn telescoop en zag precies wat hij zocht, een jonge
vrouw die, als een van de beroemdste, historische romantische heldinnen
van de negentiende eeuw gewoonlijk wordt afgebeeld als een uitzonderlijke schoonheid, maar die door iemand die haar kende werd omschreven als
groot en fors, met hangende borsten en een gezicht dat met sproeten overdekt was, een weinig aantrekkelijk beeld dat werd verzacht door een paar
grote zwarte ogen en dik, golvend, zwart haar. Tegen de tijd dat Garibaldi

van boord ging was ze nergens te bekennen. Vertwijfeld liep hij rond tot hij toevallig een man tegen het lijf liep die hij kende, en die hem uitnodigde om bij hem thuis een kop koffie te komen drinken. Daar, in het schemerdonker van een klein huisje, vond hij het meisje dat hij zocht. Om het verhaal in zijn eigen woorden te vervolgen: 'We bleven allebei verrukt en zwijgend naar elkaar kijken als twee mensen die elkaar eerder hadden ontmoet, elkaars gezicht afspeurend op iets wat het makkelijker zou maken het vergeten verleden weer op te roepen. Uiteindelijk begroette ik haar en zei tegen haar: "Jij moet de mijne worden."' Anita was al getrouwd, een feit waar Garibaldi in zijn memoires op zinspeelde door vaag te reppen over een 'zware zonde' en een 'onschuldig bestaan dat werd geruïneerd' doordat ze er samen vandoor gingen, maar dat zijn preutsere bewonderaars, die dergelijke semi-bekentenissen moedwillig negeerden, uit alle macht meer dan een eeuw zouden ontkennen dan wel verzwijgen. Hoe dan ook, ze ging met hem mee. 'Mijn schaamteloosheid was onweerstaanbaar. Ik had een band gevormd, een decreet uitgevaardigd dat alleen de dood kon herroepen.'

Anita was een formidabele partner voor hem. Als tiener had ze een keer een man die een poging had gewaagd haar aan te randen met een zweep afgeranseld. Voor ze met Garibaldi vertrok, gaf ze haar naaischaar aan een vriendin, alsof ze symbolisch afscheid nam van huiselijkheid en huishoudelijkheid. 'De gewapende strijd was haar een genoegen,' schreef hij, 'en de ontberingen van het kampleven beschouwde ze als tijdverdrijf.' Toen hij haar, in een zeeslag, met eigen ogen tegen het dek geslagen zag worden door een kanonskogel die de twee mannen die naast haar hadden gestaan van het leven beroofde, smeekte hij haar om benedendeks te gaan. Daar stemde ze in toe, maar alleen om de mannen die zich daar schuilhielden uit te foeteren en hen weer naar boven te jagen om aan de gevechten deel te nemen. Overdag was ze zijn naaste medewerker, 's nachts zijn minnares. Ze was onvermoeibaar, kende geen vrees, en was haar man volkomen toegewijd. In één veldslag kreeg ze een kogel door haar hoed, werd haar paard onder haar weggeschoten en werd ze gevangengenomen. Onverschrokken en vol vuur viel ze uit tegen de Braziliaanse officier aan wie ze werd voorgeleid, en verketterde hem en zijn hele keizersgezinde bende. Die nacht, toen haar bewakers sliepen, ontsnapte ze. Vier afmattende dagen lang trok ze te voet door het dichte bos en hield ze zich in leven met bessen. Toen ze eindelijk aankwam bij een boerderij waar de mensen haar gunstig gezind waren, bleef ze net lang genoeg om een kop koffie te drinken, waarna ze snel verder trok om zich weer bij Garibaldi te voegen.

De Cid had zijn Jimena, maar de aanwezigheid van Anita aan Garibaldi's zijde, in werkelijkheid en in de verhalen die over hen verteld en herverteld werden, is een nieuw element in zijn heroïsche reputatie. Zij is de personificatie van zijn ontzagwekkende seksuele energie, en haar vitaliteit en fysieke moed zijn maatgevend voor de fabelachtige viriliteit van de man die haar tot de zijne wist te maken. Hun eerste zoon, Menotti, werd – althans dat beweerde Garibaldi – verwekt op het slagveld, na een zware, maar succesvolle dag van gevechten.

Maar zelfs voor een superman en -vrouw was het leven van een guerrillastrijder onverenigbaar met het ouderschap. Na de geboorte van Menotti zegde Garibaldi de vrijheidsstrijd van Rio Grande do Sul vaarwel en ging hij naar het zuiden, naar Montevideo, de hoofdstad van Uruguay. Daar probeerde hij de kost te verdienen als veehandelaar, als koopman in macaroni en als wiskundeleraar, maar voor alle drie bleek hij in gelijke mate jammerlijk ongeschikt. Het was waarschijnlijk met enige opluchting dat hij het uitbreken begroette van een burgeroorlog tussen de liberale Uruguayaanse regering en rechtse rebellen die door Argentinië werden gesteund.

Montevideo was een veeltalige stad, toevluchtsoord voor ballingen uit heel Europa, en een voorpost van het liberalisme. De president riep de buitenlandse gemeenschappen op om zich klaar te maken voor een oorlog en hij vroeg Garibaldi een Italiaans legioen op de been te brengen om hem bij te staan in de verdediging van de liberale zaak. In de eerste slag die het Italiaanse legioen leverde (Garibaldi was daar niet bij) maakte het zich al te schande. Twee van de drie bataljons weigerden het bevel om op te rukken op te volgen en sloegen vervolgens op de vlucht. Zes dagen later sprak Garibaldi hen hartstochtelijk toe en gaf hij in één moeite door een demonstratie van zijn magische vermogen zelfs de grootste lafaards moed in te spreken; hij voerde zijn manschappen aan in een snelle, felle en succesvolle bajonetaanval waar ze van terugkeerden met slechts drie gewonden en meer dan veertig gevangenen. Een maand later kregen ze hun vaandel toegekend, een banier met het symbool van Jong Italië, een uitbarstende vulkaan op een zwarte ondergrond. (Het zwart stond voor hun rouw dat Italië nog niet bevrijd was, de vulkaan voor de verborgen maar explosieve kracht van de revolutionaire beweging.) In gezelschap had Garibaldi al heel lang de neiging gehad patriottische Italiaanse liederen te zingen – hij was geen man voor valse bescheidenheid, hij hield staande dat 'als ik geen andere roeping had gehad, ik een goede zanger had kunnen worden'. In Montevideo, al was het op het verkeerde continent en in de verkeerde oorlog, kon hij dan eindelijk schouder aan schouder vechten met medeaanhangers van de Italiaanse nationalistische zaak.

Vijf jaar lang, als bevelhebber van het Italiaanse legioen en als opperbevelhebber van de piepkleine Uruguayaanse marine, diende Garibaldi zijn aangenomen vaderland. Eigenlijk leverden maar weinig van de gevechten die hij uit naam van Montevideo leverde succes op, maar er waren verscheidene roemruchte slagen bij. Garibaldi was een gevierd man, niet omdat hij nou zo'n groot strateeg was, maar om zijn onwankelbare moed, zijn romantische bravoure, zijn bereidheid het op te nemen tegen een overweldigende meerderheid en tot het bittere einde door te vechten, en om wat hij zelf, met de eenvoud van iemand die zinspeelt op een alom bekend feit, ooit omschreef als 'het onuitputtelijke vertrouwen dat ik de mannen onder mijn bevel in het algemeen inboezem'.

Hij was een guerrillastrijder, geen geregeld soldaat: discipline was niet zijn sterkste kant en poetsen niet zijn eerste prioriteit. Hij had de kunst van de oorlogvoering geleerd tussen mannen die een weinig verfijnd leven leidden en die zich ook in het gevecht nergens iets aan gelegen lieten. In Rio Grande hadden zijn troepen geleefd van veediefstal, en van wat ze verder op het platteland wisten buit te maken. In Montevideo nam hij criminelen en deserteurs in dienst, wat de geregelde officieren hem niet in dank afnamen. Zijn mannen ontheiligden kerken. Ze haalden omheiningen van veeboeren neer. De steden waar ze waren ingekwartierd beroofden ze van alles van waarde. Eén keer, toen een Argentijns echtpaar hun huis ter beschikking had gesteld als veldhospitaal, gingen de manschappen van Garibaldi zelfs zover om het tafelzilver te stelen terwijl een van hun eigen gewonde kameraden nog languit op de eettafel lag. 'Die mannen zijn grof, wreed, en hebben in hun avontuurlijke bestaan allerlei immorele gewoontes aangenomen; ze respecteren geen enkel gezag, behalve dat van hun leider, kolonel Garibaldi,' schreef een Uruguayaanse beroepsgeneraal, die heen en weer werd geslingerd tussen afkeuring en beroepsmatige afgunst. Garibaldi zag veel door de vingers. 'Hij weet hoe hij zijn mannen moet laten sneuvelen, maar niet hoe ze af te straffen,' schreef een andere waarnemer, maar hij was even weinig orthodox in zijn bereidheid iemand de doodstraf op te leggen, als in zijn onwil om zich van onbeduidender straffen te bedienen. Hij was in staat, zou een van zijn officieren jaren later zeggen, om opdracht te geven tot een executie zonder zijn sigaar zelfs maar uit de mond te nemen. In Montevideo droeg hij te allen tijde zijn pistolen in zijn riem, en toen een Britse gezant hem een keer vroeg hoe hij afrekende met herrieschoppers, antwoordde hij koeltjes: 'Die schiet ik een kogel door de kop.'

Hij had de ruigheid, de ontembare zwier van een Francis Drake, maar in tegenstelling tot Drake was hij een mooie man. Hij was niet lang, met zijn een meter vijfenzestig, en een objectieve waarnemer heeft gemeld dat hij een beetje leek te loensen, maar hij had de gave (waardevoller dan perfecte gelaatstrekken) om diepe indruk te maken op iedereen die hem in het oog kreeg. Een Engelse dame die hem jaren later ontmoette, schreef in haar dagboek: 'Ik heb vandaag het gezicht van Garibaldi gezien; nu is alle toewijding van zijn vrienden mij zo helder als glas geworden. Je hoeft alleen maar in zijn ogen te kijken en je voelt dat daar misschien wel de enige man ter wereld staat die je blindelings tot in de dood zou volgen.' Degenen die hem in Montevideo ontmoetten beschreven de edelheid en regelmatigheid van zijn gezicht, zijn doordringende blik, zijn fascinerende stem, 'laag en omfloerst en bijna bevend van verborgen emoties'. Zijn persoonlijkheid was even onweerstaanbaar als zijn voorkomen. De toekomstige president van Argentinië zag in hem 'een ware held van vlees en bloed, met een verheven ideaal'.

Een adviseur van koningin Victoria zou tegen haar zeggen dat Garibaldi 'grootse dingen heeft bereikt met zwier en elan'. Zwier en elan had hij meer dan genoeg. Zijn principes waren simpel en absoluut. Zijn verschijning was theatraal bij het extravagante af. Zijn hoeden waren groot, over zijn versleten kleren droeg hij een wervelende witte poncho, zijn donkerblonde haar en baard, waar een rossige gloed overheen lag, waren lang. Mannenhaar heeft een krachtige symboliek. Spartaanse jongens gaven blijk van hun viriliteit en strijdlust door het hunne te laten groeien en als ze ten strijde trokken, hadden ze hun haren gevlochten en met bloemen versierd. De volumineuze baard van de Cid was een teken van zijn kracht en patriarchale waardigheid. Voor de tijdgenoten van Garibaldi was haar bovendien het kenmerk van de revolutionair. Toen de koning van Napels in het operagebouw een groep jongelieden met losse, ongepoederde haren zag, vertrok hij onmiddellijk en liet hij zijn troepen uitrukken.

De Italiaanse legionairs staken hun leider in dat opzicht naar de kroon. Garibaldi sprak hen toe als de 'zonen van heldhaftigheid' en moedigde hen aan zich te gedragen als een bevoorrechte elite. Een Portugese krant uit die tijd omschreef hun golvende lokken en geweldige snorren, hun 'Siciliaanse kapotjassen' en hoeden met pluimen, hun riemen waar dolken en pistolen in staken. In 1843 wisten de Montevideaanse autoriteiten, in hun belegerde stad, zo gauw even niet waar ze uniformen vandaan moesten halen voor hun vrijwillige troepen. Ze besloten een lading helrode kielen te confisqueren die op het punt stond naar Buenos Aires te worden verscheept voor de arbeiders in het slachthuis. Met een riem om het middel kon zo'n kiel best doorgaan voor een militair uniform. Daarmee was hun uiterlijk beklonken. Als karakteristieke kledij van de volgelingen van Garibaldi, zouden hun rode overhemden beroemd worden over de hele wereld, en lang na het verscheiden van hun dragers gekoesterd worden als relikwieën.

Garibaldi zag eruit als een struikrover, maar zijn manschappen mochten dan plunderen en roven, hij zelf was volstrekt eerlijk, veeleer een Cato dan een Drake. Net als Cato werd zijn naam spreekwoordelijk voor de soberheid van zijn levensstijl. Hij gaf werkelijk niet om luxe. Hij zou later bijna in het huwelijk treden met een rijke Engelse weduwe, maar deinsde op het laatst toch nog terug, met als verklaring dat een leven dat inhield dat je drie uur aan tafel moest zitten voor hem geen leven zou zijn. In 1860, tijdens zijn triomfantelijke opmars door Sicilië en Zuid-Italië, kwam hij tot tweemaal toe onbetwist in het bezit van een koninklijk paleis. Beide keren zette hij zijn veldbed in een kaal kamertje, en liet hij zijn manschappen het genot van de balzalen en de indrukwekkende salons. Als er in Uruguay een buit te verdelen viel, schonk hij zijn aandeel aan de armen. In 1845 sloeg hij de grond die de regering aan de leden van het Italiaanse legioen wilde aanbieden af: hij en zijn manschappen hoefden immers geen beloning te hebben voor het uitoefenen van 'de plicht van iedere vrije man, om voor de vrijheid te vechten, overal waar zij door tirannie wordt belaagd'. (Wat zijn legionairs van dit verheven standpunt vonden, vermeldt de geschiedenis niet.)

Hij leidde een eenvoudig leven. Anita en hij en hun uitbreidende gezin hadden één kamer. De keuken deelden ze met de andere bewoners van het huis. Garibaldi dronk zelden iets anders dan water en at heel weinig – hij leefde voornamelijk op kleine hoeveelheden brood, knoflook en fruit en grote hoeveelheden sigaren (die laatste waren, in die tijd en in die contreien, de troost waaraan de armen zich voor een habbekrats te goed konden doen).

Hij was even rechtschapen als zuinig. Zelfs zijn tegenstanders gaven blijk van hun respect voor zijn integriteit. Toen hij, aan het eind van zijn verblijf in Zuid-Amerika, afstand deed van het Uruguayaanse opperbevel, probeerden zijn voormalige vijanden meteen zijn diensten te kopen. Hij kon ervoor krijgen wat hij hebben wilde. Maar Garibaldi was geen Rodrigo Díaz, die nu eens aan de ene, en dan weer aan de andere kant vocht. Zoals de Uruguayaanse rebellenleider schreef: 'Hij is niet over te halen. Hij is een koppige woesteling.' Zijn hele leven zouden mensen wier eerlijkheid minder absoluut was dan de zijne, hem in soortgelijke termen kleineren, en zijn oprechtheid gelijkstellen aan onnozelheid. Anderen waren echter van hem onder de indruk. De Britse afgezant die door Palmerston naar Uruguay werd afgevaardigd om over een vredesregeling te onderhandelen, werd in zijn opzet herhaaldelijk gedwarsboomd door Garibaldi die, vastbesloten alle compromissen te verwerpen, de aangeboden voorwaarden halsstarrig van de hand bleef wijzen. Niettemin hield hij er een diep respect aan over voor de man die hem zoveel zorgen had gebaard, 'een onbaatzuchtig man tussen al diegenen die slechts op hun eigen voordeel uit waren... een man van grote moed en militaire kundigheid'.

Garibaldi was in Montevideo aangekomen als een werkloze landloper. Tegen de tijd dat hij er wegging was hij de invloedrijkste man van de stad, ondanks het feit dat hij geen geld had en hij zijn toegewijde legioen nooit misbruikt had om zijn persoonlijke macht te vergroten. Hij was opgeklommen tot opperbevelhebber van alle Uruguayaanse strijdkrachten, tot woede van meer orthodoxe officieren die het een 'degradatie' en 'een vernedering en een schande' vonden om onder het commando te worden geplaatst van een 'armoedige avonturier', de 'Italiaanse piraat José Garibaldi'. In zijn memoires pochte hij dat hij zo geliefd was bij de bevolking van Montevideo dat hij zichzelf gemakkelijk tot dictator had kunnen uitroepen, als hij gewild had. Dat is vermoedelijk nog waar ook.

In 1847 leverde hij slag bij San Antonio, het meest gevierde treffen in zijn Zuid-Amerikaanse carrière. Het was een nederlaag, zoals zoveel van zijn triomfen, maar de dankbare Montevideaanse regering maakte evengoed gewag van een 'glorieuze dag' en een 'briljant wapenfeit'. Garibaldi en honderdzesentachtig van zijn manschappen werden in open terrein aangevallen door een vijandig leger van zo'n vijftienhonderd man. 'De vijand is talrijk, wij zijn met weinigen; zoveel te beter!' hield Garibaldi zijn mannen voor. 'Hoe kleiner ons leger, des te glorieuzer zal de strijd zijn.' Ze zochten dekking achter een vervallen gebouw, wezen elke oproep om zich over te geven af en hielden negen uur stand. Elke aanval sloegen ze af met musket en bajonet, terwijl de vijftienjarige trompetter op zijn hoorn blies en Garibaldi zijn manschappen voorging in het zingen van het Uruguayaanse volkslied. Tegen het vallen van de avond waren dertig van zijn mannen gesneuveld, onder wie alle officieren. Onder dekking van het duister trokken de overgebleven manschappen zich terug en zochten een veilig heenkomen in een stadje vijf kilometer verderop. De hele weg daarheen werden alle verdere aanvallen afgeslagen. Garibaldi werd gepromoveerd tot generaal. De datum werd in gouden letters aangebracht op het vaandel van het Italiaanse legioen en de legionairs kregen elk een insigne met het misleidende maar bezielende opschrift 'Onoverwinnelijk'.

San Antonio was voor Garibaldi wat de onderdompeling in de Styx voor Achilles was: een krachtmeting met de dood die hem onsterfelijkheid verschafte. De hele tijd dat hij in Zuid-Amerikaanse oorlogen had gevochten was hij er vast van overtuigd geweest dat hij – hoe irrationeel het ook klonk – de zaak van de bevrijding van Italië diende, een zaak waar zijn kameraden die in Rio do Sul of Montevideo waren omgekomen in zijn ogen martelaars voor waren. Mazzini, in ballingschap in Engeland, onderschreef deze interpretatie en schreef vol vuur over Garibaldi's heldendaden in zijn tijdschrift *L'Apostolato Repubblicano* (dat in Londen werd uitgegeven maar clandestien in Italië circuleerde). Met het verstrijken der jaren bouwde hij de reputatie van Garibaldi zodoende langzaam op tot heroïsche proporties.

Mazzini was een geniaal propagandist. Hij wist dat een beweging een totemachtige figuur moest hebben. Garibaldi leek die rol op het lijf geschreven. Met behulp van het warrige en politiek ambigue materiaal dat zijn Zuid-Amerikaanse avonturen opleverden fabriceerde Mazzini een inspirerend epos. Italiaanse nationalisten durfden in hun vaderland nauwelijks voor hun standpunt uit te komen uit angst voor de alomtegenwoordige agenten van Metternich en de kerkers en ketenen van Oostenrijk, maar Garibaldi, die vrij rondzwierf over de pampa's en brede rivieren van het zuidelijk halfrond, bleek een stimulerend toonbeeld van lef en vitaliteit. En naarmate zijn reputatie groeide, voelden meer mensen zich geroepen haar te exploiteren. In Duitsland publiceerde Paul Harro Harring, die Garibaldi in 1842 had ontmoet, een gloedvol romantisch boek met Garibaldi als de moedige en edele held. Langzamerhand was het niet alleen de radicale pers die hem volgde, maar begonnen ook de gewone kranten oog voor hem te krijgen. De oorlog in Uruguay was van immens belang voor de Europese mogendheden. Van de uitkomst hing af wie de controle zou krijgen over de lucratieve handel die aan de monding van de Rio de la Plata werd gedreven. Er werd uitgebreid verslag gedaan van de krijgsverrichtingen en journalisten stortten zich op Garibaldi als de kleurrijkste en sympathiekste figuur aan liberale zijde. Verslagen van de slag bij San Antonio brachten in Italië een geweldige opwinding teweeg. In Genua werd de naam van Garibaldi in het Congres met gejuich begroet. In Florence zamelden zijn bewonderaars geld in om een zwaard van eer voor hem te kopen. Hij was zich er vermoedelijk zelf niet van bewust, maar in de jaren van zijn afwezigheid was hij een groot man geworden.

In Italië begon het politieke bestel dat hij wilde slopen eindelijk barsten te vertonen. In 1847 voerde een nieuwe paus, Pius IX, voorzichtig enkele hervormingen door. Hoewel beiden priesterhaters waren, drongen Mazzini vanuit Londen en Garibaldi vanuit Montevideo er bij de paus schriftelijk op aan om verder te gaan. Garibaldi bood hem zelfs de diensten aan van het hele Italiaanse legioen van Montevideo, mocht hij een poging willen wagen Italië te bevrijden en te verenigen. Pius ging hier niet op in. Intussen volgde koning Karel Albert van Piemonte (wiens onderdaan Garibaldi was) het voorbeeld van de paus met enige onbeduidende constitutionele hervormingen en de afschaffing van de perscensuur. In december kwam een Piemontees schip met exemplaren van de sinds kort niet meer gecensureerde en uitgesproken revolutionaire kranten in Montevideo aan. De hele Italiaanse gemeenschap ging de straat op en paradeerde met fakkels, luidkeels patriottische liederen zingend, achter het Italiaanse legioen aan. Garibaldi liep aan het hoofd van de optocht. Het werd tijd dat de held zijn land weerzag. Een maand later stuurde Garibaldi Anita en de kinderen vooruit naar Europa. In april volgde hij zelf, met niet meer dan drieënzestig legionairs. Hij wist niet wat hem te wachten stond. In Piemonte was hij nog altijd ter dood veroordeeld. Maar met die drieënzestig man was hij van plan een revolutie te ontketenen.

Hij was maar net op tijd. Het was 1848. In juni zette Garibaldi voor het eerst weer voet op Europese grond in een Spaanse havenstad, om nieuwe voorraden in te slaan en het verbazingwekkende nieuws te vernemen dat de Franse monarchie omver was geworpen, dat prins Metternich uit Wenen was gevlucht en dat er opstanden waren in Sicilië, Napels, Florence, Milaan, Lombardije, Venetië, Parma en Modena. Koning Karel Albert had Oostenrijk de oorlog verklaard. De drieënzestig vrijwilligers van Garibaldi hadden het hele Piemontese leger aan hun zijde.

In heel Italië werd er op hem gewacht. Het uur had geslagen. Het gordijn was opgehaald. Het enige dat ontbrak was de held, en die rol was aan Garibaldi toegekend. 'De toekomst van Italië ligt in zijn handen; dat is voorbestemd,' zei een van zijn officieren dat jaar. Mazzini had ervoor gezorgd dat de verhalen van zijn alles-of-niets-moed, zijn onstuimige bende in het rood geklede volgelingen, zijn toewijding aan zijn land dat hij trouw was gebleven, zelfs toen hij door despotische autoriteiten naar de andere kant van de wereld werd verdreven, in heel Italië de ronde hadden gedaan. Toen Anita met de kinderen van boord was gegaan, was ze stomverbaasd geweest dat ze werd opgewacht door enorme menigtes die scandeerden: 'Lang leve Garibaldi! Lang leve de familie van Garibaldi!' Toen hij zelf eindelijk aankwam, lag de haven vol bootjes met enthousiast zwaaiende mensen, en werd ter ere van hem een banket aangericht voor vierhonderd gasten. Het was een prachtige thuiskomst voor een man die het land had verlaten als een ter dood veroordeelde, maar overigens onbeduidende zeeman. De balling was weergekeerd, om als verlosser te worden verwelkomd. Zijn lange afwezigheid had hem verre gehouden van allerlei compromitterende verwikkelingen in de Italiaanse politiek. Hij kwam vanaf de uitgestrekte pampa's, van over de nog uitgestrektere zee, zuiver, moedig en trouw als een ridder uit lang vervlogen tijden, bereid zijn vooraanstaande positie in te nemen in de grote strijd die op het punt stond uit te barsten.

Hij was geknipt voor zijn rol en speelde hem ook perfect. In de ogen van zijn bewonderaars was hij net zo mooi als Alcibiades, net zo mannelijk als de Cid, en met die grote, gepluimde hoed en die zwierige poncho die hij de rest van zijn leven zou blijven dragen, had hij een zowel exotisch als archaïsch voorkomen. Alexander Herzen zou hem 'een held uit de Oudheid' noemen, 'een figuur uit de *Aeneïs*'. Victor Hugo was het met hem eens: 'Vergilius zou hem *vir* hebben genoemd, een man.' Tegen de achtergrond van de morele doolhof van de negentiende-eeuwse diplomatie en van de steeds smeriger en stuitender praktijk van de moderne oorlogsvoering sprong hij eruit, zuiver en glanzend. Een halve eeuw eerder had Edmund Burke geschreven:

401

'De tijd van de ridderlijkheid is voorbij; die van de drogredenaars, de boekhouders en de rekenaars is ervoor in de plaats gekomen; de glorie van Europa is voorgoed verleden tijd.' Garibaldi leek de incarnatie van die vergane glorie.

Jong Italië was een republikeinse beweging. Mazzini, eindelijk terug op Italiaanse bodem, riep met luide stem op om republikeinse regeringen te vormen in de pas bevrijde of spoedig te bevrijden staten en waarschuwde zijn aanhangers om ervoor te waken dat ze de Oostenrijkse onderdrukker niet vervingen door een onderdrukker van eigen bodem. Maar Garibaldi was veel meer nationalist dan republikein. (Dat zou de rest van hun leven de oorzaak zijn van bittere ruzies.) Wat voor hem belangrijk was, was dat Italië door Italiaanse hand geregeerd moest worden. Vergeet die politiek maar, hield hij zijn bewonderaars voor, 'de grote en enige kwestie van dit moment is dat de buitenlanders moeten worden verdreven... Mannen, wapens, geld, dat is wat we nodig hebben, geen vruchteloos geruzie over politieke systemen.' Hij bood zijn diensten aan Karel Albert aan, de koning van Piemonte, de vorst tegen wie hij veertien jaar eerder geprobeerd had een opstand te ontketenen en wiens regering hem ter dood had veroordeeld.

De koning werd door zijn aanbod in verlegenheid gebracht. Garibaldi zou – niettegenstaande zijn immense populariteit – de rest van zijn leven worden ondergewaardeerd, met de nek aangekeken en gedwarsboomd door hen die hij diende. Een van de ministers van Karel Albert zei tegen hem dat hij zich misschien meer thuis zou voelen in de zojuist uitgeroepen republiek Venetië. 'Daar kunt u uw vak als boekanier uitoefenen. Dat is uw plaats – hier hoort u niet.' Garibaldi liet zich niet afschrikken. Hij eiste een onderhoud met Karel Albert, en kreeg het. De audiëntie leverde echter weinig op. Zoals de koning aan een van zijn ministers schreef, het was absoluut onmogelijk om gebruik te maken van de diensten van die avonturier, met zijn twijfelachtige verleden en zijn beruchte republikeinse gezindheid. Het beste, zo concludeerde hij (waarmee hij aantoonde hoe slecht hij de man kende), zou zijn Garibaldi betalen om weg te gaan. Garibaldi ging hoe dan ook. De Milanezen hadden hun Oostenrijkse landvoogd verdreven en de onafhankelijke staat Lombardije uitgeroepen. Ze stonden Garibaldi toe het commando op zich te nemen over een bende van vijftienhonderd deserteurs en afgekeurde soldaten, gebrekkig bewapend en gehuld in de witte uniformen die de verdreven Oostenrijkers hadden achtergelaten.

Piemonte en zijn bondgenoten werden snel verslagen. Binnen enkele weken na de aankomst van Garibaldi was Milaan weer bezet door de Oostenrijkers en had Karel Albert zich overgegeven. Maar Garibaldi weigerde het op te geven. Hij vaardigde een proclamatie uit, die in heel Italië werd verspreid, waarin hij alles bevestigde wat zijn bewonderaars hadden gehoord over zijn onverschrokken moed, zijn patriottisme en zijn verheven integriteit. 'De koning [van Piemonte] heeft een kroon die hij wenst te behouden door misdaad en lafheid', maar hij en zijn kameraden, verklaarde hij, zouden 'onze heilige grond' nooit, 'zonder onszelf op te offeren overlaten aan de hoon van hen die ons land onderdrukken en verwoesten'. Hij vocht graag tegen een onmogelijke overmacht. In Rio Grande do Sul, zoals hij later opschepte, had hij 'met een zestienkoppige bemanning en een bark van dertig ton de oorlog verklaard aan een keizerrijk'. Zijn sowieso al niet erg veelbelovende bende Milanezen was al geslonken tot krap duizend man, maar met hen zou hij het opnemen tegen heel Oostenrijk. 'De strijd gaat door,' schreef hij.

Hij nam zijn mannen mee de bergen in rond het Comomeer, waar hij een guerrillacampagne begon. Hij vorderde twee plezierstoomboten en daarmee voer hij over het meer en overviel her en der Oostenrijkse posities, terwijl aan het meer woonachtige vrouwen (althans zo herinnerde hij het zich in zijn memoires) naar hem wuifden vanaf hun met bloemen versierde balkons, hun gezichten vol vreugde 'alsof ze wel zouden willen vliegen om de dapperen welkom te heten'. Hij had echter weinig succes. Zijn soldaten bleven overlopen. 'Met hoeveel minachting,' schreef hij aan Anita, 'moet jij wel niet naar deze generatie van Italiaanse hermafrodieten kijken, naar die landgenoten van mij die ik met zo'n bedroevend resultaat getracht heb te verheffen!' Hijzelf was het summum van mannelijkheid en voortreffelijkheid. 'Het lichaam houdt gelijke tred met de ziel van die man,' schreef een van zijn officieren; 'beide zijn van ijzer.'

Na nog geen maand, hij had nog maar zeventig soldaten over, gaf hij het op en trok hij zich terug achter de Zwitserse grens. Maar hij had wel de nodige kracht bijgezet aan zijn persoonlijke mythe. De man die het waagde de macht van een keizerrijk het hoofd te bieden met zijn slecht uitgeruste legertje, had zich de grote rol die hem was toebedeeld waardig betoond. Het was een dubbel romantische tijd, en Garibaldi leek als held te voldoen, zowel naar de maatstaven van de oude ridderverhalen als die van de nieuwe Romantiek. Toen hij een paar weken later in Livorno aankwam, waren de straten ter ere van zijn komst versierd, een enorme mensenmassa kwam hem begroeten, en toen hij naar de opera ging stond het voltallige publiek juichend voor hem op.

Twee eeuwen eerder, in 1637, was Rodrigo Díaz tot leven gebracht als Don Rodrigue, de held van de hoogstaande tragedie *Le Cid* van Pierre Corneille. Corneille had de huurling-krijgsheer herschapen als een man die bereid was alles op te geven: liefde, geluk en het leven zelf, om te voldoen aan wat zijn eergevoel hem voorschreef. Toen Byron nog op school zat, was *Le Cid* zijn favoriete lectuur. De romantische dichter en briljante zelfmythologiseerder, die door Carlyle 'de meest verheven geest van Europa' werd genoemd, stelde zijn zwerversbestaan, ver van huis en haard, graag voor als een soort principiële ballingschap, de weigering van een ruimhartig man van eer om te berusten in de kleinheid en armetierigheid van het moderne leven. Geen wonder dat hij zo gegrepen werd door het verhaal van Don Rodrigue, een aristocraat van onweerlegbare integriteit en vastberaden trots. Hetzelfde gold voor veel van zijn Franse tijdgenoten. Toen de legers van Napoleon in 1811 Burgos bezetten, brachten ze de Cid een uitgesproken ambivalent eerbetoon. Sommige officieren brachten, volgens Robert Southey, 'geregeld een bezoek aan de kerk en galmden passages uit de tragedie van Corneille'. Intussen werd de tombe van Spanjes nationale held ontheiligd door minder hoog opgeleide soldaten, die het graf misbruikten voor schietoefeningen en met hun kogels grote schade aanrichtten. Aan het begin van de negentiende eeuw was de Cid zowel een hoogstaand aanhanger van een archaïsch maar bezielend concept van eer, als een moderne patriot, voor wie zijn nationaliteit bepalend was. Hetzelfde gold, twee generaties later, voor Garibaldi, die de moderne zaak van het nationalisme diende in een stijl die hem de luister gaf van een held uit een middeleeuws ridderverhaal.

Gedurende het hele najaar van 1848 was Garibaldi een *rebel without a cause*. Hij trok kriskras door Noord-Italië aan het hoofd van een ongeregelde bende hem met hart en ziel toegewijde vrijwilligers – de enkele tientallen die hem vanuit Zuid-Amerika waren gevolgd, aangevuld met Italiaanse rekruten –, op zoek naar een volk dat zich wilde laten bevrijden. Overal waar hij kwam werd hij begroet door luidruchtige, opgetogen menigtes, die hem begroetten als de Held van Montevideo en de Hoop van Italië, en door functionarissen die in grote verlegenheid werden gebracht door zijn komst, heen en weer geslingerd als ze werden tussen hun verlangen deel te hebben aan zijn populariteit door hem ten overstaan van zo'n menigte te begroeten, en de aandrang zo snel mogelijk weer van hem en zijn ongedisciplineerde bende af te zijn.

Italië was niet helemaal bevrijd en ook niet helemaal onderworpen: het hele land verkeerde onafgebroken in een staat van politieke omwenteling. De mensen waren ontvlambaar, hun heersers nerveus. In die netelige en gecompliceerde situatie waren Garibaldi's uitgesproken republikeinsheid en zijn vijandigheid jegens alle buitenlanders potentieel even destructief als stenen die door een spinnenweb worden gegooid. Daar kwam bij dat de garibaldijnen geen kwartiermeester hadden. 'Het dagelijks bestuur van een leger is voor mij de saaist denkbare bezigheid,' zou Garibaldi later schrijven. Hij was geniaal in het bezielen van zijn manschappen, maar besteedde nooit veel aandacht aan de saaie taak die het was om ze van eten te voorzien. Sinds de tijd van Wallenstein was het voor staten heel gewoon dat ze een staand leger onderhielden, gefinancierd met belastinggeld. De garibaldijnen, zoals de volgelingen van de generaal bekendstonden, waren echter stateloze vrijwilligers. Het was niemands verantwoordelijkheid hen te betalen dan wel van voedsel te voorzien. Het waren moderne dolende ridders, en zoals Don Quichot al zei, een ridder heeft geen geld op zak. Een beroepsofficier die het jaar daarna met hen op campagne ging beschreef geschokt maar ook gefascineerd hun methode om aan proviand te komen. 'Drie of vier wierpen zich op hun ongezadelde paard en galoppeerden er, gewapend met lange lasso's, vandoor, op zoek naar schapen of ossen. Als ze er voldoende bijeen hadden keerden ze terug, hun onrechtmatig verkregen kudde voor zich uit drijvend... waarop allen, zonder aanzien des persoons, de buit doodden, slachtten en roosterden op enorme vuren: stukken os, kalveren, biggen, om nog maar te zwijgen van kleiner spul als pluimvee, ganzen, etc.' Als ze onderdak nodig hadden, nam Garibaldi graag kloosters in, zowel omdat die zich architectonisch voor dat doel leenden, als omdat hij er, antiklerikaal als hij was, van genoot de Kerk te beledigen. (Voor hem waren priesters 'de gesel zelve van dat Italië dat ze, zeven dan wel zeventig maal, aan vreemdelingen hebben verkocht', het 'zwarte gebroed, verderfelijk schuim der mensheid, kariatiden van tronen die nog rieken naar de menselijke brandoffers die ze hebben gebracht, daar waar de tirannie nog heerst'.) Elke deur die voor hem gesloten werd gehouden liet hij opblazen. In de ogen van de Don Quichots die Garibaldi volgden stond het ongetwijfeld vast dat wat de mensen die zij beroofden dan mochten kwijtraken aan vee en andere bezittingen, ruimschoots zou worden vergoed met het grote geschenk van de Vrijheid dat ze hun uiteindelijk wilden geven. In de ogen van de Sancho Panza's van de regimes in de streken waar ze doorheen trokken, waren de garibaldijnen echter een bende rovers, die een spoor van vernielingen trokken en hen alleen maar op angstaanjagend hoge kosten joegen.

Eindelijk vonden ze een avontuur, hun waardig. In november 1848 werd de eerste minister van de Pauselijke Staten doodgestoken op de trap voor de regeringsgebouwen. Negen dagen later, nadat een revolutionaire bende zijn paleis was binnengedrongen en zijn biechtvader had vermoord, wist de paus, vermomd als een gewone priester en zo heftig bevend dat hij niet zonder steun kon lopen, langs een geheime trap en door een achterdeur te vluchten. Hij zocht zijn heil aan het hof van de Bourbon-koning Ferdinand van Napels. Reformisten riepen verkiezingen uit voor een nieuwe constituerende vergadering. Mazzini kwam in jubelstemming over uit Londen en werd het toonaangevende lid van een drietal leidinggevende ministers. De verkiezing zou de meest democratische worden in de hele geschiedenis van de mensheid. Alle volwassen Romeinse mannen mochten hun stem uitbrengen.

Het was wonderbaarlijk. 'Rome', schreef Garibaldi in zijn memoires, 'is voor mij een gigantische, sublieme ruïne', bezocht door een 'lichtgevend droombeeld' – dat van de republikeinse vrijheid. Hij was juist op weg geweest naar Venetië, maar hij had prompt rechtsomkeert gemaakt om met zijn mannen op te rukken naar Rome. Ten noorden van de stad had hij zijn kamp opgeslagen. Zelf stelde hij zich ook verkiesbaar voor de nieuwe assemblee. Hij was een parlementaire stoorzender en dat zou hij altijd blijven ook. Geteisterd als hij werd door reumatiek (een hinderlijk onheroïsche ziekte, die hem de rest van zijn leven in toenemende mate parten zou spelen) moest hij op een brancard de zaal worden binnengedragen, maar in zijn ogen was het alsof het de anderen waren die languit lagen. Bij de eerste vergadering onderbrak hij de ellenlange beëdiging van de nieuwe afgevaardigden met de uitroep dat tijd verspillen aan formaliteiten misdadig was. 'Zijn de afstammelingen van de oude Romeinen, de Romeinen van nu, niet in staat Republikeinen te zijn?' Zijn interruptie werd genegeerd en hij werd tot bedaren gebracht. De assemblee had er nog drie dagen voor nodig om het punt te bereiken waar hij zo reikhalzend naar uit had gekeken. In februari 1849, bijna negentien eeuwen nadat Cato zich van het leven had beroofd omdat hij wanhoopte aan het voortbestaan ervan, werd de Romeinse Republiek nieuw leven ingeblazen.

Het nieuwe staatsbestel zou echter geen lang leven beschoren zijn. In april stuurde Louis Napoléon, de nieuwe Franse president, een leger om de paus weer op de troon te krijgen en Rome te 'bevrijden' van het handjevol gevaarlijke radicalen dat zich, in zijn optiek, aan de onwillige burgerij had opgedrongen.

Dat was het grote moment voor Garibaldi. 'Het was toen', schreef de republikeinse officier Giacomo Medici, 'dat de Voorzienigheid hem naar voren schoof.' Op 27 april leidde Garibaldi zijn troepen Rome in, door straten die volgepakt stonden met mensen die zijn naam scandeerden. 'Het enthousiasme dat bezit nam van de bevolking zodra hij in zicht kwam laat zich met geen pen beschrijven,' schreef Medici. Hoeden en zakdoeken werden in de lucht gegooid. Een jonge Duitse kunstenaar die als een van zijn vele bewonderaars langs de kant stond, schreef: 'Ik ging achter hem aan, en duizenden deden hetzelfde. Hij hoefde zich maar te laten zien. We aanbaden hem allemaal. We konden niet anders.' Het uur was gekomen, en met het uur ook de man. 'Deze mysterieuze veroveraar, omringd door zo'n schitterend aura van glorie en roem... was, voor het volk van Rome, de enige man die in staat was gehoor te geven aan de roep om verzet,' schreef een toeschouwer. Medici schreef dat hij 'heel wel beschouwd zou kunnen worden als de beschermengel van de republiek, die kwam aangesneld om op de bres te springen voor Rome'.

Hij trok de stad binnen, zoals gewoonlijk op een schimmel, zijn taankleurige haar en baard golvend onder een breedgerande zwarte hoed met lange veren, zijn witte mantel over de schouders gedrapeerd om zijn onafscheidelijke rode hemd aan het volk te laten zien. Toen Alcibiades terugkeerde naar Athene hadden de ouderen de jongeren op hem geattendeerd; nu hielden de vrouwen van Rome hun kleintjes omhoog om naar Garibaldi te kijken, terwijl ze uitriepen: 'O, is hij niet prachtig? Schitterend!' Anderen, die getroffen werden door zijn gelijkenis met de bebaarde verlosser Jezus Christus, lieten zich op de knieën vallen.

Achter hem klepperden de garibaldijnen. Ze reden niet netjes in colonne als geregelde soldaten, maar met de nonchalante zwier van een bende struikrovers. Hun hoeden waren groot, hun haren lang. Garibaldi zelf was de enige officier met een persoonlijke bediende, Andrea Aguiar, een zwarte Braziliaan die altijd in zijn buurt bleef en zijn, in Europese ogen, exotische metgezel was. De anderen droegen hun bezittingen mee op hun zadel, zoals in Zuid-Amerika gebruikelijk was. Vast onderdeel van hun uitrusting was een opgerolde doek die in het veld, over een rechtopstaand zwaard gedrapeerd, dienst deed als onderkomen. De manschappen van Garibaldi hadden geen huis en waren derhalve even onkwetsbaar als de Scythen waar Herodotus over schreef – ze waren even edel als wild, even indrukwekkend als angstaanjagend.

De slag die zij kwamen leveren had al vóór de Fransen voor de muren van Rome stonden, de tragische grandeur gekregen van een slag die onmogelijk te winnen is. 'Er is geen godsdienst zonder martelaren,' had Mazzini eens gezegd. 'Laat ons de onze vestigen, al is het met ons eigen bloed.' Spoedig na zijn aankomst in Rome was hij tot de conclusie gekomen dat de vijand 'te talrijk was, te sterk en te subtiel'. Maar als de Republiek geen stand kon houden, zou zij in elk geval nog op grootse wijze kunnen vallen. Mazzini vond dat de verdediging van de stad een episode moest worden van nobele zelfopoffering, een verhaal van verheffend verdriet. 'Ter wille van de toekomst', schreef hij later, 'was het onze plicht Italië vanuit Rome ons *morituri te salutant* aan te bieden'. In het middelpunt van het sublieme en smartelijke spektakel dat hem voor ogen stond als bron van inspiratie voor toekomstige generaties, zou de held komen te staan aan wiens imago hij zelf zo'n belangrijke bijdrage had geleverd, de edele krijgsman, net als de spookfiguur die de manschappen van Rodrigo Díaz na zijn dood hadden gezien, in rood en wit gehuld en rijdend op een groot wit paard – de smetteloze voorvechter van de goede zaak, wiens archaïsche haardracht zo toepasselijk deed denken aan de Verlosser die zijn leven voor de mensheid had gegeven. Het lijkt niet waarschijnlijk dat veel Romeinen hun nederlaag zo duidelijk hebben voorzien als Mazzini kennelijk deed, maar het was voor iedereen evident dat ze voor een verschrikkelijke overmacht stonden. Als Garibaldi Christus was, dan was zijn intocht in Rome zijn Palmzondag, waarop de mensen door de straten holden om een glimp op te vangen van de man die gekomen was om hen te redden en misschien wel zijn leven voor hen te geven.

Hij leeft in de herinnering voort als de verdediger van de Romeinse Republiek, net zoals Francis Drake, en niet admiraal Howard, herinnerd wordt als de man die de Spaanse Armada op de vlucht joeg. Eigenlijk berustte het Romeinse opperbevel bij generaal Avezzana. Van de bijna twintigduizend manschappen die onder zijn commando stonden, vormden de troepen die aan Garibaldi waren toegewezen slechts een fractie. Maar die laatsten leverden wel de slag die de kern zou uitmaken van het hele hartverscheurende verhaal van de onafwendbare val van de nieuwe republiek.

Net buiten de stadsmuren, op een heuvel ten westen van de stad, omringd door een weelderige tuin, stond de Villa Corsini. Als het de Fransen lukte hun geschut daar neer te zetten, zouden ze de stad kunnen beschieten. Als de verdedigers van Rome Villa Corsini echter behielden, zouden ze misschien kunnen voorkomen dat de Fransen van die kant optrokken om de muren aan te vallen. Op 29 april bezette Garibaldi, met instemming van Avezzana, de tuinen en zette zijn hoofdkwartier op in de Villa. De volgende dag kwam het Franse leger eraan. Garibaldi stuurde zijn manschappen, door de wol geverfde garibaldijnen zowel als nieuwe rekruten, de heuvel af om hen terug te drijven. De Fransen hielden stand in een man-tegen-man-gevecht dat een uur duurde, maar toen Garibaldi zelf een tweede charge aanvoerde, 'kaarsrecht in het zadel' zoals een van zijn officieren hem omschreef, 'zijn haar golvend op de wind, als een koperen standbeeld dat de god van de oorlog moet voorstellen', sloegen ze op de vlucht. Het was een verbazingwekkende overwinning. Tienduizend Fransen – de afstammelingen van die Fransen die, onder een andere Napoleon, Italië onder de voet hadden gelopen in een tijd die velen zich nog wisten te herinneren – werden verdreven door nauwelijks vierduizend Italianen onder bevel van een nonconformistische generaal die een horde partizanen bijna letterlijk van de ene dag op de andere had omgevormd tot een zegevierend leger.

Garibaldi raakte gewond in de buik. Hij liet op geen enkele manier merken dat hij pijn had en vocht door, zijn zadel doordrenkt met bloed. Die avond liet hij een arts komen. 'Kom na het donker. Ik ben gewond geraakt, maar niemand mag het weten.' Zijn stoïcijnse verdraagzaamheid, de geheimhouding en de ook weer niet al te lang uitgestelde onthulling van het geheim maakten van hem niet alleen een zegevierende held, maar ook een heilige martelaar. Intussen was hij voor zijn vijanden de grote boeman. Als Garibaldi er niet was geweest, hield Louis Napoléon de Franse Assemblee voor, zou hun leger zonder noemenswaardige tegenstand Rome in zijn gemarcheerd. Zoals Drake in de ogen van de Spanjaarden groter was dan in die van zijn landgenoten, zo leek Garibaldi, in Rome een aanbeden maar ondergeschikte commandant, vanuit Parijs bekeken de enige hoeder van zijn stad.

Er werd een wapenstilstand van twee weken overeengekomen om te onderhandelen. Intussen bedreigde het leger van de Bourbon-koning van Napels Rome vanuit het zuiden. Garibaldi trok het tegemoet onder commando van ene generaal Roselli. Er werd wanhopig slag geleverd bij Velletri, een slag zonder duidelijke uitkomst die Garibaldi echter bijna het leven kostte: samen met zijn paard werd hij onder de voet gelopen door zijn eigen terugtrekkende leger. Hij overleefde het dankzij een paar jongens die hem onder een hoop gevallen paarden en mannen vandaan sleepten, en keerde terug naar Rome. Op 1 juni liet de Franse generaal Oudinot weten dat hij de wapenstilstand wilde beëindigen. Zijn brief was (vermoedelijk met opzet) aan de vage kant gehouden. De Romeinen maakten eruit op dat ze nog drie dagen hadden om zich op het hervatten van de strijd voor te bereiden, maar werden 2 juni, een dag later, voor een voldongen feit gesteld toen Franse troepen zonder slag of stoot de Villa Corsini konden innemen. Garibaldi kreeg opdracht het huis te heroveren.

De slag om de Villa Corsini, die plaatsvond op 3 juni, was een verschrikkelijke slag, even stupide in zijn nutteloze verspilling van de levens van jongemannen als de fameuze actie van de lichte brigade bij Balaclava zes jaar later, in de Krimoorlog, en even gevierd. Zeventien uur lang, van het ochtendgloren tot de avond viel, stuurde Garibaldi zijn manschappen in golven de helling tussen de stad en de Villa op, door de tuinpoort, waar maar vijf man tegelijk doorheen konden, en verder de steile oprijlaan op naar de vier verdiepingen tellende villa boven op de heuvel, waar de Fransen hen vanaf elk balkon en uit ieder raam onder vuur namen. De kans op succes was verwaarloosbaar, de kans dat ze het leven erbij in zouden schieten afgrijselijk groot. Dat ze Garibaldi gehoorzaamden getuigt niet alleen van hun moed, maar ook van de enorme invloed die hij op hen had.

Hij had een bijna hypnotiserend vermogen om anderen zijn wil op te leggen. Eén vrijwilliger herinnerde zich hoe hij 'zijn hand op mijn schouder legde en eenvoudig zei, met die lage, vreemd omfloerste stem van hem die klonk alsof er binnen in mij een geest sprak: "Houd moed! Houd moed! We gaan vechten voor ons vaderland." Denkt u dat ik daarna ooit nog rechtsomkeert zou kunnen maken?' Een officier die de leiding had over een van de groepjes soldaten die op de villa af werden gestuurd, beschreef nadien hoe hij, nadat Garibaldi hem had bevolen om 'met twintig van zijn dapperste mannen de Villa Corsini met geveld bajonet te heroveren', aanvankelijk 'als aan de grond genageld' had gestaan, zo bespottelijk en zo vreselijk was een dergelijk bevel op hem overgekomen. Maar hij deed het wel. Tegen de tijd dat hij bij de trap voor de villa aankwam, waren nog maar twaalf van zijn twintig man in leven. Zeven kwamen levend terug, twee van hen zwaargewond. Een ander herinnerde zich dat hij, toen zijn mannen overal om hem heen vielen, even had gedacht dat ze over de wortels van de wijnstok struikelden, zo onvoorstelbaar snel werden ze neergemaaid. 'Degenen die nog stonden probeerden hun gevallen kameraden weg te slepen, maar hij die zijn hand uitstak om een ander te helpen trok hem even snel weer terug om naar zijn eigen dodelijke verwonding te grijpen.' Een op de zes mannen en jongens van Garibaldi – sommige van zijn soldaten waren niet ouder dan twaalf – vond op die heuvel de dood. Tot twee keer toe werd de Villa heroverd, maar beide keren namen de Fransen, die aan de achterkant onder dekking van de bomen betrekkelijk veilig naderbij konden komen, hem snel weer in. De hele dag voerde Garibaldi, zelf een onmiskenbaar doelwit op zijn witte paard, vanaf de voet van de heuvel en binnen het schootsveld van de Fransen, de operatie aan. Van Wallenstein werd beweerd dat na de slag bij Lützen de musketkogels uit zijn leren legerjas rolden. Wallenstein was een van die bovenmenselijke soldaten die door geen kogel, hoe goed gericht ook, gedood konden worden. Ook Garibaldi was er zo een. Toen de avond viel, zo gaat het verhaal, was zowel zijn witte poncho als zijn breedgerande hoed met kogelgaten doorzeefd.

Het was een rampzalige nederlaag. Toen de Fransen zich eenmaal in de Villa hadden verschanst, was de uiteindelijke val van Rome onvermijdelijk. Heimelijk werd Garibaldi zwaar bekritiseerd door zijn collega's, zowel om de zinloze opoffering van zoveel manschappen, als om de nederlaag zelf. Hij was er nooit de man naar geweest om zijn manschappen te ontzien: 'Zelfs in de zekerheid van de nederlaag moesten we doorvechten,' verklaarde hij eens na een slag die hij twee dagen nodeloos had gerekt, 'op zijn minst voor de eer van onze wapenen.' Nu werd er gefluisterd dat hij niet alleen dapper was bij het roekeloze af, maar misschien ook wel incompetent. Naar de opinie van zijn mede-Republikein Pisacane had hij de villa best kunnen innemen en houden, als hij zijn troepen meer geconcentreerd had. Een andere officier oordeelde dat hij 'volstrekt incapabel was tot het dirigeren van de manoeuvres van zijn manschappen, terwijl alleen dat bij een veldslag de doorslag kan geven'. Als hij met kleine groepjes guerrillastrijders werkte, kon hij innovatief zijn en verbazing wekken, maar voor conventionele veldslagen wist hij nooit iets anders te verzinnen dan zijn mannen recht op de vijand afsturen (zonodig heuvelopwaarts), met getrokken zwaard of gevelde bajonet – een strategie die weliswaar borg stond voor een opwindend schouwspel, maar waarbij ook vreselijk veel bloed vloeide. De glorie van een confrontatie wordt echter niet afgemeten aan het nut, en zelfs niet aan het resultaat. Zijn nederlaag bij San Antonio had Garibaldi internationale roem verschaft. Zijn nederlaag bij de Villa Corsini had hem nog groter gemaakt. Op de avond na de slag verkondigde Mazzini aan het volk van Rome: 'Romeinen! Dit is een dag van helden, een bladzij in de geschiedenis. Gisteren zeiden we tegen u: "Wees groot"; vandaag zeggen wij u: "U bent groot."' 3 juni is een plechtige feestdag op de kalender van de Risorgimento, de dag waarop de Italianen hadden bewezen dat ze hun leven zouden geven om hun land te bevrijden. De mannen en jongens die in de tuinen van de Villa Corsini waren neergeschoten, werden de martelaren van de beweging, en Garibaldi, die hen de dood in had gejaagd, kreeg door associatie met de slachtoffers een aura van een bijna goddelijke tragiek, de aura van iemand die bereid was zijn leven te geven opdat anderen in vrijheid konden leven.

Nog een maand hield de republiek het uit. Garibaldi voerde het bevel over de verdediging van de meest hopeloze, meest bedreigde stukken stadsmuur, en riskeerde daarbij geregeld op huiveringwekkende wijze zijn leven. Zijn hoofdkwartier lag binnen het bereik van het Franse geschut en schudde onder de beschietingen alsof er een permanente aardbeving gaande was. Elke ochtend beklom hij een wachttoren, waar hij rustig zijn eerste sigaar van de dag opstak, terwijl de Franse kogels hem om de oren floten. 'Ik kan gerust stellen,' schreef hij later, zwelgend in zijn eigen lef, 'dat ik een storm nog nooit zo heb horen fluiten als die kogels.' Elke dag reed hij over de muren, duidelijk herkenbaar in zijn kleurige kledij en met zijn breedgerande hoed met zwierige pluimen, zijn zwarte bediende Aguiar, nog zo'n teken dat het niemand anders kon zijn, vlak achter hem. Voor zijn vijanden was hij een duidelijk doelwit, voor zijn volgelingen een droombeeld. Eén man zou bijna een halve eeuw later aan Trevelyan vertellen dat hij een keer op de stadswal lag te slapen en vroeg in de ochtend zijn ogen opsloeg, 'zich er half dromend van bewust dat een paard heel voorzichtig over hem heen stapte. Als in een visioen zag hij het gezicht van de ruiter, dat op hem neerkeek vanuit een bos goudblond krullend haar. Het stond in zijn geheugen gegrift als een van de meest verheven dingen in kunst en natuur die hij ooit had gezien.' Garibaldi gebruikte zijn maaltijden in het open veld, terwijl om hem heen de granaten ontploften. Er werd gezegd dat degenen die met hem de maaltijd gebruikten grote kans liepen dood te zijn voor ze de tijd hadden gehad hun voedsel te verteren. Op de een of andere verbazingwekkende manier overleefde hij iedere aanval. De dood was overal, en Garibaldi was intens gelukkig. 'Hier leven ze, en sterven, en ondergaan amputaties,' schreef hij aan Anita, 'met de uitroep "*Viva la Repubblica!*" op de lippen. Eén uur van ons leven in Rome is evenveel waard als honderd jaar alledaags bestaan.'

Op de avond van de negenentwintigste juni zetten de Fransen hun laatste offensief in. Twee uur lang voerde Garibaldi de verdedigers aan in hun moeizame pogingen de aanval af te slaan. 'Garibaldi was groter dan ik hem ooit heb gezien, groter dan wie dan ook hem ooit had gezien. Zijn zwaard was als de bliksem,' schreef een van zijn officieren. 'Elk moment vreesde ik hem te zien vallen, maar nee, hij bleef overeind, onverzettelijk als het noodlot.' Uiteindelijk, toen een heel stuk van de muur het begaf onder de Franse barrage en de vijand door het gat naar binnen stroomde, reed hij de heuvel af en over de Tiber naar het Capitool, waar de assemblee in vergadering bijeen was. De stad was verloren; het grote politieke experiment was mislukt. Maar toen Garibaldi bedekt met bloed, zweet en stof de zaal binnenliep, zijn zwaard smerig en gebutst aan zijn zijde, stond de assemblee als één man op om hem met gejuich te ontvangen.

De republikeinse regering gaf zich over. Garibaldi niet. Het jaar ervoor had hij geweigerd zich neer te leggen bij de nederlaag terwijl koning Karel Albert dat wel deed. Nu kondigde hij andermaal aan van plan te zijn de strijd voort te zetten. Terwijl Mazzini en zijn politieke vrienden een veilig heenkomen zochten in het buitenland, verklaarde hij dat hij ieder die hem wilde volgen door de oostelijke poorten van Rome de stad uit zou leiden, om de strijd op het platteland voort te zetten.

Wekenlang had hij zich geërgerd aan de vastbeslotenheid van Mazzini om de stad te verdedigen. Garibaldi was een guerrillastrijder, daar was hij bedreven in en daar ging ook zijn voorkeur naar uit: hij was er altijd voor om afstand te doen van steden, die immers zo makkelijk omsingeld konden worden, en zijn heil te zoeken in het open veld, waar snelheid en geslepenheid soms meer dan goedmaakten wat je aan mankracht of wapens wellicht tekort kwam. Hij had erom gesmeekt de Fransen na hun aanvankelijke nederlaag te mogen achtervolgen. Hij had zijn mannen de stad uit willen leiden om de Fransen met een omtrekkende beweging in de rug aan te vallen. Op weg naar Velletri had hij zich als boer vermomd om de Napolitaanse stellingen te bespioneren, teneinde ze met een barrage aan bliksemaanvallen te kunnen bestoken. Na de slag had hij het Napolitaanse leger terug willen drijven tot op zijn eigen grondgebied. Al die plannen waren verijdeld door zijn politieke superieuren, wier enige doel het was om vast te houden aan Rome. De oude, heilige stad was een machtig symbool. Mazzini had verklaard dat 'binnen haar muren de toekomst van de natie lag'.

Garibaldi was het daar niet mee eens. 'Rome' was geen steen of marmer, het was een groots ideaal. Het stond voor republikeinse vrijheid en een vage, maar lichtende verzameling andere concepten die het waard waren om voor te sterven. Dat ideaal lag niet langer besloten binnen de muren van een stad; Rome werd belichaamd door een man. In Utica was Cato, de trouwe verdediger van de gesneefde republiek, Rome. Nu was Rome Garibaldi. 'Waar wij zijn,' liet hij met luide stem weten, 'daar is Rome.'

Om vijf uur op de middag van de tweede juli reed Garibaldi op zijn witte paard naar het grote plein van Bernini voor de Sint-Pieter. Zijn komst werd verwacht. Het grandioze plein wemelde van de mensen. Heel langzaam baande hij zich een weg door de menigte naar de obelisk midden op het plein. 'Hij werd van alle kanten door vrouwen bestormd,' schreef iemand die erbij was. Het kabaal was oorverdovend. Mensen juichten en riepen zijn naam. Anderen huilden, en sommigen vervloekten hem omdat hij hun zonen wegnam, want het was al bekend wat hij van plan was. Hij wachtte. Ondanks zijn veel geroemde eenvoud was hij een voortreffelijk redenaar, even begaafd in het bespelen van een menigte als Cato, en met de gave om op het juiste moment te zwijgen. Als hij een speech wilde afsteken, hield hij zich eerst stil, zijn gezicht half verscholen onder zijn grote zwarte hoed, tot de menigte uit ontzag voor zijn verschijning eveneens stilviel – en dan richtte hij zich tot hen, met zijn trage, galmende stem. (Maxim du Camp vond het de mooiste stem die hij ooit had gehoord.) Deze keer, toen hij gebaarde dat het geschreeuw moest ophouden en die enorme, hysterische massa verstomde om naar hem te luisteren, waren zijn woorden hard en verheven. Hij vroeg vrijwilligers om samen met hem de stad uit te trekken en de strijd voort te zetten.

Rodrigo Díaz had zijn mannen verleid om met hem in ballingschap te gaan door hun enorme fortuinen voor te spiegelen die ze onder zijn commando zouden kunnen vergaren, en ook Drake had zijn mannen verzekerd dat hij hen even rijk zou maken als de grote heren die ze kenden. Garibaldi bediende zich niet van dergelijke prikkels. Hij bood geld noch sociale status, wat hij te bieden had was veel bedwelmender: de tragische schoonheid van een nederlaag die door Cato al een ander gezicht had gekregen, en de verheffing van het lijden. 'Zij doen de mens geen recht,' schreef Carlyle, 'die zeggen dat hij verleid kan worden met beloftes van gemak. Hinder, zelfverloochening, martelaarschap, dood, dat zijn de verleidingen die het hart bespelen.' Tachtig jaar later zou Winston Churchill het Britse parlement voorhouden dat hij 'niets te bieden had dan bloed, moeite, tranen en zweet'. Garibaldi was hem voor en bood zijn gehoor een al even bezielend perspectief. Hij zei het volk van Rome dat degenen die met hem meegingen 'geen betaling zullen krijgen, geen proviandering, en geen rust. Wat ik te bieden heb is honger, kou, gedwongen marsen, veldslagen en de dood. Wie niet tevreden kan zijn met zo'n leven, moet thuisblijven. Hij die de naam van Italië niet alleen op zijn lippen heeft maar ook in zijn hart, laat die mij volgen.' Twee uur later trok hij met zevenenveertighonderd vrijwilligers weg uit Rome, zijn hart, zoals hij later zou schrijven, 'droevig als de dood'. Anita was er ook bij. Ze was zes maanden zwanger maar ze had al zijn boodschappen waarin hij haar verbood zich bij hem te voegen naast zich neergelegd. Met kortgeknipt haar, schrijlings in het zadel in mannenkleren, reed ze met hem door de poort de stad uit, om te vechten voor een Rome van de geest.

Eindelijk was Garibaldi vrij en autonoom. Mazzini, jegens wie hij inmiddels een geweldige verbittering voelde, omdat hij hem hun nederlaag verweet, kon hem niet langer dwarszitten. Er waren geen hogergeplaatste officieren meer, geen triumviraat van ministers, geen assemblee, niemand die nog enig gezag over hem kon uitoefenen.

Hij was nooit zo gezagsgetrouw geweest. In Zuid-Amerika, toen een hogere generaal een keer geprobeerd had hem orders te geven, had hij met een ijzig beleefd briefje geantwoord dat hij had 'besloten zelf op te treden... en ik moet uwe excellentie vragen daar niet tegenin te gaan, en wijs u erop dat ik alle stappen zal zetten om zulks te voorkomen'. En bij deze rebelse bedreiging was het niet gebleven. Een maand later had hij de plaatselijke commissaris van politie opdracht gegeven de onfortuinlijke generaal naar een schip te escorteren dat hem terug zou brengen naar Montevideo, waarmee hij doeltreffend afrekende met zijn meerdere op een wijze die in een reguliere militaire situatie voor een opstandigheid zou zijn gehouden waar de doodstraf op stond. In 1848 had hij een onverbiddelijk telegram naar de leiders van de Toscaanse regering gestuurd waarin hij hun vroeg of ze 'Garibaldi als opperbevelhebber van de Toscaanse strijdkrachten wilden aannemen om tegen de Bourbons op te treden. Ja of nee. Garibaldi.' Hij zou opperbevelhebber zijn of hij trok zijn handen ervan af.

Een paar dagen voor de Romeinse republiek capituleerde, had een agitator door de straten gereden die naar iedereen die luisteren wilde geroepen had dat alleen Garibaldi Rome kon redden, dat Garibaldi dictator zou moeten worden gemaakt. Garibaldi had zijn bedenkingen, en keerde zich af van deze voorvechter, maar alleen omdat het volgens hem al te laat was: de val van de stad was toen al onafwendbaar. Hij had Mazzini inmiddels laten weten dat het voor hem 'niet langer mogelijk was de Republiek nog van dienst te zijn, behalve op twee manieren: als absoluut dictator, of als eenvoudig soldaat'. Na de tijd van Garibaldi heeft het woord 'dictatuur' een gevoelswaarde gekregen die het toen nog niet had. In de oude Romeinse republiek, waar de constitutie van de nieuwe republiek op was gebaseerd, werden in tijden van oorlog of andere noodtoestanden dictators benoemd voor periodes van een halfjaar, een regeling die Garibaldi zou omschrijven als 'positief'. Garibaldi was vermoedelijk oprecht toen hij later uitlegde dat hij die eis had gesteld zoals hij 'ooit het roer van een scheepje had opgeëist en overgenomen toen het op de golven dreigde stuk te slaan'. Het feit bleef dat hij de absolute macht wilde, en toen Mazzini weigerde hem die te geven – en erop stond dat hij Rome bleef dienen als ondergeschikt generaal – tartte hij het gezag van zijn meerderen consequent.

Op de mars naar Velletri had Roselli hem niet in bedwang weten te houden. Garibaldi was op eigen houtje verder getrokken en had uiteindelijk een veldslag uitgelokt op een moment dat Roselli hem dat uitdrukkelijk verboden had. Tijdens de strijd om Rome in juni had hij herhaaldelijk bevelen genegeerd. Als hij meer mannen wilde, haalde hij ze bij andere eenheden weg, zonder zich iets van zijn meerderen aan te trekken, en als hij opdracht kreeg zijn mannen voor te gaan in een tegenaanval weigerde hij dat gewoon. Net als Achilles, net als Rodrigo Díaz, net als Drake was hij een man die slechts met moeite, of misschien zelfs wel helemaal niet, in een hiërarchische structuur was in te passen. Toen hij aan het hoofd van zijn vrijwilligersleger door de poorten van Rome de stad uittrok, was hij eindelijk daar waar hij wezen wilde. Nu was hij dan werkelijk dictator van een republiek die weliswaar alleen in de geest bestond, maar die in elk geval volledig onder zijn gezag stond.

Twee maanden later was zijn leger ontbonden, waren de meeste officieren gevangengenomen en geëxecuteerd, was Anita dood en was Garibaldi zelf een eenzame vluchteling. Hij had gehoopt en was ervan overtuigd geweest dat hij zich maar 'in een vurige menigte hoefde te storten' om 'de vlam van hun patriottisme te doen ontbranden', en dat zijn bende vrijwilligers steeds groter en groter zou worden, naarmate meer enthousiaste nationalisten zich achter hem schaarden. Maar het liep anders. De ontwikkelde, stedelijke middenklasse mocht dan geven om haar land, de boeren van wie Garibaldi gedacht had dat ze zich wel bij hem zouden aansluiten hadden inmiddels een nog grotere hekel aan 'liberalen' dan aan buitenlanders, en beschouwden de mannen die de paus uit Rome hadden verdreven als heidenen en goddelozen. Ze hielden hun deuren gesloten voor Garibaldi, weigerden hem voedsel en iedere andere vorm van medewerking, en brachten de Fransen en Oostenrijkers op de hoogte van zijn bewegingen. Garibaldi weet een en ander aan de verwoestende invloed van de clerus, maar het kan net zo goed te maken hebben gehad met de sprinkhaanachtige wijze waarop de garibaldijnen het land kaalplukten. Een belangrijke journalist van de Britse *Times* omschreef hen als 'bandieten', en zo werden ze ook ontvangen in de steden en dorpen waar ze een onderkomen zochten. Garibaldi verbood plunderen; één keer liet hij een man doodschieten omdat hij een kip had gestolen. Maar hij kon zijn troep vrijwilligers niet altijd in de hand houden. Noch kon hij ze van eten voorzien op een andere manier dan door een soort vordering die nauwelijks rechtmatiger was dan regelrechte plundering geweest zou zijn. Hij betaalde voor de voorraden die hij vorderde in de waardeloze valuta van de ter ziele gegane Romeinse republiek, of hij dwong 'leningen' af die zouden worden afbetaald wanneer Italië vrij was.

Wat was begonnen als een daad van indrukwekkende opstandigheid werd een wanhopige vlucht. Toch schreef een van zijn biografen dat zijn aftocht uit Rome 'een *tour de force*' was van een 'verbijsterende en bestendige genialiteit', een krachttoer die 'zijn reputatie als een van de grootste guerrillastrijders op triomfantelijke wijze bevestigde'. Het zou in elk geval een van de populairste bedrijven worden in het drama van zijn leven, een bedrijf waarin hij niet alleen optrad als de man van legendarische moed en bedrevenheid die het opnam tegen niet minder dan vier grootmachten, maar ook als de aandoenlijke hoofdrolspeler van een hartverscheurend verhaal over liefde en dood.

De Fransen zaten achter hem. Ten zuiden van hem bevonden zich de troepen van de Bourbon-koning van Napels. Ten westen had hij een leger van zesduizend Spanjaarden, dat net geland was om de belangen van de paus te verdedigen. In het noorden, tussen Garibaldi en de republiek van Venetië (de enige van de vrije staten die in de revolutionaire beroering van het voorgaande jaar waren opgericht die nog niet verslagen was), lagen de Oostenrijkers. Garibaldi kon het zich niet veroorloven het op een veldslag te laten aankomen. Hij verplaatste zich bij nacht, rustte slechts enkele uren overdag, en koos de wegen die het minst gebruikt werden, of muilezelpaden die algemeen als onbegaanbaar werden beschouwd – zo leidde hij zijn leger door Italië, met wild zigzaggende bewegingen die zijn achtervolgers niet konden bijbenen. Bij het vallen van de avond vertrokken ze in een bepaalde richting, en terwijl de boeren die hen voorbij hadden zien komen informatie over hun kennelijke bestemming doorspeelden aan de Franse of Oostenrijkse spionnen achter hen, maakten ze in het donker rechtsomkeert en doken bij het ochtendgloren op een heel andere plek op dan waar ze verwacht werden. Na de eerste paar dagen lieten ze hun karren achter, en namen alleen mee wat hun lastdieren en zij zelf dragen konden. Het vee dreven ze voor zich uit als levend proviand. Garibaldi, die nu eens vooruit galoppeerde om op verkenning te gaan, en dan weer langs de flanken van zijn legertje patrouilleerde om verrassingen te voorkomen, was onvermoeibaar. Hij was een asceet van nature, hij was het effectiefst, het snelst en het zekerst van zijn zaak wanneer de ontberingen het grootst waren. Een aantal jaren later zou hij beschrijven dat hij ervan droomde een schip uit te rusten (hij was inmiddels teruggekeerd tot een leven als zeeman) en daarmee over de wereldzeeën te varen om overal de goede zaak te steunen: een soort mobiele revolutie. Hij was een patriot die nooit zo op zijn gemak was in zijn *patria*, een wiens genialiteit het duidelijkst tot uitdrukking kwam als hij ver van huis en op de vlucht was.

Het waren echter niet alleen de bewoners van het platteland waar hij

416

doorheen trok die hem teleurstelden met hun gebrek aan hartstocht voor zijn zaak. Elke nacht, onder dekking van het duister, slopen er wel wat van zijn manschappen weg, in elk stadje bleven er wel enkele achter. In de resterende jaren van zijn leven zou hij telkens weer ontdekken hoe moeilijk het was de idolatrie die hij wist in te boezemen om te zetten in die dingen die hij werkelijk nodig had – geld, wapens, mankracht. Hij kon met gemak een extatische menigte op de been brengen, maar een leger bij elkaar houden lukte hem niet. Net als Wallenstein in Pilsen, moest hij toezien hoe hij vrijwel ongemerkt steeds meer steun verloor. Veel van degenen die met hem uit Rome waren vertrokken, waren vermoedelijk nooit van plan geweest voor zijn verloren zaak te vechten, maar hadden alleen weg gewild uit die stad die wel snel bezet zou zijn, of terug gewild naar hun familie op het platteland, en de garibaldijnen waren in hun ogen weinig meer dan een konvooi geweest waarmee het veilig reizen was. Anderen zonk de moed domweg in de schoenen. Zijn mobiele revolutie was aan het verzanden. En wat het allemaal nog erger maakte, was dat Anita zich ook niet goed voelde.

Op 31 juli, een maand nadat hij met zulke bezielende woorden uit Rome was vertrokken, leidde hij zijn overgebleven vijftienhonderd man de relatief veilige grens binnen van het onafhankelijke ministaatje San Marino. Terwijl hij nog met de San Marinesi onderhandelde over hun ontvangst, werd zijn achterhoede lastiggevallen door Oostenrijkers. Zijn laatste order van die dag luidde: 'Soldaten, ik ontsla jullie van de plicht mij te volgen, het staat jullie vrij naar huis terug te keren. Maar vergeet dit nooit: de Romeinse oorlog om de onafhankelijkheid van Italië mag dan afgelopen zijn, Italië gaat nog steeds gebukt onder een schandelijke slavernij.' Zoals van Garibaldi mocht worden verwacht, was hij zelf van plan de strijd voort te zetten. In een café, waar zijn ontroostbare staf bij elkaar was gekomen, kwam hij weer met zo'n gedenkwaardig somber aanbod. 'Allen die mij wensen te volgen, bied ik meer veldslagen, leed en ballingschap – maar verdragen met buitenlanders, nooit!' Vervolgens besteeg hij zijn paard en reed weg, zonder ook maar over zijn schouder te kijken wie er meekwamen. Zo'n tweehonderddertig man volgden hem, en ook Anita reed achter hem aan.

Het platteland was vergeven van de Oostenrijkse troepen. Ze konden nog slechts hopen te ontsnappen om een nieuwe revolutie te kunnen ontketenen als ze zich een weg wisten te banen naar de Adriatische kust, om dan overzee verder te reizen naar Venetië. Met de hulp van een plaatselijke gids, en in absolute stilte, braken ze bij nacht door de Oostenrijkse linies heen. Ze bereikten de zee bij een klein haventje, waar Garibaldi zijn witte paard aan een plaatselijke sympathisant gaf met de opdracht het liever het genadeschot te geven dan het in handen van de Oostenrijkers te laten vallen. Ze confisqueerden dertien vissersboten en dwongen de eigenaars die op te tuigen voor een reis naar Venetië. Het was hard gaan waaien, de vissers wierpen tegen dat ze bij zulke weersomstandigheden de haven niet eens uit zouden komen, maar Garibaldi – zeeman voor hij generaal werd – sprong in zee om de ankers uit te brengen waaraan de schepen moesten worden verhaald. De vissers, die er weinig heil in zagen zulke grote risico's te nemen met de boten waar hun levensonderhoud, en misschien hun leven zelf wel, van afhing, 'konden er slechts met klappen van de zijkant van onze zwaarden toe worden aangezet in beweging te komen – en uiteindelijk te doen wat gedaan moest worden'.

De hele volgende dag zeilden ze in noordelijke richting, maar in de avond stuitten ze onverwacht op een Oostenrijks marine-eskader. Tien van de boten werden in beslag genomen (de vissers deden geen moeite het te voorkomen). De resterende drie boten, met zo'n negentig man aan boord (onder wie Garibaldi en Anita), wisten de kust te bereiken, met de Oostenrijkers in hun kielzog. Anita had nu zo'n pijn dat ze niet meer kon lopen. Garibaldi droeg haar door de branding. De anderen holden naar de duinen om dekking te zoeken, en even later waren zij tweeën en een gewonde officier, majoor Culiolo, de enigen die onbeschermd en onbeschut op het strand achterbleven. Door stomme pech waren ze geland op wat in feite een eilandje was, een moerasgebied dat door kanalen en lagunes van het vasteland gescheiden was. Ze zouden zonder enige twijfel heel snel in de handen van de Oostenrijkers zijn gevallen – Oostenrijkse troepen rukten al op – indien niet een plaatselijke landeigenaar als deus ex machina ten tonele was verschenen. Giacomo Bonnet, van wie twee broers in Rome aan de zijde van Garibaldi hadden gevochten, had gezien wat er op zee was gebeurd en was snel naar het strand gegaan om indien nodig hulp te bieden. Toen hij Garibaldi daar aantrof, bracht hij hem, Anita en Culiolo gauw naar een hut die veilig verborgen in het moeras stond, en voorzag hen van kleren (beide mannen droegen de herkenbare rode hemden). Vervolgens hielp hij hen Anita drie kilometer door de moerassen te dragen naar een boerderij, waar ze in bed werd gelegd. Ze was nu zo ziek dat het duidelijk was dat iedere poging om met haar te ontkomen voor allen gedoemd zou zijn te mislukken. Bonnet stelde voor haar op een ander veilig adres achter te laten, waar een betrouwbare arts kon worden opgetrommeld, terwijl Garibaldi en Culiolo ontsnapten. Garibaldi stemde er met tegenzin mee in.

Opnieuw ging het groepje op pad, Anita deze keer languit op een boerenkar. Ze ijlde en was helemaal in de war. Toen Garibaldi probeerde uit te leggen dat hij zonder haar verder moest, klampte ze zich aan hem vast, begon hysterisch te krijsen en riep, zoals ze zo vaak had gedaan als hij haar probeerde over te halen hem niet in de strijd te volgen: 'Je wilt bij me weg!' Deze keer was het haar man, niet zichzelf, die ze in gevaar bracht door te weigeren zich van hem te laten scheiden, maar dat kon ze al niet meer begrijpen.

Hun beproeving was nog niet voorbij. De Oostenrijkse troepen zaten inmiddels overal. Er was een grote beloning uitgeloofd voor informatie die tot de aanhouding van Garibaldi zou leiden. Iedereen die hem hielp te ontsnappen bracht zichzelf in levensgevaar. Bonnet was slechts de eerste van de tientallen die dat risico in de daaropvolgende maand zouden nemen. Hij vond twee vissers met een roeiboot en sprak, zonder erbij te zeggen wie hun passagiers zouden zijn, met hen af dat ze Garibaldi en zijn metgezellen die nacht over de lagune naar het vasteland zouden brengen. Ze gingen aan boord, maar halverwege raadden de twee mannen wie ze bij zich hadden; doodsbang voor het gevaar waar ze door misleiding in waren geraakt, zetten ze hun passagiers af op een klein eilandje en roeiden weer terug. Het was drie uur 's nachts. Er was nergens onderdak en van een gerede kans dat ze gered zouden worden was evenmin sprake. De beide mannen gingen naast Anita op de grond liggen in een poging haar warm te houden terwijl zij mompelde en raaskalde.

Vijf uur later kwam er hulp. De mannen hadden hun akelige geheim niet voor zich weten te houden, en een van degenen aan wie ze het verteld hadden, had het nieuws overgebracht aan de immer betrouwbare Bonnet. Die spoorde iemand anders op, een republikein die bereid was zijn leven in de waagschaal te stellen om Garibaldi te redden. De man haalde hen van het eiland, roeide hen met veel oponthoud naar het vasteland, regelde een kar waar ze Anita op legden en begeleidde hen toen een moeizame vijftien, twintig kilometer naar een boerderij. Het was eind van de middag toen ze daar aankwamen. Nog voor ze Anita naar binnen hadden gedragen, was ze overleden.

De volgende maand stond Garibaldi onder bescherming van de uitstekend georganiseerde en onverschrokken republikeinse verzetsbeweging. Hij was bitter teleurgesteld dat de Italianen zich zo weinig bereid hadden getoond hun leven te geven voor de onafhankelijkheid, maar hij had goede reden diep dankbaar te zijn, en respect te hebben, voor dat netwerk van mensen die hem verborgen in bossen, in velden, in hun huis of hun stal, die hem dwars door Italië gidsten, over achterafweggetjes en paden die op geen kaart te vinden waren, die hem eten gaven en van vermommingen voorzagen, en die allemaal hun vrijheid, en vermoedelijk hun leven riskeerden om hem te beschermen.

Terwijl zijn volgelingen werden gevangengenomen, gemarteld en in veel gevallen geëxecuteerd, wist hij alle onvermoeibare pogingen van de Oostenrijkers hem te pakken te krijgen te ontwijken. Eén keer, op een kar die hij gehuurd had, passeerde hij een hele meute Oostenrijkse soldaten die de andere kant op gingen in de veronderstelling dat hij daar ergens te vinden zou zijn. Een andere keer lag hij in wat struikgewas te slapen toen hij wakker werd van de stemmen van een stel Oostenrijkers die vlak langs hem liepen. En weer een andere keer, toen hij zat uit te rusten in een herberg, kwam een groep Kroaten binnen die in het Oostenrijkse leger dienden, en moest hij uren in de donkerste hoek van de gelagkamer blijven zitten terwijl zij het er uitgebreid over hadden wat ze met 'die snode Garibaldi' zouden doen als ze hem te pakken kregen. Die keer (volgens haar eigen niet geheel betrouwbare verhaal – Garibaldi zelf schijnt zich haar niet herinnerd te hebben) werd hij gered door de dochter van de herbergier, die hem naar een veilig adres bracht. Toen een van hun gidsen niet kwam opdagen moesten Culiolo en hij het verscheidene beangstigende dagen zonder bescherming stellen, tot Garibaldi, en hij nam hiermee een noodzakelijk maar potentieel levensgevaarlijk risico, zijn identiteit onthulde tegenover een jongeman die hij gunstig over hem had horen spreken. Hij had geluk. De man bewaarde het geheim en wist een gids voor hen te vinden. Op 2 september kwamen ze bij de westkust aan. Vissers die hun gunstig gezind waren brachten hen vandaar naar het noorden en zetten hen aan land in het koninkrijk Piemonte, waar Oostenrijkers, Fransen, Napolitanen noch het pauselijk gezag hun kwaad konden doen. Daar, in zijn eigen vaderland, bereikt na zoveel beproevingen, werd Garibaldi prompt gearresteerd.

De nieuwe koning, Victor Emmanuel, de man die later met Garibaldi's hulp koning van heel Italië zou worden, kon zijn troon behouden omdat hij geduld werd door Oostenrijk op voorwaarde dat hij noch radicalisme in het algemeen, noch Jong Italië in het bijzonder zou tolereren. De terugkeer van Garibaldi bracht hem in grote verlegenheid. In Genua, waar Garibaldi gevangen werd gehouden, en in Nice, waar hij een paar uur op parool aan land mocht om zijn moeder en zijn kinderen op te zoeken, werd hij welkom geheten door laaiend enthousiaste menigtes, die zich kwaad maakten om zijn detentie. In beide plaatsen werd het schip waarop hij werd vervoerd omringd door bootjes stampvol nieuwsgierigen en steunbetuigers. In het Piemontese parlement speelden zich woedende taferelen af, die met zoveel kabaal gepaard gingen dat een Turijnse krant meldde dat de vergaderingen twee dagen later nog altijd in een abnormale stilte verliepen, zoveel afgevaardigden hadden hun stem verloren toen ze hun standpunt ten aanzien van Garibaldi door de zaal hadden gebazuind. Een van hen riep zijn collega's op om 'zijn grootheid, als u kunt, te imiteren, en zoniet, te respecteren'. Garibaldi, zo voerde hij aan, was de glorie van zijn land. Uiteindelijk diende de oppositie een motie in waarin de regering werd berispt om haar behandeling van Garibaldi. Die werd vrijwel unaniem aangenomen. Garibaldi werd vrijgelaten, maar op voorwaarde dat hij Italië onmiddellijk zou verlaten.

Voor de tweede keer verbannen als hij was, kostte het hem grote moeite een toevluchtsoord te vinden. Tunesië werd hij uitgezet, en in Gibraltar werd hij niet eens toegelaten. Uiteindelijk vestigde hij zich in Tanger. Hij was pas tweeënveertig, maar als een oude man wiens glorietijd voorbij is zocht hij een plekje in de zon op en begon aan zijn memoires. Hij werd toen al een aantal jaren geplaagd door reumatiek en artritis. Hij was zwaar gedesillusioneerd door de Italiaanse boeren die niet voor zijn zaak in het geweer waren gekomen en door de Italiaanse troepen die hem in de steek hadden gelaten: 'Ik schaamde mij dat ik bij die gedegenereerde nakomelingen van de grootste der naties hoorde, mensen die nog geen maand stand konden houden zonder hun drie maaltijden per dag.' Hij was de vrouw verloren die, niet alleen in de legende maar ook in werkelijkheid, zijn grote liefde schijnt te zijn geweest. Hij was gescheiden van zijn kinderen, die hij in Nice had achtergelaten onder de hoede van hun grootmoeder en vrienden van de familie. Italië, 'de enige hoop van mijn bestaan', zoals hij dat jaar schreef, was 'teruggevallen in schande en prostitutie'. Zijn zaak was verloren.

Zeven maanden later reisde hij verder naar New York. Voor Amerikanen waren Europese republikeinen in ballingschap heroïsche figuren. Lajos Kossuth, leider van de Hongaarse revolutie, zou in het daaropvolgende jaar, toen zijn schip afmeerde, worden begroet met eenendertig saluutschoten, aan wal gevolgd door officiële ontvangsten, banketten, feestelijke optochten en fanfarekorpsen. Hij werd uitgenodigd om oudejaarsavond te vieren in het Witte Huis en om het Congres toe te spreken. Voor de ontvangst van Garibaldi was een al even feestelijke en eervolle ontvangst gepland, maar Garibaldi sloeg alles af. Op Staten Island, waar hij verscheidene dagen moest blijven in verband met de quarantainebepalingen, kon hij de stroom bezoekers niet ontwijken; hij ontving iedereen gezeten op een sofa die speciaal voor hem was neergezet, want zijn reumatiek was zo ernstig dat hij niet kon staan. Zodra hij zijn kans schoon zag, stapte hij echter op de boot naar Manhattan en ontkwam naar het huis van een vriend. Drie dagen later schreef hij een brief aan het Italiaanse comité, waarin hij verklaarde af te zien van de officiële receptie die ze voor hem hadden gepland: hij wilde zich ter plaatse vestigen en in alle rust zijn brood verdienen.

Zijn weerzin tegen het in ontvangst nemen van toejuichingen is wel toegeschreven aan zijn bewonderenswaardige bescheidenheid, maar hij was in die periode van zijn leven aan zo'n diepe depressie ten prooi, dat hij waarschijnlijk werkelijk niet in staat was de beroemdheid uit te hangen. 'Wij gaan graag om met heroïsche figuren,' schreef Ralph Waldo Emerson, de Amerikaanse vriend van Carlyle, in datzelfde jaar. 'In hun bijzijn krijgen onze gedachten en gedragingen als vanzelf iets groots.' Garibaldi in ballingschap had geen energie over, geen surplus aan grootheid waar hij anderen gul in kon laten delen. Daar kwam bij dat hij precies wist hoe nuttig, en hoe nutteloos, publiek enthousiasme kon zijn. In zijn anderhalf jaar in Italië had hij maar al te vaak op balkons gestaan of te paard gereden terwijl hartstochtelijke menigtes zich rondom hem verdrongen en juichend zijn naam riepen, om erachter te komen dat als hij klaar was om diezelfde stad te verlaten niet meer dan twee of drie, en soms niet een, van al diegenen die de indruk hadden gewekt zo met hem te dwepen, zich hadden aangemeld om hem te volgen. Amerika had hem best feestelijke optochten en banketten willen aanbieden, Amerika had zich graag met hem vermaakt, en allerlei vage en opwindende dromen aan hem opgehangen over heldhaftige opstandigheid tegen een nauwelijks omschreven tirannie, maar Amerika paste ervoor hem het Amerikaanse staatsburgerschap te verlenen. Als buitenlander mocht hij geen kapitein op een koopvaardijschip worden. Hij woonde bij een Italiaanse vriend, zonder iets omhanden en zo ongelukkig, zo ellendig en vernederd door het feit dat hij van anderen afhankelijk was, dat hij erop stond als sjouwer aan de slag te gaan in de kaarsenfabriek van zijn gastheer. Eén keer ging hij naar de haven en probeerde aan te monsteren als matroos, maar op beide schepen die hij probeerde werd hij afgewezen. Wanhopig probeerde hij een baantje te krijgen als dokwerker, maar hem werd te verstaan gegeven dat hij te oud was. Nog maar drie jaar eerder was hij admiraal van de (weliswaar kleine) vloot van Montevideo geweest. Nu, met al zijn roem, was hij een immigrant voor wie geen emplooi meer leek te bestaan, oud en afgedankt.

'Grote karakters,' schreef Aristoteles, 'zijn in het bijzonder vatbaar voor verdriet.' Het was het smartelijke besef van zijn eigen naderende dood dat van Achilles de boeiendste figuur in de *Ilias* maakte. Halverwege de negentiende eeuw, in de twee generaties voor Garibaldi, was Europa (en Amerika) achtereenvolgens bij de strot gegrepen door de *Weltschmerz* van de jonge Werther en in de ban geraakt van de treurige ballingschappen van Childe Harold en zijn schepper. De jammerlijk gekeerde kansen van Garibaldi en zijn status als dolende wereldburger, uit zijn vaderland verdreven door botteriken en wreedaards, die op hun jacht naar politieke voordeeltjes geen enkel oog hadden voor het romantische van zijn karakter, deden op korte termijn niets af aan zijn reputatie. En wat de lange termijn betreft: toen hij jaren later weer op het schild werd geheven, werd deze tweede ballingschap met terugwerkende kracht dan ook een uitgesproken aangrijpende passage in zijn legendarische levensverhaal. 'Een groot hart dat breekt,' schreef Dumas over hem, 'is een schouwspel dat alle harten breekt.'

Voorlopig had de man echter dringender zaken aan zijn hoofd dan de mythologisering van zijn levensverhaal. Garibaldi moest aan de kost zien te komen. Een jaar lang deed hij van alles en nog wat, maar uiteindelijk bood een hem gunstig gezinde Italiaanse zakenman hem het gezag over een koopvaardijschip aan. Hij werd weer zeeman, een moderne Odysseus, die nog verder weg reisde van het thuisland waarvan hij beweerde dat zijn hart er voortdurend naar uitging. Hij kreeg zijn deel aan avonturen. Hij bezweek bijna aan een koorts die hij had opgedaan in Panama. In Kanton werd hij beschoten door piraten. In Lima werd hij beschuldigd van verduistering (waarschijnlijk gewoon een kwestie van een incompetente boekhouding: hij schijnt werkelijk boven geldzucht verheven te zijn geweest), en toen hij een Fransman in elkaar had geslagen die hem en Italië had beledigd, ook nog van moord. Eveneens in Peru ging hij aan wal om een bezoek te brengen aan Manuela Saenz de Thorne, die de maîtresse was geweest van Simon Bolívar. Ze was verlamd. Garibaldi, wiens reumatiek weer opspeelde, ging naast haar liggen, en zo lagen ze samen verscheidene uren kuis naast elkaar in haar verduisterde kamer, en spraken over voorbije twisten en vergane glorie. Sinds hij uit Italië was vertrokken, schreef hij aan een vriend, 'heb ik een ongelukkig leven geleid, rusteloos en verbitterd door de herinneringen'. Bij een bezoek aan Londen, met een vracht kolen in het ruim van zijn schip, dineerde hij met Mazzini, Kossuth, Ledru-Rollin en Herzen, die allemaal, net als Garibaldi, treurden om een verloren zaak, intussen hun kost je bijeenscharrelend in het buitenland. Hij was lid geworden van de melancholieke broederschap van revolutionaire vluchtelingen.

Eindelijk, in 1854, kreeg hij viavia te horen dat de regering van Piemonte, onder de nieuwe premier graaf Camillo Cavour, hem niet zou tegenhouden als hij wenste terug te keren. Hij haalde zijn kinderen op en kocht wat grond op Caprera, een rotsachtig eilandje voor de kust van Sardinië. Daar bouwde hij, met hulp van zijn zoon Menotti, een eenvoudig huis, waar hij zich vestigde voor een soort zelf opgelegde, binnenlandse ballingschap. Hij verbouwde bonen en hield melkgeiten. Zijn grote dagen leken voorbij te zijn.

Van het leven van de mens Garibaldi was weinig meer over dan dat van een gepensioneerde zeeman – in zijn memoires zou hij schrijven dat de vijf jaar na zijn terugkeer naar Europa 'niks interessants opleveren'. Maar de reputatie van de held Garibaldi floreerde nog. De *New York Tribune* had hem, in een verslag van zijn aankomst in Amerika, omschreven als 'wereldberoemde Italiaan'. Dat was bepaald geen overdrijving. Garibaldi en Anita die over de pampa's galoppeerden met het revolutionaire vuur in de ogen, en lange wapperende haren; Garibaldi die onverstoorbaar op zijn witte paard zat terwijl het om hem heen kogels regende en zijn mannen op zijn bevel gewillig hun dood tegemoet stormden; Garibaldi die door vier legers heel Italië werd doorgejaagd maar aan alles en iedereen wist te ontkomen; Garibaldi die huilde om Anita terwijl ze in zijn armen de laatste adem uitblies: dat waren machtige beelden die alom werden geëxploiteerd voor politieke, romantische en commerciële doeleinden.

Aan beide zijden van de Atlantische Oceaan werden al garibaldiana verzameld. Het verhaal gaat dat Garibaldi zijn Amerikaanse gastheer het rode hemd had geschonken dat hij had gedragen tijdens de strijd om Rome. Het wordt nu nog bewaard in een museum in Richmond Borough, hoewel sceptici zich hebben afgevraagd hoe Garibaldi, die vast geen bagage bij zich had toen hij de stervende Anita door de moerassen sjouwde, dat hemd in New York nog bij zich kon hebben gehad. In Italië namen Robert en Elizabeth Barrett Browning een van zijn voormalige garibaldijnen in dienst als huisknecht: een menselijk aandenken. Sympathisanten van alle soorten en uit alle naties vonden een manier om hem te eren. Toen hij in Newcastle kwam om een vracht kolen op te halen, kreeg hij een ceremonieel zwaard en dito perkamentrol, waarvoor betaald was met giften van meer dan duizend arbeiders die zo hun eer wilden bewijzen aan 'de glorieuze hoeder van de Romeinse Republiek'. Toen zijn moeder in 1852 overleed, woonde Alexander Herzen, die hem toen nog nooit had ontmoet, haar begrafenis bij als eerbetoon aan zijn medestrijder voor de vrijheid. Zelfs Mazzini, met wie Garibaldi in Rome geregeld conflicten had gehad, was voldoende toegewijd aan de zaak waar zij samen voor streden, en grootmoedig genoeg om bereid te zijn het smeulende vuur van zijn grootheid aan te blazen. 'De naam van Garibaldi is omgeven met een glans en een luister die nimmer zullen doven,' schreef hij. 'De naam van Garibaldi is almachtig.'

Het was waar. Die glans en die luister, en die almachtige naam, maakten van Garibaldi een politiek instrument dat veel te nuttig was om eindeloos te laten roesten. In december 1858, negen jaar nadat hij uit Piemonte was gedeporteerd, ontbood de nieuwe premier van Piemonte hem in Turijn. Zijn vroegtijdige pensionering was voorbij. Het tweede bedrijf van zijn heroïsche drama stond op het punt te beginnen.

De man die Garibaldi terugriep, graaf Camillo Cavour, eerste minister van Victor Emmanuel, zou een cruciale, zij het uiterst dubbelzinnige rol spelen in zijn levensverhaal. Cavour was in alles het tegenovergestelde van Garibaldi – als Garibaldi Sparta was, was hij Athene, als Garibaldi Achilles was, was hij Odysseus. Garibaldi droeg het hart op de tong, of dat nou altijd zo verstandig was of niet. Cavour was een politiek dier wiens intriges zo complex, zo sluw waren, dat niemand, noch onder zijn tijdgenoten noch onder moderne historici, ooit met volstrekte zekerheid het onderscheid heeft weten te maken tussen zijn waarachtige doelen en de doelen die hij uit diplomatieke overwegingen nastreefde. Garibaldi vergeleek zichzelf met de helden uit de riddertijd en paradeerde altijd rond in archaïsche kostuums. Cavour was een moderne bureaucraat, een ambtenaar en diplomaat, kort gekapt en keurig in het pak. Voor de cartoonisten van de Europese pers was het handelsmerk van Cavour diens brilletje – toen keizerin Eugénie, bij een verkleedpartij op Fontainebleau in 1860, wilde dat een van de heren Cavour zou spelen, zei ze dat hij alleen maar zo'n brilletje hoefde op te zetten. (Toevallig was Garibaldi inmiddels vrijwel even bijziend, maar waar het brilletje van Cavour in alles overeenstemde met het karakter dat hij aan de wereld toonde, waren bewonderaars van Garibaldi, die een ontmoeting met hem wisten te regelen, meestal ontzet dat hij hen aantuurde door een pince-nez – met een halo omgeven helden werden niet geacht brillen te dragen.) Cavour zou Garibaldi exploiteren, tegenwerken en verraden. Garibaldi zou later over hem en zijn koning zeggen: 'Ze gebruiken mensen zoals ze sinaasappels gebruiken. Ze zuigen het sap er tot de laatste druppel uit en gooien de schil in een hoekje.' Dat was waar. Maar het is ook waar dat Garibaldi, zonder het verstandige besluit van Cavour om diens hulp in te roepen, geen van de wonderen die hij in de volgende twee jaar zou verrichten tot stand had kunnen brengen.

In 1858 maakten Cavour en Louis Napoléon, inmiddels keizer Napoleon III, een heimelijke afspraak om samen de oorlog te verklaren aan de Oostenrijkers, teneinde hen uit het noorden van Italië te verdrijven. De Piemontese opperbevelhebber was generaal La Marmora, die in 1849 de moeilijke taak had gekregen Garibaldi te arresteren. Hij had destijds aangetekend: 'Garibaldi is geen gewoon man... Het was een grote fout geen gebruik van hem te maken. Als er nog eens een oorlog komt, zal hij in de arm moeten worden genomen.' Cavour was dezelfde mening toegedaan. Bij hun ontmoeting in december had hij tegen Garibaldi gezegd dat de oorlog zou beginnen, zodra er een voorwendsel kon worden gevonden, en hij vroeg hem om zijn medewerking. Een vriend die Garibaldi niet veel later zag, herinnerde zich: 'Zijn gezicht straalde, zijn stem was gebroken, zo emotioneel was hij, toen hij zijn armen spreidde en uitriep: "Deze keer gaat het ons lukken!"'

'De aanhankelijkheid van Garibaldi is van immens belang,' schreef de markies van Pallavicino, een andere republikein die had besloten de Piemontese monarchie te steunen. 'Zij verzekert ons van de sympathie, en indien nodig, de actieve steun van de jeugd van heel Italië.' Maar Cavour moest wel uitkijken hoe hij zich bediende van de man wiens belangrijkste aanspraak op roem voortkwam uit de vastberadenheid waarmee hij Rome had verdedigd tegen de nieuwe bondgenoten van Piemonte, de Fransen. Er werd voortdurend met de naam Garibaldi geschermd, maar de man zelf werd aan de zijlijn gehouden. Hij kreeg opdracht zijn kamp zo'n zeventig kilometer van Turijn op te slaan. De duizenden jongemannen die zich hadden aangemeld omdat ze onder hem wilden dienen, werden in andere regimenten ondergebracht. 'Ik werd opgehouden als vlag om rekruten te trekken,' schreef hij later, 'om in groten getale vrijwilligers te verzamelen, maar ik kreeg slechts een klein deel van hen onder mijn commando, en dan alleen diegenen die het minst geschikt waren om een wapen te dragen.' Aan zijn onderdeel werden de jongens en de oude mannen toegewezen, de zwakken en de ontevredenen – 'We zijn van plan de deserteurs aan Garibaldi te geven,' schreef Cavour aan een collega-minister – en hij werd afgescheept met een zo mager mogelijke uitrusting, afgedankte musketten, te weinig laarzen, te weinig kogelriemen, geen artillerie en geen paarden.

Het maakte allemaal niet uit. De oorlog, die tien weken duurde, verliep voor Cavour maar matig succesvol: Piemonte wist alleen Lombardije te veroveren, minder dan Cavour had gehoopt. Voor Garibaldi was het echter een feest. Hij opereerde, net als elf jaar eerder, in de bergachtige streken rond de Italiaanse meren en deed waar hij in uitblonk: hij dook op waar hij het minst werd verwacht, kon ergens halverwege rechtsomkeert maken, verliet gebaande wegen om verder te klauteren over bergpaadjes en arriveerde – snel, geruisloos en onverwachts – kilometers van de plek waar hij op dat moment werd gezocht, hij ging zijn mannen voor terwijl ze als een stortvloed van berghellingen af denderden, drong zonder slag of stoot onbewaakte steden binnen en ontfermde zich over proviand en munitie die Oostenrijkse garnizoenen in hun overijlde vlucht hadden achtergelaten. Hij gaf zijn mannen zelfs bevel hun ransel af te gooien en alles wat ze nodig hadden in hun zakken of in broodzakken te doen. Zelf had hij zijn generaalshelm achtergelaten, hij droeg weer zijn geliefde zwarte hoed, en zijn poncho had hij over zijn uniform gegooid. Zijn leger noemde zich de *Cacciatori delle Alpi*, de Alpenjagers. Nauwelijks getraind en verre van geschikt als ze aan het begin van hun veldtocht waren geweest, waren ze herboren door hun gevoel deel te hebben aan een avontuur dat even romantisch als succesvol was. *'Sono nella poesia,'* schreef Nino Bixio, een van zijn officieren. 'Ik leef in een heldendicht.'

Overal werd Garibaldi door een extatische menigte begroet. Hij leek, schreef een plaatselijke functionaris, niet zozeer een generaal als wel 'de leider van een nieuwe religie, gevolgd door een stel fanatici... het was waanzinnig.' De dorpen waar de Alpenjagers doorheen kwamen stonden vol mensen die hen toejuichten en met bloemen bestrooiden. Ze haalden hun baby's erbij, opdat Garibaldi die kon zegenen of zelfs dopen – dit tot ergernis van rechtzinnige katholieken. Ze richtten relikwieënkastjes voor hem in en staken kaarsen aan voor zijn foto. 'De mensen waren door het dolle heen,' zou een van de Alpenjagers later schrijven. 'Mannen met fakkels marcheerden naast het paard van Garibaldi mee en oud en jong drong naar voren om zijn voeten en kleren te kussen. Oude mannen bij wie de tranen over de wangen stroomden en jonge meisjes sloegen hun armen om ons heen en begroetten ons als verlossers.' Fanfarekorpsen speelden, klokken luidden, menigtes scandeerden: '*Viva l'Italia! Viva Garibaldi!*' In elke stad die ze innamen sprak Garibaldi het volk toe met zijn opwindende, plechtige stem, en altijd hield hij zich verre van vreugdebetoon, altijd spoorde hij zijn gehoor aan tot het brengen van offers. 'Kom! Hij die thuisblijft is een lafaard. Ik beloof u vermoeienissen, ontberingen en veldslagen. We zullen winnen of sterven!' De Kroaten in het Oostenrijkse leger vertelden verhalen over kogels die afketsten op de borst van Garibaldi en noemden hem de 'Rode duivel'. Voor zijn Italiaanse aanhangers was hij bijna een Messias.

Het was allemaal heel irritant voor Cavour, en voor de beroepsofficieren in het Piemontese leger die even hard vochten maar nooit ook maar in de verste verte zo werden opgehemeld als Garibaldi. Hij kreeg een gouden medaille, maar niet veel later leed hij zijn eerste nederlaag toen zijn troepen werden aangevallen door een veel grotere Oostenrijkse strijdmacht. De versterkingen die hem waren beloofd kwamen niet op tijd en hij zag zich genoodzaakt zich terug te trekken. Jarenlang zou Garibaldi ervan overtuigd blijven dat het feit dat die versterkingen niet waren komen opdagen 'een doelbewuste poging was om zich van een man te ontdoen die het in zich had om gevaarlijk te worden'.

In juli was de oorlog weer voorbij, maar voor Garibaldi – die opdracht had gegeven tot het schrijven van een lied dat bekend werd als 'de Garibaldi-hymne', met het refrein '*Va fuori d'Italia, va fuori, O stranier*' ('Ga weg uit Italië! Ga weg, o vreemdeling!') – zou de strijd pas voorbij zijn als heel Italië vrij was. Tot hij naar Sicilië vertrok, in april van het jaar daarop, was hij andermaal een krijger zonder oorlog, een held zonder plot.

Zowel openbaar als privé verkeerde hij in een sfeer van uitzinnig opgeklopte emoties. Toen hij in zomer en herfst van 1859 door Midden-Italië reisde, werd hij overal ontvangen door menigtes wier dweepzucht en verering zo ongeveer hysterische vormen hadden aangenomen. De mensen huilden en juichten als hij hen vanaf een balkon toesprak. Ze maakten de paarden van zijn wagen los en trokken hem zelf door dorpen stampvol extatische aanbidders. Toen hij in het gebied kwam waar hij in 1849 doorheen was gevlucht, werd hij omstuwd door mensen die zijn zegen vroegen en hem relieken lieten zien – hemden en zakdoeken die van hem zouden zijn geweest, die ze tien jaar hadden gekoesterd en die ze hem smeekten opnieuw met zijn aanraking te wijden. Hij werd onthaald op een banket in het huis waar Anita was gestorven. Na afloop droegen veertig jongemannen in het zwart haar opgegraven kist (die hij wilde laten herbegraven in Nice) meer dan dertig kilometer te voet naar Ravenna. Overal waar hij kwam werden de klokken geluid, werd met sjaals gezwaaid, vrouwen vielen flauw, met rode, witte en groene linten versierde sigaren werden verkocht en fanfarekorpsen speelden de Garibaldi-hymne. En het waren niet alleen de mensen

427

in zijn omgeving die waren bezweken voor de Garibaldi-koorts. Die zomer verschenen er biografieën van hem in Parijs, Amsterdam, Weimar en Londen. In Londen werd een stuk over zijn krijgsverrichtingen opgevoerd in het Astley Theater. Garibaldi had zijn leven lang aan weinig slaap genoeg: hij werd kort na middernacht wakker en lag dan tot het ochtendgloren in bed te lezen – en dan las hij onder meer de verslagen van zijn heldendaden zoals ze vol vurige bewondering beschreven stonden in de *Illustrated London News*.

Hij was ook het voorwerp van veel erotische aandacht. Zelfs gedurende zijn ballingschap, gedeprimeerd en weinig toeschietelijk als hij in die jaren was, werd hem onverdroten het hof gemaakt door talrijke hoogstaande maar ontvankelijke vrouwen die dweepten met de romantiek van zijn verhaal en zijn donkerblonde lokken. Hij was kortstondig verloofd met een rijke Engelse weduwe. Hij kreeg een schip van haar, maar er kwam geen huwelijk van. Bij gebrek aan een echtgenote nam hij een huishoudster, een jonge vrouw uit Nice genaamd Battistina Ravello, die op Caprera voor hem kookte en schoonmaakte, het bed met hem deelde en hem een dochter schonk. Hij overwoog met haar te trouwen, maar werd daarvan afgebracht door twee andere vrouwen. De eerste was barones Speranza von Schwartz, een kosmopolitische schrijfster die financieel en ook anderszins onafhankelijk was. Zij bezocht Garibaldi op Caprera en trof hem als een mogelijke partner. Een jaar later vroeg hij haar ten huwelijk. Ze ging daar niet meteen op in, misschien omdat ze het vermoeden had dat hij met Battistina sliep. Maar uiteindelijk was het de huishoudster noch de literaire barones die zijn tweede vrouw werd.

Toen Garibaldi Anita ontmoette had hij dringend behoefte aan een vrouw. In 1859 schijnt hij in dezelfde gemoedstoestand te hebben verkeerd. Aan het begin van de zomer, toen hij met zijn manschappen in de buurt van het Lago Maggiore opereerde, ontmoette hij een zeventien jaar oude aristocrate, de Marchesina Giuseppina Raimondi, die, zoals hij het later zou omschrijven, 'als een verrukkelijk droombeeld' voor hem verschenen was. Ze had een boodschap bij zich van zijn aanhangers in Como. De Oostenrijkse linies bevonden zich tussen zijn positie en de stad. Giuseppina, een jongedame die slechts geëscorteerd door een priester in een koets kon reizen, was erdoorheen gekomen zonder verdenkingen op te roepen. Garibaldi was meteen smoorverliefd. 'Bij de eerste aanblik van dit lieve schepsel... stonden haar gelaatstrekken onuitwisbaar in mijn hart gekerfd.' Ze ging met hem naar zijn hoofdkwartier en daar, zo schreef hij later, liet hij zich voor haar op de knieën zakken en riep hij uit: 'O, dat ik u op een of andere manier zou mogen toebehoren.' Toch schroomde hij om zich te binden. Een paar weken na hun ontmoeting schreef hij haar een brief waarin hij bekende 'fysiek noch spiritueel vrij' te zijn. Twee maanden later reisde Speranza von Schwartz in zijn gevolg door Midden-Italië toen ze vernam dat Battistina, zijn huishoudster, zojuist zijn dochter ter wereld had gebracht. Speranza vertrok meteen, maar ook Battistina wachtte tevergeefs op zijn terugkeer. In oktober ontmoette Garibaldi, die getroffen schijnt te zijn geweest door een soort erotische en emotionele orkaan, de jonge weduwe Marchesa Paulina Zucchine, die hem wijselijk afwees. Uiteindelijk, eind november, verloofde hij zich met Giuseppina Raimondi, en in januari traden zij in een huwelijk dat voor beiden desastreus zou uitpakken.

Het was een bedroevende periode die alle betrokkenen te schande maakte. Garibaldi mag dan een rol hebben gespeeld in de erotische fantasieën van vrouwen in heel Europa (de twaalfjarige heldin van *The Runaway* van Elizabeth Anna Hart zegt tegen haar vader dat Garibaldi de enige man ter wereld is met wie zij zou willen trouwen), in de prozaïsche werkelijkheid waren mensen die hem voor het eerst ontmoetten vaak zwaar teleurgesteld. Een Franse journalist die hem dat jaar interviewde kwam aan met een hoofd vol beelden van 'een vilthoed, een woest gelaat omsloten door een slordige bos haar, een hemd en een grote riem om zijn middel, getooid met een tiental cavaleriepistolen, een ontblote sabel', en was verbijsterd toen hij in plaats daarvan kennismaakte met een bebrilde en keurig gesoigneerde officier (Garibaldi was altijd nogal pietluttig – in Zuid-Amerika had hij een keer, midden onder een veldslag, rustig de tijd genomen om een bezweet hemd uit te wassen), een reumatische man van middelbare leeftijd wiens leeuwenmanen begonnen te wijken. Het pittige meisje dat door de vijandelijke linies was gereden om de zaak te dienen moet in de ogen van Garibaldi een tweede Anita zijn geweest, maar hij was niet langer die fysiek onweerstaanbare man die een jonge vrouw op zijn woord zou volgen.

Toen de jonge bruid en de drieënvijftigjarige generaal (die nog minder kwiek was dan gewoonlijk – hij had de bruiloft eerder moeten uitstellen na een val van een paard waarbij hij zijn knieschijf had gebroken) de kerk uit kwamen, overhandigde een jongeman, majoor Rovelli, een neef van Giuseppina, Garibaldi een briefje. Garibaldi las het, gaf het door aan Giuseppina en wilde weten of het waar was wat daarin stond. Zij bevestigde de inhoud van het briefje. Woedend pakte hij een stoel en maakte aanstalten haar daarmee te slaan, uitroepend dat ze een hoer was. Ze keek hem koeltjes aan en zei dat ze had gedacht dat hij een held was, maar dat ze nu inzag dat hij gewoon een ongelikte soldaat was. Hij gaf haar terug aan haar vader en vertrok. Hij heeft daarna nooit meer een woord met haar gewisseld.

Twintig jaar later werd de inhoud van dat fatale briefje openbaar gemaakt toen ze voor de rechter verschenen om hun scheiding te regelen. Er stond in dat Giuseppina, met medeweten en stilzwijgende medewerking van haar vader, al vanaf haar elfde verscheidene minnaars had gehad (onder wie Rovelli zelf), dat ze in de tijd dat ze met Garibaldi trouwde verliefd was op een van zijn officieren, een luitenant Caroli, en dat ze de nacht voor haar huwelijk in bed had gelegen met een ander dan haar bruidegom (of dat Caroli of Rovelli was, is niet duidelijk). Naar het schijnt had ze er met tegenzin, op aandringen van haar vader, in toegestemd met Garibaldi te trouwen. Het was een deerniswekkende kwestie; Garibaldi was aanvankelijk smoorverliefd geweest en vervolgens vernederd door een akelige uitbuiter van een vader en een misbruikt meisje. Maar het jaar dat zo onbarmhartig was begonnen, zou ook het jaar worden van zijn apotheose.

In april was er op Sicilië een opstand tegen het regime van de Bourbon-koning Frans van Napels, waar ook Sicilië onder viel. De opstand was mee beraamd door Mazzini. Het oproer was snel bedwongen, maar velen waren ervan overtuigd dat het met hulp van buitenaf nieuw leven zou kunnen worden ingeblazen. In Genua werd een Siciliaans Comité gevormd. Verscheidene leden van dit comité die al sinds jaar en dag kameraden van Garibaldi waren, stelden voor dat hij een expeditie naar het eiland zou leiden om gemene zaak te maken met de Siciliaanse revolutionairen. Drie keer eerder had hij soortgelijke voorstellen van Mazzini van de hand gewezen, maar deze keer was hij op zijn minst half overtuigd. Hij vestigde zich in een villa in Quarto, vlak bij Genua, en bleef bijna een maand besluiteloos.

Wel trof hij voorbereidingen. Hij bestelde nieuwe rode hemden voor zichzelf en zijn volgelingen. De voorgaande winter had hij een 'Miljoen Geweren Fonds' ingesteld en daar geld voor ingezameld, opdat de Risorgimento altijd van wapens voorzien zou zijn. Nu verzocht hij om toezending van tweehonderd geweren, bekostigd uit het Fonds. Het huis waarin hij verbleef werd belegerd door journalisten, politieagenten en buitenlandse spionnen, er allemaal opuit om erachter te komen wat hij van plan was. Hij kon de deur niet meer uit, en onder die omstandigheden konden de lange wandelingen die hij gewoon was iedere ochtend te maken ook geen doorgang vinden. Met het teveel aan fysieke energie dat hij had spitte hij de tuin om. Terwijl hij zijn grond bebouwde, groeide zijn aanhang. Midden april had hij tweehonderd vrijwilligers, tien dagen later waren het er vijfhonderd, en begin mei meer dan duizend.

De status van de beoogde expeditie naar Sicilië was onduidelijk. Garibaldi vroeg Victor Emmanuel er zijn goedkeuring aan te hechten. De koning aarzelde verscheidene dagen, waarna hij, vermoedelijk overgehaald door Cavour, weigerde met de plannen in te stemmen. Een niet expliciet uitgelokte aanval op een naburig koninkrijk waar Piemonte niet mee in oorlog was kon hij onmogelijk goedkeuren. Het maakte niet uit. Elf jaar eerder, in en rond Rome, was Garibaldi herhaaldelijk weerhouden van het nemen van initiatieven, en hij was er altijd van overtuigd geweest dat hij gelijk had gehad en zijn voorzichtiger superieuren niet. Aan het eind van de oorlog van het jaar daarvoor was zijn geboorteplaats – tot zijn woede en ergernis – weer aan Frankrijk afgestaan. Bij zijn aankomst in Quarto had hij zichzelf omschreven als een man zonder land: 'Nu Nice niet meer bij Italië hoort,' zei hij tegen zijn gastheer, 'voel ik mij net als Jezus Christus – ik heb geen steen meer om mijn hoofd op neer te leggen.' Hij was een uit die lange reeks van ontheemde helden die buiten een vastomlijnde gemeenschap opereerden. Hij was nu slechts trouw verschuldigd aan Italië, een land dat nog op geen kaart te vinden was. Hij liet zich niet van de beoogde reis naar Sicilië afbrengen door het uitblijven van officiële orders van het koninkrijk Piemonte.

De houding van Cavour ten aanzien van het plan is moeilijk te peilen. De Britse diplomaat James Hudson, een scherpzinnig waarnemer, meldde een paar weken later dat 'aanvankelijk niemand geloofde in de mogelijkheid dat Garibaldi in zijn opzet zou slagen; en Cavour en *tutti quanti* meenden dat het land zo mooi van hem af kwam... De redenering luidde: als het mislukt zijn we van een lastige figuur af, en als hij in zijn opzet slaagt, zal Italië ook baat hebben bij zijn succes.' Toen Garibaldi vertrokken was en terugroepen niet meer mogelijk, had de houding van Cavour tegenover zijn Siciliaanse expeditie veel weg van de houding van Elizabeth I tegenover de piraterijen van Drake: in het openbaar distantieerde hij zich ervan, maar heimelijk was hij er zeer mee ingenomen. Later zou hij verklaren dat hij Garibaldi altijd stiekem bewonderd had en hem altijd het beste had toegewenst. Maar er zijn aanwijzingen dat hij de hele onderneming aanvankelijk oprecht betreurde. Een paar dagen voor de expeditie vertrok nam hij een speciale trein naar Bologna, waar de koning verbleef, en de beide mannen waren verscheidene uren in conclaaf bijeen. In die uren zou de premier zijn uiterste best hebben gedaan de koning over te halen Garibaldi te laten arresteren en zijn vrijwilligersleger te ontbinden, en uiteindelijk verklaard hebben dat als niemand anders het wilde doen, hij Garibaldi persoonlijk zou aanhouden. Misschien is het wel waar. Toen de schepen van Garibaldi opstoomden naar het zuiden, werden ze gevolgd dan wel ingehaald door een reeks boodschappen van Cavour voor de gouverneur van Sardinië – in de eerste beval hij hem de expeditiemacht vast te houden als ze een Sardijnse haven mochten aandoen, en in de latere berichten werd de gouverneur opgeroepen de expeditie '*koste wat het kost*' (cursivering van Cavour) een halt toe te roepen.

'De Grote Man,' schreef Carlyle, 'is altijd een bliksemschicht uit de hemel geweest; de andere mannen wachtten op hem als brandstof, en dan zouden ook zij ontvlammen.' Mazzini was er jarenlang van overtuigd geweest dat als Garibaldi naar Sicilië ging, zijn aanwezigheid alleen al bemoedigend genoeg zou zijn om een keur aan revolutionairen op de been te brengen. Garibaldi zelf was daar niet zo zeker van. Hij was nu voorzichtiger dan toen hij met drieënzestig man de Atlantische Oceaan overstak om Italië te bevrijden, hij was niet van plan een opstand op Sicilië, of waar dan ook, aan te voeren, zonder betrouwbare informatie dat de plaatselijke bevolking bereid was zo'n opstand daadwerkelijk te steunen. Hij had per slot van rekening maar duizend man. De Napolitanen hadden vijfentwintig keer zoveel.

Het was een klassieke patstelling: zonder Garibaldi kwam het volk niet in opstand, en zonder volk dat in opstand kwam weigerde Garibaldi naar Sicilië af te reizen. Dit obstakel was niet eenvoudig te omzeilen. Het was de Siciliaanse republikein (en toekomstige premier van Italië) Francesco Crispi, die er toch iets op bedacht. Op 27 april kreeg hij een telegram met nieuws uit Sicilië. Het was in een code die niemand in Quarto begreep, behalve hij. Treurig deelde hij Garibaldi mee wat het telegram meldde: een hernieuwde poging tot opstand was mislukt en de laatste woorden waren: 'Kom niet.' Garibaldi riep alle vrijwilligers bijeen die rondom de villa en op het strand bivakkeerden en liet hun met tranen in de ogen weten dat ze niet naar Sicilië zouden vertrekken. De mededeling werd ontvangen met een heftige teleurstelling. Sommigen keerden onmiddellijk verbitterd naar huis terug. Anderen, onder wie Nino Bixio, lange tijd een van de officieren in wie hij het meeste vertrouwen had gesteld, beschuldigden Garibaldi van lafheid en verklaarden van plan te zijn toch af te reizen. Crispi had de bevrijding van Sicilië jarenlang nagestreefd. Hij zag de expeditie, Siciliës enige hoop, voor zijn ogen op de klippen lopen. Hij besloot in te grijpen. Op 29 april liet hij Garibaldi weten dat hij het cryptische telegram nog eens goed had bekeken, en dat hij nu inzag dat zijn eerste lezing er helemaal naast had gezeten. Deze keer, beweerde hij, had hij de ware betekenis ontcijferd. 'De opstand die in de stad Palermo is neergeslagen, houdt stand in de provincies.' Hij haalde andere telegrammen tevoorschijn (vervalsingen, althans dat beweerde Nino Bixio later) die zijn herziene interpretatie bevestigden. Op 30 april deelde Garibaldi mee dat hij toch met zijn vrijwilligers naar Sicilië zou vertrekken.

Toen Alcibiades met zijn vloot uitvoer naar Sicilië, brandde heel Athene van ambitie, hebzucht en strijdlust. De expeditie van Garibaldi was een bescheidener aangelegenheid: geen vergulde triremen, geen indrukwekkende troepenmacht, geen officiële bekrachtiging; zijn strijdmacht was niet meer dan een sjofel allegaartje van avonturiers en idealisten. Vrijwel geen van 'de Duizend' (de naam waaronder ze bekend werden – feitelijk waren het er 1089) had ook maar enige ervaring in het krijgswezen. Victor Emmanuel had het verzoek van Garibaldi om zijn Alpenjagers te mogen mobiliseren afgeslagen. Zijn nieuwe vrijwilligers vormden een uiterst bont gezelschap.

Er waren honderd artsen bij, en honderdvijftig advocaten. Er waren studenten bij, journalisten, welgestelde avonturiers, arbeiders, zwervers en kunstenaars. Er was één vrouw bij. De jongste vrijwilliger was elf (Garibaldi deinsde er niet voor terug kinderen te vragen anderen en zichzelf de dood in te jagen), de oudste had een halve eeuw eerder onder de eerste Napoleon gevochten. Allen, net als Bixio in het jaar daarvoor, 'leefden in een heldendicht' en stonden op het punt legendarisch te worden. Hun avontuur zou de ontstaansmythe van het moderne Italië worden. De prominentsten onder hen worden blijvend herdacht in straatnamen door het hele land. Vijfenvijftig jaar nadat ze uit Quarto waren vertrokken, sprak G. M. Trevelyan met enkele vrijwilligers die nog in leven waren. 'Zij die zich de dag herinneren,' schreef hij, 'spreken erover als iets dat zo heilig is, dat het niet anders dan eenmalig en uniek kan zijn.'

Afgezien van hun bestemming was er echter nóg een aspect waarin de expeditie van Garibaldi op die van Alcibiades leek. Beide werden aangevoerd door mannen die op de een of andere manier buiten de wet waren gesteld. Allerlei geschiedschrijvers, vooral fascisten die poogden de Risorgimento voor te stellen als een pan-Italiaans project waarin alle ware patriotten als één man dachten en vochten, als een prototype van de fascistische revolutie, hebben geprobeerd de afstand tussen Garibaldi en de regering van Victor Emmanuel te bagatelliseren, maar die afstand was er wel degelijk. Het is waar, er werd hem niets in de weg gelegd. De Britse *Times* wees erop dat het maar zelden was voorgekomen dat een regering zich zo schandalig toegeeflijk betoonde jegens voorbereidingen voor een militaire expeditie tegen wat toch een bevriende mogendheid was. Van enige hulp van regeringswege was echter ook geen sprake. Het verzoek van Garibaldi om wapens uit het 'Miljoen Geweren Fonds' was door de gouverneur van Milaan afgewezen. De musketten die hij wel wist te regelen waren oud en roestig. Met negen van de tien, klaagde hij, 'kon je niet eens schieten'. Hij had geen schepen. Niemand, het bevoegde gezag noch een particuliere financier, wenste hem openlijk van transportmiddelen te voorzien, tot, eindelijk, een reder uit Genua erin toestemde een oogje dicht te knijpen als hij twee stoomboten 'kaapte'.

Op 5 mei, onder dekking van de duisternis, gingen de Duizend aan boord. Het was een gênant en rommelig begin van een groot avontuur. Terwijl de meeste manschappen, zeeziek en ongerust, de hele nacht in kleine bootjes de ontwikkelingen afwachtten, moesten Nino Bixio en een groepje vrijwilligers toch voor hun schepen vechten, aangezien de bemanning er zuiniger op bleek te zijn dan de reder zelf. Van de twee vaartuigen had slechts één een motor die het deed, dus het andere moest ook nog eens getrokken worden. En de mensen die waren aangezocht om de munitie af te leveren kwamen niet opdagen, omdat ze diezelfde nacht een lucratiever smokkelklusje konden krijgen. Uiteindelijk, vlak voor de dag aanbrak, kwamen de schepen eraan. Met verouderde wapens, geen munitie en nauwelijks genoeg voedsel om de eerste dag door te komen (Garibaldi maakte zich nooit druk om de proviandering), en zo weinig ruimte op hun krakkemikkige, gestolen schepen dat ze nauwelijks konden zitten, laat staan liggen, vertrokken de Duizend voor hun grote avontuur.

Garibaldi was kalm, zelfverzekerd, indrukwekkend. Zijn leven lang werd hij heen en weer geslingerd tussen twee gemoedstoestanden. Gefrustreerdheid maakte hem prikkelbaar. 'Arme Garibaldi,' schreef een van zijn beste vrienden. 'In tijden van inactiviteit vreet hij zich op; hij praat te veel, schrijft te veel en luistert te veel naar mensen die er niks van af weten.' In tijden van actie, daarentegen, werd hij zo sterk, zo rustig en stil als het een held betaamt. Het jaar daarvoor, in de Alpen, was het zijn manschappen opgevallen dat hij tijdens een veldslag alleen sprak als het moest, en dat hij niemand om raad vroeg. Hij kon uren in het zadel zitten, zwijgend, roerloos en buitengewoon waakzaam, zijn breedgerande zwarte hoed diep in de ogen. Dan was hij een en al concentratie, bijna alsof hij in trance was; zijn zelfvertrouwen was al even intens. Vanaf het moment dat hij scheep ging aan het strand van Quarto, verkeerde hij in een staat van serene euforie. Er werden wonderen van hem verwacht – en hij had het volste vertrouwen dat hij aan die verwachting zou voldoen.

En dat gebeurde ook. Na een korte stop in een Toscaanse haven, waar ze de gouverneur met een list zover wisten te krijgen hun van voedsel en munitie te voorzien, arriveerden de garibaldijnen op 11 mei voor Marsala, aan de westkust van Sicilië. Door een verbazingwekkende samenloop van omstandigheden – hun geluk, en wanbestuur van de Napolitaanse commandant ter plaatse – was er geen enkele verdediging. Luttele uren voor de twee gammele stoomboten met enige moeite de haven van Marsala waren binnengelopen, waren twee Napolitaanse oorlogsschepen uitgevaren: ze waren nog te zien. Eén keerde terug en schoot op de garibaldijnen toen ze van boord gingen, maar de afstand was te groot. Slechts twee man en een hond raakten gewond. Veilig aan wal riep Garibaldi zichzelf uit tot dictator van Sicilië. Dat was bij het absurde af – er waren nog zesentwintigduizend Napolitaanse militairen op het eiland – maar Garibaldi maakte het waar met een verbluffende snelheid en het grootste gemak.

Vanuit Marsala, waar de bevolking teleurstellend op haar hoede bleef, ging de nieuwe dictator zijn mannen voor naar Palermo. Enkele boeren sloten zich bij hen aan. 'Ik hoop dat we zullen aanzwellen tot een lawine,' schreef Garibaldi, maar voorlopig bleef het bij wat vallend gesteente. Toen, op 15 mei, stuitten ze bij het dorp Calatafimi op een Napolitaanse troepenmacht van zo'n tweeduizend man. Op het moment dat ze elkaar in de gaten kregen stonden beide legers boven op een heuvel – tussen hen in lag een dal. De Napolitanen daalden als eerste af in de vallei, de Duizend dreven hen terug. De Napolitanen trokken zich terug op hun heuvel, de Duizend gingen hen achterna en trokken zonder noemenswaardige beschutting op, regelrecht het vijandelijke vuur in, net als de mannen van Garibaldi tien jaar eerder bij de Villa Corsini. Garibaldi ging voorop. Ook hier bereed hij weer een wit paard. Vlak voor de top van de krankzinnig steile helling kwam hun opmars tot stilstand en moesten ze zo goed en zo kwaad als het ging dekking zoeken achter de muurtjes die de terrassen ondersteunden. Het was snikheet. Bescherming tegen het vijandelijk geschut hadden ze nauwelijks en beschutting tegen de verzengende zon al helemaal niet, en van benodigdheden om hun gewonden te verzorgen was al evenmin sprake. Hun oude musketten hadden weinig in te brengen tegen de moderne geweren van de Napolitanen. Iets anders dan terugtrekken zat er eigenlijk niet op. 'Wat zullen we doen, generaal?' vroeg iemand aan Garibaldi. 'Italianen,' antwoordde hij (althans zo luidde later het verhaal), 'hier gaan we Italië maken – of sterven!' Dertig van hen (onder wie een jongen van dertien) sneuvelden. De rest maakte Italië.

Klimmend en klauterend trokken ze op naar het geschut van de vijand, met gevelde bajonet, en Garibaldi ging voorop, te voet en zwaaiend met zijn zwaard. Toen ze boven aankwamen en slaags raakten met de Napolitanen, werd er van beide zijden fel strijd geleverd, maar het waren de Napolitanen die uiteindelijk zwichtten. Om middernacht trokken ze zich terug uit Calatafimi. Belangrijker dan enig strategisch voordeel dat deze slag had opgeleverd, was echter het effect ervan als schouwspel. In de loop van de dag hadden steeds grotere groepen boeren zich op de omliggende heuvels verzameld om de schermutselingen gade te slaan. Wat ze te zien kregen maakte diepe indruk. Wellicht zagen ze Garibaldi als een heilige, een vertegenwoordiger van de Strijdende Kerk van Jezus. Wellicht associeerden ze hem met een legende die op het eiland verteld werd over een bovennatuurlijke krijger uit vroeger tijden die ooit terug zou keren (net als Arthur, net als Jezus, net als Drake) om gerechtigheid te herstellen en zijn volk te bevrijden. Toen Garibaldi de volgende dag door een dorpje reed, lieten alle mensen zich op hun knieën zakken.

Hij had laten zien dat het onmogelijke gedaan kon worden, zij het alleen door iemand die resoluut, moedig en onrealistisch genoeg was om er een poging toe te wagen. Carlyle heeft zich uitvoerig uitgelaten over zijn visie op de held die alle moderne ideeën over biologisch, sociaal en economisch determinisme hartstochtelijk verwierp. Door te verhalen van grote mannen wilde hij bewijzen dat de mens 'van goddelijke afkomst is; niet de slaaf van de omstandigheden, van Noodzaak, maar er de zegevierende bedwinger van'. Naar zijn mening bevestigden zijn grote voorbeelden de betekenis van menselijke waardigheid en de vrijheid van de menselijke wil tegenover de ogenschijnlijk onverbiddelijke krachten waar (volgens nieuwerwetse theorieën die hij weerzinwekkend vond) het menselijke karakter en de geschiedenis van de mensheid door bepaald werden. *On the Origin of Species* verscheen in het jaar voor de Duizend Sicilië binnenvielen, het eerste deel van *Das Kapital* zes jaar later. Maar Garibaldi, die zijn verbazingwekkende overwinningen behaalde in strijd met elke statistische waarschijnlijkheid, leek – in de ogen van het enorme internationale publiek dat zijn heldendaden in de pers volgde – iets te doen dat geen spaan heel liet van de theorieën dat mensen slechts hoogontwikkelde zoogdieren waren, en dat historische veranderingen werden teweeggebracht door machten die zo groot en ongrijpbaar waren dat elke individuele actie bij voorbaat tevergeefs was. Hier was één man die een gevestigd politiek systeem niet alleen uitdaagde, maar ook nog overweldigde! Hier werden veldslagen gewonnen, niet door grote bataljons en nog grotere kanonnen, maar door heldenmoed en toewijding! Dat was een gedachte die een vreugde en een troost was voor allen die erbij stilstonden, een denkbeeld dat mensen die zich zorgen waren gaan maken over hun status in de kosmos weer in staat stelde trots te zijn op hun menszijn. (Er is natuurlijk ook een andere lezing van het verhaal mogelijk – door het op te nemen tegen de corrupte en gedemoraliseerde Bourbon-monarchie, velde Garibaldi een boom die al verrot was, en elk moment kon omvallen – maar zo werd het niet geïnterpreteerd.)

De wonderen bleven komen, wat voor een groot deel te danken was aan de incompetentie en besluiteloosheid van de Napolitaanse generaals. Garibaldi trok aan het hoofd van zijn leger op naar Palermo, waarbij hij tot verbijstering van degenen die hem probeerden de pas af te snijden of te achtervolgen telkens nét weer een andere route koos. De Napolitanen waren te langzaam en te voorzichtig om hem in een regelrechte achtervolging te kloppen, en niet goed genoeg geïnformeerd om hem op te sporen als hij verstoppertje ging spelen. Ze waren zo slecht op de hoogte dat het bijna niet te geloven was; in een tijd dat zij de Duizend met geen mogelijkheid konden vinden op dat stuk van vijftig kilometer dat Calatafimi van de hoofdstad scheidde, wist een journalist van *The Times* het kamp van Garibaldi zonder enig probleem te bereiken, gewoon door de plaatselijke bevolking de weg te vragen.

Het is maar de vraag in hoeverre de Siciliaanse aanwas van de Duizend zich druk maakte om de zaak van een verenigd Italië, of er zelfs maar iets van begreep. Volgens een sceptisch grapje dat in die tijd de ronde deed, hadden de meeste Sicilianen die zich bij Garibaldi aansloten, als ze zijn kreet

'*Viva l'Italia*' nagalmden, het idee dat ze eer bewezen aan een minnares van de generaal, '*la Talia*'. Maar Mazzini had in elk geval voor een deel gelijk gehad: er waren heel veel mensen op Sicilië die dan misschien wel niet specifiek op Garibaldi hadden gewacht, maar wel op iemand die hen voor kon gaan in de strijd tegen hun overheersers van het vasteland. In het noorden en midden van Italië was de Italiaanse bevrijding alleen van belang voor de intelligentsia – er waren geen boeren onder de Duizend, zoals Garibaldi treurig moest vaststellen. Maar in Sicilië vocht Garibaldi voor een zaak waar de mensen van het platteland zich bereid waren voor in te zetten met een intensiteit, een gewelddadigheid, die hij bijna beangstigend vond. De Napolitanen sloegen op de vlucht langs de weg van Calatafimi naar Palermo, maar degenen die gewond waren, of ongewapend, of domweg te uitgeput om zich te verdedigen, werden aangevallen door de plaatselijke bevolking. Garibaldi werd misselijk bij het zien van de verminkte lichamen die als voer voor de honden langs de kant van de weg waren blijven liggen. 'Een ellendig gezicht!' schreef hij. 'De lijken van Italianen... door hun eigen broeders in stukken gescheurd met een razernij die de hyena's met afschuw zou hebben vervuld.' Maar wat er ook aan hem knaagde, hij maakte handig gebruik van de Siciliaanse vijandigheid jegens hun Napolitaanse broeders. En hij was wel zo opportunistisch om zich aan te passen aan de religieuze gevoelens van zijn nieuwe publiek. Hij begon, met Carlyle, de link tussen religieuze devotie en heldenverering te begrijpen. Hij besefte dat de Sicilianen, vroom zij het niet bepaald orthodox als ze waren, ten volle bereid waren hem als een heilige te zien, een wraakengel, misschien zelfs een gezalfde, en hij paste er wel voor op hen niet van zich te vervreemden door met zijn kijk op de clerus te koop te lopen ('dienaars van de leugen', 'afstammelingen van grootinquisiteur Torquemada'). Hij rekruteerde een monnik en zorgde ervoor dat die op Sicilië voortdurend aan zijn zijde bleef, als teken voor ieder die het zag dat God met hem was. Tot verbazing van sommige van zijn officieren, die hem deuren van kloosters aan barrels hadden zien schieten en hem nog nooit hadden zien bidden, ging hij opeens zeer openlijk en nadrukkelijk naar de mis.

Op 26 mei had Garibaldi op nog geen tien kilometer van Palermo zijn kamp opgeslagen. Bijna elke Siciliaan in de stad schijnt geweten te hebben dat hij daar was, en hetzelfde gold voor de Britten die met hun schepen in de haven lagen. Een delegatie revolutionairen kwam hem opzoeken om met hem de verdere plannen te coördineren. Zelfs de Sicilianen in de gevangenis wisten dat hij in de buurt was. Alleen generaal Lanza, die het commando voerde over de twintigduizend Napolitanen in en rond de stad, had geen flauw vermoeden. Toen aan het eind van die dag eindelijk een informant bij hem kwam met het nieuws dat Garibaldi de stadsmuren zo dicht genaderd was dat hij elk moment tot de aanval kon overgaan, werd de man heengezonden en zijn verhaal afgedaan als te bespottelijk voor woorden.

Die nacht ramden de Duizend, bij wie zich inmiddels zo'n drieduizend licht ontvlambare Siciliaanse vrijwilligers hadden aangesloten, de stadspoorten in. Garibaldi leidde de aanval. Het tumult en de opwinding over zijn komst waren groot. 'Je moet die Sicilianen kennen,' schreef de Hongaarse vrijwilliger Fernand Eber, 'om enig idee te hebben van de uitzinnigheid, het gekrijs en gegil en gedoe; allemaal wilden ze Garibaldi's handen kussen en zijn knieën omarmen.' Hij was snel heer en meester in de doolhof aan smalle straatjes die het middeleeuwse centrum vormden. De Napolitanen bombardeerden de stad vanuit hun hoofdkwartier in het koninklijk paleis en vanaf hun schepen in de haven. Grote delen van de stad werden in puin dan wel in brand geschoten, maar de garibaldijnen lieten zich niet afschrikken. Ze trokken zich terug in weinig toegankelijke achterafstraatjes en wierpen daar barricades op. De Napolitanen leken geen idee te hebben hoe ze het aan moesten pakken. Generaal Lanza had elk denkbaar voordeel, afgezien van een dosis optimisme. Hij schijnt net zo rotsvast overtuigd geweest te zijn van Garibaldi's vermogen om wonderen te verrichten als de leden van de Duizend, en die overtuiging was fnuikend voor zijn moreel.

De gevechten gingen drie dagen door. De Palermitanen, verbitterd en boos om de beschietingen van hun stad, raakten nog verder van de Napolitanen vervreemd door hun gedrag – Napolitaanse soldaten stormden al plunderend door de puinhopen, verwoestten alles wat nog overeind stond en zetten wat overbleef in brand. Geen wonder dat het Siciliaanse enthousiasme voor Garibaldi en de zijnen steeds groter werd. Lanza had op zijn minst achttienduizend soldaten samengetrokken rond het koninklijk paleis, maar durfde het niet aan hen in de val te laten lopen die de oude stad met al die garibaldijnen geworden was. Garibaldi was, zoals gewoonlijk in het heetst van de strijd, kalm en onverschrokken, of hij nu het commando voerde bij aanvallen op Napolitaanse stellingen, dan wel de operaties dirigeerde vanuit zijn hoofdkwartier. Overal om hem heen werden mannen neergeschoten, maar hij was, zoals altijd, onkwetsbaar. De Palermitanen, die hem op de trappen van een fontein zagen eten van het fruit of ruiken aan de bloemen die vrouwelijke aanbidders hem voortdurend kwamen aanbieden, concludeerden dat hij wel een tovenaar moest zijn. Het viel de mensen op dat hij de gewoonte had aan het riempje van zijn zweep te friemelen, en al gauw heette het dat dat de amulet was die hem voor gevaar behoedde.

Het was het verschil tussen zijn resolute zelfvertrouwen en de angst van Lanza dat de strijd besliste. De derde dag waren de mannen van Garibaldi bijna door hun munitie heen toen Lanza bakzeil begon te halen. Hij zat in het koninklijk paleis als een rat in de val: er kon niks of niemand meer in of uit. Hij vroeg om een staakt-het-vuren, waar Garibaldi mee instemde. De timing van deze wapenstilstand was ook weer zo'n staaltje stom geluk van Garibaldi (dan wel het zoveelste wonder). Terwijl hij aan boord van een Brits schip in de haven met een vertegenwoordiger van Lanza zat te onderhandelen, kwamen achter de garibaldijnen net vier bataljons uitgeruste Napolitanen de stad binnenmarcheren. Een uitkijk op het dak van het paleis zag ze aankomen. De staf van Lanza probeerde wanhopig hem over te halen de gevechten weer te hervatten. Met die versterkingen zou Garibaldi binnen een uur verslagen kunnen worden. Maar Lanza, integer, uitgeput, of beide, weigerde zijn woord te breken. Garibaldi had vierentwintig uur respijt. Bij zijn terugkeer uit de haven werd hij opgewacht door een enorme, intens opgewonden menigte. Net zo geroerd door hun enthousiasme als zij door het zijne, drong hij er bij hen op aan de hele nacht door te werken, want 'morgen wordt een dag van leven of dood'.

Die hele nacht baadde de stad in het licht terwijl vrouwen, kinderen en priesters de barricades repareerden en smeden, timmerlui en andere ambachtslieden in hun werkplaatsen zwoegden om zoveel mogelijk wapens te maken van al het materiaal dat zich aandiende. Toen de ochtend aanbrak werd generaal Lanza door zijn officieren ingelicht over de vastberadenheid die onder de bevolking heerste, en hij vroeg nog eens drie dagen verlenging van het bestand. Als prijs voor zijn instemming vroeg Garibaldi om de hele inhoud van de munt. Lanza ging akkoord. Hij was niet verslagen, maar hij gedroeg zich al alsof hij verloren had.

Toen ze Palermo binnenvielen waren de garibaldijnen in lompen gehuld, vervuild en uitgeput na weken bivakkeren in de openlucht. De Sicilianen die zich onderweg naar Palermo bij hen hadden aangesloten, waren paniekerig en ongedisciplineerd. Ze hadden om te beginnen al hachelijk weinig munitie gehad. Tegen de tijd dat het eerste bestand werd afgekondigd hadden ze vrijwel geen kogel meer over en niet meer dan vierhonderd musketten die het deden. Tijdens de wapenstilstand was Garibaldi er met enig gesoebat in geslaagd wat buskruit te kopen van Amerikaanse en Griekse schepen in de haven, maar het lijdt geen twijfel dat als de Napolitanen hadden doorgevochten, ze hem hadden kunnen verdrijven. Lanza was echter de wanhoop nabij. Zijn rapport aan koning Frans ii was zo pessimistisch van toon dat deze eruit opmaakte dat de situatie hopeloos was. Op 7 juni capituleerde hij. Er zat voor het Napolitaanse leger weinig anders op dan somber af te marcheren onder het toeziend oog van een stel roodhemden onder aanvoering van Menotti, de achttienjarige zoon van Garibaldi, die op zijn grote zwarte paard helemaal vooraan stond. De Duizend hadden twintigduizend man verdreven.

Zo'n verbazingwekkend schouwspel was het, een niet verslagen leger dat vluchtte voor een stel vrijwilligers en een meute nagenoeg ongewapende burgers, dat vrijwel onmiddellijk allerlei complottheorieën de ronde deden. De waarneembare feiten waren letterlijk ongelooflijk – de mensen geloofden grif dat de waarheid kennelijk in het verborgene lag. Er moest sprake zijn geweest van omkoping of chantage. Er moest een of ander duistere partij bij betrokken zijn – vrijmetselaars, de maffia, de Britten. Maar geen historicus is er ooit in geslaagd bewijzen voor een dergelijke theorie boven water te krijgen. De waarheid is domweg dat Garibaldi op Sicilië het ogenschijnlijk onmogelijke had bereikt omdat zulks inmiddels van hem verwacht werd. Zijn bizarre succes op Sicilië toont aan dat hij, net als de Cid, een van die mannen was die te goeder uur geboren zijn, en wier successen telkens nieuwe, en grotere successen voortbrengen, tot zijn vijanden – zoals Valdés, die capituleerde voor Drake – elke hoop hem ooit nog te verslaan domweg lieten varen, al waren ze op papier ook vele malen sterker. In de ogen van Alexandre Dumas, die zich kort na de val van Palermo bij hem voegde, was hij absoluut tot alles in staat. 'Als hij tegen mij gezegd had: "Ik vertrek morgen op een expeditie om de maan te veroveren," zou ik ongetwijfeld hebben geantwoord: "Goed, ga je gang. Maar schrijf me zodra je hem veroverd hebt, en zet er even in een naschrift bij wat ik moet doen om me bij je te voegen."'

Het avontuurlijke en romantische van zijn legertje rebellen dat het had opgenomen tegen een koninkrijk (dat ook nog eens berucht was om zijn hardvochtigheid) was een internationale sensatie. Van Canada tot Siberië, waar de verbannen anarchist Michail Bakoenin opmerkte dat iedereen de berichten uit Sicilië verslond, van Bengalen tot Valparaiso, werden de heldendaden van de Duizend en hun leeuwachtige leider gretig gelezen en doorverteld. 'Deze man is, vrijwel op eigen kracht, een bovennatuurlijk verschijnsel geworden,' schreef Dumas. 'Hij laat tronen beven, hij is de banier van een nieuw tijdperk. Heel Europa houdt haar ogen op hem gericht en wordt elke morgen wakker met de vraag waar hij is en wat hij gedaan heeft.' Vooral in Groot-Brittannië, waar William Gladstone krachtig had geprotesteerd tegen het onderdrukkende regime van de Bourbons, was de Garibaldi-koorts wijdverbreid. Modieuze Britse vrouwen aten Garibaldi-koekjes (een dermate succesvol product dat ze nu nog worden gemaakt) en droegen rode Garibaldi-blouses en ronde Garibaldi-hoeden. Een fonds werd opgericht om geld voor hem in te zamelen. De hertog van Wellington schonk vijftig pond, Florence Nightingale tien, en Charles Dickens vijf, terwijl duizenden arbeiders hun shillings bijdroegen om 'Italië te bevrijden van het juk van de tirannie'. 'Garibaldi is een halfgod,' rapporteerde de Italiaanse ambassadeur vanuit Londen. 'Lady John [Russell, de vrouw van de minister van Buitenlandse Zaken] kan niet meer van hem slapen.'

Honderden nieuwe vrijwilligers kwamen overal vandaan naar Palermo. Sommigen kwamen uit een zucht naar avontuur, anderen wilden een rol in het meest romantische drama dat zich op het Europese toneel afspeelde. Weer anderen grepen hun kans om een klap uit te delen in de strijd voor een ietwat wazig ideaal waarin vrijheid, nationale soevereiniteit en revolutie omwille van de revolutie allemaal een rol speelden. Dumas arriveerde in gezelschap van een negentienjarige minnares in een fluwelen matrozenpakje, die hij nu eens als zijn zoon en dan weer als zijn neef voorstelde. De gravin de la Torre kwam in een huzarenuniform, met een enorme hoed met een pluim en een zwaard dat veel te groot voor haar was. Er waren Britse enthousiasten bij (niet allemaal even welkom: ze waren geen wijn gewend en hadden de neiging snel dronken en gewelddadig te worden), er waren vijfhonderd Hongaren, talrijke Fransen, wat Duitsers, Amerikanen, Polen. Sommigen koesterden verheven idealen. Anderen waren, zoals iemand openhartig uitlegde aan een Engelse verslaggever, naar Sicilië gekomen om 'koste wat het kost de zinnen te verzetten'. De Engelsman John Peard, die het slagveld bij voorkeur betrad in zijn tweedpak, tot hij ervan overtuigd werd dat als hij niet iets aantrok wat herkenbaarder militair was, hij het risico liep standrechtelijk te worden geëxecuteerd als spion, sprak vermoedelijk voor velen toen hij op de vraag naar zijn motieven antwoordde dat hij 'het grootste respect' had voor de Italiaanse onafhankelijkheid, maar dat hij 'ook wel heel erg van schieten hield'.

Afgezien van de strijders kwamen er ook toeristen – excentriekelingen en sensatiezoekers van beide seksen en verscheidene nationaliteiten, die stonden te popelen om ooggetuige te zijn van het grote avontuur dat zich in Sicilië afspeelde, en om dich tbij die man te zijn die een Britse enthousiast omschreef als 'DE DE DE man van de daad van dit moment'. Het enthousiasme van Siciliaanse zijde deed daar trouwens niet voor onder. In hun ogen had Garibaldi een bijna goddelijke status. Palermo hing zo vol rode banieren dat de stad Dumas aan een veld klaprozen deed denken. Elke dag werd de dictator (dezelfde man die priesters ooit 'in het zwart gehulde kakkerlakken' had genoemd) uitgenodigd op feestjes in de talrijke kloosters van Palermo. In een daarvan verdrongen de nonnen elkaar om zijn lippen te kussen, daar hij het evenbeeld was van Onze Lieve Heer. In andere werd hij overladen met geschenken: zoetigheid, bloemen, zakdoeken en geborduurde banieren, waarvan een met de typerende kreet: 'Voor u, Giuseppe: heilige en held! Machtig als Sint-Joris! Schoon als de serafijnen!' Een tiental jaren eerder had Thomas Carlyle geklaagd dat het heroïsche tijdvak voorbij was, dat 'heldhaftigheid aan banden was gelegd' en het menselijk vermogen tot heldenverering was afgezwakt door de 'onverzettelijke, verachtelijke cyclus van noodwendigheid'. Dit werd door Garibaldi op Sicilië gelogenstraft.

Zijn overweldigende internationale roem bezorgde hem niet alleen macht, maar ook een soort onaantastbaarheid. 'We kunnen niet de strijd met hem aangaan,' zei Cavour tegen een van zijn vertrouwelingen. 'Hij is sterker dan wij... We kunnen maar één ding doen. Ons met hem alliëren.' Dat was nogal een bekentenis – de onafhankelijke vrijheidsstrijder die 'sterker' was dan de gevestigde regering en het staande leger van Piemonte. Het was geen situatie die Cavour graag gecontinueerd zag. Net zoals Elizabeth I slechts aanspraak kon maken op de buit van Francis Drake als ze, met terugwerkende kracht, erkende dat hij namens haar had gehandeld, zou Victor Emmanuel de macht in de door Garibaldi veroverde gebieden alleen dan naar zich toe kunnen trekken als hij de veroveraar als zijn vertegenwoordiger behandelde. Cavour begon het derhalve te doen voorkomen alsof hij de Duizend voor hun inscheping geen strobreed in de weg had gelegd, alsof Garibaldi van meet af aan niets anders had gedaan dan de bevelen van hem en de koning uitvoeren. Hij zond een afgezant naar Sicilië, Giuseppe La Farina, met instructies om voorbereidingen te treffen voor de annexatie van het eiland door het koninkrijk Piemonte.

Garibaldi liet zich echter niet zo makkelijk overdonderen. Net als Rodrigo Díaz in Valencia, was hij nu heer en meester in zijn eigen rijk. Hij had zijn intrek genomen in het koninklijk paleis van Palermo (waar hij, uiteraard, een van de kleinste en kaalste kamers had gekozen) en was kortstondig een echte dictator, een heerser met absolute macht over het landje dat hij bevrijd had aan het hoofd van een troep die alleen hem trouw verschuldigd was. Toen in de kathedraal de hoogmis werd opgedragen zat hij, als zelfbenoemd 'apostolisch delegaat', op de koninklijke troon. (Geen wonder dat hij en Mazzini – de absolute republikein – zo vaak onenigheid hadden.) Toen uit het evangelie werd voorgelezen trok hij zijn zwaard, ten teken dat de beoogde reeks krijgskundige wonderen wat hem betrof nog geenszins ten einde was. In 326 v. Chr. riep Alexander de Grote, nadat hij het Perzische rijk had veroverd en hij zijn leger door Afghanistan heen en India in had gevoerd, zijn uitgeputte en van heimwee vervulde mannen bijeen en onthulde zijn voornemen verder te trekken langs de Ganges, tot aan de Oostelijke Oceaan waarvan hij het vermoeden had dat die daar ergens moest liggen. Het bleef een hele tijd stil, tot een van zijn officieren eindelijk zo vermetel was om te zeggen: 'Sire, als er één ding is dat een succesvol man als u boven alle andere zou moeten weten, dan is het *wanneer hij moet stoppen.*' Net als Alexander ontbrak het Garibaldi op grootse wijze aan dat inzicht. Hij dacht er niet aan om te stoppen tot hij heel zuidelijk Italië aan de Bourbons had ontworsteld, en hij wist dat Cavour een dergelijke onderneming nooit zou toestaan. Hij moest zijn autonomie behouden. Een maand nadat La Farina op Sicilië was aangekomen liet Garibaldi hem arresteren en van het eiland verbannen.

Er moest nog gevochten worden. De Napolitaanse troepen hadden zich na de val van Palermo naar het oosten teruggetrokken, maar ze waren nog wel op het eiland. Een maand later stuitten de mannen van Garibaldi bij Milazzo op een strijdmacht van tweeënhalfduizend Napolitanen. Veel van zijn mannen ontbrak het aan militaire ervaring. Garibaldi overtrof zichzelf in zijn pogingen hen moed in te spreken. Voor een aanval liet hij al zijn onervaren manschappen een voor een langs zich heen lopen, zodat hij elk van hen een paar bemoedigende woorden kon toevoegen. Zelf trok hij altijd demonstratief gewapend met niet meer dan een wandelstok en een sigaar ten strijde. Toen zijn mannen terugdeinsden voor een muur van waarachter ze hevig beschoten werden, liep hij er recht op af, zonder om te kijken of zijn mannen hem wel volgden. Maar ze volgden hem. En de Napolitaanse schutters sloegen op de vlucht. 'Garibaldi is hier,' schreef een vrijwilliger naar huis, 'anders zou alles verloren zijn.'

Het garnizoen van Milazzo gaf zich over op 23 juli. De Napolitanen marcheerden het kasteel uit en lieten de kanonnen en al hun munitie achter. Er waren nog vijftienduizend Napolitaanse soldaten in de omgeving, maar die werden niet ingezet. Vijf dagen later, in opdracht van koning Frans, capituleerde de Napolitaanse bevelhebber op Sicilië en voerde al zijn troepen af over zee. Garibaldi was nu zowel feitelijk als in naam dictator van Sicilië, en hij had zijn positie verworven, niet door zijn vijanden af te slaan, maar door ze af te schrikken.

Hij had zichzelf opgezadeld met een functie waar hij geen enkel talent voor had. Besturen, regeren: dat was hem alleen maar een last. Volgens een van zijn oude kameraden waren 'financiën, belastingen, politie, rechtbanken en het bureaucratisch apparaat in zijn ogen allemaal even kunstmatig. Gezwellen waren het... In zijn hart verachtte en verfoeide hij dat alles.' Nu hij Sicilië had veroverd, was het niet zijn wens er hervormingen door te voeren en de economie te herstellen, maar om het achter zich te laten. Nog voor hij de Napolitanen bij Milazzo had verslagen, was hij al plannen aan het maken om de Straat van Messina over te steken en ze op het vasteland, en in eigen huis, de genadeslag te geven.

Cavour was echter even vast van plan hem dat te beletten. 'We moeten Garibaldi ervan weerhouden Napels te veroveren,' schreef hij begin juli. Hij haalde koning Victor Emmanuel over Garibaldi een brief te schrijven waarin hij hem dat verbood. De Piemontese admiraal die op Sicilië gestationeerd was kreeg opdracht Garibaldi 'koste wat het kost' te beletten de Straat van Messina over te steken. En bij de Napolitanen drong hij erop aan om

'Garibaldi aan te vallen, gevangen te nemen en te executeren'. Het verbazingwekkende succes van Garibaldi's Siciliaanse avontuur had Cavour voor een onoplosbaar dilemma gesteld. Als Piemontees politicus moest hij de onderdanen van Victor Emmanuel ervan verzekeren dat de triomfen van Garibaldi hem met evenveel trots en blijdschap vervulden als hen. Aan de andere kant kon hij er als diplomaat en staatsman onmogelijk onderuit om met zijn regering afstand te nemen van wat de meeste gekroonde hoofden in Europa als een daad van agressie beschouwden van gevaarlijke revolutionairen en opruiers. (Toen prins Albert een foto te zien kreeg van de koningin van Napels in jachtkostuum, merkte hij op dat het jammer was dat ze Garibaldi nog niet had afgeschoten.) Later zou Cavour beweren dat al zijn pogingen de triomfantelijke opmars van de gouden krijger van de Risorgimento te belemmeren stuk voor stuk afleidingsmanoeuvres waren geweest, bedoeld om de vijand om de tuin te leiden, maar dat klinkt niet waarschijnlijk. Een republikeinse revolutionair die een monarchie omverwierp, dat kon in zijn ogen niet anders dan een onuitsprekelijk gevaarlijk precedent scheppen – al zou Victor Emmanuel er een koninkrijk bij winnen, het zou zozeer ten koste gaan van zijn gezag en prestige, dat het domweg niet geduld kon worden. 'Hij zal, in de ogen van de meerderheid van de Italianen, niet meer zijn dan de vriend van Garibaldi.'

Koning Victor Emmanuel was echter veel gevoeliger voor de opwinding die het grote avontuur van Garibaldi teweegbracht dan zijn eerste minister. Hij wist echt niet wat hij ervan denken moest. Enkele dagen na de slag bij Milazzo kwam een gezant uit Turijn op Sicilië aan, met twee brieven van de koning aan Garibaldi. De eerste, door Cavour goedgekeurde brief verbood hem uitdrukkelijk om met zijn troepen naar het vasteland over te steken. De tweede, geheime brief instrueerde hem de orders die de eerste brief bevatte te negeren. Dat zou hij vermoedelijk sowieso gedaan hebben: hij was een losgeslagen kanon, in zijn vaart niet meer te stuiten. 'Uwe Majesteit weet hoezeer ik u hoogacht en liefheb,' schreef hij. 'Maar... als ik het nu nog langer uitstelde, zou ik mijn plicht verzaken en de heilige zaak van Italië in gevaar brengen. Staat u mij dan toe, Sire, om u deze keer niet te gehoorzamen.' Net als Nelson stond hij op het punt zijn land te dienen door zijn eigen weg te gaan en zich niet aan zijn meerderen te storen.

Het merendeel van zijn troepen was samengetrokken bij de vuurtoren op Kaap Faro, waar de Straat van Messina op zijn smalst is. Dagen achtereen stond Garibaldi op de vuurtoren, en tuurde door een telescoop naar de tegenoverliggende kust, zwijgend en ingespannen, wachtend op het juiste moment. Op 18 augustus gaf hij eindelijk de helft van zijn troepen bevel om te vertrekken, niet vanaf Faro, zoals de meeste van zijn aanhangers en alle Napolitanen verwachtten, maar vanaf Taormina. Hij had twee ongewa-

444

pende stoomboten om een leger te verplaatsen dat inmiddels 3.360 manschappen telde. Een van de twee raakte ook nog eens lek. Garibaldi, zeeman als hij was, dichtte het gat met een hoop mest. Na een huiveringwekkende reis van dertig uur landde hij met zijn manschappen veilig op het zuidelijkste puntje van Italië, terwijl de Napolitaanse oorlogsschepen vijfenzestig kilometer verder naar het noorden nog op hem lagen te wachten. Garibaldi rukte op naar Reggio en nam de stad in na een felle, maar snelle strijd. Intussen hadden de Napolitanen, die begrepen hadden dat hij hun te slim af was geweest, koers gezet naar het zuiden. De vijftienhonderd garibaldijnen die nog op de stranden van Faro stonden te wachten grepen meteen hun kans en waagden de oversteek in een vloot vissersbootjes. Tegen de tijd dat de oorlogsschepen waren teruggekeerd, waren de garibaldijnen al geland. De Napolitanen, gefrustreerd omdat ze zo waren beetgenomen, koelden hun woede door de verlaten bootjes tot zinken te brengen.

In Calabrië, de zuidelijkste en minst bestuurbare regio van Italië, kwam de droom van Garibaldi over een volksopstand eindelijk uit. In 1849, in de Pauselijke Staten, had hij een doorgaans nogal vrome bevolking gevraagd in opstand te komen tegen Gods vertegenwoordiger op aarde. Nu was hij gekomen om een einde te maken aan het onderdrukkende, seculiere regime van een buitenlandse dynastie. Op het platteland vormden de boeren guerrillabendes om met het invasieleger van Garibaldi mee te vechten. In de steden werd Garibaldi met gejuich als dictator binnengehaald, in één plaats putten de mensen zelfs zoveel moed uit zijn aanwezigheid dat ze massaal de straat opgingen om hem een enthousiast welkom te bereiden terwijl de Napolitanen nog niet eens vertrokken waren.

'Het volk was uitzinnig van vreugde,' schreef een van de Engelse vrijwilligers. Overal waar Garibaldi verscheen dromden de mensen samen, ze wilden hem aanraken, zijn voeten kussen, en vroegen hem op hun knieën om hen en hun kinderen te zegenen. In stad na stad toog hij naar het plein, klom op een balkon en sprak vandaar het volk toe. Hij was groots en indrukwekkend. Met zijn mooie, diepe stem, die sonoor over het plein galmde, sprak hij hen warm en in vleiende bewoordingen toe, als de bevrijders van hun eigen land. Tot slot hief hij zijn rechterarm met opgestoken wijsvinger in wat zijn persoonlijke groet zou worden – 'het Garibaldi-teken', één vinger voor één Italië – waarop zijn gehoor ook massaal, huilend en brullend, die ene vinger in de lucht stak.

Stad na stad viel in handen van de oprukkende garibaldijnen, vrijwel zonder dat er een schot werd gelost. 'De grote man,' schreef Carlyle, 'is een natuurkracht.' Garibaldi raasde als een storm door Calabrië, of als een bosbrand: het leger van de tegenstander smolt weg zodra hij eraan kwam. Nog geen week na de landing van Garibaldi waren zes- van de zestienduizend

Napolitaanse troepen in de provincie gedeserteerd. Als hij zich bekend-maakte bij wachten die voor stadspoorten waren neergezet om hem tegen te houden, lieten ze hem gewoon door. Zijn naam had een magische klank, hij hoefde er zelf niet eens bij te zijn. Zes garibaldijnen, per ongeluk van hun eenheid gescheiden, stuitten op een heel bataljon Napolitanen. Ze beweer-den verkenners van Garibaldi te zijn, en zeiden dat de dictator vlak achter hen aan kwam. Prompt gaf het hele Napolitaanse bataljon zich over: ze lie-ten hun geweren gewoon vallen en gingen naar huis. Bij Soveria gaf een strijdmacht van meer dan duizend Napolitanen zich over aan Garibaldi, die zelf slechts een vijfde van dat aantal manschappen bij zich had, meest Cala-brische partizanen, gewapend met schoffels en stokken. Het was bizar, op-windend, als een droom. Net als Drake in de Stille Oceaan, leek Garibal-di onkwetsbaar en onstuitbaar. De Napolitaanse soldaten zeiden over hem hetzelfde wat over Wallenstein was gezegd door diens Duitse lasteraars, en wat de Spanjaarden over Drake hadden gezegd: dat hij een duivel of een be-zetene was – en ook zij vertelden het oude verhaal over de kogels die hem geen kwaad konden doen, en die uit zijn hemd rolden als hij zich uitkleedde. Het volk van Calabrië, evenzeer, zij het in andere zin, overtuigd van zijn bo-venmenselijke karakter, ging voor hem op de knieën en aanbad hem.

Halverwege Napels begon hij zijn troepen achter zich te laten. Hij was vast van plan de hoofdstad op te eisen vóór wie dan ook (Cavour, bijvoor-beeld) hem dat zou kunnen beletten. Hij had Sicilië veroverd met niet meer dan een handjevol mannen: waarom zou hij Napels niet alleen innemen? Reizend in een lichte koets en af en toe per boot, slechts vergezeld door een paar van zijn stafleden, snelde hij noordwaarts. Vlak voor hem uit reed de Engelse amateur-schutter John Peard die – lang, bebaard en donkerblond als hij was – wel wat op hem leek. In elke stad waar Garibaldi of Peard door-heen kwam dromden de mensen om hen samen, kusten hun handen, hun voeten, hun knieën. Peard had daar zo zijn bedenkingen tegen, en zei wel dat hij iemand anders was, maar dat maakte het enthousiasme van de men-sen er niet minder op: net als Patroklos, gehuld in de wapenrusting van Achilles, had Peard, het evenbeeld van de held, hetzelfde effect als de held zelf zou hebben gehad. De mensen weigerden te geloven dat hij niet de ware Garibaldi was. Ze zeiden het wel te begrijpen dat zijn komst geheim moest worden gehouden voor de Bourbons, maar hij moest hun niettemin toestaan hem op gepaste wijze te ontvangen. Garibaldi zelf aanvaardde al dat eerbetoon als iets wat hem toekwam, hij klom op balkons en bleef daar roerloos en rustig staan terwijl fanfarekorpsen voor hem speelden, en de mensen bijkans massaal in onmacht vielen van pure blijdschap, of zich op de knieën lieten zakken om hem als een tweede Jezus Christus te begroeten.

In Eboli, een kilometer of honderd voor Napels, kwam Peard het telegraafkantoor binnenmarcheren en gaf de doodsbange beambte opdracht een telegram te sturen naar de Napolitaanse minister van Oorlog, met de mededeling dat Garibaldi was gearriveerd aan het hoofd van een troepenmacht van vijfduizend soldaten, en dat er spoedig nog eens vijfduizend van boord zouden gaan in de Golf van Napels. De minister kreeg het advies het garnizoen in Salerno, de laatste Napolitaanse stelling ten zuiden van de stad zelf, onmiddellijk terug te trekken. De minister trapte erin. Acht uur later was Salerno geëvacueerd.

Garibaldi snelde verder. In de tijd van Wallenstein had Simplicissimus, de creatie van Grimmelshausen, een fantasie ontwikkeld over een held die over dermate bijzondere kwaliteiten beschikte dat hij geen leger nodig had. Met zijn wonderbaarlijke vermogen een leger tevoorschijn te toveren uit de verwoeste aarde, had Wallenstein wel iets van die gefantaseerde held gehad, althans in figuurlijke zin, maar Garibaldi wás gewoon zo iemand. Zijn dichtstbijzijnde troepen bevonden zich op twee volle dagmarsen achter hem. Niet dat hij alleen was. Een aanzwellende sneeuwbal van opgewonden aanhangers had zich om hem heen verzameld, erop gebrand deel te hebben aan zijn verbazingwekkende opmars. Journalisten, jonge aristocraten op hun Grand Tour, avonturiers van diverse pluimage, onder wie ook sensatiebeluste Engelse dames, reden in hun koets met hem mee, de paarden in galop, vielen hem lastig om een handtekening en dronken elk detail in voor hun memoires.

De geruchten dat hij in aantocht was waren voldoende om de monarchie omver te werpen. Tijdens de opmars van Garibaldi door Sicilië en Calabrië had koning Frans ii, die de hoop dat hij zijn onoverwinnelijke tegenstander nog met menselijke middelen zou kunnen terugdrijven allang had opgegeven, tot vijf keer toe een telegram naar de paus gestuurd om hem om zijn zegen te vragen. Op 4 september, toen Garibaldi nog ten zuiden van Eboli was, drong het tot Frans door dat zijn troon zelfs bij God niet meer in veilige handen was. Hij reed met de koningin naar de haven en ging aan boord van zijn stoomschip. Toen ze de haven uitvoeren hees de kapitein de vlag ten teken dat alle anderen in de haven hem moesten volgen. Maar geen schip ging achter de koning aan. De admiraals van de koning, en ook zijn ministers, liepen allemaal over naar Garibaldi. Een paar uur later stuurde Don Liborio Romana, die niet alleen hoofdcommissaris van politie en opperbevelhebber van de Nationale Garde was, maar ook, en dat was belangrijker, baas van de Camorra (de Calabrische maffia), Garibaldi een telegram waarin hij hem aansprak als 'Dictator van de Beide Siciliën', en aanbood 'de macht van de staat en zijn lot' in de handen van Garibaldi te leggen.

Garibaldi was er klaar voor. De burgemeester en de officier van de Nationale Garde die hem tegemoet waren gegaan om hem te begroeten, smeekten hem om zijn aankomst in Napels vierentwintig uur uit te stellen, opdat er triomfbogen konden worden opgericht en – belangrijker – de garnizoenen van de koning die nog in de vier zwaarbewapende forten van de stad zaten konden worden verdreven. Garibaldi wilde daar echter niets van weten. Er waren anderen die wellicht een poging zouden wagen in het vacuüm te stappen dat met het vertrek van de koning was ontstaan. 'Napels is in gevaar,' zei hij. 'We moeten daar vandaag nog heen, nu, meteen.' Hij ging regelrecht naar het station in Vietri en vorderde een trein voor de laatste kilometers van zijn reis. Honderden mensen gingen met hem aan boord, zingend, juichend, schreeuwend en zwaaiend met musketten of de Italiaanse driekleur. Het was bloedheet, het lawaai was letterlijk oorverdovend en de stemming was uitbundig. De trein kroop over de rails, opgehouden door de menigtes langs het spoor en 'de welkomstgroeten van alle lagen van de bevolking; van de vissers die hun boten op het strand lieten liggen, van de gebruinde mannen die, met ontbloot bovenlijf, graan stonden te wannen op de platte daken van hun huizen, en van de Nationale Gardisten'.

Bij elk station werd de trein langdurig opgehouden door een juichende menigte. In Portici slaagde een marineofficier erin tot het rijtuig van Garibaldi door te dringen. De man was buiten zichzelf, zo belangrijk was zijn boodschap: hij kwam Garibaldi waarschuwen dat de Bourbon-troepen in de forten van de stad hun geschut op het station hadden gericht. Maar niets kon Garibaldi nog tegenhouden. Hij verried geen emotie. Hij had in zijn memoires geschreven dat hij zich, net als Horatio Nelson, kon afvragen: 'Wat is angst?' Even koppig en even groots als Nelson die zijn telescoop aan zijn blinde oog hield, vroeg hij: 'Wat voor geschut? Als de mensen ons zo ontvangen, is er geen geschut.'

Hij had gelijk. Toen de trein eindelijk het station van Napels binnenreed werd hij onmiddellijk overspoeld door een mensenmassa die de afzettingen omverwierp, de welkomsttoespraak van Don Liborio onverstaanbaar maakte en Garibaldi meevoerde. Zijn aanhangers wisten hem in een open rijtuig te krijgen en probeerden vervolgens hem langs een veilige route naar het centrum te rijden. Dat lukte echter niet. Er was geen houden aan, het rijtuig werd door de massa meegevoerd naar het dichtstbijzijnde fort. Toen zijn rijtuig onder de kanonnen doorreed ging Garibaldi, van verre herkenbaar met zijn zwarte hoed, zijn rode hemd en om zijn hals geknoopte zijden zakdoek, rechtop staan, deed zijn armen over elkaar en staarde vastberaden naar de kanonnen. Niet een werd er afgevuurd. Het was adembenemend. ('Als het Garibaldi niet was, zou het de grootste tragische acteur van zijn tijd zijn geweest,' merkte een van zijn officieren op.) Hij ging weer rustig zitten en reed door, sereen en onverstoorbaar te midden van alle hysterische opwinding die zijn aankomst had losgemaakt, terwijl de menigte die zijn rijtuig omstuwde, en die hem aanbad al leken ze nog niet goed te weten hoe hij precies heette, zich schor schreeuwde van uitzinnige bewondering voor deze Garibaldo, Gallipot, Galliboord, brenger van de vrijheid, kampioen van de Italiaanse eenheid, de tweede Jezus. Hij had Napels niet veroverd, net zomin als Alcibiades Selymbria had veroverd. Hij was gewoon gearriveerd, en had, net als Alcibiades eeuwen voor hem, de veroveraar gespeeld tot zijn act werkelijkheid was geworden. Hij had een koning verdreven, een leger overbluft en een stad ingenomen, en dat alles slechts gewapend met zijn roem.

Die hele nacht en verscheidene nachten nadien dansten de inwoners van Napels in de straten. 'Niet alleen was alle werk stilgelegd, de mensen zweepten zichzelf en elkaar ook nog eens op tot een uitzinnigheid die aan waanzin grensde,' schreef een waarnemer. De stad was vol brandende fakkels, zwaaiende banieren en juichende mensen. 'Hier en daar stak een opgewonden redenaar een wilde tirade af; groepjes enthousiastelingen... trokken dansend door de straten en vielen her en der cafés binnen... Een ongelukkige die niet *"Viva Garibaldi!"* riep toen hem dat werd opgedragen werd door een enthousiaste menigte opengereten en stierf ter plekke.' De stad was één gekkenhuis vol vlaggen, messen en rode hemden, schreef de Engelse gezant. Toen Garibaldi een balletuitvoering bijwoonde, moest de voorstelling worden stilgelegd omdat het publiek niets anders meer deed dan '*Viva!*' roepen, een woud van armen naar zijn loge opgestoken alsof ze massaal tot hem baden.

Hij had met een verbazingwekkend gemak Napels ingenomen, en daarmee het Koninkrijk van de Beide Siciliën, waarvan Napels de hoofdstad was. Het was voor hem veel moeilijker om te kijken wat hij er nu mee moest. Shakespeares Thersites had Achilles bespot, en hem en de onnozele Ajax de ossen van Ulysses genoemd. In Napels was Garibaldi, twee maanden lang, de onafhankelijke dictator van een koninkrijk dat hij op eigen initiatief had veroverd, met troepen die alleen hem trouw verschuldigd waren, en in het kader van een zaak waar hij zich met hart en ziel aan wijdde – maar hij was ook een os die een veld omploegde waarvan Mazzini en Cavour hoopten zelf de oogst te kunnen binnenhalen.

Hij w̄as geen staatsman. Hij was gesloten en onafhankelijk in de strijd, maar daar waar de macht daadwerkelijk werd uitgeoefend, was hij besluiteloos en akelig makkelijk te beïnvloeden. In de twee maanden waarin hij persoonlijk de scepter zwaaide over half Italië was hij voortdurend aan het aarzelen en weifelen. Een Engelse waarnemer schreef dat 'in Napels opmerkelijke verhalen de ronde doen over zijn volstrekte onbekwaamheid tot burgerlijk bestuur. Hij tekende bijna alles wat de ministers hem voorhielden, om de volgende dag op advies van anderen weer decreten te tekenen

449

waarin de eerder bekrachtigde maatregelen werden herroepen'.

Hij moest beslissen of hij wilde toegeven aan de steeds dringender verzoeken van Cavour om de door hem veroverde gebieden te laten annexeren door het koninkrijk Piemonte, of dat hij eraan vasthield ze onder zijn eigen onafhankelijke dictatuur te houden. Moest hij doen alsof hij de Cid uit het epos was, de grote dienaar die de opbrengst van zijn veroveringstochten aan de voet van de troon legde, of moest hij de historische Cid zelf nadoen en zijn rijk naar eigen goeddunken regeren als een autonome krijgsheer? Hij leek niet bij machte tot een besluit te komen. De republikeinen wilden verkiezingen uitschrijven voor een onafhankelijke constituerende vergadering. De aanhangers van Cavour, en het grootste deel van de Napolitaanse middenklasse, wilden echter een volksstemming om brede steun te verwerven voor onmiddellijke annexatie door Piemonte. Beide partijen oefenden hevige druk uit op Garibaldi, die dan ook voor beide zwichtte en zowel verkiezingen als een referendum uitschreef, kennelijk zonder te beseffen dat het een het ander uitsloot. 'De zwakheid van die man is fenomenaal!' schreef Mazzini, die het mateloos irritant vond te moeten toekijken hoe makkelijk het voor rivaliserende ploegers was zijn os de andere kant op te sturen.

Mazzini was vlak nadat de Duizend uit Quarto waren vertrokken heimelijk teruggekeerd naar Italië. Tien dagen na de triomfantelijke intocht van Garibaldi kwam ook hij in Napels aan. Garibaldi choqueerde de agenten van Cavour en de Napolitaanse aristocratie door hem hartelijk te ontvangen. Mazzini drong er bij hem op aan om koning Frans aan te vallen, die zich bij Capua bij het restant van zijn leger had gevoegd, en als hij die had verdreven de Pauselijke Staten binnen te vallen. Dat was een plan waar Garibaldi graag mee instemde.

Hij trok de stad uit en vestigde zijn hoofdkwartier in Caserta. De Reggia, een eeuw eerder gebouwd als onomwonden imitatie van het paleis in Versailles, was het grootste paleis van Europa. Garibaldi koos uiteraard weer een van de kleinste kamers, maar al spoedig waren de andere appartementen bezet door toeristen, allerlei dweepziek volk en nog meer verdwaasde en verliefde Engelse dames. Een haarlok van Garibaldi werd als een begeerlijker accessoire beschouwd, zwaarder beladen met erotische symboliek dan welk sieraad dan ook. Wellevend als hij was, en zich klaarblijkelijk niet bewust van de onwaardigheid van een dergelijke operatie, stemde hij er vriendelijk in toe zijn haar te laten knippen, opdat de Engelse dames ten paleize en elders in de stad elk een lok konden krijgen. Niet veel later waren er net zoveel haarlokken van Garibaldi in omloop als splinters van het Ware Kruis.

Op 1 oktober onttrok Garibaldi zich aan verdere dwaze tijdverspilling en trok hij ten strijde tegen de legers van de koning van Napels, aan de oever van de Volturno. De oorspronkelijke Duizend waren twintigvoudig vermenigvuldigd door de vrijwilligers die de voorgaande weken waren toegestroomd, zodat Garibaldi nu verreweg het grootste leger uit zijn hele carrière onder zijn commando had. Met dat leger stond hij tegenover achtentwintigduizend Bourbon-getrouwen. Dat was, voor negentiende-eeuwse begrippen, oorlog op grote schaal. Garibaldi was indrukwekkend. 'Hij was als de donder. Hij was prachtig in de strijd, als de aartsengel Michael van Rafaël, die de duivel vertrapt', zou een van zijn soldaten zich later herinneren. 'Zijn ogen verslonden de vijand, verteerden hem, verpletterden hem.' Voor het eerst had hij te veel manschappen om meer dan een klein deel met zijn eigen woorden of gebaren te bezielen, maar de anderhalve dag dat de veldslag duurde stoof hij langs de linies heen en weer, te paard of in een open rijtuig, en sprong eraf wanneer hij in contact kwam met de vijand, om met de sabel in de hand zijn mannen aan te voeren onder het uitroepen van 'Victorie! Victorie!' Sceptische veteranen vroegen: 'Hoezo victorie?' maar Garibaldi demonstreerde opnieuw zijn vermogen om de strijd naar zijn hand te zetten. Na anderhalve dag was de slag gewonnen.

Het was echter niet zo'n verbazingwekkende overwinning als waar Garibaldi die zomer aan gewend was geraakt. Deze keer was de vijand niet en masse gedeserteerd, noch in nodeloze paniek op de vlucht geslagen. Het was een ontnuchterende ervaring voor Garibaldi: hij liet Mazzini weten dat hij het leger van koning Frans onmogelijk kon vernietigen, laat staan de Pauselijke Staten veroveren. In plaats daarvan trok hij zich terug in Napels, om de strijd aan te binden met de steeds hardnekkiger politieke problemen waar hij door geplaagd werd.

Hij had openlijk verklaard voornemens te zijn Victor Emmanuel in het Quirinaal te Rome uit te roepen tot koning van heel Italië. Maar Victor Emmanuel, die onder invloed stond van Cavour, wilde Rome niet – althans nog niet, niet eerder dan dat zijn bondgenoot Napoleon III bereid was er in vrede afstand van te doen – en hij voelde er ook weinig voor om Italië van Garibaldi in ontvangst te moeten nemen. Hij wilde het land voor het oog van de wereld zelf veroveren.

Binnen enkele dagen nadat Garibaldi in Napels was aangekomen, had Cavour het Piemontese leger eropuit gestuurd om de Pauselijke Staten binnen te vallen en erdoorheen te trekken naar het koninkrijk Napels. Toen Garibaldi bij de Volturno tegenover de Napolitanen stond, rukte van de andere kant het Piemontese leger op.

Cavour was inmiddels vastbesloten Garibaldi van al zijn macht te beroven. Garibaldi was zich terdege bewust van zijn vijandigheid, maar hij was zo naïef te denken dat de koning hem wel zou steunen – de koning had zijn eerste minister per slot van rekening misleid door hem oogluikend toe te staan de Straat van Messina over te steken. Meer en meer begon Garibaldi al zijn tegenslagen als evenzoveel gevolgen te zien van de boosaardigheid van Cavour. Hij richtte zich per brief tot Victor Emmanuel met het verzoek zijn eerste minister te ontslaan. Victor Emmanuel liet hem weten dat hij, als koning in een constitutionele monarchie, niet zomaar een lid van een gekozen regering kon ontslaan – hij was ernstig ontstemd. Een paar dagen later schreef Cavour tevreden dat het dat 'onbeschofte ultimatum' was geweest dat de koning eindelijk had doen besluiten 'aan het hoofd van zijn leger op te trekken naar Napels om Garibaldi tot rede te brengen, en dat broeinest van rode republikeinen en socialistische demagogen in zee te drijven'.

De volksstemmingen vonden plaats. Zowel op Sicilië als in Calabrië was Garibaldi zo ongeveer als een godheid binnengehaald, maar de verering van de mensen bleek niet veel dieper te zitten dan het vuur en de hartstocht waarmee de Atheners in 410 v. Chr. Alcibiades welkom thuis hadden geheten. Ze hadden gehunkerd naar een held om een regimewisseling te bewerkstelligen en hun aanleiding te geven voor opwinding en rumoer, maar toen de opwinding eenmaal was weggeëbd, hadden ze hem verder niet meer nodig. Zowel in Palermo als in Napels koos het volk met overgrote meerderheid voor annexatie. Garibaldi, de aanbeden bevrijder, was weggestemd. Victor Emmanuel, die zich al meester had gemaakt van de voormalige Pauselijke Staten Umbrië en de Marche, voerde zijn leger aan naar Napels, om de nieuwe toevoeging aan zijn koninkrijk op te eisen. Garibaldi reed hem tegemoet.

Op 26 oktober 1860, een kilometer of vijftig ten noorden van de stad, ontmoetten zij elkaar. Garibaldi en zijn mannen hadden al staan wachten vanaf de vroege ochtend, nog voor de dageraad. Cavour had in een vertrouwelijk gesprek laten weten dat hij nergens voor zou terugdeinzen, zelfs niet voor een burgeroorlog, om Garibaldi op zijn plaats te zetten, maar Garibaldi had een dergelijk lesje niet nodig. Het had lang geduurd voor hij aan de gedachte was gewend om zijn veroveringen door Piemonte te laten annexeren, maar hij had altijd naar dit moment uitgekeken. Maanden had hij lopen opscheppen dat hij heel Italië met zijn 'zegevierende zwaard' tot het zijne zou maken, om het dan aan de voeten van zijn koning te leggen. Hij had erover gesproken als een moment van glorieuze bekroning, waarop een dankbare koning de grote verdiensten van zijn loyale voorvechter zou erkennen, hem zou omhelzen en prijzen en overladen met eerbetoon. Maar zo ging het helemaal niet. Toen de bataljons van het koninklijke leger langs hem heen reden werd door alle officieren correct naar hem gesalueerd, maar het was Alberto Mario, een van de metgezellen van Garibaldi, wel duidelijk dat 'allen afkerig waren van Garibaldi, de plebejische schenker van een koninkrijk'. Toen het koninklijke gezelschap naderde, reed Garibaldi naar de koning toe, nam zijn hoed af en zei met een zwierig gebaar: 'Ik groet de eerste koning van Italië.' Victor Emmanuel negeerde deze wenk en onthield zich van een soortgelijke retoriek door hem minzaam te vragen: 'Hoe gaat het, mijn beste Garibaldi?'

De twee reden de volgende tien, vijftien kilometer zij aan zij, gevolgd door koppels roodhemden en soldaten van de koninklijke garde. Mario spitste zijn oren om te horen wat een koning op zo'n gedenkwaardige dag tegen een held te zeggen zou hebben; Victor Emmanuel praatte over het weer en de toestand van de wegen. Op een gegeven moment kwam een groep boeren om hen heen staan. '*Viva Garibaldi!*' riepen ze. Garibaldi reed gegeneerd een eindje achteruit en schreeuwde: 'Dit is jullie koning! De koning van Italië! *Viva il Re!*' De boeren lieten zich echter niet afleiden van hun enthousiasme voor zijn persoon. Het geroep van '*Viva Garibaldi!*' ging gewoon door. Anders dan Rodrigo Díaz in zijn tijd had gedaan, sloeg Garibaldi zijn kamp niet zo op dat hij aanspraak leek te willen maken op een zekere superioriteit, maar hij was, net als de Cid, wel degelijk een held wiens reputatie zo groot en voortreffelijk was dat hij, of hij het wilde of niet, niet anders kon dan zijn koning in de schaduw stellen. Victor Emmanuel besloot dan ook om hem zoveel mogelijk buiten beeld te houden.

Voor ze in Napels aankwamen had de koning aan Garibaldi gemeld dat hij zelf, aan het hoofd van zijn geregelde troepen, het Napolitaanse leger wilde uitschakelen. De uiteindelijke, glorieuze verovering van het voormalige koninkrijk van Frans II moest op zijn naam komen te staan. De garibaldijnen moesten in de achterhoede blijven, buiten de schijnwerpers, en Garibaldi idem dito. Toen hij afscheid nam van de koning, was Garibaldi stil. Zijn 'uitdrukking was een en al innemende melancholie,' schreef Mario. 'Nooit eerder heb ik me tot hem aangetrokken gevoeld met zoveel tederheid.' Hij stopte om een ontbijt te nuttigen van brood met kaas en water. Het water spuugde hij echter meteen weer uit. Er moest wel een dood dier in de put hebben gelegen, zei hij.

In de twee weken die volgden moest hij nog wel meer slikken dan bedorven water. Abrupt gedegradeerd als hij was van autocraat tot niet volledig betrouwbare, en ook niet echt achtenswaardige dienaar, moest hij zich de weinig wellevende hatelijkheden laten welgevallen van de hovelingen en de officieren van het Piemontese leger. De oudste minister in het gevolg van de koning, de man die was meegekomen om hem te vervangen als gouverneur van de Beide Siciliën, wees ieder gesprek met hem af, en toen ze elkaar ontmoetten weigerde hij hem een hand te geven. Zijn persoonlijke volkslied, de 'Garibaldi-hymne', werd verboden. Uiteindelijk, op 6 november, volgde nog eens een dermate kwetsend affront, dat de pijn Garibaldi de rest van zijn leven zou bijblijven.

Victor Emmanuel had erin toegestemd de garibaldijnen te inspecteren. Het moest een plechtige ceremonie worden. De roodhemden bereidden zich erop voor. Stellig zou dit het moment worden waarop de koning publiekelijk en royaal uitdrukking zou geven aan zijn dankbaarheid jegens de overlevende vrijwilligers van de Duizend en de latere vrijwilligers die hadden meegeholpen zijn rijk in omvang te verdubbelen, mannen die huis en haard hadden verlaten om te vechten, onbetaald en vaak ondervoed, die hun leven hadden geriskeerd en hun kameraden hadden zien sterven om hem de eerste koning van Italië te maken. Het regende. De roodhemden stonden klaar voor het defilé, vermoedelijk voor het eerst allemaal keurig in de houding. Zes uur gingen voorbij, en toen nog eens zes. Garibaldi, die na zijn laatste ontmoeting met de koning vanwege zijn reumatiek veelvuldig het bed had moeten houden, bleef al die natte uren bij zijn manschappen. De koning kwam niet opdagen. Garibaldi, die jaren later nog tobde over de belediging die hem was aangedaan, legde de schuld bij Cavour: die zou de koning hebben overgehaald om niet te gaan. Maar het verhaal dat in 1860 in Napels de ronde deed was dat Victor Emmanuel die middag met een vrouw had doorgebracht. Het was niet zo dat hij Garibaldi en zijn dapperen het geplande eerbetoon moedwillig had onthouden, er had zich domweg iets leukers voorgedaan.

De volgende dag trok Victor Emmanuel Napels binnen met Garibaldi naast zich in zijn open rijtuig. Garibaldi had aanvankelijk geweigerd mee te gaan, maar had zich uiteindelijk toch laten overhalen. Het regende nog steeds. Volgens ooggetuigen zei geen van beide mannen een woord. De triomfbogen begaven het onder de stortregen. Riviertjes van donkerblauwe kleurstof liepen door de baard van de koning, en maakten vlekken op zijn uniform. Garibaldi vergezelde de koning naar de kathedraal en stond naast hem toen de koning op de knieën ging om dank te zeggen voor zijn overwinning. Op de receptie na afloop hield hij zich afzijdig en hield, tot consternatie van een hoffunctionaris, zijn hoed op. Spaanse edellieden hadden het recht om in aanwezigheid van hun vorst het hoofd bedekt te houden, merkte een van zijn aanhangers op (net als de prinsen van de Heilige Roomse Keizer in de tijd van Wallenstein) – en Garibaldi was een Italiaanse edelman, 'en misschien wel meer dan dat'. De volgende dag deed hij formeel afstand van zijn positie als dictator en erkende hij Victor Emmanuel als koning van alle gebiedsdelen die hij die zomer had veroverd, maar hij vroeg de koning wel om hem tot gouverneur van die gebieden te benoemen. Victor Emmanuel weigerde dat, misschien uit een jaloers verlangen om zijn gevaarlijk populaire onderdaan van elke politieke macht uit te sluiten, misschien ook omdat hij – net als ieder ander van enig gewicht in Napels – tot de conclusie was gekomen dat de twee maanden heerschappij van Garibaldi

454

ruimschoots genoeg waren geweest om aan te tonen dat hij geen talent had voor het openbaar bestuur.

De macht die hij wilde werd hem ontzegd. Er werden Garibaldi slechts eerbewijzen en beloningen aangeboden waar hij (net als Cato) niks mee had en niks mee kon: de speciaal gecreëerde rang van veldmaarschalk, geld en landgoederen voor zijn zoon en hemzelf, een bruidsschat voor zijn dochter, een kasteel, een stoomschip, een hertogdom. Hij sloeg het allemaal af. Hij stond in heel Italië en het grootste deel van de westerse wereld bekend als 'de generaal'. Op de valreep verleende Victor Emmanuel hem nog eens een aanstelling als generaal in het Piemontese leger. Garibaldi verfrommelde het document en smeet het op de grond. Hij liet weten dat hij naar huis ging, naar Caprera. Die avond bracht hij een bezoek aan de Britse admiraal Mundy, die hem vanuit Palermo naar het noorden was gevolgd. 'Zijn hele houding,' schreef Mundy, 'was er een van een man die gebukt gaat onder een schrijnende pijn.' De volgende ochtend, in alle vroegte, verliet hij Napels als eenzame passagier aan boord van een stoomschip. Het was nog donker. In de tijd die was verstreken sinds hij een halfjaar eerder uit Quarto was vertrokken, had hij de absolute heerschappij over half Italië verworven. Het enige tastbare aandenken waarmee hij huiswaarts keerde was een zak zaaikoren.

Terug op Caprera hervatte hij zijn bezigheden: stenen opruimen en bonen planten. Cavour, en zijn collega-premiers in heel Europa, slaakten een collectieve zucht van verlichting. Tien jaar eerder had Emerson geschreven dat 'de mensheid zich in alle tijden had gehecht aan enkele personen die, ofwel door de kwaliteit van de idee die zij belichaamden, ofwel door de schaal van hun onthaal, rechten konden doen gelden op de positie van leider en wetgever'. De idee die Garibaldi belichaamde – Byrons 'grootse doel', zijn 'poëzie van de politiek' – was helder. Zijn onthaal had nauwelijks grootschaliger kunnen zijn. Vanuit een vergelijkbare beginpositie was Napoleon keizer geworden, en Bolívar (voor wie Garibaldi groot ontzag had) president voor het leven, met het recht zijn eigen opvolger te benoemen. Maar Garibaldi, onoverwinnelijk op het slagveld, daarbuiten volgzaam en makkelijk te beïnvloeden, had zijn macht uit handen gegeven.

Zijn bescheiden thuiskomst, de Christusachtige zelfverloochening die eruit sprak, werd onmiddellijk herkend als blijk van zijn nobele aard. Hij werd, ook later nog, herhaaldelijk vergeleken met Cincinnatus, de held uit de begintijd van de Romeinse republiek, een landeigenaar die in een tijd van crisis het commando over de Romeinse legioenen op zich had genomen, tot dictator was gekozen, maar toen de overwinning eenmaal veilig was gesteld vrijwillig afstand had gedaan van zijn machtige positie en – zonder een beloning te vragen voor het feit dat hij de republiek van de ondergang had gered – was teruggekeerd naar zijn boerderij. Dat was een bemoedigend verhaal, bedoeld om de angst weg te nemen die in conservatieve kringen werd gewekt door een man wiens aanhang onder het volk verre van evenredig was met zijn positie in welke politieke hiërarchie dan ook. Maar het strookte in het geval van Garibaldi niet met de feiten, want hij was absoluut niet van plan zijn zwaard om te smeden tot een ploegschaar.

Zijn missie was nog niet volbracht. De Bourbons waren uit het Koninkrijk van de Beide Siciliën verdreven, maar Rome en Venetië waren nog bezet door respectievelijk de Fransen en de Oostenrijkers. Voor hij uit Napels vertrok, had hij de garibaldijnen toegesproken in bewoordingen die verbijsterend ongepast waren gezien het feit dat er zojuist een einde was gekomen aan een oorlogssituatie. 'Te wapen jullie, allemaal! Wee de vrijheid als er in maart 1861 geen miljoen Italianen te wapen zijn! Wee de Italiaanse manier van leven!' Hij had admiraal Mundy te verstaan gegeven dat die hem in het voorjaar niet op Caprera hoefde op te zoeken, omdat hij hoopte de strijd dan weer hervat te hebben.

In de loop van de volgende zeven jaar zou hij in Italiaanse aangelegenheden een steeds ontwrichtender rol gaan spelen. Hij had een visioen van zichzelf als leider, niet van duizend, maar van honderdduizend vrijwilligers, of misschien zelfs een miljoen, onafhankelijk opererend van iedere burgerregering. In de winter voor hij naar Sicilië ging had hij een oproep gedaan voor een miljoen mensen en geld om een miljoen geweren te kopen, een project dat staatslieden in heel Europa de stuipen op het lijf had gejaagd. Hij was gekozen tot voorzitter van het Italiaans Nationaal Genootschap, de patriottische belangengroep, had dat ontbonden en een nieuwe, strijdlustiger politieke organisatie in het leven geroepen, de Gewapende Natie, met de openlijk beleden bedoeling een onafhankelijk vrijwilligersleger op de been te helpen. Dat idee had de Britse gezant in Turijn zo verontrust dat hij Victor Emmanuel had overgehaald om Garibaldi te bevelen zijn organisatie te ontbinden. Net als Alcibiades, Caesar en de Cid voor hem, had Garibaldi zelfs toen te veel invloed, en was hij een gevaar voor de stabiliteit van de staat.

Een jaar later was zijn reputatie nog klinkender dankzij de roem die hij recentelijk had verworven op Sicilië en in Napels, en zijn internationale prestige had fenomenale vormen aangenomen. Zijn aanwezigheid was er alleen maar bedreigender op geworden. De Amerikaanse gezant in Turijn omschreef hem als 'iemand die terecht meent dat zijn prestaties en prestige hem in een positie hebben geplaatst waarin hij op voet van gelijkwaardigheid kan onderhandelen met koningen en regeringen'. Geen wonder dat koning en regering van het nieuwe Italië hem met achterdocht bekeken.

Hij was verontwaardigd over de behandeling die zijn garibaldijnen na zijn vertrek uit Napels ten deel was gevallen. Slechts enkele van zijn officieren hadden gelijkwaardige functies gekregen in het leger van Piemonte. Velen klaagden – terecht – dat ze slechter werden behandeld dan de Napolitaanse soldaten, die uit een gedisciplineerd leger kwamen en beter waren in te passen dan het zootje ongeregeld dat de Beide Siciliën had veroverd. Garibaldi schreef een brief die werd voorgelezen in het Turijnse parlement en alom geciteerd, waarin hij zich beklaagde over de wijze waarop met de helden van de natie werd omgesprongen. Hij gaf een persbericht uit waarin hij opriep tot de instelling van een vrijwilligerskorps ter aanvulling van het geregelde leger, een korps, zoveel was duidelijk, dat onder zijn bevel zou moeten staan.

In april 1861 kwam het pas gekozen parlement van het uitgebreide Italië in Turijn bijeen. Toen Garibaldi als de vertegenwoordiger van Napels in Turijn aankwam, was de opwinding weer groot. Vijf dagen lang hield hij het bed op zijn hotelkamer, geplaagd door reumatiek. Niemand wist precies waarvoor hij gekomen was, wat hij wilde zeggen of doen, maar er werd in elk geval iets dramatisch verwacht. Mensen kwamen vanuit heel Italië naar het parlement om hem zijn zetel te zien innemen. De publieke tribunes zaten vol veteranen van Sicilië en Calabrië, allen in het rood, en deftige dames verdrongen elkaar voor een staanplaats.

Twintig minuten nadat de zitting was geopend kwam Garibaldi aanzetten, ondersteund door twee volgelingen. De garibaldijnen op de tribunes stonden als één man op en juichten vijf minuten non-stop, maar de meerderheid van de afgevaardigden bleef zitten zonder een mond open te doen. Garibaldi ging zoals gewoonlijk gekleed in zijn rode overhemd en zijn poncho. Het kostuum dat ooit zo romantisch en exotisch was geweest, had de mode waar het de aanzet toe had gegeven overleefd: het trof verscheidene waarnemers als onwaardig en gênant, even ongepast voor die gelegenheid als de blote borst van Cato wanneer hij optrad voor de rechtbank. De Franse gezant vond Garibaldi eruitzien als 'een profeet, of zo u wilt, een oude komiek'.

Wanneer hij voor de vuist weg een menigte toesprak, was hij een briljant redenaar, maar de moed zonk hem in de schoenen als hij oog in oog stond met een publiek van uitgekookte en geraffineerde politici. Hij kon als geen ander zijn toehoorders opzwepen, maar hij was niet half zo bedreven wanneer hij een doortimmerd betoog moest houden. 'Politiek was niet zijn fort,' schreef een Britse diplomaat die een keer een poging had gewaagd hem te helpen bij het schrijven van een toespraak. 'Hij verzuimde aantekeningen te maken of zich anderszins voor te bereiden... het was net of hij de belangrijkste punten altijd oversloeg.' Toen hij daar in Turijn opstond om te spreken, had hij een bundel papieren in zijn hand die hij kennelijk slechts met moeite kon lezen, ondanks het feit dat hij niet alleen zijn pince-nez droeg, maar ook nog eens een grote loep gebruikte. Er zat weinig samenhang in wat hij te berde bracht. Het had er alle schijn van dat zijn optreden op een jammerlijke teleurstelling zou uitdraaien. Maar toen, alsof hij abrupt tot zichzelf kwam, legde hij zijn papieren neer en begon te spreken zoals hij vanaf balkons in heel Zuid-Italië had gedaan, met zijn hart. Zijn stem was nog even welluidend als altijd. Zijn woorden uitsprekend met een majestueuze traagheid, beschuldigde hij Cavour ervan een jaar eerder, bij Napels, klaar te hebben gestaan om het Piemontese leger bevel te geven het vuur te openen op de garibaldijnen. Zoals veel aanwezigen moeten hebben geweten, was dat een beschuldiging die in grote lijnen op waarheid berustte.

Onmiddellijk brak de hel los. 'Het effect was overweldigend,' volgens de vrouw van een Pruisische diplomaat. 'Alle afgevaardigden verhieven zich van hun zetel en even later stonden ze midden in de zaal door elkaar heen te schreeuwen en te gebaren.' De roodhemden op de tribunes brulden. Cavour hamerde op het spreekgestoelte en riep: 'Dat is niet waar!' Er brak een gevecht uit, een stel oppositieleden probeerde Cavour te grazen te nemen, maar die poging werd met harde hand afgeslagen door zijn aanhangers. Alleen Garibaldi, verlamd door reumatiek, bleef roerloos en zwijgend zitten tot het kabaal wegebde, waarop hij zijn beschuldiging keihard herhaalde: 'U beraamde een broedermoord!' Daarop werd de zitting geschorst.

Toen de vergadering twintig minuten later werd hervat had Cavour zichzelf weer helemaal in de hand. Hij was verzoeningsgezind en een en al beminnelijkheid. Niet aldus Garibaldi. Garibaldi zei nooit wat hij niet meende, en aangezien hij had gemeend wat hij zei, nam hij zijn woorden ook niet terug. Voor de derde keer herhaalde hij zijn beschuldiging. Hij kwam opnieuw met zijn eis dat er een vrijwilligersleger moest komen dat onder zijn commando zou moeten staan, waarna hij de vergaderzaal uit schreed. Carlyle had Oliver Cromwell geprezen, wiens gebrek aan welsprekendheid in zijn ogen het kenmerk was van de waarlijk grote man: hij was door de gladde subtiliteiten van het parlementaire debat heen gebroken met een 'stem als een stormram'. Garibaldi was in de ogen van zijn bewonderaars even groots en imposant, zowel omdat hij er aanvankelijk zo duidelijk blijk van had gegeven niet over de wezelachtige talenten van de professionele politicus te beschikken, als om de wijze waarop hij vervolgens tegen Cavour tekeer was gegaan. De tribunes stroomden leeg en alle roodhemden kwamen naar buiten om hun geliefde leider in optocht door de straten te begeleiden, op de voet gevolgd door al diegenen die niet waren gekomen om het debat te volgen, maar om de grote held te zien.

'Arrogant jegens de regering, beledigend jegens het parlement,' luidde

het oordeel over zijn optreden volgens de Franse attaché in Turijn, die verder opmerkte dat Garibaldi in politieke kringen 'zeer impopulair was, en als
een gevaar voor Italië werd beschouwd'. Zijn verzoek om een vrijwilligersleger werd onmiddellijk en onomwonden afgewezen. Italië had hem de rug
toegekeerd. Terug op Caprera ging hij koortsachtig op zoek naar een nieuwe zaak om zich voor in te zetten, zoals Cavour het formuleerde: 'Als een
beer die een prooi zocht om te verslinden.' Toen Wallenstein in Regensburg
was ontslagen, wachtte heel Europa in spanning af wie hij nu zijn diensten
zou aanbieden. Zo ook werd in 1861 op elk ministerie van Buitenlandse Zaken angstvallig gespeculeerd over de vraag waar Garibaldi nu een revolutie zou ontketenen. Montenegro? Mexico? Dalmatië? Spanje? Hongarije?
Griekenland? Ionië? Rusland? Of misschien Amerika? Die zomer, het eerste jaar van de Amerikaanse Burgeroorlog, had hij een stroom brieven gekregen van de minister van Buitenlandse Zaken van Abraham Lincoln, gevolgd door een bezoek van een delegatie. Er diende al een 'Garibaldi-garde'
in het leger van de Unie, een legioen Europese vrijwilligers die rode overhemden droegen en 'Garibaldi-mutsen'. Garibaldi kreeg een positie als generaal-majoor aangeboden. Hij reageerde hierop met de verklaring dat hij
de post van opperbevelhebber in overweging zou willen nemen, maar niets
minder dan dat: een gewone generaal-majoor was hij zeer zeker niet. Bovendien had hij er weinig behoefte aan de belangen van één groep moreel
bedenkelijke verzameling Amerikaanse staten te verdedigen tegen die van
een andere groep. Als Abraham Lincoln zich van de diensten van Garibaldi
wilde verzekeren, moest hij onmiddellijk de slavernij afschaffen, iets waar
hij niet toe bereid was. De onderhandelingen werden afgebroken. Garibaldi
bleef in Europa.

Op Caprera hervatte hij het ascetische, energieke leven dat zijn voorkeur
genoot. Hij stond elke ochtend in alle vroegte op om zijn groentetuin te bewerken, maar zijn eenzaamheid werd nu geregeld onderbroken. Zijn kinderen, Menotti, Ricciotti en Teresa, waren bij hem. Oude vrienden en strijdmakkers kwamen logeren, soms voor een hele tijd, en werden aan het werk
gezet als secretaris of op het land. Elke stoomboot bracht zakken vol post,
voor het merendeel brieven van vrouwen die Garibaldi om een handtekening of een haarlok smeekten. Het was een komen en gaan van politici uit
Turijn, die om zijn steun kwamen vragen of hem gewoon in de gaten wilden
houden, en verder waren er de toeristen, of liever pelgrims, die kwamen om
eer te bewijzen aan de man die een van hen omschreef als een 'bovenmenselijk wezen... bron van al wat edel, grootmoedig en heilig is'. Vreemdelingen die een introductiebrief hadden, of wier status zodanig was dat ze ervan uit konden gaan dat ze sowieso welkom waren, kwamen ongenood aan
land. Bewonderaars die minder goede connecties of meer schroom hadden,

stelden zich tevreden met een plek aan de overkant. Op het voorheen on-
bewoonde eilandje La Maddalena, dat van Caprera werd gescheiden door
een smalle zee-engte, was een hotel gebouwd. Daar konden gasten die voor
Garibaldi waren gekomen met een verrekijker naar hem turen terwijl hij de
wilde geiten wegjoeg, zijn moestuin schoffelde of een sigaar rookte.

Garibaldi speelde zijn rol als beroemdheid met gratie. Hij bleef gewoon
doen wat hij altijd gedaan had (een dame vroeg zich af of het werkelijk waar
was dat de grote man zelf zijn tuin omspitte – ze kon het niet geloven, maar
het was wel zo). Daarnaast deelde hij echter gul gesigneerde foto's en haarlokken en rode overhemden uit aan mensen die van heinde en verre kwamen om hem te aanbidden. Een Engelse aristocraat arriveerde in zijn jacht
en kreeg aan tafel gebraden merels opgediend, een maaltijd waarvan hij beweerde dat de meeste van zijn vrienden er hetzelfde gewicht in goud voor
over zouden hebben gehad (niet om gastronomische redenen, maar omdat
hij de betreffende maaltijd aan de tafel van de grote Garibaldi genoten had).
Iedereen wilde een trofee – of een reliek, afhankelijk van de intentie waarmee het bezoek werd afgelegd. Garibaldi keek geamuseerd op toen hij een
bezoeker kiezelstenen zag zoeken om als souvenirs van Caprera mee naar
huis te nemen. Anderen trokken de haren uit zijn kam of verzamelden zijn
afgeknipte nagels, en één wel heel fortuinlijke souvenirjager zag iemand op
het land werken in Garibaldi's oude generaalsuniform; hij bood er een flink
bedrag op, en kon het uniform inderdaad mee naar huis nemen. Een ander
vroeg Garibaldi om een paar laarzen, maar kreeg te horen dat hij maar één
paar had dat hij niet kon weggeven, aangezien 'de schoenmaker op die kust
woont waar het anderen heeft behaagd mij tot vreemdeling te maken'. En
waar sommigen van alles meenamen, kwamen anderen iets brengen. De officiers van een Amerikaans schip, die aan land kwamen voor een bezoek en
die opmerkten dat Garibaldi maar drie stoelen had, gaven hem twaalf nieuwe stoelen. Een consortium Engelse bewonderaars schonk hem een vijftien
meter lang jacht. Anderen zamelden voldoende geld in om de eigenaar van
de andere helft van Caprera voor hem uit te kopen, en maakten hem vervolgens tot eigenaar van het hele eiland.

Een privé-eiland was echter niet voldoende voor Garibaldi: hij wilde een
natie. In het voorjaar van 1863 ging hij weer op pad, niet om een bevrijdingsbeweging in het buitenland te zoeken, maar om er in eigen land een op
de been te krijgen. De Piemontese regering bleef de Fransen in Rome en de
Oostenrijkers in Venetië tolereren, maar hij kon dat niet. Hij had geen leger,
maar wel een groot aantal medestanders. Hij reisde eerst door Noord-Italië
en toen door Sicilië, en overal sprak hij enorme, enthousiaste menigtes toe
en riep hen op om de wapens op te nemen en de buitenlanders te verdrijven.
Zijn leuzen waren: 'Rome en Venetië!' en 'Rome of de dood!'

In hoeverre hij in dezen Victor Emmanuel tartte, wiens officiële beleid er een was van vreedzame coëxistentie met Frankrijk en passieve aanvaarding van Oostenrijk, daarover lopen de meningen uiteen. Voor hij aan zijn rondreis begon was Garibaldi in Turijn geweest, waar hij besprekingen had gevoerd met de koning en diens nieuwe eerste minister, Rattazzi (Cavour was het jaar daarvoor overleden). Wat er tussen hen allemaal besproken is, was geheim, en is dat gebleven. Mogelijk heeft de koning Garibaldi heimelijk van zijn steun verzekerd, in de hoop weer net zo van zijn eventuele successen te kunnen profiteren als destijds van zijn verovering van de Beide Siciliën. De mensen vroegen zich af waar Garibaldi zijn fondsen vandaan zou moeten halen als ze niet van de regering in Turijn kwamen, en later dat jaar ging het gerucht dat hij een trommeltje bij zich droeg met geheime orders van de koning. Maar als die orders inderdaad bestonden, zijn ze nooit boven water gekomen, en als Victor Emmanuel het ooit verstandig heeft geacht op een dergelijke manier van de diensten van Garibaldi gebruik te maken, was hij aan het eind van datzelfde jaar nadrukkelijk van gedachten veranderd.

Overal waar Garibaldi kwam, zweepte hij de mensen op tot een stormachtig enthousiasme. In het verleden was hij herhaalde malen, en telkens tot zijn woede, teleurgesteld geweest in zijn kennelijke onvermogen aanbidders daadwerkelijk te rekruteren, maar deze keer werd hij niet alleen met bewonderende woorden ontvangen, maar ook met daden. Net als het vulkanische vuur op het vaandel van het Italiaanse legioen van Montevideo, was zijn leger onzichtbaar, maar hij hoefde maar voet te zetten op Italiaanse bodem en vanaf een paar balkons te spreken, of het sluimerende leger spuwde vuur.

In het Turijnse parlement, voor een kritisch en politiek ontwikkeld publiek, had hij staan friemelen met zijn aantekeningen en een betoog met weinig samenhang gehouden, maar als hij een menigte toesprak was hij, zoals altijd in het verleden, een redenaar die geestdrift wekte alsof het niets was. Zich volledig bewust van de opwinding die hij wist te genereren, eenvoudigweg door zijn gezicht te laten zien, bleef hij eerst een poosje zwijgend staan terwijl de menigte in aanbidding joelde en huilde. Dan, als de verwachting het hoogst gespannen was, verhief hij zijn opwindende stem en stelde een reeks vragen waarop zijn toehoorders de vertrouwde antwoorden loeiden – 'Aan wie is de victorie?' 'Italië!' 'Waarvoor vechten wij?' 'Rome of de dood!' – een seculiere litanie die de menigte handig betrok bij het aanwakkeren en opzwepen van haar eigen emoties en die herhaaldelijk tot een collectieve vervoering leidde. Dit was geen verkiezingstournee van een man met politieke ambities – dit was de komst van een messias. Een poster die op Sicilië was gedrukt, was voorzien van de kop: 'In de naam van de Vader van de Natie', en bevatte variaties op de Tien Geboden ('Gij zult de naam garibaldijnen niet ijdel gebruiken'), op het Onze Vader ('Geef ons heden onze dagelijkse patronen') en op de catechismus, waarin Garibaldi werd omschreven als een tweede Drie-eenheid: 'Vader van de Natie, Zoon van het Volk en Geest van de Vrijheid'. Vechten voor Garibaldi was een heilige plicht geworden.

In april riep Garibaldi zijn volgelingen in het noorden van Italië op om 'schietverenigingen' te vormen met wapens die betaald werden door het Miljoen Geweren Fonds. Duizenden jongemannen gaven gevolg aan die oproep en de clubs die zij oprichtten vormden samen een soort officieuze militie die loyaal was aan 'de Generaal'. In mei werden een stuk of honderd leden van die militie gearresteerd toen ze klaarblijkelijk op het punt stonden het Oostenrijkse Tirol binnen te vallen. De regering, in verlegenheid gebracht en niet bereid het idool van het volk voor het oog van de natie tegen te werken, liet weten dat de arrestanten geen echte garibaldijnen waren, maar agitators die zich valselijk van de naam van de Generaal hadden bediend. Garibaldi ontmaskerde die leugen echter door naar de gevangenis af te reizen waar zijn mannen werden vastgehouden. Hij bood aan zich borg te stellen voor hen, en verklaarde tegenover de pers dat de gearresteerde mannen wel degelijk op zijn orders hadden gehandeld. Er werd geen actie tegen hem ondernomen. In plaats daarvan kreeg hij bezoek van een van de ministers van de koning, met wie hij alleen in zijn kamer een gesprek voerde, en daarna nog eens in een roeiboot op het Lago Maggiore. Opnieuw is het onmogelijk om aan de weet te komen wat er tussen die twee besproken werd, maar het lijkt waarschijnlijk dat de minister hem gesmeekt heeft om tot bedaren te komen en zijn biezen te pakken, want niet veel later keerde Garibaldi terug naar Caprera, waar hij tien dagen bleef alvorens abrupt wereldkundig te maken dat hij naar Sicilië vertrok.

De 'tweede Jezus' bleek bijna net zo'n lastpak voor de gevestigde autoriteiten als de eerste geweest was. Als Garibaldi de kunst van het rustig afwachten had verstaan, zou Rome die zomer misschien wel zonder slag of stoot in Italiaanse handen zijn gevallen. Napoleon III was bereid zijn troepen terug te trekken, maar zijn trots verbood hem om dat onder druk van een populistische agitator te doen. 'Een natie als Frankrijk wijkt niet voor de dreigementen van een Garibaldi,' verklaarde hij. 'De dood, als ze dat willen, maar Rome: nooit,' voegde keizerin Eugénie, een veel militantere katholiek dan haar man, eraan toe. Net als Cato stond Garibaldi toe dat zijn uitgesprokenheid en gebrek aan tact schade toebrachten aan de zaak die hem heilig was. Hij was een Achilles, geen Odysseus. Hij zou nooit begrijpen dat er minder romantische, minder gewelddadige, efficiëntere manieren waren om iets aan internationale betrekkingen te veranderen dan door zwaaiend met een sabel het vijandelijke vuur in te rennen. Hij begon Victor Emmanuel steeds ernstiger in verlegenheid te brengen; de koning wenste zich niet te associëren met 's mans daden, noch was hij bereid toe te geven dat hij en zijn regering geen enkele controle over de man hadden.

Vrijwilligers uit heel Italië en andere landen, onder wie ook enkele parlementsleden voor oppositiepartijen uit Turijn, sloten zich op Sicilië bij hem aan. Begin augustus had hij bij Palermo een strijdmacht bijeengebracht van zo'n drieduizend man. De Britse minister van Buitenlandse Zaken lord John Russell schreef hem een brief waarin hij erop wees dat 'geen individu, hoe gerenommeerd ook, het recht heeft om voor zijn land besluiten te nemen inzake de gewichtige kwestie van oorlog of vrede'. Garibaldi sloeg zijn waarschuwing in de wind. Zijn toespraken werden steeds opruiender, tot Victor Emmanuel eindelijk reageerde. Hij liet aan den volke weten dat niemand behalve hij, de koning, hoorde te besluiten of en wanneer Rome of Venetië moest worden bevrijd, en verbood iedere Italiaan, hoe eminent ook, een buitenlandse staat de oorlog te verklaren; iedereen die een leger op de been bracht zonder zijn goedkeuring zou zich schuldig maken aan hoogverraad en het aanstichten tot een burgeroorlog.

Garibaldi negeerde de koninklijke verklaring. Misschien dacht hij wel dat het net zoiets was als dat verbod van Victor Emmanuel van twee jaar eerder om de Straat van Messina over te steken: een dekmantel om buitenlandse grootmachten gunstig te stemmen, niet bedoeld om serieus te worden genomen door hem, degene aan wie die woorden ogenschijnlijk gericht waren. Drie dagen na de afkondiging van Victor Emmanuel voerde Garibaldi zijn mannen aan naar het oosten. De gouverneur van Sicilië, een oude vriend van hem, trad af, liever dan verplicht te zijn hem tegen te houden. Hij kwam aan in Catania op de oostkust van het eiland. De troepen van het koninklijke Piemontese leger die in de stad lagen gaven zich onmiddellijk aan hem over en de inwoners van Catania ontstaken hun lampen om hem welkom te heten, en juichten hem toe tot drie uur 's nachts. Een week later confisqueerde hij twee schepen, een Frans en een Italiaans, en stak over naar het vasteland. Er voeren schepen van de Italiaanse marine in de buurt, maar die deden geen poging hem te onderscheppen (hun officieren werden later voor de krijgsraad gebracht wegens plichtsverzaking, maar werden vrijgesproken). Garibaldi leek begonnen te zijn aan een tweede, even wonderbaarlijke opmars door zuidelijk Italië. In de hele westerse wereld werden zijn verrichtingen met ingehouden adem gevolgd. Die week schreef Ivan Toergenjev vanuit Baden-Baden aan Alexander Herzen: 'Maar wat te denken van Garibaldi? Een mens beeft onwillekeurig bij het volgen van al zijn bewegingen... Brutus, die niet alleen in de geschiedenis altijd het onderspit delft, maar zelfs bij Shakespeare, kan toch onmogelijk triomferen? Het is niet te geloven... hier staat je hart bij stil.'

Garibaldi was op weg naar de Pauselijke Staten om de Fransen te verdrijven. Voor hij in Catania aan boord ging verkondigde hij: 'Ik buig voor de majesteit van Victor Emmanuel!' Net als de Cid in de *Poema*, beweerde hij nog steeds zijn veroveringen te plegen uit naam van zijn koning. Toen het Piemontese garnizoen in Reggio tegen hem oprukte, trok hij terug. Hij was niet van plan de strijd aan te binden met zijn mede-Italianen. Hij ging nog steeds uit van de veronderstelling dat een vorst elke daad van ongehoorzaamheid of verzet door de vingers zag, zolang hij er zelf baat bij had. Wallenstein had ooit de wens gekoesterd een geseculariseerd en veel sterker rijk op te dringen aan een afkerige keizer; zo ook was Garibaldi van plan een koninkrijk op te dringen aan een onwillige koning. Maar Victor Emmanuel was niet langer bereid om onder dwang geschenken aan te nemen. Hij liet een leger uitrukken om Garibaldi op te sporen en tegen te houden.

De koninklijke troepen vonden Garibaldi in de bergen van Aspromonte. De mannen van Garibaldi stonden opgesteld op een bergplateau, hun generaal stond voor hen. Ze namen daar een sterke positie in, maar als ze die verdedigden zou dat het begin zijn van een burgeroorlog. Garibaldi gaf het bevel geen schot te lossen. Bijna een uur keek hij toe hoe het koninklijke leger naderde, tot ze binnen schootsafstand waren. Toen ze de helling begonnen te beklimmen, begonnen ze op de garibaldijnen te schieten. Garibaldi bleef roerloos staan.

Toen Napoleon in 1815 terugkeerde van zijn ballingschap op Elba kon niet een van de duizenden soldaten die bevel hadden gekregen zijn opmars naar Parijs te beletten het over zijn hart verkrijgen een schot te lossen op de gevallen keizer. Bijna een halve eeuw later lijkt Garibaldi ervan overtuigd te zijn geweest dat het voor een Italiaanse soldaat net zo onmogelijk zou zijn om op hem te schieten, als het voor een Franse soldaat was geweest om op Napoleon te schieten. Hij had het mis. Hij moet gehoopt hebben dat de Italiaanse soldaten hun wapens zouden neerleggen zoals zoveel Napolitanen twee jaar eerder hadden gedaan, dat hij, met zijn welsprekendheid, ja, alleen al met zijn aanwezigheid, een veldslag zou kunnen voorkomen en een heel leger voor zich zou kunnen winnen. Er waren wel vreemdere, wonderbaarlijker dingen gebeurd. Maar in de Aspromonte had Garibaldi geen gedemoraliseerd leger voor zich, met slappe officieren – hij stond tegenover gedisciplineerde troepen en vastberaden officiers. En die merkten dat er geen tegenstand werd geboden, waarop ze nog sneller begonnen op te rukken, nog meer schoten begonnen te lossen. Zelfs het heroïsche drama van het weerloze en geweldloze martelaarschap werd Garibaldi niet gegund, aangezien sommige van zijn manschappen begrijpelijkerwijs de moed verloren en het vuur beantwoordden. Garibaldi, van wie ooit werd gezegd dat hij de kogels altijd met tientallen tegelijk uit zijn overhemd schudde en zelf ongedeerd bleef, werd geraakt in zijn bovenbeen en zijn voet. Tegen de tijd dat er een kolonel bij hem stond om zijn capitulatie te aanvaarden, stond hij niet langer fier overeind, maar lag hij op de grond te krimpen van de pijn. Een arts onderzocht zijn voet. Garibaldi stak een sigaar op en zei tegen de man dat hij meteen tot amputatie zou moeten overgaan als hij dat noodzakelijk achtte. Maar hij was geveld, niet alleen letterlijk, maar ook figuurlijk. De mythe van zijn onoverwinnelijkheid was uiteengespat.

De moordenaars van Wallenstein hadden zich op de borst geklopt omdat ze de moed hadden gehad een oude man in een nachthemd om te leggen; Victor Emmanuel was al even trots op zijn eigen manschappen dat ze een vijand hadden verslagen die geen noemenswaardig verzet bood. Hij beloonde hen dan ook rijkelijk: er werden na de zogenaamde slag in de Aspromonte maar liefst zesenzeventig medailles uitgedeeld voor betoonde moed. Garibaldi werd beschuldigd van hoogverraad en in de gevangenis gezet, tot verontwaardiging van zijn bewonderaars in binnen- en buitenland. In heel Italië werden demonstraties gehouden om hem steun te betuigen – Rattazzi zag zich zelfs genoodzaakt af te treden als premier. In Londen hielden honderdduizend mensen in Hyde Park een protestbijeenkomst tegen zijn arrestatie. Een Zwitserse dichter schreef een epos over de tragedie van de Aspromonte.

De tweede Jezus was verslagen en zijn lijdensverhaal voltrok zich voor het oog van de wereld. De wond aan zijn voet was een van zijn stigmata. Op een prent uit die periode zien we Garibaldi aan het kruis hangen, terwijl een engel neerdaalt om hem te kronen. De Verlosser was in aanvaring gekomen met het wereldse gezag, zoals verlossers wel vaker overkomt: hij was mens geworden en afgewezen. In de gevangenis lag hij op een bed dat geschonken was door lady Palmerston. Niet minder dan twaalf gerenommeerde chirurgen uit heel Europa kwamen hem daar, op kosten van zijn bewonderaars, onderzoeken en behandelen. Een van die twaalf slaagde er uiteindelijk in de kogel uit zijn voet te halen, terwijl Garibaldi op zijn sigaar lag te bijten. Een Engelse heer bracht meteen een 'fabelachtig' bod op de bewuste kogel uit, maar dat werd afgeslagen. Menotti Garibaldi wilde het afgrijselijke souvenir zelf bewaren. Duizenden met bloed doordrenkte zakdoeken, die elk gebruikt zouden zijn om de wond van de grote man te stelpen, vonden echter gretig aftrek.

Binnen enkele weken werd Garibaldi en zijn manschappen gratie verleend – Victor Emmanuel wilde zo gauw mogelijk af van het smadelijke stempel dat de hele affaire hem opleverde. Garibaldi keerde terug naar Caprera, kreupel, maar nog zwaarder, nog heviger getroffen door zijn behandeling als gevaar voor de gemeenschap – hij, de held van het volk! In 1866, toen Victor Emmanuel, deze keer samen met het Pruisen van Bismarck, eindelijk besloot Oostenrijk weer de oorlog te verklaren, ging Garibaldi echter enthousiast in op de uitnodiging van de koning om hem te dienen. Nog dezelfde dag verliet hij het eiland om het commando op zich te nemen. Hij had zijn beste tijd echter gehad. Voor de derde keer opereerde hij in de Alpen, vanuit een basis aan het Gardameer. Maar net als Drake die voor de laatste keer naar het Caribisch gebied terugkeerde, moest hij tot de ontdekking komen dat het toneel waarop hij eerder triomfen had gevierd ingrijpend was veranderd. Hij raakte al vroeg in de campagne gewond. De Oostenrijkse Tirolers die tegen hem vochten waren even bedreven in de guerrillatactiek als hij. Toen de vrede werd gesloten, werd Tirol, dat hij uiteindelijk had weten te bedwingen, aan Oostenrijk geschonken. Al zijn inspanningen waren voor niets geweest. In 1848 had hij, onder soortgelijke omstandigheden, geweigerd de wapens neer te leggen. Deze keer liet hij met een telegram van één woord weten dat hij aanvaardde wat buiten hem om besloten was – '*Obbedisco*', ik gehoorzaam.

Dat telegram werd veel geciteerd. Net als de vergelijking met Cincinnatus, riep het een beeld op van Garibaldi als de grote dienaar, de man die bereid was zijn eigen ambities en aspiraties op te geven en zich te schikken in wat van staatswege besloten was. Dat was een beeld dat bedoeld was om ieder gevestigd gezag, waar dan ook, gerust te stellen, maar als zodanig was het ook een uitgesproken misleidend beeld. De gehoorzaamheid van Garibaldi was van korte duur. Toen Alcibiades naar Sparta overliep, verklaarde hij dat 'niemand van jullie mij enig verwijt zou moeten maken... Het Athene waar ik van houd is niet het Athene dat mij nu onrecht doet... De man die werkelijk van zijn vaderland houdt is niet degene die weigert het aan te vallen als hij er ten onrechte uit verdreven is, maar de man die zo naar zijn vaderland verlangt dat hij nergens voor terug zal deinzen in zijn pogingen er weer terug te komen'. Garibaldi, teleurgesteld als hij was in het Italië dat was ontstaan, en in een regime dat zich in zijn ogen had geblameerd, en dat diep was gezonken, verlangde ernaar 'terug te keren' naar het zuivere Italië dat hem ooit voor ogen had gestaan. Toen op Sicilië een opstand werd neergeslagen met wat op hem overkwam als ongerechtvaardigde wreedheid, gaf hij vol walging zijn zetel in het parlement op. In het jaar daarop reisde hij opnieuw het hele land door, en overal waar hij kwam daagde hij de regering uit en riep de mensen op om mee te helpen Rome te bevrijden.

De geschiedenis herhaalde zich. Andermaal zette Garibaldi de mensen aan tot staatsondermijning, alles uit naam van het patriottisme. Andermaal vaardigde de regering van Victor Emmanuel een verklaring uit waarin alle Italianen werden opgeroepen de autoriteit van het parlement en de grenzen van buitenlandse mogendheden te respecteren. Andermaal zette Garibaldi door, het expliciete veto van de regering ten spijt. Andermaal hield hij zijn rekruten voor dat ze ten strijde zouden trekken tegen buitenlanders, en dat ze gevechten met het Italiaanse leger moesten vermijden. Hij reisde per trein, en op ieder station werd zijn trein door enorme menigtes omstuwd. Op elk station verkondigde Garibaldi dat hij met zijn ongeregelde leger zou oprukken naar Rome. Hij tartte de regering op niet mis te verstane wijze. In Sinalunga werd hij, samen met vijftig aanhangers, gearresteerd. Opnieuw werd er in heel Italië gedemonstreerd, demonstraties die vaak met geweld gepaard gingen. Zelfs de soldaten die de wacht hielden voor het raam van zijn cel riepen: 'Lang leve Garibaldi, de vrijheid! Lang leve Rome, de hoofdstad!' Opnieuw vreesde Rattazzi voor zijn politieke leven. Opnieuw werd Garibaldi snel vrijgelaten en teruggebracht naar Caprera.

Dat najaar trok zijn zoon Menotti aan het hoofd van een groep vrijwilligers de grens met de Pauselijke Staten over. Iedereen die zich voor de zaak interesseerde was ervan overtuigd dat deze invasie alleen kans van slagen zou hebben, als Garibaldi zich erbij wist aan te sluiten. De regering kon hem niet achter tralies houden, maar ze waren vastbesloten hem thuis te houden. Caprera werd met acht oorlogsschepen geblokkeerd. Het was vergeefse moeite. Op 2 oktober werd een poging van Garibaldi om naar een naburig eiland te roeien door een kanonsalvo verijdeld. Twee weken later echter, op een mistige avond, wist hij te ontkomen. Hij was helemaal alleen. Met zijn riemen in lappen gewikkeld, om het geknars te dempen, voer hij zo dicht langs de schepen dat hij ze aan boord met elkaar kon horen praten. Hij was zestig jaar oud en kon nauwelijks nog lopen, maar hij wist naar het vasteland te komen. Op Sardinië hield hij zich een dag en een nacht schuil in een grot, waarna hij te paard over het eiland reisde – een rit van zeventien uur. Een patrouille van de marine wist hij ervan te overtuigen dat hij een gewone visser was. Toen het nieuws van zijn ontsnapping bekend werd, trad Rattazzi opnieuw af.

Garibaldi ging naar Florence, dat inmiddels de hoofdstad was. Daar richtte hij zich tot het Italiaanse volk. 'Wij hebben recht op Rome!' verklaarde hij. 'Rome is van ons!' De regering, na het aftreden van Rattazzi een schip zonder kapitein, maakte geen aanstalten om hem te arresteren; was dat wel gebeurd, dan had dat heel wel tot een burgeroorlog kunnen leiden. Hij voegde zich bij Menotti en de zijnen in de Pauselijke Staten en versloeg het pauselijke garnizoen bij Monterotondo, maar op 2 november, bij Mentana, stuitte zijn leger van zo'n vierenhalfduizend man op een strijdmacht van zo'n elfduizend Franse en pauselijke troepen. 'Het is niet Garibaldi's gewoonte zijn eigen troepen dan wel die van de vijand te tellen,' had een van zijn meest toegewijde officieren een keer geschreven, maar hij was zijn gave om zijn manschappen vertrouwen in te boezemen

467

verloren. Bij Mentana zagen de onoverwinnelijke garibaldijnen slechts de overmacht waar ze voor stonden. Ze maakten rechtsomkeert en sloegen op de vlucht.

Garibaldi was er kapot van. Hij leek een ander mens geworden, schreef een waarnemer na afloop, 'mistroostig, hees, bleek weggetrokken... ik heb nog nooit iemand zo snel oud zien worden'. Hij leidde zijn manschappen terug over de grens en nam de trein naar Livorno. Hij was van plan regelrecht naar huis te gaan, maar hij had de wet overtreden, en nu zijn charisma hem kennelijk in de steek had gelaten, was de regering vastbesloten te laten zien wie de baas was, en hem te behandelen als een gewoon staatsburger. In Perugia werd hij gearresteerd, uit de trein geplukt en voor de derde keer opgesloten. Eenmaal vrijgelaten keerde hij stilletjes terug naar Caprera, met uitdrukkelijke orders daar te blijven.

Drie jaar later nam Victor Emmanuel eindelijk Rome in, maar Garibaldi deelde niet in zijn triomf. In plaats daarvan schreef hij romans, zo beroerd dat de eerste door negentien uitgevers werd afgewezen, ondanks het feit dat de auteur een van de beroemdste mensen ter wereld was. Tevens herzag hij zijn autobiografie en werkte hem bij. De verbittering die uit het toegevoegde commentaar sprak, weerspiegelde zijn gedesillusioneerdheid in het nieuwe Italië dat hij mee had helpen ontstaan. 'Elke held wordt uiteindelijk vervelend,' schreef Ralph Waldo Emerson. Garibaldi werd op zijn oude dag misschien dan wel niet echt vervelend in de zin van saai, maar hij werd wel zo weerspannig en klagerig als van hem verwacht mocht worden. Hij trouwde met zijn huishoudster. Hij trok nog één keer ten strijde: toen Frankrijk weer een republiek werd, en opnieuw bedreigd werd door Pruisen, stuurde hij een telegram aan de Franse regering: 'Wat er van mij over is staat tot uw dienst, doe wat u goeddunkt.' Zijn aanbod werd aanvaard – de grote Garibaldi zou van onschatbare waarde zijn voor welke zaak dan ook. Een Franse radicaal slaagde erin door de blokkade van Caprera heen te breken en hem met een zeilbootje van het eiland te halen. Hij diende de Franse republiek loyaal, al was hij zo verzwakt door de reumatiek en zijn oude wonden dat hij op een brancard over het slagveld moest worden gedragen. Hij had echter te vaak de wapens opgenomen tegen het katholicisme en Frankrijk om nog op vergeving van de katholieke Fransen te kunnen rekenen. De meesten zagen hem als een vijand, of, erger nog, een crimineel. Toen hij in de Nationale Assemblee verscheen werd hij uitgejouwd, en hetzelfde gebeurde met Victor Hugo toen die een poging deed hem te verdedigen. De volgende dag vertrok hij naar Caprera, waar hij, nagenoeg als gevangene, de rest van zijn leven bleef.

Garibaldi had zijn hoogtijdagen ruimschoots overleefd en moest de vernederende en verwarrende transformatie ondergaan van antieke held tot moderne beroemdheid. In 1864, een paar maanden nadat hij in de Aspromonte op traumatische wijze het onderspit had gedolven tegen zijn eigen landgenoten, bezocht hij Londen. Groot-Brittannië was doorgaans gastvrij voor buitenlandse revolutionairen in ballingschap. Garibaldi was er in 1854 vriendelijk ontvangen. Tien jaar later, gewond, gedeprimeerd en ongewenst in eigen land, stemde hij toe in een volgend bezoek.

Voor Mazzini, die weer in Engeland woonde, en voor zijn bondgenoten in de Britse radicale beweging, bood het bezoek van Garibaldi geweldige perspectieven, zowel in propagandistische als in financiële zin. Ze planden een hele reeks massale openluchtbijeenkomsten in Noord-Engeland, waar hij zou spreken, enthousiasme zou wekken voor radicale zaken en grote sommen gelds zou werven. Maar hij was niet alleen een politiek symbool en een goed te verkopen spektakel: hij was ook een soort modieus knuffeldier. De hertog en hertogin van Sutherland nodigden hem uit om bij hen te logeren. Lord Shaftesbury bood hem een banket aan. Iedereen die wat voorstelde wilde hem ontmoeten. Nog voor zijn aankomst werd er al om hem gebakkeleid. Zijn reisschema was onderwerp van hevige discussies, en niet alleen omdat zijn tijd wellicht beperkt zou zijn. Zijn bezoek zou een heel andere symbolische betekenis krijgen als hij eerst op een arbeidersbijeenkomst in het geïndustrialiseerde noorden zou spreken, dan wanneer zijn eerste logeeradres op Engelse bodem een hertogelijke residentie was. Garibaldi zelf was nooit zo geïnteresseerd in politieke subtiliteiten en zijn Engels was rudimentair: wat hij met zijn bezoek wilde is niet duidelijk. Hij scheen, als zo vaak in vredestijd, passief en mateloos makkelijk te beïnvloeden – hij ging waar hij werd genodigd en liet zich beleefd gebruiken.

Het welkom dat hem wachtte was verbazingwekkend. Alexander Herzen omschreef het als een Shakespeareaans visioen: 'Proloog: Trompetgeschal. Het idool van de massa, dé grote, populaire figuur van onze tijd... komt op in heel de schittering van zijn glorie. Iedereen buigt voor hem, iedereen viert zijn triomfen; dit is de heldenverering van Carlyle die voor onze ogen wordt uitgebeeld.' Zodra het schip met Garibaldi aan boord de haven van Southampton binnenliep, dromden de mensen die massaal op de kade hadden staan wachten de loopplanken op en bestormden hem in zijn hut. 'Het ging er ruiger aan toe dan op het slagveld,' schreef een verslaggever. Garibaldi ging naar Wight, waar hij verbleef als gast van de liberale volksvertegenwoordiger. Hij bracht een bezoek aan Alfred lord Tennyson, die al gedichten te zijner ere had geschreven en die verrukt was over zijn 'majestueuze deemoedigheid'. 'Wat een edel mens!' schreef hij na afloop. 'Ik had verwacht een held te zien en ik werd niet teleurgesteld... zijn houding heeft een zekere goddelijke eenvoud in zich zoals ik nog nooit heb aanschouwd.' De fotografe Julia Margaret Cameron, die ook op het eiland woonde, ging op de knieën om hem te smeken voor een portret te poseren. Lady Tennyson was even bang dat hij misschien zou denken dat Cameron om een aalmoes vroeg, maar Garibaldi, die hele dorpen vol Calabrische en Siciliaanse boeren voor hem op de knieën had zien gaan om hem te aanbidden, nam haar eerbetoon rustig in ontvangst.

Op 11 april reisde hij door naar Londen, in een speciale trein waar een Italiaanse vlag overheen was gedrapeerd. Op elk station waar hij langskwam stonden ontvangstcomités, zowel officiële als officieuze. Toen zijn trein de voorsteden bereikte werd hij verzwolgen door hele hordes zwaaiende en juichende mensen. Er stonden mensen op de daken, mensen op treinwagons, mensen op bruggen, mensen op het talud. In Nine Elms stapte hij uit. Op het perron speelde een fanfarekorps de Garibaldi-hymne. Hij werd door de herrie en de opschudding naar het rijtuig van de hertog van Sutherland geëscorteerd, waarin hij gezelschap kreeg van de hertog zelf en een paar opdringerige Italiaanse zakenlieden die onuitgenodigd aan boord klauterden. Zijn tocht langs de Theems en door het centrum van Londen naar het huis van de Sutherlands in St. James's, een afstand van nog geen vijf kilometer, nam zes uur in beslag. Een half miljoen mensen waren uitgelopen om een glimp van hem op te vangen, nog meer dan een jaar eerder op de bruiloft van de prins van Wales waren afgekomen. Er werd met vaandels gezwaaid. Er liepen fanfarekorpsen mee, hoewel hun geschal nauwelijks boven het gejuich uitkwam. De mensen dromden zo dicht om het rijtuig heen dat ze geregeld muurvast stonden. Toen het eindelijk op zijn bestemming aankwam, viel het uit elkaar. De druk van de mensenmassa's had de zijkanten uit hun hengsels gelicht, maar meteen ook voorkomen dat het al eerder op de route uit elkaar was gevallen.

De week daarop was Garibaldi de coryfee van de hele Londense society. Hij kon niks verkeerd doen, zelfs toen hij een sigaar opstak in het boudoir van de hertogin van Sutherland, werd hem dat niet euvel geduid. Hij ontmoette Palmerston en Gladstone, lord John Russell, Florence Nightingale en de aartsbisschop van Canterbury. Hij ging naar de opera (*Norma*). Tot twee keer toe sprak hij aanbidders en bewonderaars toe in het Crystal Palace. De prins van Wales bracht hem een bezoek en glipte daartoe door het tuinhekje, in een wanhopige poging de journalisten te ontlopen die Garibaldi overal volgden; hij vond hem waardig, edel en 'verre van verwaten'. Hij reed door nog meer enthousiaste menigtes naar de Guildhall waar de burgemeester hem ereburger van Londen maakte. Hij luchtte in de reform club, waar lord Ebury hem omschreef als een 'werktuig van God'. Hij bezocht het Hogerhuis en werd warm welkom geheten door edellieden van elke politieke overtuiging. Hij woonde een feestmaal in de Fishmongers' Hall bij, waar hij alle driehonderdvijftig gasten de hand schudde; zijn zoons Menotti en Ricciotti, die er, redelijkerwijs, vanuit waren gegaan dat het om een diner voor vishandelaars ging, werd de toegang ontzegd. Hij bracht een weekend door op Cliveden. 'De ovationele toejuichingen nemen elke dag in kracht toe,' schreef Herzen. 'Het volk van Engeland is echt helemaal gek van Garibaldi,' schreef koningin Victoria in haar dagboek. Net als lord Byron voor hem had Garibaldi, de nieuwe Corsair, heel Londen in vuur en vlam gezet. Overal waar hij kwam werd hij begroet met een koortsachtige opgewondenheid, aangewakkerd door een erotiek die des te hysterischer was vanwege het feit dat zij in het protestantse Groot-Brittannië minder makkelijk gekanaliseerd kon worden als een soort quasi-religieuze passie, zoals dat in Italië gebeurde. Een musical, gebaseerd op zijn avonturen, trok volle zalen. Kinderen werden naar hem genoemd. De afzet van Garibaldi-koekjes nam weer een hoge vlucht. De bedienden van de Sutherlands verdienden lekker aan de verkoop van de haren uit zijn kam, zijn afgeknipte nagels, en zelfs het schuim uit zijn bad.

De hectische en hartstochtelijke ontvangst die hem ten deel viel was bijna frivool te noemen. De vijandigheid van Garibaldi jegens de paus en zijn priesters stemde mooi overeen met het Britse anti-katholicisme, maar verder hadden noch de volksmassa's die hem op straat omstuwden, noch de voorname en hooghartige dames en heren die mooi weer met hem speelden in hun salons, ook maar de minste belangstelling voor zijn politieke opvattingen. Ze stemden heel in het algemeen in met de idee van 'vrijheid', een concept waarvan de Britten zich al twee eeuwen lang graag als de grote hoeders zagen, en de meesten hadden zo de indruk dat Garibaldi grootse daden had verricht in het belang van die abstractie. Verder werd er niet op in gegaan. De zaak waar hij zijn leven aan gewijd had, die van de eenheid en onafhankelijkheid van Italië, was voor de overgrote meerderheid een kwestie waar ze onverschillig tegenover stonden. Of ze hem nu aanbaden als de held van Italië of als de rebel die zo'n plaag was voor de wettige Italiaanse regering, liet hun koud. Ze vroegen zich geen moment af wat zijn hartstochtelijke pleidooi voor het recht van naties op zelfbeschikking en soevereiniteit zou kunnen betekenen voor zijn kijk op de Britse politiek in Ierland en India. Ze bekommerden zich niet om de vraag of zij er, als gezagsgetrouwe ingezetenen van een monarchale staat, wel zo goed aan deden om te dwepen met een man die zo vaak en zo stelselmatig de bevelen van zijn koning had genegeerd.

Zijn hele verschijning was voorwerp van massale aanbidding. Hij was het brandpunt van een erotisch getinte opwinding, een tijdreiziger uit een archaïsche wereld van epische avonturen en romantische hartstochten – en een slachtoffer van tragische allure. 'Hij kwam als de gevangene van de As-promonte,' merkte gravin Martinengo Cesaresco scherpzinnig op, 'niet als de veroveraar van Sicilië.' Hij was een nationalistische revolutionair, maar gewond en onmachtig als hij was, was hij zelfs in de hoofdstad van een kei-zerlijke grootmacht een welkome gast. Hij was nog net niet gestorven voor zijn zaak, en het pathos en de grandeur van zijn opoffering waren zo aan-doenlijk dat de aard van die zaak naar de achtergrond verdween. Zij die er anders vast geen goed woord voor over zouden hebben gehad, konden zich nu met een gerust hart te buiten gaan aan een uitzinnige heldenverering.

In de jaren zestig van de vorige eeuw hadden studenten in de hele wester-se wereld een poster van Che Guevara aan de muur hangen, niet omdat ze zich nu zo hadden verdiept in de politieke situatie in Latijns-Amerika, maar omdat hij een knap gezicht had en omdat hij, moedig opkijkend van onder zijn baret, op schilderachtige wijze de inspirerende mythe belichaamde van de dappere vrijheidsstrijder die door zijn onderdrukkers was vermoord. De mode gold geen politiek programma, maar een poster. Zo ook werd Gari-baldi in Londen een symbool dat eigenlijk niets betekende, althans niets waar de man zelf enige waarde of gewicht aan zou hebben toegekend. Het leek erop of er die aprilmaand in Londen slechts drie mensen waren die weigerden zich te laten meeslepen door de Garibaldi-manie, en wat hen onderscheidde van al die andere Londenaars was dat zij hem de eer aande-den zijn overtuigingen serieus te nemen. Een van die drie was de koningin, een ander was haar premier Benjamin Disraeli, en de derde was Karl Marx. Hoewel haar zoon en erfgenaam en verscheidene prinsessen voor Garibal-di waren bezweken, was het voor koningin Victoria zo klaar als een klontje dat een monarch de politieke denkbeelden van zo iemand onmogelijk door de vingers kon zien, om over een ontmoeting met de man maar te zwijgen: 'Eerlijk, onbaatzuchtig en dapper is Garibaldi zeker,' schreef ze in haar dag-boek. 'Maar een revolutionair!' De extravagante wijze waarop hij werd be-wierookt maakte haar 'half beschaamd het hoofd te zijn van een natie die tot zulke dwaasheden in staat is'. Marx dacht er precies zo over. Hij betreurde zowel nationalisme als sentimentaliteit – de ontvangst die Garibaldi ten deel viel kon hij dan ook niet anders zien dan als een 'akelige, achterlijke verto-ning'. Hij weigerde botweg de bezoekende held namens de Duitse socialis-tenbond welkom te heten.

Al die tijd dat Garibaldi op stap was in Londen, en in de hoogste kringen werd gefêteerd, moesten Mazzini en zijn Britse kameraden met lede ogen toezien hoe hij steeds meer werd ingepalmd door het establishment. Maz-zini had hem opgezocht op Wight en Garibaldi had hem daar hartelijk ont-vangen, iets waar zijn aristocratische gastheren niet blij mee waren. Mazzini was er echter niet in geslaagd enige zeggenschap te krijgen over het reisschema van de held, en daar was het hem nou juist om begonnen. Er waren bijna vijftig massabijeenkomsten gepland in Newcastle, Glasgow, Birmingham, Manchester en Salford, manifestaties die uiterst gunstig beloofden uit te pakken voor het zelfvertrouwen van de Britse radicale beweging, en uiterst winstgevend voor elke zaak waar Garibaldi zich voor zou laten inzetten als fondsenwerver. Die massabijeenkomsten waren, in de ogen van de organisatoren, het werkelijke doel van Garibaldi's bezoek. Ze zouden echter nooit plaatsvinden.

Op zondag 17 april negeerde Garibaldi de pogingen van de koetsier van de hertog van Sutherland om hem op andere gedachten te brengen en bezocht hij een lunch waar onder meer Alexander Herzen bij aanwezig zou zijn. Het was een bijeenkomst van verbannen revolutionairen uit heel Europa, onder wie ook Mazzini. Garibaldi hield een toespraak waarin hij Mazzini erkende als zijn eerste leermeester, 'mijn vriend, mijn voorbeeld!' De volgende dag ging hij op bezoek bij de verbannen Franse republikeinen Ledru-Rollin en Louis Blanc. Hij had laten zien dat hij niet alleen maar een speeltje van de aristocratie was, maar daar bleef het dan ook bij. Op de kop af een week na zijn aankomst in Londen liet hij via een publieke verklaring weten dat hij niet naar het noorden zou komen, zoals gepland, maar dat hij onmiddellijk naar huis zou terugkeren.

Het was een abrupte beslissing die onder onduidelijke omstandigheden was genomen. Zijn hooggeplaatste vrienden leken erop gebrand het gerucht te verspreiden dat hij te ziek en te uitgeput was om de beoogde tournee te maken. Garibaldi zelf zei echter tegen een vertrouweling dat hij vertrok 'omdat ik niet gewenst ben', en toen een radicale organisator in allerijl overkwam uit Newcastle om te proberen hem alsnog over te halen, vertelde Garibaldi dat Gladstone hem duidelijk te verstaan had gegeven dat als hij inderdaad liever de radicale politicus uiting dan de onschadelijke beroemdheid, hij de Britse regering in grote verlegenheid zou brengen.

Het is ontegenzeggelijk waar dat hij lichamelijk niet sterk was. Het is ook waar dat machtige mensen vastbesloten waren hem, als het ook maar enigszins mogelijk was, af te brengen van zijn noordelijke tournee. Zijn politiek was een nationalistische politiek. De Britse radicalen hadden echter gehoopt zijn imago in te kunnen zetten voor de zaak van hun heel andere, op de klassenmaatschappij gerichte politiek, waarmee ze hem tot een bedreiging van de heersende klasse hadden gemaakt. Bovendien was hij, zonder het te beseffen, over de sektarische scheidslijnen in Groot-Brittannië heengestapt. Hij was een vriend van de gewone man en een vijand van de paus; een groot deel van de gewone mannen en vrouwen die hij in Liverpool en Glasgow zou hebben toegesproken waren echter Ierse katholieken die zich hoogstwaarschijnlijk geweldig zouden hebben opgewonden over zijn antiklerikalisme. De gevestigde orde voorzag ook in dat opzicht grote problemen, en moet hebben besloten alles in het werk te stellen om hem uit het noorden weg te houden. Maar dat hij zo plotseling van zijn plannen afstapte zal net zo goed aan zijn eigen gedesillusioneerdheid hebben gelegen, als aan ziekte of politieke druk. De wensen van ministers en monarchen hadden hem nog nooit belet te doen wat hij wilde, maar deze keer liet hij zich gedwee wegsturen.

Mazzini was er helemaal voor om campagne te gaan voeren tegen zijn 'uitzetting', maar Garibaldi was elk protest voor door een verklaring te publiceren waarin hij meedeelde dat er geen druk op hem was uitgeoefend om het land te verlaten. Het lijkt erop of hij het, inschikkelijk als hij zich had opgesteld, beu was om te worden gebruikt door anderen, of dat nou was als politiek symbool, als fondsenwerver of, bovenal, als aanleiding voor uitbarstingen van een verrukkelijke hysterie. Hij vroeg een van zijn radicale contacten waarom het Engelse volk, dat Kossuth een bijna even hartstochtelijk welkom had bereid als hem, niets had gedaan om Hongarije te helpen. Al te vaak in zijn leven was Garibaldi een stad binnengereden waar hij ontvangen werd met veel vertoon van uitzinnige aanbidding, om diezelfde stad weer te verlaten zonder nieuwe rekruten, zonder financiële donaties en zonder werkelijke politieke steun. Hij was niet van plan zich nog een keer zo te laten beetnemen. 'De krijgshaftige en gedisciplineerde soldaten van het despotisme laten zich niet bestrijden met bloemen, feesten en fraaie verlichting, maar met soldaten die nog krijgshaftiger, nog gedisciplineerder zijn dan zij,' schreef hij. Het begon tot hem door te dringen hoe oppervlakkig de belangstelling van het Britse volk voor zijn persoon in wezen was.

De machtigen behandelden hem uit de hoogte. Gladstone vond zijn 'edele eenvoud' en 'natuurlijkheid', en bovenal zijn 'volkomen bewustheid van zijn positie' (zijn inferioriteit, zeg maar) 'heel mooi en heel treffend'. Lord Granville zei tegen koningin Victoria dat 'Garibaldi alles in zich had om hem in dit land tot een idool van het volk te maken', maar, voegde hij eraan toe, 'het is wel een onbenul'. De heren deden neerbuigend, de dames vielen in onmacht. Zowel de douairière hertogin van Sutherland als haar schoondochter, de jonge hertogin, schijnt verliefd op Garibaldi te zijn geweest. Een andere gastvrouw liet hem in een brief weten hoe ze, met een hart vol smart, naar het kussen had staan staren waarop zijn hoofd had gerust, en dat ze de zakdoek die ze eronder had gevonden koesterde. 'Uw bezoek was werkelijk het meest glorieuze dat mij in mijn hele leven is overkomen!' Garibaldi was echter niet naar Engeland gekomen om als voer te dienen voor de erotische fantasieën van vrouwen voor wie hij slechts een schilderachtig curiosum was, vrouwen die verrukt van hem waren maar die onbewust op hem neerkeken, die hem aanbaden, juist omdat hij sociaal verre van acceptabel was, en die gegrepen waren door zijn politieke hartstocht, juist omdat die in hun ogen zo bizar en zo fout was.

In 1997 stond in kranten over de hele wereld een foto van Nelson Mandela, inmiddels president van Zuid-Afrika, met de Britse meidenband The Spice Girls. Het imago van Mandela stemt meer dan dat van enige andere openbare figuur uit het recente verleden, overeen met het antieke ideaal van de held. Hij was in opstand gekomen tegen een onrechtvaardig regime, hij had dapper gestreden en geduldig geleden voor een zaak van diepe en dodelijke ernst. Gedurende zijn jaren in de gevangenis had zijn roem zich tot ver buiten de grenzen van Zuid-Afrika verbreid. Hij was een internationaal gevierd man, beklaagd en bewonderd als iemand die was opgestaan tegen tirannie en die zijn wrede straf op waardige wijze had gedragen, en er werd op hem gewacht als op een messias die weer zou opstaan uit de levende dood van Robbeneiland om zijn volk te verlossen. De Spice Girls, daarentegen, waren een niet al te pretentieuze groep mooie jonge vrouwen die zich nooit anders hadden voorgedaan dan als een perfect in de markt gezette showbizzact. Op de foto's van de ontmoeting tussen de president en de popzangeressen werden de tragiek van een man en zijn volk en de wereld van de lichte muziek naast elkaar gezet en met een verontrustende nietszeggendheid gepresenteerd als equivalent – twee varianten op dat ene thema wereldroem. In Londen besefte Garibaldi, die een Mandela was geweest, dat hem een ontvangst werd bereid die meer bij een Spice Girl zou hebben gepast. Hij wendde ziekte voor en sloeg op de vlucht.

Aan Londen kon hij ontsnappen, maar er was geen ontkomen aan het proces dat hem van een vrije onderdaan transformeerde in een machteloos symbool dat zich leende voor allerlei propagandistische doeleinden. Gedurende de twee maanden in 1860 dat hij als dictator over Napels had geheerst, had hij op een hoop punten vooruitstrevende wetten geïntroduceerd – kindertehuizen, controle op de broodprijzen, gratis onderwijs, godsdienstige verdraagzaamheid, spaarbanken in plaats van de loterij, persvrijheid. Cavour was echter vastbesloten geweest alles wat zweemde naar een gevaarlijk radicalisme uit te roeien, en hij had de nieuwe gouverneur geïnstrueerd 'die hele zwijnenstal genadeloos uit te mesten'. Na het vertrek van Garibaldi werden al zijn wettelijke maatregelen herroepen. Hij had de bevolking van Zuid-Italië vrijheid beloofd, maar hij (en velen met hem) kregen al snel de indruk dat hun landgenoten in het noorden, aan wier hoede hij hen had toevertrouwd, de zuiderlingen net zo harteloos exploiteerden als het verdreven regime had gedaan. In 1865 schreef hij aan Victor Emmanuel: 'De regering wordt daar nu feller gehaat dan destijds de Bourbons.' Dat was een treurige vaststelling uit de mond van de man die er zoveel aan had gedaan, en met zulke goede bedoelingen, om die regering ter plaatse in het zadel te krijgen. Garibaldi was een Achilles op leeftijd; moderne politici veroordeelde hij als 'de zonen van Thersites'. In zijn laatste jaren had hij het gevoel te leven in 'een schandelijke, ellendige tijd', in een 'stinkende atmosfeer van geroof en gekonkel'. Moderne Italianen waren in zijn ogen niet meer dan de 'gedegenereerde afstammelingen van de grootste der naties', een volk waar hij zich schaamde bij te horen – en dat bestuurd werd door een 'regering van dieven'.

Hij stierf in 1882. Het Italiaanse parlement, orgaan van de staat die hem ter dood had veroordeeld, die hem verbannen had, die hem drie keer had opgesloten, die legers tegen hem had laten uitrukken en hem jaren had gedwongen op zijn eilandje te blijven, verdaagde alle vergaderingen voor een rouwperiode van twee weken. Zijn wens was dat zijn lichaam, net als dat van Shelley, gecremeerd zou worden op een brandstapel bij de zee. Maar op zijn wens werd geen acht geslagen. Er werd besloten dat zijn lijk niet aan hem toebehoorde, maar aan zijn land. Hij werd begraven met alle gepaste, maar ook veel ongepaste, pracht en praal.

'Allen die door hun briljantheid prominente posities hebben verworven, zijn bij hun leven impopulair,' hield Alcibiades in 416 v. Chr. de verzamelde Atheners voor. 'Maar later zul je zien dat hun landen zich op hen beroemen.' Dode helden zijn vaak bruikbaarder, en altijd plooibaarder, dan levende. Toen Garibaldi in 1860 opstoomde naar Marsala om 'Italië te maken', schreef Victor Emmanuel: 'Natuurlijk zou het heel ongelukkig zijn, maar als de Napolitaanse kruisers mijn arme Garibaldi eens te pakken kregen en ophingen... dat zou de zaken een stuk eenvoudiger maken. En wat een prachtig monument zouden we voor hem oprichten!' Uiteindelijk kwam er van al die dagdromen van Victor Emmanuel niets terecht. Hij stierf vier jaar voor zijn 'arme Garibaldi'. Hijzelf was het die geëerd werd met een 'prachtig monument', het grandioze bouwwerk van suikerwit marmer dat pal in het centrum van Rome verrijst, het Capitoolplein van Michelangelo in de schaduw stelt en de ruïnes van het oude Forum zelfs helemaal in het niet doet verzinken. Midden voor dat overweldigende monument prijkt het ruiterstandbeeld van Victor Emmanuel: meer dan tien meter hoog (bij zijn leven was hij klein van stuk) en schitterend uitgevoerd in verguld brons. Erachter, en een stuk lager, is de ingang van het Risorgimento-museum, waar, naast een overvloed aan Garibaldiana, hele albums vol foto's van de Duizend liggen uitgestald. Na de dood van Patroklos slachtte Achilles twaalf Trojaanse gevangenen af en offerde hun lichamen op de brandstapel van zijn gesneuvelde vriend. Garibaldi en zijn Duizend, wier nagedachtenis onder in het monument van Victor Emmanuel begraven ligt, zijn de slachtoffers die, eenmaal dood en niemand meer tot last, als voedingsbodem dienen voor een pracht en een praal die de meerderheid van hen – even republikeins als hun leider – vast en zeker weerzin zouden hebben ingeboezemd. Twee jaar voor zijn dood, peinzend over het land dat hij in het leven had geroepen, zou Garibaldi somber vaststellen: 'Het was een ander Italië waar ik mijn leven lang van gedroomd had.'

Odysseus

Achilles werd gedood aan de voet van de Trojaanse stadswallen. De negen Muzen zongen een klaagzang. Een groep nereïden hulde zijn lijk in gewaden van een goddelijke schoonheid. Zeventien dagen lang staakten de Grieken de strijd om te rouwen. Op de achttiende dag verbrandden ze zijn lichaam, samen met de kadavers van hele kuddes geiten en runderen. In volle wapenrusting trokken ze om de brandstapel heen. Ze verzamelden zijn verkoolde gebeente, legden het in wijn en aromatische oliën en deden het in een gouden amfoor, die ze begroeven in een schitterend graf op een hoge landtong 'opdat van ver uit zee het zichtbaar zou zijn voor de mensen, allen die nu of in later tijd tot de levenden horen'. Dat was het einde van Achilles – plechtig, publiek en overtuigend, het levenseinde waar hij uit vrije wil mee had ingestemd

Achilles koos de dood. Odysseus, zijn tegenpool, wil graag naar huis om zijn leven voort te zetten. Maar voor hij Ithaca kan heroveren moet Odysseus de tijdelijke dood doorstaan die gewoonlijk aan semi-goddelijke mensen en geïncarneerde goden wordt opgelegd. Hij daalt af in de onderwereld waar de 'schijngestalten der doden' krijsen en fladderen als vleermuizen, de wereld van het niet-zijn die Homerus zo aangrijpend en afgrijselijk voor ons opwekt, dat Plato het lezen van die beschrijving graag had verboden, uit angst dat al die gruwelen wel eens een demoraliserende werking zouden kunnen hebben op het krijgsvolk. Daar ontmoet Odysseus de schim van Achilles. Hij complimenteert hem met de goddelijke kwaliteiten waarmee hij bij zijn leven zoveel eer heeft verworven en die hem nu het recht geven 'te heersen over de doden'. De reactie van Achilles is treurig: 'Stel toch de dood niet te mooi voor, stralende koning Odysseus!' Het pact dat hij (nu onherroepelijk) heeft gesloten is verschrikkelijker gebleken dan hij zich had kunnen voorstellen. De onsterfelijke roem die hij heeft verworven was een onbenullige genoegdoening, geen schijn van een vergoeding voor het verlies van zijn dierbare leven. Dat zijn de opvattingen die Plato liever zou weghouden van hen 'wie de vrijheid de verplichting oplegt onderworpenheid meer te vrezen dan de dood'. Daar zouden ze geen goed aan doen, zegt Achilles. 'Liever deed ik op aarde als dagloner dienst bij een vreemde, iemand die het niet breed heeft en weinig het zijne kan noemen, dan over alle doden en schimmen als koning te heersen.' Hij heeft voor zijn vermaardheid betaald met zijn leven, en die prijs was te hoog. Achilles, toonbeeld van heldendom, verkondigt dat de code der helden gebaseerd is op een foute inschatting.

In 1867, toen Garibaldi – de onverschrokken krijger die zijn volk het vooruitzicht van de dood voorhield alsof het een privilege was, de diplomatieke kluns die zijn bondgenoten herhaaldelijk van zich vervreemdde omdat hij niet kon liegen, de man die zo mooi was als een god, de negentiende-eeuwse Achilles – verslagen was teruggekeerd uit Mentana, richtte Alexander Herzen een oproep tot hem: 'Garibaldi, laatste der heiligen, laatste der Mohikanen, doe je armen over elkaar en neem je rust... Jij hebt je deel gedaan. Maak nu plaats voor de waanzin, voor de razernij van het bloed... Het bloed zal meren vormen, nee, zeeën, de lijken zullen zich opstapelen tot bergen.' Herzen kan niet hebben voorzien welke vormen die waanzin zou aannemen, maar wat dat bloed betreft kreeg hij gelijk, en hij had ook gelijk dat hij dat bloedvergieten in verband bracht met de cultus van een zegevierende held. Er zijn altijd critici geweest die gevoelig waren voor de duistere kant van de roem van Achilles. De Agamemnon van Homerus noemt hem 'de heftigste man van ons allen'. Euripides en Flavius Philostratus stelden hem allebei voor als een wraakgierige geest. Plato vond hem verachtelijk toegeeflijk jegens zijn eigen grillen, en schandelijk arrogant. In de ogen van Cicero had zijn woede veel weg van een geestesziekte. Horatius schreef over zijn kwaadheid en de schade die hij zijn eigen volk toebracht. Vergilius en Catullus zagen hem als misdadig destructief, een massamoordenaar en een instrument van sociale vernietiging. Shakespeare typeerde hem als een ijdele dwingeland, een zelfingenomen, gewetenloze schurk.

Even ten noordwesten van het Londense Hyde Park Corner staat een monumentaal standbeeld dat in 1822 werd opgericht ter ere van de hertog van Wellington. Wellington heeft een hoge leeftijd bereikt en hij had in zijn leven zitting in verscheidene kabinetten, zodat hij dus ook wel eens compromissen heeft moeten sluiten – hij wordt dan ook niet in gedachtenis gehouden met dezelfde romantische aanbidding die Nelson ten deel is gevallen (die Wellington, bij hun enige ontmoeting, 'zo ijdel en dwaas' vond dat hij 'mij verraste en bijna deed walgen'), maar bij zijn leven werd hij vereerd als de verlosser en grote voorvechter van zijn land. Het is een standbeeld van Achilles, met zijn zwaard in de hand, een gegroefd gelaat, een spottende bovenlip en indrukwekkende spieren. Het is gegoten uit het metaal van veroverde napoleontische kanonnen, één brok harde lijnen en vlakken, en als zodanig een product van de overdreven viriele esthetische traditie waaruit later de fascistische en sociaal-realistische kunst zouden voortkomen. Een van de mondaine jongedames van Oscar Wilde, die aan de voet van dit standbeeld een weinig welkom huwelijksaanzoek kreeg, riep uit: 'Nee maar... die afgrijselijke Achilles!' De gebeurtenissen waartoe hij de aanzet had gegeven waren, naar haar opinie, 'werkelijk afschuwelijk'.

Op 5 mei 1915, acht maanden nadat de Eerste Wereldoorlog was uitgebroken en vijfenvijftig jaar nadat Garibaldi en zijn Duizend aan boord gingen van hun gammele, gekaapte stoombootjes en van wal staken om Italië te bevrijden, keerden die paar vrijwilligers die toen nog in leven waren naar Quarto terug. Er zou een monument worden onthuld ter gedachtenis van hun fantastische avontuur. Peppino Garibaldi, de kleinzoon van de grote man, was er ook. Evenals vele duizenden andere Italianen, van hoog tot laag (alleen de koning was er niet bij, uit diplomatieke overwegingen – de politieke nalatenschap van Garibaldi was voor de monarchie die hij had gediend nog even gênant als hijzelf in zijn tijd was geweest). Ze waren gekomen om eer te bewijzen aan een dode held die een bijna goddelijke status had verworven. En ze waren ook gekomen om een levend idool toe te juichen: Gabriele D'Annunzio, Italiës belangrijkste dichter en meest flamboyante beroemdheid. D'Annunzio was een zwendelaar en een verspiller die zelden een contract nakwam of een schuld afbetaalde, een veeleisende estheet die weigerde een hotelkamer te betrekken voor zijn bedienden het linnen hadden gecontroleerd en de kamer hadden volgepropt met de zijden, met damastpatronen versierde kussens en kostbare snuisterijen waar hij altijd mee reisde, een onweerstaanbaar causeur en de auteur van talloze uitermate decadente gedichten – je zou het niet zeggen, maar deze D'Annunzio was een volgeling van de zwijgzame en zuinige Garibaldi. De twee mannen hadden echter wel enkele trekjes gemeen. D'Annunzio was, net als Garibaldi in zijn tijd, een energiek en buitengewoon succesvol minnaar en voorwerp van een massale bewieroking van een bijna religieuze intensiteit. Hij had slechts gevochten in persoonlijke duels (na één zo'n duel had een al te enthousiaste en onbezonnen secondant zijn hoofdwond verbonden met een smeersel waar hij helemaal kaal van was geworden), maar hij had, net als Garibaldi, een achilleaanse honger naar dood en roem. Hij was tevens, net als Garibaldi, een hartstochtelijk nationalist die Oostenrijk en zijn bondgenoten verafschuwde.

Vijf jaar eerder was D'Annunzio, op de vlucht voor zijn schuldeisers en op zoek naar een majestueuze schoonheid die model had gestaan voor Rodin, in grote haast naar Frankrijk verhuisd. Nu, terwijl in Parijs het Duitse geschut al te horen was, was hij dan teruggekeerd – de Franse regering had hem gesmeekt en de Italiaanse interventionisten hadden hem dringend verzocht een campagne in te luiden om de Italiaanse leiders over te halen zich aan geallieerde zijde in de oorlog te mengen. De uitnodiging om te komen

spreken bij de onthulling van een monument in Quarto had hij gretig aanvaard. Het was voor hem een mooie gelegenheid naar zijn vaderland terug
te keren, omgeven door de luister en glans van allerlei associaties die perfect op elkaar leken afgestemd om zijn gevoel dat hij de nieuwe voorvechter
van Italië was te strelen. Hij zou daar staan waar Garibaldi had gestaan, daar
spreken waar Garibaldi had gesproken. Ook hij zou zijn legioen krijgen: hij
zou geëscorteerd worden door de Italiaanse vrijwilligers van Peppino Garibaldi, die voor Frankrijk hadden gevochten. En net als de dode held zou hij
zijn landgenoten aansporen voor hem en voor de eer te doden en te sterven.
Niet voor het eerst had hij de smaragden ring beleend die de grote actrice
Eleanora Duse hem had geschonken. Hij had de couturier Paquin overgehaald om een lading mooie nieuwe rode overhemden te doneren voor het
Italiaanse legioen (de vrijgevochten stijl van de garibaldijnen sprak hem aan
als een soort romantisch droombeeld: in werkelijkheid moesten zijn eigen
kleren en die van zijn bedienden liefst van goede snit zijn). Hij had zijn honden weggedaan – hij was gek op hazewindhonden – en hij had er twee aan
maarschalk Pétain gegeven. Hij had zijn speech geschreven. Hij had zijn
minnaressen en zijn schuldeisers en zijn gehuurde huis achtergelaten (toen
hij zijn huisraad later weer opeiste, bleek het om acht vrachtwagens vol te
gaan) en hij had Frankrijk even nonchalant de rug toegekeerd als hij vijf jaar
eerder Italië had verlaten. Zijn eerste reisdoel was Quarto, waar hij zich wilde koesteren in de associaties met de naam en faam van Garibaldi die daar
zouden worden opgewekt.

Garibaldi had sinds zijn dood nogal wat veranderingen ondergaan. Net
als Cato, die was gestorven als hoeder op menselijk formaat van traditie en
politiek fatsoen, om te herrijzen als de kolossale kampioen van de vrijheid,
was Garibaldi in zijn graf gegroeid en veranderd. De nieuwe natie Italië
had de productie van zijn eigen ontstaansmythe voortvarend ter hand genomen en de held van die mythe was Garibaldi. In 1895 was een reusachtig
ruiterstandbeeld van hem opgericht op de Janiculum in Rome, dat somber
en verheven neerkeek op de stad die hij niet had kunnen redden. En zoals zijn beeld peinzend uitkeek over de hoofdstad van Italië, doemde zijn
ideaalbeeld meer dan levensgroot op in de verbeelding van zijn volk. De
teleurstellingen en beproevingen van zijn latere leven hadden ervoor gezorgd dat zijn vermeende puurheid hem had overleefd. Uitgesloten als hij
was van de politieke macht, was hij gevrijwaard gebleven van schuld door
associatie met een reeks regeringen die steeds corrupter, en steeds minder
populair leken te worden. Hij was de schepper van Italië, en tegelijk ook de
beschermheilige, het geweten en de verlosser van de natie. Zijn naam prijk-
te op straatnaambordjes in de hele laars van Italië. In 1896, in Wenen, had
Sigmund Freud het idee gehad dat zijn eigen vader, op zijn sterfbed, op Ga-

ribaldi leek. Later had hij gedroomd dat hij zijn vader weer in leven zag, en dat hij een volksopstand leidde, en in zijn droom was hij innig tevreden geweest dat zijn vader zich zijn gelijkenis met zo'n fantastische man waardig betoonde.

D'Annunzio had ook meegedaan aan de postume verheffing van Garibaldi, met een gedicht van duizend regels waarin hij het avontuur vertelde van de Duizend, dat hij in 1901 had voorgedragen in een volgepakt theater. Het gedicht roept een beeld op van Garibaldi, even statig en verheven als Seneca's beeld van Cato. Hij zit op zijn witte paard, zijn blonde haren wapperen in de wind en zijn witte gewaad golft als de witte vleugels van de Nike van Samothrace. Op Caprera joelt de wind om hem heen, zoals ooit in Palermo het bedwelmde volk zijn aanbidding uitjoelde, maar noch de woedende elementen, noch de stormen van menselijke emotie verstoren hem. Hij is stil en koel, een heerser over het lot die zich niet laat overdonderen of in verrukking brengen door wat het leven hem wenst voor te schotelen.

Alfred Noyes, een jongere Engelse tijdgenoot van D'Annunzio, omschreef Francis Drake in soortgelijke, eerbiedige bewoordingen als

'Een Titaan die bevelen had staan donderen
Tegen de donderende hemelen,
Op door bliksem en stormwind geteisterde schepen,
Die met volle teugen glorie had gedronken uit ontembare zeeën.'

Zulke ontzagwekkende helden die zonder blikken of blozen stormen doorstaan zijn herkenbaar als nazaten van de stoïcijnse wijze, maar ze zijn zo uitgedijd dat de rest van hun ras bij hen verschrompelt. In het millennium nadat de *Ilias* voor het eerst was opgeschreven hebben dichters geprobeerd de uitzonderlijke moed van Achilles te verklaren door hem monsterlijke proporties te geven. Vergilius noemde hem de 'kolossale Achilles'. Quintus van Smyrna, die in de vierde eeuw na Chr. schreef, vergeleek hem met een Titaan, en schreef over de enorme botten, als van een reus, die in de as waren blijven liggen toen zijn lijk was verbrand. Ook de Drake van Noyes en de Garibaldi van D'Annunzio hadden gigantische proporties aangenomen. Zij waren niet gewoon groot, zij waren Übermenschen.

De Übermensch had oude antecedenten, maar in de tijd van D'Annunzio werd hij herboren uit het hoofd van Friedrich Nietzsche. Nietzsche, de geniale zoon van een lutherse dominee, werd op zijn vierentwintigste uitverkoren voor een prestigieus professoraat, en bezweek twintig jaar later aan krankzinnigheid. Maar toen had hij al een reeks visionaire teksten geproduceerd die eerder als profetieën lazen dan als filosofische verhandelingen, en die veel invloed zouden hebben op een gruwelijker wijze dan zelfs hun auteur – wiens lucide pessimisme hem zijn geestelijke gezondheid kostte – zich ooit had kunnen voorstellen. Tweeënhalfduizend jaar eerder had Aristoteles zich een dermate uitzonderlijke, godgelijkende man voorgesteld dat hij, dankzij zijn buitengewone gaven, als vanzelfsprekend elk moreel oordeel en elke constitutionele controle oversteeg. Nietzsche ging verder. In 1883, een jaar na de dood van Garibaldi, begon hij te schrijven aan *Also sprach Zarathustra*, het werk waarin hij de evolutie van de Übermensch aankondigde, een wezen wiens wil en moed voldoende zouden zijn om uit te reiken boven de 'vuiligheid en het ellendige welbehagen' van het platvloerse bestaan, een wezen dat zich tot de gewone mens zou verhouden als de mens tot de aap, een held, samengesteld uit weerlicht en waanzin, 'voor wie niets verboden is, behalve zwakheid, of die zwakheid nu deugd of ondeugd wordt genoemd'.

Nietzsche goot zijn vitriool uit over de idealen van de democratie en het gedweep met het grote goed van het grote getal. 'De mensheid, massaal geofferd aan de voorspoed van één enkele, sterkere menselijke soort – dat zou een vooruitgang zijn,' schreef hij. 'Ik leer dat er hogere en lagere mensen zijn, en dat één enkel individu onder bepaalde omstandigheden het bestaan van hele millennia kan rechtvaardigen.' Een dergelijk 'hoger wezen' was ontelbare gewone mensen waard. De opkomst van Napoleon was voor hem voldoende compensatie voor alle bloedvergieten waarmee de Franse Revolutie gepaard was gegaan (een revolutie die hij overigens betreurde). 'Voor een dergelijk heil zou men moeten wensen dat onze hele beschaving in chaos ten onder ging.'

Voor D'Annunzio – die zichzelf zonder aarzelen als een van die hogere wezens van Nietzsche naar voren schoof – waren dat ideeën waar hij zich helemaal in kon vinden. De Übermensch van Nietzsche maakte zich niet druk om algemeen aanvaarde opinies of de conventionele moraal. Een van de motto's waarmee het briefpapier van D'Annunzio was bedrukt luidde '*Me ne frego*' (een obscene uitdrukking van onverschilligheid – *fregarsi* betekent masturberen). In de jaren negentig van de negentiende eeuw las hij Nietzsche in Franse vertaling en in zijn fictie van na die tijd beschrijft hij herhaaldelijk helden die te uitzonderlijk zijn om zich de beperking te laten welgevallen van enige morele of gerechtelijke code, en die zo in beslag worden genomen door de verwezenlijking van hun eigen grootheid dat consideratie met anderen te veel gevraagd is.

Garibaldi was niet de christelijke heilige waar hij soms voor gehouden werd, maar hij was ook geen nietzscheaanse Übermensch. In Quarto werd zijn naam gebruikt om geloofwaardigheid te verlenen aan een doel dat hij zeker sympathiek zou hebben gevonden, maar de nietzscheaanse ondertoon van het geheel zou hem wellicht afkeer hebben ingeboezemd. Hij was een verklaard pacifist (dat klinkt inderdaad weinig logisch, als je beseft dat zijn levenswerk voornamelijk uit vechten bestond). 'Het is misdadig dat mensen gedwongen worden elkaar af te slachten teneinde tot een vergelijk te komen,' schreef hij. Nietzsche roemde 'het verlangen om te vernietigen, te veranderen, iets nieuws te creëren... een uitbundige kracht, zwanger van Toekomst'. Die kracht was aan het begin van de twintigste eeuw in het culturele en politieke leven van Italië in toenemende mate voelbaar. De luidruchtigste vertegenwoordigers van de jongere generatie hongerden naar vernieuwing, naar gewelddadige verandering, naar een holocaust. 'Laat ze maar komen, de liederlijke brandstichters met verkoolde vingers!' schreef Federico Marinetti, woordvoerder van de Futuristen. Het verleden moest worden weggevaagd, en als er met de rommel ook wat goud verloren ging, nou ja, dan moest dat maar. D'Annunzio, die zijn landgenoten aanspoorde zich in de oorlog te mengen, bracht een boodschap waar velen van hen meer dan rijp voor waren. Marinetti noemde oorlog ''s werelds enige hygiëne'. Zoals Nietzsche had verklaard: 'Wie de oorlog afzweert, zweert het verheven leven af.'

Iedereen, zelfs zij die hem verafschuwden, was het erover eens dat D'Annunzio een fascinerend redenaar was. Zijn toespraak in Quarto was onsamenhangend maar bedwelmend. Hij bracht hulde aan de heldhaftigheid van de Duizend. Hij haalde de beroemde regel van Garibaldi aan: 'Hier gaan we Italië maken, of sterven.' Hij sprak over de edele aspiraties van de antieke Romeinse helden. Hij vleide zijn gehoor en daagde alle aanwezigen uit om zich hun grote voorgangers waardig te betonen. Hij hulde zijn provocerende politieke uitspraken en zijn eigen perverse bloeddorst in de verrukkelijke grandeur van een liturgisch geïnspireerde ritmiek. Hij was profetisch, bezielend. Zijn publiek aanbad hem, en hij, op zijn beurt, adoreerde die massale aanbidding. Voor zijn hotel in Genua verzamelde zich een grote menigte. Zijn zorgvuldig voorbereide betoog werd snel gevolgd door andere, die hij voor de vuist weg hield. De stad was vol hartstochtelijke nationalisten die zich verzameld hadden in de hoop op een patriottisch avontuur en gewelddadige actie, en die allemaal een beroep deden op D'Annunzio om het goede voorbeeld te geven. Steeds weer sprak hij hen toe – in vier dagen hield hij zeven redevoeringen.

Een week later reisde hij verder naar Rome. Op foto's uit die tijd is te zien dat de straten en pleinen rond het station zwart zagen van de mensen die waren gekomen om hem te verwelkomen. Eén keer scheelde het niet veel of hij werd door zijn bewonderaars onder de voet gelopen, hij kon nog net via de keuken van een hotel in veiligheid worden gebracht. In de dagen daarna sprak hij herhaaldelijk steeds hysterischer mensenmassa's toe. Hij sprak vanaf zijn balkon. Hij onderbrak een voorstelling in het Constanzi Theater om het publiek toe te spreken. Hij sprak op het Capitool.

Met zijn retoriek ondermijnde D'Annunzio op grondige wijze zowel de nieuwe instituties van de Italiaanse democratie als de oude aristocratische politiek. 'Het commando wordt overgedragen aan het volk,' verkondigde hij, en zichzelf, de 'gewapende dichter', riep hij uit tot spreekbuis van dat volk. Zijn taal werd steeds gewelddadiger, zijn opvattingen steeds revolutionairder. De regering, die nog altijd de lijn van de verzoening volgde, viel hij in bijtende bewoordingen aan. De regering pleegde landverraad. Heel Rome stonk ernaar. Mensen die nog steeds aarzelden om de oorlog te verklaren waren verraders, moordenaars van de *patria*, de beulen van Italië. Hij daagde het gevestigde gezag openlijk uit: 'Indien het als een misdaad wordt beschouwd burgers op te hitsen tot geweld, beroem ik mij erop dat ik die misdaad bega.' Hij riep het Romeinse gepeupel op om eigen rechter te spelen, en spoorde hen aan om hun onwaardige leiders niet alleen af te wijzen, maar ze ook te grazen te nemen. 'Verklaar ze vogelvrij. Vorm knokploegen. Laat ze in jullie hinderlagen lopen en neem ze te grazen... Wees meedogenloos. Dat is jullie recht.' Een waarnemer meldt dat het applaus, toen hij even zweeg, stormachtig was – en toen hij verder sprak 'zwol de storm aan tot een cycloon'.

Dagen achtereen verkeerde Rome in een staat van oproer. Aangestookt door D'Annunzio probeerde het gepeupel het parlementsgebouw te bestormen. Ze vielen de woning van de premier aan, waarbij ze een brandweerwagen als tank gebruikten. Ze luidden alle kerkklokken, volgens een oude traditie in geval van nood een algemene oproep om naar de wapens te grijpen. Honderden mensen werden gearresteerd. D'Annunzio was buiten zichzelf. In zijn aantekenboekjes staat het delirium beschreven, zijn eigen en dat van het volk: 'Er is niets van mijzelf in mij over. Ik ben de demon van het tumult, ik ben de genius van het vrije volk... Ik ben niet meer alleen bedwelmd door mezelf, maar door mijn hele soort.' Op 13 mei trad de premier af en elf dagen later verklaarde de nieuwe regering Oostenrijk en Duitsland de oorlog.

Een van de relschoppers die maand was Benito Mussolini, voormalig soldaat en journalist. Mussolini was hoofdredacteur geweest van de socialistische krant *Avanti!*, maar hij was uit de socialistische partij gezet omdat hij deelname aan de oorlog bepleitte. In zijn eigen, nieuwe krant, *Il Popolo D'Italia*, ging hij woedend tekeer tegen 'dode' neutralisten en verzoeners, spoorde hij zijn lezers aan om parlementsleden in de rug te schieten en beval hij de louterende en verheffende effecten aan van het vermoorden van buitenlanders. Als een eigentijdse Clodius stimuleerde hij de vorming van *fasci*, groepen die, net als de *collegia* van Clodius, zogenaamd bedoeld waren voor nut en bescherming van de gemeenschap, maar die eigenlijk in dienst stonden van het geweld en de verheerlijking van hun leider. De inmenging van D'Annunzio was hem zeer welkom. Tien jaar later omschreef hij de gebeurtenissen van mei 1915 als een 'revolutie' en pochte hij dat het Italiaanse volk in die glorieuze maand was opgestaan tegen zijn corrupte en lafhartige leiders, en het recht had opgeëist hun reputatie en de collectieve heldhaftigheid van hun geslacht te bewijzen.

In 1919, toen de oorlog voorbij was, trok D'Annunzio aan het hoofd van een vrijwilligersleger van muiters en deserteurs naar de Kroatische havenstad Fiume (tegenwoordig Rijeka). In weerwil van alle wensen en wetten van de gekozen regering van Italië, annexeerde hij de stad uit naam van Italië, zoals Garibaldi de Beide Siciliën voor Italië had veroverd zonder zich iets aan de Italiaanse koning gelegen te laten liggen. Hij hield de stad meer dan een jaar bezet, waarmee hij het gezag van de wettige leiders van het land drastisch ondermijnde. Intussen hadden de *fasci* van Mussolini de natie in een toestand van wetteloosheid gestort; in een soortgelijke, uitzichtloze situatie had Cato verzucht dat Rome onder het juk van Pompeius nog beter af zou zijn dan met die aanhoudende chaos. In 1922 voltooide Mussolini het afbraakproces dat D'Annunzio had ingezet, en dwong hij de gedemoraliseerde en in diskrediet gebrachte regering er met zijn dreigementen toe hem het premierschap aan te bieden.

Zowel de dandy-dichter als de demagoog riep de smetteloze en bezielde Garibaldi in als patroon van hun aanvallen op de staat die hij zelf gecreëerd had. Garibaldi was in 1848 in Europa op het politieke toneel verschenen in de rol die Mazzini hem had toegewezen: als een eigentijdse paladijn, een antichristelijke kruisvaarder, afkomstig uit een eenvoudiger en grootser tijdperk, met wapperende lange haren, en principes die nog niet bedorven waren door de hedendaagse realiteit. Twee generaties later dong zowel D'Annunzio als Mussolini naar het leiderschap van Italië – beiden waren publiekstrekkers, beiden waren volleerde performers, en beiden probeerden Garibaldi's antieke grandeur voor zichzelf op te eisen. Beiden namen zijn redenaarsstijl over – met gescandeerde vragen en antwoorden die van elke politieke bijeenkomst een soort eredienst maakten. Beiden bedachten een groet die was ontleend aan de ene opgestoken vinger van de Garibaldi-groet. Beiden refereerden geregeld aan hem, en probeerden zijn roem voor hun eigen karretje te spannen. In 1862 had Garibaldi opgeroepen tot de vorming van groepjes gewapende burgerwachten, naar het voorbeeld van de *fasci* van het oude Rome; Mussolini nam zowel het concept als de naam over. In 1915, op het hoogtepunt van een van zijn speeches op het Capitool, trok D'Annunzio met een dramatisch gebaar het zwaard van Nino Bixio, de kameraad van Garibaldi, en kuste het, terwijl hij zwoer de strijd voort te zetten die Garibaldi was begonnen. Telkens weer riep hij het beeld van

489

de Duizend van Garibaldi voor ogen, die 'bezeten van de schoonheid van de dood naar Palermo waren vertrokken'. Hij vleide de massa's met de beroemde woorden van Garibaldi: 'Soldaten van de Italiaanse vrijheid, met strijdmakkers als jullie durf ik alles aan.' Toen hij vier jaar later aan zijn mars naar Fiume begon – het gedemoraliseerde Italiaanse leger week voor hem of sloot zich bij hem aan, net als het Napolitaanse leger voor Garibaldi was gezwicht bij zijn opmars door Calabrië – jubelde hij dat de zonsopgang de hemel doordrenkte met garibaldijns rood.

Garibaldi was geen democraat. Hij had het vaak over 'het volk', maar hij zei ook: 'De vrijheid moet de mensen soms worden opgelegd voor hun eigen toekomstige bestwil.' In Rio Grande do Sul streed hij, zoals zijn eigen verslag zonneklaar maakt, voor de onafhankelijkheid van een volk dat er duidelijk de voorkeur aan zou hebben gegeven met rust te worden gelaten. In 1849 liet hij zich in de Romeinse assemblee kiezen door bedrog: hij werd gekozen door zijn eigen garibaldijnen, van wie slechts enkele Romeinse ingezetenen waren. In 1860, toen in Nice een referendum werd gehouden over de beoogde annexatie door Frankrijk, beraamde hij het plan om de haven binnen te lopen, de stembureaus te overvallen en de stembussen te vernietigen. Een jaar later, na zijn aanval op Cavour in het Piemontese parlement, schreef een voormalige strijdmakker hem een open brief: 'U bent niet de man die ik dacht dat u was, u bent niet de Garibaldi van wie ik hield... U plaatst uzelf boven het parlement, en overlaadt afgevaardigden die niet denken zoals u met schimpscheuten en verwensingen; boven het land, dat u wenst te sturen waarheen en hoe u dat het beste lijkt.' Er zit een kern van waarheid in die beschuldigingen.

Garibaldi was een autocraat van nature. Zijn volgelingen noemden hem *il Duce*, een titel die Mussolini van hem zou overnemen. Als gevestigde regeringen niet aan zijn wensen konden voldoen, handelde hij buiten hen om of ging ertegenin. Toen zijn roodhemden op het Europese toneel verschenen, kwamen ze schilderachtig en kleurrijk over, als krijgsvolk uit lang vervlogen tijden, of een broederschap van middeleeuwse ridders. Achteraf bezien lijken ze niet zozeer terug te grijpen op een pittoresk verleden, als wel de voorbodes van een akelige toekomst. Garibaldi had de beste bedoelingen. Hij was even verheven en onbaatzuchtig als Cato, over wie Dio Cassius had geschreven dat hij de enige van zijn tijdgenoten was die 'deelnam aan het openbare leven op grond van zuivere motieven en niet uit enig verlangen naar persoonlijk gewin'. Hij was onzelfzuchtig, toegewijd, altruïstisch. Als hij naar macht streefde of ongeregelde legers op de been bracht, was dat alleen om zijn zaak des te effectiever te kunnen dienen. Toch verbindt een duidelijke lijn van afstamming hem – met zijn Miljoen Geweren Fonds, zijn illegale Gewapende Natie die hij 'de droom van mijn leven' noemde, zijn schietclubs – met despotisme en moorddadige wreedheid.

In 1922 kwam Mussolini aan de macht na een massademonstratie die hij zelf nogal pompeus de 'Mars naar Rome' noemde. Hij werd gefascineerd door grote mannen uit het verleden (hij schreef een toneelstuk over Napoleon dat in 1932 in Londen werd gespeeld) en mocht graag hun persoonlijkheid 'lenen'. Bij zijn mars naar Rome volgde hij het voorbeeld van Julius Caesar (in zijn ogen 'de grootste man die ooit heeft geleefd'), en maakte hij tegelijkertijd aanspraak op de glamour van een soort tweede Garibaldi, naar wiens voorbeeld hij zich de archaïsche titel dictator zou aanmeten. Mussolini begreep heel goed dat stijl en presentatie van het hoogste belang waren voor iedereen die politieke invloed wilde verwerven en behouden. 'Woorden hebben hun eigen, geweldige macht,' schreef hij. 'Slechts de mythe kan kracht en energie verlenen aan een volk dat op het punt staat zijn bestemming gestalte te geven.' Toen zijn moment was gekomen, greep hij terug op het voorbeeld van Italiës favoriete held. Garibaldi arriveerde per trein in Napels, ver voor zijn leger uit, om een koninkrijk te veroveren met de macht van zijn persoonlijkheid. Zo reisde Mussolini per trein naar Rome, een dag voor de fascisten uit die hem vanuit heel Italië achterna trokken – zijn zwarthemden volgden hun glorieuze leider zoals de roodhemden van Garibaldi hun *Duce* hadden gevolgd.

Is een held eenmaal dood en begraven, dan kan hij zelf niet meer kiezen voor welke zaken zijn charisma wordt aangewend. Rebecca West, een uitgesproken tegenstander van het fascisme in al zijn verschijningsvormen, schreef ooit: 'De mannen die aanbidding oproepen, die zijn wat natuurlijke leiders worden genoemd (wat betekent dat mensen een onnatuurlijke bereidheid voelen om hen te volgen), zijn meestal leeg. Mensen hebben holle vaten nodig waar ze hun fantasieën in kwijt kunnen om ze vervolgens te bewonderen, zoals ze vazen nodig hebben als ze hun huis met bloemen willen versieren.' Eigenlijk was Garibaldi noch een van de andere helden wier verhalen in dit boek verteld zijn een hol vat, maar elk van hen zou in de eerste helft van de twintigste eeuw worden gebruikt als vitrine voor de uitstalling van andermans fantasieën.

In het epische gedicht van Alfred Noyes spreekt Francis Drake zijn bemanning toe in nationalistische termen die een elizabethaan bizar in de oren zouden hebben geklonken; als hedendaagse sporters worden ze verondersteld hun land te vertegenwoordigen.

'Het wijd open oog van de wereld kijkt toe, en onze zielen
Zijn verweven in één grote vlag
Van Engeland.'

491

De Drake van Noyes is vast van plan die vlag over de hele aardbol te planten. In Californië heeft hij een visioen van zijn land zoals het eens zal zijn:

'Een Macht voor de weerlicht van wiens wapens
Duisternis zou moeten sterven, en alle onderdrukking stoppen.'

Dat is een visioen waarin duidelijk de echo doorklinkt van wat Vergilius Anchises, de vader van Aeneas, laat profeteren ten aanzien van Rome. Vergilius bekrachtigde de keizerlijke ambities van zijn heer Augustus plechtig door een figuur uit het legendarische verleden op te roepen. Zo ook gaven de Britten uit het Victoriaanse tijdperk zichzelf extra glans en luister door Francis Drake om te vormen tot een figuur die ze konden bewonderen – een patriottische, plichtsgetrouwe man als de *pius* Aeneas, die zich door geen andere emotie laat leiden dan liefde voor zijn vaderland – en door van hem te beweren dat hij hun Imperium had voorzien en helpen vestigen. Bij zijn leven hadden edelen uit de heersende klasse neergekeken op die vulgaire piraat met wie hun koningin zo irritant wegliep, maar in 1933 zette Winston Churchill in zijn biografie van zijn voorvader, de eerste hertog van Marlborough, alle zeilen bij om te benadrukken dat de hertog verre familie was van Drake (en hij zelf dus ook).

Waar Drake een Britse imperialist werd, werd Rodrigo Díaz een Spaanse imperialist. Onmiddellijk na zijn dood werd zijn levenloze lichaam te paard teruggebracht naar Castilië, om daar bij te dragen aan de grootsheid en de glorie van een monarchie die hem had verworpen en aan het prestige van een godsdienst die hij misschien wel aanhing, maar misschien ook niet. In later eeuwen werd de onverslaanbare krijgsheer die twee keer uit Castilië was verbannen, de symbolische held van een staat die pas vier eeuwen na zijn dood in het leven zou worden geroepen. Een van de dochters van de Cid was getrouwd met de koning van Aragón; dankzij haar konden de eerste vorsten van een verenigd Spanje er aanspraak op maken dat de Cid hun voorvader was. Keizer Karel v gaf opdracht het stoffelijk overschot van Rodrigo Díaz van Cardena over te brengen naar de beroemdere kathedraal van Burgos, en het daar bij te zetten in een graftombe die paste bij 'de faam, de verhevenheid en de daden van de Cid, wiens heldenmoed heel Spanje tot eer strekt'.

Die tombe werd van lieverlede gezien als de niet meer dan tijdelijke rustplaats van iemand die (altijd 'wakker en waakzaam' als Drake) wellicht eens zou opstaan – een dreigende dan wel troostende gedachte, afhankelijk van het gezichtspunt. De eeuwen verstreken en het historische gehalte van de Cid werd in twijfel getrokken. Miguel de Cervantes meende dat het 'geen twijfel lijdt dat zulke mannen als de Cid hebben bestaan, maar dat we niettemin reden hebben om ons af te vragen of ze ooit die roemruchte daden hebben verricht die aan hen worden toegeschreven'. Toen de troepen van Napoleon zijn tombe in Burgos als schietschijf gebruikten, waarmee ze het heiligdom van het Spaanse nationalisme bewust schonden, vreesde hun generaal het ergste voor de betrekkingen met de plaatselijke bevolking; hij bood aan om hen schadeloos te stellen, maar een Spaanse historicus stelde hem gerust: hij hoefde zich nergens druk om te maken, de Cid was een mythische figuur en zijn tombe was leeg. Maar of de Cid daar nu lag of niet, zijn tombe was de schatkamer van de Spaanse militaire trots, en de Spaanse wil om te veroveren en te overheersen. In 1898 werd Spanje door de Verenigde Staten verslagen en verloor het land zijn Amerikaanse imperium. De liberaal Joaquin Costa riep alle Spanjaarden op om de verlaagde status van hun land vreedzaam te aanvaarden, en hij bediende zich in zijn oproep van het beeld van die tombe: 'Laat ons de tombe van de Cid met zeven sleutels sluiten.' In de volgende generatie zou Francisco Franco het beeld ook weer gebruiken, maar dan net andersom. Het was de grote angst van lafaards en van middelmatigen, zei hij, 'dat el Cid uit zijn graf zou opstaan en zich zou incarneren in de nieuwe generatie'. Die angst was bewaarheid, want Franco was – of beweerde dat althans te zijn – de geest van de Cid die weer vlees was geworden.

In 1936, toen Franco en zijn falangisten in opstand kwamen tegen de gekozen regering van het socialistische Volksfront, konden ze verzekerd zijn van de steun van Burgos, de stad waar de Cid was geboren en begraven, en waar 'zelfs de stenen', zoals één burger van Burgos trots verklaarde, 'nationalistisch waren'. In diezelfde stad werd een krant opgericht die *Mio Cid* heette. In het eerste hoofdartikel van deze krant werden de mensen opgeroepen Franco te steunen en 'in heel Spanje het vaandel van de Cid te planten'. Franco was zich evenzeer als Mussolini bewust van het belang van propaganda en presentatie. Gedurende de hele burgeroorlog deden ballades de ronde die aan zijn pr-kantoor waren ontsproten, en waarin zijn naam werd gekoppeld aan die van de nimmer verslagen Rodrigo Díaz. En zijn pr-mensen zagen erop toe dat hij door zijn aanhang overal werd binnengehaald als 'de Cid van de twintigste eeuw'. De graftombe leek zich te hebben geopend. De held verkeerde weer onder zijn volk.

In 1939 volgde Franco's triomfantelijke intocht in Madrid. Ter voorbereiding op die grote gebeurtenis had hij eerst een persverklaring uitgegeven waarin stond dat zijn intocht 'volgens het ritueel zou verlopen dat ook in acht werd genomen toen Alfonso vi, vergezeld van de Cid, in de Middeleeuwen Toledo veroverde'. (Toen Alfonso Toledo innam, was Rodrigo nog in ballingschap, en diende hij de koningen van Zaragoza.) Franco's overwinningsparade duurde vijf uur en de stoet bereikte een lengte van vijfentwintig kilometer, overal verlicht door enorme vreugdevuren. Tweehonderdduizend soldaten, sommigen met enorme kruisbeelden, marcheerden langs de generaal. Het hoogtepunt kwam toen Franco naar de kathedraal van Santa Barbara ging en daar plechtig zijn zwaard op het hoogaltaar legde, 'in de traditie van de Cid Campeador na de bevrijding van Toledo'. Dat die traditie helemaal niet bestond, was niet van belang. Het ging erom dat de generaal zich bekend had gemaakt als de nieuwe incarnatie van de kwaliteiten die de Cid voor hem belichaamde, 'het hele mysterie van de grote Spaanse heldendichten: dienstbaarheid aan edele ondernemingen; plicht als norm; strijd in dienst van de ware God'.

Een heerser met een macht die geen precedent kent en die al evenmin grondwettig is, heeft een titel nodig met een illustere voorgeschiedenis om de macht die hij gegrepen heeft de schijn van legitimiteit te geven. Mussoloni eigende zich Garibaldi's bijnaam *il Duce* toe. Franco noemde zich '*Caudillo*', een titel die hij geleend had van de middeleeuwse koningen van Asturië. In een schoolboek dat onder zijn regime geautoriseerd was, stond uitgelegd dat 'een *Caudillo* een geschenk is dat God aan naties geeft die het verdienen... een afgezant die door Gods plan is opgestaan om zorg te dragen voor de verlossing van de natie'.

Alcibiades probeerde de Atheense volksvergadering ervan te overtuigen dat alle Atheners zich groter en machtiger zouden moeten voelen bij zijn persoonlijke roem; evenzo was het een leerstuk van het twintigste-eeuwse fascisme en aanverwante politieke stromingen dat de grootheid van een groot man zijn volgelingen met eerbied en dankbaarheid zou moeten vervullen, en dat die volgelingen zelf in die grootheid meedelen. 'Eer komt allen toe door hem die te goeder uur geboren is,' schreef de auteur van het *Poema de Mio Cid*. Ramón Menéndez Pidal, de nationalistische historicus wiens geweldig invloedrijke boek *La España del Cid* uit 1929 onder Franco verplichte kost was op alle militaire academies, las die regel uit de *Cid* als uitdrukking van de 'mystieke verbintenis van de held met zijn Spanje'. Door zich erin te schikken dat hun heerser een bijna ongelimiteerde macht heeft, kan een heel volk deel hebben aan zijn schitterende bestemming. Een bondgenoot van Franco hield de Cortés voor dat 'God ons de immense genade heeft geschonken van een uitzonderlijke *Caudillo*, als een van die gaven die de Voorzienigheid een natie, voor een waarlijk groot doel, elke drie of vier eeuwen gunt'. Zoals Hegel had geschreven, belichamen de doelen die grote mannen zich stellen 'de wil van de wereldgeest'. Het blote bestaan van zo'n man verheft zijn volgelingen boven elke kritiek. Zij genieten een goddelijk voorrecht, en hebben feitelijk carte blanche. Zijn verschijning onder hen is een blijk van Gods zegen, en tevens het bewijs dat hun daden, hoe betreurenswaardig ook, middelen zijn tot een onloochenbare bestemming, een 'waarlijk groot doel'.

Ook in Duitsland bediende een nieuwe Übermensch zich van de persoonlijkheid van een Übermensch uit het verleden. In de tijd van Wallenstein deden profetieën de ronde over een grote Teutoonse held die vrede zou afdwingen en die heel Europa zou verenigen onder een Duitse keizer. 'En in het uur van Mars,' verkondigde Simplicissimus, 'zal Vulcanus hem een zwaard smeden, waarmee hij de hele wereld zal onderwerpen.' Op het hoogtepunt van zijn succes had Wallenstein zich het keizerrijk als een ander rijk voorgesteld. Alle macht zou gecentraliseerd zijn, alle prinsjes met geweld tot volgzaamheid gedwongen, en grote nieuwe gebieden zouden zijn geannexeerd. Veilig binnen zijn geweldig uitgebreide grenzen zou het eens vervallen Heilige Roomse Rijk, als hij zijn visioen had mogen verwezenlijken, een metamorfose hebben ondergaan tot een nieuw en veel ontzagwekkender instituut, een gloednieuw Reich.

De *Wallenstein*-trilogie van Schiller werd voor het eerst opgevoerd in 1799, het jaar dat Napoleon in Frankrijk de macht naar zich toetrok als Eerste Consul; verscheidene critici vatten het stuk op als een bedekte toespeling op die hedendaagse *Generalissimo* met zijn keizerlijke aspiraties. In de Eerste Wereldoorlog schreef Alfred Döblin een epische roman waarin Wallenstein een moderne industrieel en speculant is, 'een barbaar en een plunderaar' die profiteert van de inflatie' – maar hij kreeg ook een iets verhevener karakter. In 1918 begroette Oswald Spengler hem als de personificatie van de 'keizer idee.' Er was geen keizer meer, maar de idee hield stand. 'Het Duitse zoeken naar een leider maakt deel uit van de Duitse geschiedenis,' schreef een Engelse biograaf van Wallenstein in 1938, 'en het ligt voor de hand dat Duitsland nu, meer dan ooit, teruggrijpt op de eenzame figuur van Wallenstein, dat het onderzoekt wat hem voor ogen stond, het *Führerprinzip* verheerlijkt dat hij verondersteld zou kunnen worden te vertegenwoordigen, en zijn gigantische ambities met mystiek omgeeft.' De nieuwe *Führer* onderschreef dat. 'Wij Duitsers zouden moeten leren van het voorbeeld dat Wallenstein ons stelt,' hield Adolf Hitler zijn naaste medewerkers voor.

De klassieke geschiedenis van de Dertigjarige Oorlog van de hand van de Britse historicus C. V. Wedgwood werd in 1938 gepubliceerd. Overal in zijn boek klinkt de echo door van de tijd waarin het werd geschreven. Wedgwood schreef dat Wallenstein, 'misschien als eerste onder de Europese heersers, een staat had bedacht waarin alles was afgestemd op oorlogvoering'. Nu had hij een navolger. Wallenstein had een school opgericht voor jongens uit de hogere kringen, waar hij zijn toekomstige volgelingen op zijn eigen manier opleidde; Hitler had zijn *Hitlerjugend*. Wallenstein had van zijn landgoederen grote fabrieken gemaakt voor de bevoorrading van zijn legers; Hitler had heel Duitsland veranderd in een *Wehrwirtschaft*, een economie waarin alles gericht was op militaire belangen. Wallenstein had tegen de keizer gezegd dat een leger van gemiddelde grootte een financieel blok aan het been was, maar dat een enorm leger zichzelf kon bedruipen; Hitler, expansiegericht en expansionistisch als hij was, liet weten het voorbeeld van Wallenstein te volgen – 'Net als hij, moeten wij, Duitsers, leren ons te hoeden voor halve maatregelen, en onze koers richten op grootheid en verhevenheid.'

'Van alle mensen haat ik hen die zacht en halfslachtig zijn het meest,' schreef Nietzsche. Het is heroïsch om halve maatregelen te minachten, om absoluut te zijn in het streven naar grootheid, of raciale zuiverheid, of wereldheerschappij, of wat het doel ook moge zijn. Maar als de menselijke samenleving wil voortbestaan is het tevens ontoelaatbaar. De Ulysses van Shakespeare stelt de heroïsche insubordinatie van Achilles in welgekozen bewoordingen aan de kaak. Achilles heeft met zijn opstandigheid de snaar van de 'rangorde' ontstemd en zo een kakofonie gemaakt van wat de harmonische samenklank zou moeten zijn van een groep die het wederzijdse belang van allen nastreeft en behartigt. Door te weigeren zijn plaats in te nemen in de ordelijke structuur van zijn gemeenschap, heeft de held de fijne banden van plicht en verantwoordelijkheid die het ene individu aan het andere binden verbroken, en de weg bereid voor een nietzscheaanse chaos waar

> 'Alles wordt beheerst door macht,
> Macht door willekeur, willekeur door begeerte,
> En begeerte, een universele wolf,
> Dubbel gesteund door willekeur en macht,
> Kan niet anders dan een universele prooi nemen
> En uiteindelijk zichzelf opvreten.'

De Antigone van Sophocles koos voor de dood, en haar verhevenheid ontroert ons. Maar Ismene koos voor het leven, en daarmee voor een moeilijker optie. De Europese dictators van de jaren dertig van de twintigste eeuw kozen voor de dood en richtten hun koers op grootheid. Ze hadden echter een primitieve kijk op het begrip 'grootheid' – de drie die ik heb genoemd stelden grootheid alle drie min of meer gelijk aan pompeusheid; toch had hun streven iets herkenbaar heroïsch. *On Heroes* van Carlyle was onder het naziregime verplichte kost voor Duitse studenten. 'Het is beter één dag als leeuw te leven, dan honderd jaar als schaap,' zei Mussolini, een uitspraak waarmee hij de verschrikkelijke keuze van Achilles onderschreef en de Cato van Addison nazei, wiens eerste woorden luiden: 'Een dag, een uur deugdzame vrijheid is beter dan een eeuwigheid slavernij.' Ze waren even onverzettelijk als Cato, even solipsistisch als Alcibiades, even gewelddadig en furieus als de voortreffelijke Achilles, even tuchteloos als Drake. De Britten hadden het blazoen van Drake gereinigd om een acceptabele nationale held van hem te maken, maar in het buitenland was hij nog steeds de criminele avonturier die in Port San Julian elk wettig gezag had afgezworen en zichzelf tot despoot had uitgeroepen van wat een van zijn manschappen 'een samenleving zonder klasse of wet' noemde. Mussolini achtte hem zeer hoog. Toen hij Neville Chamberlain ontmoette, was hij zeer teleurgesteld dat de Britse premier zo weinig leek op 'Francis Drake en de andere schitterende avonturiers die hun wereldrijk hebben gevestigd'. In 1938 maakte de schrijver van een hoofdartikel in de Londense *Daily Mail* hem een compliment dat hem als muziek in de oren moet hebben geklonken: 'Mussolini is een elizabethaan... Hij verhoudt zich tot het moderne Italië zoals Raleigh en Drake zich in de tijd van Elizabeth tot Engeland verhielden.'

In 1846 brachten Carlyle en Mazzini samen een avond door in Londen. Carlyle, die zoveel waarde hechtte aan zwijgzaamheid, stond zelf bekend om zijn babbelzucht. Die avond was zijn conversatie 'een apologie van pure kracht, succes was de toetssteen voor het recht. Als mensen zich niet wilden gedragen, moesten ze aan de ketting. Zoek een held en laat de mensen zijn slaven zijn. Het was heel Titanisch en Anticeleetijns.' Mazzini werd, al luisterend, 'buitengewoon treurig'. Carlyle kan niet verantwoordelijk worden gehouden voor de politieke doeleinden waar zijn waardebepaling van hel denverering voor gebruikt werd, net zomin als Nietzsche – die een hekel had aan Duitsers en vooral aan het Duitse antisemitisme – verantwoordelijk kan worden gehouden voor het feit dat zijn theorieën genade vonden in de ogen der nazi's. (Er is ooit op niet ongeloofwaardige wijze uiteengezet dat Hitler in geen van zijn boeken ooit verder kan zijn gekomen dan de titelpagina.) Maar dat er een link bestaat tussen heldenverering en het soort politieke kruiperigheid dat de weg bereidt voor een autoritair systeem is evident. Zelfs Emerson, die schreef dat 'het leven slechts zoet en verdraaglijk is in ons geloof in grote mannen', die zijn lezers aanspoorde: 'Dien de groten. Zie niet op tegen vernedering. Doe geen taak met tegenzin die u verrichten kunt. Wees de ledematen van hun lichaam, de adem van hun mond', erkende dat een held 'zich de geesten van anderen kan toe-eigenen en ze volledig in beslag nemen', ja, dat zijn aanbidders 'intellectuele zelfmoordenaars' zijn. Simone Weil, die Homerus las in de jaren dertig van de twintigste eeuw, zag de *Ilias* door het prisma van de gebeurtenissen in die tijd als 'het epos van macht en geweld' en bespeurde een verband tussen Achilles (de belichaming van de heroïsche macht die de sterken de vrije hand geeft door de rechten van de zwakken teniet te doen) en de sterke heersers die er in die jaren op gebrand waren hun naties te zuiveren van 'decadente' zwakheid. 'Telkens als de mens groeit in grootheid en in hoogte, is er ook groei in diepte en schrikwekkendheid,' schreef Nietzsche. 'De held is een kwelling en een verschrikking.'

Er zijn twee homerische heldendichten, twee toonbeelden van heldhaftigheid. Odysseus is een krijger als Achilles, maar er zijn fundamentele verschillen tussen die twee. Achilles waardeert oorlogsbuit alleen om de eer die hij vertegenwoordigt, maar Odysseus wil rijk worden: hij is een bandiet en een plunderaar als de Cid, zonder enige aanleiding overvalt hij vreedzame nederzettingen, net als Drake, die pocht dat hij 'naar de hel en terug is geweest, alleen om te roven'. Achilles is een man die de waarheid spreekt. Hij zegt de man te verfoeien 'die er heimelijk andere gedachten op na houdt dan die hij openlijk uitspreekt' zoals hij de poorten van Hades verfoeit, en hij meent het. Odysseus zegt hetzelfde in bijna identieke bewoordingen maar als hij het zegt weten we dat hij liegt. Hij is een oplichter, een draaier, een dwangmatige leugenaar. Hij is moreel geen haar beter dan Achilles – integendeel – maar hij is menselijker. Achilles is een incarnatie van Thanatos. Odysseus dient Eros. Achilles staat op majestueuze wijze alleen, Odysseus ziet zichzelf als deel van een gemeenschap waar hij ooit weer deel van hoopt uit te maken. In het begin van de *Odyssee* woont hij op zijn gemak op een prachtig eiland, gekoesterd door een liefhebbende nimf. Hij heeft alles wat een man zich zou kunnen wensen, maar hij leidt een geïsoleerd bestaan. Het ontbreekt hem aan betrekkingen met andere mensen. Het ontbreekt hem aan verantwoordelijkheden. Hij verlangt ernaar weer echtgenoot, vader, zoon en gezinshoofd te zijn. Hij is het held-zijn moe, hij wil geen godgelijkend beest meer zijn: hij wil mens zijn. Zijn verhaal leidt niet, zoals dat van Achilles, naar een luisterrijk graf, maar naar zijn huwelijksbed.

Na de dood van Achilles sleepte de Trojaanse oorlog zich grimmig voort, tot Odysseus hoorde van een profetie dat de stad niet zou vallen vóór de Grieken de wonderbaarlijke boog van Heracles terughaalden. Heracles had die boog aan Filoktetes gegeven, een krijger die jaren eerder door een slang was gebeten en toen was achtergelaten op een verlaten rots in zee omdat zijn scheepsmakkers zijn onophoudelijke gekrijs van pijn en de weerzinwekkende stank die uit zijn ongeneeslijke wond opsteeg niet konden verdragen. Sophocles vertelt het verhaal verder. In de wetenschap dat Filoktetes, zolang hij de boog in zijn bezit heeft, niet te overweldigen is, en dat hij hem nooit vrijwillig zal afstaan aan degenen die hem zo wreed hebben verlaten, gaat Odysseus naar het eiland. Hij neemt Neoptolemos mee, de zoon van Achilles, die Filoktetes nog nooit heeft gezien. Eenmaal op het eiland legt hij aan de jongen uit dat hij zijn ware identiteit moet verhullen en de gewonde man er met een list toe moet brengen de boog af te staan. Neoptolemos, een echte zoon van zijn vader, is ontzet. 'Acht u het dan niet verkeerd om een leugen te vertellen?' 'Nee,' zegt de sluwe Odysseus, 'niet als welslagen en veiligheid ervan afhankelijk zijn,' en hij rechtvaardigt zichzelf met de simpele verklaring: 'Ik ben wat ik wezen moet.' Neoptolemos moet kiezen tussen de weg van Achilles, de weg van geweld en van eer, en de odysseeaanse weg van bedrog en opportunisme. Hij aarzelt, deinst voor beide terug, maar uiteindelijk blijft hem die onmogelijke keuze bespaard als Heracles van de Olympus afdaalt om het probleem op te lossen. De conclusie die Neoptolemos uit die ervaring trekt is er een waarin zowel de dodelijke eer van Achilles als de draaikonterij van Odysseus impliciet wordt afgewezen. 'Elk van ons moet het leven leiden dat God hem geeft; daar kan niemand zich aan onttrekken.'

Dat is echter niet makkelijk. Het lied dat de sirenen zingen gaat over 'al wat daarginds in het breed zich uitstrekkend Troje Grieken en [het Trojaanse] volk door de wil der goden doorstonden'. De verleiding die zij bieden is verlossing van het harde werk dat het kost om weer terug te keren naar de beschaafde samenleving, en in plaats daarvan voorgoed te kiezen voor de grootsheid en eenvoud van de oorlog. Het is bijna onweerstaanbaar. Slechts weinig homerische helden weten thuis te komen. En zelfs voor diegenen die aan schipbreuk ontsnappen, is de terugkeer naar het burgerbestaan even gevaarlijk en traumatisch als alles en iedereen waar ze zich op het slagveld mee geconfronteerd hebben gezien. Agamemnon overleeft tien jaar oorlog en keert terug met zijn buit en trofeeën om, naakt en weerloos in zijn bad, te worden afgeslacht door zijn eigen vrouw. Ook voor Odysseus is het huis waar hij naar verlangd heeft, zijn Ithaka, vergeven van de vijanden – voor hij zijn plaats weer kan opeisen en innemen, moet hij de vloeren van zijn paleis drenken met hun bloed.

Nietzsche bepleitte een gevaarlijk leven. Hij spoorde zijn lezers aan om te 'bouwen op de hellingen van de Vesuvius', om 'rovers en vandalen' te zijn, om het conflict te zoeken teneinde grootsheid te ervaren. Maar geprikkeld als hij werd door risico's en de nabijheid van de dood, verlangde hij er ook wanhopig naar om van het leven te houden en het scheen hem toe (gekwelde en eenzame man die hij was) dat ja zeggen tegen het leven de heldhaftigste prestatie zou zijn die een mens zich kon voorstellen. Een generatie eerder had Charles Baudelaire zich enthousiast uitgelaten over de bijzondere bekoring die uitging van soldaten – 'Een uitzonderlijke mengeling van sereenheid en vermetelheid; een schoonheid die daar ontspringt waar het elk moment nodig is stervensbereid te zijn' – maar in de ogen van Nietzsche was het de bereidheid om te leven die waarlijk moedig, waarlijk subliem was.

Net als Achilles, net als misschien wel iedereen, hunkerde Nietzsche naar onsterfelijkheid. Hij verkondigde de dood van God. Hij ontmaskerde het troostrijke beeld van een leven na de dood als een illusie. Hij hamerde er geregeld en met hartstocht op dat de eindige periode van bewustzijn die het fysieke leven behelst het enige was dat wij verwachten konden. Niettemin werkte hij een theorie uit die de belofte in zich hield van een eeuwigdurend leven. Hij noemde dat de 'eeuwige terugkeer': 'Nu sterf ik, en verga... en onmiddellijk ben ik niets. Zielen zijn net zo sterfelijk als lichamen. Maar het complex van oorzaken waarin ik verstrikt zit zal terugkeren – en mij opnieuw scheppen! ... Ik zal terugkeren, bij deze zon, bij deze aarde... niet in een nieuw leven of een beter leven of een soortgelijk leven – ik zal eeuwig terugkeren naar dit volkomen identieke leven.'

Hij maakte nooit expliciet hoe die 'terugkeer' in zijn werk zou gaan. Maar hij was er wel duidelijk over hoe wij ertegenaan zouden moeten kijken. Voor de inferieure meerderheid, veronderstelde hij, zou het vooruitzicht telkens weer hetzelfde leven te moeten leiden wel net zo vreselijk zijn als het kennelijk voor hem was. Maar verhevener mensen zouden het met vreugde omarmen. 'Vreugde wil zichzelf, wil eeuwigheid, wil herhaling, wil alles eeuwig hetzelfde.' De Übermensch, de held, hongert naar elke ervaring, hoe verschrikkelijk ook. Hij 'wil de honing, hij wil het noodlot, hij wil bedwelmde nachten, hij wil het graf... zo rijk is vreugde dat zij dorst naar smart... naar de wereld.' Hij is in staat tot een onvoorwaardelijke en absolute aanvaarding van het menselijk lot, geen teerhartige liefde voor het leven omdat het zo lieflijk is, maar een verregaande en onwrikbare bereidheid van het leven te houden hoewel het alles behálve lieflijk is. 'Hebt u ooit ja gezegd tegen één vreugde? O, mijn vrienden, dan hebt u ook ja gezegd tegen álle ellende. Alles is onderling geketend en verstrengeld, en de liefde omvat alles.' De nietzscheaanse heroïek is geen kwestie van opoffering en verloochening en stoïcijnse zelfrepressie, het is de extatische standvastigheid van een onvoorwaardelijke beaming, niet de heroïek van een Achilles die afstand doet van het leven, maar van een Odysseus die naar de einden van de wereld reist om het terug te krijgen.

Bijna veertig jaar nadat Nietzsches Zaratoestra had gesproken, stuurde James Joyce zijn eigentijdse Odysseus op een wandeling door Dublin. Er was een oorlog aan de gang: Joyce schreef het eerste fragment van *Ulysses* terwijl D'Annunzio sprak in Quarto. De eerste publicatie van de roman, in feuilletonvorm, begon in 1918. Terwijl Joyce schreef, was Europa in hevige beroering en waarde de geest van Achilles rond – tragisch, barbaars en schitterend. Patrick Shaw Stewart, die in 1916 sneuvelde in Vlaanderen, schreef vlak voor zijn dood een gedicht dat tevens een gebed was: 'Sta in de loopgraaf, Achilles,/ Vlamgehelmd, en schreeuw voor mij.'

Het is tegenwoordig gebruikelijk om op de Eerste Wereldoorlog terug te kijken met afgrijzen, om een beeld voor ogen te zien van een landschap dat is veranderd in een zee van modder, zo diep dat je erin kan verdrinken, van ratten, van gewonden die krijsend in het prikkeldraad hangen, van blunderende generaals en onstellende aantallen jeugdige slachtoffers. Maar sommige strijders – hoe kortstondig ook aan het front – ervoeren in die afschuwelijke oorlog dezelfde verrukking als de jonge Spartaanse krijgers die zingend naar het slagveld trokken, dezelfde verrukking die aan de Cid werd toegedicht en die Garibaldi aan de rand van Rome had ervaren toen het Franse vuur op zijn hevigst was. 'Het is allemaal even heerlijk – het is hier leuker dan een mens zich ooit zou kunnen voorstellen,' schreef de jonge Engelse aristocraat Julian Grenfell in een brief van het front. 'De opwinding van het gevecht bezielt alles, elke blik, elk woord, elke handeling.' Ondanks alle misère en pijn en stompzinnige slachtpartijen merkten mannen met een zeker temperament dat ze in vervoering raakten. Soldaten, schreef de Hongaar Aladar Schöpflin in 1914, 'treden de totaliteit van het leven in.' De schilder Max Beckmann schreef na een maand aan het front: 'Ik heb in deze korte tijd meer geleefd dan ik in jaren heb gedaan.' Angst was bedwelmend, en het alomtegenwoordige gevaar dat er een eind aan zou komen gaf het bewustzijn een schitterende intensiteit. 'Een leven in oorlog is een intens leven,' schreef de Britse romancier Ernest Raymond. 'Het is een rijk, een luisterrijk leven. Als ik nooit een granaat op me af had horen komen suizen, zou ik nooit de schielijke huivering van de naderende dood hebben gekend.' Dat was het conflict waar Nietzsche – in zijn vertrouwde stemming van dweepzucht met de dood – zich zo luidend enthousiast over had uitgelaten, het verheffende geweld dat van een duffe burger een Übermensch kon maken. 'De oorlog van 1914,' verklaarde de Duitse socioloog Werner Sombart in 1915, 'is de oorlog van Nietzsche.' 'Nietzsche is onze Bijbel,' bevestigde Rupert Brooke.

Terwijl die extatische krijgers, erfgenamen van Achilles, vochten en – voor het merendeel – ook werkelijk sneuvelden, hield in het boek van Joyce een nieuwe Odysseus, Leopold Bloom, hoorndrager en advertentiecolporteur, zich bezig met zijn stoelgang, bakte hij zijn niertjes voor het ontbijt en ging hij zijn dagelijkse gangetje in een wereld die nog niet ontregeld was door het conflict waar zijn schepper in leefde (Joyce liet zijn boek in 1904 spelen). 'Ik ben een deel van al wat ik ontmoet heb,' verkondigt Ulysses in het gedicht van Tennyson uit 1833. Het was de artistieke missie van Joyce om zijn held even veelomvattend te maken, om elk aspect van de subjectiviteit te erkennen en bevestigen, om het obscene en het triviale mee te nemen naast het grootse, de vluchtige indruk naast de positieve actie, om niets buiten te sluiten of te ontkennen, om 'het leven tot de bodem leeg te drinken,' zoals Tennyson Ulysses laat opscheppen dat hij gedaan heeft, 'eeuwig dolend met een hongerig hart'. Joyce kende zijn Nietzsche. Zijn laatste grote roman, die zijn titel ontleent aan het rijmpje over '*Poor old Michael Finnegan begin again*', is een bouwwerk dat helemaal is opgetrokken uit herhaalde en in elkaar grijpende cycli van vallen en opstaan, van afscheid en thuiskomst, van eeuwige terugkeer. Ook *Ulysses* is, net als de *Odyssee* van Homerus, het verhaal over een man die tot de ontdekking komt dat zijn einde zijn begin omvat, dat het grootste avontuur datgene is dat hem uiteindelijk daar brengt waar hij begonnen is.

De Odysseus/Ulysses/Bloom van Joyce komt drie uur 's nachts dronken thuis om diagonaal op het echtelijke bed te belanden, waar hij blijft liggen snurken terwijl zijn vrouw Molly – zinnelijk, genotzuchtig, een vrouw die van ganser harte omhelst wat de wereld haar te bieden heeft – de monoloog afsteekt waarin Joyce zijn lezers toelaat in ieder deel van haar denkbeeldige bewustzijn en waarin ze haar leven overziet, heden, verleden en toekomst, waarbij ze uiteindelijk in een soort levensbevestigende extase raakt: 'ja en toen vroeg hij me of ik wilde ja of ik ja wilde zeggen mijn bloem van de bergen en eerst sloeg ik mijn armen om hem heen ja... en zijn hart bonsde wild en ja zei ik ja ik wil Ja.' Zo komt ook de homerische Odysseus eindelijk thuis, om met Penelope het grote bed te delen dat uit een levende boom is gesneden. Hij heeft, bijna letterlijk, zijn wortels weer gevonden. Hij heeft het sirenengezang over krijgshaftige roem weerstaan en zijn weg teruggevonden naar zijn plek in een samenleving waar vrouwen zowel als mannen zijn, zwijnenhoeders zowel als soldaten, oude mensen en kinderen zowel als krijgslieden die bereid zijn hun leven te geven, waar leven net zo hoog wordt geacht als sterven. Hij heeft zich, net als Molly Bloom, een nietzsche-aanse ja-zegger betoond, een Übermensch, een man die heldhaftig genoeg is, niet om te sterven, maar om te leven.

Bibliografie

Werken waar in verschillende hoofdstukken uit geciteerd wordt staan onder het hoofdstuk waarvoor ze het meest relevant waren.

Inleiding

Aristoteles, *The Politics*, vertaling T.A. Sinclair, herzien door Trevor J. Saunders (Harmondsworth, 1986).

Carlyle, Thomas, *On Heroes, Hero-Worship, and the Heroic in History*, inleiding Michael Goldberg (Oxford, 1993).

Emerson, Ralph Waldo, *English Traits, Representative Men and Other Essays* (Londen, 1908).

Hollingdale, R.J., *Nietzsche* (Londen, 1973)

Knox, Bernard, *The Heroic Temper* (Cambridge, 1964).

Madan, Geoffrey, *Notebooks* (Oxford, 1984).

Sprawson, Charles, 'Et in Arcadia: a Defence of Sparta', in *London Magazine* (oktober 1987).

Strachey, Lytton, *Eminent Victorians* (Harmondsworth, 1975).

Achilles

Freud, Sigmund, 'Civilisation and its Discontents', in *Civilisation, Society and Religion*, vertaling James Strachey (Harmondsworth, 1987).

King, Katherine Gallen, *Achilles, Paradigms of the War Hero from Homer to the Middle Ages* (Berkeley en Londen, 1987).

Lane-Fox, Robin, *Alexander the Great* (Harmondsworth, 1986).

Logue, Christopher, *The Husbands* (Londen, 1994).

-----, *Kings* (Londen, 1991).

-----, *War Music* (Londen, 1981).

Nagy, Gregory, *Pindar's Homer* (Baltimore en Londen, 1990).

-----, *The Best of the Achaeans* (John Hopkins University, 1980).

Calasso, Roberto, *The Marriage of Cadmus and Harmony* (Londen, 1993).
Davidson, James, *Courtesans and Fishcakes* (Londen, 1998).
Green, Peter, *Achilles, His Armour* (Londen, 1955).
Kagan, Donald, *The Fall of the Athenian Empire* (Ithaca en Londen, 1987).
-----, *The Peace of Nicias and the Sicilian Expedition* (Ithaca en Londen, 1981).
Plato, *The Last Days of Socrates*, vertaling Hugh Tredinnick en Harold Tarrant (Harmondsworth, 1993).
Plato, *The Republic*, vertaling Robin Waterfield (Oxford, 1993).
Plato, *The Symposium*, vertaling Walter Hamilton (Harmondsworth, 1985).
Plutarchus, *Lives*, vertaling Bernadotte Perrin (Londen, 1919).
-----, *The Rise and Fall of Athens*, vertaling Ian Scott-Kilvert (Harmondsworth, 1960).
Stone, I. F., *The Trial of Socrates* (Londen, 1988).
Thucydides, *History of the Peloponnesian War*, vertaling Rex Warner (Harmondsworth, 1972).
Xenophon, *A History of My Times*, vertaling Rex Warner (Harmondsworth, 1979).

Cato

Addison, Joseph, *The Works*, vol. IV (Londen, 1804).
Appian, *Roman History: The Civil Wars*, vertaling Horace White (Londen en New York, 1913).
Everitt, Anthony, *Cicero, A Turbulent Life* (Londen, 2001).
Gelzer, Matthias, *Caesar, Politician and Statesman*, vertaling Peter Needham (Oxford, 1968).
Goar, Robert J., *The Legend of Cato Uticensis from the First Century* BC *to the Fifth Century* AD (Brussel, 1987).
Lintott, Andrew, *Violence in Republican Rome* (Oxford, 1968).
Lucanus, *Pharsalia*, vertaling Robert Graves (Londen, 1961).
Meier, Christian, *Caesar*, vertaling David McLintock (Londen, 1996).
Millar, Fergus, *The Crowd in Rome in the Late Republic* (Ann Arbor, 1998).
Mommsen, Theodor, *The History of Rome*, vertaling William Purdie Dickson (Londen, 1901).
Morris, Ivan, *The Nobility of Failure* (Harmondsworth, 1980).
Oman, Charles, *Seven Roman Statesmen of the Later Republic* (Londen, 1902).
Plass, Paul, *The Game of Death in Ancient Rome* (Uinversity of Wisconsin, 1995).
Plutarchus, *Fall of the Roman Republic*, vertaling Rex Warner (Harmondsworth, 1972).
-----, *Makers of Rome*, vertaling Ian Scott-Kilvert (Harmondsworth, 1965).
Rist, J. M., *Stoic Philosophy* (Cambridge, 1969).
Scullard, H. H., *From the Gracchi to Nero. A History of Rome 133* BC-68 AD (Londen, 1959).

Seneca, *Letters From a Stoic*, vertaling Robin Campbell (Harmondsworth, 1977).
Smithers, Peter, *The Life of Joseph Addison* (Oxford, 1954).
Suetonius, *The Twelve Caesars*, vertaling Robert Graves (Harmondsworth, 1986).
Syme, Ronald, *The Roman Revolution* (Oxford, 1939).
Tacitus, *The Annals of Imperial Rome*, vertaling Michael Grant (Harmondsworth, 1996).
Taylor, L. R., *Party Politics in the Age of Caesar* (Berkeley, Californië, 1949).
Veyne, Paul, *Bread and Circuses*, red. Oswyn Murray, vertaling Brian Pearce (Londen, 1990).

El Cid

Anoniem, *Beowulf*, vertaling Kevin Crossley-Holland (Londen, 1973).
-----, *The Cid Ballads*, vertaling James Young Gibson (Londen, 1887).
-----, *The Song of Roland*, vertaling Dorothy L. Sayers (Harmondsworth, 1967).
Barber, Richard, *The Knight and Chivalry* (Woodbridge, 1995).
Cervantes, Miguel de, *The Adventures of Don Quixote*, vertaling J.M. Cohen (Harmondsworth, 1970).
Clissold, Stephen, *In Search of the Cid* (Londen, 1965).
Corneille, Pierre, *Le Cid*, in *Oeuvres* (Parijs, 1862).
Dozy, R., 'Le Cid d'apres des Nouveaux Documents', in deel ii van *Recherches sur L'Histoire et la Littérature de L'Espagne Pendant le Moyen Age* (Leiden, 1860).
Fletcher, Richard, *The Quest for El Cid* (Londen, 1989).
Heredia, José-Maria de, *Oeuvres Poétiques Complètes* (Parijs, 1984).
Keen, Maurice, *Chivalry* (Londen, 1984).
Levi Provencal, E., *Islam d'Occident* (Parijs, 1948).
Lockhart, J. G., *Ancient Spanish Ballads* (Londen, 1823).
Madariaga, Salvador de, *Hernán Cortes* (Londen, 1942).
Menéndez Pidal, Ramón, *The Cid and his Spain*, vertaling Harold Sutherland (Londen, 1971).
Pastor, Beatriz Bodmer, *The Armature of Conquest*, vertaling Lydia Longstreth Hunt (Stanford, Californië, 1992)
Prescott, William H., *History of the Conquest of Mexico* (Londen, 1843).

Francis Drake

Anoniem, *Sir Francis Drake Revived* (Londen, 1626).
Arber, Edward (red.), *An English Garner* (Birmingham, 1882).
Baudelaire, Charles, *My Heart Laid Bare, and other prose writings*, vertaling Norman Cameron (Londen, 1950).
Camden, William, *Annales*, vertaling R. N. Gent (Londen, 1635).
Cameron, Ian, *Magellan* (Londen, 1974).
Coleman, Terry, *Nelson: The Man and the Legend* (Londen, 2001).

Cummins, John, *Francis Drake* (Londen, 1995).

Fernández-Armesto, Felipe, *The Spanish Armada* (Oxford, 1988).

Greenblatt, Stephen, *Marvellous Possessions* (Oxford, 1991).

Hakluyt, Richard, *Voyages of the Elizabethan Seamen to America* (Londen, 1880).

Hampden, John (red.), *Francis Drake, Privateer. Contemporary Narratives and Documents* (Londen, 1972).

Hanson, Neil, *The Confident Hope of a Miracle* (Londen, 2003).

Kelsey, Harry, *Sir Francis Drake, the Queen's Pirate* (Londen, 1998).

Kingsley, Charles, *Westward Ho!* (Londen, 1896).

Martin, Colin, en Parker, Geoffrey, *The Spanish Armada* (Londen, 1988).

Maynarde, Thomas, *Sir Francis Drake his Voyage* (Londen, 1849).

Nicholl, Charles, *The Creature in the Map* (Londen, 1995).

Noyes, Alfred, *Collected Poems* (Londen, 1965).

Nuttall, Zelia (red.), *New Light on Drake. A collection of documents relating to his voyage of circumnavigation* (Londen, 1914).

Osborne, Roger, *The Dreamer of the Calle San Salvador* (Londen, 2001).

Pagden, Anthony, *Lords of all the World* (Londen, 1995).

Pastor Bodmer, Beatriz, *The Armature of Conquest*, vertaling Lydia Longstreth Hunt (Stanford, 1992).

Southey, Robert, *The Life of Nelson* (Londen, 1927).

Sugden, John, *Francis Drake* (Londen, 1996).

Swabey, Ffiona, *A Medieval Gentlewoman* (Stroud, Gloucestershire, 1999).

Vansittart, Peter, *In Memory of England* (Londen, 1998).

Vaux, W. S. W. (red.), *The World Encompassed by Sir Francis Drake* (Londen, 1854).

Weir, Alison, *Elizabeth the Queen* (Londen, 1998).

Yates, Frances, *Astraea* (Londen, 1975).

-----, *The Occult Philosophy in the Elizabethan Age* (Londen, 1979).

Wallenstein

Asch, Ronald G., *The Thirty Years War* (Londen, 1997).

Beller, Elmer A., *Propaganda in Germany during the Thirty Years War* (Oxford, 1940).

-----, 'The Thirty Years War', in *The New Cambridge Modern History*, deel IV (Cambridge, 1970).

Benecke, Gerhard (red.), *Germany in the Thirty Years War* (Londen, 1978).

Brecht, Bertolt, *The Life of Galileo*, vertaling Desmond Vesey (Londen, 1960).

Burton, Robert, *The Anatomy of Melancholy*, red. Floyd Dell (New York, 1927).

Carlyle, Thomas, *Life of Friedrich Schiller* (Columbia, 1992).

Ergang, Robert, *The Myth of the All-Destructive Fury of the Thirty Years War* (Pocono Pines, Pa., 1956).

Freytag, Gustav, *Pictures of German Life*, vertaling Mrs. Malcolm (Londen, 1862).

Glapthorne, Henry, 'The Tragedy of Albertus Wallenstein', in *The Old English Drama* (Londen, 1824).

Grimmelshausen, Hans Jacob Christoffel von, *Courage the Adventuress*, red. Hans Speier (Princeton, 1964).
Hollaender, Albert E.J., *Some English Documents on the Death of Wallenstein* (Manchester, 1958).
Holmes, Richard, *Coleridge: Early Visions* (Londen, 1989).
Khevenhüller, Franz Christoph, *Conterfet Kupfertisch derenjenigen vornehmen Ministren und Hohen Officiern* (Leipzig, 1722).
Langer, Herbert, *The Thirty Years War*, vertaling C.S.V. Salt (Poole, 1980).
Limm, Peter, *The Thirty Years War* (Londen, 1984).
Lockyer, Roger, *Buckingham* (Londen, 1981).
Mann, Golo, *Wallenstein*, vertaling Charles Kessler (Londen, 1976).
Menzel, Wolfgang, *The History of Germany*, deel ii, vertaling Mrs. George Horrocks (Londen, 1849).
Mitchell, J., *The Life of Wallenstein, Duke of Friedland* (Londen, 1853).
Mousnier, R., 'The Exponents and Critics of Absolutism', in *The New Cambridge Modern History* (Cambridge, 1970).
Negus, Kenneth, *Grimmelshausen* (New York, 1974).
Parker, Geoffrey, *The Thirty Years War* (Londen, 1984).
Polisensky, J.V., *The Thirty Years War* (Londen, 1974).
Schiller, Friedrich, *Dramatic Works: Wallenstein's Camp*, vertaling James Churchill; *The Piccolomini* en *Wallenstein's Death*, vertaling Samuel Taylor Coleridge (Londen, 1894).
-----, *The History of the Thirty Years' War*, vertaling A.J.W. Morrison (Londen, 1901).
Schulz, Hans, *Wallenstein* (Leipzig, 1912).
Spengler, Oswald, *The Decline of the West*, vertaling C.A. Atkinson (Londen, 1980).
Srbik, Heinrich Ritter von, *Wallensteins Ende* (Wenen, 1920).
Watson, Francis, *Wallenstein, Soldier under Saturn* (Londen, 1938).
Wedgwood, C.V., *The Thirty Years War* (Londen, 1938).

Garibaldi

Abba, Giuseppe Cesare, *The Diary of one of Garibaldi's Thousand*, vertaling E.R. Vincent (Londen, 1962).
Corneille, Pierre, *Le Cid*, in *Oeuvres* (Parijs, 1862).
Dumas, Alexandre, *Mémoires de Garibaldi* (Brussel, 1860-2).
----- (red.), *Garibaldi: An Autobiography*, vertaling William Robson (Londen, 1860).
Foot, Michael, *The Trial of Mussolini* door 'Cassius' (Londen, 1943).
Garibaldi, Giuseppe, *Autobiography*, vertaling A. Werner, 3 delen met een supplement van Jessie White Mario (Londen, 1889).
Herzen, Alexander, *My Past and Thoughts*, vertaling Constance Garnett (Oxford, 1968).
Hibbert, Christopher, *Garibaldi and his Enemies* (Harmondsworth, 1966).

Mack Smith, Denis, *Modern Italy* (Londen, 1997).

Parris, John, *The Lion of Caprera* (Londen, 1962).

Ridley, Jasper, *Garibaldi* (Londen, 1974).

Robb, Graham, *Victor Hugo* (Londen, 1997).

Simón, Fray Pedro, *The Expedition of Pedro de Ursua & Lope de Aguirre*, vertaling William Bollaert (Londen, 1861).

Trevelyan, G. M., *Garibaldi's Defence of the Roman Republic* (Londen, 1907).

-----, *Garibaldi and the Thousand* (Londen, 1949).

-----, *Garibaldi and the Making of Italy* (Londen, 1948).

Vecchi, Augusto, *Garibaldi at Caprera*, met een inleiding van Mrs. Gaskell (Londen, 1862).

Zamoyski, Adam, *Holy Madness: Romantics, Patriots and Revolutionaries 1776-1871* (Londen, 1999).

Odysseus

D'Annunzio, Gabriele, *Prose di Ricerca, di Lotta e di Commando* (Milaan, 1947-50).

Berghaus, Günter, *Futurism and Politics* (Oxford, 1996).

Bourke, Joanna, *An Intimate History of Killing* (Londen, 1999).

Brendon, Piers, *The Dark Valley* (Londen, 2000).

Churchill, Winston, *Marlborough: His Life and Times* (Londen, 1933).

Clark, Martin, *Modern Italy* (Londen, 1996).

Coles, S. F. A., *Franco of Spain* (Londen, 1955).

Freud, Sigmund, *The Interpretation of Dreams*, vertaling Joyce Crick (Oxford, 1999).

Huch, Ricarda, *Defeat* (Londen, 1928).

Ledeen, Michael A., *The First Duce: D'Annunzio at Fiume* (Londen, 1977).

Marinetti, Federico Tomaso, *Selected Writings*, red. R. W. Flint (Londen, 1972).

Mussolini, Benito, *Napoleon: The Hundred Days*, bewerking John Drinkwater (Londen, 1932).

Newby, Eric (red.), *A Book of Travellers Tales* (Londen, 1985).

Nietzsche, Friedrich, *Thus Spoke Zarathustra*, vertaald en ingeleid door R. J. Hollingdale (Harmondsworth, 1969).

-----, *Beyond Good and Evil*, vertaling R. J. Hollingdale (Harmondsworth, 1990).

-----, *On the Genealogy of Morality*, vertaling Carol Diethe (Cambridge, 1994).

Parker, Peter, *The Old Lie* (Londen, 1987).

Picker, H. (red.), *Hitlers Tisch Gespräche* (Stuttgart, 1976).

Preston, Paul, *Franco* (Londen, 1993).

Ridley, Jasper, *Mussolini* (Londen, 1997).

Sophocles, *Philoctetes*, vertaling E. F. Watling (Harmondsworth, 1969).

Stanford, W. B., *The Ulysses Theme*, inleiding Charles Boer (Dallas, 1992).

Strachan, Hew, *The First World War*, deel 1 (Oxford, 2001).

Weil, Simone, *An Anthology*, red. Sian Miles (Londen, 1986).

West, Rebecca, *Survivors in Mexico* (Londen, 2003).

Woodhouse, John, *Gabriele D'Annunzio: Defiant Archangel* (Oxford, 1998).

Voor de Nederlandse editie zijn citaten ontleend aan de volgende vertalingen:

Anon., *De Cid*, vertaling Sophie Brinkman en Alice Nieboer (Groningen, 1987).

Dante Alighieri, *De goddelijke komedie*, vertaling Ike Cialona en Peter Verstegen (Amsterdam, 2001).

Homerus, *Ilias*, vertaling H.J. de Roy van Zuydewijn (Amsterdam, 2004).

Homerus, *Odyssee*, vertaling H.J. de Roy van Zuydewijn (Amsterdam, 1992).

Joyce, James, *Ulysses*, vertaling John Vandenbergh (Amsterdam, 1970).

Milton, John, *Het paradijs verloren*, vertaling Peter Verstegen (Amsterdam, 2003).

Montaigne, Michel de, *De essays*, vertaling Hans van Pinxteren (Amsterdam, 2004).

Personenregister

Achilles 9, 12-15, 18, 23-44, 49, 50,
55, 57, 63, 65, 70, 71, 74, 76, 92,
93, 98, 105, 120, 130, 133, 141,
147, 148, 152, 157, 162, 163, 168,
171, 173, 176, 177, 179, 191, 193,
197, 206, 210, 212, 216, 238, 247,
269, 282, 297, 299, 305, 326, 342,
348, 350, 381, 399, 415, 424,
446, 449, 462, 476, 481-483,
485, 496-501
Addison, Joseph 97, 154, 155, 157,
496
Adonis 63, 155
Aeneas 36, 492
Aeschylus 50
Agamemnon 9, 13-15, 18, 26-31, 35,
37, 39-41, 44, 57, 63, 163, 171,
173, 193, 206, 238, 482, 499
Agatharchos 53
Agathon 56
Agesiläus 67
Agis, koning 73-75, 85
Aguiar, Andrea 407, 411
Aguirre, Lope de 390
Aisa 195
Ajax 18, 28, 36, 449
Albert, prins 444
Alcibiades 9, 11, 12, 15-19, 45-93,
98, 99, 101, 105, 108-110, 115,
120, 121, 127, 155, 162, 163, 177,
182, 186, 188, 189, 192, 193, 205,
212, 213, 241, 248, 269, 271, 278,
297, 299, 305, 313, 316, 320, 325,
334, 342, 347, 361, 371, 373, 380,
381, 387, 401, 407, 432, 433,
449, 452, 456, 466, 476, 494,
496
Aldringen, kolonel 360, 363, 364,
370-372, 374
Alexander de Grote 41-43, 72, 118,
133, 442
Alfonso VI van Castilië, koning 10,
162, 169-176, 183-187, 191-195,
201, 206, 316, 353, 493
Alfonso X, koning 202
Alfonso XI, koning 181
Allah, koning 'Abd 165, 184, 185,
201
Althusias 336
Amescua, Mira de 288
Anaxagoras 62
Anchises 492
Anderson, George 266
Anderson, William 213
Andocides 60
Androcles 60
Andromache 32
Antigone 19, 20, 496
Antiochus 52, 55, 88
Antipater 104
Antón, Don San Juan de 249-251
Antonio, Dom 285
Aphrodite 63
Apollo 27, 38
Appianus 144
Ares 28